한국경제사 I

한국인의 역사적 전개

한국 경제사

I

한국인의 역사적 전개

이영훈 지음

일조각

머리말

이 책은 2003년 어느 출판사와의 계약으로 쓰기 시작하였다. 한국경제사 강의에 적합한 교과서를 집필해 달라는 부탁이었다. 내가 보기에 그때까지 알려진 몇 종의 교과서는 연구자 사회가 공유하는, 오래전부터 내려온, 도식에다 사실을 끼워 맞춘 수준을 넘지 않았다. 사실의 인과 연쇄로 한국경제사의 전체적 흐름을 실증적으로 추구한 교과서나 개설서는 없었다고 해도 좋을 것이다. 그 이전 대략 20년간 나는 주로 한국의 토지제도, 농민, 노비의 역사를 연구해 왔다. 이 분야의 3~19세기에 걸친 역사를 내 나름의 시각으로 구명한 여러 편의 논문을 발표하였다. 나는 출판사가 새로운 교과서의 집필을 제안해 오자 내가 그 일을 감당할 수 있는 적임자라고 여겼다.

나의 집필 계획을 들은 교토京都대학의 호리 가즈오堀和生 교수는 일본에서는 어느 개인이 통사를 쓴다는 것은 상상할 수 없는 일이라고 하였다. 나는 그 말이 옳다고 여겼다. 그렇지만 한국과 일본의 학계는 축적된 연구성과의 폭이나 깊이에서 많이 다르다. 일본에서 경제사의 통사적 흐름은 오래 전부터 잘 정리되어 있지만, 한국에서는 그렇지 못하다. 그런 상태에서는 개별 시대나 사건에 대한 전문적 논문쓰기가 더 이상의 진전을 보기 힘들 뿐 아니라 혼란만 가속시킨다. 누군가는 무리를 해서라도 통사적 서술을 시도할 필요가 있다. 나는 그러한 각오로 출판사의 제안을 받아들인 뒤 집필에 착수하였다. 그로부터 1년 뒤 지금 이 책의 대략

1/3 분량으로 원고가 완성되었다. 그렇지만 나는 그 원고의 출판을 포기하였다.

책이나 논문을 쓰는 사람은 자주 경험하는 일이지만, 집필에 착수하기 전의 지식과 집필 도중의 지식과 집필 후의 지식은 상이하다. 연구자는 집필과정에서야 자기가 무엇을 알고 모르는지를 깨닫는 경우가 많다. 1년간의 집필 뒤 나는 그때까지 내가 구축한 한국경제사의 체계가 얼마나 큰 공백을 안고 있는지를 알게 되었다. 상당히 많은 주제가 새롭게 연구되어야 했다. 당연해 보이는 것들에도 상호 조정이 필요했으며, 거기에는 풍부한 상상력이 요구되었다. 출판을 포기한 나는 새롭게 발견한 주제들에 관한 논문을 쓰기 시작하였다. 그중의 몇몇은 학술지에 발표되기도 했지만, 그럴 여유를 갖지 못해 초고의 형태로 지금까지 간직해 온 것도 적지 않다. 이 책의 제2~4장에서 피력된 신설이랄까 연구자들에게 생소한 주장의 상당 부분은 그 초고들에서 옮겨 온 것이다.

내가 초고의 출간을 포기한 또 한 가지 이유는 그 시기를 전후하여 그때까지 한국경제사에 관한 나의 이해를 크게 바꾸어 놓을 만큼 나를 포함하여 동료 연구자들의 새로운 연구가 급하게 진행되고 있었다는 점이다. 2004년 나는 공동연구서 『수량경제사로 다시 본 조선후기』를 출간하였다. 같은 해에 『조선시대사학보』란 학술지에 나의 지론인 '19세기 위기론'에 관한 논문을 발표하였다. 이를 계기로 17~19세기 경제사에 관한 나의 이해 수준이 일신하였다. 때를 같이하여 낙성대경제연구소에 모인 동료 연구자들이 한국학술진흥재단의 지원을 받아 18~20세기의 각종 경제통계를 수집, 정리, 추계하는 공동연구에 착수했으며, 그 최초의 성과로서 2006년에 『한국의 경제성장 1910-1945』를 출간하였다. 이 책을 계기로 일정기日政期 경제사에 관한 연구수준이 비약적으로 높아졌다. 내가 출판사와의 계약에 따라 완성한 원고에는 이들 새로운 연구성과가 포함되었다. 그에 따라 불가피하게 15~16세기나 다른 시대의 경제사 서술과의 비교에서 질적 격차와 불균형이 발생하였다. 나는 교과서가 아니라 한국사 전 시대의 경제사를 균질의 수준으로 서술하는 고급의 연구서를 집필하기로 마음을 바꾸었다.

이 책의 서술 방법이나 범위를 당초의 계획과 다르게 만든 또 하나의 큰 계기는 2004년부터 본격화한 한국 현대사를 둘러싼 논쟁이었다. 당시 노무현정부는 몇몇 역사학자들의 건의를 받아들여 친일파의 명단을 작성하거나 강제동원의 진상을 규명하고 보상하는 작업을 벌이기 시작하였다. 그를 위한 몇 종의 특별법이 제정되었다. 나는 제대로 연구도 되지 않은 사건을 정치권력의 힘으로 규명하거나 청산, 보상할 수는 없다고 생각하였다. 그 같은 나의 입장은 이 책의 관련 부분에서 서술했듯이 지금도 변함이 없다. 어쨌든 나는 그를 둘러싼 찬반 논쟁에 깊이 개입하였다. 그 과정에서 나는 대한민국이란 이 나라가 한국인의 긴 문명사에서 어떠한 역사적 위상을 지니는가라는 문제를 난생 처음으로 진지하게 따지기 시작하였다. 외국인이 들으면 좀 이상하게 느끼겠지만, 나는 그때까지 나이 50이 넘도록 내가 살고 있는 이 나라가 어떠한 나라인지 크게 의식하지 않았다. 내가 대학원에 다닐 때만 해도 경제사학을 포함한 역사학계는 아시아 공산혁명의 이론인 식민지반봉건사회론植民地半封建社會論의 관점에서 대한민국을 비판하거나 부정하곤 하였다. 그 이론의 적실성은 한국경제가 고도성장을 거듭함에 따라 소멸한 지 오래이다. 그럼에도 학계는 대안적 인식의 마련에 소홀하였으며, 나 역시 19세기 이전의 경제사 연구에 몰입하였던 연고로 2004년까지 그 문제에 관한 한 지적 공백이나 다를 바 없는 상태로 지내 왔던 것이다.

그런 상태에서 나의 격렬했던 논쟁사는 나로 하여금 20세기의 한국사를 설명하는 틀로서 '문명사의 대전환'과 '복선의 전환'이란 명제를 발견하게 만들었다. 일본의 한반도 지배는 서유럽에서 발생한 근대문명이 이식되는 대전환의 과정이었다. 대한민국은 일본이 이식한 근대문명을 계수繼受하여 건립된 국가이다. 그렇지만 이식의 과정은 그에 편승하여 전통문명이 스스로를 재편성하거나 완성해 가는 복선의 과정이기도 하였다. 나는 이 같은 관점에 입각해야 대한민국의 성립은 물론 1960년대 이후 고도성장의 역사까지 온전하게 설명할 수 있음을 인지하게 되었다. 적지 않은 오해가 있었지만, 나에게서 현대사 논쟁은 나의 전통시대에 관한 연구를 21세기 초 오늘날과 관련짓는, 거기에다 실천적 의미를 부여하는, 지적으로 극히 생산적인 경험이었다. 당초 계획한 이 책의 서술 하한은 1950년대였다. 그것이 위와 같은 과정을 거치면서 자연스럽게 1960년대 이후 고도성장의 역사까지, 나아가 1997년 이후 감속성장의 시대로까지 연장되었다.

지난 10여 년간에 걸친 이 책의 저술은 그렇게 서술의 목적, 수준, 범위, 방법을 조금씩 구체화하는 과정과 궤를 같이하였기에 여러 차례의 개고와 조정을 거듭하였다. 한국사에서 문명이 동튼 그 시대부터 21세기 오늘날까지 각 시대를 분주하게 오르내리면서 이 책이 과연 끝을 볼 수 있을까라고 회의한 적은 한두 번이 아니었다. 어쨌든 나름의 수준과 균형을 갖추었다고 여겨지는 가운데 지금 이 순간 출간을 위한 머리말을 쓰고 있으니 천우신조인가도 싶다. 무엇보다 큰 도움은 돌아가신 부모님과 나의 조상으로부터이다. 과중한 노동을 버틴 그런대로 쓸 만한 체력은 오로지 내가 이 책을 통해 그 얼굴을 찾아 헤맨 조상님의 은택이다.

이어서 원고를 읽고 문제점을 지적해 주신 여러분에게 감사의 인사를 드린다. 차명수, 주익종, 김재호, 이우연 교수는 방대한 원고를 모두 읽고 논리적 모순과 시정 방향을 지적해 주셨다. 오사카大阪의 간노 슈이치菅野修一 선생은 평생의 지인인데, 이 책 1권의 원고를 꼼꼼하게 읽은 다음 고치거나 보완할 점을 환기해 주셨다. 김낙년, 박기주, 정안기, 박이택, 박환무 교수는 각자의 전공 영역에서 나의 오해와 불완전한 지식을 일깨워 주셨다. 정향진 교수는 제2장을 읽고 이 책을 관통하는 가족, 세대, 세대복합체의 실체와 정의에 관해 매우 유익한 교시를 베풀었다. 조우현 교수는 제12장을 읽고 출산율의 급속한 감소에 따라 예상되는 인구감소의 추세에 관한 언급이 없음을 따졌다. 이외에 이제민, 정성기 교수, 유광호, 류상윤 박사, 이근경 전 재경원차관이 내가 고려하지 않으면 안 될 적절한 비평을 보내왔다. 박사과정의 도민영은 제2권을 읽고 곳곳에 노출된 나의 거친 표현이 지닐 위험성을 상기해 주었다. 2014년 11월 한양대학교 비교문화연구소는 채 완성도 되지 않은 나의 원고를 두고 토론회를 열었다. 동 연구소의 임지현, 윤해동 교수에게 감사의 인사를 전한다. 그 토론회에서는 윤선태, 염정섭, 강진아, 우대형 교수가 나의 미완성 원고를 따갑게 비판했는데, 그것들은 이 책의 완성도를 높이는 데 기여하였다. 삼양사의 김재억 감사는 나의 집필 활동을 지원하기 위해 아무런 조건 없이 연구비를 지원해 주셨다. 뜻밖의 후의라 더없이 감사하였다.

곧이어 나는 정년을 맞아 대학을 떠난다. 돌아보니 오랜 기간 근무하면서 학부와 대학의 발전을 위해 기여한 바가 별로 없다. 그럼에도 서울대학교는 나에게 좋은 연구 환경을 제공하였다. 학부의 동료 교수, 학부장, 학장, 총장께 감사의 인사를 드린다. 일조각은 한국사 연구를 주도한 연구서를 출간해 온 유서 깊은 출판사이다. 졸저의 출간을 맡아 주셔서 감사드린다. 편집부의 강영혜 대리와 이주연 씨는 번거로운 편집과 교정에 성의를 다해 주셨다. 낙성대경제연구소의 박환무, 이우연, 김양태 박사, 최현선 행정실장은 자료와 교정에 관한 나의 번거로운 주문을 잘 참아 주셨다. 여러모로 여러분께, 그리고 이 세상에, 신세만 지고 살았다. 이 책이 약간의 보답이라도 될 수 있으면 좋겠다.

2016년 10월 24일

이영훈

차례

제 2 장
문명의 아침

제 3 장
공연孔烟에서 정호丁戶로

제 4 장
국인國人과 전호佃戶

제5장
유교적 전환

제6장
소농사회

【표 차례】

【그림 차례】

『한국경제사 II』 차례

제1장

한국경제사의 방법

1. 연구사의 회고

세계사의 일원적 법칙

이 책은 한반도에서 인간이 정착농경을 개시한 이래 오늘날까지 장구한 세월에 걸친 경제의 역사를 사실적으로 묘사하고자 하는 것이다. 그에 앞서 내가 교육을 받았고, 회의하였고, 점차 그로부터 독립해 온 한국경제사 연구의 역사에 대해 회고해 둔다. 이 책에 깔린 문제의식을 드러내는 데 도움이 될 것이다. 크게 말해 한국경제사 연구는 일본이 한반도를 지배한 시기인 1930년대에 착수되었다. 1933년 백남운白南雲의 『조선사회경제사朝鮮社會經濟史』가 출간된 것이 그 출발로 알려져 있다. 이 책에서 백남운은 우리 민족의 역사는 세계사의 일원적 법칙에 따라 다른 민족과 거의 동일한 궤도를 걸어왔다고 한 다음, 한국사의 발전과정을 원시씨족공산체, 노예제사회(삼국시대), 동양적 봉건사회(통일신라 이후), 이식자본주의사회(20세기)라는 4단계로 구분하였다.[1] 뒤이어 1937년에는 이청원李淸源이 원시사회(고조선~삼한시대), 노예사회(삼국~고려시대), 봉건사회(조선시대), 자본주의의 침입(개항 이후)이라는 4단계의 시대구분을 제시하였다.[2] 1917년에 러시아에서 발생한 공산주의혁명은 제국주의의 지배를 받고 있던 후진민족에게 구원의 등불과 같았으며, 후진민족은 거기서 독립과 혁명의 가능성을 발견하였다. 코민테른은 후진민족의 독립과 혁명을 지원하였으며, 1920년대 한국, 일본, 중국에서는 공산당이 조직되었다. 일본의 공산당은 마르크스주의를 수입하여 한국인 유학생에게 전파하였고, 한국의 상당수 지식인은 마르크스주의를 통해 그들의 역사와 현실을 이해하였다. 백남운과 이청원은 마르크스주의에 입각하여 한국사를 연구하기 시작한 최초의 세대를 대표하였다.

백남운이 언급한 세계사의 일원적 법칙이란 세계 모든 민족의 역사는 보편적으로 원시사회, 노예사회, 봉건사회, 자본주의사회, 공산주의사회의 5단계를 차례로 밟아 나간다는 것이다. 이 법칙은 1859년 마르크스K. Marx가 서유럽에서 자본주의가 성립하게 된 세계사의 큰 흐름을 조망하면서 "인류의 경제적 사회구성에 있어서 크게 보아 아시아적, 고대적, 봉건적, 근대 부르주아적 생산양식의 계기적 발전이 있었다"라고 언급한 데 그 기원이 있다.[3] 마르크스의 이 말은 러시아혁명 이후 소비에트역사학의

1 白南雲(1933), 『朝鮮社會經濟史』, 改造社, 3·9쪽.

2 李淸源(1936), 『朝鮮社會史讀本』, 白揚社.

3 영어 원문은 다음과 같다. "In broad outlines Asiatic, ancient, feudal, and modern bourgeois modes of production can be designated as progressive epochs in the economic formation of society", Marx and Engels(1973), *Selected Works*, vol.1. Moscow, p.504.

기초 정리定理로 교조화하였다. 1938년 스탈린은 그의 「변증법적 유물론과 사적 유물론」에서 인간사회의 발전은 마치 자연과도 같은 객관적 법칙을 지니며, 인간사회의 생산관계에는 원시공산체제, 노예체제, 봉건체제, 자본체제, 사회주의의 5가지 유형이 있다고 하였다. 원시공산체제는 노예체제에 의해, 노예체제는 봉건체제에 의해, 봉건체제는 자본체제에 의해 대체되었다. 자본체제를 사회주의체제로 대체한 것은 현재 소련밖에 없으며, 이에 소련은 세계사의 발전단계에서 가장 높은 곳에 위치하고 있다는 것이 스탈린의 주장이었다.[4] 백남운과 이청원이 위와 같이 한국사의 단계를 구분한 것은 이 같은 당시 소련을 중심으로 한 국제 공산주의세력의 지적 동향에 깊이 규정되어서였다.

해방 이후 마르크스주의를 신봉한 역사학자들은 북한으로 올라가 공산주의체제의 건설에 참가하였다. 1962년 북한의 역사학자들은 한국사의 시대구분을 원시사회, 노예소유자사회(고조선·부여·진국), 봉건제사회(삼국시대~1860년대)로 확정하였다.[5] 백남운과 이청원의 당초 구분과 비교하면 원시사회가 노예제사회로, 노예제사회가 봉건제사회로 승격한 차이가 있다. 북한에서 우리 민족의 역사는 세계사의 5단계를 전형적으로 밟은 세계에서 가장 우수한 역사로 간주되고 있다.[6] 1962년에 성립한 이 같은 시대구분은 지금까지 흔들림 없이 유지되고 있다. 북한에서 1860년대 이후의 한국사는 1920년대까지의 근대와 이후 지금까지의 현대로 나뉜다. 근대는 좌절한 부르주아혁명의 역사이며, 현대는 김일성金日成의 항일무장투쟁에서 출발하는 공산주의혁명의 역사이다.[7] 북한에서 마르크스주의 역사학은 결국 북한의 독특한 공산주의체제를 뒷받침하는 정치이론으로 정착하였다.

4 J. V. 스탈린 지음/서중건 옮김(1990), 『스탈린선집』 2, 전진, 124~154쪽.
5 역사연구소(1962), 『조선통사』(상), 조선민주주의인민공화국 사회과학원.
6 이영훈(1989), 「허종호의 조선봉건제론」, 『사회와 사상』 1989년 4월호, 354~357쪽.
7 사회과학원 역사연구소(1980), 『조선전사』 13~33, 과학·백과출판사.

해방 후 남한에 남은 역사학자들은 마르크스주의를 신봉하지 않았지만, 크건 작건 그의 영향에서 자유롭지 않았다. 한국에서 근대 학문이 성립한 역사는 무척이나 일천하다. 유럽에서 마르크스주의보다 앞서거나 그와 경쟁했던 역사학파의 경제발전단계론이나 실증적 사회경제사학의 전통은[8] 한국의 지성사와 거의 무관하였다. 조선왕조의 정치철학인 성리학은 20세기의 한국인들이 계승할 만한 역사학을 성립시키지 못하였다. 한국인들은 지적 공백상태에서 서구의 학문이나 마르크스주의를 수입하였다. 지적으로만 그랬던 것은 아니다. 역사적 경험 자체가 빈약하고 단순하였다. 15~19세기의 조선시대는 양반이 노비와 상민을 억압하고 착취하는 역사였다. 뒤이은 일정기는 민족적 억압과 착취의 시대였다. 뒤이은 해방, 분단, 건국, 전쟁은 상이한 이념의 정치세력이 격렬하게 충돌하는 아수라의 역사였다. 이렇게 역사학자들이 기억하거나 체험한 역사 자체가 온통 억압, 착취, 전쟁의 모순으로 가득하였다. 그들은 근세 서유럽에서 발원한 근대문명의 본질을 이해하지 못하였다. 자립적 개인이 경쟁하고 협동하는 장으로서 시장과 단체의 역사를 알지 못하였다. 이 같은 현실적 제약에 눌려 남한의 역사학자들은 알게 모르게 인간사회의 역사를 계급투쟁의 과정으로 그린 마르크스주의 역사학이 정립한 한국사상韓國史像에 공감하거나 영향을 받지 않을 수 없었다.

맞지 않는 잣대

남한의 역사학자들은 민족주의 역사학을 정립하였다. 그들은 민족의 형성, 통일, 왕성 또는 침체의 관점에서 왕조의 교체와 그에 따른 정치, 문화, 사상, 예술의 전개과정을 서술하였다.[9] 비록 실패했지만 마르크스주의

---

8 독일 역사학파의 경제발전단계론과 실증적 사회경제사학에 관해서는 金宗炫(1987), 『經濟史』, 經文社, 4~12쪽을 참조.

9 민족주의 역사학의 본보기로서 新民族主義史觀을 개척했다고 평가되는 孫晉泰의 『國史大要』(1949)를 들 수 있다. 이기농(1995), 「한국사 시대구분의 여러 유형과 문제점」, 車河淳 외, 『韓

가 인류의 지성사에 남긴 공헌이 있다면 역사에 있어서 경제의 근본적 중요성을 지적했다는 점이다. 경제는 사회구성의 물질적 토대로서 하부구조이며, 정치와 문화는 그 위에 건설된 상부구조이다. 그 하부구조의 역사에 대해 민족주의 역사학은 아무런 이야기도 할 수 없었다. 원시사회가 해체된 다음의 생산관계는 지배계급이 생산자의 인격을 완전하게 소유하는 노예제이다. 노예제 다음은 지배계급이 생산자의 인격을 불완전하게 소유하는 봉건제 또는 농노제이다. 그다음은 지배계급이 생산자의 노동을 상품으로 구입하는 자본제이다. 한국사에도 생산자가 노예인 고대사회와 농노인 중세사회가 있었다. 중세사회 후기에는 생산자가 임노동자로 변하는 근대사회로의 이행이 개시되었다. 남한의 역사학계는 이 같은 마르크스주의 역사학의 정식定式으로부터 자유롭지 않았으며, 어느 면에서는 다른 대안이 없었기에 오히려 충실하였다.

마르크스주의의 정식에 따라 한국사의 진행을 설명하려는 역사학자들의 노력은 1960년대 이후 몇 차례의 시대구분논쟁으로 나타났다. 한국사에서 고대와 중세는 각각 언제부터인가. 이 문제를 둘러싼 역사학자들의 견해는 몇 차례의 논쟁에도 불구하고 결코 하나로 수렴되지 못하였다. 예컨대 중세사회의 성립기에 관해 연구자들은 2~3세기 삼국시대, 8세기 이후 통일신라시대, 10세기 고려시대, 15세기 조선시대라는 네 가지 입장으로 갈렸다. 그 사이에는 천년 이상의 조정하기 힘든 격차가 있었다.[10] 그것은 마르크스주의의 정식이 한국사에 맞지 않은 잣대이기 때문이지만, 그에 대한 인식은 1980년대까지도 명확하지 않았다.

시대구분논쟁은 아무런 성과 없이 슬그머니 중단되고 말았다. 1980년대에 들어 농촌의 유서 깊은 양반가문이 오랫동안 소장해 온 상속문서

國史 時代區分論』, 소화, 85쪽 참조.

10 1960년대 이후 한국사의 시대구분을 위한 몇 차례 논쟁의 내용과 조정하기 힘든 간격이 생기게 된 사정에 관해서는 이기동(1995), 「한국사 시대구분의 여러 유형과 문제점」, 『韓國史 時代區分論』, 106~117쪽 참조.

를 비롯한 각종 고문서가 공개되었다. 이를 활용한 새로운 연구는 14~17세기가 한국사에 있어서 노비제의 전성기임을 명확히 하였다. 그 이전의 삼국, 통일신라, 고려 시대에 노비의 인구 비중은 그리 크지 않으며, 아무래도 10% 미만이었다. 그에 비해 16~17세기의 노비는 전체 인구의 30~40%에 달하였다.[11] 그리고 노비의 일부분은 세계사적으로 노예의 범주에 속하였다. 노비 인구의 팽창은 생산자 대중에 가해진 인격적 예속이 심화되었음을 의미한다. 시대구분논쟁에 참가한 학자들은 중세사회의 개시와 더불어 지배계급의 생산자 대중에 대한 인격적 지배가 완화된다고 믿었다. 인격적 지배가 토지에 대한 객관적 지배로 대체됨이 중세사회의 성립을 알리는 지표라고 하였다. 학자들은 그러한 시각에서 증거를 탐색하고 서로 다른 해석으로 대립하였다. 그렇지만 그 모든 노력은 도로徒勞에 불과하였다. 노비 인구가 중세사회라고 믿어 온 14~17세기에 오히려 전체 인구의 40%로까지 팽창하였기 때문이다.

일반 농민에 대한 국가의 지배체제에서도 마찬가지 변화가 있었다. 조선왕조는 호적에 등록된 16~60세의 모든 남정男丁에게 어떤 형태로든 신역身役을 부과하였다. 양반신분에게는 학생學生 또는 유학幼學이라는 학문의 역이 부과되었다. 상민신분에게는 연간 면포 1~2필의 부담을 의미하는 군역軍役이 부과되었다. 군역은 한 가족이라도 아버지와 아들에게 따로따로 부과되었다. 조선왕조는 군역의 대가로 토지를 지급하지 않았다. 이렇게 토지지배와 무관한 인신지배는 이전의 왕조에서는 찾아볼 수 없는 일이다. 다시 말해 한국사에서 국가의 백성에 대한 인신지배는 조선왕조의 성립과 더불어 오히려 강화되었다. 이 사실은 조선왕조의 성립 이후 노비제가 팽창한 사실과 역사적 궤를 같이 하고 있다.[12]

---

11 李榮薰(1998), 「한국사에 있어서 奴婢制의 추이와 성격」, 歷史學會 編, 『노비·농노·노예 — 隷屬民의 比較史』, 一潮閣, 304~422쪽.

12 조선왕조의 성립과 더불어 국가와 지배신분의 생산자 대중에 대한 인신지배체제가 강화되었다. 이 점은 중국사와 일본사에서 찾기 힘든 한국사 고유의 현상이며, 한국사의 전 과정을

요컨대 한국사에서 지배계급의 생산자 대중에 대한 지배체제가 인신지배에서 토지지배로 이행한 적은 없었다. 마찬가지로 생산자 대중이 노예에서 농노로 진화한 적도 없었다. 오히려 역사의 진행은 14세기 이후 17세기까지 인격적 예속이 강화되는 역의 추세였다. 이 점은 마르크스주의의 정식을 추종하거나 그의 그늘 아래에 있었던 우리의 선배 세대로서는 상상도 할 수 없는 일이었다. 마르크스주의 역사학은 처음부터 한국사에 맞지 않는 잣대였다. 새로운 자료에 입각한 경험적 연구의 축적은 불현듯이 그 점을 명확히 하였다.

부풀려진 역사

마르크스주의 역사학을 창시한 사람의 하나인 엥겔스F. Engels는 그의 『가족 사유재산 국가의 기원』에서 문명시대의 상징으로서 국가가 성립하는 계기는 가족과 사유재산의 출현에 있다고 주장하였다. 최초의 계기는 씨족공동체로부터 단혼가족의 분리이다. 씨족공동체의 공동경작은 단혼가족의 개별경작으로 대체된다. 토지는 가부장의 사유재산으로 바뀐다. 사유재산의 성립에 따라 계급이 발생한다. 최초의 계급사회는 노예제사회이다. 국가는 노예를 소유한 가부장들의 지배를 위한 도구이다. 엥겔스는 이 같은 문명시대로의 이행과정을 거의 모든 민족에서 증명되는 보편사적 현상으로 간주하였다.[13]

문명과 국가의 성립에 관한 엥겔스의 고전이론은 마르크스주의의 정식에 알게 모르게 충실한 한국의 역사학자들로 하여금 그들이 한국사를 문명의 역사로 서술하는 그 시대부터 가족은 단혼가족이며, 농업의 기초단위는 개별경작의 소농이라고 믿게 만들었다. 사회의 구조도 마찬가지

올바로 이해함에 있어서 최대의 난제를 이루고 있다. 이 같은 문제제기에 관해서는 李榮薰(1992),「朝鮮時代의 社會經濟史 硏究에 있어서 몇 가지 基礎的 難題들 ― 小經營의 歷史的 發展過程과의 관련에서 ―」,『國史館論叢』37, 111~133쪽 참조.

13 F. 엥겔스 지음, 김대웅 옮김(1991),『가족 사유재산 국가의 기원』, 아침, 191쪽.

여서 그 시대부터 계급으로 분열된 사회였다. 백남운이 3~7세기의 삼국 시대를 고대 노예제사회로 구분할 때, 그는 가족, 사유재산, 계급, 국가의 존재를 그 시대를 구성하는 문명의 요소로 당연시하였다. 그런 것들이 과연 존재했는지, 언제 성립했는지에 관한 논증다운 논증은 없었다. 그가 논증의 형식으로 인용한 몇 가지 문헌 사료는 해석하기에 따라 그 내용이 전혀 다른 것이다. 이후 북한의 역사학계나 남한의 일부 경제사학자가 고대사회의 기점을 기원전 7세기로까지 끌어올릴 때도 마찬가지였다.[14]

이런 식으로 한국사의 각 시대는 문명의 발전 수준에서 부풀려지기 시작하였다. 문명시대의 농민은 단혼가족의 소농이다. 이는 너무나 당연한 명제라서 굳이 논증할 필요조차 없었다. 어느 시대에다 노예제라는 잣대를 들이대니 노예계급이 생겨났다. 마찬가지로 농노제라는 잣대는 농노계급을 만들어 냈다. 오늘날의 한국사 이해는 지난 80년간 맞지 않은 잣대질로 생겨난 수많은 오해와 환상이 헤어나기 힘든 미로와 같이 얽혀 있는 상태이다. 부풀어진 역사는 그대로 굳어 버렸다. 한국사의 많은 개설서에서 가족, 사유재산, 계급 등의 문명시대를 구성하는 요소는 최초의 모습 그대로 2천 년에 걸쳐 화석화하였다.

예컨대 이기백李基白은 그의 널리 알려진 『한국사신론韓國史新論』에서 기원전 4세기~기원후 3세기의 농민을 다음과 같은 모습으로 그렸다. 촌락을 구성하는 대부분의 농민은 자유로운 양인신분이었다. 그들에 의한 '개인적인 토지소유'는 이미 생겨나 있었다. 중국인들은 그들을 하호下戶라고 불렀다. 그 위에는 호민豪民이라는 지배자가 있었고, 그 아래에는 노비가 있었다.[15] 그렇게 사회는 호민-양인-노비라는 신분 또는 계급 관계

---

14 남한에서 기원전 7세기~기원후 3세기를 古代社會로 분류하는 대표적인 경제사학자는 金玉根이다. 그는 북한의 역사학자들과 달리 한국 고대사회에서 노예제는 부차적이고 공동체 주민을 貢納奴隸的 隸民으로 집단적으로 지배하는 隸民制가 지배적이었다고 주장하고 있다. 金玉根(1990), 『韓國經濟史』, 民族文化, 30~55쪽.

15 李基白(1990), 『(新修版)韓國史新論』, 一潮閣, 50쪽.

로 분열해 있었다. 1992년 한국역사연구회가 편찬한 개설서 『한국사』에서 그려진 농민의 모습은 이기백의 그것과 다르다. 백남운의 시대구분을 계승하는 이 연구회는 기원전 4세기~기원후 3세기의 하호 농민은 아직 재생산구조가 불안정하여 호민의 인신적 지배를 받는 고대적 존재, 곧 노예적 존재라고 하였다. 이 연구회는 하호 농민이 '개별 가호家戶 단위의 농업경영'으로서, 곧 소농으로서 재생산의 자립과 사적 소유를 실현하는 것은 8세기 이후의 통일신라에서라고 하였다.[16] 이처럼 잘 알려진 두 개설서는 기원전 4세기~기원후 3세기에 존재했다고 믿는 농민을 두고, 사회적 신분과 경제적 자립의 정도에 대한 평가를 달리하고 있다. 그렇지만 두 개설서는 기원전 4세기 이래 소규모 가족농업이 존속해 왔음에 대해서는 의견을 같이 하고 있다.

그렇지만 엄밀히 말해 그 시대에 소규모 가족농업이 존재했다는 증거는 어디에도 없다. 8세기 이후에도 마찬가지이다. 나는 한국사에서 소규모 가족농업이 농업의 기초 단위로 성립하는 것은 15~19세기 조선시대라고 믿고 있다. 그 점을 이 책에서 명확히 할 것이다. 인근 일본에서 소규모 가족경영이 농업의 기초단위로 성립하는 것은 16~17세기의 일로 알려져 있다. 그 이전 오랜 세월에 걸쳐 개별 가족경영은 씨족적 질서 내지 가부장적 세대공동체에 예속되어 있었다.[17] 한국사에서 개별 가족경영의 역사도 그와 별반 다르지 않을 터이다.

범주착오

농민을 지배한 토지소유관계도 마찬가지이다. 한국역사연구회는 그에

16 한국역사연구회(1992), 『한국사』, 역사비평사, 47~48쪽.

17 永原慶二(1961), 『日本封建社會成立過程の硏究』, 岩波書店.
永原慶二(1985), 「中世の社會構成と封建制」, 『講座日本歷史』 中世2, 東京大學出版會, 317~357쪽.
하야미 아키라 지음, 조성원·정안기 옮김(2006), 『근세 일본의 경제발전과 근면혁명』, 혜안, 70~73쪽.

대해 다음과 같이 설명하고 있다. 중세사회에서는 대규모 토지를 소유한 지주地主가 토지가 부족하거나 없는 전호佃戶에게 토지를 빌려 주고 지대를 수취하는 지주전호제地主佃戶制가 발달하였다. 지주전호제는 통일신라, 고려, 조선의 세 왕조를 거쳐 19세기 말까지 이어졌다.[18] 중세사회의 기본구조로서 지주전호제는 그 역사가 천년을 넘는다. 3~7세기의 삼국시대를 중세로 편입시킨 북한의 역사학에서라면 무려 1,600년이나 된다. 그 오랜 세월에 걸쳐 사회구성의 토대로서 하부구조는 불변이었다. 나는 이같이 남·북한의 역사학이 정립한 역사상에 공감할 수 없다. 그것은 누가 뭐래도 절대적 정체의 역사이다.

한국 중세사회의 기본구조를 지주전호제로 이해하는 학설의 가장 큰 문제점은 실제 그 시대에 지주나 전호가 존재하지 않았다는 사실이다. 지주는 근세 일본에서 상인형의 대토지소유자를 가리키는 일본어이다. 조선시대에도 지주라는 말이 간혹 쓰이긴 했지만, 군현郡縣의 수령을 가리키거나 산지山地의 소유자라는 전혀 별개의 뜻이었다. 전호는 11세기 중국 송宋대에서 소작농의 뜻으로 생겨난 중국어이다.[19] 그 말이 12세기 고려로 넘어와 쓰이게 되었는데, 국가의 지배를 받는 백성이라는 뜻이었다. 어느 외래어가 발전 수준과 구조를 달리하는 사회에 유입되어 전혀 별개의 실체를 가리키게 되는 모범 사례를 전호에서 찾을 수 있다. 그럼에도 한국의 역사학자들은 지주와 전호라는 상호 무관한 두 외래어를 조합하여 그들의 중세사회 구조를 대변하려 하였다. 돌이켜 보면 더없는 범주착오였다.

삼국 통일 이후 8~12세기에 걸쳐 전국의 토지는 국왕에 귀속하는 수조권의 지배하에 놓였다. 전국의 토지는 공전公田과 사전私田으로 구분되었다. 공전은 수조권이 국왕과 정부에 직속하는 토지를, 사전은 수조권이

18 한국역사연구회(1992), 『한국사』, 184~197쪽.

19 李榮薰(1994), 「朝鮮佃戶考」, 『歷史學報』 142, 77~127쪽.
李榮薰(1999), 「高麗佃戶考」, 『歷史學報』 161, 39~77쪽.

귀족·관료·군인에 분급된 토지를 말하였다. 귀족세력은 점차 국왕의 집권적 지배체제에 편입되었으며, 그에 따라 사전도 점차 공전화하였다. 그 결과 12세기에 이르러 귀족·관료에게 수조지가 아니라 녹봉을 지급하는 체제가 성립하였다. 이후 13~15세기에 걸쳐 국왕이 공전의 일부를 관료·귀족의 수조지로 분급하는 토지제도가 부활하였다. 국가의 토지제도가 이같이 추이하는 동안 민간의 영역에서 지주전호제라 할 만한 관계는 존재하지 않았다. 그러한 이해를 뒷받침해 온 전호는 그 뜻이 전혀 별개의 것이었다.

15세기 이후 농촌사회는 급박한 변화의 물결에 휩싸였다. 전술한 대로 노비 인구가 대량으로 솟아나 전체 인구의 근 40%을 차지하였다. 남부지방의 곳곳에 양반의 농장農庄이 건설되었다. 농장을 경작한 것은 노비였다. 농장에 포섭된 노비는 자립적인 소농이 아니었다. 그들은 양반 농장주에 의해 사역되고 급양되는 존재였다. 따라서 농장주와 노비의 관계를 가리켜 지주전호제라고 이야기해서는 곤란하다. 농장의 바깥에서는 토지가 많은 사람이 토지가 없거나 적은 사람에게 토지를 대여하는 병작幷作이 발달하였다. 병작은 한 사람은 토지를, 다른 사람은 노동력을 내어 합작으로 농사를 짓는 관계이다. 그래서 향음鄕音으로는 '어우리'라고 하였다. 어우리는 토지이용을 둘러싼 경제적 계약관계이며, 봉건적 관계가 아니었다.[20]

오렌지밭에서 사과를

1960년대에 들어 남·북한의 역사학자들은 18~19세기의 조선시대를 봉건사회의 해체기로 설정하고 그 내부에서 자본주의 맹아가 발생했다고 주장하였다(맹아론). 맹아론이 제기된 배경은 정치적이었다. 북한의 지

20 李榮薰(1988), 「朝鮮封建制論의 批判的 檢討」, 移山趙璣濬博士古稀紀念論文集刊行委員會, 『韓國資本主義性格論爭: 移山趙璣濬博士古稀紀念論文集』, 大旺社, 122~153쪽.

배자는 북한의 공산주의체제가 마르크스주의의 정식에 따라 정상적으로 성립한 체제임을 확실히 하기 위해 한국사에서 자본주의로 구분되는 시대가 있어야 할 필요성을 느꼈다. 이 같은 정치적 요구에 부응하여 북한의 역사학자들은 앞서 소개한 대로 1860~1920년대를 근대, 곧 자본주의의 시대로 구분하였다. 근대는 외국자본의 침입에 의해서만 성립하지 않았다. 자본주의의 도래를 알리는 맹아는 이전부터 자연스럽게 생겨나고 있었다. 역사는 그렇게 정상적인 발전의 길을 걷고 있었지만, 외래 자본주의의 침입으로 발전의 싹은 꺾이고 말았다. 이 같은 북한 역사학계의 동향은 남한의 역사학계를 자극하였다. 남한의 역사학자들은 일본인 학자들이 구축한, 한국사는 정체했다는, 역사상을 타파하는 것을 시대적 사명으로 간주하였다. 그들은 농업, 상업, 공업, 사상의 분야에 걸쳐 근대적인 맹아를 적지 않게 찾아 냈다. 맹아론은 1980년대까지 남한의 역사학계를 풍미하였다.

역사학자들의 정성 어린 노력에도 불구하고 맹아론은 국제학계의 인정을 받지 못했다. 미국의 어느 역사학자는 맹아를 증명하기 위한 한국 역사학계의 노력을 두고 그들은 오렌지밭에서 사과를 찾는 부질없는 노력에 경도되었다고 비꼬았다. 그가 보기에 한국의 맹아론은 외부세계에 대해 거의 무관심한 한국인들의 특수한 민족주의적 편견을 대변할 뿐이었다. 그가 보기에 한국에서 근대적 기술과 공업은 개항(1876) 이후 수입된 것이지 내부에서 발명된 것은 아니었다.[21]

실제 맹아론에는 적지 않은 허점이 있었다. 일본과 중국에서도 자본주의 맹아를 검출하려는 역사학자들의 노력이 있었다. 거기서 맹아의 일반적 형태는 직포업이 농가의 가내부업에서 사회적 분업의 일환으로 분리되어 농촌공업으로 성립한 상태를 말하였다. 프로토proto공업화라고도 하

---

21 Carter Eckert(1991), *Offspring of Empire: The Koch'ang Kims and the Colonial Origins of Korean Capitalism, 1876-1945*, University of Washington Press, pp.5~6.

였다. 그렇지만 한국에서 직포업이 프로토공업화의 형태로 성립한 적은 없었다. 그 점은 관련 학자의 적지 않은 노력에도 불구하고 끝내 검증되지 않았다. 15세기 이래 면방직에서 눈에 띌 만한 기술혁신은 없었다. 면방직의 생산성은 당대 중국의 몇 분지 1에 불과하였다. 1910년 전국의 인구 289만 호 가운데 광공업에 종사한 호는 고작 0.9%였다. 인구 5,000명 이상의 도시 주민은 총인구의 3% 남짓에 머물렀다.[22] 맹아론은 20세기 초 한국경제의 이 같은 실태를 애써 무시하였다. 역사학자들은 개항 이후 제국주의의 침입에 따라 맹아가 파괴되었으며, 20세기 초의 빈약한 경제는 그 결과라고 주장하였다. 이는 설득력이 없는 변명이다. 중국사의 경험으로 보건대, 맹아가 실재했다면 광공업은 개항 이후 국내외 시장의 확대에 따라 더욱 발전하였을 것이다.

맹아론에 의하면 농업에서 자작지에다 소작지를 추가하여 경작규모를 확대하는 자본가적 부농이 성립하였다. 농촌사회는 자본-임노동 관계로 분해되기 시작하였다.[23] 여러 학자들의 갈채를 받으며 학계를 지배해 온 이 같은 학설은 유감스럽게도 경험적으로 뒷받침되지 않았다. 농가의 경작규모가 장기적으로 어떻게 변했는지를 추적한 실증적 연구에 따르면 17~19세기에 걸쳐 대규모 농지를 경작한 부농층은 점점 쇠퇴하였다. 상하 전 계층에 걸쳐 농가의 경지규모는 평균적으로 영세해지고 있었다. 다시 말해 동시대 한국의 농업은 소농경제의 발전이라는 별개의 길을 걷고 있었다.[24]

한국만이 아니라 일본과 중국의 농업도 그러하였다. 동아시아와 서유럽의 농업은 자연조건에 규정된 생산방식과 기술발전의 경로에서 큰 차이를 보였다. 동아시아의 농업은 적은 토지에 다량의 노동을 투하하여 고

22 李榮薰(1996), 「韓國史에 있어서 近代로의 移行과 特質」, 『經濟史學』 21, 79쪽.
23 金容燮(1970), 『朝鮮後期農業史硏究』 I, 一潮閣, 208~294쪽.
24 李榮薰(1988), 『朝鮮後期社會經濟史』, 한길사, 435~559쪽.

생산성을 추구하는 노동집약적 경로를 따랐다. 반면 서유럽은 많은 토지에 소량의 노동을 투하하는 노동절약적, 자본집약적 경로를 걸었다. 일본의 하야미 아키라速水融에 따르면 동아시아경제는 노동집약적인 근면혁명의 길을 따라 발전했으며, 대조적으로 서유럽 경제는 자본집약적인 산업혁명의 길을 밟았다.[25] 유라시아대륙의 양극단은 자연환경의 차이에 따라 상이한 방향으로 진보하였다. 맹아론은 자국사의 진취성을 드러내려는 주관적 선의에도 불구하고 결과적으로 자국이 서유럽을 힘겹게 뒤좇아 가는 초라한 모습을 그렸을 뿐이다.

맹아론의 정치학

빈약한 실증에도 불구하고 맹아론이 한 시대를 풍미한 것은 그것의 정치적 함의가 강렬하였기 때문이다. 한국인들은 일본에 병탄당하기 전의 그들의 역사가 정상적인 길을 걷고 있었다는 역사학자들의 주장에 환호하였다. 맹아론은 현대 한국인의 민족주의 정서를 만족시켰다. 한 걸음 더 나아가 맹아론은 19~20세기 한국 정치사의 큰 흐름을 다음과 같은 논리로 정리하였다. 18세기 이래 맹아가 성숙함에 따라 조선왕조의 봉건체제를 타파하려는 정치적 움직임이 가시화하였다. 한편의 움직임은 자본가적 부농을 선봉으로 하는 농민적 혁명의 노선인데, 이 밑으로부터의 진정한 근대화 노선은 19세기 후반의 민란과 1894년의 갑오농민전쟁으로 혁명역량을 결집하지만 일본군의 개입으로 실패하였다. 농민적 혁명의 노선에 밀려 봉건적 지배계급은 기존의 국가체제를 개량하는 위로부터의 근대화를 모색하는데, 이 역시 일제의 조선 병탄으로 좌절하고 말았다. 일제의 지배하에서 농민적 혁명의 노선은 급진적인 토지개혁을 통한 민주주의혁명과 사회주의체제의 건설을 지향하였다. 그에 비해 위로부터의

25 하야미 아키라 지음, 조성원·정안기 옮김(2006), 『근세 일본의 경제발전과 근면혁명』, 285~320쪽.

개량적 노선은 식민지지주제와 식민지자본주의의 발전을 추구하였다. 해방 후 농민적 혁명의 노선은 북한체제로, 지배계급의 개량적 노선은 남한체제로 계승되었다. 이상과 같이 맹아론은 해방 후 민족의 분단과 상이한 국가체제의 성립을 18~19세기에 걸친 맹아의 성립과 그에 추동된 근대화를 위한 대립적 노선의 역사적 투쟁과 귀결로 이해하였다.[26]

이 언저리에서 맹아론은 학문으로서 역사학의 경계를 넘어 상이한 국가체제 간의 긴장을 다루는 고도의 정치적인 영역으로 뛰어들었다. 맹아론이 제기한 두 가지 근대화 노선은 러시아혁명의 주역인 레닌V. I. Lenin이 정립한 혁명 이론에 뿌리를 두고 있다. 레닌은 19세기 말 러시아 농촌에서 자본주의가 발전하고 있음을 전제한 위에, 토지의 분배를 요구하는 농민운동을 맞이하여, 그것을 일층 급속하고 광범한 자본주의의 발전을 가능케 하는 부르주아혁명으로 규정하였다. 반면 지배계급인 봉건영주가 주도하는 자본주의 발전은 농민에게 장기간의 반농노적, 채무노예적 예속을 강요하는 길로 규정되었다. 레닌은 러시아의 마르크스주의자들은 농민적 노선을 지지하여 자본주의의 발전을 앞당겨야 한다고 주장하였다. 그래야 그들이 추구하는 공산주의혁명을 조속하게 역사의 일정에 올릴 수 있기 때문이다.[27] 레닌의 권고에 따라 러시아의 공산당은 농민과의 계급동맹을 맺었으며, 그 덕분에 1917년 공산주의혁명에 성공하였다. 그 혁명의 종국적 실패가 임박한 1980년대에 이르러 남한의 역사학계가 그들의 19~20세기 역사를 설명하는 틀로서 이 같은 혁명이론을 수입한 것은 기묘하다고나 할까, 해명하기 쉽지 않은 정신적 현상이다.

이 같은 맹아론의 정치학에 따르면, 1948년에 성립한 대한민국은 조선봉건체제의 지배계급과 일정기에 성장한 예속자본가들이 그들의 기득권

---

26 金容燮(1988),「近代化過程에서의 農業改革의 두 方向」,『韓國資本主義性格論爭: 移山趙璣濬博士古稀紀念論文集』, 154~178쪽.

27 李榮薰(1996),「韓國史에 있어서 近代로의 移行과 特質」,『經濟史學』21, 89~90쪽.

을 지키기 위해 민족분단을 무릅쓰면서 세운 반민족적이고 반봉건적인 국가체제에 다름 아니다. 분단 이후의 현대사는 예속자본주의를 청산하고 민족통일을 성취하기 위한 혁명적 민중의 투쟁사이다.[28] 대한민국은 통일과 함께 해체되어야 할 잠정적인 위선의 체제이다. 1988년 이후 이른바 민주화의 시대에 급진적 정치세력에 의해 이 같은 주장이 펼쳐질 때 한국의 지식인들은 한동안 그에 우호적이었다. 그들이 공교육 12년의 과정에서, 나아가 대학에서, 함양한 역사의식이 맹아론의 정치학으로 순치되어 있었기 때문이다.

현실로부터의 유리

21세기 초 오늘날 우리는 매우 발달된 시장경제체제 속에서 살고 있다. 인간들의 경제활동은 무수한 시장거래의 연쇄로 이루어진다. 경제활동의 양대 주체는 가계와 기업이다. 두 주체 사이에는 상품시장, 노동시장, 금융시장이 열려 있다. 상품시장에서 공급자는 기업이고 수요자는 가계이다. 기업은 자신이 생산한 재화와 서비스를 내다 팔고, 가계는 그것을 생활재료로 구입한다. 기업과 기업 사이에는 원료, 중간재, 부품, 기계, 장치를 거래하는 또 다른 상품시장이 열려 있다. 상품시장에는 도매업, 소매업, 운송업, 창고업, 상품거래소, 무역상사와 같은 다양한 시장기구가 조직되어 가계와 기업, 기업과 기업의 거래를 돕고 있다.

노동시장에서는 가계가 공급자이고 기업이 수요자이다. 가계는 구성원의 노동력을 팔아 생활소득을 벌며, 기업은 그 노동력으로 재화를 생산한다. 노동시장에서는 직업소개소나 직업훈련원과 같은 기구가 있어서 가

28 강만길(1985), 「해방 전후사 인식의 방향」, 강만길 외, 『해방 전후사의 인식』 2, 한길사, 9~15쪽.
최장집·정해구(1989), 「해방 8년사의 총체적 인식」, 최장집 외, 『해방 전후사의 인식』 4, 한길사, 11~48쪽.
조희연(1989), 「80년대 사회운동과 사회구성체논쟁」, 박현채·조희연 엮음, 『한국사회구성체논쟁』 1, 도서출판竹山, 11~36쪽.

계의 노동력을 기업에 적재적소로 연결해 주고 있다. 초·중등학교와 대학도 노동시장에 종사하는 기구이다. 금융시장은 화폐가 거래되는 시장이다. 가계는 장래의 소비를 위해 소득의 일부를 저축한다. 기업은 사업체를 설립하고 운영하는 데 많은 자금을 필요로 한다. 금융시장은 가계의 저축을 기업의 설비 및 운영 자금으로 중개한다. 이 시장에서는 은행, 투자회사, 증권회사, 신탁회사, 보험회사, 증권거래소와 같은 시장기구들이 활동한다.

이처럼 우리가 살고 있는 시장경제체제는 가계와 기업, 양자를 중개하는 여러 부문의 시장, 거기서 활동하는 다양한 기능의 시장기구들이 긴밀히 상호연동하는 유기체이다. 2010년 한국의 가계 총수는 1,733만이다. 같은 해 전국의 사업체 총수는 335만이다. 이 외에 각종 식재료를 공급하는 농가 117만과 어가 6만이 있다. 이 방대한 수의 가계, 기업, 농·어가 사이에 수십만 가지의 재화와 서비스가 시장거래의 형태로 흐른다. 같은 해 그 과정에서 새롭게 창출된 소득, 곧 국내총생산(GDP)은 1,266조 원에 달하였다.[29] 이 수천만의 가계와 기업이 관계하는 재화와 서비스의 대규모 흐름이 누구의 지시와 계획도 없이 원활하게 꾸려진다는 사실은 따지고 보면 마술과도 같은 것이다. 일찍이 이를 두고 고전파 경제학을 창시한 애덤 스미스A. Smith는 '보이지 않는 손'에 비유하였다.[30]

이 마술과도 같은 시장경제체제는 한국인의 역사에서 언제, 어떻게 성립하였던가. 다른 나라에 비해 어떠한 특질을 지니는가. 먼 훗날 어떻게 될 것인가. 인간은 과거를 기억하고 미래를 상상하는 영지靈智의 동물이

29 2010년의 통계가 인용된 것은 인구조사가 5년마다 이루어져 2010년의 통계가 최신의 것이기 때문이다. 가계 총수 가운데는 1인 가구 414만이 포함되어 있다. 가계, 농가, 어가의 총수와 GDP에 관해서는 통계청의 국가통계포털(KOSIS, http://kosis.kr/)을, 각 산업에 종사하는 사업체 총수에 관해서는 통계청의 전국사업체조사(www.kostat.go.kr/survey/saup/index.action)를 참조할 수 있다.

30 애덤 스미스 지음, 김수행 옮김(2003), 『국부론』(상), 비봉출판사, 552~553쪽.

다. 나는 누구인가. 어디서 왔다가 어디로 가는가. 우리가 역사에 대해 관심을 갖는 것은 이 같은 존재론적 의문에서이다. 의문의 출발은 나, 곧 현실이다. 그래서 이 경제체제는 언제, 어떻게 성립했는가를 묻는 것이다. 이 같은 질문에 독자 여러분은 적지 않게 당혹해 할 것이다. 그런 교육을 받은 적이 없기 때문이다. 이상하게 들릴지 몰라도 잘 훈련된 경제학자도 마찬가지이다. 대학의 강의실이나 취업시장에 널리 보급된 경제원론 교과서 어디에도 한국에서 시장경제체제가 들어선 시기나 과정에 관한 서술을 찾을 수 없다. 대답할 준비가 되어 있지 않기는 역사학자들도 마찬가지이다. 세간에 널리 알려진 한국사 개설서 어디에도 오늘날의 경제체제를 성립시킨 역사적 사건이나 중대 계기에 관한 장절을 찾을 수 없다.

경제학과 역사학의 현상만이 아니다. 시장경제체제 속의 인간들은 신체의 자유와 재산권의 주체로서 곧 자유인이다. 한국인은 언제부터 자유인이었나. 한국에서 사유재산제도는 언제 포괄적으로 성립하였나. 이 같은 질문에 한국의 정치학과 법학은 대답할 준비가 되어 있지 않거나 엉뚱한 대답을 하기 일쑤이다. 기타 한국의 가족, 친족, 마을, 조합, 협회 등 각급 단체의 역사적 유래를 묻는 질문에 사회학자와 인류학자의 생각은 정리되어 있지 않다. 요컨대 한국의 경제학과 역사학을 비롯한 역사적 사회과학은 현실에 대한 설명력을 결여하고 있다. 다시 말해 존재론적 근거가 애매한 가운데 현실로부터 유리되어 있다. 그 깊은 저변에는 맞지 않는 잣대로 부풀려지고 범주착오를 일으키고 환상을 지어낸, 고도로 정치화한, 시비곡절로 점철된 역사의식이 깔려 있다.

이 같은 존재감각에서는 현실을 과학적으로 인식하려는 인과증명의 체계가 성립하지 않는다. 현실은 부당한, 침탈된, 왜곡된 과거의 현주소로서 비판의 대상일 뿐이다. 지난 한 세대에 걸쳐 한국의 역사학이 현실을 설명하는 책임성 있는 근대과학으로 스스로를 정립하지 못한 것은 이 같은 존재론적 인식의 제약에서이다. 조선왕조의 선비들은 세상을 움직이는 도덕원리로서 성리性理를 힘을 다해 추구하였다. 한국의 역사학은 그 의리지학義理之學의 현대판일지 모른다.

2. 무엇을 쓸 것인가

경제에의 시선

경제는 인간이 생존하기 위해 행하는 노동, 분배, 소비의 제 과정을 말한다. 경제학자들의 경제에 대한 표준적 이해도 대개 이 정도의 과정에 국한되어 있다. 그렇지만 현실의 경제는 정치, 사회, 문화가 관계하는 훨씬 복잡한 과정이다. 세계 대부분의 나라에서 정치는 여전히 자원을 배분하는 강력한 힘으로 작용하고 있다. 노동과정에서 이루어지는 분업과 협업의 원리는 마을 안에서 주민들이 신뢰하고 협동하는 원리와 다르지 않다. 노동의 목적이 무엇이고 과실을 어떻게 처분할지는 인간들이 조상으로부터 물려받은 문화의 체계에 긴밀히 규정된다. 그렇게 여러 수준이 상호작용하는 인간들의 생활과정을 오늘날의 학자들은 분석의 편의를 위해, 많은 경우 대학의 일자리와 기득권의 고수를 위해 경제, 정치, 사회, 문화로 칸막이를 치고 있을 뿐이다.

네덜란드의 경제학자 앵거스 매디슨A. Maddison은 세계 각국의 인구와 소득수준의 역사에 관한 방대한 데이터베이스를 구축하였다.[31] 그가 만든 데이터베이스는 그의 사후에도 매디슨 프로젝트라 하여 각국의 학자들이 참가하는 공동연구로 개선 중이다. 동 프로젝트가 발표한 최근의 데이터베이스에서 1911년과 2010년의 1인당 소득수준을 비교할 수 있는 나라는 40개이다. 〈그림 1-1〉은 횡축은 1911년의 소득수준, 종축은 2010

31 Angus Maddison(2006), *The World Economy*, OECD.

[그림 1-1] 주요 국가의 1911년과 2010년의 소득수준 분포

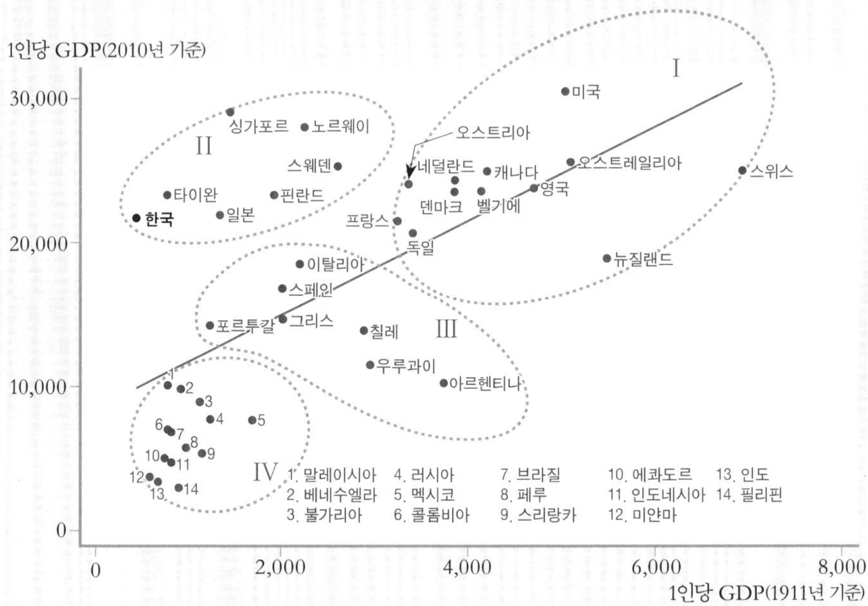

출처: http://www.ggdc.net/maddison/maddison-project/data.htm

년의 소득수준으로 하여 40개국을 산포한 것이다.[32] 이 그림을 자세히 살피면 지난 20세기 걸쳐 세계경제사에서 무슨 일이 일어났는지, 그 속에서 한국의 위치는 어떠한지,[33] 경제성장의 요인은 얼마나 복합적인지에 관해 많은 시사를 얻을 수 있다.

개략적으로 말해 지난 100년간 각국이 이룩한 경제성장의 정도는 네

32 매디슨 데이터베이스에서 소득은 '1990 국제 기어리-카미스 달러'(1990 International Geary-Khamis Dollar)로 표시된다. 이는 여러 나라의 상이한 시대의 소득 수준을 통일적으로 비교하기 위해 기어리와 카미스가 각각 1958년과 1972년에 제안한 방식에 따라 1990년 매디슨이 작성한 指數이다. 동 1달러는 1990년 US 1달러와 동일한 구매력을 갖는다고 상정된다.

33 2010년 물론, 1911년의 한국은 오늘날의 대한민국으로 이어지는 남한만을 말한다.

그룹으로 나뉜다. 제I그룹은 예나 지금이나 가장 잘 사는 나라로서 미국, 영국, 캐나다, 오스트레일리아, 뉴질랜드, 벨기에, 네덜란드, 덴마크, 독일, 오스트리아, 스위스, 프랑스이다. 제II그룹은 급속한 성장을 이룩한 신흥부국으로서 한국, 일본, 타이완, 싱가포르, 스웨덴, 노르웨이, 핀란드이다. 한국은 1911년 40개국 중에서 가장 가난했지만, 2010년에는 신흥부국에 속하는 드라마를 연출하였다. 제III그룹은 상대적으로 정체하거나 후퇴한 나라로서 이탈리아, 스페인, 포르투갈, 그리스, 칠레, 우루과이, 아르헨티나 등이다. 제IV그룹은 예나 지금이나 가난한 나라들이다. 어디까지나 상대적 가난이다. 세계의 200여 나라 가운데는 이들보다 훨씬 가난한 나라들이 수두룩함에 유의할 필요가 있다. 멕시코, 브라질, 페루, 콜롬비아, 에콰도르, 베네수엘라, 러시아, 불가리아, 말레이시아, 스리랑카, 인도네시아, 인도, 필리핀, 미얀마가 여기에 속한다.

각 그룹의 인종, 가족, 종교, 제도, 자연환경, 국제조건은 다양하다. 세계는 실로 만화경이다. 거칠게 말해 제I그룹은 인종이 앵글로색슨이나 게르만이고, 가족은 핵가족이나 직계가족이고, 종교는 프로테스탄트이고(프랑스 제외), 재산권제도가 성숙해 있고, 자연환경은 온난하고, 국제조건은 예부터 개방적이었다. 일찍부터 개인주의, 자유주의, 법치주의의 문화가 성숙하거나 길드·조합의 형태로 사회적 협동이 발달한 나라들이다. 강력하며 효율적인, 그럼에도 경제로부터 적당히 떨어진, 정치권력이 이 그룹의 자랑거리이다. 제III그룹은 인종은 라틴이며, 가족은 공동체가족이며, 종교는 가톨릭으로서 사회의 공동체적 편성이 두드러진 나라들이다. 정치적 통합은 그리 높지 않은 수준이다. 제IV그룹은 여러모로 제I그룹과 대조적이다. 무엇보다 자연환경이 아열대나 산악지대이거나 바다로부터 격리된 내륙이다. 가족은 공동체가족이거나 형태가 분명치 않으며, 개인주의가 미숙하며, 재산권제도가 정비되어 있지 않으며, 강력하고 효율적인 중앙집권국가를 결여한 경우가 많다.

무엇보다 나의 관심을 끄는 것은 각 그룹에 속한 나라들이 지역적으로 인접한 경우가 많다는 점이다. 제II그룹의 한국, 일본, 타이완은 20세기 전반에 하나로 통합된 경제권이었다. 스칸디나비아반도의 스웨덴, 노르웨이, 핀란드도 역사적으로 하나의 경제권이다. 제I그룹을 이루는 유럽의 여러 나라가 19세기에 걸쳐 산업혁명을 수행한 것은 가장 먼저 산업혁명을 수행한 영국이 가까이 있다는 이웃효과 때문이다. 우수하고 부유한 이웃 민족이 경제성장에 미치는 긍정적 효과는 계측이 불가능할 정도이다.

이같이 거칠기 짝이 없는 스케치만으로도 짐작하고 남듯이 각 그룹의 차별적인 소득수준이나 경제성장의 정도를 규정한 요인은 실로 복합적이다. 이 같은 시선에서 이 책에서 나는 한국경제의 역사를 자료가 허락하는 범위에서 가능한 대로 장기적으로 그리고 복합적으로 고찰하려고 노력하였다. 그러면서도 현실로 이어지는 복잡한 인과의 실마리를 놓치지 않으려 애를 썼다. 물론 얼마나 성공했는지는 오로지 독자 여러분이 평가할 일이다. 이 책을 통해 내가 추적하고자 한 주요 주제는 다음과 같은 몇 가지이다.

인구와 환경

인류의 긴 경제사에서 18세기 후반 영국에서 산업혁명이 일어나기 전까지 생활수준의 근본적 개선은 없었다. 이른바 '맬서스의 덫'에 걸려 있었다. 개발이 이루어져 생산이 늘면 인구가 따라서 증가하여 실질소득은 정체하였다. 생산과 인구가 불균형을 이루면 재난이 발생하여 인구를 감소시켰다. 19세기까지의 한국경제사도 마찬가지 길을 걸었다. 개략적으로 말해 한반도의 인구는 기원을 전후한 시기에 120만 명, 10~11세기에 300만 명, 15세기 중반에 650만 명, 20세기 초에 1,700만 명으로 증가하였다. 이 책은 시대별 인구에 관한 한, 이 같은 이미 알려진 정보에 의존하고 있을 뿐이다. 15~19세기 조선시대에 인구증가의 속도가 이전 시대보다 빨

랐음에 주목할 필요가 있다. 경지의 개발, 농법의 개량, 시장의 성장에 따라 경제의 확장이 이루어졌기 때문이다. 조선시대의 경제가 정체했다는 주장은 사실이 아니며, 처음부터 잘못 제기된 것이다.

이 책에서 불충분하나마 관심을 표한 것은 인구의 증가에 따라 자연과 인간사회의 관계, 곧 자연에서 열량과 생활재료를 취득하는 노동의 형태가 달라졌다는 사실에 대해서이다. 인구 1,700만 명의 19세기가 곡작이 중심을 이룬 농업사회임을 우리는 잘 알고 있다. 한반도의 80%는 산지이다. 19세기 말이면 경작 가능한 모든 범위의 산지가 개간되어 있었다. 인구가 120만 명이었을 기원 전후의 시기는 어떠하였을까. 나는 그 시대는 열량과 생활재료의 공급원으로서 바다, 하천, 산지를 무대로 한 채취, 어로, 수렵, 공업, 상업, 무역이 곡작 농업과 경쟁한 생태환경이었다고 짐작한다. 7세기 초 고구려가 백성으로부터 수취한 조부租賦의 내역을 보면 비단, 모시, 베와 같은 포布가 쌀보다 더 큰 비중을 차지했으며, 쌀의 수취도 성인남자 1명에 연간 벼 1두斗에 지나지 않았다. 그 점을 밝힌 것이 이 책의 조그만 성과 중의 하나이다.

여러 형태의 생산이 경합한 생태환경은 7세기 이후 곡작 농업의 발전에 따라 많이 바뀌어 가지만 인구 650만 명의 15세기 전반까지도 상당 부분 그 원형을 보전하였다. 순수 농업사회로 변질하는 것은 이후 19세기 말까지 인구가 2~3배 증가하는 과정에서이다. 복합적 생태환경에 기초한 다양한 생산활동은 후퇴하거나 자취를 감추었다. 18세기 이후면 전국의 산림이 황폐하기 시작하였다. 19세기는 그에 따른 재난이 농업에 타격을 가하여 1인당 소득수준이 감소한 시기이다. 이는 세계 도처에서 폐쇄된 경제가 발전의 어느 단계에서 피하기 힘든 운명이었다.[34] 맬서스의 시대에

34 제레드 다이아몬드는 세계사에서 크고 작은 사회가 해체된 주요 원인의 하나로 인구 증가에 따른 환경의 파괴를 들고 있다. 제레드 다이아몬드 지음, 강주헌 옮김(2005), 『문명의 붕괴』, 김영사. 원저: Jared Diamond(2005), *Collapse: How Societies Choose to Fail or Succeed*, Viking Penguin.

경제성장은 재앙의 출발이기도 하였다. 이 책은 맬서스 시대의 경제를 연구함에 있어서 다른 무엇보다 긴요한 과제인 인구와 환경의 관계를 시론으로 다루어 보았다.

가족과 소농

20세기 한국인의 표준적 가족형태는 직계가족 또는 권위주의가족이다. 차남 이하는 결혼 이후에 분가를 하고, 장남 부부가 부모를 봉양하면서 가계를 잇는 가족형태를 말한다. 프랑스의 인류학자 에마뉘엘 토드I. Todd가 그린 세계의 가족지도에서 직계가족은 의외로 소수파이다. 직계가족의 나라는 유럽에서는 남부프랑스, 스웨덴, 노르웨이, 스코틀랜드, 아일랜드, 스위스, 벨기에, 룩셈부르크이고, 아시아에서는 한국, 일본, 중국의 광둥廣東, 이스라엘로 국한된다. 토드에 의하면 대부분의 유라시아대륙과 여타 세계에서 지배적 가족형태는 공동체가족이었다. 산업혁명을 선취하고 오늘날 세계를 사실상 지배하는 앵글로색슨의 영미권은 핵가족의 사회이다.[35]

토드는 가족형태의 이 같은 세계적 분포와 각 지역의 소득수준 및 경제체제는 밀접한 연관을 맺는다고 주장한다. 직계가족의 사회는 권위주의 문화의 제약으로 새로운 창조에는 별 재주가 없지만, 오랜 세월 조금씩 암묵적으로 축적되는 기술의 전승과 개량에는 특별한 능력을 과시한다. 여기서는 우수한 상속자를 확보하기 위한 가장家長의 높은 교육열로 인해 사회에 축적된 인적자본이 다른 어느 지역보다 높다. 앞의 〈그림 1-1〉을 해설하면서도 비쳤지만, 나는 이 같은 토드의 주장에 매력을 느낀다. 그의 거대이론을 검증하기 위한 연구는 그의 가설이 높은 유의성을

35 에마뉘엘 토드 저/김경근 옮김(1997), 『유럽의 발견—인류학적 유럽사』, 까치. 원저: Emmauel Todd(1990), *L'Invention de l'Europe*, Éditons du Seuil.
エマニュエル・トッド, 石崎晴己 編(2001), 『世界想像革命—家族人類學の挑戰』, 藤原書店. 원저: Emmanuel Todd(1999), *L'illusion Économique*, Gallimard.

지님을 확인하고 있다.[36]

그렇다면 한국인의 직계가족은 언제, 어떻게 형성되었나. 다시 말해 오늘날 한국 시장경제체제의 주역을 이루는 1,733만 가계의 역사적 원류는 어디인가. 이 문제는 이 책을 관통하는 가장 논쟁적인 주제이다. 한국사에서 직계가족이 생겨난 것은 17세기 이후라고 알려져 있다. 왜 그때부터인지, 그것이 지배적 형태로 제도화하는 것은 언제인지, 그 이전의 장대한 역사를 관철해 온 가족형태는 무엇인지는 역사학도의 흥미를 자극하는 연구과제이지만, 지금까지 마땅한 주의와 관심이 베풀어지지 않았다.

나는 한국사에서 시대별로 가족형태는 같지 않았다고 생각한다. 소규모 가족이 소비생활의 단위로, 곧 어떤 원초적 집단으로부터 독자의 세대로 분리되는 시대가 있었다면, 그 세대가 복합체를 이루어 생산활동과 사회구성의 기초 단위로 역할을 한 시대가 있었으며, 나아가 그 복합체가 해체되고 개별 세대가 생산활동과 사회구성의 기초단위로 자립하는 시대가 있었다. 직계가족의 출현은 마지막 단계의 일이다. 나는 그렇게 분출한 소규모 세대와 가족을 소농小農이라고 부른다. 따지고 보면 소농이 생산활동의 주체로 자립한 경험도 직계가족의 경우와 마찬가지로 세계적으로 소수파이다. 나카무라 사토루中村哲에 의하면 소농사회의 성립은 근세 서유럽과 15세기 이후 중국, 일본, 남부한국으로 국한되었다.[37] 소농의 가장이 자기 책임과 계획으로 가정경제의 재생산과 번영을 책임지는 일은 결코 쉬운 일이 아니다. 나는 〈그림 1-1〉에서와 같은 20세기에 걸친 한국경제의 도약은 이 같은 역사적 토대를 전제하지 않으면 설명하기 힘들다고 생각하고 있다.

---

36 Alesina, Alberto and Giuliano, Paola(2013), "Family Tie", NBER Working Paper Series No.18966.

37 나카무라 사토루(2007), 「동북아시아 경제의 근세와 근대, 1600-1900—그 공통점과 차이점—」, 나카무라 사토루·박섭 엮고 지음, 『근대 동아시아 경제의 역사적 구조』, 일조각, 20~30쪽.

소유와 신분

고려시대 14세기 후반의 일이다. 청주의 추동楸洞에 곽郭씨의 밭이 있었다. 곽씨가 직접 농사를 지어 끼니를 잇고, 손님 접대하고, 관혼상제를 꾸려 나가기에 어려움이 없었다. 곽씨가 과거에 급제하여 조정에 출사하였다. 그사이 농사를 폐지하니 땅이 묵어 돌보지 않은 것 같이 되었다. 여러 해 뒤에 곽씨가 벼슬을 그만 두고 처자를 데리고 돌아와 다시 농사를 지었다. 추동에 영모정永慕亭이란 정자를 지은 곽씨가의 역사이다.[38] 이 사실은 14세기 후반까지도 사람이 떠나면 토지가 황폐화하는 환경을 전하고 있다. 인구가 600만 명에 못 미치는 시대였고 토지는 2~3년에 한 차례 경작되는 휴한농법의 시대였다. 인구에 비해 토지가 넉넉한 시대에 토지는 인간의 노동이 투여되는 한에서 유용한 재산이었다. 이 같은 생태환경에서 토지에 대한 소유권은 인간의 노동을 지배하는 정치적, 군사적 권력에 바탕을 둠이 보통이었다.

1950~1970년대에 역사학자들은 신라~고려 시대에 토지는 국유인가 사유인가라는 논쟁을 벌였다. 돌이켜 보면 논쟁에는 적지 않은 허점이 있었다. 사유라 할 때 그것의 특질이 인류사에서 다양하게 존재한 소유형태 가운데 어떤 것을 가리키는지가 명확치 않았던 것이다. 논쟁의 허점은 1980년대 이후 전국 각지에 분포한 유서 깊은 양반가에서 토지의 상속문서와 매매문서가 대량으로 공개됨에 따라 백일하에 드러났다. 토지의 상속·매매문서는 15세기 초를 상한으로 하고 있다. 다시 말해 한국사에서 토지가 개인의 재산으로서 상속, 매매되기 시작한 것은 15세기부터이다. 농민이 떠나도 토지는 다른 농민에 의해 경작되는 시대가 된 것이다. 그래야 매매도, 상속도 가능한 권리가 생겨나는 법이다. 이후 18세기까지 토지는 일정액의 화폐로 가치가 평가되는 일층 몰인격의 자산으로 진보해 갔다.

---

38 민족문화추진회(1969), 『국역신증동국여지승람』 II, 민족문화문고간행회, 495쪽.

한국사에서 국가가 성립하는 것은 4~6세기의 일이다. 이후 15세기까지 천년의 세월에 걸쳐 인간에 대한 정치적, 군사적 지배에 근거한 토지 소유가 성립하고, 그를 두고 국왕과 귀족·관료가 각축을 벌이고, 끝내 개인적 재산으로 대체되기에 이른 과정은 한국사의 전개과정을 이끈 굵은 줄기에 해당한다. 18세기까지 대부분의 토지가 사실상 일지일주一地一主의 근대적 소유권으로까지 진화한 역사는 20세기 이후 이 나라에 시장경제체제가 뿌리를 내림에 있어서 비옥한 토양을 제공하였다.

15세기는 커다란 전환기였다. 토지가 개인의 재산으로 바뀜에 따라 사회가 신분관계로 분열하였다. 그 이전의 신라~고려 시대는 농민·수공업자의 생산활동, 국왕·귀족의 수조收租활동, 사원을 중심으로 한 종교활동에 이르기까지 공동체에 기반을 둔 사회였다. 왕도에 집결한 귀족·관료·중앙군의 공동체가 지방의 군현공동체를 지배하는 체제였다. 그 공동체사회가 15세기에 이르러 각 사람이 양반, 상민, 노비라는 신분으로 구분되고 대립하는 신분제사회로 바뀌었다. 그 과정에서, 앞서 강조한 대로 인구의 30~40%가 노비로 떨어졌다. 외국의 학자들은 이 사실에 근거하여 조선시대를 노예제사회라고 평가하고 있다. 한국의 역사학을 알게 모르게 깊이 규정해 온 마르크스주의의 정식을 곧이곧대로 들이대면, 15세기 이후에야 가족, 사유재산, 계급, 국가로 분열하고 통합된 문명사회가 성립하는 셈이다. 나는 그러한 해석을 지지하지 않지만, 반론은 쉽지 않으며 섬세한 이해와 진지한 토론이 필요하다.

지배와 통합

서울대학교의 규장각奎章閣에는 조선왕조가 제작한 양안量案[토지대장]과 호적戶籍이 다수 소장되어 있다. 혼자서는 들기 힘들 정도로 무겁고 큰 장부이다. 40년 전 나는 그 양안과 호적을 한 장씩 넘기며 구경하는 것으로 한국경제사 연구를 시작하였다. 18세기 초의 어느 양안 속에는 꿩 날

개가 수북하게 끼워져 있었다. 그 냄새를 맡으며 나는 내가 18세기를 호흡한다고 상상하였다. 양안에는 전田·답畓·대垈의 1필 1필마다 지목, 지형, 등급, 사방경계, 면적, 결부結負[세액], 소유자가 등록되어 있었다. 호적은 남녀노소의 인구를 등록하는데, 16세 이상의 모든 남자에게는 무엇이든 직역이 반드시 부과되어 있었다. 그런 호적이 매 3년마다 작성되었다.

세월이 한참 흐른 뒤 나는 같은 시기와 지방이라도 양안과 호적상의 인물이 일치하지 않음에 주목하게 되었다. 다시 말해 조선왕조는 토지와 인간을 별개의 자원으로 분리해서 지배하였다. 토지로부터 조세를 수취하는 체계와 인간으로부터 노동력을 징발하는 체계가 달랐다. 어떻게 그럴 수 있는가. 오랫동안 나의 연구자로서의 관심과 활동은 이 같은 의문에 사로잡혀 있었다. 알고 보니 14세기까지 이전의 왕조에서 토지와 인간은 일체로 지배되었다. 15세기 조선왕조가 열리면서 토지와 인간은 따로따로 지배되기 시작하였다. 예컨대 국가가 군역을 수취하면서 해당 백성이 토지를 소유하여 군역을 감당할 능력이 있는지를 묻지 않았다.

지배의 가혹성이랄까 비체계성이랄까 이런 일은 인근 중국사와 일본사에서는 있지 않았다. 한국사만의 개성적 특질이다. 바로 그 시기에 토지가 개인의 사유재산으로 변하고, 사회가 양반-상민-노비의 신분관계로 분열하고, 인구의 30~40%가 노비로 전락하였다. 그 모두 조선왕조가 토지와 인간을 별개로 지배한 지배체제의 성립과 깊은 연관을 맺고 있다. 서유럽이 르네상스의 시대를 열고 신대륙을 발견하고 5대양 6대주로 대항해를 개시한 시대의 일이다. 바로 그 시대의 유라시아대륙 동쪽 끝에서는 오늘날 한국인의 심성, 문화, 행동원리와 깊이 관련되는 국가 지배체제의 중대한 전환이 있었다.

국왕과 귀족·관료는 수탈자이지만은 않았다. 수탈은 도덕적으로 정당화되어야 했으며, 정치와 종교가 그 역할을 맡았다. 백성의 살림살이는 주기적인 기근에 맞서 안정되어야 했다. 수탈과 통합은 동전의 앞뒤와 같다.

크게 말해 인류사에서 통합은 호혜, 재분배, 시장의 세 형태가 있었다.[39] 통합의 형태는 나라와 시대에 따라 달랐다. 규모가 크지 않은 폐쇄경제라면 창고에 곡식을 저장하고 필요한 시기와 지방으로 곡식을 옮기는 재분배가 큰 역할을 수행하였다.

18세기에 이르러 조선왕조는 전국 3,900여 면마다 지어진 창고에 도합 1,000만 석에 가까운 곡식을 저장하였다. 해마다 봄이면 그 2/3가 150만여 농가에 배분되고 가을에 환수되었다. 곡물의 전국적 유통에서 이 제도가 차지한 비중은 시장을 능가하였다. 조선왕조가 구축한 재분배경제는 18세기의 안정과 번영을 뒷받침하였다. 아마도 같은 세기에 이만한 인구 대비 실질규모의 재분배경제를 영위한 나라는 지구상에서 찾기 힘들 것이다. 그 배경을 이룬 환경, 정치, 이념, 농민, 지배체제의 특질을 살펴볼 필요가 있다. 조선왕조가 구축한 지배와 통합의 체제는 바로 그 속에서 오늘날 한국인의 사회적 행동원리와 심성이 형성되었기 때문에 중요하다. 조선왕조의 역사는 이 같은 현실과의 긴장감에서 추구될 필요가 있다.

신뢰와 협동

시장의 상인들은 그들이 행하는 수많은 거래가 공식적인 법에 의해서만 규율되지 않는다는 사실을 잘 알고 있다. 서로 믿고 의지하는 사이라면 수억 원의 거래도 간단한 구두계약만으로 성립한다. 예기치 못한 사고로 계약이 이행되지 못할 수 있다. 그에 따른 손실은 서로가 적당히 분담하는 것으로 타결된다. 그들은 공영共榮을 추구한다. 타이완의 중소기업은 주문이 밀려온다고 생산시설을 늘리지 않는다. 함부로 생산시설을 늘렸다가 불황이 닥치면 망할 줄 알기 때문이다. 늘어난 주문은 다른 기업으로 돌린다. 그 기업은 나중에 같은 식으로 되돌려 준다. 그 같은 기업

---

39 칼 폴라니 지음, 朴賢洙 옮김(1983), 『인간의 경제』 I·II, 풀빛, 75~84쪽. 원저: Karl Polany(1977), *The Livelihood of Man*, Academic Press.

풍토는 우리 한국과 적지 않은 거리가 있다. 그렇다고 이 나라가 타이완보다 저신뢰의 사회라는 말은 아니다. 신뢰와 협동을 창출하는 인간관계의 원리, 곧 문화가 다른 것이다.

한국인들이 일상생활에서 신뢰하고 협동하는 원리는 무엇인지, 역사적으로 어떠한 변화의 과정을 거쳐 왔는지, 다른 나라와 비교된 특질은 어떠한지는 오늘날 시장경제체제의 유형과 원리를 이해하는 데 불가결의 관점을 이루고 있다. 그러한 문제의식에서 마을, 단체, 조합, 협회의 역사를 추구하는 것은 경제사 연구에 있어서 생산, 분배 등 좁은 의미의 경제활동을 추구하는 것에 못지않은 의의를 지니고 있다.

고고학자들의 발굴 성과에 따르면 3세기를 전후한 시기에 한반도 남부에서 단위 취락의 평균 규모는 주거지 50기 정도였다. 이후 6세기경 삼국에서 촌村이 지방행정의 단위로 모습을 드러냈다. 8~9세기 신라의 판도에서 촌의 수는 대략 4,200을 헤아렸다. 이후 11~14세기 고려시대에 걸쳐 그 수가 어떻게 되었는지는 잘 알 수 없다. 15~16세기 조선시대에 이르러선 촌보다 동洞이나 리里로 더 많이 불렸는데, 그 수가 대략 6천 정도였다. 17세기 후반이면 오늘날로 이어지는 면面과 동리洞里가 출현하는데, 1790년 그 수는 3,951과 3만 9,465에 달하였다. 16세기까지의 동리가 면으로, 그 아래에 감추어진 취락이 동리로 승격한 셈이다.

고려시대까지의 촌이 어떠한 질서였는지는 자료가 없어 알기 힘들지만, 그런대로 꽤나 강하게 통합된 공동체였다고 보인다. 주민들이 대립적 신분으로 분화된 상태가 아니었을 뿐더러 그들이 신앙한 불교의 정신세계에서 인간들은 원리적으로 평등하였기 때문이다. 유교를 국시로 한 조선왕조의 성립 이후 모든 것이 달라지기 시작하였다. 동리 내부에까지 양반, 상민, 노비로 인간을 차별하는 신분 질서가 침투하였기 때문이다. 한 동리에서 신분을 달리한 인간들이 혼거한 것도 다른 나라에서 찾기 힘든 한국사만의 개성적 특질이다. 그에 따라 동리는 갈등하고 분열하였다. 공동체는 해체되었으며, 양반신분의 결사체로 변모해 갔다. 알려진 여러 사례에서 동리의 수는 19세기 말까지 지속적으로 증가하였다. 그 결과 20세기 초 전국의 동리 총수는 6만을 넘었다.

공동체사회가 신분제사회로 전환함에 따라 인간들이 신뢰하고 협동한 원리도 달라졌다. 인간의 사회적 지위를 세습적 신분으로 구분하고 차별하는 질서는 20세기에 들어 신분제가 공식적으로 철폐되었음에도 불구하고 개별 인간이 생애에 걸쳐 추구하는 규범으로 끈질기게 살아남았다. 15세기 이래의 '유교적 전환'은 모든 국민의 양반화가 어느 정도 달성된 1970년대가 되어서야 역사적 사명을 다하였다. 한국의 시장경제체제가 지닌 특질을 이해함에 있어서 이 점을 놓쳐서는 곤란하다. 의아할 독자가 있겠지만, 내가 이 책에서 집요하게 마을과 신분의 역사를 추적한 것은 그러한 이유에서이다.

운명의 갈림

왜 어느 나라는 잘살고 다른 어느 나라는 못사는가. 신제도학파 경제학을 창시한 로널드 코스R. Coase와 더글러스 노스D. North는 사유재산권을 핵심으로 하는 제도의 정립 여부에서 대답을 찾았다.[40] 같은 생각은 최근에 대런 애쓰모글루D. Acemoglu와 제임스 로빈슨J. Robinson의 유명한 저작 『국가는 왜 실패하는가』를 통해 세계인의 교양으로 확산되었다. 두 사람은 환경과 문화가 동일한 두 지역이 제도의 차이에 따라 어떻게 커다란 운명의 갈림을 보게 되는지, 또는 보다 번성한 지역이 어떻게 보다 비참한 지경에 빠지는 운명의 반전을 맞게 되는지를 풍부한 사례로 설명하

---

40 더글러스 C. 노스, 로버트 폴 토머스 공서, 이상호 역(1999), 『서구세계의 성장: 새로운 경제사』, 자유기업센터. 원저: Douglass C. North and Robert Paul Thomas(1973), *The Rise of the Western World: A New Economic History*, Cambridge University Press.
로널드 코즈 지음, 김일태·이상호 역(1998), 『기업, 시장, 그리고 법』, 전남대학교 출판부. 원저: R. H. Coase(1988), *The Firm, the Market and the Law*, The University of Chicago Press.

고 있다.[41] 흥미롭게도 그들이 제시한 사례 가운데는 남한과 북한의 비교가 포함되어 있다. 인공위성이 찍은 한반도의 야경은 너무나 대조적이다. 남한의 밤은 대낮같이 밝은 반면, 북한의 밤은 칠흑같다. 환경과 역사를 공유하는 민족이 어떻게 이렇게도 극명한 운명의 갈림을 보게 되었는가.

1910년 일본이 한국을 병합하였다. 일본은 한국을 그의 영토로 영구히 지배하기 위해 동화정책을 펼쳤다. 그러한 목적에서 일본의 제도를 고스란히 한국에 이식하였다. 1912년 민법이 시행되었다. 그에 따라 한반도의 모든 인간은 사적 자치의 주체로 법인되고, '소유권 절대의 원칙'과 '계약 자유의 원칙'에 입각한 재산권제도가 정립되었다. 더불어 행정·사법제도가 근대적 형태로 정비되었다. 애쓰모글루와 로빈슨의 표현을 빌리면, 모든 사람의 능력에 따른 성취를 공정한 기회로 보장하는 '포용적 제도'가 들어선 것이다.

이 사실은 일본의 병합을 결코 인정할 수 없는 한국인들에 의해 오랫동안 철저하게 무시되었다. 그렇지만 한반도를 영구히 그의 영토로 편입시키려는 일본의 입장에서 그것은 조금도 이상한 일이 아니었다. 권력과 정치의 행태는 흥미롭게도 도적의 논리로 훌륭하게 설명된다.[42] 최악의 도적은 마을을 약탈하는 유랑형流浪型 도적이다. 한 나라를 훔치려는 정주형定住型 도적은 평화와 번영을 선물하며, 사람들의 행동원리를 바꾼다. 일본은 정주형 도적이었다.

35년 뒤 그 도적이 물러간 뒤 남한과 북한은 상이한 선택을 하였다. 북한의 공산주의자들은 민족적 대의에 충실하여 일본이 지배의 목적으로

---

41 대런 애쓰모글루·제임스 A. 로빈슨 지음, 최완규 옮김(2012), 『국가는 왜 실패하는가』, 113~118쪽. 원저: Daron Acemoglu and James A. Robinson(2012), *Why Nations Fail : The Origins of Power, Prosperity and Poverty*, New York: Crown Publishers.

42 맨슈어 올슨 지음, 최광 옮김(2010), 『지배권력과 경제번영 — 공산주의와 자본주의 아우르기 —』, 나남, 59~86쪽. 원저: Mancur Olson(2000), *Power and Prosperity — Outgrowing Communist and Capitalist Dictatorship —*, Basic Books.

구축한 일체의 법과 제도를 폐기하였다. 그 결과 오늘날 북한의 소득 수준은, 한때 남한을 능가하기도 했지만, 1910년대 수준으로 회귀하고 말았다. 반면 남한의 정치세력은 그것들을 충실하게 계수繼受하였다. 그 덕분에 〈그림 1-1〉에서와 같은 세계가 주목하는 도약을 이루었다. 이 같은 운명의 갈림은 지금도 한국의 지식인사회가 정면으로 응시하기를 거부하는, 이해하기 힘든, 역사의 간지奸智이다.

한국의 민족주의자들은 나와 동료 연구자들의 이 같은 지적을 두고 제국주의의 지배를 미화한다고 따가운 눈총을 주지만, 해방 후 남한이 계수한 법과 제도는 결코 일제가 남긴 유산만은 아니었다. 페루에서 국유지에 집을 짓는 건축허가를 얻으려면 6년 11개월 동안 52개소의 관공서를 드나들며 207단계에 달하는 복잡한 절차를 거쳐야 한다.[43] 이 사실은 경제성장의 기초적 요소로서 통합적인 재산권체제가 단순히 법과 제도의 이식만으로는 성립할 수 없음을 이야기해 주고 있다. 역사에서 순전한 의미의 이식이나 시혜는 없다. 19세기까지의 한국사가 성취한 문명의 토양이 전제되지 않았다면 일본의 법과 제도는 이식될 수도 없었을 뿐더러 해방 후 남한의 정치·경제세력이 그것을 계수하는 선택도 이루어지기 힘들었다. 한국사에 있어서 시장경제체제의 성립이란 대사건은 이 같은 시각에서 접근할 필요가 있다.

지경학

사람들의 결정은 많은 경우 단기적 관점에 매인다. 장기적 관점에서 더 좋은 선택이 있는 줄 알지만, 그것은 불확실하기 때문에 기피된다. 이해관계를 달리하는 여러 집단으로 이루어진 사회의 정치적 선택은 거의 차선이다. 집단의 목적을 달성하기 위해 다른 집단과 연합을 해야 하는데, 두

43 Hernando de Soto(2003), *The Mystery of Capital : why capitalism triumphs in the West and fails everywhere else*, Basic Books, pp.27~29.

집단의 목적이 사회를 최선으로 이끄는 경우는 거의 없기 때문이다. 이렇게 자리를 잡은 정치·경제체제는 내부의 동력만으로 다른 체제로 이행하기 어렵다. 무언가 심각한 잘못된 결정이 내려져도 그것을 회복할 방도가 없다. 인류사를 수놓은 모든 위대한 제국은 그가 이룩한 만성적인 통일과 평화 속에서 서서히 해체되어 갔다.

한 체제의 다른 체제로의 이행은 많은 경우 외부로부터 침입해 온 강대한 세력에 의하였다. 전쟁, 재난, 국망國亡이야말로 역사발전의 진정한 동력일지 모른다. 한국사에서도 마찬가지이다. 7세기 말 신라에 의한 삼국통일은 세계제국 당唐의 손을 빌려서였다. 13세기 중반 고려는 유라시아 대륙의 대부분을 통일한 몽골제국에 포섭되었다. 이후 100년에 걸쳐 전개된 군사, 경제, 사상의 변화를 전제하지 않는다면, 14세기 말에 일어난 조선왕조의 개창을 설명할 수 없다. 15~19세기에 걸쳐 중국으로의 자유항행은 엄격히 금지되었다. 한반도의 장산곶과 중국 산둥山東반도의 거리는 200km가 채 되질 않는다. 두 나라의 내해內海와도 같은 그 바다에 500년간 상선의 왕래가 끊어진 것은 세계사에서도 기이한 일이다. 바다가 기회가 아니라 장벽으로 닫힘에 따라 조선의 경제는 서서히 침체하였다. 중국도 마찬가지였다.

한 나라의 역사가 국제환경에 긴밀히 규정됨은 20세기 한국사에서 더없이 뚜렷하게 증명되었다. 20세기 전반 한국은 일본이 중심이 된 동아시아체제에 포섭되었다. 1945년 이후에는 미국이 주도하는 세계체제에 편입되었다. 20세기 한국인이 이룩한 경제적 도약은 이 같은 국제환경의 변화를 제쳐 놓고서는 설명하기 어렵다. 1963~1997년에 걸친 한국경제의 고도성장은 자주 한국인들이 특별한 솜씨로 멋진 개발계획과 성장체제를 꾸린 소치로 칭송되지만, 일본과 미국이 제공한 부품, 중간재, 기계, 시장의 연관을 배제하면 가능한 일이 아니었다. 1997년 한국경제는 대외지급 불능의 위기에 빠졌다. 그럼에도 이후 점점 느려지는 속도이긴 하지만 성장의 추세를 이었다. 그 결과 2010년 현재 GDP 규모가 1조 달러를 넘는, 세계 14위의 경제규모를 자랑하고 있다. 이 역시 한국경제의 능력만은 아니었다. 그 기간에 인구 15억의 중국경제가 부가가치의 국제적 흐름에서 맨 하류下流로 파고들었다. 그러한 국제시장의 확장 내지 구조 변화를 전제하지 않는다면 1997년 이후의 경제사를 충분히 이해하기 힘들다. 앞으로도 그러할 것이다. 나는 이 나라가 선진경제로 진입하기 위한 첩경은 자신을 둘러싼 지경학적地經學的 geo-economic 조건을 최대한 활용하거나 개선하는 길이라고 생각하고 있다.

한국형 시장경제

나라마다 시장경제의 형태나 운영원리는 같지 않다. 어느 나라는 기업의 투자자금을 은행 차입에서 구하지만, 다른 나라는 개인의 투자에 의존한다. 어느 나라에서 기업은 중간재와 부품을 시장거래로 조달하지만, 다른 나라에서는 기업 간의 하도급 거래를 통한다. 어느 나라에서는 동업자끼리 단체를 구성하여 경쟁을 적절히 제한하지만, 다른 나라에서 그것은 불공정행위로 간주된다. 어느 나라에서 숙련노동은 기업 외부에서 공급되지만, 다른 나라에서 그것은 기업 내부에서 양성된다. 어느 나라에서 노동자는 한 기업에서 장기근속을 하지만, 다른 나라에서 노동자는 여러 기업을 쉽게 옮겨 다닌다. 어느 나라에서 노동조합의 조직률은 높지만, 다른 나라에서는 낮다. 나라마다 상이한 시장거래의 형태나 방식은 나라 안에서는 제 나름의 상호보완적인 효율성으로 독자 유형의 시장경제를 성립시킨다.

한국의 시장경제는 다른 나라에서 찾기 힘든, 한국형이라 부를 만한, 제 나름의 유형으로 존재한다. 대외의존도가 무척 높다는 잘 알려진 특징이 그 한 가지라면, 재벌로 불리는 대규모 기업집단이 국가경쟁력의 핵을 이루고 있음이 다른 한 가지 특징이다. 생계형의 소규모 자영업이 거리에 가득하다는 것도 일상적으로 관찰되는 한국적 특질이다. 기업의 투자자금과 관련해서는 주식시장보다 은행시장의 역할이 훨씬 중요하였다. 중간재와 부품의 공급과 관련해서는 기업 간의 하도급 거래가 발달하였다. 동일 업종에 종사하는 기업 간의 협력 수준은 낮은 편이다. 노동자의 근속연수는 짧으며, 숙련노동은 기업 외부에서 조달된다. 한국경제가 고도성장을 개시할 즈음의 산업구조, 요소조건, 국제환경이 이 같은 유형적 특질을 결정하였다.

한국형을 결정한 것은 산업과 시장의 조건만이 아니다. 앞서 여러 차례 강조했듯이 경제의 과정은 정치, 사회, 문화가 상호작용하는 복합적 과정이다. 인간들이 역사로부터 물려받은 신뢰와 협동의 범위, 원리, 수준은 무언의 울림으로 경제의 제 과정을 깊숙이 규정한다. 한국은 법에 의해 규율되는 개인주의와 계약에 바탕을 둔 영미형의 사회와 문화가 아니다. 정부, 기업, 종업원이 단체협약에 기초하여 제반 문제를 조정하는 독일과 일본형의 신뢰사회일까. 중국처럼 개인 간의 상호투자로 양성되는 신뢰관계의 사회일까. 아마도 아닐 터이다. 그렇다면 어떠한 원리의 사회와 문화일까. 어쨌든 오늘날 한국의 시장경제는 한국인이면 누구에게나 익숙한 행동원리와 규범에 뿌리를 박고 있다. 그 토대 위에 건립된 한국형 시장경제는 어떻게 정의될 수 있는가. 경제사 연구자가 이 나라의 경제가 바람직하게 걸어가야 할 길에 대해 언급하는 것은 주제넘은 짓이다. 다만 어떤 길을 걸어왔는지를 제시함으로써 바람직한 길을 모색함에 있어서 그 길을 열거나 가로막는 유인이나 장애가 무엇인지에 관해서는 약간의 시사를 제공할 수 있다. 그 같은 문제의식에서 한국형 시장경제에 대해 소견을 피력함이 이 책의 마지막 과제이다.

3. 새로운 시대구분

몇 개의 변곡점

다음 장에서 시작하는 한반도에 거주한 인간들의 경제사에 관한 나의 서술은 기원전 12~10세기의 취락에 관한 것으로부터 출발하고 있다. 이래 오늘날까지 3천 년 이상에 걸친 시간여행의 과정에서 내가 반복적으로 받은 깊은 인상은 그 역사의 더없이 강인한 연속성이다. 한국의 역사시대에서 상이한 문명의 이종족異種族이 침입하여 원주민을 구축하고 지배권력으로 군림하는 가운데 정치, 경제, 사회, 문화의 모든 방면에서 단절적인 변화를 초래한 경험은 거의 없었다. 13세기 중반 이래 100년간 몽골제국에 복속한 것이 예외적 경험이지만, 그때도 전통 왕조와 지배세력은 종래의 지위를 유지하였다. 20세기 전반 일본에 복속되었을 때, 이 땅에 거주한 일본인은 전체 인구의 3%에 못 미쳤다. 외부적 충격에 따른 급속한 물살의 변화를 경험한 적이 이 정도에 그치기 때문에 한국의 역사시대는 두드러지게 완만하고 연속적인 과정이었다.

그럼에도 국제환경의 변화와 왕조의 교체를 계기로 변화의 추세선이 뚜렷하게 변곡을 그리는 몇 차례의 시점을 발견할 수 있다. 그 변곡점을 기준으로 2천 수백 년의 역사를 몇 개의 시대로 구분하고 시대별 구조와 특질을 부각시키는 것은 한국사를 효율적으로 서술하는 방법일 뿐 아니라, 역사를 연구하는 목적이기도 하다. 아무리 재미있고 중요한 이야기도 밋밋하게 늘어놓기만 하면 대부분의 청자聽者는 금방 졸음에 빠질 것이다.

내가 3천 년 이상의 시간여행을 통해 발견한 시대구분의 변곡점은 기원전 3세기의 고조선 출현, 기원후 7세기 말의 삼국통일, 14세기 말의 조선왕조 개창, 20세기 초 일본에 의한 근대문명의 이식 네 가지이다. 기원전 4세기 이전은 선사시대 내지 문명 이전의 시대로서 시대구분의 대상이 되지 않는다. 그러니까 한국의 역사시대는 기원전 3세기에서 기원후 7

세기, 8세기에서 14세기, 15세기에서 19세기, 20세기 이후의 네 단계로 구분된다. 각각의 단계를 역사학의 전통에 따라 고대古代, 중세中世, 근세近世, 근대近代 또는 현대現代 등으로 이름 붙이는 것은 걸맞지 않다. 상고上古, 중고中古, 근고近古, 현대現代로 붙임이 그런대로 좋아 보이지만, 근고와 현대의 관계만을 지나치게 단절적으로 취급하는 문제점이 있을 듯하다. 다른 적절한 대안을 찾을 수 없어서 나는 위의 네 시대를 기계적으로 제1시대, 제2시대, 제3시대, 제4시대로 호명할 것이다. 이하 각 시대의 경제사를 간략히 소개한다. 이 책의 요약이기도 한 셈이다.

제1시대: 기원전 3세기~기원후 7세기

한반도에서 문명의 꽃이 피기 시작한 것은 기원전 3세기 이래 요동遼東과 중원中原으로부터 선진세력이 이동해 오는 과정에서였다. 철기의 보급이 확대됨에 따라 농업생산이 발달하였다. 그에 힘입어 소규모 가족이 소비생활의 단위로, 곧 개별 세대로 자립하였다. 기원후 2~4세기에 걸쳐 개별 주거지에 부뚜막 시설이 설치되기 시작한 것이 그 증거이다. 그 이전의 선사시대에 있어서 소규모 가족은 생산과 소비의 단위인 취락의 일부로 매몰되어 있었다. 최초의 국가인 고구려와 신라가 남긴 석문石文은 이렇게 출현한 소규모 가족을 연烟이라 불렀다.

연은 아직 소비생활의 단위였을 뿐이다. 사회·경제생활의 대부분을 차지하는 노동, 생산, 수취의 과정은 세대복합체와 취락이 담당하였다. 세대복합체는 10개의 소규모 가족으로, 취락은 5개의 세대복합체로 이루어짐이 표준적이었다. 다수의 취락이 모여서는 읍락邑落을 결성했으며, 그 위에 다수의 읍락을 통합한 소국小國이 성립하였다. 전쟁, 토성·제방의 건축, 철·소금·특산물의 교역, 제사와 축제가 소국의 주요 역할이었다. 읍락과 소국은 족장사회族長社會에 해당하였다. 읍락과 소국의 귀족적 지배층은 공동체의 일반 성원을 노奴로 호칭하였다. 같은 호칭은 읍락과 국,

국과 국 사이의 정치군사적 신종관계에도 적용되었다. 노는 개와 같은 존재로 감각되었다. 연, 세대복합체, 취락, 읍락, 국으로 상향하는 제1시대의 사회와 국가는 자연현상이나 동물에서 유추된 종교적 상징에 의해 통합되었다.

4세기 이후 고구려를 선두 주자로 하여 족장사회의 질서를 율령, 관료제, 보편종교인 불교로 대체해 가는 국가가 출현하였다. 7세기 초 고구려는 그의 백성으로부터 포布와 조租를 수취하였는데, 포의 비중이 더 컸다. 조의 양은 성인남자 1명에 연간 벼 1두에 불과하였다. 포와 조의 수취 단위는 성인남자 50명의 취락이었다. 취락은 아직 신분과 계급을 모르는 공동체사회였다. 탄수화물의 주요 공급원은 조와 기장 등의 밭작물이며, 벼농사는 유치한 수준이었다. 단백질의 주요 공급원은 수렵이었다. 이 같은 초기농경사회는 중국 및 일본과의 교류가 활발한 가운데 그리스·로마까지 통상로가 이어진 활짝 열린 국제사회이기도 하였다.

제2시대: 8~14세기

삼국을 통일한 신라는 전국을 왕토王土로 지배하였다. 722년 신라는 백성에게 정전丁田을 지급하였다. 이 최초의 토지개혁에서 분배의 단위는 정丁이었다. 정은 일정 규모의 경지와 세대복합체의 결합을 말하였다. 신라는 정을 단위로 조세와 공물을 수취하였다. 백성과 토지에 대한 지배체제의 단위가 취락에서 정으로 이행한 것은 사회·경제생활의 주체로서 세대복합체의 자립성이 높아졌기 때문이다. 한국사에서 도작稻作 농업의 본격적인 전개는 8~9세기의 일이다. 9세기 말 성인남자 1명이 부담하는 조의 양은 7세기 초에 비해 28~57배나 증가해 있었다. 농업생산력의 발전을 토대로 세대복합체가 취락을 대신하여 국가구성의 기초단위로 성립한 것이 제1시대와 구분되는 제2시대의 기본 특질이다. 도작이 크게 발전했지만, 제2시대에 걸쳐 인간의 경제생활을 규정한 생태계는 여전히 복합적이어서 어로, 채취, 수렵, 양잠 등이 큰 비중을 점하였다. 신라는 귀족·관료·군인에게 녹祿을 대신하여 정전丁田을 지급하였는데, 이를 사전私田이라 하였다. 반면 왕실과 정부에 속한 정전은 공전公田이었다. 사전은 점차 지배세력의 가산으로 변질해 갔으나 국왕으로부터 지급된 수조권收租權이라는 본질에는 변함이 없었다.

10~14세기의 고려는 이 같은 신라의 지배체제를 그대로 계승하였다. 국가종교가 불교인 점을 위시하여 고려와 신라를 다른 역사시대로 구분할 특이점은 관찰되지 않는다. 전국의 토지는 신라와 마찬가지로 국왕의 수조권적 토지지배에 기초하여 공전과 사전으로 구분되었다. 토지를 경작하고 조세와 공물을 납부한 단위도 여전히 정으로 편성된 세대복합체였다. 토지와 인구는 정 단위로 주첩柱貼이란 장부를 통해 파악되었다. 정의 해체를 방지하지 위해 토지의 임의적 매매와 경작은 금지되었다. 초창기 고려의 사전은 귀족의 사령私領과 같았으며, 이에 공전과 사전의 수조율은 같지 않았다. 이 같은 이원적 지배체제는 고려의 중앙집권체제가 정비됨에 따라 점차 극복되었다. 11세기 후반 고려는 귀족·관료에게 사전을 대신하여 녹봉을 지급하였다. 12세기 초 고려는 전국의 농민을 전호佃戶라는 통일적 신분으로 규정하였다. 왕토를 빌려 경작하는 농민이란 취지였다. 이 같은 일련의 개혁은 이즈음에 이르러 고려의 중앙집권체제가 완성되었음을 이야기하고 있다.

신라·고려의 사회는 제1시대와 마찬가지로 공동체사회였으며, 개별적 지배를 동반하는 신분이나 계급관계는 발달하지 않았다. 귀족, 관부, 사원에 속한 노비奴婢가 있었고 그 수가 늘고 있었지만, 전체 인구의 10% 미만이었다. 고려의 집권적 행정체제는 미숙하였다. 14세기 말까지 전국의 580여 군현 가운데 지방관이 파견된 곳은 소수에 머물렀다. 제2시대의 신라와 고려는 왕도에 집주한 귀족과 중앙군의 공동체가 군현으로 재편성된 제1시대의 읍락이나 소국의 공동체를 군사적으로 지배하는 체제였다. 두 왕조는 재분배경제를 영위했으나 체계적이지 못하였으며, 시장의 성립은 초보적 수준이었다. 일본과의 관계가 적대적으로 바뀐 차이가 있긴 하지만, 제2시대의 바다는 여전히 열려 있었다.

13세기 중반 몽골제국에 복속한 이래 고려의 사회·경제는 크게 변하였다. 전란의 와중에서 귀족·관료에 대한 녹봉제가 해체되고 수조지를 지급하는 토지제도가 부활하였다. 전란 이후 고려의 경제는 번성하였다. 무역이 활성화하고, 개간이 확충되고, 농업생산력이 높아지고, 농민의 토지에 대한 권리가 강화되었다. 지역 간의 인구이동이 활성화하여 군현의 토성세력이 개경으로 진출하고 개경의 국인들이 지방으로 내려가 정착하였다. 사회·경제의 공동체적 편성이 이완됨과 더불어 고려왕조는 몽골제국하의 동북 변방에서 성장한 군사세력에 의해 전복되었다.

제3시대: 15~19세기

조선왕조를 개국한 정치세력의 세상에 대한 이해는 불교가 지배한 이전 시대와 달랐다. 조선왕조는 유교를 국시로 삼았으며, 유교의 가르침에 따라 위계로 짜인 국제관계와 사회질서를 지향하였다. 조선왕조는 명明제국의 제후국으로 자처했으며, 그에 걸맞는 형태로 국가체제를 재편하였다. 제2시대까지 열렸던 바다는 굳게 닫혔다. 조선왕조는 전국의 군현에 지방관을 파견했으며, 영토국가로서 중앙집권적 행정체제를 정비하였다. 전국의 토지는 제2시대에 이어 왕토로 간주되었다. 일반 백성은 왕토를 빌려 경작하는 전부佃夫의 지위로 규정되었다. 이전 시대의 전통에 따라 조선왕조는 관료에게 수조지로서 사전을 지급했지만, 16세기 전반에 중단되었다. 이후 전국의 토지는 일반 백성의 소유지로 변하였다. 15세기에 이르러 연작농업이 정착하였다. 천년을 이어온 사전 제도가 드디어 폐지된 것은 토지에 대한 농민의 관습적 권리가 강화되었기 때문이다. 15세기 전반 조선왕조는 토지의 매매를 허가했으며, 16세기에는 자유롭게 방임하였다.

15세기 중반에는 토지와 인구를 따로따로 지배하는 국가체제상의 중대한 변화가 있었다. 토지는 양안에, 인구는 호적에 별개의 체계로 등록되었다. 그 과정에서 제2시대를 상징한 세대복합체 정丁이 해체되었다. 정을 대신해서는 제3시대의 상징으로서 호戶가 성립하였다. 호는 호수戶首의 가족과 그에 예속한 노비로 구성된 순전한 인적 결합이었다. 정의 해체와 더불어 종래의 공동체사회는 신분제사회로 분해되었다. 호적에 등록된 모든 인간에는 특정의 역役이 부과되었다. 그리고 역의 귀천에 따라 인간의 사회적 지위가 양반兩班-상민常民-노비奴婢의 신분으로 차별되었다. 양반은 대개 고려의 귀족·관료·중앙군 출신이었다. 그들은 새로운 왕조가 들어서자 농촌으로 내려가 농장農庄을 개설하였다. 양반은 여전히 중앙군으로서의 역을 수행했으나 점차 유학幼學, 학생學生과 같은 학문의 역을 특권적으로 부여받았다. 상민에게는 군역이 강요되었는데, 토지의 유무나 다과와 관계없이 부과되었기에 그 부담은 과중하였다. 군역을 부담할 수 없는 가난한 농민은 노비로 떨어졌다. 조선왕조는 이전의 고려왕조와 달리 상민과 노비의 결혼을 허용했으며, 그들의 소생을 노비로 돌렸으며, 노비의 사회적 권리를 부정하였다. 노비는 왕실과 양반의 값진 재산으로서 인구의 40%까지 급속하게 팽창하였다. 왕실과 양반은 노비를 사역하거나 신공을 수취하였다. 이 같은 인간에 대한 지배체제와 별도로 조선왕조는 토지에 대해 조세와 공물을 부과했는데, 공물의 부담이 더 컸다. 공물은 16세기까지도 이 땅의 생태계가 복합적임을 반영하여 각종 과실, 어물, 피물, 공산품으로 이루어졌다. 공물을 채취하거나 제작하기 위해 농민들은 주비라는 공동체로 편성되었다. 주비는 제2시대의 정에 기원을 둔 것이다. 그 점에서 많은 단절에도 불구하고 제3시대는 제2시대와 연속적이었다. 주비에 강요된 공물의 과중한 부담은 조선왕조의 농노제적 지배체제를 상징하였다.

16세기 말 일본이 조선을 침입하였다. 17세기 전반에는 청이 조선을 정벌하였다. 두 차례의 전란은 동아시아의 바다에까지 밀려온 대항해시대의 여파였다. 이후 조선왕조는 중국과 일본의 무역을 중계하는 지경학적 이점을 누렸다. 그에 따라 농촌에 정기시가 성립하고, 동전이 유통되었다. 농업에서는 집약농법이 성숙하고 상품생산이 촉진되었다. 농가의 자립성이 제고됨에 따라 노비 인구가 감소하였다. 이 단계에 이르러 소규모 가족과 세대가 소농으로서 자립하였다. 17세기 후반 이래 조선의 농촌은 소농사회로 전진하였다. 때를 같이 하여 조선왕조는 전국의 300여 군현에 1,000만 석의 곡식을 환곡還穀의 이름으로 저장하였다. 해마다 조선왕조는 이를 150만 호의 농가에 분배하고 환수하는 재분배경제를 영위하였다. 백성의 살림살이를 고르게 안정시킨다는 성리학적 왕정의 이념은 18세기에 이르러 나름의 결실을 보았다.

그렇지만 위기가 시작되고 있었다. 인구 증가에 따라 자연과의 모순이 심화되었다. 경제활동을 둘러싼 생태계는 17세기 이래 도작 일변으로 단순화하였다. 나무가 벌채되고 산지가 개간되어 산림이 황폐해졌다. 이는 도작의 생산성을 크게 떨어뜨렸다. 무역과 시장은 위축되었다. 양반과 상민 간의 신분적 갈등은 사회적 통합을 크게 해체하였다. 군역과 환곡의 수취를 둘러싸고 19세기 중반 이후 민란이 발생했으며, 조선왕조는 그 위기를 극복하지 못하였다.

제4시대: 20~21세기

1905년부터 시작된 일본의 한국 지배는 그에 대한 오늘날 한국인의 모멸감이나 분노와는 별개로 서유럽에서 발원한 근대문명이 일본을 거쳐 한국에 이식되는 과정이었다. 맨 먼저 화폐, 금융, 재정 제도가 근대화하였다. 뒤이어 1910~1920년대에 걸쳐 민법이 시행되고, 각종 유체有體·무체無體 재산권에 걸쳐 사유재산제도가 정비되었다. 그로 인해 사적 자치의 주체로서 개인이 성립하고, 그 개인을 출생하고 양육하는 천연의 공동체로서 가족이 탄생하였다. 제4시대를 상징하는 가족은 이전 시대의 호와 달리 사회적 신분이나 국가적 지배와는 무관한, 호주를 중심으로 한 순수 혈연공동체이다. 더불어 공장, 회사, 점포, 보험, 신탁, 거래소 등의 시장기구가 발달하고 철도, 도로, 항만, 통신의 사회간접자본이 확충되었다. 한국과 일본은 하나의 시장으로 통합되었다. 투자가 이루어지고 수출이 증가하자 1인당 소득의 증가가 인구 증가 이상으로 빨라지는 근대적 경제성장의 시대가 열렸다.

1930년대 이후 일본제국의 판도가 만주와 중국으로 확장되자 그 배후로서 한국에 대한 일본의 투자가 증가하였다. 북부 한국은 군사적인 중화학공업지대로 변모하였다. 성장의 동력인 투자와 수출은 일본인 자본가와 지주에 의해 주도되었다. 그로 인해 민족 간의 소득분배는 불평등했지만, 한국인의 소득·생활수준도 조금씩 개선되었다. 근대적 교육이 보급되었으며, 기업가를 포함하여 근대적 부분에 종사하는 한국인의 수도 증가하였다. 농촌경제의 동향은 복합적이었다. 1910~1920년대 농촌경제는 인구증가와 지주제의 압력으로 불안정을 면치 못하였으나, 1930년대 이르러 총독부의 사회정책과 다로다비多勞多肥의 집약농법의 보급에 따라 소농경제의 전진을 보였다. 크게 보아 일정기의 농촌사회는 17세기 이래 소농사회의 발전이라는 역사적 추세의 연장선 위에 있었다.

일본제국주의가 해체된 이후 한반도의 남부는 미국이 중심이 된 세계체제에 포섭되었다. 해방, 분단, 전쟁으로 이어진 정치적 격동은 1인당 소득수준을 1910년대의 수준으로 떨어뜨렸다. 이후 1940년대의 수준을 회복하는 것은 1960년대 중반에 이르러서였다. 그 사이 한국경제의 순환을 지탱하고 면방직을 위시한 기초적 공업의 건설을 지원한 것은 미국의 원조였다.

1963년부터 한국경제가 고도성장의 길에 진입한 것은 수출공업으로서 노동집약적 경공업이 일본에서 한국으로 건너오는 지경학적 조건의 변화에 촉발되어서였다. 1965년 일본과의 국교 정상화를 중대 계기로 하여 한국경제는 수출을 주요 동력으로 삼는 고도성장의 국가혁신체제를 구축하였다. 주요 소재, 부품, 기계, 기술, 시장을 해외에 의존하는 조립형 공업화의 경로였다. 박정희정부는 세계시장을 겨냥하여 대규모 투자를 감행하였다. 비료·시멘트·정유·화학의 기초적 공업에 이어 노동집약적 경공업과 중화학공업이 순차로 건설되었다. 대규모 투자에 따르기 마련인 비효율과 낭비는 경영의 성과가 수출 실적으로 평가되었기 때문에 낮은 수준에서 통제되었다. 1997년까지 이어진 고도성장은 정부가 주요 자원의 배분을 주도하는 가운데 세계시장에서 경쟁력을 갖춘 대규모 기업을 육성하고, 그 효과가 아래로 흘러 중소기업의 성장을 유도하는 적하식滴下式 개발의 방식이었다. 민족주의 또는 국가주의에 입각한 권위주의정치가 그러한 자원 배분과 개발 방식을 뒷받침하였다. 정부-기업-노동자 사이에는 상호 유인과 협력의 체계가 성립하여 고도성장의 국가혁신체제를 지지하였다.

1988년 이른바 민주화시대가 열렸다. 이래 권위주의정치가 구축한 고도성장의 국가혁신체제는 이완되기 시작했으며, 1997년의 외환위기를 계기로 완전히 해체되었다. 이후 한국경제는 외관상 영미형의 자유시장경제로 변모해 갔지만, 국가경제의 효율성과 부문 간의 정합성이 떨어지는 비용을 지불하였다. 오늘날 한국경제는 대외의존도가 이례적으로 높고, 산업연관의 자급성이 점차 약화되고, 국가경제의 부가가치율이 정체하고, 투자와 수출의 소수 대기업에 대한 의존이 너무 심하고, 국제경쟁력을 결여한 영세사업체가 팽배하고, 노동시장이 이중구조로 분절된 가운데 선진경제로의 추격 동력이 현저히 떨어지는 증상을 보이고 있다. 그럼에도 이 나라가 지난 20년간 성장의 추세를 유지한 것은 부가가치의 국제적 흐름에서 중류中流에 설 수 있었기 때문이다. 1990년대 후반 이래 중국을 비롯하여 동남아, 인도, 동유럽 등이 부가가치의 국제적 흐름에서 하류로 파고들었다. 다른 한편, 고도성장의 국가혁신체제를 이끈 국가주의 문화는 감속성장기에 이르러 각종 규제를 양산하는 역사의 굴레로 그 역할을 바꾸었다. 그것은 정치의 무능력이나 단견이라기보다 국가로부터 자율적인 사회나 단체의 성립이 미숙한 가운데 국가가 경제활동의 구석구석까지 개입해 온 아주 오래 전부터의 역사적 조건에 기인하는 것이다. 오늘날의 한국경제는 국가주의 시장경제이다.

제2장

문명의 아침

1. 선사시대의 한반도

정주취락의 전개

한반도에서 무문토기無文土器, 동검銅劍, 지석묘支石墓 등의 유물과 유적으로 대표되는 청동기문화靑銅器文化가 성립하는 것은 기원전 13세기 이후이다. 그 기원은 내몽골 오르도스Ordos와 요서遼西에서 성립한 청동기문화로 알려져 있다. 외래문화의 유입은 한반도에서 문명이 성립하고 발전한 역사를 규정한 가장 중요한 요인이었다. 한반도에 들어온 청동기문화는 시기와 지역에 따라 그 형태를 달리하였다. 맨 처음 청동기문화가 꽃핀 곳은 서북의 압록강과 청천강 유역이었다. 그것이 점차 남하하여 기원전 12~10세기에 경기와 충청 일대에 가락동可樂洞유형과 역삼동驛三洞·흔암리欣岩里 유형이라는 두 문화를 성립시켰다. 이하 역삼동·흔암리 유형을 간단히 역삼동유형으로 부르겠다. 가락동유형은 주로 차령산맥 이남의 충청 남동부에, 역삼동유형은 차령산맥 이북의 충청 북서부에 분포하였다.[1]

청동기시대의 주거는 깊이 50cm 내외의 수혈식竪穴式이었다. 보통사람들의 주거가 그러한 반지하 움집임은 기원후 10~14세기 고려시대까지 큰 변화가 없었다. 지금까지 알려진 가락동유형의 주거지는 모두 34기이다. 대개 장방형長方形으로서 단축短軸이 5m, 장축長軸이 10m, 면적이 50m^{2}의 규모이다.[2] 〈그림 2-1〉은 대전시 유성구 노은동에서 발굴된 주거지이다. 단축이 4.55m, 장축이 11.5m, 면적이 52.33m^{2}로서 가락동유형의 평균적 형태와 규모에 해당한다. 주거지 내부의 시설은 기둥을 세운 초석礎石이 2행 7열로 놓인 가운데 식료을 보관한 저장공貯藏孔이 6개, 불을 지핀 노지爐址가 2개이다. 노지는 바닥을 파고 돌을 두른 위석식圍石式이다.

역삼동유형의 주거지는 가락동유형보다 규모가 작고 세장형細長形이다. 지금까지 발굴된 136기의 주거지는 대개 단축이 3m, 장축이 10m, 면적이 30m^{2}이다. 화성시 매송면 천천리에서 발굴된 세장형 주거 가운데는 장축이 29m나 되는 것도 있다. 가족의 수가 증가하자 장축의 방향을 따라 증축이 이루어진 결과로 그러한 세장형 주거가 생겼다고 이해되고 있다.[3] 초석, 저장공, 노지 등의 내부 시설은 가락동유형과 큰 차이가 없다.

수혈식 주거에서 1명의 주거공간은 대개 5m^{2}이다. 그렇다면 평균 50m^{2}의 가락동유형 주거에서 함께 산 인간은 10명으로서 소규모 가족 2~3개

1 이형원(2009), 『청동기시대 취락구조와 사회조직』, 서경문화사, 261쪽.
2 이형원(2009), 『청동기시대 취락구조와 사회조직』, 122·138쪽.
3 이형원(2009), 『청동기시대 취락구조와 사회조직』, 125~127쪽.

[그림 2-1] 가락동유형의 주거지(대전시 유성구 노은동)

출처: 충남대학교박물관 편(2007), 『호서지역의 청동기 문화』, 33쪽.

의 결합에 해당한다. 여기서 소규모 가족이라 함은 남녀의 성적 결합으로서 부부관계를 핵심으로 하는, 자녀를 출산하고 양육하는, 단위를 말한다. 그 같은 수준의 가족은 구석기시대舊石器時代 이래 인간사회의 성립과 더불어 어디서나 보편적으로 존재하였다. 다만 부부관계가 얼마나 안정적이고 지속적이었는지는 시대와 지역에 따라 큰 차이가 있었다. 가족이 허용하는 부부관계의 수와 상호관계도 천차만별이었다.

고고학자들은 가락동·역삼동 유형 주거 내 노지의 수가 대개 소규모 가족의 수를 대변하는 것으로 보고 있다. 동일 주거에 함께 산 가족 간의 관계가 어떠하였는지에 대해서는 확실히 알기 힘들다. 한두 예외적인 경우가 있긴 하지만, 주거지를 복수의 공간으로 구분한 토벽土壁과 같은 시설은 설치되지 않았다.[4] 목재나 모피를 이용한 간단한 가리개가 있었을 것으로 짐작되지만, 그런 정도의 격실隔室로는 소규모 가족의 생활단위로

4 이형원(2009), 『청동기시대 취락구조와 사회조직』, 121·125쪽.

서의 성립을 이야기하기 힘들다. 가락동·역삼동 유형에서 개별 주거의 실체는 소규모 가족들의 복합체였다. 대개 혈연원리에 기초했다고 여겨지지만, 복합의 원리가 무엇인지에 관해서도 이야기하기 힘든 실정이다.

가락동·역삼동 유형의 취락에서는 이러한 주거 둘 또는 셋이 모여 하나의 주거군住居群을 이루었다. 앞서 소개한 52.33m^{2}의 주거는 그보다 작은 37.19m^{2}의 또 하나의 주거와 일렬로 배치되었는데, 두 출입구가 마주 보는 형태이다. 두 주거지를 합하면 89.52m^{2}로서 대개 18명, 소규모 가족 4~5개가 결합한 규모이다. 두 주거지에 설치된 노지도 5개이다. 역삼동 유형에서 관찰되는 장축이 20m가 넘는 세장형 주거는 이 같은 개별 주거의 결합으로서 주거군이 하나로 합쳐진 형태라고 할 수 있다. 이 같은 주거군이나 그것의 통합으로서 대형 주거를 어떠한 실체로 이해할 것인가와 관련하여 고고학자들의 설명은 명확하지 않다. 대개 개별 주거를 하나의 가족 내지 세대世帶로 간주하고 그것의 복수 결합을 가족공동체 내지 세대공동체로 규정하지만, 그 정의나 용례가 엄밀하지 않다.[5]

세대household와 세대복합체household complex는 이 책에서 19세기까지의 농촌 역사를 설명하는 핵심적 개념의 하나이다. 그래서 여기서 내 나름으로 그 의미와 실체를 명확히 해 두고자 한다. 세대는 가족family과 겹침이 일반적이지만 비혈연을 포섭할 수 있다는 점에서 상이하다. 세대

5 청동기시대 취락을 구성한 단위 주거의 실체에 관해 선구적으로 연구한 安在晧는 대형의 세장형 주거를 가족공동체로, 그것이 하나의 대형주거와 둘의 소형주거로 분화하여 결합한 주거군을 세대공동체로 정의하였다[安在晧(1996), 「無文土器時代 聚落의 變遷 — 住居址를 통한 中期의 設定 —」, 『碩晤尹容鎭教授停年退任紀念論叢』, 88쪽]. 다른 한편 청동기시대 연구를 주도하고 있는 金範哲은 家族과 家口(household)를 구분하면서, 가족공동체 개념에 유보를 달고 있다. 김범철의 가구는 세대와 동일한 개념인데, 비혈연을 포함할 수도 있는, 그런 의미에서 가족과 반드시 일치하지 않는 사회·경제생활의 기초단위를 말한다. 김범철은 개별 주거를 하나의 세대로 파악하고 있다[金範哲(2006), 「錦江 중·하류역 松菊里型 聚落에 대한 家口考古學的 접근 — 多次元尺度法을 이용한 家口간 貧富差/位階 분석을 중심으로 —」, 『韓國上古史學報』 51, 81~83·89쪽]. 이외에 많은 연구자에 따라 가족, 가족공동체, 가구, 세대, 세대공동체는 다양한 용례로 쓰이고 있어서 정리하기가 쉽지 않다.

의 본질은 식료, 의료, 기타 중요 생활 자료의 취득과 소비의 단위라는 점에 있다. 달리 말해 세대는 경제활동의 계산과 책임의 최소 단위이다. 식료와 의료가 부족한 세대는 다른 세대로부터 빌려야 하며, 나중에 적절한 조건으로 되갚아야 한다. 세대의 성립을 알리는 원초적 지표는 부엌이다. 곧 세대는 독립적인 취사단위로 성립한다. 가족이라 해도 취사단위가 아니면 세대라 할 수 없다. 하나의 취사시설을 공유하는 여러 가족은 그 자체로 단일 세대이다. 세대와 주거공간의 관계는 다양하다. 개별 주거라 해도 취사시설을 갖추지 않으면 세대가 아니다. 단일 주거라 해도 그 안에서 복수의 취사단위가 병립하면 복수의 세대이다. 세대와 가족의 관계도 다양하다. 복수의 소규모 가족이 하나의 세대로 결합할 경우 가족간의 경계는 애매하며 가족공동체 내지 복합가족joint family을 이룬다. 거꾸로 법제상 하나의 가족이면서 복수의 세대가 결합한 형태도 있을 수 있다. 세대가 주체로서 영위하는 경제활동이 처음부터 노동과 생산의 과정까지 포섭할 필요는 없다. 최초의 세대는 취락과 같은 공동생산의 단위에 참여하여 생산물을 분배받는 형태로 출현한다. 생산력의 발전에 따라 생산의 단위는 취락에서 보다 작은 규모의 세대복합체로, 나아가 개별 세대로 이행한다. 그러니까 세대복합체라 하면 복수의 세대가 생산과정에서, 나아가 사회·정치·종교의 과정에서 하나의 생활단위로 긴밀히 결합한 상태를 말한다.[6] 세대복합체로부터 개별 세대가 생산의 주체로 자립하

6 종래 연구자들은, 그 정의가 어떠하든, 世帶共同體라는 용어를 널리 사용하였다. 나 역시 그러하였다. 그렇지만 세대공동체라는 용어는 가족공동체, 촌락공동체 용어에서의 공동체와 그 뜻이 일치하지 않는다. 가족공동체와 촌락공동체 용어에서는 가족과 촌락이 하나의 공동체라는 뜻이다. 그에 비해 세대공동체 용어에서는 세대가 하나의 공동체인지 여부가 확실하지 않지 않다. 단일세대로서 확대가족을 세대공동체로 정의할 경우, 용어의 일관성은 유지된다. 그런데 복수의 개별 세대가 긴밀한 관계로 결합한 것을 세대공동체라 하면, 공동체 용어에 혼란이 발생한다. 그 결합 상태가 과연 공동체인지가 확실하지 않기 때문이다. 이런 이유에서 여러 소규모 세대의 결합을 世帶複合體로 부름이 좋다는 권유가 있으며, 이제부터 나도 거기에 따른다. 관련하여 다음의 논저를 참조할 수 있다. 都出比呂志(1989), 『日本農耕社會の成立過程』, 岩波書店, 230·248~252쪽. 權五榮(1996), 「三韓의 '國'에 대한 연구」, 서울대학교 대학

면, 나는 그것을 가리켜 소농peasant이라 부른다.

이 같은 내 나름의 정의에 입각하여 나는 가락동·역삼동 유형의 개별 주거를 세대라고 규정함에 동의하지 않는다. 전술한 대로 주거지 내의 생활시설은 대개 간단하여 식료를 보관한 저장공과 불을 지핀 노지 정도가 고작이다. 소형 주거지에는 노지와 저장공이 없는 경우가 많다. 역삼동유형 주거지의 29%는 노지를, 54%는 저장공을 갖추지 못하였다.[7] 소형 주거지는 많은 경우 대형 주거지에 부속하는 공간이었다. 그런 가운데 고고학적 증거에 의하면, 청동기시대의 인간들은 주거지 사이의 야외노지에서 공동으로 취사하였다.[8] 다시 말해 개별 주거는 취사단위로서 개별 세대가 아니었다. 그렇다면 그것의 몇 개가 결합한 주거군이나 그것의 통합으로서 대형 주거를 세대복합체로 규정하기는 어렵다. 나는 가락동·역삼동 유형의 주거군이나 대형 주거를 가족공동체 또는 확대가족으로서 단일 세대라고 판단하고 있다.

가락동·역삼동 유형의 취락은 이러한 주거군이나 대형 주거가 대개 다섯을 넘지 않은 규모였다. 물론 취락에 따른 차이는 있었다. 천안시 서북구 백석동에서 발굴된 취락에서 주거지는 80기를 넘었다. 그럼에도 동 취락에는 주거지 이외의 분묘지나 경지가 발굴되지 않았다. 소수의 예외적 경우가 있긴 하지만, 일반적으로 가락동·역삼동 유형 취락의 내외에는 분묘지나 경지와 같은 문화공간이 조성되지 않았다.[9] 이 사실은 취락의 정주定住가 안정적이지 않았음을 시사하고 있다. 취락은 단기간의 정주 후에 다른 곳으로 이동함이 보통이었다. 주거지에서 발굴되는 석기 가운데

원 국사학과 박사학위논문, 65~66쪽.

7 李眞旼(2005), 「中部地域 無文土器時代 前·中期 文化에 대한 一考察」, 고려대학교 고고환경연구소 편, 『송국리문화를 통해 본 농경사회의 문화체계』, 서경문화사, 44쪽.

8 金正基(1996), 「青銅器 및 初期鐵器時代의 竪穴住居」, 『韓國考古學報』 34, 45쪽.
安在晧(2000), 「韓國 農耕社會의 成立」, 『韓國考古學報』 43, 56쪽

9 이형원(2009), 『청동기시대 취락구조와 사회조직』, 148~151·195~198쪽.

는 수렵에 쓰이는 석촉石鏃이 석도石刀나 석부石斧와 같은 농경구보다 훨씬 많다. 정주농업이 성립했는지는 확실하지 않으나, 그렇다 하더라도 불규칙한 주기의 화전농경火田農耕이었다고 짐작되고 있다. 그 시대에는 인간들의 경제생활에서 수렵과 채취가 농경보다 훨씬 큰 비중을 점하였으며, 그 점에서 이전의 신석기시대와 큰 차이가 없다. 취락을 통합한 권력이나 권위의 존재도 명확하지 않다. 그렇지만 거주지에 따라 동검이나 마제석기가 출토되고, 중심부의 대형 주거를 환호環濠로 두른 취락도 확인되어 권력이나 권위가 맹아적 형태로 출현하고 있었다고 이야기할 수 있다.[10]

복합사회의 대두

기원전 9세기 이후 중·서부 금강 하류와 해안 지방에서 또 하나의 청동기문화가 등장하여 북으로는 천안과 아산까지, 남으로는 전라남도과 경상남도 일원에까지 널리 확산하였다. 고고학자들은 부여군 초촌면 송국리에서 처음 발굴되었다 해서 이 청동기문화를 송국리松菊里유형이라 부르고 있다. 송국리유형의 기원이 어디인지를 둘러싸고 고고학자들은 외부유입설과 내부발생설의 팽팽한 대립을 보이고 있다. 송국리유형은 이전의 가락동·역삼동 유형의 공열토기孔列土器와 상이한 형태의 외반구연호형토기外反口緣壺形土器(송국리식 토기)를 제작하였다. 수혈식 주거도 가락동·역삼동 유형과 상이하게 일반적으로 원형圓形이나 방형方形이다. 이처럼 문화적 단절이 큰 데에다 송국리유형이 등장하여 확산해 간 시기와 경로가 기존의 문화가 그에 동화, 흡수되는 그것들과 대개 일치하고 있다. 이러한 근거에서 송국리유형은 비록 그 기원을 알 수 없지만 외부에서 유입한 문화라고 이해되고 있다.[11] 그에 반해 기존의 역삼동유형에

10 이형원(2009), 『청동기시대 취락구조와 사회조직』, 201~210쪽.

11 李眞旼(2004), 「중부 지역 역삼동유형과 송국리유형의 관계에 대한 일고찰 – 역삼동유형의 하한에 주목하여 –」, 『韓國考古學報』 54, 35~62쪽.
禹姃延(2002), 「중서부지역 송국리복합체 연구 – 주거지를 중심으로 –」, 『韓國考古學報』 47,

〔 **그림 2-2** 〕 **송국리유형의 주거지**(부여군 초촌면 송국리)

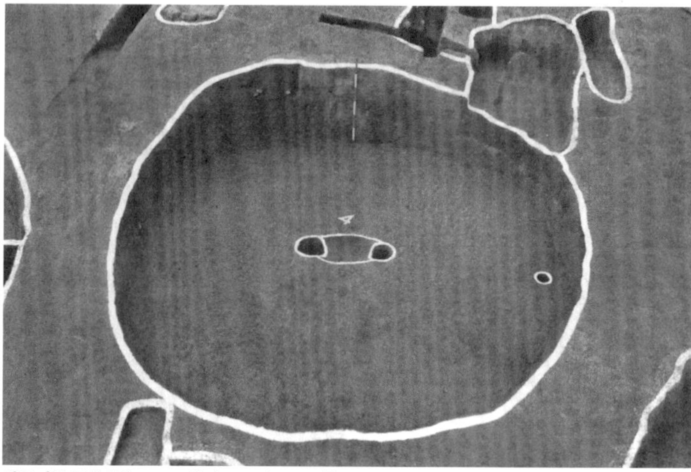

출처: 한국전통문화대학교 고고학연구소 편(2011), 『松菊里VII—부여송국리유적 제12·13차 발굴조사—』, 5쪽.

서 주거지가 방형으로 소형화하는 추세가 확인되거나, 토기 등의 유물에서 송국리식으로의 변화를 알리는 조짐이 관찰된다는 이유로 기존의 문화가 진화한 결과로 송국리유형이 생겼다고 주장하는 연구자들도 있다.[12] 어쨌든 가락동·역삼동 유형은 후발하는 송국리유형에 흡수, 동화되는 가운데 기원전 4세기까지 지역을 나누면서 병존하였다.

송국리유형의 수혈식 주거지는 그 규모가 가락동·역삼동 유형보다 훨씬 작았다. 지금까지 알려진 송국리유형의 주거지는 모두 299기이다. 그것들의 평균 면적은 20m^{2}이다.[13] 299기 가운데 가락동유형의 평균 50m^{2}에 달하거나 그 이상의 규모는 6기에 불과하다. 〈그림 2-2〉는 송국리에서 발굴된 주거지의 일례이다.[14] 방형으로서 지름이 5m 내외인 송국리유

29~61쪽.

12 이형원(2009), 『청동기시대 취락구조와 사회조직』, 142~145쪽.

13 이형원(2009), 『청동기시대 취락구조와 사회조직』, 138~141쪽.

14 한국전통문화대학교 고고학연구소 편(2011), 『松菊里VII — 부여송국리유적 제12·13차 발굴조사 —』, 5쪽.

형 주거지의 전형을 보이고 있다. 내부시설은 중앙에 기둥을 세운 2개의 주공柱孔에 불과하다. 그 외에 노지나 저장공의 시설은 보이지 않는다. 이처럼 노지와 저장공을 결여한 것이 송국리유형 주거지에서 90%가 넘는다.[15] 일부 주거지에서 노지가 발견되지만, 그것도 흙을 긁어낸 토광土壙으로서 이전 가락동·역삼동 유형의 위석식 노지에 비하면 매우 초라하다.

노지는 조명과 난방을 위한 시설이다. 주거지에 노지가 설치되지 않았다는 사실을 어떻게 설명해야 좋을지는 고고학적으로 큰 수수께끼이다. 어느 연구자는 송국리유형의 취락이 계절적으로 이동했다고 주장하는가 하면, 다른 연구자는 주거지 내부에 평상平床이 설치되고 그 위에 화로火爐와 같은 시설이 있었다고 주장하며, 또 다른 연구자는 두 주공 사이의 공간에 재를 쌓고 그 위에 불을 지폈다고 주장하는데,[16] 모두 넓은 동의를 얻지 못하고 있다.

송국리유형의 취락은 이전의 가락동·역삼동 유형에 비해 규모가 일층 컸다. 현재까지 발굴된 취락 가운데 보령시 주교면 관창리의 유적이 가장 크다. 모두 195기의 주거지가 발굴되었는데, 특정 시점의 주거지가 100기 정도로 추정되는 대형 취락이다. 진주시 대평면 대평리의 유적에서는 상이한 시기의 주거지를 합하여 350기의 주거지가 발굴되었다. 송국리 유적에서는, 아직 발굴이 완료되지 않았는데, 35기의 주거지가 나왔다. 기원전 9~6세기의 청동기시대에는 남부지방 곳곳에서 이 같은 대형 취락이 발달하였다. 취락을 둘러싸고서는 방호시설로서 환호環濠와 목책木柵이 설치되었다. 이는 생활 자료를 구하기 위한 경쟁이 치열해지면서 취락 간의 긴장이 높아진 시대가 되었음을 이야기하고 있다.

취락의 내외에는 분묘지와 경지가 조성되었다. 지금까지 발굴된 청동

15 李眞旼(2005), 「中部地域 無文土器時代 前·中期 文化에 대한 一考察」, 『송국리문화를 통해 본 농경사회의 문화체계』, 44쪽.

16 이형원(2009), 『청동기시대 취락구조와 사회조직』, 127~132쪽.

기시대의 논 유적은 모두 25곳인데, 대개 송국리유형의 취락에 속하는 것들이다. 논은 벼의 특성상 물을 쉽게 끌어들일 수 있는 충적지의 배후 습지, 곡저谷底 평지, 구릉의 말단부에 입지하였다. 논은 대개 너비 20~30cm, 높이 5cm 내외의 소규모 두둑으로 둘러싸인 소구획이거나 계단식인데, 면적은 그리 크지 않았다. 도구가 석기와 목기인 단계에서 토지의 형질 변경은 소규모일 수밖에 없었다. 진주에서 발굴된 논의 유적은 평균 20m^2, 부여와 논산에서 발굴된 논 유적은 11~74m^{2}의 소규모이다. 그 정도면 한 사람만으로도 개간과 수로 조성이 가능한 규모로 이해되고 있다. 청동기시대의 밭 유적으로서는 지금까지 모두 34곳이 발굴되었다. 곡저 평야나 구릉부의 사면에 조성된 밭은 소규모일 수밖에 없으나, 하안의 충적지에 조성된 밭은 그 규모가 상당하였다. 진주시 평거동에서 발굴된 어느 밭의 유적은 이랑이 19개이며, 그중의 하나는 길이가 123m에 달한다.[17]

인골에서 추출된 안정동위원소安定同位元素를 분석하면 그 사람이 평생 섭취한 식료의 종류를 알 수 있다. 태안군 안면도 고남리 패총에서 출토된 신석기시대 후기의 인골에 대한 안정동위원소 분석에 의하면, 그 시대의 탄소열량 섭취는 주로 도토리, 벼, 보리, 밀, 콩 등 주변 야생에서 채집한 C_3식물에 의존하였다. 단백질의 공급원은 야생의 사슴·멧돼지와 같은 육상동물과 어패류였다. 그에 비해 청동기시대 후기, 곧 송국리유형에 이르러 탄소열량의 공급원은 조, 기장, 수수, 피와 같은 C_4식물로 변하였다. 다시 말해 조, 기장과 같은 밭농사가 경제생활의 불가결한 토대로 들어선 것이다. 벼 등 C_3식물의 섭취는 얼마 되지 않았다. 그 시대의 벼농사 수준을 과장해서는 곤란하다. 동물성 단백질의 섭취는 이전 시대와 마찬가지로 육상동물의 수렵과 어패류의 채취에 의존하였다.[18]

---

17 한국고고학회 편(2013), 『농업의 고고학』, 사회평론, 153~183·303~344쪽.

18 이준정(2011), 「作物 섭취량 변화를 통해 본 農耕의 전개 과정—한반도 유적 출토 人骨에 대

이상과 같은 고고학적 증거는 농경에 바탕을 둔 본격적인 정주취락定住聚落의 형성이 대개 송국리유형부터임을 이야기해 주고 있다.[19] 취락의 구조와 관련해서는 관창리 취락의 예가 널리 알려져 있다. 이 취락은 낮은 구릉지대의 세 능선을 따라 주거지들이 4개 집단으로 나뉘어 분포하였다. 취락의 공간은 주거지와 농경지만이 아니라 공동의 저장시설, 공동의 분묘지, 토기 제작의 공방工房, 공동집회소, 외부와의 교역장소가 계획적으로 배치된 복합적 구조를 이루었다. 일대의 전면지표조사에 의하면 관창리 취락은 논농사에 유리한 곳에 입지하지 않았다. 관창리 취락에서는 논농사보다 밭농사가 더 중요했으며, 공방에서 생산한 토기를 내다 파는 등, 생활 자료의 취득에 있어서 외부와의 교역도 중요하였다. 관창리 취락은 가까운 곳에서 발굴된 다른 취락과 교역권을 형성했으며, 그 가운데서 고차중심지였다고 짐작되고 있다.[20]

고고학자들은 송국리유형의 취락을 두고 복합사회complex society로 정의함에 의견을 같이 하고 있다. 취락의 내부 공간이 분업적으로 편성되었으며, 이해관계가 상이한 소규모 집단이 하나의 권위 또는 권력에 의해 통합되었으며, 인근의 취락과 교역을 행하였다는 이유에서이다. 이 복합사회가 평등사회인지 불평등이 구조화된 계층사회인지를 둘러싸고서는 의견이 분분하다. 연구자에 따라서는 오늘날의 공주에서 부여에 이르는 넓은 범위를 통합한 정치권력의 성립을 상정하기도 하지만, 지나친 해석으로 비판되고 있다.[21] 다수의 견해는 이 사회가 정치적, 착취적, 귀속적이

한 안정동위원소 분석 결과를 중심으로—」, 『韓國上古史學報』 73, 43~45쪽.

19 이형원(2009), 『청동기시대 취락구조와 사회조직』, 263쪽.

20 金範哲(2005), 「錦江下流域 松菊里型 聚落의 形成과 稻作集約化」, 『송국리문화를 통해 본 농경사회의 문화체계』, 85~119쪽.
李弘鍾(2005), 「寬倉里聚落의 景觀」, 『송국리문화를 통해 본 농경사회의 문화체계』, 121~143쪽.
이형원(2009), 『청동기시대 취락구조와 사회조직』, 190~195쪽.

21 김장석(2008), 「송국리단계 저장시설의 사회경제적 의미」, 『韓國考古學報』 67, 4~39쪽.
金範哲(2014), 「湖西地域 青銅器時代 家內 貯藏樣相 變化의 意味」, 『韓國上古史學報』 83,

라기보다는 의례적, 관리적, 획득적 권위에 의해 통합되었을 것으로 이해하고 있다. 청동기시대의 일반적 묘제는 지석묘인데, 그 유적이 호남에만도 1만 6,000여 개에 달하고 있다. 그 지석묘의 입지나 부장품의 위세에서 취락의 일반 성원으로부터 분리된 권력의 존재를 찾아내기는 힘든 실정이다.[22]

앞서 소개한 대로 송국리유형의 소규모 원형 주거지에는 일반적으로 노지와 저장공이 설치되지 않았다. 가락동·역삼동 유형의 개별 주거지가 보유한 노지와 저장공이 송국리유형에 이르러 사라진 것은 취락을 통합하고 지휘한 권위의 작용에 의해서였다. 개별 주거지의 식료는 그 권위에 의해 주거지 사이에 설치된 수혈식의 저장시설로 집중되었다. 그런 가운데 송국리유형의 인간들은 주거지 밖의 야외노지에서 공동취사를 하였다. 공동취사의 단위와 관련해서는 취락의 유적에 따라 3~4기의 주거지가 하나의 수혈식 야외노지를 공유했음이 확인되고 있다.[23] 이처럼 송

53~68쪽.

김장석(2014),「청동기시대 정치경제학과 권력의 재원조달 재론」,『韓國上古史學報』86, 5~29쪽.

22 한국고고학회 편(2007),『계층사회와 지배자의 출현』, 사회평론, 15~16·280~287쪽. 내가 청동기시대의 이해를 위해 반복적으로 읽은 이형원의 저서는 가락동·역삼동 유형의 취락에서 맹아적 형태로 나타난 권위가 송국리유형의 취락에 이르러 單純階層社會(simple stratified society)를 성립시켰다고 주장하고 있다. 세계의 고고학과 인류학은 국가에 이르는 사회의 발전을 群集(band)→部族(tribe)→族長社會(chiefdom)→국가(state)의 과정으로 설명하고 있다. 이형원의 단순계층사회론은 부족은 벗어난, 그렇지만 족장사회에는 이르지 못한 중간형태에 해당하는 것 같다. 이형원은 복합계층사회로서 족장사회가 성립하는 것은 기원전 4세기 이후의 초기철기시대나 원삼국시대라고 전망하고 있다[이형원(2009),『청동기시대 취락구조와 사회조직』, 254~258쪽]. 그런데 청동기시대의 인간사회가 부족 단계는 벗어났다는 이형원의 조심스런 판단도 그에 상응하는 고고학적 근거를 적극적으로 제시하고는 있지 못하다. 현재까지 확인된 대규모 취락의 규모가 주거지 100기 전후라면, 곧 인구가 500명 전후라면, 그것은 정확히 부족 단계에 해당한다[제레드 다이아몬드 지음, 김진준 옮김(1998),『총, 균, 쇠』, 문학사상사, 384~392쪽]. 나는 그것을 부정할 적극적인 근거가 제시되기까지 청동기시대의 사회를 부족 단계라 평가해서 큰 잘못이 아니라고 생각하지만, 더 이상 적극적으로 주장할 입장에 있지 않다.

23 權五榮(1996),「三韓의 '國'에 대한 연구」, 69~73쪽.

국리유형에서도 가락동·역삼동 유형에서처럼 몇 개의 소규모 가족이 결합한 가족공동체가 실재하였다. 그렇지만 그 가족공동체가 구현한 세대로서의 자립성은 제반 식료가 취락의 공동관리 아래로 옮겨진 만큼 가락동·역삼동 유형에서보다 후퇴했다는 느낌이 든다. 이 같은 송국리유형의 취약점은 이 청동기문화가 기원전 4세기 이후의 커다란 격변기에 적응하지 못하고 소멸해 버린 한 가지 요인이기도 했을 터이다.

역사시대로의 이행

기원전 7세기경 한반도에서 송국리유형의 문화가 꽃 피우고 있을 즈음, 황하黃河 중류역의 주周 나라에서는 다음과 같은 노래가 울려 퍼지고 있었다.

> 저 汝水의 방죽을 따라 잔 나뭇가지 자르면서도
> 당신을 보지 못하니 주린 아침밥 찾듯 그리웠소
> 저 여수의 방죽을 따라 움돋은 나뭇가지 자르면서도
> 당신을 만나게 되었으니 나를 버리진 않으셨구려
> 魴魚 꼬리는 붉고 왕실은 타는 듯한데
> 비록 타는 듯하더라도
> 부모님이 계시니 다시는 가지 않겠지[24]

어느 여인이 전장戰場에 나간 지아비를 그리워하다가 지아비가 무사히 돌아오자 그 기쁨을 노래한 『시경詩經』 국풍國風 주남周南의 한 곡이다. 방어는 피곤하면 꼬리가 붉어진다. 노래 가운데 "魴魚 꼬리는 붉고"라 한 것은 전장에서 돌아온 지아비의 초췌한 모습을 말한다. "왕실은 타는 듯

24 『詩經』 國風 周南 汝墳; 金學主 譯著(1984), 『詩經』, 明文堂, 45쪽. 약간 수정하여 인용하였다.

한데"는 주의 정치가 혼미하여 위태로운 상황을 가리킨다. 동아시아에서 가장 오래된 노래의 하나인 이 노래에는 역사시대를 상징하는 모든 요소가 담겨 있다. 지아비, 지어미, 부모로 구성된 소규모 가족, 왕실로 상징되는 국가권력, 그 작용으로서 전쟁, 그를 위한 백성의 동원, 하수河水의 범람을 통제하는 방죽 등이 그것들이다. 소규모 가족에게 토지를 분급한 주의 정전제井田制를 고려하면, 가족은 개별 세대이기도 하였다. 무엇보다 뚜렷한 문명의 상징은 황하의 방죽을 따라 울려 퍼진 일반 민중의 노래를 채집하여 기록한 문자이다. 한국인의 역사에서 이 같은 개별 세대로서 가족, 국가, 방죽, 문자와 같은 문명의 요소로 짜인 역사시대를 만나기 위해서는 이후에도 거의 천년의 세월을 기다려야 했다.

한반도의 청동기문화는 기원전 4세기 이후 역사시대로 순조롭게 이행하지 못하였다. 몇 차례 외부로부터 큰 충격이 주어졌으며, 그에 따른 문화적 단절이 있었다. 기원전 4세기 이후 점토대토기粘土帶土器와 세형동검細形銅劍을 제작하는 새로운 문화집단이 한반도에 출현하였다. 이들은 송국리식 토기, 비파형동검琵琶形銅劍, 지석묘 등으로 대표되는 원주原住 청동기문화와 경쟁하였으며, 점차 그들을 해체해 갔다. 그에 따라 원주 청동기문화는 기원전 2세기에 소멸한 것으로 추측되고 있다. 고고학자들은 그러한 문화집단의 단절적 교체를 계주 경기에서 바통을 떨어뜨린 것과 유사한 현상으로 비유하고 있다.[25]

기원전 4세기 이후 중국 대륙은 전국시대戰國時代의 혼란에 접어들었다. 기원전 4세기 중엽 북중국인은 요하遼河 하류의 동쪽을 무대로 활동하는 조선朝鮮이란 정치체를 인지하였다. 기원전 3세기 전반 조선은 요동으로 진출한 전국 7웅의 하나인 연燕과 군사적으로 충돌하였다. 조선은 연에 밀려 한반도 청천강 이남의 평양으로 그 중심을 옮겼으며, 연은 청

---

25 한국고고학회 편(2007), 『계층사회와 지배자의 출현』, 271~273쪽.

천강 이북에까지 그 세력을 확장하였다.[26] 그와 더불어 청천강 이북에서는 한반도 최초의 철기문화가 출현하였다. 평북 영변군 세죽리 등의 유적에서는 주조철부鑄造鐵斧를 비롯하여 낫, 반월도, 쟁기 등의 철제 농공구가 출토되었다. 청천강 이북에서 성립한 최초의 철기문화는 서해안을 따라 남하하거나 동부지역으로 확산되었다. 한반도 중부 이남에서는 세형동검의 청동기문화가 여전히 기반을 이루는 가운데 철기문화가 부분적으로 수용되었다.[27]

기원전 2세기 말 연이 망하자 연인燕人 위만衛滿이 조선으로 망명하였다. 기원전 194년경 그는 중국계 유이민을 결집하여 조선의 왕위를 찬탈하였다. 조선의 준왕準王은 그의 무리를 이끌고 마한馬韓으로 내려가 왕이 되었다. 기원전 108년 한漢은 위만조선을 정복하고, 그 지역에 군현을 설치하였다. 위만의 무리는 소백산맥을 넘어 진한辰韓과 변한弁韓으로 이동하였는데, 이는 그 지방에 철기문화를 확산하는 계기가 되었다. 이후 대구, 경주, 김해 등지에서는 한의 양식과 구분되는 철기가 다량 출토되었다. 이는 이 지역에 한 군현의 영향이 미치기 전에 위만의 무리에 의해 철기문화의 기반이 조성되었음을 알리고 있다.[28]

이 같은 외부적 충격의 연쇄 과정에서 한반도 청동기시대의 마지막 세대를 대표하는 세형동검의 문화는 종언을 고하고, 이후 철제단검鐵製短劍의 역사가 펼쳐졌다.[29] 격심한 혼란의 여파인지 초기철기시대(기원전 3~1세기)와 원삼국시대原三國時代(기원후 1~3세기)를 거치는 사이 취락의 규모는 주거지 10~20기로 축소되었다. 취락의 규모가 기원전 9~6세기와 같

---

26 盧泰敦(1988), 「古朝鮮 중심지의 변천에 대한 연구」, 『韓國史論』 23, 31~36쪽.
27 국립중앙박물관(1998), 『고고유물로 본 한국고대국가의 형성』, 8쪽.
28 국립중앙박물관(1998), 『고고유물로 본 한국고대국가의 형성』, 16쪽.
29 미야자토 오사무(2010), 『한반도 청동기의 기원과 전개』, 사회평론, 350~351쪽.
오영찬(2006), 『낙랑군 연구』, 사계절, 82~83쪽.

은 규모로 회복되는 것은 기원후 3세기 이후의 일이다.[30] 철기의 보급은 지역에 따라 차이를 보였다. 전라남도 보성강 유역에서는 원삼국시대까지 석기와 목기가 압도적 비중을 차지하였다. 이 지역을 포함하여 마한 지역에서는 전통 청동기문화의 저항이 강한 가운데 철기문화의 보급은 상대적으로 늦었다. 반면 위만의 무리들이 이주한 진한과 변한에서 철기문화는 쉽게 확산되었는데, 이는 그 지역에 철 자원이 풍부하다는 자원 조건과 관련이 있었다. 전파의 길목에 위치한 한강 중류의 미사리渼沙里 유적에서는 원삼국시대에 이르러 철기의 출토가 부쩍 증가하는 가운데 석기는 현저하게 소량으로 줄었다. 이후 백제百濟시대가 되면 석기는 더 이상 출토되지 않으니, 미사리에서 철기시대로의 완전한 전환은 기원후 4세기 이후의 일이었다.[31]

기원전 108년 한 제국이 위만조선의 땅에 설치한 군현은 기원후 313년까지 421년이나 존속하였다. 원래 4개 군이 설치되었는데, 얼마 후 낙랑군樂浪郡으로 통합되었다. 전성기 낙랑군의 산하에는 25개 현이 있었고, 인구는 6만 2,812호, 40만 6,748구에 달하였다. 그 영역은 오늘날의 북한 전역을 포괄하였다. 확실하지는 않지만, 그 정도면 한반도에 실재한 인구의 1/3은 포괄하지 않았을까 싶다. 후술하듯이 한반도 남부의 인구는 총 70~75만이었다. 한의 변방 지배정책이 일반적으로 그러했듯이, 한 군현의 설치는 원주민사회에 급격한 문화적 단절을 초래하지는 않았다. 태수와 현령은 한으로부터 파견되었지만, 군현의 행정실무는 원주 부족의 지배층에서 충원되었다. 기원전 3세기 전반 한반도에 들어온 최초의 정치체 조선은 원래 스키타이Scythai, 오르도스, 요서의 넓은 지역을 활동 무대로 한 흉노匈奴와 밀접한 연관을 지닌 문화집단이었다. 낙랑고분에서는

30 송만영(2007), 「남한지방 청동기시대 취락구조의 변화와 계층화」, 『계층사회와 지배자의 출현』, 30~34쪽.

31 權五榮(1996), 「三韓의 '國'에 대한 연구」, 90~93쪽.

기원후 1세기까지 흉노와 조선의 밀접한 관계를 대변하는 북방계 유물이 출토되었다. 이 사실은 한 군현의 설치 이후에도 조선의 문화는 오랫동안 건재했음을 이야기하고 있다. 그 사이 적지 않은 한인계 관리, 그들의 가속과 상인들이 낙랑군으로 유입하여 원주민과 융합하였다. 원주사회도 점차 한화漢化하였다. 그러한 문화적 교류와 융합의 과정을 통하여 기원후 1세기가 되면 중원中原과 구분되는 고유의 정체성을 지닌 낙랑인과 그의 문화가 성립하였다.[32]

한반도에 설치된 중국 군현은 대륙의 선진문물이 유입하는 창구가 되었다. 〈그림 2-3〉은 중국의 화폐와 거울이 출토된 원삼국시대 유적의 분포를 나타낸다.[33] 유적의 분포는 낙랑과 대방이 설치된 서북부에서 출발하여 남으로 연안을 따라 북한강, 남한강, 금강, 섬진강, 낙동강 유역까지 널리 확산되었다. 제반 철기의 유입과 확산도 마찬가지 경로를 따랐다. 일찍이 철기시대의 개막과 더불어 한반도는 동아시아를 포괄하는 해양교역에 포섭되었다. 연燕이 진출한 한반도 서북부에서는 연의 화폐 명도전明刀錢이 다량으로 출토되었다. 중국 양자강 하구에서 북상하여 산동반도, 발해만을 거쳐 한반도 서북부에 도착한 해양교역로는 서해안을 따라 남진하여 한반도 동남부와 멀리 왜倭에까지 도달하였다. 예컨대 호서지방에서 발굴된 기원전 2세기 것으로 보이는 유리관옥은 동시대 중국유리와 같은 계통으로 분석되었다. 한반도를 둘러싼 동아시아 해양교역은 한 제국에 이르러 새로운 국제화폐 오수전五銖錢의 보급과 더불어 더욱 번창하였다.

중국 군현의 설치 이후 한반도에서 국가라는 정치체를 이루기 위한 움직임은 부쩍 활발해졌다. 『삼국지三國志』 동이전東夷傳에 의하면 위魏의 황제는 낙랑과 대방을 통해 삼한 각국의 신지臣智에게 읍군邑君이나 읍장

32 오영찬(2006), 『낙랑군 연구』, 91~175쪽.

33 박순발(2001), 「馬韓 對外交涉의 變遷과 百濟의 登場」, 『百濟研究』 33, 12쪽.

[그림 2-3] 원삼국시대 중국화폐 및 한경 유적의 분포

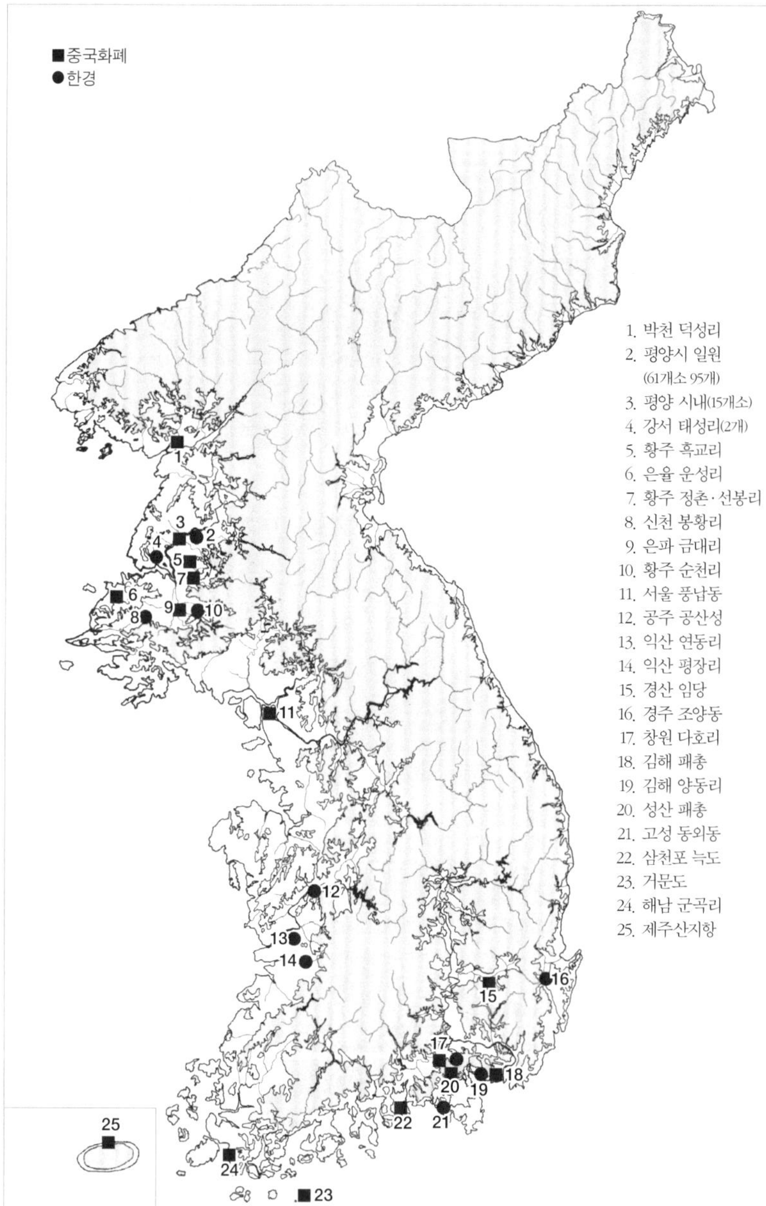

출처: 박순발(2001),「馬韓 對外交涉의 變遷과 百濟의 登場」,『百濟硏究』 33, 12쪽.

邑長과 같은 직함과 그것을 상징하는 술이 달린 인장印章을 하사하였다. 그 인장은 각국의 신지가 주변의 읍락을 하나의 정치적 질서로 통합하는 권위로 역할을 하였다. 한반도 주민의 문자생활도 중국 군현의 설치와 더불어 시작되었다. 기원전 1세기경의 어느 낙랑고분에서는 벼루, 붓, 서도용書刀用 칼, 『논어論語』 목간木簡이 출토되었는데, 토착 조선계 유력자의 무덤으로 보인다. 기원후 1세기경 중국인들은 낙랑의 백성들이 구습에서 벗어나 『시경詩經』과 『서경書經』을 읊는다고 하였다.[34] 한반도의 사람들이 앞서 소개한 '汝水의 방죽'을 노래하게 된 것도 대개 이 무렵부터였다.

2. 연烟의 성립

미사리유적

철기시대의 도래와 더불어 개별 주거의 소규모 가족이 제반 생활 자료의 취득과 소비의 단위로, 다시 말해 개별 세대로 자립하였다. 그러한 역사적 진보를 뒷받침하는 고고학적 증거로서 수혈식 주거의 내부시설로 부뚜막이 설치되기 시작했음을 들 수 있다. 전술한 대로 청동기시대의 인간들은 대개 야외노지에서 공동취사를 하였다. 그에 비해 철기시대에 이르러 취사시설로서 부뚜막이 주거지 내에 설치되었음은 소규모 가족의 개별 세대로서의 자립성이 이전 시대에 비해 훨씬 높아진 상태를 대변하고 있다.[35]

부뚜막의 출현과 관련된 고고학적 증거로서는 1987~1992년에 발굴된 한강 중류의 미사리유적이 널리 알려져 있다. 이 유적은 한강의 범람과

34 노태돈(2014), 『한국고대사』, 경세원, 52·173쪽.

35 權五榮(1996), 「三韓의 '國'에 대한 연구」, 73~74쪽.

[그림 2-4] 미사리유적 A지구 시대별 주거지 분포

출처: 崔鍾澤(1994), 「渼沙里遺蹟의 住居樣相과 變遷」, 『마을의 考古學』(第18回韓國考古學全國大會發表要旨), 132~133쪽.

퇴적이 거듭됨에 따라 형성된 21개 지층으로 이루어져 있는데, 그 가운데 5개 층에서 신석기시대(기원전 40~35세기), 청동기시대(기원전 6~4세기), 원삼국시대(기원후 1~3세기), 백제시대(기원후 4~6세기)의 문화유적이 발굴되었다. 백제시대는 2개 층이다. A지구로 이름 붙여진 유적 구역에서 청동기시대에서 백제시대까지 수혈식 주거지가 분포한 상태는 〈그림 2-4〉와 같다.[36] 각 유적의 남단에 그어진 실선은 발굴이 이루어진 범위의 남쪽 경계이며, 그 아래는 현재 주택지이다.

A지구에서 인구가 가장 번성했던 것은 청동기시대이다. 모두 37기의 주거지가 발굴되었는데, 〈그림 2-4〉에는 그중의 11기가 표시되어 있다. 주거와 취락의 형태는 전술한 역삼동유형에 속한다. 주거지의 형태는 대개 장방형이며, 면적은 5~100m^{2}로 다양한데 평균 35m^{2}이다. 주거지 내의 시설은 1~3개의 노지가 고작이며, 그 외의 다른 것은 없다. 역삼동유형의 주거지에서 많이 보이는 내부 저장공은 여기서는 처음부터 없었다. 그 대신 야외의 저장시설로서 주거지 사이에 소형 수혈이 조성되었다. 그림에서 보는 34개의 검은 점들이 그것이다. 저장시설로는 고상식高床式 건물도 있었는데, 그중의 하나가 오른쪽 끝의 目부분이다. 전술한 대로 이 같은 야외 저장시설의 발달은 그것을 사이에 둔 몇 개의 주거가 단일 세대로서 공동취사를 하였던 청동기시대의 생활상을 이야기해 주고 있다.

이후 원삼국시대의 주거지는 모두 22기이다. 〈그림 2-4〉에는 13기가 표시되어 있다. 그 형태는 원형, 타원형, 방형, 장방형, 凸형, 呂형 등으로 다양하여 정형성定型性을 상실한 모습이다. 크기는 평균 30m^{2}로서 이전보다 작아졌는데, 형태에 따라 차이가 커서 세 시대 가운데 가장 큰 편차를 보이고 있다.[37] 원삼국시대에 주거지의 규모가 심한 편차를 보이는 현상

36 崔鍾澤(1994), 「渼沙里遺蹟의 住居樣相과 變遷」, 『마을의 考古學』(第18回韓國考古學全國大會發表要旨), 132~133쪽.

37 각 시대별 주거지 면적의 표준편차를 평균면적으로 나눈 변동계수를 계산하면 청동기시대가 0.67, 원삼국시대가 0.80, 백제시대가 0.48이다.

[그림 2-5] 미사리유적 백제시대 주거지의 부뚜막 유구

출처: 미사리선사유적발굴조사단 편(1994), 『漢沙里』 第4卷, 301쪽.

은 다른 유적에서도 일반적으로 관찰되는 현상이다.[38] 주거지 내부의 노지 시설은 이전과 크게 다르지 않은데, 다만 비교적 규모가 큰 3기의 주거지에서 부뚜막이 설치되었다는 점이 새로운 변화의 출발로서 주목된다.

이후 백제시대의 주거지에서는 다음의 네 가지 변화가 두드러진다. 첫째는 주거지의 형태가 대개 타원형을 표준으로 하게 되었다는 점이다. 둘째는 주거지의 면적이 평균 23m^{2}로서 이전에 비해 일층 작아졌을 뿐 아니라, 상호간의 편차도 앞의 세 시대에 비해 가장 작다는 점이다. 셋째는 모두 20기의 주거지 가운데 17기에서 〈그림 2-5〉와 같은 시설의 부뚜막이 설치되었다는 점이다. 부뚜막은 주거지 내부의 벽체에 돌과 점토를 섞어 붙이는 형태로 만들었는데, 토기를 올려 조리를 할 수 있는 구조를 취하였다. 넷째는 5기의 주거지에서 저장공이 설치되었다는 점이다. 저장공은 유적에 따라 사정이 다른데, 본 미사리 유적에서는 백제시대에 이르러

38 林永珍(1985), 「움집의 分類와 變遷」, 『韓國考古學報』 17·18, 126쪽.

처음으로 내부 시설로 바뀌었다.[39]

부뚜막의 확산

1980년대 이후 각지에서 도로와 건물 공사가 활발하게 이루어졌다. 그에 따라 주거지 유적의 발굴도 활발하게 이루어져 원삼국시대와 삼국시대의 주거지에 관한 정보가 대량으로 축적되었다. 그 덕분에 시기와 지역에 따라 주거지의 형태와 내부시설이 어떻게 변하였는지를 개략적이나마 파악할 수 있게 되었다. 원삼국시대에 설치되기 시작한 부뚜막은 일반적으로 불을 들이는 아궁이, 솥걸이와 솥받침을 놓는 연소부, 그리고 연기가 빠지는 연도煙道(구들)로 구성되었다. 그 형태는 연소부와 연도가 직선을 이루는 'ㅣ'자형, 연소부에 이은 연도가 한쪽 벽체를 따라 시설된 'ㄱ'자형, 연소부에 이은 연도가 좌우 벽체를 따라 시설된 'ㅜ'자형으로 나뉜다. 시설의 재료는 초기에는 돌과 점토인데 점차 판석재板石材로 고급화하였다. 그에 따라 부뚜막의 난방시설로서의 기능이 강화되었다. 부뚜막이 설치됨에 따라 수혈식 주거의 벽체도 고급화하였다. 'ㄱ'자형이나 'ㅜ'자형에서처럼 연도가 벽체를 따라 시설될 경우, 벽체는 내화성을 지녀야 한다. 이에 주거지의 하부 벽체가 종전의 목재에서 점토를 덧칠한 보다 견고한 형태로 바뀌어 갔다.[40]

경기지역에서는 남양주시 진접읍의 장현리 유적이 부뚜막의 설치와 그 변화 과정을 잘 보여 주고 있다. 여기서는 청동기시대, 원삼국시대, 백제시대에 걸치는 170기의 주거지가 발굴되었다. 부뚜막 시설은 원삼국시대부터 설치되기 시작하였다. 청동기시대부터 내려온 위석식 노지는 한동

39 이상 미사리 유적에 관한 소개는 崔鍾澤(1994), 「渼沙里遺蹟의 住居樣相과 變遷」, 『마을의 考古學』에 의거하였다. 다만 저장공이 백제시대에 이르러 주거지 내부의 시설로 바뀐 점은 내가 미사리유적의 발굴 보고서에서 직접 확인한 사실이다.

40 조규택(2012), 「湖南地域 馬韓·百濟住居 構造와 展開」, 중앙문화재연구원 편, 『마한·백제인들의 일본 열도이주와 교류』, 서경문화사, 95~98쪽.

【표 2-1】 호남지역 마한·백제시대 부뚜막의 확산

구분 취락 규모	취락 수	주거지 수	부뚜막 수	부뚜막 설치율 (%)	세기별 주거지 수와 부뚜막 설치율(%)				
					2세기	3세기	4세기	5세기	불명
1~10기	102	483	230	47.6	16 (37.5)	180 (47.8)	158 (52.0)	24 (76.3)	105 (54.1)
11~30	38	702	330	47.0		341 (47.6)	279 (39.7)		82 (80.5)
31~50	15	564	234	41.5		190 (58.0)	208 (30.4)	43 (55.8)	123 (29.9)
51~100	10	675	296	43.9		373 (62.1)	302 (39.6)		
101~	5	707	339	47.9		496 (35.8)	107 (69.2)	104 (74.0)	
합계	170	3,131	1,429	45.6	16 (37.5)	1,580 (47.9)	1,054 (45.8)	171 (73.0)	310 (56.1)

출처: 조규택(2012), 「湖南地域 馬韓·百濟住居 構造와 展開」, 중앙문화재연구원 편, 『마한·백제인들의 일본 열도이주와 교류』, 서경문화사, 114~121쪽.

안 부뚜막과 병존하다가, 주거지의 면적이 좁아짐에 따라 3세기까지 모두 자취를 감추었다. 여기서 부뚜막은 처음에는 'ㄱ'자형으로서 출입구의 측벽 중앙에 설치되었는데, 점차 'ㅣ'자형으로 바뀌면서 출입구 맞은편 벽의 중앙으로 옮겨졌다.[41] 그 역시 주거지가 소형화함에 따른 결과로 이해된다. 호서지역에서 부뚜막 시설이 나타나는 것은 경기보다 좀 늦은 3세기 전반이다. 여기서는 4세기 전반까지 노지와 부뚜막 시설이 병존하였다. 부뚜막의 재료도 점토와 돌에서 점차 판석으로 고급화하였다.[42]

호남지역에서 발굴된 마한시대와 백제시대의 주거지는 총 187개 취락

41 홍지윤(2012), 「中部地方 原三國~百濟 住居 變遷 — 南楊州 長峴里遺蹟을 中心으로 —」, 『마한·백제인들의 일본 열도이주와 교류』, 33~57쪽.

42 신연식(2012), 「호서지역 마한·백제 주거지 연구」, 『마한·백제인들의 일본 열도이주와 교류』, 59~85쪽.

의 4,499기에 달하고 있다. 그중 170개 취락의 3,131기에서 부뚜막의 설치율이 어느 정도였는지를 알 수 있다. 〈표 2-1〉은 규모별 취락 수, 주거지 수, 부뚜막 수를 제시하고 있다. 총 3,131기의 주거지 가운데 부뚜막이 설치된 것은 1,429기로서 45.6%이다. 취락의 규모에 따른 보급률의 차이는 보이지 않는다. 주거지의 건립 시기는 2~5세기에 걸치는데, 3~4세기가 2,634기로서 대부분을 차지한다. 건립 시기가 불명한 것은 310동이다. 부뚜막의 설치율은 세기별로 차이가 있었다. 부뚜막이 처음 설치되는 것은 2세기부터이며, 설치율은 37.5%이다. 그렇지만 주거지 수가 16기에 불과하여 그대로 신뢰하기는 어렵다. 이후 세기별 설치율은 3세기가 47.9%, 4세기는 45.8%, 5세기는 73.0%이다. 세기마다 주거지 수도 다르고, 시기가 불명한 주거지도 적지 않아서 확언하기는 어렵지만, 2~5세기에 걸쳐 부뚜막이 확산했던 대강의 추세만큼은 부정하기 힘들다고 생각한다. 시선을 지역 단위로 좁히면 그러한 추세는 보다 뚜렷한 모습으로 드러난다. 예컨대 익산시 오산면 장신리에서 발굴된 3세기 후반의 취락은 거주지가 108기인데, 부뚜막의 설치율은 21%이다. 그에 비해 가까운 익산시 왕궁면 왕궁리에서 발굴된 5세기 취락 104동에서 확인되는 부뚜막의 설치율은 74%나 된다. 호남에서 부뚜막의 형태는 경기에서와 달리 'ㅣ'자형에서 'ㄱ'자형으로, 나아가 'ㅜ'자형으로 바뀌었다. 그와 더불어 부뚜막의 시설도 아궁이, 연소부, 연도, 내화성 벽체를 구비한 보다 온전한 구조로 진화하였다.[43]

국연國烟, 간연看烟, 적성연赤城烟

원삼국시대 한반도의 주거생활에 관한 문헌 사료로는 당대의 중국인들이 남긴 몇 가지 기록을 참고할 수 있다. 수혈식 움집이 마치 무덤과 같

43 조규택(2012), 「湖南地域 馬韓·百濟住居 構造와 展開」, 『마한·백제인들의 일본 열도이주와 교류』, 87~123쪽.

이 보였는지, 중국인들은 "풀로 지붕을 해 잇고 흙으로 방을 만들어 그 모양이 무덤과 같으며 문을 위로 내었다"고 기록하였다. 부뚜막에 관해서는 "부엌을 설치하는데 모두 집의 서쪽에 있다"고 하였는데, 이 역시 주거지 유적에서 부뚜막이 대개 서북 벽에서 발굴되고 있음과 일치하는 기록이다. 주거지 내의 가족생활과 관련해서는 "온 가족이 그 속에 함께 지내니 장유長幼와 남녀의 구별이 없다"고 했는데, 좁은 움집에서 중국식의 가정윤리가 성립해 있지 않은 상태를 그렇게 기술하였다.[44]

부뚜막을 구비한 주거지에 관한 한국인의 기록은 5세기 이후에야 나타난다. 414년 고구려의 장수왕長壽王이 세운 광개토왕비廣開土王碑에는 왕릉을 지키기 위한 수묘호守墓戶를 각지에서 차출한 내용이 새겨져 있다. 그에 따르면 장수왕은 고구려의 옛 영토에서 110가家와 새로운 정복지에서 220가를 수묘호로 차출한 다음, 그들을 국연國烟 30과 간연看烟 300으로 편성하였다. 중국의 한자에서 가家 또는 호戶는 개별 세대를 가리키는 보통명사이다. 광개토왕비는 그 가나 호가 고구려의 지배체제에 편입되어서는 연烟이라는 고유명사로 규정되었음을 전하고 있다. 다시 말해 5세기 초 고구려에서 가의 제도적 표현은 연이었다. 연은 반지하 움집의 부뚜막에서 밥 짓는 연기가 지붕 위로 솟은 연도를 통해 피어오르는 모습을 대변하고 있다. 연 규정은 그러한 이미지에서 고안되었다고 여겨진다. 국연은 간연을 감시하고 독려하는 역할을 맡았다. 대개 국연 하나에 간연 열이 하나의 대오를 편성하여 30개 대오가 순번으로 수묘의 역을 담당했다고 추정되고 있다.[45]

551년 신라는 고구려로부터 단양의 적성赤城을 빼앗은 다음, 주민 가운데 신라의 적성 공략에 협력한 사람들을 포상하였다. 그 포상의 내용을

---

44 『後漢書』 東夷列傳 韓, 『三國志』 東夷傳 韓, 弁辰.

45 金賢淑(1989), 「廣開土王碑를 통해 본 高句麗守墓人의 社會的 性格」, 『韓國史硏究』 65, 16~24쪽. 임기환(1994), 「광개토왕비의 국연(國烟)과 간연(看烟)—4·5세기 고구려 대민편제의 일례—」, 『역사와 현실』 13, 207~211쪽.

새긴 것이 1978년에 발견된 단양적성비丹陽赤城碑이다. 동 비문은 신라의 점령지 지배정책에 관해 몇 가지 정보를 전하고 있다. 그 가운데 적성연赤城烟이라는 말이 나오는데, 적성의 백성이라는 뜻이다. 이로부터 신라 역시 고구려와 마찬가지로 그의 백성을 연으로 규정했음을 알 수 있다. 백제가 그의 백성을 연으로 규정한 기록은 보이지 않는다. 어쨌든 5세기 이후 고구려와 신라는 백성을 연으로 규정하고 그것을 기초 단위로 한 지배체제를 구축하였다. 역사시대의 상징으로서 국가가 솟아오르고 있음을 알리는 그 같은 변화의 저변에는 소규모 가족이 공동취사의 집단으로부터 분리되어 개별취사의 세대로 자립하게 된 역사적 진보가 가로 놓였다.

3. 족장사회

락落

미사리유적의 백제시대에 속하는 두 지층의 각각에서는 밭의 유구遺構가 발굴되었다. 아래 지층은 4~5세기, 위 지층은 6세기의 것으로 추측된다. 아래층 밭은 남북 110m, 동서 50m로서 약 1,700평의 면적이다. 위층 밭은 남북 160m, 동서 60m로서 약 3,000평의 훨씬 큰 면적이다.

〈그림 2-6〉은 4~5세기 아래층 밭의 이랑과 고랑 상태이다. 이랑과 고랑의 폭은 비슷하게 70~80cm로서 합하여 150cm 정도이다. 이랑과 고랑의 고저도 15cm 정도로 그리 뚜렷하지 않다. 이로부터 경지의 이용이 상당히 조방적이었음을 알 수 있다. 고랑에는 지름 20cm 원형의 파종구播種溝가 30cm 간격의 지그재그로 조성되었다. 파종구의 위치가 고랑임은 보리와 같은 습윤작물이 재배되었음을 이야기하고 있다. 고랑의 유구를 자세히 살피면 이랑과의 접면이 수직에 가깝게 각을 세운 가운데 곧게 뻗어 있다. 이 같은 형대의 고랑과 이랑은 정밀한 수직업手作業에 의

[그림 2-6] 미사리유적 백제시대 지층의 밭 유구

출처: 미사리선사유적발굴조사단 편(1994), 『渼沙里』 第4卷, 8쪽.

해서만 조성될 수 있다. 아래층 밭을 갈고 씨를 뿌린 4~5세기 농민들은 1997년 이 밭의 유구를 발굴할 때 인부들이 고랑마다 쭈그리고 앉아 조심스럽게 흙을 긁어낸 것과 거의 같은 방식으로 쇠호미와 같은 수경구手耕具를 들고 고랑을 파냈을 터이다.[46] 다시 말해 당시까지 쟁기갈이는 보급되지 않았다. 쟁기갈이를 하면 위와 같은 형태의 고랑과 이랑이 조성될 수 없기 때문이다. 고랑에 원형의 파종구가 규칙적으로 배치된 것도 쟁기갈이를 한 다음 씨를 뿌린 결과로 생겨난 것이라고 볼 수 없다. 한국 농업사에서 쟁기갈이가 행해지는 것은 6세기부터이다. 『삼국사기三國史記』는 502년 신라의 지증왕智證王이 주군州郡에 명하여 농사를 권장케 했는데, 그때 처음 소가 끄는 쟁기갈이가 실시되었다고 전하고 있다.[47] 그보다

46 김기흥은 4~5세기 아래층 밭의 起耕이 따비를 이용한 人力耕에 의했을 것으로 보고 있다[金基興(1995), 「미사리 삼국시기 밭 유구의 농업」, 『歷史學報』 146, 22~23쪽]. 그렇지만 따비로 고랑과 이랑의 접면이 수직에 가까운 직선으로 조성될 수 있을지는 의문이다.

47 "分命州郡主勸農 始用牛耕"(『三國史記』 新羅本紀 智證麻立干 3年).

1~2세기 앞선 시기의 미사리는 백제의 수도 위례성慰禮城에 인접한 선진 지대이지만, 아직 쟁기갈이의 보급은 미치지 않은 실정이었다.

아래층 밭은 몇 개의 구획으로 나뉘지 않은 하나의 경구耕區이다. 발굴된 밭의 고랑은 진행 도중 지금은 그 아래가 주택가인 남쪽 경계에서 그치고 있다. 다시 말해 아래층 밭의 원래 면적은 발굴된 1,700평을 초과하였다. 위층 밭도 하나의 구획이며, 원래의 면적은 발굴된 3,000평을 초과하였다. 아래층 밭의 원래 면적도 3,000평 이상이었음이 분명하다. 이 한 구획의 넓은 밭을 경작한 농민의 존재형태는 어떠하였을까. 노동력이 고작 2명 내외에 불과한 개별 주거의 소규모 가족이라고는 생각되지 않는다. 2명의 노동력이 쇠호미 등의 수경구로 기경을 감당할 수 있을 정도의 작은 면적이 아니기 때문이다.

〈그림 2-4〉에서 제시된 백제시대의 수혈식 주거 11기는 이 아래층 밭 가운데 분포하였다. 남북으로 약 150m에 걸쳐 분포한 11기의 주거를 끼고 같은 방향으로 고랑과 이랑이 진행하였다. 맨 남쪽에 있는 가장 규모가 큰 육각형 주거에서는 벼루, 방제경倣製鏡, 쇠호미 등의 유물이 출토되었다.[48] 이는 이 육각형 주거의 인물이 11기의 주거를 하나의 생산단위로 통합한 권위였음을 이야기하고 있다. 원래 3,000평 이상에 달했을 밭이 몇 개의 구획으로 나뉘지 않고 하나의 구획으로 존재했음도 11기의 주거가 공동노동의 단위였음을 시사하고 있다. 앞서 소개한 대로 대부분의 수혈식 주거 내부에는 부뚜막과 저장공이 설치되었다. 다시 말해 이들 11기의 개별 세대는 육각형 주거를 중심으로 하나의 세대복합체를 결성하였다.

전술하였듯이 철기시대의 도래와 함께 개별 주거는 중요 생활 자료의 취득과 소비의 주체로서, 곧 개별 세대로 자립하였다. 세대의 자립은 아직 노동·생산과정의 수준에까지는 미치지 못하였다. 그렇게 되기 위해서

48 崔鍾澤(1994), 「渼沙里遺蹟의 住居樣相과 變遷」, 『마을의 고고학』, 122~123쪽.

는 이후에도 오랜 세월이 소요되었다. 나아가 정치권력에 대한 각종 부세賦稅의 부담에서도 개별 세대는 비자립적이었다. 후술하겠지만 부세는 세대의 집합과 취락에 공동으로 부과되고 수취되었다. 개별 세대는 제반 노동과정에 대응하여, 나아가 사회·정치·종교생활의 다양한 수준에서, 하나의 세대복합체로 결속하였다. 미사리유적의 4~5세기 지층에서 확인되는 11기의 수혈식 주거와 그들의 공동노동이 펼쳐진 밭 유구는 이후 천년에 걸친 한국경제사에서 주역으로 역할을 할 세대복합체의 전형을 더없이 명료하게 보여 주고 있다.

이 같은 세대복합체의 존재는 동시대 각처의 주거지 유적에서 어렵지 않게 확인되고 있다. 3~4세기의 순천시 송광면 낙수리에서 발굴된 13~15기의 주거지는 3개의 주거지군으로 구분된다.[49] 각각의 주거지군은 하나의 고상식 건물을 중심으로 결합한 생산과 노동의 단위로서 세대복합체였다. 당대의 한국인들이 이 세대복합체를 가리켜 무엇이라 했는지는 문자생활이 아직 일반화하지 않은 이유에서인지 전하지 않는다. 동시대 중국인들은 그들이 관찰한 주변 유목사회의 이 같은 주거군을 가리켜 락落이라 하였다. 예컨대 흉노의 사회는 인구 10~20명의 2~3개 천막군을 기초 단위로 하였는데, 그것이 락이었다. 당대의 한국 사회를 두고 한 말은 아니지만, 전후좌우의 역사적 맥락은 통하였다. 다음에서 소개할 읍락은 락을 전제로 해서 생겨난 말이다.[50]

읍락邑落

기원전 4세기 이래 중원과 요동에서부터 선진적 문화집단과 정치세력이 연쇄적으로 남진하는 과정에서 청동기시대에 번성했던 복합사회는 해체되었다. 이후 기원후 1~2세기까지 단위 취락의 규모는 주거지 10~20

---

49 權五榮(1996), 「三韓의 '國'에 대한 연구」, 53·64~65쪽.

50 權五榮(1996), 「三韓의 '國'에 대한 연구」, 66~67쪽.

[표 2-2] 3~4세기 마한·백제지역 취락 규모의 분포

구분 / 취락 규모	3세기		4세기		합계	
	취락 수	주거지 수(%)	취락 수	주거지 수(%)	취락 수	주거지 수(%)
1~10기	46	185(9.0)	28	158(9.3)	74	343(9.1)
11~30	22	374(18.2)	14	305(18.0)	36	679(18.1)
31~50	5	190(9.3)	7	240(14.2)	12	430(11.5)
51~100	6	373(18.2)	4	302(17.8)	10	675(18.0)
100~	4	931(45.3)	3	691(40.7)	7	1,622(43.3)
합계	83	2,053(100.0)	56	1,696(100.0)	139	3,749(100.0)

출처: 조규택(2012),「湖南地域 馬韓·百濟住居 構造와 展開」, 중앙문화재연구원 편,『마한·백제인들의 일본 열도이주와 교류』, 서경문화사, 114~121쪽.

기를 넘기 힘들었다. 발굴된 취락의 유적도 현저히 적어서 인구가 크게 감소했다고 짐작된다. 그러다가 3세기가 되면 곳곳에서 기원전 6~7세기의 관창리와 같은 대형 취락이 나타났다. 지금까지 호남지역에서 발굴된 3~4세기의 취락 유적은 모두 139곳이다. 주거지 수를 기준으로 한 취락의 분포는 〈표 2-2〉와 같다.

139곳의 취락에 속한 주거지 수는 총 3,749기로서 취락당 평균 27기이다. 취락의 발굴은 대부분 부분발굴이며, 이에 취락의 실제 평균 규모는 그보다 더 컸을 터이다. 3세기의 취락당 주거지 수 평균은 25기이며, 4세기는 30기이다. 이로부터 취락이 조금씩 커지고 있었다고 이야기해도 좋을 것이다. 취락의 규모에는 큰 편차가 있었다. 주거지가 2~3기에 불과한, 취락이라 할 수 없는 것이 44곳이나 되었다. 총 139곳 가운데 절반 이상인 74곳이 10기 미만의 영세 취락이다. 그렇지만 이에 속한 주거지는 343기로서 총 3,749기의 9.1%에 불과하다. 반면 30기 이상의 취락은 29곳에 불과하지만, 그에 속한 주거지는 2,727기로서 총 주거지의 72.8%를 차지하고 있다. 주거지 수는 곧바로 인구 수를 반영한다. 3~4세기 인구의 대다수는 30기 이상의 취락에 거주하였다.

인구 분포의 중앙값을 고려할 때, 취락의 표준은 대개 주거지 50기 전후의 규모였다. 취락을 구성한 기초 단위는 전술한 락, 곧 주거지 5~10기로 이루어진 세대복합체이다. 다시 말해 3~4세기 취락의 표준 형태는 대개 세대복합체 5~10개의 결합이었다. 보통 하안충적지河岸沖積地나 전망이 좋은 독립적 구릉에 위치한 취락은 2세기까지만 해도 방어용의 환호나 목책으로 둘러싸인 경우가 많았다. 양산의 평산리 유적은 원형과 방형의 수혈식 주거 16기가 하나의 취락을 이루었는데, 취락의 남쪽에는 환호가 파였다. 환호의 존속은 3세기를 하한으로 하였다. 이후가 되면 개별 취락이 방어를 위해 환호를 두를 필요가 없는 정치적 환경이 조성되었다. 여러 취락을 포섭한 정치적 통합으로서 읍락이 성장하였기 때문이다.

한반도의 남부에서 이전 시대에 볼 수 없던 권위와 권력의 출현은 초기 철기시대의 개막과 더불어서이다. 고고학자들은 묘제墓制에서 그 같은 역사적 변화를 관찰하고 있다.[51] 기원전 1세기 후반에서 기원후 2세기 전반까지는 적석목관묘積石木棺墓의 단계이다. 새로운 묘제는 이전의 청동기문화를 유제로서 계승하는 가운데 실용적인 철기문화를 적극 수용한 결과로 축조되었다. 목관묘에서 출토되는 한경漢鏡, 방제경倣製鏡, 거여구車輿具, 대구帶鉤 등의 유물은 한 군현과의 접촉을 통해 새로운 재지세력이 성장했음을 이야기해 주고 있다. 2세기 후반부터 4세기 전반까지는 목곽묘木槨墓의 단계이다. 이 시기에 이르면 이전과 확연히 달라진 특수 신분으로서 재지세력이 출현하였다. 지금까지 알려진 범위에서 목곽묘의 출발은 김해 양동리의 유적이다. 여기서는 부장품으로서 판상철부板狀鐵斧, 단조철부鍛造鐵斧, 따비, 철삽, 쇠스랑과 같은 철제 농구류와 환두대도環頭大刀, 철촉鐵鏃 등의 철제 무기류가 대량 출토되었다. 〈그림 2-7〉은 경주시

51 국립중앙박물관(1998), 『고고유물로 본 한국고대국가의 형성』, 28~29·44~45쪽.

[그림 2-7] 경주 사라리유적의 목곽묘와 판상철부

출처: 嶺南文化財研究院 篇(2001),『慶州舍羅里遺蹟 II ― 木槨墓, 住居地 ―』, 9쪽.

서면 사라리의 목곽묘 유적이다. 목관 아래 목곽의 바닥에는 70여 점의 판상철부가 부장품으로 깔렸다. 이 단계에 이르러 철은 다른 무엇으로 대체될 수 없는 위세의 상징을 이루었다. 철의 독점은 이전 시대가 보지 못했던 정치적 권력을 성립시켰다.

이렇게 농촌사회의 일반 성원으로부터 분리된 특수 신분의 출현과 더불어 농촌사회의 정치적 통합도 보다 광역화하였다. 동시대의 중국인들은 그 최소의 정치체를 가리켜 읍락邑落이라 하였다. 부여·고구려의 읍락에는 가加로 불리는, 마한·신한·변한·예濊의 읍락에는 거수渠帥 또는 장수長帥로 불리는 족장이 있었다. 진한과 변한에서는 바로 이들이 새롭게 축조된 목곽묘의 주인공이었다. 읍락의 규모에는 다양한 차이가 있었는데, 대개 직경 7~13km에 600~1,000가를 포섭하는 범위였다.[52] 가는 개별 세대로 연烟을 말한다. 전술한 대로 취락의 표준적 규모를 50가로 잡을 경우, 직경 7~13km의 범위에 12~20곳의 취락이 분포하고, 그 가운데 특별히 규모가 큰 중심 취락의 거수가 주변의 취락을 하나의 질서로 통합한 것이 읍락이었다.

읍락을 성립시킨 동력은 철기의 보급과 그에 따른 농업 생산력의 발전이었다. 개별 주거의 단위 세대로의 자립, 그들의 세대복합체로의 결합, 그것의 군집으로서 취락의 성립은 각각을 뒷받침하는 제반 요소를 안정적으로 공급하는 공공 기능과 공적 권력의 작용을 전제하였다. 바로 그것이 읍락이었다. 철기의 보급은 개간의 범위를 확충하고 농법을 획기적으로 개량하였다. 제언, 방조제, 수로와 같은 농업의 기반시설을 만들기 위해서는 이전 시대에 비해 규모가 큰 공동노동이 조직될 필요가 있었다. 무안군 몽탄면 양장리에서는 논농사를 위한 호안護岸 및 수리 시설의 유적이, 광주시 광산구 신창동의 저습지 유적에서는 수로를 조성한 갱목坑木과 횡목橫木의 유적이 발굴되었다. 모두 집단의 공동노동으로써만 설치될 수 있는 시설이었다. 그렇지만 농업을 위한 공동노동의 조직은 대개 성인 50명 전후를 동원할 수 있는 단위 취락으로도 충분하였다.

다수의 취락을 읍락으로 통합한 보다 중요한 요인은 철기, 토기, 소금 등 중요 재화의 생산과 유통이었다.[53] 철 자원의 분포는 지역적으로 불균등하였다. 이에 철기의 보급은 광역적 유통을 전제할 수밖에 없으며, 이는 토기, 곡류, 어염魚鹽, 과실, 비단, 마포麻布, 초피貂皮 등 다양한 재화의 생산과 교역을 촉진하였다. 읍락의 중심 취락이었다고 보이는 여러 유적

52 權五榮(1996), 「三韓의 '國'에 대한 연구」, 84~87쪽.

53 權五榮(1996), 「三韓의 '國'에 대한 연구」, 95~96쪽.

에서는 철기와 토기를 제작한 작업장, 창고, 전문 장인匠人들의 거주지가 발굴되었다. 이 사실은 읍락이 광역적 교역의 중간거점이거나 고차중심이었음을 시사하고 있다. 고차중심의 읍락은 국國으로 발전하였다. 개별 취락은 읍락으로부터 철기·토기를 비롯한 중요 재화를 분배받았으며, 그 대상代償으로 각종 공물을 읍락에 상납하였다. 그렇게 취합된 지역의 특산물은 읍락의 중계로 외부로 반출되었으며, 역의 경로로 다른 지역의 특산물이 반입되었다.

읍락은 산지와 하천을 용익하는 주체였다. 산지에서 시초柴草와 각종 원료를 채취하는 것은 읍락의 고유 권한이었다. 하천에서 물고기를 잡거나 천수川水를 끌어 관개하는 것도 읍락의 권리였다. 읍락은 산천을 경계로 그 범역이 구분되었으며, 읍락 간에는 함부로 넘을 수 없는 경계가 그어졌다. 경계의 임의적 침입은 분쟁의 대상이었으며, 그에 따른 손해는 적절히 배상되어야 했다. 예濊 지역에서는 산천을 소중히 여겨 한 읍락이 다른 읍락의 산천을 침입할 경우 생구生口나 우마牛馬로 피해를 보상하는 풍속이 있었는데, 이를 책화責禍라 하였다. 삼한三韓에서도 그러했는지는 확실하지 않지만, 제반 물질생활의 자족적이고 폐쇄적인 단위를 이루었던 읍락의 실태만큼은 공통적이었다.

나아가 읍락은 축제, 장례, 결혼 등 제반 의례의 단위였다.[54] 중국인의 관찰에 의하면 삼한인들은 해마다 5월과 10월에 농사일을 마치고 귀신에 제사를 지내고 밤낮으로 술자리를 베풀고 떼를 지어 노래하고 춤을 췄다. 이 같은 농경의례는 읍락을 단위로 거행되었다. 묘지도 개별 취락이 아니라 읍락의 공동묘지로 조성되었다. 남녀의 배우자는 다른 취락에서 구해졌는데, 그 범위는 읍락을 넘지 않았다. 혼인을 통해 맺어진 취락 간의 긴밀한 혈연은 읍락의 공동체적 결속의 바탕이 되었다.

54 權五榮(1996), 「三韓의 '國'에 대한 연구」, 98~101쪽.

국國

한반도에서 후일의 국가와 계보를 잇는 최초의 정치체는 외부로부터 유입하였다. 전술하였듯이 기원전 4세기 중엽 요하 하류에서 그 활동이 관찰된 조선이란 정치체는 기원전 3세기 전반 연과의 군사적 충돌 끝에 청천강 이남의 평양으로 이동하였다. 기원전 2세기 말 위만이 왕위를 찬탈하자 조선의 준왕은 마한으로 남하하였다. 기원전 2세기경 금강 유역에서 중국衆國 또는 진국辰國이 대두한 것은 이 사건과 밀접한 연관이 있을 터이다. 기원전 108년 한이 위만조선을 멸망시키고 그곳에 한의 군현을 설치한 것은 한반도에서 국가로 향한 정치체의 발전을 촉구한 일대 충격이었다. 위만의 무리들은 소백산맥을 넘어 진한과 변한으로 이주하여 그곳에서 국가로 향한 정치체의 성장을 자극하였다. 기원전 2세기 백두산에서 발원한 송화강 유역의 길림을 중심으로 부여夫餘라는 정치체가 발생하였다. 부여를 세운 종족은 송화강, 두만강, 한반도 동해안에 널리 분포한 예족濊族이다. 조금 늦은 시기에는 압록강 중류역에서 부여와 비슷한 문화배경을 지닌 고구려高句麗가 발흥하였다. 기원후 1세기까지 고구려는 한 군현의 지배하에 있었다. 이후 부여에서 분리된 일단의 무리가 고구려의 지배세력에 합류하고, 한 군현이 퇴축되면서 고구려는 점차 강세해졌다. 2~3세기 마한에서 관찰되는, 후일 마한 일대를 통합하는, 백제국伯濟國도 북쪽에서 내려온 부여·고구려 출신의 유이민에 의해 세워졌다.[55]

이처럼 기원전 3세기에서 기원후 2세기에 걸치는 기간에 요동과 만주에 기원을 둔 여러 정치체가 한반도로 이동하거나 영향을 미침에 따라 그와 경쟁하면서 또는 그에 복속하면서 유사 형태의 정치체가 국國의 이름으로 한반도 남부의 곳곳에서 족생하였다. 3세기 전반, 중국의 『삼국

55 최초의 정치체들이 발생하고 이동하는 기원전 3세기와 기원후 2세기에 걸치는 역사과정에 대해서는 노태돈의 『한국고대사』(경세원, 2014)가 최고 수준의 객관성과 엄밀성으로 서술하고 있다. 衆國 또는 辰國에 대해서는 權五榮(1996), 「三韓의 '國'에 대한 연구」, 30~35쪽을 참조.

지三國志』 동이전東夷傳에 의하면 마한에 55개 국이, 진한에 12개 국이, 변한에 12개 국이 있었다. 마한의 인구는 총 10여 만 호(가), 진한과 변한의 인구는 총 4~5만 호라 하였다. 이에 국의 인구는 평균 2,000호 정도였다. 호당 인구를 5명으로 잡는다면, 마한의 인구는 총 50여 만, 진한과 변한의 인구는 총 20~25만에 달하였다. 국의 크기에는 큰 편차가 있었다. 『삼국지』 동이전은 마한에서 대국은 1만 호, 소국은 수천 호라 했으며, 진한·변한의 대국은 4,000~5,000호, 소국은 600~700호라 하였다.[56] 이렇게 국이라 하지만 인구 규모에는 600호에서 1만 호까지 큰 격차가 있었다. 아주 작은 국은 그 자체가 하나의 작은 읍락에 지나지 않았으며, 아주 큰 국은 다수의 읍락으로 구성되었다. 후일 신라로 성장하는 진한의 사로국斯盧國은 6개 촌村으로 이루어졌는데, 그 촌 하나하나가 읍락이었다. 후일 가야로 성장하는 구야국狗邪國은 9개 읍락으로 이루어졌다.[57] 그렇지만 인구의 평균 규모를 고려할 때 삼한 79국의 대다수는 2~3개 읍락의 결합이었다. 국의 공간적 범위에도 큰 차이가 있었다. 대국인 사로국의 경우 그 직경이 30~40km에 달하였다.[58] 600호 정도에 불과한, 아마도 벽지에 고립적으로 존재했을 최소 국의 직경은 7km에 불과하였다.

국의 중심은 국읍國邑으로서 그 역시 하나의 읍락이었다. 여러 읍락 가운데 강세한 읍락이 주변의 읍락을 하나의 정치적 질서로 통합한 것이 국이다. 국읍에는 신지臣智라고 불린 족장이 있었는데, 국의 크기에 따라 그 호칭이 다양하였다. 237년 위魏의 명제明帝는 낙랑군과 대방군의 태수를 통해 삼한 여러 국의 신지를 읍군邑君과 읍장邑長으로 봉하고 술이 달린 인장印章을 하사하였다. 위로부터 받은 직함과 인장은 국읍의 신지가 주

56 『三國志』 東夷傳 韓, 弁辰.

57 李賢惠(1984), 『三韓社會形成過程硏究』, 一潮閣, 108쪽.

58 李鍾旭(1982), 『新羅國家形成史硏究』, 一潮閣, 53쪽.

변의 읍락에 행사할 수 있는 권위의 원천이 되었다.

국의 성장을 알리는 고고학적 증거는 4세기 이후 한반도 남부 각지에서 세워진 고분군이다. 고분의 크기는 다양하지만 큰 것은 직경 17m에 높이 9m에 달한다. 고분군으로서는 경상북도 대구·경산·성주, 경상남도 김해·양산, 전라남도 나주의 고분군이 널리 알려져 있다. 〈그림 2-8〉은 성주에 있는 성산고분군星山古墳群이다. 대구의 고분군은 대구 일대에 적어도 4국이 성립했음을 전하고 있다. 나주의 고분군은 5세기 중반의 것인데, 7개의 소집단으로 구분되고 있다. 집단 간에는 묘의 크기나 부장품의 위세에서 차이가 있는데, 상위의 세 집단은 그 세력이 비등하였다. 이로부터 나주 일대에서 7개 읍락이 하나의 국으로 결집하고 상위의 세 읍락이 국의 신지를 경쟁적으로 배출했다고 짐작되고 있다.[59]

국의 성장을 촉구한 내재적 요인은 전술한 읍락의 성장요인과 비슷하다. 철을 중심으로 한 광역적 교역에서 읍락이 중간거점이라면 국읍은 고차중심에 해당하였다. 철 자원이나 유통의 중심지는 후일 국가로 발전하는 강세한 국읍의 터전을 이루었다. 예컨대 신라와 가야 국가가 성장하는 경주, 울산, 김해 지방은 철 생산의 중심지였다. 경주 황성동의 주거지 유적은 3세기 전후 철 생산에 전문적으로 종사한 장인들의 취락으로 간주된다.[60] 이 지방에 대해 『삼국지』 동이전은 "국에서 철이 나는데 한韓, 예濊, 왜倭 모두가 와서 사 간다. 시장에서 여러 물건을 사는 것도 모두 철을 가지고 함이 중국에서 전錢을 쓰는 것과 같다. 또 낙랑과 대방의 두 군에도 공급한다"고 하였다.[61] 특히 가야국의 중심으로서 김해는 낙랑·대방과 왜를 잇는, 나아가 동해안의 예로 올라가는, 해양무역의 거점으로서 번성하였다.

---

59 權五榮(1996), 「三韓의 '國'에 대한 연구」, 132~140쪽.

60 金世基(1994), 「隍城洞 原三國 聚落址의 性格」, 『마을의 考古學』, 161~162쪽.

61 "國出鐵 韓濊倭皆從取之 諸市買皆用鐵 如中國用錢 又以供給二郡"(『三國志』 東夷傳 弁辰).

[그림 2-8] 성산 고분군

출처: 저자 촬영.

국의 성장을 도운 또 하나의 요인은 대규모 노동력의 동원을 통한 농지의 개간이다. 331년에 세워진 김제의 벽골제碧骨堤가 그 좋은 예이다. 『삼국사기』는 벽골제가 신라의 흘해왕訖解王 대에 축조되었다고 적고 있으나, 이는 후대에 신라가 벽골제를 수축한 사실을 확대 해석한 잘못으로 여겨진다. 331년이면 김제는 아직 신라의 영토가 아니었다. 당시 한강변 위례성에 중심을 둔 백제의 영토도 아니었다. 백제가 김제 일원으로 영토를 확장하는 것은 6세기 이후이다. 벽골제를 시축한 정치세력은 마한 55국의 어느 하나였다. 나는 국명에 '벽'음을 포함한 벽비리국辟卑離國이 아니었을까 추측하고 있다. 오늘날 김제에서 정읍까지 펼쳐진 전라북도 평야는 한반도에서 표고가 가장 낮은 평탄지에 해당한다. 지금부터 8,000년 전에는 서해의 조수가 동진강과 원평천을 타고 전라북도 평야의 구석구석까지 밀려 들어왔는데, 그것은 지하 1~2m에 형성된 하해혼성河海混成의 갯벌층으로 확인된다. 오랜 세월에 걸친 하수와 해수의 퇴적 작용으로 표고가 조금씩 높아진 결과, 331년 이 시역을 지배한 국의 신지는 조

수가 침입하는 호리병 목과 같은 곳을 방조제로 막으면 그 안쪽으로 광대한 평야가 조성될 가능성에 주목하였다. 그렇게 해서 세워진 방조제가 벽골제이다. 『삼국사기』에 의하면 벽골제의 길이는 1,800보步인데, 대략 3.2km에 해당한다(1步=6尺, 1尺=29.4cm). 그처럼 호대한 토목공사는 몇 천의 남정을 동원할 수 있는 국이 아니고서는 감당할 수 없는 것이다.[62] 『삼국사기』는 429년에 시제矢堤라는 또 하나의 제방이 건설되었음을 전하고 있다. 시제의 길이는 2,170보로서 벽골제보다 길다. 그 역시 서해안 어딘가에 마한의 어느 국이 구축한 방조제였다고 짐작된다.[63]

보통의 읍락이 결여한, 국읍에 특수한 기능은 군사와 종교 방면에 있었다.[64] 읍락의 성립은 불가피하게 상호간의 충돌을 조장하였다. 그 과정에서 특별한 군사적 능력을 지닌 국읍이 출현하였다. 국읍의 지배층은 전문적인 전사집단이었다. 대국의 국읍에는 방어시설로서 토성의 성곽이 축조되었다. 이 역시 대규모 노동력의 동원을 요구하였다. 국의 또 하나의 고유 기능은 천신제의 거행이었다. 부여와 고구려는 매년 10월 하늘에 제사하였다. 신라는 매년 원단과 매월 초하루에 일월신에 제사하였다. 백제는 매 계절에 하늘과 오제五帝의 신에게 제사하였다. 하늘이란 신을 발견하고 그의 신탁에 의지하여 광역의 정치적 통합을 달성하면서 풍요를 빌고 질병과 빈곤을 구제하려고 했던 최초의 정치체가 국國이다.

---

62 벽골제는 오랜 세월 큰 貯水池로 알려졌지만, 실제로는 연안 농업의 수리시설로서 防潮堤였다. 1993년부터 제기된 그 같은 새로운 이해를 종합적으로 소개하고 정리한 글로서는 다음을 참조할 수 있다. 이영훈(2012), 「혼란과 환상의 歷史的 時空 — 허수열의 『일제초기 조선의 농업』에 답한다 —」, 『경제사학』 53, 162~167쪽.

63 矢堤의 위치가 어디인지는 확실하지 않다. 비슷한 이름의 제방으로서는 18세기 지리지 『輿地圖書』에 나오는 전라남도 나주의 弓矢堤가 유일하다. 그렇다면 429년 시제를 신라의 訥祇王이 축조했다는 『삼국사기』의 기록도 잘못이라고 하겠다. 나주 역시 김제와 마찬가지로 서해의 연안이므로 시제 역시 방조제였다고 보인다. 429년 시제를 축조한 주체 역시 아직 백제가 진입하기 이전이므로 당시 나주 일원을 지배한 어떤 정치세력이었다고 하겠다.

64 權五榮(1996), 「三韓의 '國'에 대한 연구」, 112~118·121~130쪽.

노奴의 질서

2세기 후반 이래 개별 연烟에서 출발하여 락落, 취락聚落, 읍락邑落, 국國으로 상향하면서 점점 큰 규모의 사회를 만들어 갔던 인간관계의 기본원리는 무엇이었던가. 이 문제와 관련해서는 3세기경 부여에 대한 중국인의 다음과 같은 기술을 먼저 검토할 필요가 있다.

> 邑落有豪民 名下戶皆爲奴僕[65]

중간의 '名'자는 출처인 『삼국지』의 판본에 따라 '民'자로도 전한다. 이를 '민'으로 읽는 연구자들은 위 기록을 "읍락에 호민豪民이 있다. 민으로서 하호는 모두 호민의 노복奴僕이다"라고 해석해 왔다. 그런데 '민'으로 읽으면 뒤이은 '하호'와 더불어 두 개의 명사가 나열되어 문장의 구조가 아무래도 어색하다. 나는 '명'을 취함이 옳다고 생각하며, 위 기사를 "읍락에 호민이 있는데, 하호를 이름하기를 모두 노복이라 한다"고 해석한다.[66] 부여국은 마가馬加, 우가牛加, 저가豬加, 구가狗加의 네 읍락으로 이루어졌다. 호민은 가加로 불린 읍락의 지배층을, 하호는 읍락의 일반 성원을 가리킨다. 위 기록은 부여의 읍락에서 일반 성원이 귀족적 지배층에 노복으로 종속했음을 전하고 있다.

종속의 내용과 관련하여 아시아적 전제군주하의 총체적 노예제라든가 동시대 중국 호족의 농노제적 장원 경영을 떠올리는 것은 성급한 일이다. 또한 위 기술은 읍락의 일반 성원이 귀족적 지배층에 종속했음이 마치 노복과 같다는 비유도 아니다. 위 기술은 읍락의 지배층이 일반 성원을 '노복'으로 호칭했던 부여인의 언어·문자생활에 대한 중국인의 관찰임에 유의할 필요가 있다. 한자를 수입하여 사용하기 시작한 3~5세기 한국인들이 '奴'자로 표현하고자 했던 것은 중국에서의 '奴' 그것과는 자못 상

65 『三國志』 東夷傳 夫餘.

66 李榮薰(2002), 「《花郞世紀》에서의 奴와 婢—三國時代 身分制 再論—」, 『歷史學報』 176, 30~31쪽.

이하였다. 그것이 무엇인지는 비록 12세기에 쓰였지만 『삼국사기』에 나타난 '노'의 용례를 통해 유추할 수 있다. 『삼국사기』에서 고구려, 백제, 신라가 정립鼎立했던 시대의 '노' 용례는 도합 61회이다. 그 가운데 37회에서 '노'는 인명, 부족명, 지명의 일부로 나타나고 있다. 다시 말해 초창기 문자생활에서 '노'는 'no'에 준하는 어떤 토착음을 표기하기 위한 차자借字관행으로 쓰였다.[67]

'노'의 다른 한편의 용례는 개인 또는 집단 간의 정치군사적 신종관계를 대변하였다. 예컨대 고구려의 장군 손대음孫代音은 당唐에 투항하면서 당 태종에게 "노가 항복을 원합니다"라고 하였다. 『당서唐書』에서 이 사실을 확인하면 '奴'가 '臣'으로 기록되었다. 다시 말해 고구려인이 '노'를 칭할 때 그것은 중국인이 '신'을 칭하는 것과 동일한 의미였다. 여러 석문石文에서도 같은 사실을 확인할 수 있다. 414년의 고구려 광개토왕비廣開土王碑는 광개토왕에 패배한 백제왕이 무릎을 꿇고 영원히 노객奴客이 되겠다고 맹세한 사실을 전하고 있다. 또한 같은 비문은 왜의 침공을 받은 신라의 왕이 광개토왕에 구원을 청하면서 스스로를 노객이라 칭했음을 전하고 있다. 비슷한 시기의 모두루묘지牟頭婁墓誌도 부여계 모두루의 족장이 고구려왕에 신종하면서 노객을 자칭했음을 전하고 있다. 이 같은 '노' 용례는 동시대 돌궐突厥을 위시한 유목사회에서, 나아가 바다 건너 왜에서까지 널리 확인되고 있다.[68]

'노'의 한편의 용례가 어떤 토착음을 표기하기 위한 차자관행이었음과 다른 한편의 용례가 다양한 수준의 정치군사적 신종관계를 대변하였음과는 사회적 맥락을 공유한다. '노'를 포함한 인명 가운데는 귀족의 이름

---

67 李榮薰(1998), 「한국사에 있어서 奴婢制의 추이와 성격」, 歷史學會 編, 『노비·농노·노예—隸屬民의 比較史—』, 一潮閣, 314~317쪽.

68 李榮薰(1998), 「한국사에 있어서 奴婢制의 추이와 성격」, 『노비·농노·노예—隸屬民의 比較史—』, 317~320쪽.
李榮薰(2002), 《花郎世紀》에서의 奴와 婢—三國時代 身分制 再論—」, 『歷史學報』 176, 27~29쪽.

이 적지 않다. 다시 말해 중국에서 '노'가 대변하는 비천卑賤 신분제는 한국사에서는 아직 성립해 있지 않았다. 기원전 3세기 한漢에서 성립한 중국의 노비제가 한국사에서 모습을 드러내는 것은, 다음 장에서 서술하겠지만, 기원후 7세기의 일이다. 그 이전에도 읍락, 국, 종족 사이의 물리적 충돌로 인해 생긴 포로 출신의 생구生口라 불리는 노예가 있었다. 그들은 머리를 깎이고 가혹하게 사역되다 일찍 죽었다. 그렇지만 그 수는 얼마 되지 않았으며, 강세한 국이라 해도 노예제를 부지할 정도의 생산력 수준에는 미치지 못하였다. 그런 가운데 한국사가 내재적으로 성립시킨 사회적 예종隸從은 읍락의 지배층과 일반 성원과의 관계에서 출발하였다. 읍락의 지배층은 일반 성원을 노奴라고 불렀다. 그 같은 언어생활을 동반한 예종의 감각은 읍락 상호간에, 나아가 국 상호간에 같은 원리로 확장하였다. 예컨대 고구려는 그에 복속한 옥저의 읍락을 노복으로 대우하였다. 고구려왕은 그에 굴복하거나 신속한 백제왕과 신라왕을 노객으로 호칭하였다. 나는 이렇게 아래에서 위로 확장해 가는 3~5세기 사회구성의 원리를 '노奴의 질서'로 규정하고 싶다.

그 질서는 인간의 인격과 신체를 완전히 소유하는 노예제적 지배가 아니었다. 인간을 토지재산의 일부로서 불완전한 인격으로 지배하는 농노제적 지배도 아니었다. 그것은 계급으로 분열하기 이전의 사회를 상하 서열과 역무의 관계로 편성하는 일종의 상징으로서 종교적 관계였다. 부여와 고구려에서 왕은 신계神界와 인간계人間界를 연결해 주는 신이神異한 능력을 지닌 신인적神人的 존재였다. 왕의 권위는 그가 주재하는 국의 제사와 축제를 통해 상징적으로 표출되었다. 제의祭儀의 기간에는 제가諸加의 귀족이 참가하는 회의가 열려 국정을 논하였는데, 그 결정은 신의 권위로 정당화되었다.[69] 고구려가 10월에 국중國中에서 거행한 동맹제東盟祭

69 노태돈(2014), 『한국고대사』, 64쪽.

는 복원이 가능할 정도로 절차와 내용이 자세하게 전한다. 축제는 먼저 태양신에 대한 제사로 시작한다. 연후에 국읍의 동편에 있는 큰 동굴로 가서 수신水神을 맞이하여 나무로 만든 신상神像에 접신接神한 뒤 천으로 가린 채 압록강까지 모신다. 다시 제사를 드리고 천을 벗기면, 여인의 나신裸身 형상으로 새긴 신상은 햇빛을 온몸으로 받는다. 수신이 일신日神에 감응하여 새로운 생명의 씨앗을 잉태함을 상징적으로 연출한 것이다. 이렇게 풍요와 안정을 기원한 고구려 동맹제는 햇빛과 물이 결합하여 생명을 잉태한다는 예맥족 사이에 널리 퍼져 있는 소박한 자연관을 바탕으로 한 것이다.[70]

부여와 고구려에서 왕의 권력은 초월적이지 않았다. 부여에서 왕은 귀족들에 의해 선출되었는데, 가뭄이나 홍수가 들면 그 허물이 왕에게 돌려져 교체되거나 죽임을 당하였다. 부여와 고구려의 왕은 제사장으로서 종교적 상징이자 권위였다. 국을 구성한 읍락도 종교적 상징으로 통합되었다. 짐작컨대 부여의 마가, 우가, 저가, 구가의 네 읍락은 각기 말, 소, 돼지, 개의 상징으로 통합되었을 터이다. 마찬가지로 읍락의 지배층이 일반 성원을 노복으로 부르고 지배한 것도 어떤 상징을 매개한 종교적 통합에 의해서였다.

다양한 수준의 예종 관계에서 노, 노복, 노객 등으로 불린 하급자는 개[狗, 犬]로 감각되었다. 한반도에서 개는 신석기시대 이래 다른 가축보다 가장 일찍이 사육되었다. 이래 4~6세기 삼국시대에 이르기까지 개는 다양한 실용적, 상징적, 의례적 역할을 수행하였다. 개는 그 특별한 역할이나 인간과의 관계로 인해 사후 별도의 무덤에 매장될 정도로 특수한 지위를 누렸으며, 때로는 주인의 시신 곁에 순장되기도 하였다.[71] 삼국인들

70 노태돈(2014), 『한국고대사』, 65쪽.

71 李俊貞(2013), 「한반도 유적 출토 飼育種 개의 활용 양상에 대한 고찰 – 의도적 매장, 의례적 희생 가능성을 중심으로 –」, 『韓國上古史學報』 81, 5~33쪽.

은 자주 다양한 수준의 하급자를 개에 비유하였다. 663년 백제의 부흥을 주도한 장군 부여복신扶餘福信이 일본에서 돌아온 풍장왕豊璋王의 의심을 받아 처형되었다. 죽기 전 부여복신은 자신을 모함한 자에게 침을 뱉으면서 "썩은 개狗, 어리석은 노奴"라고 하였다. 여기서 개와 노는 동어반복이며, 공통으로 신臣의 뜻이다. 당이 백제를 멸망시킨 뒤 신라를 침공할 계책을 꾸미자 장군 김유신金庾信은 적극적인 항전을 주장하면 다음과 같이 말한다. "개는 주인을 두려워하나 주인이 그 다리를 밟으면 곧 무는 것이니 어찌 난을 당하여 자신을 구원치 않으리까." 여기서 신라는 당의 개로 비유되었다. 사적인 주종관계도 개에 비유되었다. 836년 균정均貞과 제륭悌隆의 왕위를 둘러싼 내전에서 제륭의 부하인 배훤백裵萱伯은 균정 편에 선 김양金陽의 다리를 활로 쏜 적이 있다. 이후 김양의 군대가 승리하였다. 김양은 배훤백에게 "개는 그 주인인지 아닌지를 가려 짖는데, 너는 그 주인을 위해 나를 쏘았으니 의사義士이다. 나는 원망하지 않는다"고 하였다. 이처럼 여러 수준의 신종관계에서 하급자를 노로 칭하거나 개로 상징하는 한국인의 언어생활은 이후 13세기까지도 길게 그 자취를 이었다.[72]

이와 같이 3~5세기의 국과 읍락은 자연현상이나 동물에서 유추된 어떤 상징으로 통합되었다. 상징의 통합력은 강력하였다. 부여에서는 왕이나 제가가 죽으면 많게는 100명이나 순장을 하였다. 적군이 침입하면 제가들이 몸소 전투에 나서고 하호들은 양식을 져 날랐다. 고구려에서도 마찬가지였다. 국중에는 농사짓지 않는 전문적 전사 집단이 만 명이나 되었는데, 하호들이 먼 곳에서 양식과 고기를 운반하였다. 179년 왕자 발기拔奇가 왕이 되지 못한 데 한을 품고 소노부消奴部의 가加와 더불어 각각 하호 3만 명을 이끌고 요동의 공손강公孫康에 투항하였다. 족장의 정치적

---

72 李榮薰(2002), 「《花郞世紀》에서의 奴와 婢ㅡ三國時代 身分制 再論ㅡ」, 『歷史學報』 176, 32~34쪽.

선택에 따라 3만에 달하는 읍락의 구성원이 집단으로 이동했음은 읍락이 어떤 상징의 힘으로 강하게 통합된 상태였음을 이야기하고 있다.

국國은 족장사회族長社會

이제 앞서 제기한 질문에 답할 차례이다. 2세기 후반 이래 개별 연에서 출발하여 락, 취락, 읍락, 국으로 상향하면서 점점 큰 규모의 사회를 만들었던 인간관계의 기본원리는 자연현상이나 동물에 유추된 어떤 종교적 상징에 의한 통합이었다. 그 통합에 의해 고고·인류학자들이 세계 도처에서 국가 이전의 사회형태로서 발견하는 족장사회chiefdom가 3~5세기 한국사에서도 성립하였다. 족장사회는 사회가 계층으로 나뉜 가운데 이를 통합하는 중앙권력이 성립하고, 족장과 권력층은 특정 자원에 평민보다 쉽게 접근할 수 있는 특권을 보유하고, 족장은 종교적 신성을 표방하면서 정치, 종교, 경제의 자원을 총괄하며, 그의 주거와 무덤은 종교적, 군사적 권위를 상징하며, 직업의 전문화가 어느 정도 이루어진 사회를 말한다.[73] 3~5세기 부여와 고구려를 비롯하여 삼한, 옥저, 예의 국들이 이 같은 족장사회의 특징을 구비하였음은 이상에서 서술한바 그대로이다. 그 시대를 두고 몇몇 고고·인류학자와 역사학자가 제안해 온 족장사회설은 그에 상응하는 자료의 부족으로 적지 않은 취약점을 안고 있지만, 한국사에서 국가가 성립하는 단계적 과정을 설명하는 가설로서 여전히 유익하다고 생각된다.[74]

73 崔楨苾(1997),「韓國 上古史와 族長社會」, 崔夢龍·崔盛洛 編著,『韓國古代國家形成論』, 서울대학교출판부, 161쪽.

74 한국 고대사 연구를 선도하는 노태돈은 古朝鮮 이래 3세기까지의 國들을 언급할 때 그것을 4세기 이후에 발달하는 國家와 구분하는 취지에서 chiefdom이란 영어를 괄호로 붙여왔다. 일례로 노태돈(2014),『한국고대사』, 99쪽 참조. 노태돈이 족장사회를 專論한 글은 없지만, 그는 초기국가가 발생하는 터전으로서 족장사회를 여러 나라의 역사에서 공통으로 관찰되는 보편적인 정치체로 간주하고 있는 듯하다. 고고·인류학자로서 삼한의 국들을 족장사회로 간주하는 연구자는 드물지 않다. 다만 나는 청동기시대와 초기철기시대의 취락을 族長社會로 평가하는 고고인류학자의 주장에는 동조하지 않는다. 族長의 권위와 권력을 알리는 고고학적 증거가 뚜렷하지 않기 때문이다. 그 외에 청동기시대와 철기시대 사이에 개재한 문화적

족장사회의 발전 수준은 지역에 따라 천차만별이었다. 마한 55국에서는 국읍의 신지가 읍락에 뒤섞여 살기 때문에 제대로 다스리지 못하는 실정이었다. 성곽을 쌓기도 했지만, 궁실이라 할 정도는 못 되었다. 위魏의 황제가 신지들에게 읍군의 직함과 인장을 하사하여 그 권위를 높였는데, 하호들이 그 인장을 빌려 차고 낙랑과 대방에 조알朝謁하는 자가 무려 천 명이나 되었다.[75] 여기서 하호란 그 뜻이 명확하지 않은데, 신지를 배출하지 않은 읍락의 거수를 가리켰다고 보인다. 그만큼 신지와 거수의 위계는 명확하지 않았다. 옥저沃沮와 예濊 지방은 국의 성립을 보지 못하였다. 『삼국지』 동이전은 이 지방에 대군장大君長은 없으며, 3세기 전반 위가 예의 군장을 왕으로 봉하였으나 백성들 사이에 섞여 산다고 하였다. 반면 313년 한반도에서 중국 군현을 축출한 뒤 요동의 지배권을 두고 중국과 강인하게 대립하였던 고구려는 진작부터 국가의 단계로 진입하였으며, 삼한의 족장사회를 그에 종속시켰다. 족장사회의 형태나 수준은 다양하며, 그로부터 국가로의 이행경로도 여러 갈래였다.

열린 한반도

220년 한漢이 멸망한 뒤 중국 대륙에는 위魏, 오吳, 촉蜀이 대립하다가 위가 삼국을 통일하고, 다시 진晉(서진西晉, 265~316)에 의해 교체되는 격동의 역사가 펼쳐졌다. 그 혼란기에 북방에서 유목민족이 흥기하여 북중국에 진입하여 5호 16국시대(304~439)를 열었다. 439년 북위北魏(386~535)가 16국을 통일한 뒤 북중국은 다시 동위東魏(534~550), 북제北齊(550~557)와 서위西魏(535~557), 북주北周(557~581)로 갈라졌다. 한족이 남으로 쫓겨 간 남중국의 역사에서도 동진東晋(317~420)에 이어 송宋

단절, 초기철기시대의 혼란에 따른 인구와 취락의 위축, 3세기 이후 개별 세대로서 烟의 성립과 같은 여러 가지 이유가 있다.

75 "景初中 明帝密遣帶方太守劉昕樂浪太守鮮于嗣 越海定二郡 諸韓國臣智加賜邑君印綬 其次與邑長 其俗好衣幘 下戶詣郡朝謁 皆假衣幘 自服印綬衣幘千有餘人"(『三國志』 東夷傳 韓).

(420~478), 제齊(479~502), 양梁(502~557), 진陳(557~589)의 왕조가 빈번하게 서로를 교체하였다. 이 격동기에 한반도에 설치된 중국 군현은 소속 왕조와 지배세력이 자주 바뀌는 과정에서 점차 약화되어 소멸할 운명에 처하였다. 313년 낙랑과 대방 두 군이 고구려에 의해 한반도로부터 축출되었다. 이후 6세기 중반까지 약 200년간 한반도 각지의 크고 작은 국들은 치열하게 패권의 쟁투를 벌였으며, 그 과정에서 여러 소국을 병합하거나 연맹체로 편성한 고구려, 백제, 신라가 대두하여 국가 단계로 차례로 진입하였다.

6세기 중반까지 요동, 만주, 한반도의 패자는 고구려였다. 고구려는 낙랑과 대방을 축출한 뒤 그 지역을 요동에서 유입한 새로운 세력을 통해 간접 지배하였다. 그러자 한강 중류지역의 백제가 낙랑과 대방의 유산을 노리고 북진하여 고구려를 위협하였다. 396년 고구려는 백제를 대대적으로 공략하여 한강 이북의 58성을 취하였다. 그보다 앞선 392년에는 왜가 백제, 가야와 더불어 신라를 침공하였다. 신라가 원병을 요청하자 고구려는 보병과 기병 5만을 파견하여 왜군을 격파하고 낙동강 하류역의 가야를 타격하였다. 이후 6세기 전반까지 신라는 사실상 고구려에 신종하였다. 고구려는 신라의 영토에 군대를 주둔시켰으며, 신라의 왕위 계승에 간섭하였다.[76] 고구려는 400년대 초 16국의 하나인 후연後燕과의 대립 끝에 요동의 주인이 되었다. 410년에는 북만주의 부여를 병합하였다.

낙랑과 대방의 소멸 이후 중국 연안에서 출발하여 멀리 왜에 도달하는 연안무역의 주도권은 백제로 옮겨졌다. 백제의 국읍 위례성은 조수를 타고 배의 출입이 가능한 한강변에 위치하였다. 그러한 교통상의 이점으로 백제는 연안무역의 새로운 거점으로 번성하였다.[77] 백제는 경쟁자인 목지국目支國을 누르고 마한의 패자로 성장하였다. 백제는 그에 복속한 소국

76 노태돈(2014), 『한국고대사』, 86쪽.

77 박순발(2001), 「馬韓 對外交涉의 變遷과 百濟의 登場」, 『百濟硏究』 33, 15~18쪽.

의 족장에게 통치를 위임하였다. 백제는 그들에게 금동제품이나 중국에서 수입한 위세품을 하사하여 권위를 부여하는 방식으로 신종관계를 확인하였다. 백제의 판도는 4세기에 걸쳐 남으로는 금강 이북까지, 동으로는 한강 상류의 영서지방까지 이르렀다. 360년경 백제는 남해안 일대로 교역의 손길을 뻗쳐 왜와 접촉하였다. 372년에는 중국 남조의 동진에 사신을 파견하여 조공·책봉관계를 체결하였다. 그와 더불어 남중국의 불교를 위시한 선진 문물을 수입하였다. 전술한 대로 396년 고구려가 백제를 대대적으로 침공하였다. 위례성은 포위되었으며, 백제는 굴욕적으로 항복하였다. 397년 위기에 몰린 백제는 태자를 볼모로 보내 왜와 인연을 맺었다. 이후 백제와 왜의 긴밀한 관계는 7세기 후반 백제의 패망에 이르기까지 면면하게 이어졌다. 백제와 왜의 관계는 처음에는 대등했으나, 고구려의 압력에 몰린 백제의 왜에 대한 의존이 깊어지면서 점차 번속蕃屬관계로 변질되었다.[78]

한반도와 왜와의 교류는 그 유래가 오랬다. 기원전 2세기 초 한의 군현이 설치되고 연안무역로가 개통됨과 더불어 한반도와 왜의 인적, 물적 교류는 활성화하였다. 특히 철의 산지인 낙동강 하류역은 연안무역의 마지막 기착지로 번성하였다. 이 지역에서 소국이 출현하는 것은 김해 일대에 고분군이 축조되는 2세기 후반이다. 고분에서 출토되는 유물은 3세기 말 이 지역의 지배세력이 말을 타고 순장을 행하는 새로운 집단으로 교체되었음을 알리고 있다. 그들은 북위의 문화를 수용한 부여의 세력이 동해안을 따라 남하한 집단으로 추정되고 있다.[79] 새로운 정치세력의 출현과 더불어 낙동강 하류역의 가야국과 그것이 중심이 된 연맹체가 발달하여 북쪽의 신라와 대립하였다. 왜와의 교류도 일층 활성화하였다. 392년 왜

78 노태돈(2014), 『한국고대사』, 75~81쪽.

79 申敬澈(2000), 「古代의 洛東江, 榮山江, 그리고 倭」, 申敬澈·朱甫暾·朴淳發·土生田純之·北條芳隆, 『韓國의 前方後圓墳』, 충남대학교출판부, 164~175쪽.

는 가야와 협동하여 신라를 침공하였다. 위기에 처한 신라가 고구려에 원병을 요청하자 광개토왕이 군사 5만을 파견하여 왜군과 가야군을 대파하였다. 이후 가야국과 그의 연맹은 다시 일어서지 못하였다. 5세기 초 이후 김해 일대에서는 더 이상 큰 봉분이 조성되지 않았다.

고구려군의 침공을 받은 낙동강 이동의 가야 지역은 신라의 판도로 흡수되어 갔다. 5세기에 걸쳐 가야 연맹의 지배세력과 장인 집단은 대거 왜로 이주하였다. 왜는 그들을 도래인渡來人으로 불렀다. 도래인을 통해 유입된 한반도 남부의 문화는 왜의 정치와 경제를 새롭게 이끄는 충격으로 작용하였다. 왜의 중심부 근기近畿에는 도래인의 기지가 형성되었다. 곳곳의 왕릉, 사원, 제언이 도래인의 선진적인 기술에 의해 축조되었다.[80] 더불어 한반도 남부와 왜와의 관계는 더욱 긴밀해졌다. 일본으로 이주한 세력과 원거지에 잔존한 세력은 긴밀한 관계를 유지하였다. 한반도 남부의 왜인들은 재안라왜신등在安羅倭臣等이라는 단체나 연락소를 개설하여 때때로 외교나 군사 활동을 벌이기도 하였다.[81] 다른 한편 고구려군의 타격을 받아 쇠퇴한 가야는 5세기 후반 고령, 합천, 진주 등 영남 서남부 내륙을 중심으로 흥기하였다. 대가야로 불린 새로운 연맹은 소백산을 넘어 호남 동부의 진안, 임실, 남원, 광양 등 섬진강 유역을 포섭하였으며, 나아가 호남 서부의 나주, 영암 등 영산강 유역에까지 미쳤다. 5세기 후반과 6세기 전반에 걸쳐 영산강 유역에서는 왜의 고유한 묘제인 전방후원분前方後圓墳이 축조되었다. 현재 전하는 전방후원분은 모두 14기이다. 〈그림 2-9〉는 광주시 월계동에 소재한 전방후원분이다.

---

80 小山田宏一(2003), 「古代河內の開發と渡來人ー茨田堤 碧骨堤 狹山池」, 『古代日本と百濟』, 大巧社, 139~152쪽.
吉井秀夫(2003), 「百濟墓制の導入と展開」, 『古代日本と百濟』, 153~167쪽.

81 노태돈(2014), 『한국고대사』, 97~99쪽. 한반도에서 활동한 왜인의 단체나 연락소를 이후 『日本書紀』를 편찬한 일본인들은 任那日本府로 불렀으며, 그것이 마치 한반도 남부를 통치한 기관인 것처럼 기술하였다. 노태돈은 국가나 민족 의식에 규정된 후대의 역사인식이 그것이 결여된 시대에 자유롭게 펼쳐진 인간들의 상호교류를 왜곡한 문제점을 날카롭게 지적하고 있다.

[그림 2-9] 전방후원분(광주시 월계동)

출처: 저자 촬영.

전방후원분에 매장된 인물이나 축조한 세력에 대해서는 의견이 분분하다. 백제를 돕기 위해 건너와 정착한 왜인이라는 설, 백제계의 왜 관인이라는 설, 재지세력이라는 설 등이 대립하고 있다. 왜인의 집단적 진출을 알리는 유적과 유물이 확인되지 않고, 왜의 전형적 전방후원분과 비교할 때 토착문화의 작용에 따른 부분적 변용이 발견되는 점에서 점차 재지세력설이 설득의 폭을 넓히고 있다. 전방후원분은 아직 백제에 포섭되지 않은 영산강 유역에 분포한 마한의 소국들이 백제에 맞서기 위한 연합전선을 강화할 목적에서 왜와의 빈번한 교류를 통해 전해진 묘제를 공동으로 채택한 결과로 축조되었을 것이다.[82] 6세기 중반 이후 영산강 유역이 백제의 판도로 편입되자 전방후원분은 더 이상 축조되지 않았다.

다른 한편, 427년 평양으로 천도한 고구려는 백제를 강하게 압박하였다. 475년 고구려는 백제를 공격하여 한성을 함락하고 백제왕을 참수하였다. 멸망의 위기에 처한 백제는 웅진으로 근거지를 옮겼다. 백제는 왜

82 辻秀人(2006), 「榮山江流域의 前方後圓墳과 倭國 周緣地域의 前方後圓墳」, 『百濟硏究』 44, 211~244쪽.
연민수(2011), 「영산강유역의 前方後圓墳 피장자와 그 성격」, 『일본학』 32, 225~259쪽.

에 머물다가 왜병의 호위를 받으며 귀국한 동성왕東城王에 의해 재기하였다. 백제는 남조 제齊에 빈번하게 사신을 파견하였으며 왜와의 결속을 강화하였다. 동성왕의 뒤를 이은 무령왕武寧王도 중국 및 왜와 적극적으로 교류하였다. 무령왕은 남조 양梁으로부터 불교, 미술, 서예, 건축 방면의 선진문물을 광범하게 수용하였다. 전축분塼築墳인 무령왕릉을 설계하고 공사한 사람은 양에서 초빙되어 온 기술자였다. 무령왕의 시신은 왜국산 금송金松으로 짜인 관에 안장되었다. 무령왕 대의 백제는 소백산맥 이서로 진출하여 섬진강 하류까지 그 세력을 확장하였다. 그 지역의 여러 소국은 백제의 판도로 포섭되었다. 그에 저항한 대가야 연맹은 백제와 신라 사이에서 방황하다가 562년 신라에 병합되었다. 이후 영산강 유역에서 전방후원분을 축조한 마한의 마지막 세력이 백제에 복속하였다.

중국인의 관찰에 의하면 2~3세기의 한국인은 영주瓔珠 등의 구슬을 귀하게 여겨 부장副葬하긴 했으나 금金과 은銀을 중히 여기지는 않았다. 금은이 부장품으로 출토되는 것은 4세기 이후 신라의 적석목곽분積石木槨墳에서부터이다. 신라의 남해로의 진출은 4세기 말까지 가야국에 의해 저지되었다. 4세기 중엽 신라는 그 대안으로 조령과 죽령을 넘어 내륙과 한강 상류로 이어지는 교역로를 개척하였다. 4세기 말에는 고구려군의 도움을 받아 낙동강 하류지역으로 진출하였다. 이후 신라의 대외 교역에는 현대인의 상상을 초월하는 바가 있었다. 4~6세기 신라의 거대 왕릉에서 발굴된 화려한 금세공품과 유리공예품의 상당 부분은 광대한 유라시아대륙의 초원을 건너온 로마의 제품이거나 대륙을 건너온 장인들에 의해 제작된 것들로 밝혀지고 있다.[83] 이처럼 중국대륙이 위진남북조의 격동을 겪는 그 기간의 한반도는 중국 연안에서 출발하여 서·남해를 따라 왜에까지 이어지는 해상교역이 번성하는 가운데 중국 북조와 남조의 문

83 由水常雄(2001), 『ローマ文化王國－新羅』, 新潮社.

물이 지속적으로 유입하고, 가야와 마한 세력이 분포한 남부지방과 왜와의 긴밀한 연대가 성립하고, 멀리는 지중해에서 출발한 유라시아 교역로가 한반도 동남단의 신라에까지 도달했던, 여러 이질적 문화와 정치세력이 착종했던, 활짝 열린 공간이었다.

4. 국가의 출현

부체제部體制

3세기까지 한반도 각지에서 생겨난 소국小國은 족장사회였다. 한국사에서 국가는 4세기 이후 소국이 패권을 다투는 과정에서 출현하였다. 국가단계로 진입한 소국은 고구려, 백제, 신라의 삼국에 한정되었다. 가야는 그 문턱에서 좌절하였다. 삼국이 소국의 패자로서 국가로 나아갔던 것은 자연 및 교통 조건이나 국제관계와 같은 요인의 복합적 작용에 의해서였다. 국가로의 초기 단계에서 삼국은 족장사회의 특질을 보존하였으며, 나아가 소국을 병합하는 과정에서 족장사회의 특질을 확산하였다. 이 같은 초기국가의 구조적 특질은 부체제로 설명되고 있다.[84]

고구려와 신라의 국읍은 5부와 6부로 이루어졌다. 부部는 하나의 읍락으로서 부족이나 족장사회를 그 실체로 하였다. 고구려와 신라는 부의 연맹으로 발족하였다. 초창기의 백제도 유력 부족들의 연맹체였다. 그 점은 여러 소국에서도 마찬가지였다. 각 부는 대외적인 외교, 군사, 무역의 권리를 연맹체의 수장에 할양하였다. 그 외의 모든 면에서 부는 상당한 자치권을 보유하였다. 고구려의 소노부는 왕을 배출하지 못했지만 독자

84 이하 部體制에 관한 해설은 거의 전적으로 노태돈(2014), 『한국고대사』, 99~103쪽에 의존하고 있다. 부체제에 관한 專論으로서는 다음을 참조. 노태돈(2000), 「초기 고대국가의 국가구조와 정치운영—부체제론을 중심으로—」, 『한국고대사연구』 17, 5~27쪽.

의 종묘를 보유했으며, 조상신과 토지신에 독자의 제사를 거행하였다. 각 부는 가加라는 귀족적 지배세력에 의해 다스려졌다. 가는 부 내에 독자의 관원과 병력을 보유하였다. 앞서 소개한 대로 소노부의 가는 왕자 발기와 연합하여 하호 3만 명을 이끌고 고구려 연맹에서 이탈하였다. 부의 독자성을 웅변하는 사건이다. 고구려의 왕은 5부의 제가가 참가하는 귀족회의를 대표하는 존재였다. 왕의 권위를 뒷받침한 것은 연맹체가 거행하는 종교적 제의였다.

신라의 왕은 5세기까지 거서간居西干, 차차웅次次雄, 이사금尼師今, 마립간麻立干으로 불렸다. 차차웅은 제사장, 이사금은 연장자, 마립간은 우두머리의 뜻이다. 5세기까지 신라의 왕은 6부의 지배세력 간지干支들이 모인 귀족회의의 장로와 같은 존재였다. 신라가 마립간을 왕으로 호칭하는 것은 503년부터이다. 실은 이전에도 왕호는 쓰였는데, 오로지 마립간을 가리킨 칭호가 아니었다. 6부의 간지들도 왕을 칭하였으며, 마립간과 마찬가지로 금관을 착용하였다. 503년에 세워진 영일냉수리비迎日冷水里碑는 재지세력 간의 재산분쟁을 처결한 내용인데, 처결의 주체는 7명의 왕이었다. 이 같은 사정은 503년 마립간을 왕으로 칭하는 제도가 공식화한 후에도 한동안 달라지지 않았다.

삼국이 여러 소국을 병합하는 과정은 이 같은 국읍에서의 족장사회 구조가 광역화하는 과정이었다. 백제와 신라는 그에 복속한 소국을 후국侯國으로 봉封하고 자치를 인정하였다. 백제와 신라는 후국의 왕에게 금동제 관이나 신발 등의 위세품을 하사하여 그 권위를 부여하는 한편, 복속의 상징으로서 공납이나 병력의 동원을 강요하였다. 복속의 형식은 일률적이지 않았다. 복속에 심하게 저항한 소국이나 벽지의 소규모 읍락에 부여된 정치적 지위는 후국에 비해 열등하였다. 524년에 세워진 신라의 울진봉평비蔚珍鳳坪碑는 이 지역의 남미지촌男彌只村이 노인촌奴人村이었음을 전하고 있다. 촌의 주민은 집단적으로 노인奴人이라는 신분 규정을 받았다. 촌은 원래 고구려에 속하였는데, 신라의 영역으로 편입되면서 무언가 그렇게 규정될 만한 사정이 있었던 모양이다. 재지의 유력자에게 노奴의 신분이 부여된 사례도 확인된다. 554년 신라와 백제가 관산성管山城을 두고 큰 전투를 벌였을 때이다. 신라의 삼년산군三年山郡에서 출정한 고간高干 도도都刀가 백제 성왕聖王을 참수하는 일대 이변이 벌어졌다. 『일본서기』는 도도에 대해 말을 사육하는 임무를 진 어느 촌의 노였다고 이야기하고 있다.[85] 도도는 간위干位를 보유한 촌의 유력자이지만, 신라와의 관계에서 그는 노의 신분을 자처하였다.

신라는 원래 국읍에 결집한 6부의 연맹을 말하였다. 영역의 확장과 더불어 신라는 그에 속하는 후국이나 노인촌을 포섭한 또 하나의 광역적 연맹체를 가리키게 되었다. 이같이 신라의 실체가 복층적임은 고구려와 백제에서도 마찬가지였다. 이 같은 복층의 연맹체로서 초기국가의 구조를 가리켜 연구자들은 부체제部體制라 부르고 있다. 부체제를 성립시킨 원리는 전술한 노의 질서였다. 백제와 신라가 고구려에 복속할 때, 백제왕과 신라왕은 노객으로 칭해졌다. 그 아래 수준에서 읍락의 장은 소국의 왕에 대해 노였다. 읍락의 일반 성원은 읍락의 귀족적 지배층에 대해 노였다. 노는 개와 같은 존재로 감각되고 상징되었다. 그 노는 후대의 비천 신분으로서 노가 아니었다. 그것은 개별 인간과 집단의 상하 서열과 복무의 원리를 자연현상이나 동물의 형상에 빗대었던 족장사회에 고유한 정치원리의 일환이었다.

대왕大王의 등장

국가로의 이행은 족장사회의 원리로는 더 이상 통합이 불가능할 만큼 영역이 광대해짐에 따른 자연스런 귀결이었다. 이행의 본질은 정치적 권력에 의한 종교적 권위·상징의 대체라고 할 수 있다. 왕은 더 이상 귀족

85 朱甫暾(1989), 「蔚珍鳳坪新羅碑와 法興王代 律令」, 『韓國古代史硏究』 2, 119~120쪽.

회의의 수장이 아니라 그에서 분리된 초월적 권력으로 승격한다. 왕권을 뒷받침하는 것은 부족마다 신앙의 대상을 달리하는 자연종교가 아니라 우주의 질서를 주재하는 초월신의 보편종교이다. 중앙정부의 형태는 부족연맹체의 덩어리가 아니라 전문적 직능으로 구분된 행정기구와 그것들의 상하 위계로 재편된다. 재지세력에게 통치가 위임되었던 지방에 관료가 파견되며, 군사적 요충에는 중앙군이 진주한다. 부족의 개들이 국왕의 백성으로서, 곧 공민公民으로 그 모습을 일신한다. 율령이 반포되어 중앙정부의 형태, 중앙과 지방의 관계, 관료와 백성의 지위를 규정한다. 율령의 반포야말로 국가가 성립하는 다른 무엇보다 뚜렷한 상징을 이룬다.

삼국 중에서 가장 먼저 국가 단계로 진입한 것은 고구려였다. 372년 고구려는 불교를 수용하고 태학太學을 설립하였다. 불교는 왕을 부처로 신앙하는 북방불교였다. 여러 부족과 집단의 다양한 신앙체계는 불교라는 보편종교로 통합되었으며, 이는 중앙집권을 강화하였다. 373년 고구려는 율령을 반포하였다. 서진西晉의 율령이 그 저본을 이루었다. 율령은 영역 내의 주민을 출신 지역과 부족의 차이를 넘어 보편적 지위로 규정하고 일원적 질서로 통합하였다. 정부의 기구와 관리는 율령에 기초하여 체계적인 행정을 펼쳤다. 고구려의 중앙집권화는 427년 평양으로 천도한 후 본격화하였다. 지방은 군郡과 현縣 급의 행정단위로 구분되고 수사守事 등의 중앙 관료가 파견되었다. 더불어 중앙정부에 속한 관료들의 지위가 14등으로 체계화하였다.[86]

비슷한 시기에 비슷한 과정을 거쳐 백제도 국가 단계로 진입하였다. 후일 신라가 삼국을 통일하고 12세기의 『삼국사기』가 신라를 중심으로 쓰였기 때문에 신라가 국가로 성장하는 역사는 고구려와 백제보다 자세하게 알려져 있다. 신라가 국가 단계로 진입한 것은 고구려와 백제보다 늦

86 노태돈(2014), 『한국고대사』, 111~112·118~119쪽.

은 6세기부터이다. 503년 지증마립간智證麻立干은 나라의 국호를 신라新羅로 제정하고 마립간호를 폐지하고 왕호 사용을 선포하였다. 520년에는 율령을 반포하였다. 변화의 속도는 느렸다. 524년의 울진봉평비는 당시의 법흥왕法興王이 여전히 출신 부의 이름을 붙인 마립간호를 병용하였으며, 노인촌에 대한 교령도 다른 부 출신의 갈문왕葛文王과 공동명의로 반포하였음을 전하고 있다. 그런데 550년의 단양적성비丹陽赤城碑에서는 교령이 진흥왕眞興王 단독으로 공포되었다. 신라의 왕이 귀족회의로부터 분리되는 것은 귀족회의의 수장인 상대등上大等이 신설된 531년부터이다. 이후 왕의 초월적 지위가 강화되어 550년 무렵이면 단독으로 교령을 반포할 수 있을 정도에 이르렀다.

신라가 경위京位, 곧 중앙관제를 17등으로 정비하는 것은 520년 율령을 반포하면서부터이다. 6부 휘하에 독자의 위계로 편성된 관원은 6세기 중반까지 통일적인 중앙관제로 포섭되었다. 561년에는 지방세력을 11등의 위계로 편성하는 외위外位가 성립하였다. 외위 1등의 지위는 경위 7등에 준하였다. 더불어 지방행정체제를 관료제 형태로 정비하였다. 신라는 5세기 후반부터 각지의 주요 거점에 중앙 관료를 파견하였다. 6세기 초반까지 기존의 읍락이 촌으로 재편되었으며, 외위를 부여 받은 촌주가 임명되었다. 노인촌도 사라졌다. 촌 위에는 군과 현 급의 행정단위가 설정되어 도사道使가 파견되었다. 그 위로는 주州 급에 해당하는 광역의 거점에 중앙군과 함께 군주軍主가 파견되었다. 도사는 군주의 지휘를 받았다. 이렇게 중앙권력이 기존의 읍락을 해체하고 촌 내에까지 침투하자 재지세력은 소멸하거나 중앙귀족으로 흡수되었다. 재지세력 후국의 건재를 상징하는 각지의 대형 고분은 6세기 중반까지 신라의 영역에서 자취를 감추었다. 지역마다 상이했던 토기의 양식도 신라양식으로 통일되었다.[87]

87 노태돈(2014), 『한국고대사』, 88~89·133~142쪽.

국가체제의 중앙집권화와 더불어 왕권은 더욱 강력해졌다. 6세기 후반에 이르러 삼국의 군사적 충돌은 빈번해졌다. 단위 전투도 각국의 동원 병력이 3~4만에 달할 정도로 대규모화하였다. 그에 따른 군수軍需의 규모도 일층 커지고 체계화하였다. 병력과 군수의 대규모 동원은 대왕 권력의 성립을 촉진하였다.[88] 삼국에서는 어느덧 전국의 토지와 자원을 왕의 소유로 간주하는 통치이념이 생겨나기 시작하였다. 414년의 고구려 광개토왕비문에는 '태왕국토太王國土'라는 구절이 있다. 고구려의 강역을 태왕 광개토왕의 은택과 덕화가 미치는 공간으로 간주하는 정치적 이념의 표현이다. 같은 구절은 5세기 중엽에 세워진 중원고구려비中原高句麗碑에도 등장하고 있다. 이 비는 고구려와 신라의 왕이 만나서 거행한 신속의 의례를 새긴 것이다. 여기에 등장하는 '태왕국토'는 고구려왕의 덕화가 신라에까지 두루 미침을 표상한 것으로 보인다. 560년대에 세워진 신라 진흥왕의 순수비巡狩碑에는 신라의 강역에 자신의 덕화가 두루 미친다는 진흥왕의 자부심이 새겨져 있다.

551년 진흥왕은 고구려로부터 단양의 적성을 빼앗은 뒤 전공이 있는 주민을 포상하는 내용을 새긴 단양적성비를 건립하였다. 앞서 소개한 대로 이 비는 적성연赤城烟이라 하여 신라가 그의 백성을 연으로 규정했음을 보이고 있을 뿐 아니라, 신라의 백성 지배체제로서 전사법佃舍法의 존재를 전하고 있어서 더없이 흥미롭다. 전사법이 무엇인지는 비문의 마손이 심하여 자세히 알 수 없으나, 전공을 세운 주민에게 포상하는 토지와 그것의 경작에 관한 제도인 것만은 사실인 듯하다.[89]

토지를 둘러싼 전佃의 관계는 원래 중국 삼국시대에 위가 둔전을 개간

---

88 金瑛河(1999), 「新羅의 百濟統合戰爭과 體制變化—7세기 동아시아의 國際戰과 사회변동의 一環—」, 『韓國古代史研究』 16, 101~150쪽.

89 鄭求福(1978), 「丹陽新羅赤城碑 內容에 대한 一考」, 『史學誌』 12, 127쪽.
李宇泰(1992), 「丹陽 新羅 赤城碑 建立의 背景—也尒次의 功績과 恩典의 性格을 중심으로—」, 『泰東古典研究』 8, 26~37쪽.

하여 병사들에게 나누어 경작케 하고 수확의 일부를 군량으로 거두어들인 데에서 출발하였다. 이에 전에는 토지를 경작한다는 뜻과 더불어 남의 토지를 빌려 소작하는 관계가 담겼다. 신라가 그의 백성을 전사佃舍라 칭하고 토지의 지급과 경작에 관한 전사법을 제정했을 때 그 전의 함의도 마찬가지였을 터이다. 다시 말해 신라는 그의 강역을 자신의 소유지로 간주하고 그의 백성을 자신의 소작농과 같은 신분으로 지배하였다. 여기서 이후 천년 이상을 뻗친 전의 역사가, 곧 국가적 토지소유의 역사가 단초를 열었다. 백제에서도 유사한 토지제도가 운영되었다. 몇 년 전 사비성泗沘城의 유적에서 558년 또는 618년에 작성된 목간 하나가 발굴되었다. 목간에는 관청으로부터 곡식을 대여 받은 10명의 이름이 적혀 있는데, 그중의 3명이 전佃의 직職을 보유하였다.[90] 558년 또는 618년이면 백제가 수도를 사비성으로 옮긴 지 얼마 되지 않은 시기이다. 백제는 새로운 수도의 토지를 둔전으로 관리했으며, 특정 농민에게 경작과 군량 공급의 직분을 부여하였다.

전국의 토지와 자원을 왕의 소유로 간주하는 사상은 신라 진평왕眞平王 대에서 최초로 확인된다. 608년 진평왕은 수隋의 황제에게 고구려의 정벌을 청원하는 글을 짓도록 원광圓光법사에게 명하였다. 그에 대해 법사는 남의 나라를 멸망시켜 달라는 부탁이 불교의 올바른 도리가 아니지만 "대왕의 토지에 살면서 대왕의 물과 풀을 먹고 있으니 감히 어찌 명을 좇지 아니하오리까"[91]라고 하면서 그에 응하였다. 한국사 제2시대를 이끈 왕토주의王土主義가 여기서 뚜렷하게 그 얼굴을 내밀었다.

4~6세기에 걸쳐 솟아오른 대왕 권력을 동시대의 중국 황제와 같은 전제권력으로 평가해서는 곤란하다. 신라에서 왕의 권력이 귀족회의에서 분리된 것은 사실이지만, 귀족회의는 신라가 망할 때까지 건재하였다. 귀

90 李鎔賢(2008), 「佐官貸食記와 百濟貸食制」, 『백제목간』, 국립부여박물관, 61~63쪽.
91 "貧道在大王之土地 食大王之水草 敢不惟命是從"(『三國史記』 新羅本紀 眞平王 30年).

족회의를 대표하는 상대등은 왕을 보좌하였지만, 정치 상황에 따라서는 왕과 경쟁하고 대립하는 존재였다. 족장사회에서 귀족적 지배층이 일반 성원을 노복으로 부르고 지배했던 질서는 국가의 출현 이후에도 크게 달라지지 않았다. 중국의 황제가 구축한 제민齊民 지배체제는 양천良賤 신분제를 골간으로 하였다. 황제는 귀족의 특권을 부정하였으며 모든 백성을 동일 신분의 양인으로, 곧 제민으로 지배하였다. 황제의 덕화로부터 이탈한 범죄자들은 천한 신분의 노비로 떨어졌다. 황제의 제민지배는 양천 신분제와 더불어 성립하였다. 삼국의 대왕은 양천제에 바탕을 둔 제민지배의 권력이 아니었다.

삼국의 신분제는 복식의 차별을 통해 확인할 수 있다. 고구려에서 복식은 왕王-대신大臣-차신次臣-서인庶人의 질서로 차별되었다. 왕, 대신, 차신은 귀족으로서 한 묶음이다. 귀족은 비단으로 만든 관을 쓰고 소매가 큰 비단옷을 입고 가죽으로 만든 허리띠를 매고 가죽신을 신지만, 서인은 짧은 바지를 입고 고깔을 쓸 뿐이었다. 백제에서는 관인은 붉은 옷을 입지만, 서인은 붉은 옷을 입을 수 없었다. 신라의 복식제는 834년에 반포된 것이 전하는데, 진골-6두품-5두품-4두품-평인의 위계로 이루어졌다. 위계에 따른 복식의 차별은 확연하지 않았다. 수레나 가옥의 제도에서도 마찬가지였다. 거기서 4두품과 평인, 곧 서인은 동격으로 취급되었다. 삼국 어디서도 천인에 특별한 복식을 강요한 제도는 관찰되지 않는다. 복식의 차별은 귀족-관인-서인의 완만한 질서로 이루어졌다. 신라인은 귀족·관인을 사士, 서인을 중衆으로 불렀다. 황제권력이 성립하기 이전 중국사회의 신분질서가 그와 같았다. 곧 삼국의 신분질서는 사중제士衆制였다.[92]

92 李榮薰(2002), 「《花郎世紀》에서의 奴와 婢 — 三國時代 身分制 再論 —」, 『歷史學報』 176, 12~13쪽.

지배체제

삼국이 그의 백성으로부터 무엇을 어떻게 수취했는지, 백성에 대한 지배체제는 어떠하였는지에 관한 정보는 빈약하나마 6세기 말부터 전한다. 『주서周書』에 의하면 고구려와 백제는 견絹, 포布, 미米를 빈부와 풍흉을 헤아려 차등 수취하였다.[93] 뒤이어 『수서隋書』는 고구려의 수취규식에 관해 다음과 같은 보다 구체적인 정보를 전하고 있다. 수隋(589~618)의 존속 기간으로 보아 6세기 말과 7세기 초에 중국인이 새롭게 채취한 정보로 여겨진다. 그렇지만 나중에 보듯이 그 내용은 『주서』의 그것과 다르지 않다. 다시 말해 『수서』가 전하는 수취규식은 고구려에서 오래 전부터 실시되어 온 것이다.

人稅布五匹穀五石 遊人則三年一稅 十人共細布一匹 租戶一石次七斗下五斗[94]

이를 직역하면 "인人에 대한 세稅는 포布 5필과 곡穀 5석이다. 유인遊人은 3년에 1세이다. 10인이 함께 세포細布 1필이고, 조租는 호戶는 1석, 차次(戶)는 7두, 하下(戶)는 5두이다"와 같다. 이 규식은 너무나 압축적이어서 해석하기 쉽지 않다. 일찍부터 이를 두고 여러 해석이 엇갈려 왔다. 예컨대 유인遊人을 빈민으로 보는 설이 있는가 하면, 이종족으로 보는 설도 있다. 그 모두를 소개하고 정리하는 일은 생략하고, 근자에 비교적 널리 수용되고 있는 한 가지 해석을 소개하고 비판한다. 이 해석에 의하면 위 규식에서 '遊人則' 이하는 유인만을 대상으로 한 것이다. 그러니까 위 규식은 인人에 대한 수취와 유인에 대한 수취의 두 부분으로 나뉜다. 인은 포 5필과 곡 5석을 인두세로 부담하였다. 반면 유인은 3년에 한번 세를 내는데, 10인이 함께 세포 1필을 내고, 또한 호戶를 단위로 조租를 내는데 호에

93 "賦稅則絹布及粟 隨其所有 量貧富 差等輸之"(『周書』 列傳 異域上 高麗).

94 『隋書』 列傳 東夷 高麗.

3등급이 있어서 1등 호는 1석, 2등 차호는 7두, 3등 하호는 5두를 내었다.[95]

이 같은 해석에는 다음과 같은 몇 가지 모순이 따른다. 첫째, 유인은 그 실체가 무엇이든 정상의 백성이 아니다. 어느 나라가 정상의 백성에 대해서는 아주 소략하게, 비정상의 백성에 대해서는 아주 소상하게 수취규식을 제정하는 것은 있을 수 없는 일이다. 둘째, 인과 유인의 부담 차이가 너무 크다. 포를 두고 말하면 인의 포 부담은 유인의 50배이다. 그것도 3년에 한번이니까 실제로는 150배이다. 한 나라가 그의 백성을 지배함에 있어서 집단에 따라 이런 격차를 두는 것도 상정하기 곤란한 일이다. 셋째, 인의 부담이 지나치게 과도하다. 한 사람의 인이 인두세로 포 5필과 곡 5석을 부담하는 것은 동아시아의 어느 나라와 시대에서도 있어본 적이 없는 일이다. 넷째, 4~6세기의 주거, 취락, 농업, 기타 산업에 관해 그런대로 풍부하게 쌓인 고고학의 성과를 고려하고 있지 않다. 그 자체로는 문리文理가 통하지 않는 문헌 기록을 놓고 이리저리 머리를 굴리기보다 고고학적 정보가 전하는 당대의 사회·경제 실태에서 출발하여 위 수취규식에 접근할 필요가 있다.

나의 이해는 다음과 같다. 이 규식은 처음부터 끝까지 성인남자로서 인을 대상으로 한 것이다. 유인은 어느 취락으로 유입해 온 인구를 말한다. 그런 인구에 대해서는 처음 2년간 조부租賦를 면제하고 3년째부터 조부를 수취하였다. 그러니까 유인은 3년째부터 인이 되었다. 그러한 취지의 유인 정책이 '遊人則三年一稅'의 구절로 문중에 삽입되었을 뿐이다. 국가가 유입 인구를 3년째에 호적에 등록하고 조부를 수취하기 시작함은 중국의 여러 나라에서 널리 확인되며, 다음 장에서 소개하겠지만 7세기 말의 신라 농촌에서도 마찬가지였다.

인에 대한 세는 포와 곡 두 종류가 있었다. 보다 구체적으로는 세포와

95 金琪燮(2007),『韓國 古代·中世 戶等制 硏究』, 혜안, 77~83쪽.

조였다. 포에는 견포, 마포, 저포가 있는데, 어느 것인지는 지방에 따라 달랐을 터이다. 7세기 말의 신라촌장적新羅村帳籍에서는 견포가 일반적이었다. 어쨌든 세포라 했으니 상품上品의 포이다. 포의 수취는 10명의 인이 1필을 부담하는 방식이었다. 수취규식의 맨 앞에 "인에 대한 세는 포 5필"이라 한 것은 결국 50명의 인을 대상으로 한 말이다. 여기서 앞서 소개한 취락에 관한 고고학적 정보를 상기할 필요가 있다. 3~4세기 호남지역에서 취락의 표준적 규모는 주거지 50기였다. 단위 세대로서 5명 내외의 소가족을 수용한 개별 주거지가 10기정도 모여서 세대복합체를 결성하고, 그 세대복합제가 다섯 정도 모여서 취락을 구성하였다. 이 같은 연烟→락落→취락聚落의 층위로 이루어진 농촌사회의 구조는 고구려에서도 마찬가지였다. 위 수취규식은 이 같은 농촌사회의 구조를 전제하지 않으면 해석되지 않는다. 개별 세대의 성인남자 인은 보통 1명이다. 10명의 인이 세포 1필을 부담함은 개별 세대 열이 결합한 세대복합체를 그 대상으로 한 것이다. 인에 대한 세로서 포가 5필이라 함은 세대복합체 다섯으로 이루어진 취락을 전제한 것이다. 다시 말해 위 수취규식은 표준적 규모의 취락을 대상으로 공동부담의 과표로서 포 5필을 선언적으로 밝힌 다음, 뒤이어 그 내역을 설명하는 순서를 취하고 있다.

곡穀 5석도 마찬가지로 표준적 취락에 부과된 공동부담의 과표이다. 곡은 조租이며, 호戶가 부담의 단위로 적시되어 있다. 호의 조 부담은 1석인데, 취락이 공동으로 부담할 조가 5석이라 했으니 취락은 표준적으로 5호로 구성되었다. 이 호가 전술한 10인으로 이루어진 세대복합체이다. 그런데 세대복합체마다 구성원의 다과에 따른 빈부의 차이가 있었다. 앞서 지적한 대로 세대복합체로 결합한 개별 세대의 수는 5~10개였다. 그러한 규모의 차이가 1~3등으로 호등을 구분하는 기준이 되었다. 1등의 호가 인 10명, 곧 개별 세대 10개의 결합이라면, 다음의 차호는 인 7명으로서 개별 세대 7개의 결합이고, 맨 아래의 하호는 인 5명으로서 개별 세대

5개의 결합이다. 1등 호의 부담은 1석, 차호의 부담은 7두, 하호의 부담은 5두였다. 등간의 차이로 보아 1석은 10두이다.[96] 이는 호가 성인남자 10명으로 이루어진 세대복합체라는 앞의 판단과 부합한다. 요컨대 고구려의 조 수취는 성인남자 1명에 대해 조 1두를 인두세로 부과하는 방식이었다. 수취의 실제 단위는 호로 불린 세대복합체이며, 세대복합체의 규모에 따라 3등의 차등을 두었다. 보다 상위의 수취 단위가 있었으니 곧 조 5석을 공동 부담하는 취락이다. 이 수준에서도 취락의 규모에 따른 부담의 조정이 있었다고 보이지만, 더 이상 자세한 정보는 전하지 않는다. 짐작하면 조 5석의 부담을 표준으로 하여 대규모 취락은 몇 개의 단위로 분할하였으며, 영세한 취락은 몇 개를 하나의 단위로 모았을 것이다.

조租가 인두세였음은 조의 성질에 따른 것이다. 조는 비록 생산과정이 세대복합체의 공동노동에 의하더라도 개별 세대에 분배되어 저장, 소비되므로 인두세로 수취되기에 지장이 없고, 또 그렇게 취합해도 품질에 아무런 문제가 없는 물품이다. 반면 포는 인두세로 수취될 수 없다. 포 1필은 대개 40척尺이다. 이는 개별 세대가 자력으로 직조할 수도 없고, 10개의 개별 세대가 4척씩 직조하여 이을 수도 없는 물품이다. 포 1필은 개별 세대 열이 모인 세대복합체가 공동으로 직조해서 바쳐야 했다. 또한 포의 수취에서는 조에서와 같은 1~3등의 호등이 필요 없었다. 어느 세대복합체의 성인남자 수가 7명이라고 해서 28척의 포를 내게 할 수는 없기 때문이다. 세대복합체 간에 빈부의 격차가 있더라도 그것은 무시되었거나 취락의 수준에서 조정될 수밖에 없었다.

요컨대 위의 수취규식은 개별 세대 연에서 출발하여 5~10개의 연이 결합한 세대복합체와 5개 정도의 세대복합체로 이루어진 취락으로 상향하

96 이 수취규식에 근거하여 삼국시대 1石은 10斗라고 보통 이해되고 있다. 1두는 10升, 1승은 200ml이며, 이에 1석은 20l의 용적이었다. 李宇泰(1993),「韓國 古代의 量制」,『泰東古典硏究』 10, 15~16쪽. 金琪燮(2007),『韓國 古代·中世 戶等制 硏究』, 78쪽.

는 농촌사회의 구조를 충실하게 전제하였다. 포와 조를 부과하고 수취하는 실제의 대상은 취락이었다. 취락의 인구에 다소간의 출입이 있을지라도 대개 주거지 50기와 성인남자 50명이 있다고 간주하여 세포 5필과 조 5석을 공동으로 부담시키고 수취하였다. 그에 훨씬 미치지 못하거나 훨씬 넘는 취락에 대해서는 위의 기준으로 취락을 붙이거나 나누었을 것이다.

신라가 그의 백성에 적용한 수취규식도 마찬가지였다. 6세기 전반까지 신라는 고구려의 간섭으로부터 자유롭지 않았으며, 여러 방면에서 고구려의 선진적 제도를 수입하였다. 앞서 두 차례 언급한 524년의 울진봉평비에서 그 좋은 증거를 찾을 수 있다. 이 비는 원래 노인촌이던 남미지촌이 이전에 무언가 우대조치를 받은 적이 있지만 이 지역에 소재한 성城이 불타는 사고에 책임이 있어서 신라 6부의 지배자들이 내려와 남미지촌을 다시 노인촌으로 지정하고 노인법奴人法에 따라 다스리는 내용이다. 노인촌이 져야 할 부담과 관련하여 봉평비는 "대노촌은 공치 5를 부담한다[大奴村負共値五]"고 하였다.[97] '공치共値'가 무엇인지는 비문만으로는 알 수 없지만 무언가 5로 규격화된 신라 왕조에 대한 부담이었음은 분명하다. 내가 보기에 '공치 5'는 고구려 수취규식에서의 포 5필과 곡 5석 바로 그것이다. 그 외에 5로 규격화된 요역 등의 부담도 포함될 수 있다. 이렇게 신라도 고구려를 좇아 50기 전후를 취락의 표준적 규모로 간주하고 거기에 포 5필과 곡 5석을 공동 부담으로 강요하였다. 나는 그렇게 노인촌의 신라 왕조에 대한 각종 부담이 5의 크기로 규격화한 결과가 봉평비상의 '공치 5'가 아닐까 여기고 있다. 취락에 따라서는 5가 아닌 공치도 있었을 터이다. 공치는 취락의 경제력을 대변하는 지표와 같은 것이었다.

4~6세기 고구려와 신라의 백성지배체제는 다음과 같았다. 백제도 마찬가지였을 터이다. 삼국은 읍락을 해체하고 그 내부로 침투하여 개별 주

---

97 朱甫暾(1998), 『新羅 地方統治體制의 整備過程과 村落』, 신서원, 154~155쪽.
金琪燮(2007), 『韓國 古代·中世 戶等制 硏究』, 85~92쪽.

거지와 세대복합체를 파악하였다. 읍락은 몇 개의 촌으로 재편되었으며, 촌에는 구 읍락의 지배세력 출신의 촌주가 임명되었다. 고구려와 신라는 성인남자 10명의 세대복합체에 포 1필과 조 1석을 수취함을 기준으로 삼았다. 세대복합체는 삼국의 백성지배체제에서 기초 단위를 이루었다. 조의 수취와 관련해서는 세대복합체의 등급이 구분되기도 하였다. 개별 취락에는 공치共値라는 취락의 경제력과 부담의 크기를 대표하는 과표가 부여되었다. 세대복합체를 백성지배체제의 기초단위로 삼음은 이념적이었다. 현실에서는 개별 취락이 수취의 대상이자 공동부담의 주체였다. 공치는 5를 표준으로 했으며, 통상 포 5필과 조 5석의 부담을 의미하였다.

생태와 식료

고구려의 수취규식은 4~6세기 생태와 농업의 실태에 관한 묵언默言의 정보를 담고 있다. 고구려는 포와 조의 수취 가운데 포를 중시하였다. 수취규식에서 포에 관한 언급이 선행하는 것에서 그렇게 이야기할 수 있다. 당시 포 1필과 조 1석의 교환비율이 어떠했는지는 알 수 없지만, 일반적으로 포 1필은 조 1석의 2~3배 가치였다. 포와 조의 교환비율이 확인되는 것은 12세기 초이다. 당시 고려는 견포 1필을 미 1석 7두, 곧 조 3석으로 절가折價하였다.[98] 견포는 왕과 귀족·관인의 신분적 위세를 상징하는 사치품이며, 또 널리 교역된 국제상품이었다.

조가 인두세로 징수되었음은, 다시 말해 농가가 보유한 경지의 다과가 조의 기준이 되지 않은 것은 당시의 곡작 농업이 유치한 수준이었음을 말해 주고 있다. 4~6세기 한반도의 인구에 관해서는 앞서 소개한 바 있는 몇 가지 정보가 전한다. 기원을 전후한 낙랑군의 전성기에 그에 속한 인구는 41만 명에 가까웠다. 한반도의 북부를 포괄하는 범위였다. 2~3세

---

98 『高麗史』 卷80 食貨3 祿俸 睿宗10年. 고려시대에 1석은 15두이다. 米 1석 7두는 1.5석이다. 搗精한 米의 용적은 보통 도정 이전 租의 절반이다.

기 한반도 남부의 삼한에 속한 인구는 70~75만 명이었다. 이를 고려할 때 4~6세기 한반도의 인구는 적어도 110만 명 이상, 대략 150만 명에 가깝지 않았을까 추정된다. 후대에 비해 인구는 크게 희박하였다. 취락은 바다와 하천을 따라 분포하였으며, 그 배후의 내륙은 울창한 삼림이었다. 그러한 생태환경에서 농업노동의 평균생산성이 수렵·채취노동보다, 또는 생태환경의 다양성에서 촉발된 상업·공업노동보다 더 높았다는 보장은 없다. 다음 장에서 보겠지만 촌마다에는 무성한 뽕나무 숲이 조성되었으며, 촌 단위의 공동노동에 의한 견포의 직조가 활발하게 영위되었다. 대량으로 생산된 견포는 왕조에 대한 공부貢賦의 부담을 넘어 국내외의 상업경제를 자극하였다.

고구려가 조보다 포의 수취를 중시한 것은 이 같은 생태와 경제의 실태에 규정되어서였다. 신라도 마찬가지였다. 신라에서 포와 같은 공물은 조調로 칭해졌다. 584년 신라는 조調의 수취와 지출을 관장하는 조부調府라는 중앙기관을 설치하였다. 651년에는 조租의 수취와 지출을 관리하는 창부倉部가 설치되었다. 조租의 수입과 지출은 원래 집사성執事省이란 일반 행정을 취급한 중앙기관의 소관이었는데, 651년 창부의 업무로 분리되었다. 조부는 창부보다 서열이 위였다. 이처럼 조부가 창부보다 먼저 설치되고 또한 서열이 위였음은 신라의 중앙재정이 공물을 중심으로 운영되었음을 이야기한다. 도작稻作의 수준은 아직 유치했으며, 이에 조租가 재정의 중심을 차지할 형편은 되지 못하였다.

생태환경은 인간들의 식생활을 크게 규정하였다. 인골에서 추출된 탄소 및 질소 안정동위원소安定同位元素 분석에 의하면 1~7세기 한반도 남부의 인간들은 주로 벼, 보리, 밀, 콩, 팥 등 C_3식물과 사슴을 중심으로 한 야생동물을 주로 섭취했으며, 그 외에 조, 기장, 피 등 C_4식물과 담수성 또는 해양성 어패류를 활용하였다. 전술한 대로 청동기시대에 탄소 열량의 주 공급원은 C_4식물이었다. 그에 비해 철기시대에 이르러 C_3식물이 주요 식료로 바뀌었음은 철기시대 이래 도작을 비롯한 C_3계 작물이 곡작의 중심을 차지하였음을 이야기하고 있다. 그런데 4~7세기 김해시 예안리 고분군에 매장된 평민보다 우월한 지위의 성인 남자들은 여자들에 비해 C_3식물을 적게 섭취했으며 그 대신 동물성 단백질을 다량 섭취하였다. 여자들이 남자들에 비해 C_3식물을 더 많이 섭취한 것은 동물성 단백질에 대한 접근이 상대적으로 차단된 상태에서 그 대안으로 식물성 단백질이 많이 포함된 두류를 섭취하였기 때문이다.[99] 창녕군 창녕읍 송현리 고분군에서 출토된 인골에서도 같은 사실이 확인되었다. 420~560년에 주인의 무덤에 순장된 4명의 인골이다. 2명의 성인 남자는 성인 여자에 비해 동물성 단백질을 많이 섭취하였고, 16세로 추정되는 가장 어린 여자는 다른 3명에 비해 C_4식물을 많이 섭취하였다.[100] 요컨대 삼국시대에 이르러서도 벼가 주식으로 소비될 만큼 도작은 발전해 있지 않았다. 벼를 주로 섭취한 상위 계층에서도 그 실질적인 섭취량은 그리 많지 않았다고 추정되고 있다.[101]

고구려는 성인남자 1명으로부터 인두세로 조 1두를 수취하였다. 다음 장에서 소개하겠지만, 9세기 말 성인남자 1명이 부담한 조의 양은 이것보다 28~57배였다. 국가의 조 수취가 강화된 탓도 있지만, 그 사이인 7~9세기에 도작 농업이 크게 진전한 덕분이다. 4~6세기의 도작은 아직 유치한 수준이었으며, 곡작의 중심은 보리, 콩, 조, 기장 등의 밭작물에 있었다. 왕과 귀족·관인은 신분적 위세품으로 쌀을 소비했으며, 그 일환으로 인당 1두라는 소량의 조를 인두세로 수취하였다. 도작 농업은 백성이 왕

99 이준정(2011), 「作物 섭취량 변화를 통해 본 農耕의 전개 과정—한반도 유적 출토 人骨에 대한 안정동위원소 분석 결과를 중심으로—」, 『韓國上古史學報』 73, 55쪽.

100 국립가야문화재연구소(2009), 『1500해 앞 16살 여성의 삶과 죽음—창녕 송현동 15호분 순장인골의 복원 연구—』, 56~57쪽.

101 이준정(2011), 「作物 섭취량 변화를 통해 본 農耕의 전개 과정—한반도 유적 출토 人骨에 대한 안정동위원소 분석 결과를 중심으로—」, 『韓國上古史學報』 73, 31쪽.

조에 조를 공납할 목적으로 영위되었다.

권농과 진휼

국가는 계급적 수탈을 위한 도구만은 아니었다. 국가의 출현은 개별 소규모 공동체로서는 감당할 수 없는 공공 기능과 질서를 창출하였다. 삼국은 방조제를 쌓고, 저수지를 만들고, 선진적 농구를 보급하는 등, 권농의 역할을 담당하였다. 『삼국사기』에 의하면 기원후 33년 백제의 다루왕多婁王은 주군州郡에 영을 내려 처음으로 벼농사를 시작케 하였다. 242년 고이왕古爾王은 왕도 남쪽의 소택지沼澤地를 논으로 만들도록 명하였다. 이 같은 초기의 기록은 그대로 믿을 수 없지만, 국가의 지배를 정당화하는 한편의 역할로서 권농을 중시한 삼국인들의 관념을 대변하고 있다. 전술한 대로 4~5세기 마한의 소국은 벽골제와 시제를 쌓았다. 531년 신라의 법흥왕은 전국적으로 제방을 수리하라는 영을 내렸다. 536년 신라는 영천에 큰 저수지를 축조한 다음 청제비菁堤碑라는 비석을 세웠는데, 그에 의하면 동원된 사람은 7,000명에 달하였다. 그보다 앞서 502년 지증왕대에는 처음으로 소가 끄는 쟁기갈이가 보급되었다.[102] 철제 쟁기는 풀이나 나무뿌리로 얽힌 땅을 갈아엎는 데 이전의 수경구로는 상상할 수 없는 효과를 발휘하였다. 쟁기의 보급은 개간을 비약적으로 촉진하였다. 5세기 후반 신라는 왕도와 사방을 잇는 관도官道를 개설했으며, 490년에는 왕도에 시장을 열어 사방의 재화를 유통시켰다.

삼국인의 경제생활은 불안정하였다. 큰 흉년이 들면 삼국은 창고에 비축한 곡식을 풀어 기민饑民을 구제하였다. 삼국이 창고를 열어 백성을 구제한 기록이 처음 나타나는 것은 고구려에서는 기원후 45년, 백제에서는 기원후 15년, 신라에서는 기원후 18년이다. 이 역시 그대로 믿을 수 없는

102 『三國遺事』는 24~57년 신라의 儒理王이 처음 쟁기를 만들었다고 하고 있지만(『三國遺事』 紀異 弩禮王), 그대로 믿기 힘들다.

기록이지만, 진휼이야말로 다른 무엇이 감당할 수 없는 국가의 정당적 책무라는 후대의 관념을 반영하고 있다. 194년 고구려의 고국천왕故國川王은 사냥을 가다가 길에서 울고 있는 사람으로부터 흉년에 품을 팔 데가 없어 노모를 봉양할 길이 없다는 사연을 듣고 진대법賑貸法을 설치하였다. 매년 3~7월에 관청의 곡식을 농민에게 차등 배분한 다음 10월에 거두어들이는 것이 진대법이다.[103] 그런데 진대법은 제대로 오래 실시되지 못했던 것 같다. 『삼국사기』에서 그에 관한 후속 기사를 찾을 수 없기 때문이다.

『삼국사기』가 기록한 국가의 진휼은 통일 이전의 신라는 20회, 고구려는 13회, 백제는 5회에 지나지 않는다. 진휼은 심한 흉년이 들 때 임시적으로 행해졌으며, 그것도 왕도를 중심으로 한 지역으로 제한된 경우가 많았다. 628년 신라에 큰 가뭄이 들어 그해 겨울 심한 기근으로 백성들이 자녀를 팔기도 하였다. 당시 궁중의 관리들이 궁중의 창고에서 곡식을 훔쳐 나누어 먹었다. 이때 검군劍君이란 관리가 홀로 훔친 곡식을 나누어 받지 않았는데, 이로 인해 다른 관리들의 미움을 사 살해되고 말았다.[104] 이 사건은 신라의 왕도에서조차 진휼이 제도화되지 않은 상태였음을 이야기하고 있다. 기근이 극심할 때 사람들은 서로를 잡아먹었다. 『삼국사기』는 그러한 인상식人相食의 비극이 고구려와 백제에서 여섯 차례나 일어났음을 전하고 있다. 그럼에도 그해에 고구려와 백제가 진휼을 행한 것은 두 차례에 불과하였다. 삼국시대까지 진휼을 축으로 하는 국가적 재분배경제는 초보 수준에 불과하였다. 연, 락, 취락, 국가로 이어지는 사회적 통합의 위계에서 최상위의 국가에 의한 경제적 통합은 표피적이었다.

---

103 『三國史記』 高句麗本紀 故國川王 17년.

104 『三國史記』 新羅本紀 眞平王 50년, 列傳 卷48 劍君.

제3장

공연孔烟에서 정호丁戶로

1. 7세기 말의 농촌

신라촌장적

1933년 일본 동대사東大寺의 정창원正倉院에서 통일신라의 촌을 대상으로 한 문서의 단편斷片이 발견되었다.[1] 어느 해인가 신라 왕실이 일본 왕실에 화엄경론 65권을 경질經帙과 함께 선사하였다. 경질은 화엄경 두루

1 斷片이라 함은 원래 두루마리로 된 신라의 行政文書를 經帙을 제작하게 위해 가로 58~60cm, 세로 30cm의 규격으로 잘랐기 때문이다. 尹善泰(2000), 「〈新羅村落文書〉의 記載樣式과 用途－中國·日本 帳籍文書와의 比較檢討를 中心으로－」, 노명호 외, 『韓國古代中世古文書硏究(下)』, 서울대학교출판부, 165~170쪽.

[그림 3-1] 정창원 소장의 신라촌장적

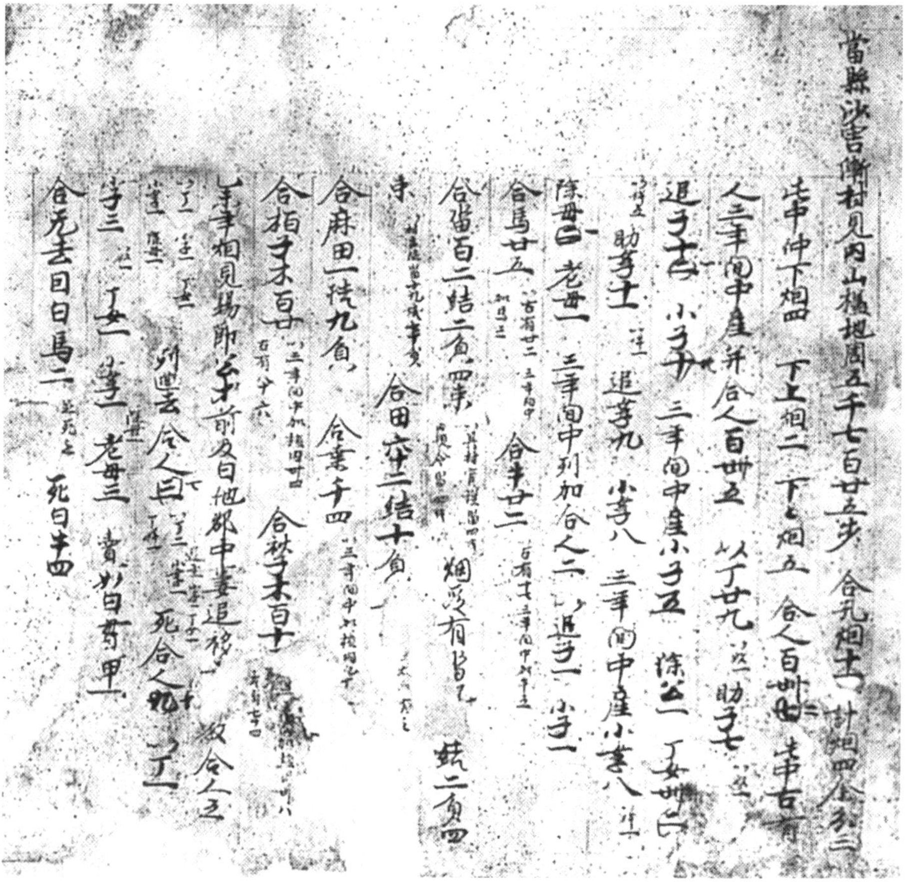

출처: 노명호 외(2000),『韓國古代中世古文書研究(下)』, 서울대학교출판부, 圖版 68쪽.

마리 몇 권을 싸는 책보의 형태였다. 신라는 포布의 표면과 이면에 폐기된 행정문서를 붙여 경질을 제작하였다. 행정문서에서 글자가 없는 백면白面이 바깥을 향하도록 붙여져 그것이 원래 무엇인 줄 알지 못하였다. 1933년 정창원은 제7경질의 일부가 훼손되어 이를 분해하여 수선하였다. 그때 천수 백 년의 세월을 견뎌 온 신라의 문서가 모습을 드러냈다. 경질은 원상으로 복구되었으며, 현재 문서의 실물을 접할 수는 없다. 정창원은 경질의 표면과 이면에서 분리해 낸 신라의 행정문서 2편片을 촬영해 두었다. 〈그림 3-1〉은 그 사진 자료의 일부이다. 경질의 표면에서 분리된 문서의 시작부로서 문서에 포함된 4개 촌 가운데 사해점촌沙害漸村에 해당하는 부분이다. 아울러 독자의 이해를 돕기 위해 제시된 문서 모두를 현대어로 번역한다. 괄호 안은 문서의 세자細字 부분이며, 문서의 첨자나 수정 부분은 번역하지 않는다.

당현當縣 사해점촌沙害漸村: 보이는 산의 나무로 덮인 땅의 둘레는 5,725보步이다. 공연孔烟의 합은 11이며 계연計烟은 4여분 3이다. 이 중 중하연仲下烟은 4, 하상연下上烟은 2, 하하연下下烟은 5이다. 사람의 합은 147명이다. 이 중 예부터 있던 사람과 3년간에 태어난 사람을 모두 합하면 145명이다. 정丁은 29명(노奴 1명), 조자助子는 7명(노奴 1명), 추자追子 12명, 소자小子 10명, 3년간에 태어난 소자小子는 5명, 제공除公은 1명이다. 정녀丁女는 42명(비婢 5명), 조녀자助女子는 11명(비婢 1명), 추녀자追女子는 9명, 소녀자小女子는 8명, 3년간에 태어난 소녀자小女子는 8명(비婢 1명), 제모除母 2명, 노모老母 1명이다. 3년간에 개별적으로 늘어난 사람은 2명인데, 추자追子가 1명, 소자小子가 1명이다.

말의 합은 25두이고(예부터 있던 말이 22두, 3년간에 늘어난 말이 3두), 소의 합은 22두이다(예부터 있던 소가 17두, 3년간에 늘어난 소가 5두).

논의 합은 102결結 2부負 4속束이고(촌의 관모답官謨畓이 4결, 내시령답內視令畓이 4결), 연烟이 받아 가진 논이 94결 2부 4속이다(촌주위답村主位畓이 19결 70부). 밭의 합은 62결 10부 5속이다(모두 연이 받아 가진 것). 삼밭의 합은 1결 9부이다.

뽕나무의 합은 1,004그루이고(3년간에 더 심은 것이 90그루, 예부터 있던 것이 914그루), 잣나무의 합은 120그루이고(3년간에 더 심은 것이 34그루, 예부터 있던 것이 86그루), 호두나무의 합은 112그루이다(3년간에 더 심은 것이 38그루, 예부터 있던 것이 74그루).

을미년乙未年에 연을 조사할 때에 공등公等 앞에 와서 아뢰기를 다른 군에 있는 처를 좇아 옮겨간다고 하여 교敎를 내려 허락한 사람이 모두 5명이고(정丁 1명, 소자小子 1명, 정녀丁女 1명, 소녀자小女子 1명 제모除母 1명), 개별적으로 돌아간 사람이 모두 3명이고(추자追子 1명, 소자小子 1명, 정녀丁女 1명, 정丁 2명, 소녀자小女子 1명, 정비丁婢 1명), 죽은 사람이 모두 9명인데, 정丁이 1명, 소자小子가 3명(노奴 1명), 정녀丁女가 1명, 소녀자小女子가 1명, 제모除母가 1명, 노모老母가 3명이다. 팔았다고 아뢴 사슴이 1마리고, 없어진 것이 확실하여 아뢰는 말이 2두이고(모두 죽었다), 죽었다고 아뢴 소가 4두이다.

문서의 대상 지역은 웅천주熊川州 관하 1개 현의 3개 촌과 서원경西原京의 1개 촌이다. 웅천주의 주도州都는 오늘날의 공주, 서원경은 오늘날의 청주이다. 문서는 4개 촌의 인구, 가축, 토지, 뽕나무 등에 관한 자세한 조사 보고이다. 문서는 그 내용의 풍부함이나 독특함으로 인해 아무리 강조해도 지나치지 않을 중대한 학술적 가치를 지니고 있다. 그로 인해 1953년 문서를 소개하고 해설한 최초의 논문이 나온 이래 실로 적지 않은 연구가 축적되었다.[2] 문서에 대한 이해는 연구자마다 다르며, 이로 인해 한국사 연구에서 가장 볼 만한 논쟁의 장이 펼쳐져 왔다. 통일신라기의 사회와 경제와 관한 연구는 이 문서에 대한 올바른 이해에서 출발한다고 해도 과언이 아니다. 문서의 명칭도 연구자에 따라 다양한데, 여기서는 신라가 그의 백성을 지배하기 위해 촌을 단위로 정기적으로 인구, 가축, 토지 등의 자원을 조사한 장부라는 뜻을 강조하여 신라촌장적新羅村帳籍으로 부른다(이하 장적으로 약칭).

장적은 을미년乙未年에 조사된 것이다. 조사의 결과를 장적으로 정서精書한 것은 다음 해인 병신년丙申年으로 짐작된다. 을미년이 언제인지는 크게 말해 695년, 755년, 815년의 세 가지 설이 있다. 장적은 촌의 주민을

2 1953년 이래 新羅村帳籍에 관한 研究史를 개략적으로 소개한 글로서는 다음을 참조할 수 있다. 李仁哲(1996),『新羅村落社會史研究』, 一志社, 12~27쪽.,

연烟으로 칭하고, 촌의 전답에 대해 "연이 받아 가진 것(烟受有)"이라고 그 내력을 밝히고 있다. 곧 농민이 국가로부터 받은 토지라는 뜻이다. 722년 신라는 백성에게 정전丁田을 지급하였다. 대부분의 연구자들은 그때 백성에게 지급된 정전이 장적상의 '연수유' 전답이라고 이해하였다. 이에 695년의 가능성은 처음부터 배제되고 755년이나 815년의 어느 하나가 유력하다고 보았다.[3] 그런데 장적에는 4개 촌이 왕도에 있는 내성內省의 통제를 받거나 그에 속해 있음을 짐작케 하는 기술이 있다. 이에 근거하여 장적상의 4개 촌은 왕실이나 귀족에게 지급된 녹읍祿邑일 가능성이 크다는 주장이 제기되어 설득력을 얻었다. 신라는 689년에 녹읍을 폐지했다가 757년에 부활하였다. 따라서 장적의 연도는 815년이 가장 유력하다고 일반적으로 여겨져 왔다. 『삼국사기』에는 815년에 서쪽 지방에서 큰 기근이 들고 도적이 벌떼처럼 일어났다는 기사가 있다. 장적에 의하면 인구가 조사된 그해에 적지 않은 인구이동이 있었다. 이 사실도 815년 설을 유력하게 뒷받침하였다.[4] 822년 웅주의 도독都督 김헌창金憲昌이 왕위 계승에 불만을 품고 난을 일으켰다. 이를 계기로 신라왕조는 혼돈의 시대에 접어들었다. 그 7년 전의 장적에 나타난 적지 않은 인구이동은 신라가 번영의 시대를 마감하는 위태로운 징조로 비쳐졌다. 또한 나중에 보겠지만 장적상의 농민은 대부분 최하등의 호戶에 속하였다. 815년설을 지지하는 어느 연구자는 이로부터 농민의 빈곤, 이탈, 항쟁, 토지제도의 붕괴라는 시대상을 읽기도 하였다.[5]

---

3 755년설은 다음의 旗田巍 논문이, 815년설은 다음의 武田幸男 논문이 대표적이다.
旗田巍(1958·1959), 「新羅の村－正倉院にある村落文書の研究－」, 『歷史學研究』 226·227, 1~13, 16~20쪽.
武田幸男(1976), 「新羅の村落支配－正倉院所藏文書の追記をめぐって－」, 『朝鮮學報』 81, 211~257쪽.

4 武田幸男(1976), 「新羅の村落支配－正倉院所藏文書の追記をめぐって－」, 『朝鮮學報』 81, 249쪽.

5 李仁哲(1996), 『新羅村落社會史研究』, 240~253쪽.

695년설은 윤선태尹善泰에 의해 제기되었다. 그는 장적상의 '연수유' 전답과 722년 이후의 정전이 같은 것이라는 보장은 없다고 비판하였다. 그는 신라 왕실이 선물한 화엄경론이 정창원에 입고된 시기가 740년 이전으로 확인된다는 이유에서 695년설을 주장하였다. 그가 제시한 보다 결정적인 증거는 서원경에 속한 1개 촌 장적상의 '갑오년일월甲午年壹月'이란 기록이다. 고래로 1월은 정월正月로 표기함이 일반적이다. 그럼에도 굳이 '일월壹月'로 표기한 것은 689~700년 당唐에서 주력周曆을 채택하여 11월을 정월로 삼았기 때문이다. 그에 구애되어 695년 신라도 11월을 정월로 삼았다.[6] 나는 이 같은 윤선태의 695년설을 높이 평가한다. 755년, 815년 설은 추측의 수준을 못 벗어났지만, 윤선태는 문서와 역사적 사건의 대조를 통한 증명에 성공하였다. 이로써 종전과 전혀 새로운 각도에서 한국사의 7세기를 재조명할 수 있는 입지가 확보되었다.

695년설을 지지하는 내 나름의 이유는 다음과 같다. 전장에서 서술한 대로 한국사에서 국가가 그의 백성을 연으로 지배하는 것은 4~6세기부터의 일이다. 그 기간에 고구려는 10개 연을 1개 호로 묶고, 5개 호로 이루어진 취락을 조부租賦의 수취 단위로 삼았다. 바로 그 농민의 존재형태와 국가의 수취방식이 본 장적에 그 모습 그대로 나타나 있다. 나중에 소개할 공연孔烟과 계연計烟이 바로 그것이다. 722년 신라는 백성에게 정전을 지급하였다. 이후 농민의 존재형태는 이전과 달리 정丁 또는 정호丁戶로 불리게 되었다. 국가의 수취도 취락이 아니라 정을 대상으로 하였다. 이 역시 나중에 자세히 설명하겠다. 다시 말해 장적에 나타난 농민의 존

---

6 윤선태(1995), 「正倉院 所藏 〈新羅村落文書〉의 作成年代 — 日本의 〈華嚴經論〉 流通狀況을 중심으로 —」, 『震檀學報』 80, 1~31쪽.
尹善泰(2000), 「新羅 統一期 王室의 村落支配 — 新羅 古文書와 木簡의 分析을 中心으로 —」, 서울대학교 대학원 국사학과 박사학위논문, 19~47쪽.
尹善泰(2000), 「〈新羅村落文書〉의 記載樣式과 用途 — 中國·日本 帳籍文書와의 比較檢討를 中心으로 —」, 『韓國古代中世古文書硏究(下)』, 163~209쪽.

재형태나 국가의 지배체제는 이전 시대의 연장선에 있는 것이지 722년 이후가 될 수 없다.

전장에서 소개한 대로 신라가 백성에게 토지를 지급하는 일은 551년의 단양적성비에서 확인되는 전사법佃舍法부터의 일이고, 7세기 초 진평왕眞平王 대에 이르러선 전국의 토지와 자원을 왕의 소유로 간주하는 왕토주의 이념이 대두하였다. 695년 장적상에 나타난 '연수유' 관계, 곧 백성이 토지를 받아 가진다는 관념은 이러한 역사적 추세의 연장선에 놓인 것이다. 종래 여러 연구자들이 장적상의 '연수유' 전답을 722년 이후의 정전으로 당연시했던 것은 이 같은 토지제도의 역사에 대한 이해가 충분치 않았기 때문이다. 815년설이 4개 촌을 내성에 속한 녹읍으로 본 것에 대해서도 의문이 있다. 그에 관해서는 곧이어 설명하겠다.

장적에 나타난 농촌의 정경을 빈곤, 이탈, 항쟁, 붕괴의 조짐으로 그리는 것에도 의문이 있다. 내가 보기에 장적상의 농촌 정경은 그와 정반대이다. 인구는 적은 반면, 가축과 토지는 풍부하였고, 뽕나무는 무성한 숲을 이루었다. 4개 촌이 생산하는 다량의 견포는 상업경제를 활성화하였다. 7세기 말은 농경, 목축, 공업, 무역이 적절하게 어울린 초기농경사회였다. 농촌사회가 많은 인구와 곡작 일변의 생산구조로 경화된 가운데 빈곤과 수탈로 찌든 것은 한국사 제3시대의 일이다. 다시 말해 장적이 우리에게 전달하는, 인간과 자연의 관계를 근본적으로 제약하는 생태환경은 이후 시대의 그것과 판이하였다. 이하 그런 시각에서 장적이 전하고 있는 7세기 말 농촌사회의 정경을 차례로 살피기로 하자.

촌

장적상의 4개 촌은 웅천주 관하 1개 현의 3개 촌과 서원경의 1개 촌이다. 화엄경론 경질의 표면에서 분리된 문서상의 2개 촌은 사해점촌과 살하지촌薩下知村이다. 경질의 이면에서 분리된 문서상의 2개 촌은 이름을 알 수 없다. 그래서 연구자들은 사해점촌을 A촌, 살하지촌을 B촌, 나머지를 C촌과 D촌으로 불러왔다. C촌은 웅천주 관하 어느 현의 촌이고, D촌은 서원경에 속한 촌이다. 경질에서 분리된 문서 단편의 상태로 보아 A와 B촌은 서로 연접했음이 확실하지만, C와 D촌이 그러했는지는 확실하지 않고, B와 C촌 사이에는 상당한 간격이 있었던 것으로 짐작된다.[7] 4개 촌의 실제 위치는 오늘날의 청주시 초정리, 연기군 남면, 전의군 등으로 추정되기도 한다.[8]

장적은 촌마다 그 둘레를 보수步數로 표기하였는데, 이로부터 A촌은 반경이 1.64km, B촌은 3.677km, D촌은 1.376km로 계산된다.[9] C촌은 문서의 해당 부분이 경질을 만들 때 잘려 나가 알 수 없다. A와 D는 제1시대의 읍락보다 작은 규모이다. 삼국의 집권적 지배체제가 강화됨에 따라 읍락이 몇 개로 분할된 것이 촌이라고 하겠다. B촌은 반경이 2.514km인 살하지촌고지薩下知村古地와 1.164km인 굴가리하목장곡지掘加利何木杖谷地의 두 취락으로 나뉘었다. 두 취락의 반경을 합할 때 B촌의 반경이 된다. 이로부터 B촌은 서로 떨어진 두 취락의 병렬이지 고유의 경계로 둘러싸인 공간이 아니었음을 알 수 있다. 촌에 둘레가 있다는 사실, 또는 촌을 구성한 개별 취락에 둘레가 있다는 사실은 촌과 촌 또는 취락과 취락 사이에 어디에도 속하지 않은 공지空地가 있음을 전제한다. 7세기 말 통일신라의 지방행정체제는 군현하의 촌과 취락을 바둑판처럼 구획한 것이 아니라 붕어빵틀처럼 분리해 내는 형태였다. 자기 둘레를 가진, 바깥은 공지인 촌의 존재양태는 주민의 강한 공동체적 결속을 대변하였다.[10]

촌이 성립하는 것은 대개 5세기 후반이다. 5세기 말 신라는 3~4개 촌

7 尹善泰(2000), 「〈新羅村落文書〉의 記載樣式과 用途 — 中國·日本 帳籍文書와의 比較檢討를 中心으로 —」, 『韓國古代中世古文書硏究(下)』, 168~170쪽.

8 李仁哲(1996), 『新羅村落社會史硏究』, 112쪽.

9 이인재(1994), 「신라통일기 조세 수취기준가 등급연(等級烟)」, 『역사와 현실』 11, 197쪽.

10 浜中 昇(1986), 「統一新羅の家族と村落」, 『朝鮮古代の經濟と社會』, 法政大學出版局, 12~19쪽.

을 단위로 중심촌의 유력자를 촌주村主로 임명하였다. 촌주를 배출하지 않은 촌에서는 장척匠尺과 같은 속리屬吏들이 나와 촌주와 함께 촌의 행정기구인 촌사村司를 구성하였다. 611년이 되면 촌 위에 현이 설치되고 현령縣令이 파견되었다. 규흥사종명窺興寺鐘銘에 의하면 1개 현에 3명의 촌주가 있었다. 이에 1개 현에 속한 촌은 대개 9~12개였다고 보인다.[11] 현에는 중앙에서 파견된 현령과 지방 출신의 공등公等이 현사縣司를 구성하였다. 747년 신라의 군과 현은 그 수가 117과 293이었으며, 말기까지 대개 그 수준을 유지하였다. 현당 촌의 수가 9~12라면, 군은 그보다 더 많겠지만, 전성기 신라의 판도에 속한 촌의 수는 대개 3,600~4,900에 달하지 않았을까 싶다.

장적에서 촌주의 존재를 알리는 것은 A촌에 있는 19결 70부의 촌주위답村主位畓이다. 이 토지는 촌주에게 그의 역에 대한 보상으로 무언가 은전을 베풀기 위해 설치된 것이다. 촌주는 전田도 소유했을 터이지만 촌주위전村主位田은 설치되지 않았다. A촌에 촌주가 실재했는지에 관해서는 그렇다는 설도 있고, 나중에 보듯이 A촌에 두드러진 등급의 호가 없어 다른 촌의 인물이었다는 설도 있다. 촌마다에는 3~4결의 관모답官謨畓이 있는데, 현사의 비용을 염출하기 위한 공적 용도였다고 보인다. D촌에는 1결의 관모전官謨田도 있었다. 그 밖에 A촌에 한하여 4결의 내시령답內視令畓이 있었다. 687년 신라는 문무관에게 요전僚田을 지급하였다. 관료들의 녹봉을 현물로 지급하지 않고 토지를 차등 지급한 것이다. 이하 그 토지를 관료전官僚田이라 부른다. 내시령답은 그 관료전의 일종이었을 것이다.

내시령이 어떠한 관직인지는 확실하지 않다. 신라의 정부조직에 관한 『삼국사기』 지志 직관職官의 서술은 매우 자세한데, 거기서 확인되지 않는 관직이다. 장적에 의하면 C촌에 전 내시령이 55그루의 잣나무를 심었

11 李仁哲(1996), 『新羅村落社會史研究』, 101쪽.

는데, 그 가운데 죽은 것이 13그루였다. 전 내시령이라 했으니 가까운 과거에 현 내시령으로 교체되었음을 알 수 있다. 이처럼 나무를 심고 가꾸는 실무에 종사하고 또 교체되기도 했음을 고려하면, 내시령은 촌을 지배한 현이나 상위의 군에 속한, 권농을 주요 임무로 했던, 관료라고 보인다.[12] 지급된 토지도 A촌에 한하고, 그 규모도 관모답과 비슷한 4결이어서 그 지위가 특별히 높았다고는 이야기하기 곤란하다.

내시령이 중앙정부에 설치된 내성內省의 장관이라는 견해가 있어서 검토를 요한다. 앞서 지적했듯이 장적에는 4개 촌이 내성의 통제를 받는 녹읍임을 연상케 하는 대목이 있다. 다케다 유키오武田幸男는 그것을 근거로 장적의 연도를 815년으로 비정했으며, 그 과정에서 내시령을 내성의 책임자로 간주하였다. 나는 이 같은 다케다의 추측에 동조하지 않는다. 장적에서 내성을 연상시키는 대목은 D촌 말미의 인구이동에 관한 서술 딱 한 군데이다. 해당 부분을 현대어로 소개하면 "갑오년 일월壹月에 □省에 아뢰기를 (다른 곳에 사는 남편을) 따라 나간다고 아뢴 정녀丁女가 1명이고 소자小子가 3명이다." 이 가운데 □은 문서가 훼손되어 읽을 수 없는 부분이다. 다케다는 □의 남은 획을 근거로 內라고 판독함으로써 내성內省의 존재를 기정사실화하였다. 이에 대해 이인철은 문서의 사진 자료를 검토한 결과 □를 內로 판독하기 곤란하다고 했는데,[13] 나 역시 같은 입장이다.

신라의 내성은 왕실의 사적인 가정사를 다루는 기관이며, 여러 중앙 관부 가운데 지위가 그리 높지 않았다. 후대의 조선왕조로 말하면 왕비가 주인이 되어 궁중의 살림살이를 영위한 내명부內命婦나 내수사內需司와 같은 기구이다. 내성의 책임자는 국왕의 사신私臣으로서 진골 출신의 귀족이었다. 왕과 사신은 지밀한 관계였으며, 한번 지명되면 자주 바뀌지도

12 李仁哲은 관내를 시찰했던 주군의 外司正이었다고 추정하고 있다. 李仁哲(1996), 『新羅村落社會史硏究』, 92쪽.

13 李仁哲(1996), 『新羅村落社會史硏究』, 45쪽.

않았다.[14] 그러한 내성이 보다 상위의 재정 관부인 조부와 창부를 제치고 군현의 인구와 토지를 조사하고 왕실과 귀족의 녹읍을 관장하였다는 추측은 원래 성립하기 힘든 것이다. 더구나 5소경의 하나인 서원경에 직속하는 D촌은 녹읍일 수가 없었다. 정치적, 군사적 중요성을 고려하여 설치된 5소경으로는 국인國人들이 이주하여 왕도에서와 같은 6부를 구성하였다.[15] 서원경에 속한 촌은 그 국인들을 위한 조부의 공급에 힘을 다하였을 것이다. 그런 곳에다 왕실이나 중앙 귀족의 녹읍을 설치하기란 생각하기 힘든 일이다. 4개 촌이 내성의 녹읍이고 내시령이 그 책임자라면 그런 고위 귀족에게 고작 4결의 관료전이 지급된 것도 이해하기 힘든 일이다.

앞서 소개한 남편을 따라 간다고 어린아이 3명을 데리고 떠난 정녀 1명과 비슷한 기록은 앞에서 번역해 둔 A촌에도 있다. 관련 인구는 을미년에 연을 조사할 때 공등에 아뢰고 타군의 처를 따라 옮겨간다고 한 1명의 정丁과 3명의 자녀와 1명의 어머니이다. 이 경우 인구이동의 신고를 받고 허락을 한 것은 현사를 구성한 지방 출신의 관리 공등이다. 원래 인구이동은 그런 수준의 신고와 허락으로 충분한 일이다. D촌의 여인이 남편을 따라 가기 위해 신고한 □省이 공등이 아닌 것은 그 촌이 서원경에 속하였기 때문이다. 나는 □省이 서원경의 행정기관이라는 이인철의 추측이[16] 타당하다고 평가한다.

다시 말해 본 장적은 왕도의 내성과는 무관하였다. 그에 근거하여 장적상의 4개 촌을 내성 관할의 녹읍으로 본 것도 무리한 추측이다. 장적이 적시하는 촌주위답, 촌마다 설정된 관모답, 권농에 종사한 지방관리 내시령, 3년마다 이루어진 인구조사 등은 장적상의 4개 촌이 통일신라의 주州-소경小京-군郡-현縣-촌村으로 편성된 관료제적 지방행정체제의 말단을

14 『三國史記』 卷39 雜志 職官 內省.

15 金哲埈(1981), 「統一新羅 支配體制의 再整備」, 국사편찬위원회, 『한국사』 3, 55쪽.

16 李仁哲(1996), 『新羅村落社會史硏究』, 68쪽.

【표 3-1】 신라촌장적에서의 촌별 현황

전답 단위: 結-負-束

구분	A촌 (沙害漸村)	B촌 (薩下知村)	C촌 (?)	D촌 (?)	합계
孔烟	11	15	8	10	44
計烟	4여분3	4여분2	?	1여분5	?
人口(奴婢)	147(9)	125(7)	72(0)	118(9)	462(28)
丁(奴)	29(1)	32(4)	10	19(2)	99(7)
助子	7(1)	6	2	9(2)	24(3)
追子	13	2	8	8	31
小子	16	5	11	13	45
除公	1	0	0	0	1
老公	0	2	0	2	4
丁女(婢)	42(5)	47(3)	16	38(4)	143(12)
助女子	11(1)	4	4	6	25(1)
追女子	9	14	4	12(1)	39(1)
小女子	16(1)	10	7	11(3)	44(4)
除母	2	1	0	0	3
老母	1	2	1	0	4
馬牛	47	30	19	18	114
馬	25	18	8	10	61
牛	22	12	11	8	53
田畓	165-21-9	183-70-7	130-74-1	107-46-0	587-12-7
畓	102-02-4	63-64-9	71-67-0	29-19-0	266-53-3
田	62-10-5	119-5-8	58-07-1	77-19-0	316-42-4
麻田	1-09-0	1-00-0	1-00-0	1-08-0	4-17-0
內 村主位畓	19-70-0				19-70-0
內視令畓	4-00-0				4-00-0
官謨畓	4-00-0	3-66-7	3-00-0	3-20-0	13-86-7
官謨田				1-00-0	1-00-0
木類	1,236	1,420	879	1,351	4,886
桑	1,004	1,280	730	1,235	4,249
栢子木	120	69	42	68	299
楸子木	112	71	107	48	338

출처: 武田幸男(1976),「新羅の村落支配—正倉院所藏文書の追記をめぐって—」,『朝鮮學報』81, 214~218쪽.
비고: 괄호 안은 노비의 수.

점한 보통의 촌이었음을 이야기하고 있을 뿐이다. 장적에 나타난 4개 촌의 현황을 기록의 순서에 따라 종합적으로 제시하면 〈표 3-1〉과 같다.[17]

인구

장적에서 가장 세밀하게 조사된 것은 인구이다. 표에서 보듯이 인구는 남녀 성별로, 그리고 소小, 추追, 조助, 정丁, 제除, 노老라는 연령 구간별로 조사되었다. 연구자에 따라 약간의 이견이 있지만, 여기서는 소는 1~9세, 추는 10~15세, 조는 16~19세, 정은 20~59세, 제는 60~69세, 노는 70세 이상이라는 설에 따른다.[18] 인구 변동에 관한 조사도 세밀하였다. 지난 3년간 사망한 인구, 출생한 인구, 외부로 유출한 인구, 외부에서 유입한 인구가 조사되었다. 유출과 유입에 대해서는 그것이 가족 단위인지 개별 인구 단위인지까지 파악되었다. 이 같은 조사방식으로 미루건대 촌의 실재 인구로서 고의로 은닉되거나 탈루된 부분은 거의 없었다고 보인다.

그럼에도 조사된 인구의 구조는 이해하기 힘든 두 가지 이상한 현상을 보이고 있다. 하나는 유소층의 인구가 지나치게 작다는 점이다. 4개 촌의 인구는 총 462명이다. 그 가운데 소, 추, 조 구간, 곧 1~19세의 유소층이 208명으로서 45%이다. 이 비중은 아무래도 작다고 할 수 밖에 없는 것이다. 근거가 불확실하지만 당시 인간의 평균수명이 30세 전후이고 인구의 연령분포가 정상일 경우, 20세 미만 유소층의 인구비중은 적어도 55%는 되었을 터이다.[19] 다른 하나는 성인 남자와 여자의 인구가 현저한 불비례를 보인다는 점이다. 표에서 보듯이 20~59세 구간의 정남은 99명, 정녀

---

17 문서의 판독, 특히 인구 및 이동 인구의 집계는 武田幸男을 따랐다. 武田幸男(1976), 「新羅の村落支配ー正倉院所藏文書の追記をめぐってー」, 『朝鮮學報』 81, 214~218쪽.

18 浜中昇(1986), 「統一新羅 年齡區分と稅制」, 『朝鮮古代の經濟と社會』, 38~65쪽.

19 평균수명이 35세 전후인 1935년의 국세조사에서 20세 이하 연령층의 인구비중은 50.3%였다. Tai Hwan Kwon(1977), *Demography of Korea: Population Change and Its Components 1925-66*, Seoul National University Press, p.283.

는 143명이다. 성인 남자의 수가 여자의 69%밖에 되지 않는다. 인구구조가 정상이라면 남자가 여자보다 조금 많아야 한다.

성인 남자의 인구가 현저하게 적은 이상한 현상은 신라의 통일전쟁이 겨우 19년 전에 종식되었음을 고려하면 쉽게 납득할 수 있다. 신라와 당의 연합군에 의해 백제가 멸망하는 것은 660년, 고구려가 멸망하는 것은 668년이다. 이후 신라를 지배하려는 당과의 전쟁이 계속되었다. 도합 40여 회에 걸친 당과의 전투가 676년까지 치열하게 이어졌으며, 동년 서원경에서 그리 멀지 않은 금강 하구에서의 큰 전투를 마지막으로 신라는 당을 대동강 이남에서 축출하였다. 삼국 간의 전쟁이 격화하는 것은 610년대부터이다. 전쟁은 무기를 들 만한 나이의 모든 남자를 동원하였다.[20] 그 전쟁은 676년이 되어서야 종식되었다. 그 60년 전쟁이 인구구조에 가한 커다란 타격이 위와 같은 성인 남녀 인구의 현격한 불비례로 나타난 것이다. 그 외에 달리 설명할 방법은 없지 않을까 싶다. 나는 장적의 연도를 695년으로 비정함에 있어서 이 사실도 다른 무엇보다 못지않은 중요성을 지닌다고 생각한다.

반면 1~19세 유소층의 성별 인구는 남자가 100명, 여자가 108명으로 그런대로 균형을 이루고 있다. 통일전쟁이 종식된 후 19년간에 출생한 인구는 성별 비례에서 정상이었다. 그렇지만 남자 인구가 전쟁 통에 너무 많이 죽은 관계로 여인의 출산율은 높을 수가 없었다. 그 결과 위와 같이 1~19세 유소층의 인구 비중이 695년에도 45%에 불과했던 것이다. 평화의 시대가 이어지면서 신라의 인구구조는 점점 정상형태로 복구되어 갔을 터이다.

앞서 통일신라기 촌의 총수가 3,600~4,900이라고 추측하였다. 그 중간인 4,250이라 치자. 장적 4개 촌의 인구는 462명으로서 촌당 평균

20 說話의 형태이긴 하지만, 王都 栗里에 거주한 薛氏는 나이가 80을 넘겼으나 當番을 맞아 수자리에 나가지 않을 수 없었다. 『三國史記』 卷48 列傳 薛氏女.

[표 3-2] 신라촌장적에서의 인구변동

단위: 명

구분	A촌	B촌	C촌	D촌	합계
존속	132	112	60	107	411
출생	13	6	5	7	31
유입	2	7	7	4	20
사망	9	7	4	20	40
유출	8	6	3	18	35
현 인구	147	125	72	118	462
전 인구	149	125	67	145	486

비고: 현 인구 = 존속 + 출생 + 유입, 전 인구 = 존속 + 사망 + 유출.

116명이다. 이로부터 7세기 말 군현하의 촌에 거주한 농촌 인구는 49만 3,000명으로 계산된다. 신라의 전체 인구를 알기 위해서는 여기에다 왕도, 9주의 주도, 5소경에 거주한 왕족, 귀족, 중앙군, 기타 직업의 인구를 추가해야 하는데, 그 수를 알 수는 없다. 그럼에도 통일전쟁이 종식된 직후인 7세기 말 신라의 인구는 아무래도 100만 명을 넘기 힘들었을 것이다. 전장에서 추계한 4~6세기의 인구 110~150만 명보다 적은 것은 신라의 판도가 대동강 이남으로 축소되고, 전쟁에 따른 인구피해가 컸기 때문이다.

〈표 3-2〉는 692~695년의 인구변동을 나타낸 것이다.[21] 695년의 인구 462명 가운데 지난 3년간 존속한 인구는 411명, 출생한 인구는 31명, 유입한 인구는 20명이다. 사망한 인구는 40명, 유출한 인구는 35명이다. 이를 고려한 3년 전의 인구는 486명이다. 3년간 24명의 인구가 감소하였다. 인구의 감소는 주로 D촌에서 발생하였다. D촌에서만 27명이나 감소하였다. A촌의 감소는 2명, B은 불변이고, C촌은 오히려 5명 증가하였다. 695

21 B촌의 경우 장적의 해당 부분이 파손되어 사망과 유출 인구의 모두를 알 수 없다. 이에 3년간 존속인구 대비 사망·유출 인구의 비중이 A, C촌과 같았다고 가정하고 추산하였다.

년의 인구조사는 다소 불완전하여 그 해에 추가 조사가 있었으며, 그에 따라 1차 정서된 장적에 추기追記가 이루어졌다.[22] 그에 따르면 지난 3년간 인구의 감소폭은 49명으로 더 커진다. 그 경우에도 D촌의 감소가 39명으로서 전체 감소의 대부분을 차지한다. D촌은 다른 촌에 비해 전답과 가축의 보유에서 빈약했으며, 그럼에도 서원경에 속한 연유로 요역徭役의 부담은 가장 무거웠다. 다시 말해 장적에서 확인되는 인구의 감소는 D촌 특유의 현상이었다. 나머지 촌에서의 사소한 감소는 인구구조의 불완전함에서 오는 마찰적 현상쯤으로 이해해도 충분하다. 기존의 연구가 장적상의 인구감소로부터 농촌사회의 빈곤, 이탈, 항쟁, 붕괴의 조짐을 읽어낸 것은 재고될 필요가 있다. 다음에서 소개할 4개 촌의 가축과 목류木類의 현황에서도 그 점을 확인할 수 있다.

가축과 목류

인구에 이어 세밀한 조사가 이루어진 것은 말과 소에 대해서이다. 4개 촌에서 말은 61두, 소는 53두로서 합 114두이다. 4개 촌의 공연, 곧 호의 수는 47이다. 호당 말과 소는 평균 2.4두이다. 촌마다 차이가 있어서 부유한 A촌은 호당 4.3두임에 비해, B촌은 2두, C촌은 2.4두, 가장 가난한 D촌은 1.8두이다. 이처럼 7세기 말 신라의 농민은 가난하더라도 1~2두의 말과 소를 소유함이 보통이었다. 관련하여 잘 알려진 설화 하나를 소개한다. 설씨薛氏 노인을 대신하여 종군한 왕도 사량부沙梁部의 청년 가실嘉實은 집이 가난하고 볼품이 없었다. 그럼에도 그는 양마良馬 1필을 소유하였다. 가실은 그 말을 정혼한 설씨의 딸에게 맡기고 떠났다.[23] 소와 말의 전국적 총수가 정확히 파악되는 것은 1910년이다. 당시의 자료에 의하면

---

22 武田幸男(1976),「新羅の村落支配―正倉院所藏文書の追記をめぐって―」,『朝鮮學報』81, 235~239·249쪽.

23『三國史記』卷48 列傳 薛氏女.

전국의 농가 234만여 호가 보유한 소는 총 70만 3,000여 두로서 호당 0.3두에 불과하였다. 말과 당나귀의 총수는 4만 9,000여 두로서 호당 0.02두에 불과하였다.[24] 그에 비하면 7세기 말의 농민은 7~8배나 많은 말과 소를 보유하였다.

왕조의 특별한 권농정책이 말과 소를 그렇게 많이 증식시킨 것은 아니다. 말과 소가 한반도에 전래된 이래 말과 소의 사육은 중요 산업의 지위를 점해 왔다. 전장에서 소개한 대로 608년 원광법사는 진평왕의 청을 수락하면서 대왕의 토지에 살면서 대왕의 '물과 풀'을 먹고 있으니 감히 거절할 수 없다고 하였다. '물과 풀'은 유목 민족이 토지의 풍요로움을 표현할 때 쓰는 말이다. 그 말이 『삼국사기』가 편찬된 12세기의 언어감각을 뛰어넘어 원형 그대로 인용되었음은 놀랍기까지 한 일이다. 7세기의 산업구조에서는 농경에 이어 목축이 여전히 큰 비중을 차지하였다.

말과 소는 개별 공연의 소유로서 사적 재산이었다. 그 증거는 D촌에서 찾아진다. 인구 11명으로 이루어진 어느 공연이 D촌을 떠났는데, 말 1두와 소 1두를 데리고 갔다. 말과 소가 팔린 기록도 있다. C촌에서 말 3두가, D촌에서 말 1두와 소 1두가 지난 3년간에 팔렸다. 촌 내에서 사고 팔린 것은 아니다. 그렇다면 총수에 변동이 없어서 군이 조사하고 기록할 필요가 없기 때문이다. 촌과 촌 사이의 공지에는 때때로 말과 소를 매매하는 시장이 개설되었을 터이다. 그 외에 지난 3년간 새로 태어난 것과 죽은 것에 대한 조사도 있었다. 새로 태어난 말은 9두, 죽은 말은 7두, 새로 태어난 소는 13두, 죽은 소는 9두이다.[25]

말과 소 이외에 사슴이 팔리기도 하였다. A촌의 문서 말미에 나오는 "팔았다고 아뢴 관갑貫甲 하나"라는 기록이 해당 대목이다. 관갑은 사슴

---

24 朝鮮總督府, 『朝鮮總督府統計年報』 1910년도판, 179~180쪽.

25 B촌의 경우 장적의 해당 부분이 마손되어 죽은 말과 소의 수는 알 수 없다. 이를 포함하면 죽은 말과 소의 수는 조금 늘어날 것이다.

의 이칭異稱이다. 남아 있는 사슴에 관한 언급이 없는 것으로 보아 어느 농가가 사슴 한 마리를 사육하다가 팔아 치운 것으로 짐작된다. 사슴을 관갑이라 했음은 그 가죽이 갑옷의 미늘을 꿰는 재료로 사용되었기 때문이다.[26] 그런 수요를 배경으로 때때로 열린 가축시장에서 사슴이 사고 팔릴 정도로 7세기 말 농촌시장은 의외의 활황을 이루었다. 개별 농가가 보유한 가축과 동물의 수에 대해 군현이 세밀한 관심을 기울인 것은 그것들이 과세원으로서 중요하였기 때문이다.

장적의 기록에서 인구와 가축 다음의 순서는 전답과 상桑(뽕나무), 백자목栢子木(잣나무), 추자목楸子木(호두나무)의 목류이다. 목류에 대해 먼저 해설한다. 그 가운데는 뽕나무가 가장 많아 4개 촌에 도합 4,249그루나 되었다. 호당 평균을 보면 A촌이 91그루, B촌이 85그루, C촌이 85그루, D촌이 124그루로서 D촌에서 유달리 많았다. 잣나무는 모두 299그루, 호두나무는 338그루이다. 목류의 지난 3년간의 변동도 조사되었다. 새로 심은 뽕나무는 439그루, 잣나무는 52그루, 호두나무는 38그루이다. 죽은 나무도 있는데, C촌의 잣나무 13그루이다. 이처럼 목류의 조사가 자세한 것은 그 역시 가축과 마찬가지로 중요한 과세원이었기 때문이다.

목류는 개별 농가의 소유가 아니고 촌의 공유이거나 관유官有였다. 앞서 소개한 대로 C촌의 잣나무 55그루는 전 내시령이 심은 것이다. 전 내시령은 잣나무를 심기 위해 촌민의 노동력을 동원하였을 것이다. 그럼에도 장적은 "전 내시령이 때맞추어 심었다"고 했다. 이는 잣나무가 관유였음을 이야기하고 있다. 잣나무뿐 아니라 뽕나무와 호두나무도 마찬가지였다고 짐작된다. 이들 나무에서 뽕잎, 잣, 호두를 수확하는 데도 촌민의 노동력이 동원되었을 것이다. 뽕잎을 원료로 한 양잠도 촌 내에서 이루어졌을 것이다. 뽕잎을 현사로 운반하여 거기서 양잠을 했다고는 보이지 않

26 종래 貫甲에 대해서는 私奴婢가 아닐까라는 추측이 있었는데, 사슴[鹿]으로 확인된다. 李榮薰(1998), 「貫甲」, 『古文書硏究』 13, 145~150쪽.

는다. 채취, 저장, 운반 과정에서 뽕잎의 신선도가 많이 떨어지기 때문이다. 그렇다면 뒤이은 제사製絲와 견직絹織 과정도 촌의 공업으로 영위되었을 가능성이 크다. 『삼국사기』에 의하면 신라는 국초부터 양잠을 권장하였다.[27] 백제와 고구려도 마찬가지이다. 또한 전 장에서 소개한 대로 4~6세기 고구려는 촌으로부터 견사나 견포를 수취하였다. 이로 미루건대 적어도 양잠과 제사 과정만큼은 촌 내에서 이루어졌음이 확실하다. 뽕나무의 수와 그 변동이 세밀하게 조사되고, 나아가 현사의 주도하에 추가로 심어졌음은 견사와 견포가 왕조에 납부할 촌의 주요 공물이었기 때문이다.

4개 촌의 도합 4,249그루에 달하는 뽕나무로부터 어느 정도의 견포가 생산되었을까. 그에 관해서는 20세기 초의 양잠업과 견직업에 관한 조사로부터 간접적이나 유익한 정보를 구할 수 있다. 결론을 말하면 견포 1필을 직조하기 위해서는 뽕나무 22그루가 필요하였다.[28] 1028년 고려 현종顯宗은 농가에 매년 20그루의 뽕나무를 심으라는 명령을 내렸다.[29] 굳이 20그루였음은 거기서 1필의 견포가 생산되었기 때문이다. 그렇다면 4,249그루의 뽕나무로부터, 지난 3년간에 새로 심은 439그루를 제하더라

27 『三國史記』 新羅本紀 赫居世居西干 17년, 婆娑尼師今 3년을 참조. 고구려와 백제가 양잠을 권장한 기록으로서는 高句麗本紀 平原王 25년, 百濟本紀 溫祚王 38년을 참조.

28 1910년 조선의 재래 養蠶業과 絹織業의 생산성에 관해서는 朝鮮總督府 殖産局 農務課가 1911년에 편찬한 『朝鮮の蠶業』, 『朝鮮總督府勸業模範場報告』 제6호의 '朝鮮在來蠶種飼育成績', 『朝鮮總督府中央試驗所報告』 제10회의 '明紬製織에 대한 各種 織機의 比較試驗'과 같은 보고서를 참고할 수 있다. 이들 자료로부터의 정보를 종합하면 다음과 같다. 조선의 樹齡 20~30년의 在來桑 1그루에서 얻는 桑葉은 2.5貫이고, 그것으로 재래 蠶種을 키워 얻는 蠶繭은 상등품 1升이다. 이 잠견 1승으로부터의 絲量은 대개 0.006貫이다. 조선의 재래 織機로 明紬 1疋을 직조하는 데 들어가는 絹絲는 經絲와 緯絲를 합하여 0.131관이다. 이에 명주 1필의 직조에 들어가는 잠견은 22승이며, 이를 생산하기 위해 필요한 상엽을 공급하는 桑은 22그루이다. 누말할 것도 없이 이 같은 20세기 초의 실태를 그대로 7세기 말에 적용할 수는 없다. 조선의 명주 1필은 대개 40尺였는데, 7세기 말에도 그랬는지는 알 수 없으며, 4개 촌의 桑이 수령 20~30년의 것인지도 알 수 없다. 어디까지나 독자의 상상력을 북돋우기 위한 실험적 비교임을 양해해 주시길 바란다.

29 『高麗史』 志 卷33 食貨2 顯宗 19년.

도, 대략 173필의 견포가 생산되었던 셈이다. 이것으로 4개 촌은 왕조에 공납할 견포를 확보하고도 남았다. 견포의 부담이 전 장에서 소개한 고구려 수취규식에서와 같이 성인남자 5~10명의 세대복합체당 1필이라고 치자. 뒤에서 설명하겠지만, 본 장적상의 공연이 그 세대복합체에 해당한다. 4개 촌의 공연 수는 47로서 견포의 부담은 47필이다. 그 사이 조부의 부담이 몇 배로 무거워졌다고 치더라도, 절반 이상의 견포가 4개 촌에 남았을 터이다. 그것은 촌민의 공유재산으로서 공동으로 이용되고 처분되었을 것이다. 전국 각지에서 상인들이 견포를 구하기 위해 염, 철, 어물을 싣고 몰려왔을 터이다. 상인들은 4개 촌의 견포를 주도, 소경, 왕도로 운송하여 적지 않은 이문을 남겼을 터이다. 견포는 당과 일본과의 무역에서 인기 있는 수출품이기도 했다. 나는 4개 촌의 무성한 뽕나무 숲에서 그러한 국제적 물류를 상상한다.

뽕나무의 재식, 뽕잎의 채취, 뒤이은 양잠, 제사, 견직에는 실로 적지 않은 노동력이 투여되었다. 4개 촌은 잘 단합된 공동체로서 그 모든 과정을 공동노동으로 대응하였다. 촌에 따라서는 공동노동이 현사에 의해 강요된 요역이기도 했다. 가장 가난하면서도 호당 뽕나무가 두드러지게 많았던 D촌에서 그러했을 가능성이 크다. 이곳에서 지난 3년간 인구의 감소가 특별했던 것은 그와 무관하지 않을 터이다. 앞서 4개 촌의 장적에서 농촌사회가 위기에 처한 조짐을 읽어내기는 어렵다고 지적하였다. 그 점을 반복한다. D촌을 예외로 한다면, 인구의 감소는 그리 심하지 않았다. 농가마다는 2~3마리의 말과 소를 소유했으며, 그 수는 늘어나고 있었다. 뽕나무가 대량으로 재식되어 양잠과 견직의 농촌공업을 활발하게 뒷받침하였다. 잣과 호두와 같은 견과류의 채취도 증가하였다. 그렇게 통일전쟁 직후 신라의 권농정책과 지배체제는 건전하게 작동했으며, 농촌경제 역시 평화와 번영의 길에 접어들고 있었다. 인구도 급속하게 증가하였을 터이다.

전답

4개 촌의 전답은 도합 587결 12부 7속이다(1결=100부, 1부=10속). 토지를 결-부-속으로 계측하는 이른바 결부제結負制가 언제 생겼는지는 확실하지 않으나 늦어도 7세기면 그의 성립을 알리는 증거가 발견된다. 이후 결부제는 20세기 초까지 한국사 고유의 토지 계측의 제도로 존속하였다. 초기의 결부제는 중국의 경무제頃畝制와 동일하게 토지의 절대면적을 계측하였다.[30] 신라의 결부제에서 1결의 면적은 1,450~1,500평으로 이해되고 있다.[31]

587결여의 전답은 답이 266결, 전이 316결, 마전麻田이 4결이다. 마전을 제외한 호당 평균은 12결 40부 3속인데, 촌에 따라 차이가 있어 가장 부유한 A촌은 14결 92부 1속, 가장 가난한 D촌은 10결 63부 8속이다. 호당 평균 경지는 오늘날의 단위로 6.1ha나 되는 무척 넓은 면적이다. 그렇게 넓은 경지가 매년 경작되지는 않았다. 전술한 대로 7세기 말 전국의 인구는 100만 이하였다. 인구는 희박한데, 토지는 풍부하였다. 당시의 농법은 토지의 경작과 휴한이 1~2년씩 불규칙하게 이어진 휴한농법이었다.[32] 장적에서도 그 점을 추측할 수 있다. 인구, 가축, 목류와 달리 전답에 대해서는 지난 3년간의 변동이 조사되지 않았다. 전답의 이용 주기가 불규칙했다면 그 면적의 변동에 대한 조사가 의미를 지닐 수 없었다. 전답의 규모는 언젠가 한 차례 양전量田이 이루어진 뒤 장기간 불변이었다. 장적의 기록 순서에서도 전답은 인구와 가축 다음이었다. 전답은 과세원으로서의 중요도에 있어서 인구와 가축에 미치지 못하였다. 7세기 말 전답의 연간 평균 생산이 어느 정도였는지는 짐작하기 어렵다. 266결의 답에서 생산된 미곡이 4,249그루의 뽕나무로부터 직조된 견포의 가치를 능가하였

30 결부제는 고려왕조 13세기 중엽에 토지의 등급에 따라 結의 면적이 달라지는 제도로 변하였다. 그에 관해서는 다음 장에서 소개한다.

31 李宇泰(1989),「新羅時代의 結負制」,『泰東古典研究』 5, 47~68쪽.

32 李賢惠(1998),『韓國古代의 生産과 交易』, 一潮閣, 25쪽.

을지도 단언하기 힘든 실정이다.

앞서 지적했듯이 장적은 전답에 대해 '연수유烟受有'라고, 곧 농가가 국가로부터 받은 것이라고, 그 내력을 밝히고 있다. 곧 전답 경지는 국유 또는 왕유로 규정되었다. 관모답, 관모전, 내시령답에 대해서는 '연수유'라 하지 않았다. 농민에 지급되지 않은, 공적 용도로 지정된 것이기 때문이다. 마전에 대해서도 '연수유'라 하지 않았다. 이들 토지는 촌민의 공동노동으로 경작되었다. 마전과 관련해서는 『삼국사기』에서 다음과 같은 기사를 찾을 수 있다. 675년 아달성阿達城의 태수가 백성에게 영을 내리기를 "어느 날에 모두 성을 나가서 마를 심을 것이니 한 사람도 명을 어김이 없도록 하라"고 하였다. 아달성은 오늘날 경기도 이천군의 안협면安峽面이다. 그 날을 맞아 백성들이 모두 성을 나와 마전을 가꾸고 있는데, 갑자기 말갈靺鞨이 성 내로 쳐들어와 재물을 약탈하였다.[33] 이 사건으로부터 20년 뒤 장적상의 4개 촌에서도 마전이 현령이나 촌주의 지휘하에 촌민의 공동노동으로 경작되었다고 이야기할 수 있다.

반면에 A촌에 설정된 촌주위답은 '연수유'에 속하였다. 촌주는 일반 촌민과 마찬가지로 국가로부터 토지를 지급 받은 존재로 간주되었다. 따라서 촌주위답은 다른 답과 마찬가지로 조부租賦를 부담하였다. 이는 A촌에 부여된 조부의 과표로서 계연計烟을 산출할 때 촌주위답을 포함한 것에서 확인되고 있다. 계연에 대해서는 후술하겠다. 그렇다면 촌주위답은 무슨 목적으로 설정된 것일까. 촌주가 보유한 답을 촌주위답으로 설정한 것은 그것 역시 촌민의 공동노동으로 경작되었기 때문이다. 장적과 동일한 효소왕孝昭王(692~702) 때의 사건이다. 화랑 죽지랑竹旨郎의 무리에 속한 득오得烏라는 낭도가 있었는데, 모량부牟梁部의 아간阿干 익선益宣의 호출을 받고 관례에 따라 그의 밭에서 일을 하였다. 죽지랑이 그의 무리를

33 『三國史記』 列傳 素那.

데리고 밭에 가서 득오를 위로하고 익선에게 득오의 휴가를 청하였지만 익선이 완강하게 거절하였다.[34] 모량부는 신라의 왕도를 구성한 6부의 하나이다. 이 사건으로부터 간위干位를 보유한 부의 유력자가 그에 속한 부민을 관례에 따라 자신의 밭에서 사역시킬 수 있는 꽤나 강력한 권리를 보유하였음을 알 수 있다.

A촌의 촌주도 비슷한 권리를 보유하였을 것이다. 촌주 역시 신라로부터 간위를 부여 받은 신분이었다. 촌주의 전신은 제1시대의 읍락을 지배한 호민이다. 그들은 읍락의 일반농민을 노복으로 부르고 지배하였다. 그 같은 역사적 유래에서 읍락을 이은 촌의 촌주도 촌민을 지배할 관습상의 권리를 보유하였다. 그 권리는 모량부의 익선이 귀족 화랑의 청을 거절할 수 있을 정도로 강력하였다. 통일 후 신라는 지방에 대한 지배체제를 구축함에 있어서 촌주 세력의 협조를 구할 필요가 있었다. 신라는 그들에게 간위를 부여했을 뿐 아니라, 그들의 답을 촌주위답으로 지정하여 촌민을 사역하여 경작할 권리를 인정하였다. 그렇지만 촌주위전을 설정해 주지는 않았다. 모량부에서 득오가 익선의 밭에서 일을 한 것은 그곳이 신라의 6부였기 때문이다. 그와 달리 지방에서, 특히 구 백제나 고구려의 영토에서 촌주위전은 설정되지 않았다. 이는 촌주 세력을 억제하려는 중앙권력의 의도였다.

이처럼 장적은 7세기 말 통일신라의 지배체제가 꽤나 일상적으로 농민의 노동력을 동원했음을 보여 주고 있다. 뽕나무의 재식, 뽕잎의 채취, 뒤이은 양잠, 제사, 견직에 많은 노동력이 동원되었을 뿐 아니라 관모답, 관모전, 내시령답, 마전, 촌주위답의 경작에서도 그러하였다. 마전에서 나온 마로 마포를 직조하는 과정도 마찬가지였다. 이와 관련하여 한국인이면 누구나 잘 아는 설화 하나를 소개한다. 유리니사금儒理尼師今 9년(32)

34 『三國遺事』 紀異 孝昭王代 竹旨郞.

의 일이다. 왕이 국읍 6부를 두 편으로 가른 다음 왕녀 2명이 부의 여인들을 거느리고 7월 16일부터 날마다 마를 삼고 베를 짜게 하여 8월 15일에 승패를 결정하였다. 진 쪽에서 음식을 마련하여 이긴 쪽을 대접하였는데, 모두가 노래와 춤과 각종 놀이를 즐겼으니 이를 두고 가위嘉俳라 하였다.[35] 신라의 지배공동체 6부에서 전하는 이 설화는 당시의 일반적 옷감이었던 마포가 부의 공동노동으로 생산되었음을 이야기하고 있다. 7세기 말 장적상의 촌에서도 마찬가지였다.

농민의 경지로서 '연수유' 전답은 어떻게 경작되었을까. 촌주위답이 상징하듯이 촌주에게는 명분은 왕유이지만 실제로는 그의 관습적 권리인 토지가 있었다. 일반 촌민에게도 촌주보다야 취약하지만 관습적 권리의 토지가 있었다. 그것이 어떻게 경작되었는지에 관해서는 단 한 편의 정보도 전하지 않는다. 그렇지만 앞서 죽 살폈듯이 촌 내의 다양한 생산과정에서 관에 의한 요역이든 촌의 자발적 동원이든 공동노동은 일상적이었다. 7세기 말의 촌은 제1시대의 전통을 이어 여전히 강건하게 통합된 공동체였다. 농민의 '연수유' 전답도 촌민의 공동노동에 의지했을 가능성이 크다. 관련하여 일반 농민의 존재형태를 살피도록 하자.

공연

7세기 말의 통일신라는 농가를 가리켜 무엇이라고 불렀을까. 당대의 중국인은 농가를 법제의 수준에서 호戶라고 불렀다. 통일신라도 그러했다고 생각하면 큰 착각이다. 4개 촌의 장적에서 '戶'라는 글자는 단 한 차례도 등장하지 않는다. 장적에서 확인되는 농가의 보통명사는 연烟이다. 그 연이 법제의 수준에서는 공연孔烟으로 불렸다. 공연이란 말은 본 장적이 발견되지 않았다면 결코 알 수 없는, 다른 역사서 어디에도 등장하지 않

35 『三國史記』 新羅本紀 儒理尼師今 9년.

은 말이다. 공연은 장적의 역사적 개성을 다른 무엇보다 뚜렷이 대표하고 있다.

〈표 3-1〉에서 보듯이 촌별 공연의 수는 A촌이 11, B촌이 15, C촌이 8, D촌이 10으로서 계 44이다.[36] 공연의 '孔'은 보통 '크다[大]' 또는 '모으다[集]'의 뜻이다. 곧 공연은 여러 연이 모여서 크게 된 상태를 말한다.[37] 장적에서 공연의 실체가 그러했음을 확인하기란 어렵지 않다. 예컨대 B촌에서 정丁 1명과 정녀丁女 2명으로 이루어진 상연上烟이 다른 촌으로 돌아갔는데, 그로 인해 B촌의 공연 하나가 감소하였다. D촌에서도 동일한 예를 찾을 수 있다. 상연이란 공연을 구성한 여러 연 가운데 공간 배치에서 위쪽에 자리 잡은 연으로 이해되고 있다. 이 기록은 그 연이 다른 곳으로 떠나자 공연의 조직이 유지되지 않아 현사가 공연의 소멸을 인정했다는 취지이다. 일부 연이 떠나도 해체되지 않은 공연도 있었다. A촌에서의 일이다. 어느 정이 다른 군에 사는 처를 좇아가기 위해 소자小子 1명, 정녀丁女 1명, 소여자小女子 1명, 제모除母 1명을 데리고 떠났다. 그럼에도 이 연이 속했던 공연은 해체되지 않았는데, 나머지 연으로도 조직을 유지할 수 있을 정도로 원래 규모가 큰 공연이었던 모양이다.

이렇게 공연이란 몇 개의 연이 분리의 가능성을 전제한 위에 하나로 묶인 상태를 말하였다. 이를 두고 국가가 개별 연을 인위적으로 편제하였다는 주장이 있는데, 따르기 힘들다. 국가가 편제하기 이전에 개별 연 스스로가 혈연 등의 인연을 좇아 하나의 조직으로 자연스럽게 결합하였다. 인연의 성질에 따라 공연의 결속력은 달랐다. 가까운 혈연관계라면 강고

36 C촌의 공연 수가 8임은 下仲烟 이하만의 합계이다. 下上烟 이상은 문서의 해당 부분이 잘려나가 알 수 없다. 그래서 C촌의 실제 공연 수는 8보다 클 가능성이 있다. 그런데 C촌의 인구가 72명임은 사실 그대로이며, 이에 공연당 인구는 9명이다. 이 수는 다른 촌에 비해 적지 않다. 이에 C촌의 공연 수를 8로 보아도 문제는 없다고 생각한다.

37 李泰鎭(1979),「新羅 統一期의 村落支配와 孔烟—正倉院 所藏의 村落文書 재검토—」,『韓國史硏究』25, 25~59쪽.

한 결속력을 과시하였을 터이다. 예컨대 D촌에서의 일이다. 정 2명과 정녀 2명 등 도합 11명으로 이루어진 공연이 촌을 떠났으며, 그에 따라 D촌의 공연 하나가 감소하였다. 지역 간의 이동을 함께 할 정도로 가까운 혈연으로 맺어진 친족공동체였다고 보인다. 대조적으로 먼 혈연이거나 비혈연일 경우 공연의 결속력은 취약했으며, 계기에 따라 일부가 떠나면 조직이 해체되기도 하였다. 요컨대 공연의 실체는 다수의 연이 다양한 인연을 매개로 상이한 결속력으로 뭉친 세대복합체世帶複合體였다.

신라는 그 세대복합체를 공연으로 규정하고 지배하였다. 세대복합체의 유지에는 최소한의 경제력이 요구되었다. 그렇지 못한 복합체는 해체되었으며, 그에 따라 공연에서 제외되었다. 반면 성장하는 복합체는 공연으로 편입되기도 하였다. 그 과정에서 인위적인 편제라 할 만한 행정적 작용이 아주 없지는 않았다. 예컨대 인구조사는 3년 간격으로 이루어졌는데, 그 사이 촌 내로 유입한 인구는 곧바로 공연에 편입되지 않았다. 장적은 그들을 가리켜 '삼년간중수좌내연三年間中收坐內烟'이라 하였다. 3년 사이에 집자리를 얻어[收坐] 정착한[內] 연이라는 뜻이다. 이들을 별도로 구분한 것은 그 사이 3년간 조부를 면제하였기 때문이다. 장적에서 '사년간중四年間中' 이나 '오년간중五年間中'의 '수좌내연'은 없다. 이로부터 유입한 인구가 공연에서 제외되어 조부를 면제받는 기간은 최대 3년이라는 해석이 있는데,[38] 정곡을 찔렀다고 하겠다. 유입해 온 '수좌내연' 자체가 하나의 공연이 되었는지도 의문이다. B촌의 어느 '수좌내연'은 정녀丁女 2명, 조자助子 1명, 노공老公 1명의 구성이었다. 이 초라한 인적 구성이 공연으로 승격했다고 보기는 힘들다. 원주민 가운데 혈연이 있으면 그 공연에 편입되었으며, 그렇지 않을 경우 집자리를 내준 원주민의 공연에 편입되었을 터이다. 그러한 조정 과정에서 행정적인 편제라 할 만한 작용이 있을 수

38 李仁哲(1996), 『新羅村落社會史研究』, 54쪽.

있었다.

이들 '수좌내연'이 전 장에서 소개한 고구려의 수취규식에 나오는 '삼년일세三年一稅'의 대상이 되는 '유인遊人' 바로 그들이다. 여기서 전 장의 서술을 되풀이한다. 제1시대에 걸쳐 철기의 보급과 함께 가족과 주거와 세대가 일치하는 생활단위로서 개별 연이 분출하였으며, 그와 더불어 사회·경제생활의 단위로서 몇 개의 연이 결합한 세대복합체가 성립하였다. 고구려가 상정한 세대복합체는 10개 연의 결합을 전형으로 하였다. 『수서』는 그 세대복합체를 가리켜 중국식으로 '호'라고 불렀지만, 당대의 삼국인들이 그것을 어떻게 호칭했는지에 관해서는 전하는 바가 없었다. 7세기 말의 장적이 전하는 '공연'이 바로 그것이었다.

계연

전장에서 설명한 대로 4~6세기 고구려가 조부를 부과하고 수취하는 실제의 대상은 개별 공연이 아니라 그것이 다섯 개 모인 취락이었다. 특히 포의 수취에서 그러하였다. 개별 공연은 아직 국가의 수취를 견딜 만큼 튼튼한 존재가 못되었다. 7세기 말의 통일신라에서도 마찬가지였다. 4개 촌의 장적에서 확인되는 조부 수취의 대상은 촌 그 자체였다. 장적상의 계연計烟이 그 점을 확인해 주고 있다. 촌별 계연의 수는 〈표 3-1〉에 제시된 그대로이다. 공연은 그 크기에 따라 상상上上, 상중上仲, 상하上下, 중상仲上, 중중仲仲, 중하仲下, 하상下上, 하중下仲, 하하下下의 9등으로 구뷴되었다. 등급의 기준이 무엇인지에 대해서는 분분한 의견이 있으나 공연의 인구 수와 연령 분포였다고 생각된다. 공연이 보유한 토지와 가축을 종합적으로 고려했다는 주장은 큰 의미가 없다. 토지와 가축은 인구의 종속변수와 같았다. 인구는 퍽이나 적었고 토지는 지천으로 널린 시대였다. 공연의 인구가 많고 건장하면 토지와 가축은 저절로 많아졌다. 인구수와 연령 분포만으로도 개별 공연의 경세력은 충분히 그리고 효율적으

[표 3-3] 신라촌장적에서의 공연과 계연

구분	A촌	B촌	C촌	D촌
孔烟	11	15	?	10
仲下烟	4	1	?	
下上烟	2	2	?	
下仲烟		5	1	1
下下烟	5	6	6	9
計烟	4여분 3	4여분 2	?	1여분 5

로 측정될 수 있었다.

촌별 공연의 등급 분포는 〈표 3-3〉과 같다. 4개 촌의 공연에는 중하, 하상, 하중, 하하의 제6~9등 4개 등급만 있었다. 상상에서 중중에 이르는 제1~5등은 없었다. 각 등의 공연이 보유했을 인구와 전답의 규모에 관해서는 연구자에 따라 조금씩 다른 추산이 있다. 개략적으로 종합하면 제6등의 중하연은 정과 정녀 10~11명에 18~19결의 전답을, 제7등의 하상연은 정과 정녀 8~9명에 15~16결의 전답을, 제8등의 하중연은 정과 정녀 6~7명에 12~13결의 전답을, 제9등의 하하연은 정과 정녀 5명에 9~10결의 전답을 보유하였다.[39]

계연은 촌이 부담할 조부의 종합적 과표로서 다음과 같이 산출되었다. 이 점에 관한 한, 여러 연구자의 의견은 대개 일치하고 있다. A촌의 계연은 4여분 3인데, 4와 3/6이란 뜻이다. 계연의 산출 방식은 공연의 4개 등급에다 4/6, 3/6, 2/6, 1/6의 가중치를 부과한 다음, 각 등급의 공연 수를 곱하는 것이다. 예컨대 A촌의 경우, 중하연 4에 4/6, 하상연 2에 3/6, 하중

39 이인재(1994)의 「신라통일기 조세 수취기준과 등급연(等級烟)」, 『역사와 현실』 11에 소개되어 있는 諸家의 학설 가운데 정과 정녀는 임건상을, 전답은 이인재를 취한 결과이다. 어느 설을 취하든 차이가 크지 않기 때문에 큰 문제가 생기지는 않는다.

연 0에 2/6, 하하연 5에 1/6을 곱하면 4와 3/6이라는 가중평균이 나온다. B촌과 D촌도 마찬가지이다. C촌은 정보가 부족하여 계산할 수 없다. 이렇게 산출된 계연은 촌이 부담할 조부의 과표로서 역할을 하였다. 예컨대 계연 1이 조租 1석과 포布 1필의 부담이라면 A촌이 부담할 조의 양은 4.5석, 포의 양은 4.5필이다. 다시 말해 7세기 말 통일신라의 수취체제는 촌을 수취의 현실적 대상으로 삼았다. 촌의 조부 부담이 공평하도록 인구를 중심으로 공연의 실태를 자세하게 조사한 다음, 거기서 과표의 종합적 지표로 계산해 낸 것이 계연이었다.

한 가지 주의를 환기할 것은 계연은 어디까지나 중앙정부에 대한 조부의 과표였다는 점이다. 현사나 소경이 촌에 강요한 요역의 부담은 계연과 무관하였다. D촌에서 그 증거를 찾을 수 있다. A촌과 B촌에 비해 인구도 가축도 공연의 수도 작은 곳이다. 7개의 공연 가운데 6개가 하하연이어서 산출된 계연도 1과 5/6로 가장 작다. 그럼에도 공연당 뽕나무는 4개 촌에서 가장 많다. D촌을 지배한 서원경의 자의적인 요역 부과가 그러한 불비례를 초래했으며, 이는 다른 촌에 비해 D촌의 인구 감소가 특별히 심한 원인을 제공하였다.

이제 독자들은 전장에서 고찰한 고구려와 신라의 수취규식을 상기하면서 그것들이 7세기 말 통일신라의 수취규식과 동질적임을 알아차렸을 것이다. 6세기 중엽 신라는 그에 복속한 노인촌에 대해 '대노촌부공치오大奴村負共值五'라 하여 노인촌은 공치 5를 부담한다는 법을 울진봉평비에 새겼다. 김기섭은 울진의 노인촌에 부과된 공치가 7세기 말의 계연과 동질의 것이라고 해석하였는데,[40] 탁견이 아닐 수 없다. 그렇게 계연의 역사적 기원은 6세기 중엽의 공치로, 그것을 내포했을 6세기 초반의 율령으로까지 올라간다. 4~6세기 고구려의 수취규식과의 관계는 어떠한가. 장적

40 金琪燮(2007), 『韓國 古代·中世 戶等制 硏究』, 혜안, 93~103쪽.

상의 중하연이 정과 정녀 10~11명이라면, 곧 정이 5~6명이라면 고구려의 수취규식에 나오는 3등의 호와 같다. 장적에 나오지 않지만 최상의 상상연은 정과 정녀 20~21명으로 추정되는데, 이는 고구려 수취규식에서의 1등 호와 같은 크기이다. 이렇게 7세기 말 신라의 공연은 6세기 고구려의 1~3등 호와 동일한 실체이다. 다만 6세기의 고구려에 비해 7세기의 신라는 호등을 3등에서 9등으로 확장하여 규모가 보다 작아진 세대복합체를 백성 지배체제 안으로 효율적으로 편입하였다. 조부의 부과는 공연의 수와 호등을 기준으로 하였지만, 그로부터 종합적으로 산출된 계연에 입각한 수취의 실제 대상은 촌이었다. 조부는 촌의 공동부담으로 수취되었다. 이 역시 고구려와 다르지 않았다. 고구려는 성인남자 50명을 취락의 표준적 규모로 간주하여 세포 5필과 조 5석을 공동부담으로 부과하였다. 장적상의 A촌은 정과 정녀가 71명, B촌은 79명, C촌은 26명, D촌은 57명으로서 고구려의 표준적 취락과 같지 않지만 그리 이질적이지 않다. 고구려의 취락 규모 역시 다양한 분포를 보였으며, 그에 상응하는 다양한 조정이 있었을 터이다.

신라가 A촌에 부여한 계연은 4.5, B촌에 부여한 계연은 4.3으로서 고구려의 5와 비슷하다. 그 사이 장기간의 전쟁이 있었다. 그로 인해 계연 1의 부담은 세포 1필과 조 1석의 몇 배로 증가하였을 터이다. 그러한 양적 차이를 제외하면, 6세기 이래 7세기 말까지 신라와 고구려의 백성 지배체제는 동질적이었다. 요컨대 7세기 말의 신라촌장적은 한국사 제1시대에서 성립한 농민의 존재형태와 그에 대한 국가의 지배체제를 충실히 계승하고 있었다. 제2시대로의 전환이 개시되는 것은 조금 뒤인 722년부터이다.

가족과 부부

장적은 7세기 말 신라인의 가족과 부부 생활에 관해 단편적이나마 귀중한 정보를 전하고 있다. 〈표 3-2〉에서와 같이 692~695년 35명이 촌외로 유출하고 20명이 촌 내로 유입하였다. 인구이동은 개별 구 단위의 이동과 가족 단위의 이동으로 구분되었다. 유출 인구 35명은 구 단위가 17명, 가족 단위가 18명이다.[41] 유입 인구 20명은 구 단위가 10명, 가족 단위가 10명이다. 유출과 유입 모두에서 구 단위와 가족 단위의 비중은 대등하였다. 이동 인구는 전 인구에서 상대적으로 가난한 계층에 속하였다. 그 점을 고려하면 그들이 가족을 구성한 정도는 촌에 머문 사람들에 비해 약간 낮았을 것이다. 그렇지만 큰 차이가 있었다고 보기는 무리이다. 다시 말해 이동 인구의 절반이 개별 구 단위였음은 7세기 말의 신라인들에게 안정적인 가족생활의 향유는 그리 보편적이지 않았을 수 있음을 시사하고 있다. 생활수준은 낮았고, 평균수명은 짧았다. 3~4세기 이래 개별 가족, 주거, 세대가 일치하는 연이 분출하였지만, 그들이 보다 큰 규모의 세대복합체로서 공연을 결성할 수밖에 없었던 것은 이같이 인구의 상당 부분이 가족을 결여할 만큼 가족구성이 불안정하고 유동적이었기 때문이다.

장적은 부부생활에 관해 앞서 소개한 적이 있는 두 가지 정보를 전하고 있다. A촌의 어느 남자는 다른 군에 있는 아내를 따라 간다고 신고한 다음, 자녀 셋과 늙은 어머니를 데리고 떠났다. D촌의 어느 여자는 다른 곳에 있는 남편을 따라 간다면서 자녀 셋을 데리고 떠났다. 이 두 사례는 당시의 결혼생활에 있어서 부부는 동거해야 한다는 율법이 확립된 상태가 아닐 수도 있음을 시사하고 있다. 우연인지 몰라도 이 두 사례에서 남편과 아내가 이동하는 방향은 정반대이다. 동거율同居律이 확고하지 않은 가운데 부부 가운데 누가 어느 쪽으로 가서 살아야하는지, 그 거주율居住律조차 분명치 않았을 수 있다. 이 같은 상태라면 가족구성은 불안정하고 유동적일 수밖에 없다.

41 B촌의 장적에서 인구의 유출 부분이 마손되어 있음에 따른 문제점에 대해서는 주21을 참조.

신라인들의 결혼과 부부 생활은 부계 친족집단이 발달한 제3시대 이후의 한국인으로서는 쉽게 납득할 수 없는 비윤리성을 특징으로 하였다. 『삼국사기』의 저자 김부식金富軾은 "신라에서는 같은 성姓끼리 혼인을 하는 데 그치지 않고 형제의 자식이나 고모, 이모, 4촌 자매까지도 아내로 맞았다"고 하였다.[42] 실제로 법흥왕法興王의 동생 입종立宗은 그의 질녀인 법흥왕의 딸을 아내로 맞아 진흥왕眞興王을 낳았다.[43] 이외에도 여러 사례가 있듯이 신라인들에게 근친혼近親婚은 그리 이상한 일이 아니었다.

7세기 신라인의 결혼과 부부 생활에 관해서는 다음과 같은 잘 알려진 설화가 있다. 둘 다 12~13세기의 사서에 기록된 것이지만, 결혼을 성립시키는 몇 가지 인류학적 요소만큼은 두 시대 간에 큰 차이가 없기 때문에 그대로 믿어서 잘못이라 할 수 없다. 진평왕眞平王 대(579~632)의 일이다. 앞서 잠시 소개한 적도 있다. 왕도의 율리에 설씨의 아버지와 딸이 살았다. 아버지가 연로하나 당번이 되어 출병을 하지 않으면 안 되었다. 사량부에 사는 가실이란 청년이 설씨의 딸을 사모하였다. 가실은 설씨를 대신하여 군대에 갔다. 설씨의 딸은 가실과 정혼을 하였다. 6년이 지나도 가실은 돌아오지 않았다. 아버지는 딸의 혼인을 미룰 수 없어서 마을의 다른 남자와 정혼을 하고 혼일까지 정하였다. 그렇지만 설씨의 딸은 완강하게 거절하였다. 드디어 가실이 돌아와 두 남녀가 평생 해로하였다는 아름다운 이야기이다.[44] 이 설화에서 가장 인상적인 대목은 사랑과 결혼의 주체로서 설씨의 딸이 지닌 인격적 독립성이다. 이는 여인의 성性이 가문의 소유가 되어 가문 간의 약속으로 여인의 혼처가 정해졌던 부계 친족집단이 발달했던 제3시대, 특히 17세기 이후에는 상상도 하기 힘든 일이다. 그렇지만 6~7세기에는 그렇게 여인의 성을 지배할 가부장이나 친족집단은

42 『三國史記』 新羅本紀 奈勿尼師今 즉위년.
43 『三國史記』 新羅本紀 眞興王 즉위년.
44 『三國史記』 卷48 列傳 第9 薛氏女.

존재하지 않았다. 그러한 역사적 배경에서 신라의 여인들은 현대의 여인들과 다를 바 없는 자아의 주체로서 독립성을 발휘하였다.

다음은 문무왕文武王 대(661~681)의 일이다. 백제가 망한 직후를 배경으로 하고 있다. 왕의 서제庶弟인 거득공車得公이 변복을 하고 민정을 살피려 무진주武珍州에 이르렀다. 주도州都 무진은 오늘날의 광주이다. 주州의 관리 안길安吉이 그를 범상치 않은 인물로 여겨 극진히 대접하였다. 밤이 되자 3명의 처를 불러 말하기를 "오늘밤 이 거사를 모시고 자면 그녀와 평생 해로하리라"하였다. 두 처가 말하기를 "차라리 함께 살지 않을지언정 어떻게 다른 사람과 함께 자겠습니까"라 하고 거절하였다. 다른 한 처는 "공께서 만약 종신토록 함께 살기를 허락하신다면 명을 받들겠습니다"라 하고 거득공과 동침하였다. 후일 안길은 거득공을 극진히 대접한 공로로 경주로 거처를 옮겨 국인國人이 되었다.[45] 이 설화는 당시 지방의 유력 계층이 복수의 처를 두었고, 그들 간에는 해로의 동거율이 확립해 있지 않음을 전하고 있다. 결혼은 견우와 직녀처럼 방문혼訪問婚이었을 터이다. 설씨녀의 설화에서와 같은 두 남녀의 평생 해로는 오히려 희귀하였을지 모른다. 서로 별거했던 만큼 여인의 인격은 남편으로부터 독립적이었다. 해로하지 않아도 무방하다면서 남편의 청을 거절한 두 여인으로부터 설씨녀와 동일한 건강한 성적 주체성을 읽을 수 있다.

아마도 두 여인에게는 다른 남편이 있었을 것이다. 신라인이 즐겨 불렀다는 다음과 같은 처용가處容歌가 그 좋은 증거이다. 가사 중의 동경東京은 신라의 왕도 금성金城을 가리킨다. 그것을 동경이라 했으니 가사는 후대의 고려인으로부터 채집되었다. 남편의 귀가가 예정되어 있는 그 시각에 침실에서 다른 남자를 맞고 있는 여인을 보라. 남편은 아내의 그러할 권리에 어찌할 수 없었다. 신라는 제도적으로는 1부1처라 하지만 복혼複

45 『三國遺事』 紀異 文虎王法敏.

婚이 공연하게 용인된 사회였다.

東京 밝은 달에 밤늦도록 노닐다가
들어와 자리를 보니 다리가 넷이네
둘은 내 것이언만 둘은 누구의 것인가
본디 내 것이지만 빼앗긴 걸 어찌하리

노비

『삼국사기』와 『삼국유사』에서 사적 예속인으로서 노비의 존재를 알리는 믿을 만한 기사가 등장하는 것은 7세기부터이다. 왕실이나 귀족가에는 온갖 가사노동에 종사한 예속인으로서 노비가 있었다. 662년 김유신金庾信과 김대문金大問이 고구려와의 전쟁에서 승리하자 문무왕文武王이 본피궁本彼宮의 노복을 두 사람에게 나누어 주었다. 생구生口라 불린 전쟁포로를 장수에게 하사한 예도 있다. 통일전쟁이 이어지면서 노비가 증가한 것은 사실이다. 그 주요 경로는 역시 전쟁포로였다. 662년 신라의 김유신 장군은 다음과 같이 말하였다. "고구려와 백제 두 나라는 우리 영토를 침능侵凌하고 우리 인민을 적해하였는데 혹 장정을 잡으면 참륙하고 혹 유소를 잡으면 노로 부리는 일이 이미 오래되었으니 어찌 원통하지 아니한가."[46] 그 2년 전 백제의 계백 장군은 신라와의 전쟁에서 패전을 예감하고 출전하기 전에 자기 가족을 모두 죽였는데, "아마 나의 처자가 노비로 몰수될 터인데, 살아서 욕을 보느니 깨끗이 죽느니만 못하다"는 이유에서였다.[47] 이 두 장군의 이야기는 비슷하게도 노비로 잡히는 자들이 점령지의 여자나 아이였음을 지적하고 있다. 장정은 포로로 잡히기보다 살육되는 편이 일반적이었던 모양이다.

46 『三國史記』 卷42 列傳2 金庾信.
47 『三國史記』 卷47 列傳7 階伯.

반드시 그렇지는 않았다. 650년경 신라의 부산현 현령 조미곤租未坤은 백제와의 전투에서 포로로 잡혀 좌평 임자任子의 가노가 되었다. 그는 열심히 일해 주인의 신임을 얻은 뒤에 이동이 자유로워지자 신라로 도망쳤다. 그는 김유신의 명을 받고 첩자로 다시 백제로 돌아와 주인에게 오래 자리를 비운 데 대해 다음과 같이 변명하였다. "노가 생각하기를 이미 백제의 국민이 되었으니 국속을 아는 것이 마땅하다고 여겨 수십일 동안 밖으로 다니며 돌아오지 않았는데, 견마犬馬가 그 주인을 그리워하는 마음을 이기지 못하여 이렇게 왔습니다."[48] 임자는 조미곤의 변명을 신뢰하였다. 그 변명 가운데는 포로로 잡힌 자의 복식에 사회적으로 죽은 자임을 상징하는 노에 표식이 강요되지 않았던 백제의 현실이 전제되어 있다. 그렇지 않았다면 자유롭게 돌아다녔다는 변명 자체가 성립하지 않기 때문이다.

주인과 함께 전장戰場에 나간 두 명의 노가 있다. 624년 백제가 신라를 크게 공격하여 속함速咸 등 3성을 함락시켰다. 성의 수비를 맡은 눌최訥催가 결사 항전했으나 전멸의 위기를 맞이하였다. 그때 눌최의 한 노가 있어서 눌최 앞을 버티면서 적들을 활로 쓰러뜨렸다. 그 노는 평소 힘이 세고 활을 잘 쏘았는데, 사람들이 눌최에 충고하기를 "소인이 특이한 재능이 있으면 해가 되는 수가 많으니 마땅히 멀리 하라"고 했으나 눌최는 노를 신임하였다.[49] 노는 그에 보답이나 하듯이 끝까지 주인을 지키다가 주인과 운명을 같이 하였다. 647년 백제와의 전투에서 신라는 고전을 하였다. 김유신이 비녕자丕寧子에게 적진에 단신 침투하라고 명하였다. 비녕자가 노 합절合節에게 당부하기를 나는 국가를 위해 죽겠으나 아들 거진擧眞이 따라 죽지 않도록 그를 데리고 집으로 돌아가라고 하였다. 곧이어 비녕자가 적진으로 돌입하여 죽었다. 이를 본 아들 거진이 적진으로 뛰

48 『三國史記』 卷42 列傳2 金庾信.
49 『三國史記』 卷47 列傳7 訥催.

어들고자 하는데 노 합절이 주인의 당부를 전하며 말렸다. 거진이 합절의 팔을 칼로 치고 적진에 뛰어들어 죽었다. 이를 본 합절이 "사천私天이 무너졌으니 죽지 않고 무엇하리요"하면서 역시 적진으로 뛰어들어 전사하였다. 이를 본 신라의 장병들이 앞다투어 진격하여 적진을 함락하였다.[50]

『삼국사기』는 이 두 명의 노와 비슷한 위치의 인물에 대해 종자從者라고도 하였다. 655년 화랑 김흠운金歆運이 백제와의 전투에서 매우 위태한 지경에 몰렸다. 이에 그 종자가 말고삐를 잡고 후퇴하기를 권했으나 칼을 빼어 휘두르고 나아가 전사하였다. 668년 신라는 고구려와의 전쟁에서 승리한 후 전사자에게 상을 내렸는데, 종자에게도 비단 20필씩이 지급되었다.[51] 이렇게 종자는 주인을 보좌하는 사적 신하로서 주인과 함께 전장에 나아갔으며, 전사할 경우 국가적 예우의 대상이 되는 공적 존재였다. 이 같은 종자와 눌최와 비녕자의 노는 전후맥락에서 조금도 다를 바 없는 존재이다.

『삼국유사』에서 노비와 관련된 기사는 대개 불교를 배경으로 하고 있다. 법흥왕은 불교를 믿어 흥륜사興輪寺를 세우고 왕실의 친척을 사예寺隷로 내놓았다. 무열왕武烈王 대(654~661)의 재상 김양도金良圖 역시 불법을 믿어 두 딸을 바쳐 흥륜사의 사비寺婢가 되게 하였다. 문무왕 대(661~681)에 분황사芬皇寺에 중 광덕廣德이 있었다. 그의 처는 분황사의 비였다. 『삼국유사』는 광덕의 처가 19응신應身[부처]의 하나라고 하였다. 661~663년 지통智通이라는 동자승童子僧이 있었는데 이량공伊亮公이란 귀족의 가노였다. 출가할 때의 나이가 7세였다.[52]

7세기 노비에 관한 이상의 사례에서 고전적인 노예의 상징을 찾기는 어렵다. 사회적 인격을 박탈당하고, 주인의 재물로서 사역되거나 처분되고,

---

50 『三國史記』 卷47 列傳7 丕寧子.

51 『三國史記』 卷47 列傳7 金歆運; 卷6 新羅本紀 文武王8년.

52 『三國遺事』 卷3 興法 原宗興法 厭髑滅身; 권5 感通 廣德嚴莊; 卷5 避隱 朗智乘雲普賢樹.

복식에서 죽음과 오예汚穢의 상징을 강요당하는 진정한 의미의 노예 범주와 위의 노비들은 상이하다. 주인과 함께 전장에 나가고 주인을 보위하다 함께 죽은 노나 종자는 실은 자유인으로서 전사戰士였다. 노 합절이 주인을 가리켜 사천私天이라 했음으로부터 하늘로 상징되는 군신관계가 공적인 영역에서 국왕과 그의 신하의 관계에서만이 아니라 사적인 영역에서 주인과 그의 가노 사이에서도 성립했음을 알 수 있다.[53] 7세에 불과한 귀족가의 가노가 동자승으로 출가한 것은 노의 아버지가 내린 결정이었다. 이 사실은 당시까지도 노 신분의 세습제가 확립되지 않은 상태임을 이야기하고 있다.[54] 왕족이나 귀족의 자녀들이 절에 바쳐져 사비寺婢가 된 것은 종교적 신심의 표현으로서 자유인이 충성 서약과 더불어 노 신분이 되는 것과 동일한 맥락이다.

요컨대 7세기 후반까지 비천 신분의 제도로서 노비제奴婢制는 아직 미확립이었다. 오래 전부터 왕실이나 귀족가에 또 지방의 유력가에 가내노예로서 노비가 존재했음이 사실이지만, 그것이 제도로서 노비제의 성립을 보증하는 것은 아니다. 한국사 제1시대를 상징한 노의 질서, 곧 여러 층위에서 다양한 형태로 성립한 정치군사적 신종관계의 누층적 편성으로서 사회와 국가의 기본 질서는 7세기 후반에도 여전히 유효하였다.

이제 695년의 장적으로 돌아가자. 4개 촌에도 노비가 있었다. 〈표 3-1〉의 인구란에서 괄호로 제시된 수가 그들이다. 4개 촌의 전 인구 462명 가운데 28명이 노비이다. 인구비중은 6.1%이다. 여기서 우리는 비천 신분제도로서 노비제가 성립해 있는 최초의 확실한 증거를 발견한다. 그것은 언제 성립하였을까. 당과의 전쟁이 한창이던 673년의 일이다. 아찬阿湌 대토大吐가 모반을 꾀하여 당에 붙으려고 했음이 발각되었다. 이에 대토를 처

53 李榮薰(2002),「《花郎世紀》에서의 奴와 婢 — 三國時代 身分制 再論 —」,『歷史學報』176, 24쪽.

54 李榮薰(1998),「한국사에 있어서 奴婢制의 추이와 성격」, 歷史學會 編,『노비·농노·노예 — 隷屬民의 比較史 —』, 一潮閣, 333쪽.

형하고 그 처자들을 '충천充賤'했다고, 곧 천민으로 삼았다고 『삼국사기』는 전하고 있다.[55] 죄인의 가속을 천민으로 삼는 형벌제도는 이보다 더 이전부터겠지만, 전하는 것으로는 이 사건이 최초이다. 뒤이은 효소왕 대(692~701)에는 정공鄭恭이란 자가 왕의 노여움을 사 참형을 당하고 그 처노妻孥가 적몰되었는데, 이후 왕이 그들을 방면하였다. 효소왕이 재판을 잘못하여 선량한 사람을 노예로 처결했다는 기록도 있다.[56] 695년 장적상의 노비들은 바로 이렇게 죄인의 가속을 충천하는 형벌제도로 생겨난 노비들이었다.

〈표 3-1〉에서 노비 28명의 연령구조를 보면 20세 이상의 정이 7명, 정녀가 12명으로 성비의 불균형이 심하다. 그 아래 유소층을 보면 남녀를 합하여 9명에 불과하다. 이처럼 노비인구의 성비와 연령구조가 불균형인 것은 이들에게 무언가 심각한 물리적 타격이 가해졌음을 의미한다. 성비가 심한 불균형인 것은 죄인이 대개 남자로서 처형되었기 때문이다. 유소층이 적은 것은 인정상 어린아이까지 모조리 적몰하지 않았거나 그 일부가 친족들에 의해 은닉되었기 때문이다. 695년 인구이동에 관한 추가 조사가 있었다. 그때 A촌에서 정비丁婢 하나가 어딘가로 돌아갔다고 보고되었다. 그녀는 효소왕이 죄인의 가속을 적몰했다가 방면한 사람일 수도 있다. 어쨌든 그녀는 국가의 사면을 받아 원거지로 귀환하였다.

A촌에는 지난 3년 사이에 어린아이 비 하나가 출생하였다. 이 사실은 노비들이 가족을 구성해 있었을 가능성을 시사한다. 이 사실의 보다 중요한 시사는 형벌노비가 그 신분을 세습하였을 가능성이다. 노비의 사회적 인격과 관련하여 의미 있는 사실은 인구 조사에서 노비들도 전체 인구의 일부로 간주되었다는 점이다. 공연을 조사하고 등급을 부여할 때도 노비들의 존재는 산입算入되었다. 노비들은 다른 주민과 마찬가지로 조부

55 『三國史記』 新羅本紀 文武王 13년.

56 『三國遺事』 卷5 神呪 惠通降龍.

를 부담하였다.[57] 다시 말해 비록 노비라 하나 사회적 인격이 완전히 박탈당한 상태는 아니었다. 장적은 한漢 이래 중국의 황제지배체제가 만들어 낸 양천 신분제가 동시대의 한국사와는 아무런 관련이 없음을 이야기해 주고 있다.

종래 장적상의 노비들이 사노비私奴婢였다는 이해가 제시되기도 했는데, 설득력이 부족하다. 사노비라면, 다시 말해 농촌 세력가의 노비로서 재물과 같은 처지였다면, 위와 같은 공적 취급을 받을 수 없기 때문이다. 사노비설의 주요 근거는 부유한 A촌에 9명의 노비가 있고 그 촌에 촌주가 살았다는 사실이다. 그렇지만 A촌에 촌주에 상응하는 두드러진 등급의 공연이 없어서 촌주가 살았다는 보장이 없다. 비록 촌주위답이 설정되기는 했지만 다른 촌의 사람이었을 가능성이 크다. 가장 가난한 D촌에 역시 9명의 노비가 있음은 사노비설이 설명하기 곤란한 대목이다. 아마도 그들은 그곳에 정책적으로 배치되었을 것이다. 전술한 대로 D촌은 요역 부담이 가장 무거운 곳이었다. 중앙정부가 죄인의 가속을 서원경으로 보내자, 서원경은 그들을 D촌에 배치하여 촌의 요역 부담을 줄여 주고자 하였다.

이처럼 장적은 형벌노비제의 일단을 보이고 있지만, 통일신라의 판도에서 그러한 노비의 인구비중이 어느 정도였는지는 짐작이 허락되지 않는다. 통일전쟁이 끝난 지는 얼마 되지 않았다. 백제와 고구려 유민의 저항이 완전히 진압되었는지도 확실하지 않았다. 698년에는 고구려의 유민 대조영大祚榮이 길림에서 발해渤海를 건국하였다. 4개 촌 인구의 6.1%나 노비였음은 이 같은 정치정세와 무관하지 않겠지만, 어디까지나 추측일 뿐이다.

7세기 후반에 형벌노비제가 성립했다 해서 신라의 전통적 신분구조가 바뀌지는 않았다. 그것은 작은 변화에 불과하였다. 신분제를 뒷받침한 사회의 비천관념은 제1시대 그대로였다. 692년 유명한 학자 강수强首가 죽

57 尹善泰(2000),「〈新羅村落文書〉의 記載樣式과 用途 — 中國·日本 帳籍文書와의 比較檢討를 中心으로 —」,『韓國古代中世古文書硏究(下)』, 205쪽.

었다. 그는 부곡部曲의 대장간집 딸과 야합하여 그녀를 아내로 삼았다. 국인으로서 마땅한 배필을 구하지 않은 것이다. 신문왕神文王이 강수의 죽음을 애석히 여겨 그녀에게 조 100석을 하사하였다. 그러자 그녀는 '천한 사람'으로서 '귀한 남편'에 의지하여 이미 많은 국은을 받았다고 하면서 끝내 그것을 사양하였다.[58] 이처럼 7세기 말 신라인의 사회적 비천관념과 그것을 대변한 언어생활에서 '천賤'은 귀족에 대비된 서민의 낮은 지위를 가리켰다. 제1시대의 사중제士衆制 신분구조는 여전히 유효하였다. 천한 서민이라고 노예적 죽음이나 오예를 상상해서는 곤란하다. 왕의 선물을 거절한 강수의 처를 보라. 얼마나 자유롭고 자존심이 강한 여자인가.

2. 정丁의 성립

정전丁田의 지급

신라의 삼국통일은 비록 대동강 이남으로 축소된 영역이긴 하지만, 국가에 의한 사회의 문명적 통합의 역사에서 새로운 시대를 여는 중대 계기였다. 687년 신라는 9주와 5소경을 설치하였다. 그 아래에는 8세기 중엽까지 117군이, 군 아래에는 293현이 설치되었다. 이로써 읍락과 소국의 누층적 연맹에서 출발한 신라의 국가체제가 중앙집권의 관료제적 형태로 일신하였다. 인구와 토지에 대한 지배체제도 보다 강력한 집권체제로 정비되었다. 722년 신라는 백성에게 정전丁田을 지급하는 일대 개혁을 행하였다. 그에 대해 『삼국사기』는 성덕왕聖德王 21년 8월에 "처음으로 백성에게 정전을 지급하였다[始給百姓丁田]"고 간략히 전하고 있을 뿐이다.[59] 그보다 앞서 687년에는 문무관에게 관료전을 차등 지급하는 조치가 있었

58 『三國史記』 卷46 列傳6 强首.

59 『三國史記』 卷8 新羅本紀 聖德王 21년.

다. 관료에게 토지를 지급하는 토지제도는 이후 고려왕조 10~11세기의 전시과田柴科, 고려왕조 14세기의 녹과전祿科田, 조선왕조 15세기의 과전법科田法으로 이어졌다. 그와 더불어 전국의 토지를 왕토王土로 규정하고 백성에게 토지를 지급하는 제도의 역사가 펼쳐졌는데, 그 시발이 다름 아닌 722년의 정전 지급이었다. 이하 그 토지제도를 정전제丁田制라고 부른다. 그렇지만 『삼국사기』는 그 시행을 간략하게 전하고 있을 뿐, 정전이 무엇인지, 지급의 방식이 어떠했는지 등에 관해서는 아무런 이야기를 하고 있지 않다.

이후 200년이 지난 926년, 신라 최말기의 일이다. 사방에서 도적이 일어나고 고려와 후백제 간의 통일전쟁이 벌어지는 어지러운 시기였다. 벽진碧珍의 성주 이총언李悤言이 고려의 태조에 귀순하였다. 벽진은 오늘날의 성주星州이다. 태조가 크게 기뻐하여 이총언을 벽진의 장군으로 임명하고, 이웃 고을의 229개 정호丁戶를 추가로 하사하였다.[60] 그 정호가 무엇인지, 그것이 언제 어떻게 성립한 것인지에 대해 종래 진지한 논의가 없었다. 그것은 종래 신라촌장적의 연도가 755년 또는 815년으로 비정되어 왔기 때문이다. 그에 따라 장적상의 공연과 '연수유' 전답이 926년의 정호와 어떠한 관련을 갖는지가 애매한 가운데, 722년의 정전과 926년의 정호가 직접적 연관을 지닌다는 발상 자체가 어려웠다. 이제 장적의 연도가 695년으로 바로 잡힘에 따라 722년과 926년의 사이를 가로막았던 장벽이 치워졌다. 이제 우리는 722년의 정전과 926년의 정호를 연결시켜 고찰할 상상력의 자유를 얻게 되었다. 공유하는 '丁'자字가 그러한 상상력을 불러일으킬 뿐 아니라, 다음과 같은 보다 결정적인 증거를 찾을 수 있기 때문이다.

후당後唐 민제閔帝 청태淸泰 2년 을미(935)에 제56대 (경순)왕이 (고려) 태조가

60 『高麗史』 卷92 列傳 李悤言.

삼한을 통합하실 때 백관을 거느리고 근교에 나가 맞이하여 천명에 순응하고 시종 보좌하심으로써 신라는 경호京號를 바꾸지 않고 동경유수관東京留守官이라 하였고, 주호州號는 경주慶州로 하여 시행하였으며, 1,000정丁의 기상己上을 묶어 지급하고, 당제堂祭 10명을 헤아려 정하였다.

1361년에 지어진 경주사수호장행안慶州司首戶長行案의 서문 일부이다. 신라의 마지막 경순왕敬順王이 고려 태조에 귀순한 사건과 태조의 후속 조치에 관한 내용이다. 인용문 가운데 '1,000정의 기상'의 한자 원문은 '千丁己上'이다. 그것이 종래 '1,000정 이상'의 뜻으로 잘못 풀이되어 왔다. 己와 已의 자형이 혼동되기 쉬운 탓도 있지만, 『고려사』에 고려 군현의 등급을 구분하는 기준의 하나로서 '천정이상千丁以上'이란 말이 자주 나오는데 그것으로 쉽게 착각한 것이다. 그래서는 태조가 경순왕에게 지급한 것이 2,000정 또는 3,000정도 될 수 있기 때문에 그것을 묶어서 지급했다는 서술과 모순을 일으킨다.

기상己上은 토지를 증여하거나 취득함에 있어서 그 소유권을 증명해 받기 위해 토지를 나열하여 기록하는 행위, 또는 그렇게 작성한 문서를 뜻한다. 17~18세기에는 '記上'으로 많이 쓰였다. 흔히들 기상이라 하면 노비가 자기의 토지를 주인에 상납하거나 주인이 무후無後 노비의 토지를 추심하는 행위로 알아 왔다. 근년에 이르러 박노욱이 그 원래의 뜻이 위와 같으며 시대를 올라가면 '己上'으로 표기되었음을 분명히 하였다.[61] 현존하는 고문서 가운데 기상의 가장 이른 용례를 보이는 것은 1392년 조선왕조의 태조가 아들 방우芳雨에게 삭방도朔方道[함경도]에 소재한 토지를 증여할 때 작성한 문서이다.[62] 동 문서는 해당 토지를 열거한 다음 그

61 朴魯昱(2005), 『朝鮮時代 記上田畓의 所有主 硏究』, 景仁文化社.

62 李榮薰(1991), 「'太祖賜給芳雨土地文書'考」, 『古文書硏究』 1, 1~18쪽.

것들을 일괄하여 '己上'이라 하였다.[63]

1361년 경주부의 호장들은 932년 고려 태조가 경순왕에게 1,000정을 지급할 때 해당 문서가 함께 지급되었다는 사실을 알고 있었다. 그 문서는 당대의 언어생활에서 '己上[기차]'으로 불렸을 것이다.[64] 다음 장에서 설명하듯이 기차는 정 단위의 낱장으로 작성되었다. 1,000정의 기차라면 1,000장이다. 그래서 경주부의 호장들은 태조가 1,000정의 기차를 '묶어' 지급했다고 한 것이다. 이와 같을진대 정의 실체는 토지이다. 926년 태조가 이총언에게 하사한 229개 정호도 이제 그 뜻이 분명해진다. 지금까지 정호는 정남과 정녀로 이루어진 호라는 뜻으로만 읽혀 왔다. 그런데 시차가 6년에 불과한 위의 두 사건을 같이 두고 보면, 정호와 정은 동일한 실체임이 확연하다. 정확히 말해 정남과 정녀의 호와 국가가 지급한 정전과의 구조적 결합이 정 또는 정호였다. 앞서 살폈듯이 7세기 말까지 그것은 공연孔烟으로 불렸다. 그 세대복합체가 722년의 정전제 시행 이후 정 또는 정호로 개칭되었던 것이다.

개선사석등기

오늘날의 전라남도 담양군 남면 학선리에는 원래 개선사開仙寺라는 절이 있었다. 언제 세워졌는지, 언제 무너졌는지 알 수 없는 절이다. 현재 사적은 사라지고 대웅전 앞에 세워졌을 높이 3.5m의 석등만 전하고 있다. 〈그림 3-2〉는 1933년 논 가운데 서 있는 석등의 모습이다. 석등의 대臺와 간竿은 거의 땅에 묻히고 중대中臺 이상만 지상에 노출되어 있었다. 석등

63 제2시대의 고문서를 모은 여러 자료집에서 1361년의 慶州司首戶長行案에서는 물론, 1392년의 太祖土地賜給文書에 나오는 己上을 已上으로 판독한 것은 시정될 필요가 있다. 1361년에 지어진 慶州司首戶長行案은 이후 1523년, 1741년, 1859년 세 차례 필사되었다. 현재 규장각에 전하는 것은 마지막 필사본인데, 거기서도 해당 자형은 己上이 명확하다. 그런데 己와 已는 너무나 쉽게 혼용되었기 때문에 字形을 따지는 것은 큰 의미가 없다고 생각한다.

64 己上은 吏讀의 일종이기 때문이 '기차'로 읽어야 한다고 생각된다.

[그림 3-2] 개선사의 석등

출처: 天沼俊一(1933), 『石磴籠』(總論·年表), スズカケ出版部.

화사火舍의 창주窓柱에는 석등이 세워진 내력이 새겨져 있다. 현대어로 번역하면 다음과 같다.

> 景文大王님, 文懿皇后님, 큰따님이 燈 두 심지를 밝히길 원하시어 唐 咸通 9년(868) 2월 어느 날 밤에 등을 밝혔다. 前 國子監卿 沙干 金中庸이 기름 비용으로 業租 300碩을 바쳤다. 僧 靈判이 석등을 세웠다. 龍紀 3년(891) 10월 어느 날 僧 入雲이 京租 100碩으로 烏乎比所里의 公書와 俊休로부터 그들의 分인 石保坪의 大業의 渚畓 4결(5畦인데, 동은 令行土, 북은 同土, 남은 池宅土, 서는 川이다)과 奧畓 10결(8畦인데, 동은 令行土, 서와 북은 同土, 남은 池宅土이다)을 정상 매입하였다.

868년 경문왕景文王 일가의 발원으로 개선사에 두 등이 걸렸다. 언급된 큰따님은 887년에 즉위하는 진성여왕眞聖女王이다. 그러자 전 국자감경 김중용이 기름 비용으로 그의 업조業租 300석을 바쳤다. 승 영판이 국왕 일가의 현등懸燈을 기념하여 석등을 세웠다. 그 비용은 김중용이 헌납한 조 300석에서 충당되었을 것이다. 891년 진성여왕은 23년 전의 현등과 석등 건립을 기념하여 경조京租, 곧 중앙정부가 수취하는 조 100석을 개선사에 하사하였다. 승 입운이 그 100석으로 오호비소리에 사는 공서公書와 준휴俊休로부터 그들의 분전分田인 석보평石保坪의 대업大業 저답渚畓답 4결과 오답奧畓 10결을 매입하였다. 이후 석등의 창주에 이상과 같은

【그림 3-3】 대업 답의 배치

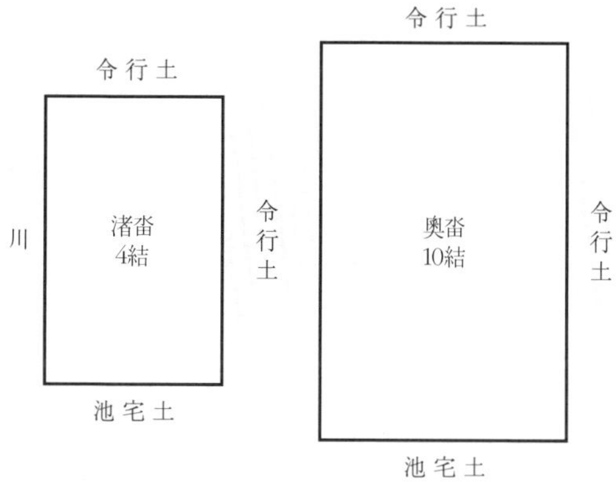

그간의 내력이 새겨졌다. 그때 저답과 오답의 사방 표시도 함께 새겨졌는데, 토지의 위치를 명확히 할 목적에서였다. 그 사표四標로부터 저답과 오답의 배치를 추측하면 〈그림 3-3〉과 같다.

석보평은 18세기 말에는 전라도 동복군 내서면 석보리이며, 1910년대에 전라남도 화순군 이서면 도석리로 편입된 곳이다. 9세기 당시 석보평의 평坪은 촌村의 별칭이었다. 저답 4결은 문자 그대로 물가의 논이다. 위에서 보듯이 저답의 서쪽은 천인데, 아마도 적벽천赤壁川이었을 것이다. 적벽의 경승을 자랑했던 이곳은 1983년 동복댐의 건설로 수몰되었다. 오답 10결은 문자 그대로 구석에 있는 답으로서 석보평의 안쪽에 위치하였다. 저답과 오답은 서로 떨어져 있는데, 그 사이는 영행토이다. 저답과 오답의 북쪽도 영행토, 오답의 동쪽도 영행토로서 영행토가 가장 많았다. 영행令行의 실체가 무엇인지는 확실하지 않다.[65] 저답과 오답의 남쪽은 지택토이다. 지택은 왕도 6부에 있는 유명한 귀족가이다. 개선사에 토지를

65 석등기에 관한 지금까지의 여러 해설은 令行을 인명으로 보기도 하고, 공적 기관으로 보기도 하였다.

판 사람은 오호비소리의 공서와 준휴 두 사람이다. 오호비소리는 왕도에서 금입택金入宅이라 불린 35개 유명한 귀족가의 하나가 살았던 곳이다. 다시 말해 공서와 준휴 역시 왕도의 귀족이거나 관료였다. 이로부터 신라의 국인들이 멀리 떨어진 무진주武珍州에 토지를 소유하였음을 알 수 있다. 왕도의 주변이라면 토지는 국인들의 가산으로서 직접 경작되었을 터이지만, 멀리 떨어진 무진주라면 사정이 전혀 다르다. 그 토지는 국가권력에 의해 지급된 것이었다. 어떠한 토지였을까.

전술한 대로 687년 통일 직후의 신라는 문무관에게 관료전을 차등 지급하였다. 그런데 2년 뒤 689년에는 "내외관의 녹읍祿邑을 폐지하고 해마다 조租를 차등 지급함을 항식으로 삼았다." 이후 757년에는 "내외 여러 관의 월봉月俸을 폐지하고 다시 녹읍을 하사하였다." 종래 687년에 지급된 관료전과 689년에 폐지되었다가 757년에 부활된 녹읍이 별개의 것이라는 이해가 있었는데,[66] 납득하기 어렵다. 687년과 689년의 조치에 '차등 지급'이라는 공통의 구절이 있을 뿐 아니라, 757년 녹읍을 부활할 때 월봉을 폐지하였기 때문이다. 녹읍은 관료전의 이칭異稱으로서 오해를 부르기 쉬운 문투에 다름 아니었다.

또한 종래 757년에 부활된 녹읍을 두고 귀족이나 관료에게 군현이나 촌을 녹으로 지급했다는 이해가 있었는데, 이 역시 납득하기 어렵다. 신라는 군현이나 촌 전체를 귀족에게 사령私領으로 지급하는 이른바 봉건제封建制와는 거리가 먼 집권적 국가체제였다. 귀족이 군현이나 촌을 사령으로 지배했다는 확실한 증거는 하나도 없다.[67] 그럼에도 그러한 이해가 있게 된 것은 전술한 대로 종래 장적의 연도를 815년으로 비정하고 장

---

66 武田幸男(1976), 「新羅の村落支配 — 正倉院所藏文書の追記をめぐって—」, 『朝鮮學報』 81, 233~234쪽.

67 군현이 녹읍으로 지급된 것은 759년 居老縣을 學生祿邑으로 지급한 사례가 유일하다. 『三國史記』 卷10 新羅本紀 昭聖王 元年. 이는 진정한 의미의 녹읍이라기보다 현의 조부를 國學에 전속시킨 일종의 재정 처분과 같은 수준이었다.

적상의 4개 촌을 왕실이나 귀족의 녹읍으로 간주하였기 때문이다. 그러한 이해가 억측에 불과함은 앞서 지적하였다.

개선사석등기를 통해서도 그 점을 지적할 수 있다. 위에서 보듯이 왕도의 금입택 귀족이나 관료에게 지급된 무진주의 토지는 몇 개의 휴畦, 곧 두둑이나 배미로 이루어진 소규모 구획이었다. 저답 4결은 다섯 배미이다. 영행, 지택, 공서와 준휴의 토지는 서로 섞여 있다. 지택과 같은 귀족가에 촌 전체를 범역으로 하는 영지가 지급되지는 않았다. 다시 말해 영지형領地形의 녹읍은 신라에서 존재하지 않았다. 석등기는 공서와 준휴의 토지를 가리켜 그들의 분分이라 하였다. 분은 분전分田으로 관료에게 지위에 맞게 차등 지급된 관료전을 말하였다. 전 국자감경 김중용은 그의 업조業租 300석을 바쳤다. 업이란 보통 세업世業으로서 세습적 가산을 말한다. 김중용은 고위 관료로서 상당 양의 관료전을 오랫동안 가산으로 보유하였다. 요컨대 개선사석등기는 매우 귀중하게도 757년에 부활한 관료전 제도의 존속과 그 지급 형태를 전하고 있다.

정호丁戶의 발견

석등기가 전하는 정보는 이에 그치지 않는다. 승 입운은 답 14결을 조 100석에 '정상 매입'하였다. 곧 매매에 요구되는 절차를 정상적으로 밟았다는 뜻이다. 따라서 답 1결의 정상가격은 조 7.14석이다. 토지의 가격은 거기서 나오는 수익을 이자율로 나눈 자본가치와 같다. 당시의 이자율이 얼마였는지는 알 수 없다. 980년 고려왕조는 공사公私의 이자율을 1/3로 정하고 이를 항식으로 삼았다.[68] 이로 보건대 현실의 이자율은 그보다 조금 높은 4할 전후가 아니었을까 싶다. 이후 제3시대에 걸친 이자율도 통상 그 정도의 수준이었다. 그렇다면 891년 개선사가 매입한 답 1결의 연

68 "凡公私借貸 以米十五斗 取息五斗 布十五尺 取息五尺 以爲恒式"(『高麗史』 卷79 志 食貨2 借貸).

간 수익은 대략 2.86석으로 계산된다. 이후 992년 고려왕조는 공전公田 1결의 답에서 수취할 조의 양을 평균 3.12석으로 정하였다. 992년의 사정에 관해서는 다음 장에서 자세하게 서술할 예정이다. 어쨌든 분명한 사실 하나는 891년 개선사가 공서와 준휴로부터 매입한 토지의 연간 수익은 100년 뒤 고려왕조가 일반 공전으로부터 수취하는 조의 양과 비슷한 수준이었다는 점이다. 다시 말해 공서와 준휴의 토지 재산은 그로부터 조를 수취할 수 있는 권리를 그 실체로 하였다. 앞서 공서와 준휴의 토지가 관료전이라고 했는데, 그 점을 여기서 구체적으로 확인할 수 있다.

그렇다면 그 관료전은 누가 경작하였을까. 바로 석등기가 언급하고 있는 '대업'이란 사람이다. 전후 원문은 '石保坪大業渚畓'이다. 석등기를 처음 해독한 일본인 학자들은 '석보평대업'을 지명으로 간주하였다. 이래 지금까지 한국의 역사학자들도 그렇게 생각해 왔다. 대업이 인명이었을 가능성에 대해서는 최소한의 고려도 없었다. 1910년대의 석보리 내외에 대업이란 지명은 없었다.[69] 1916년에 작성된 5만분지 1의 지형도에서도 석보리 내외에 그런 지명을 찾을 수 없다. 오늘날 전국 3만 3,000여 마을 어디에도 대업이란 곳은 없다.[70] 대업은 지명이 아니다. 대업은 오늘날 한국인이면 누구에게나 익숙한 사람이름이다. 당시도 마찬가지였다. 『화랑세기』를 지은 사람은 대문大問이며, 불국사를 창건한 사람은 대성大城이다.

15세기 이후 제3시대가 되면 여러 고문서에서 전답에다 경작자의 이름을 관冠한 형태의 표기가 자주 등장한다. 흔히들 '명자부名字付' 전답이라 하였다.[71] '대업저답'은 그 '명자부'의 최초 사례이다. 다시 말해 우리는 특정의 토지를 경작한 특정의 인간에 관한 한국사 최초의 사례를 석

69 1917년 越智唯七이 편찬한 『新舊對照朝鮮全道府郡面里洞名稱一覽』, 375쪽 참조.

70 이 점은 전국의 모든 里名이 컴퓨터의 우편번호찾기 사이트에 등록되어 있기 때문에 쉽게 확인할 수 있다. 반면 김대업, 이대업 등의 인명을 컴퓨터에서 검색하면 그 수가 한도 없다.

71 李榮薰(1994), 「朝鮮前期 名字 考察 — 16세기 土地賣買明文으로부터 —」, 『古文書研究』 6, 19~53쪽.

등기에서 발견한다. 14결의 토지라면 695년의 장적에서 하상이나 하중 등급의 공연에 해당한다. 그 세대복합체가 722년 이후 정 또는 정호로 개칭되었다. 단순한 명칭 변경이 아니었다. 695년의 장적에서 수취 대상은 공연이 아니라 촌이었다. 이를 위해 공연의 등급별 수에서 산출된 계연이 촌마다 부과되었다. 반면 722년 이후에는 정 또는 정호가 수취의 대상이었다. 공서와 준휴가 그들에게 지급된 토지의 수조권收租權을 개별적으로 처분했음은 수조 행위 역시 두 사람에 의해 개별적으로 이루어졌음을 이야기하고 있다. 농업생산력의 발전과 더불어 농가의 자립성이 높아지자 조의 수취 대상이 촌에서 정으로 바뀌는 역사적 진보가 있게 되었다. 그와 더불어 한국사의 제2시대, 곧 정의 시대가 열렸다. 요컨대 우리는 개선사석등기를 통해 722년의 정전제를 계기로 새롭게 창출된 농민의 존재형태로서 정호丁戶를 발견한다. 바로 그 점에서 석등기가 지닌 최대의 역사적 의의를 찾을 수 있다.

왕토주의의 동향

앞서 소개한 대로 608년 원광법사는 전국의 토지를 '대왕의 토지'라고 하였다. 왕토주의王土主義, 곧 전국의 토지를 왕의 소유로 간주하는 정치적 이념이 출현하는 것은 대개 이 언저리였다. 왕토주의는 통일전쟁의 전개에 따라, 그리고 통일대업의 성취에 따라 강화되었다. 7세기 말의 장적은 농민의 전답을 가리켜 왕토를 받아 가졌다는 뜻으로 '연수유烟受有'라 하였다. 왕토주의가 강화되었다고 해서 사적 개인의 토지에 대한 권리가 소멸하거나 부정되지는 않았다. 읍락과 소국의 지배세력이 토지에 대해 보유한 권리는 대왕권력과 왕토주의보다 선행하였다. 신라 6부의 귀족들은 통일 이후에도 왕도 주변에 펼쳐진 그들의 토지에 대한 전통적 권리를 보유하였다. 왕토주의는 중앙과 지방의 귀족적 지배세력이 보유한 전통적 권리와 경쟁하면서 조금씩 느린 속도로 성장하였다. 그러한 시각에서 8~10

세기 통일신라기에 걸친 왕토주의의 동향을 재검토할 필요가 있다.

종래 왕토주의를 '비실체적인 관념'이거나 '법적 픽션'에 불과하다는 주장이 있었다.[72] 대부분의 연구자들은 토지가 개인의 사유재산임을 보이는 몇 가지 사례에 근거하여 그러한 주장에 동조하였다. 그 가장 유력한 증거의 하나가 개선사석등기였다.[73] 공서와 준휴가 2구획 14결의 토지를 개선사에 판 것은 그것이 그들의 사유재산이었기 때문이다. 그 점을 어찌 부정하겠는가. 그렇지만 그 재산권의 실체와 특질이 무엇인지에 대해서까지 추급할 필요가 있었다. 왕도의 국인들이 어찌해서 멀리 떨어진 지방에 토지를 갖게 되었는지, 어떻게 토지를 이용했는지도 마땅히 물었어야 했다. 위에서 분명히 한 대로 그 토지는 관료전이며, 공서와 준휴가 보유한 권리는 수조권이었다. 토지를 경작한 농민은 따로 있었다. 대업이란 명자부의 정호였다. 석등기는 그 정호가 2구획 14결의 토지에 대해 어떠한 권리를 보유했는지 아무 것도 이야기하고 있지 않다. 그 권리는 여러 세대에 걸쳐 형성된 꽤나 강력한 경작권耕作權일 수 있었다.

종래의 연구는 신라의 토지제도에서 농민의 경작권과 귀족·관료의 수조권이 한 토지에서 중층으로 성립했을 가능성에 주의를 기울이지 않았다. 귀족·관료의 재산권이 사적 권리로 처분된 것은 그러한 구조를 전제해서였다. 그 시대는 오늘날과 같이 토지가 상업적인, 비인격적인 재산으로 취급되는 시대가 아니었다. 그렇지만 종래의 연구는 그 시대를 그렇게 감각하였다. 귀족·관료의 수조권은 정호 농민의 경작권을 배제하지 않았다. 그러면 수조 자체가 불가능해지기 때문이다. 왕토주의도 배제하지 않았다. 그들에게 멀리 떨어진 지방에 수조지를 갖게 한 것은 왕토주의로 통합된 국가권력이었기 때문이다. 그러한 시각에서 왕토주의를 한갓 법적 픽션으로 치부한 주장의 논리적 모순을 지적할 수 있다.

---

72 李佑成(1991),『韓國中世社會研究』, 一潮閣, 5~8쪽.

73 旗田巍(1972),「新羅·高麗の田券」,『朝鮮中世社會史の研究』, 法政大學出版局, 177~184쪽.

왕토주의의 실태에 관해서는 다음과 같은 9세기 후반의 두 사건이 잘 알려져 있다. 하나는 885년에 세워진 숭복사비崇福寺碑에 적힌 사건이다.[74] 798년 원성왕元聖王이 죽었다. 왕도 주변에 곡사鵠寺라는 절이 있었는데, 그곳이 왕의 장지葬地로 지정되었다. 이에 곡사는 다른 곳으로 이건되었다. 왕실은 곡사의 기지와 주변의 구릉 100여 결을 능역으로 편입하면서 후한 가격으로 2,000석의 도곡稻穀을 지급하였다.[75] "비록 왕토라고 하나 공전이 아니다[雖云王土 且非公田]"라는 이유에서였다. 공전公田과 대립하는 짝은 사전私田이다. 이로부터 신라는 전국의 토지를 왕토로 규정한 위에 그것을 공전과 사전으로 구분하였음을 짐작할 수 있다. 공전은 왕실에 직속하는 토지이고, 사전은 귀족과 관료에 속하는 토지이다. 공전과 사전은 보다 상위의 왕토주의 이념으로 통합되었지만 상호 갈등하였다. 그 점에서 통일 이후에도 신라의 국가체제는 전통적인 귀족연합체로서의 특질을 불식하지 않았다. 귀족과 관료는 국가로부터 지급된 관료전 이외에 전래의 가산으로서 전답, 구릉, 시장柴場, 염분, 섬 등을 소유하였다. 예컨대 위의 곡사는 원래 귀족 김원량金元良이 자기의 별장을 시납하여 만든 절이다. 그러한 귀족의 전래 가산을 수용할 때 왕실은 대가를 지불하지 않을 수 없었다.

그렇다고 귀족의 권리가 왕토주의를 한갓 법적 픽션으로 만들 정도로 강했던 것은 아니다. 924년에 세워진 문경 봉암사鳳巖寺의 지증대사적조탑비智證大師寂照塔碑에 의하면 지증대사(824~882)는 12구획 500결에 달하는 대규모 전장田莊을 소유하였다. 대사는 후손이 없어서 그 전장을 모사원에 시납코자 하였다. 그를 위해 대사는 요로의 지인을 통해 헌강왕憲康王의 허락을 구하는 데 성공하였다. 그러면서 그 이유를 "비록 나의 토

74 朝鮮總督府(1923), 『朝鮮金石總覽』 上, 121쪽.

75 李佑成은 왕실이 지급한 2,000석이 구릉지 100결에 대한 대가였다고 해석했지만[李佑成(1991), 『韓國中世社會研究』, 7쪽], 실제로는 능역에 편입된 사원의 基地와 추가로 편입된 丘陵 전체에 대한 지불이었다. 이 점을 여기서 바로 잡아 둔다.

지라고 하나 또한 왕토에 거주하고 있다[雖曰我田 且居王土]"라고 설명하였다.[76] 그렇게 사전의 처분에는 국왕의 재가가 필요하였다. 12구획 500결이라 했으니, 앞의 공서와 준휴의 2구획 14결로 미루건대, 그 역시 원래 국가로부터 지급된 관료전이었을 가능성이 크다. 개선사가 공서와 준휴의 관료전을 매입할 때 정상적인 절차를 거쳤듯이 지증대사 역시 그러한 절차를 밟아야 했다.

이 사건에 나타난 국왕의 재가를 두고 사원으로 재산을 함부로 기진하는 폐단을 억제할 목적에서 이루어진 공적 규제라는 해석이 있다. 토지에 대한 그런 정도의 공적 규제는 어느 시대나 있을 수 있으며, 그래서 왕토주의는 비실체적인 관념으로서 법적 픽션에 불과했다는 것이다.[77] 이 같은 해석은 비역사적이다. 긴 역사에서 어느 시대나 관통하는 보편적인 범주는 그 예가 드물다. 9세기는 다른 세기와 혼동되지 않은 자기 나름의 역사적 시공時空을 지닌다. 그 역사적 시공을 잡기 위해 역사가는 역사를 길게 관찰해야 한다. 9세기 신라 귀족들의 대토지소유는 이후 어떻게 되었던가. 그것은 10~14세기 고려왕조에도 건재하였던가. 그렇지 않다. 다음 장에서 설명하겠지만, 귀족과 관료의 사전은 신라 말기에 최고의 강건함을 과시한 뒤 고려왕조의 집권적 지배체제가 강화됨에 따라 11세기 말까지 현저하게 약화되었으며 종당에는 소멸하였다. 이후 고려의 녹봉제祿俸制와 녹과전祿科田, 나아가 조선의 과전법科田法이라는 전혀 상이한 토지제도의 역사가 펼쳐졌다. 일반 농민이 토지를 자유롭게 사고파는 것은 15세기의 일이다. 그 역사를 밀어붙인 한편의 힘은 왕토주의였다. 7세기 이래 15세기까지의 토지제도는 국왕의 공전과 귀족·관료의 사전이 밀고 당기는 역사였다. 느리고 길게 움직였던 그 역사에서 8~10세기의 왕토주의는 유년기에 해당하였다. 그 미약함을 두고 노년기의 쇠약함을 연상해

76 朝鮮總督府(1923),『朝鮮金石總覽』上, 93쪽.
77 李佑成(1991),『韓國中世社會硏究』, 2~13쪽.

서는 곤란하다.

통일신라의 지배체제

통일 이후 신라의 경제는 부흥, 발전하였다. 『삼국유사』는 헌강왕 대(875~886)에 왕도에는 초가집이 하나도 없고 집의 처마와 담이 이어져 바닷가까지 닿았으며, 길에는 노래가 가득하여 밤낮으로 끊이지 않았다고 하였다. 왕도의 인구는 대략 18만 명에 달하였다.[78] 앞서 지적했듯이 7세기 말 신라의 인구는 100만 명이 되지 못하였다. 이후 인구에 관해 믿을 만한 정보는 고려의 12세기 초반인데, 250만 내지 300만 명으로 추산되고 있다.[79] 그렇다면 9세기 후반 신라의 인구는 대략 200만 명은 되지 않았을까. 이후 10세기 전반 후삼국의 전쟁 과정에서 인구는 정체 내지 감소했다가 고려의 통일 이후 다시 증가하여 12세기 초반까지는 300만 정도가 되지 않았을까. 어쨌든 통일신라기에 걸쳐 인구가 2배가량 증가했다고 보인다. 인구증가를 뒷받침한 것은 농업의 발전이었다. 통일신라의 농업이 어떠한 실태였는지는 자료가 전하지 않아서 알 수 없다. 토지와 농민을 대상으로 한 국가의 수취규식도 전하지 않는다. 815년 서쪽 지방에 큰 홍수가 들었다. 왕이 사자使者를 파견하여 백성을 위로하고 1년의 조租와 조調를 면제하였다.[80] 이 기사로부터 통일신라 역시 이전의 삼국과 마찬가지로 조租와 포布를 위시한 다양한 품목의 공물을 수취했음을 알 수 있다.

농업의 발전에 대해서는 다음과 같은 추측이 가능하다. 앞서 891년 개선사가 14결의 토지를 구입한 가격에서 당시 답 1결에서 나온 조租의 양

---

78 『삼국유사』는 신라 전성기에 京中이 17만 8,936호라고 했는데(『三國遺事』 卷1 紀異 1 辰韓), 이는 일반적으로 인구 수를 잘못 표기한 것으로 받아들여지고 있다. 일례로 한영우(1997), 『다시 찾는 우리 역사』, 경세원, 135쪽 참조.

79 朴龍雲(1996), 『고려시대 開京 연구』, 一志社, 147~150쪽.

80 『三國史記』 卷10 新羅本紀 憲德王 6년.

이 2.86석이라고 추정하였다. 당시 1석은 20두였다.[81] 이에 2.86석은 57.2두이다. 그 1결을 경작한 단위 세대에 성인남자가 1명 또는 2명이라 치자.[82] 성인남자 1명이 부담한 조의 양은 28.6두 또는 57.2두가 된다. 전장에서 해설한 대로 4~6세기의 고구려는 성인남자 1명으로부터 조 1두를 수취하였다. 7세기의 1석은 10두이다. 그 사이 1석의 용적은 불변인데, 1두의 용적이 절반으로 줄었을 수 있다. 아니면 1두의 용적이 불변인 가운데 1석의 용적이 두 배 늘었을 수 있다. 어느 쪽인지는 알 수 없다. 어쨌든 7세기 초에 비한다면 9세기 말 성인남자 1명이 부담한 조의 양은 28.6배 또는 57.2배로 증가하였다. 수조율이 크게 높아졌을 수도 있지만, 도작稻作 농업의 커다란 발전을 전제하지 않고서는 상상하기 힘든 일이다.

7세기 말까지만 해도 상황은 유동적이었다. 687년에 설치된 관료전이 2년 뒤 폐지되었음으로부터 그렇게 짐작할 수 있다. 설치되자마자 곧바로 폐지된 것은 제도를 운용할 객관적 여건이 불비하였기 때문이다. 무엇보다 관료전에서 수취할 조의 생산이 불안정했음이 가장 큰 이유가 아니었을까 싶다. 경작의 주기가 불규칙한 휴한농법의 단계에서 조의 안정적 수취는 기대하기 힘들다. 그렇지만 757년 관료전이 부활하고 항구적으로 존속하게 되었을 무렵의 사정은 달랐다. 휴한의 주기가 규칙화했으며, 그에 따라 조의 기대 수취액도 안정되었다. 나아가 수취의 대상도 722년 이후 개별 정호로 바뀌어 보다 뚜렷하게 구별되었다. 이즈음에 이르러 국가의 재정수입에서, 곧 조와 공물의 수취에서 조가 중심을 차지하게 되었다. 7세기 초만 하더라도 한반도는 농경, 목축, 채취, 공업, 상업 등 여러 산업이 경쟁한 초기농경사회였다. 국가의 수취에서 포와 같은 공물이 조보다 더 큰 비중을 차지하였다. 한반도의 남부가 곡작 농업이 전 산업에

81 李宇泰(1993),「韓國 古代의 量制」,『泰東古典硏究』 10, 220쪽.

82 다음 장에서 구체적으로 살피겠지만, 고려의 정호는 대체로 8개 세대의 결합이며, 단위 세대는 1명의 丁男에 평균 1결의 토지를 경작하였다. 본문에서 '단위 세대'를 언급한 것이 이 같은 취지에서이다.

서 지배적 비중을 점하는 진정한 의미의 농촌으로 그 모습을 바꾸는 것은 8세기 이후였다고 짐작된다.

그렇지만 변화의 속도는 느렸다. 국가의 수취에서 공물의 비중은 여전히 적지 않았다. 경주 안압지雁鴨池에서 출토된 8세기 전반의 목간은 석보평과 같은 어느 평이 모종의 짐승 가죽 또는 모피를 122품이나 상납했음을 전하고 있다. 일본의 정창원에 전하는 8세기 전반의 신라문서에 의하면 어느 촌은 쌀과 콩과 모종의 짐승 가죽 또는 모피를 정기적으로 상납하였다.[83] 짐승의 가죽이나 모피는 궁정공업의 재료로 사용되거나 일본으로 수출된 고급 사치재였다. 그런 재화를 어느 촌에서 122품이나 상납한 것은 공물이 촌민의 공동 부담이었음을 시사하고 있다. 무슨 짐승인지 모르겠지만, 1년 내내 촌의 건장한 남정은 사냥에 종사하였다. 그렇지 않고서는 어떤 짐승을 122마리나 잡을 수 없기 때문이다.

안압지에서 출토된 목간의 일부는 궁정의 주방이 각종 발효식품을 다양하게 저장하였음을 이야기하고 있다. 홍어젓, 사슴고기젓, 노루고기젓, 개내장젓, 돼지고기젓 등이다. 고성高城에 급사急使를 파송하여 젓갈醢 1부缶를 가져오기도 하였다.[84] 이같이 다양한 식품이나 그 재료는 대부분 그것이 생산되는 촌에서 공물로 상납되었다. 촌민은 1년 내내 부과된 수량의 짐승, 어물, 견포, 마포, 철, 기물 등을 포획, 채취, 생산, 가공, 저장, 운반하는 공동노동에 시달렸을 터이다. 촌은 여전히 공물 수취의 단위 대상으로서 강고한 공동체였다.

제1시대와 마찬가지로 통일신라도 심한 흉년에 창고의 곡식을 풀어 백성을 구제하였다. 『삼국사기』에 의하면 통일 이후 10차례에 걸쳐 구제가 행해졌다. 그중의 7차례는 구제가 행해진 지방이 밝혀져 있는데, 왕도와

83 尹善泰(2000), 「新羅 統一期 王室의 村落支配 — 新羅 古文書와 木簡의 分析을 中心으로 —」, 84~124쪽.

84 李京燮(2010), 「雁鴨池 木簡과 新羅 宮廷의 日常」, 『新羅文化』 35, 28~35쪽.

그 주변이 4차례이다. 이로부터 통일신라의 재분배경제는 그의 판도 전역에 걸쳐 상설제도로 행해졌다기보다 지배공동체인 왕도를 중심으로 임시 방편으로 행해졌다고 짐작할 수 있다. 그 점에서 이전 시대와 큰 차이가 없었다. 오히려 10차례에 불과했던 구제로부터 통일신라기에 이르러 국가적 재분배경제가 후퇴했다는 느낌마저 받는다. 주-소경-군-현-촌의 관료제적 행정체제가 정비되었지만 말단의 촌에 미친 국가의 통합력은 취약하였다. 재난을 당한 인간들을 구제한 것은 여전히 구래 읍락의 전통을 잇는 촌이나 군현의 공동체적 질서였을 것이다. 9세기 후반에 왕위 계승을 둘러싸고 중앙의 귀족사회가 분열하자 각지에서 독자의 정치세력으로서 성주城主 또는 장군將軍을 칭하는 호족들이 발흥한 것도 이 같은 통일신라의 국가체제에 그 원인이 있었다.

3. 통일신라의 사회

귀족과 사원의 전장

8~10세기 신라의 사회·경제와 관련해서는 종래 중국의 『당서』에 전하는 다음과 같은 기사가 널리 인용되어 왔다. 이 기사는 940~945년에 편찬된 『구당서舊唐書』에는 없고 1044~1060년의 『신당서新唐書』에 나온다. 그래서 대개 10세기 신라 말기의 상황을 전하는 것으로 여겨지고 있다.

> 재상가에는 녹이 끊이지 않고 노동奴僮이 3천이고 이와 비슷한 수의 갑병甲兵과 소와 말과 돼지가 있다. 바다의 섬에 축목畜牧하여 필요할 때에 활로 쏘아서 먹었다. 곡식을 꾸어 주어서 기한 내 갚지 못하면 노비로 삼았다.[85]

85 『新唐書』 列傳 東夷 新羅.

재상가의 녹이 끊어지지 않는다 함은 신라의 귀족들이 국가로부터 토지를 지급받고 여러 세대에 걸쳐 향유한다는 뜻이다. 개선사석등기에 나오는 전 국자감경 김중용金中庸이 그 좋은 예이다. 그는 경문왕 일가가 개선사에 현등을 하자 기름 값으로 업조 300석을 바쳤다. 앞서 지적했듯이 당시 1결의 수조는 대략 2.86석이었다. 조 300석이면 105결 상당의 대규모 토지이다. 그만한 토지를 김중용이 왕도에서 멀리 떨어진 구 백제의 땅 무주武州에 갖게 된 것은 애당초 그것이 국가로부터 지급된 관료전이었음을 시사하고 있다. 업조라 했듯이 김중용의 무주 전장田莊은 이미 여러 대에 걸친 세습적 가산이었다.

앞서 소개한 9세기 말 지증대사가 보유한 12구획 500결의 토지도 신라의 귀족들이 가산으로 보유한 대규모 전장의 좋은 예이다. 대사가 자신의 전장을 사원에 기증했듯이 사원 역시 대규모 전장의 소유자였다. 872년에 세워진 적인선사비寂忍禪師碑에 의하면 무주의 대안사大安寺는 좌지坐地 3결, 하원대下院代 4결 72부, 전답 494결 39부, 시장柴場 143결, 염분鹽盆 43결, 노 10명, 비 13명을 소유하였다.[86] 좌지와 하원대는 사원의 기지이다. 노와 비 23명은 사원에서 취사, 청소, 운반, 채신採薪 등에 종사한 가내노예적 예속인이다. 494결에 달하는 방대한 전답은 대안사 주변의 농민들이 경작하였다. 대안사와 농민의 관계는 토지의 사적인 임대차 관계가 아니었다. 농민들은 국가의 정호로서 수확의 일부분을 조租로서 대안사에 납부하였다. 염분 43결의 경영도 마찬가지였을 터이다. 염분은 국가로부터 지급되었으며, 제염製鹽의 역을 진 어촌이 거기에 배속되었다고 보인다.

『당서』가 지적하듯이 신라의 귀족들은 바다의 섬을 차지하고 소, 말, 돼지를 길렀다. 필요할 때 쏘아 먹었다고 했으니 사육이라기보다 방목이었

86 朝鮮總督府(1923), 『朝鮮金石總覽』 上, 120쪽.

을 것이다. 신라의 군사귀족들은 원래 유목민 출신이 아니었을까. 『당서』의 기술은 838~847년 당에서 불법佛法을 추구한 일본 승 엔닌圓仁의 관찰로 뒷받침된다. 847년 귀국 길의 엔닌은 무주의 남쪽 황모도黃茅島에 정박하였다. 엔닌은 그곳이 신라의 세 재상이 말을 키우던 곳이라고 하였다. 며칠 뒤 그는 오늘날 여수 남쪽의 안도雁島에 기착했는데, 신라의 내가內家, 곧 왕실이 말을 기르는 산이라고 하였다.[87]

9세기 신라의 귀족과 사원이 보유한 대규모 전장은 그 역사적 기원에서나 경영의 방식에서 왕토주의로 통합된 국가권력의 일반 백성과 토지에 대한 지배체제를 나누어 갖는 형태였다. 왕조 말기의 정치적 혼란기에도 농민을 정호로 편성했던 지배체제는 흐트러지지 않았다. 926년 고려 태조가 벽진의 성주에게 정호를 하사했음이 그 좋은 예이다. 왕도 내외에는 관료전보다 유래가 오랜 왕실과 귀족의 세습적 가산이 있었을 터이다. 거기에까지 대왕의 권력이 침투하여 농민을 정호로 편성했는지는 확실하지 않다. 그런 정도의 예외를 상정하더라도 대부분의 농민은 국가의 공민으로서 정호로 편성되었다. 귀족과 사원의 전장이라 해도 농민을 사민으로 지배할 수는 없었다. 그렇다면 귀족가에 빚을 갚지 못해 노비로 된 자가 3천이란 『당서』의 기술은 어떻게 받아들여야 좋은가.

욱면과 지은

8~9세기의 신라사회가 사적인 계급관계로 어느 정도나 분열해 있었는지를 살피기 위해 『삼국사기』와 『삼국유사』를 꼼꼼히 뒤져도 의미 있는 정보는 매우 빈약하다. 두 역사책에서 8~9세기 노비에 관한 기사는 다 모아도 얼마 되지 않는다. 『삼국사기』에서는 신라 왕실이 당의 사신에게 노비를 기증한 사건, 어머니를 위해 몸을 팔아 비가 된 효녀 지은知恩의

87 圓仁 지음/申福龍 번역·주해(1991), 『入唐求法巡禮行記』, 정신세계사, 307~308쪽.

미담, 그리고 태봉왕 궁예弓裔를 키운 유모의 신분이 비라는 사실 정도가 고작이다. 여기에다 『삼국유사』에 나오는 비 욱면郁面의 설화를 추가할 수 있는 정도이다.[88] 노비에 관한 기록이 이같이 빈약함은 8~9세기의 신라사회가 사적인 계급관계로 크게 분화되었을 것이라는 종래의 통념에 의문을 던지고 있다. 그런 취지에서 욱면과 지은의 사례를 검토해 보자.

욱면의 설화는 755년 또는 808년의 강주康州를 배경으로 한다. 강주는 오늘날의 진주이다. 원래 그녀는 전생에서 부석사浮石寺의 소였다. 그 소가 등에 불경을 실은 적이 있다. 그 공덕으로 소는 이 세상에서 인간으로 태어났다. 욱면은 주인의 고된 사역을 견디면서 밤마다 인근 미륵사彌勒寺에 나아가 열심히 염불을 하였다. 이윽고 그녀는 진신眞身으로 변하여 승천하였다. 그러자 주인인 아간 귀진貴珍이 자신의 잘못을 뉘우치고 재산을 바쳐 절을 지었다.[89] 이같이 비천 신분의 인간이 알고 보니 부처였다는 진신설화는 『삼국유사』에서 이 외에도 여럿 있다. 어느 귀족가에서 품을 팔았던 비천한 노파의 아들 우조憂助도 진신이었다. 진신임이 드러나자 주인은 우조에게 "지극한 성인이 우리 집에 의탁해 있는 줄 모르고 광언狂言과 비례非禮로 더럽혔으니 그 죄를 어떻게 씻을 수 있겠습니까"라고 사죄하였다.[90] 앞서 소개했지만 분황사의 비인 광덕의 처도 19응신의 하나였다. 이 같은 플롯의 진신설화는 노비 신분에 대한 사회적 비천관념이 아직 성숙해 있지 않은 상태임을 이야기하고 있다. 8~9세기는 비천신분이 존재하긴 했지만, 그들의 사회적 인격은 건재한 시대였다.

효녀 지은의 설화는 887~896년 왕도 6부의 하나인 한기부漢岐部에서의 사건이다. 지은은 아버지를 잃고 홀로 어머니를 극진히 봉양하였다. 혹은 용작傭作도 하고 혹은 구걸도 하였다. 그렇지만 날로 곤궁해져 드

88 李榮薰(1998), 「한국사에 있어서 奴婢制의 추이와 성격」, 『노비·농노·노예 — 隷屬民의 比較史 —』, 314~315·326쪽.

89 『三國遺事』 感通 郁面婢念佛西昇.

90 『三國遺事』 義解 二惠同塵.

디어 부유한 대가大家에 가서 몸을 팔아 쌀 10석을 받고 비가 되었다. 이 사실을 어머니가 알고 통곡하였다. 지나가는 화랑이 그 연유를 듣고 불쌍히 여겨 주인에 10석을 보상해 주고 지은을 해방시켰다. 진성여왕도 조 500석의 상을 내리고 지은의 동리를 효양방孝養坊으로 표창하였다. 왕은 지은의 효행을 당의 황제에까지 보고하였다.[91]

이 사건의 배경을 이루는 매신賣身 행위는 이미 9세기 초부터의 현상이었다. 『삼국사기』는 821년 백성이 굶주림을 이기지 못하여 자손을 팔아서 먹고 산다고 하였다.[92] 위의 지은 설화는 9세기 말이면 매신 행위가 신라의 지배공동체에까지 번졌음을, 그만큼 사회의 유동화가 심해졌음을 이야기하고 있다. 그런데 지은은 귀족의 도움을 받아 해방되었으며 왕으로부터 큰 상까지 받았다. 다시 말해 빈곤에 몰린 매신은 비록 효행이라는 명분이 있긴 했지만 왕도 전체를 떠들썩하게 만들 정도로 아직은 희귀한 사건이었다. 『삼국유사』에도 같은 사건이 소개되어 있는데, 거기서는 지은이 몸을 팔았다고 했을 뿐, 비가 되었다고는 하지 않았다. 지은은 몸을 팔고서도 자기 집에서 출퇴근하였다. 지은의 몸값도 10석에 불과하였다. 이를 두고 당시 지은의 매신은 일정 기간이 지나면 채무가 해소되는 소각질消却質과 같은 것이며, 매신의 결과 지은이 세습적인 비 신분으로 떨어졌다기보다 '일시적 하인'이나 '기한부 채무노예'의 처지에 빠졌다는 해석이 있는데,[93] 충분히 납득할 만하다. 지은 설화는 9세기 말 사회의 유동화에 따른 사적 계급관계의 진전이 대개 이런 수준이었음을 전하고 있음에 그 본래의 의의가 있다고 생각한다.

통일신라의 인간들에 익숙한 신분의식이나 그를 뒷받침한 귀천관념은 이전 제1시대의 그것과 별로 다르지 않았다. 마찬가지로 세습적인 비천신

91 『三國史記』 卷48 列傳8 孝女知恩.

92 『三國史記』 卷10 新羅本紀 憲德王13년.

93 徐吉洙(1981), 「古代의 貸借關係 및 利子에 관한 硏究」, 『經濟史學』 5, 12쪽.

분은 아직 제도로서 성립하지 않은 실정이었다.[94] 927년 후백제의 견훤왕甄萱王이 신라의 왕도를 급습하였다. 수많은 사람이 견훤에게 사로잡혔는데, 포복을 하면서 노복이 되기를 애걸하였으나 죽음을 면치 못했다고 한다.[95] 그때 신라인들이 견훤왕의 노복이 되겠다고 애걸한 것은 414년 광개토왕비에서 백제왕이 고구려왕의 노객奴客이 되겠다고 맹서한 것과 노奴의 취지에서 동일하다. 자유인 간에 맺어진 다양한 형태의 정치군사적 신종관계를 대변하는 제1시대의 노 질서는 10세기 전반까지도 유효하였다.

귀천관념도 마찬가지였다. 앞에서는 7세기 말 스스로 천하다고 한 강수의 처를 소개하였다. 여기서는 9세기 전반의 예를 소개한다. 정년鄭年은 청해진靑海鎭을 건설한 장보고張保皐 장군의 의형제였다. 함께 중국에 들어가 군인으로 출세하였으나 불행히도 서로 원수가 되었다. 정년은 벼슬이 떨어지고 굶주리는 처지가 되자 청해진의 장보고를 찾아 가면서 다음과 같이 말한다. "그는 귀하고 나는 천하니, 내가 몸을 낮추면 그가 옛날의 원한으로 나를 죽이지는 않을 것이다."[96] 그렇게 귀족과 관인을 귀하게, 서민을 천하게 감각하는 제1시대의 사중제士衆制 신분구조는 8~9세기의 통일신라에서도 마찬가지였다.

용작

8~9세기 신라사회에서 일반적인 사적 경제관계는 용작傭作, 곧 품팔이였다. 용작의 최초 사례는 『삼국사기』에서 발견되는데, 너무 오래 전의 이야기라 후대에 지어진 설화쯤으로 간주해도 좋을 것이다. 293년 고구려에서의 일이다. 나중에 미천왕美川王이 된 을불乙弗이 정치적 박해를 피해 수실촌水室村의 음모陰牟의 집에 숨어 용작을 하였다. 음모가 을불을 심

94 李榮薰(1998), 「한국사에 있어서 奴婢制의 추이와 성격」, 『노비·농노·노예 — 隸屬民의 比較史 —』, 328~334쪽.

95 『三國史記』 新羅本紀 景哀王 4년.

96 『三國史記』 列傳四 張保皐·鄭年.

하게 부려 먹었다. 견디다 못한 을불은 1년이 되자 그 집을 떠났다.[97] 이로 짐작컨대 용작은 1년 기한의 계약관계이며, 기한이 차면 이동할 자유가 있었다. 용작에도 불구하고 자유인의 신분에 하자가 없었음은 가락국의 좌지왕坐知王이 용작인의 딸과 결혼했음으로부터도 알 수 있다.[98]

용작의 사례는 통일신라기에 관한 『삼국유사』의 기록에서 많이 발견된다. 승려 혜공惠空은 어느 귀족가에 품을 파는 노파의 아들이었다. 출가하기 전의 진정법사眞定法師는 집이 가난하여 품을 팔아 어머니를 봉양하였다. 불국사를 지은 김대성은 어릴 때 집이 가난하여 어머니와 함께 어느 부잣집에서 용작하였다. 주인이 대성 모자에게 살림 밑천으로 몇 이랑의 논을 주었는데, 이를 용전傭田이라 하였다. 나중에 대성이 그 용전을 어느 스님에게 바쳤다.[99] 품을 판 대가로 토지를 받을 수 있었던 것은, 인간에 비해 토지가 넉넉했던 시대이기도 했지만, 왕도 부근이라 정전에 편입되지 않은 토지가 있었기 때문으로도 보인다. 용작은 자유인 간의 노동계약으로서 사회가 아직 토지소유를 매개로 한 계급관계로 분화되기 이전의 상태를 대변하였다.

이제 앞서 제기한 질문에 대답하도록 하자. 『당서』는 신라 귀족가의 노동奴僮이 3천이고 곡식을 꾸어 준 다음 기한 내에 갚지 못하면 노비로 삼았다고 하였다. 당의 율령은 "노비는 천인으로서 법적으로 가축과 같다[奴婢賤人 律比畜産]"고 하였다. 841년 당의 무종武宗은 불교를 탄압하여 승려의 환속을 명하고 사원의 재산을 몰수하였다. 그때 기술을 가진 노는 군영으로 보내고 젊은 노비는 팔아버리고, 늙고 허약한 자는 대궐로 보내니, 노비들이 근심스럽게 울고 아비는 남쪽으로 자식은 북쪽으로 갈라졌다. 당시 그 소용돌이의 한가운데에 일본의 구법승 엔닌이 있었다.

97 『三國史記』 高句麗本紀 美川王.

98 『三國遺事』 紀異 駕洛國記 坐知王.

99 『三國遺事』 義解 二惠同塵; 孝善 眞定師孝善雙美, 大成孝二世父母.

그는 당의 황제가 "사원의 재물, 장원, 가인家人, 노비를 모두 접수했다"고 하였다.[100] 이처럼 엔닌은 가인과 노비를 구분하였다. 가인은 주가主家에 매인 일종의 집사와 같은 존재였다. 가축처럼 이리저리 팔리고 찢기는 노예적 존재와는 거리가 멀었다. 엔닌의 일기에도 가인은 여러 차례 등장한다. 구당신라소句唐新羅所의 대사 장영張詠에게 고산高山이란 가인이 있었다. 그는 주인의 명을 받고 엔닌이 귀국할 배를 구하려 동분서주하였다.

그 얼마 전 신라는 장보고의 건의로 청해진을 설치하였다. 장보고는 당에 들어가 군중소장軍中小將으로 출세한 인물이다. 귀국한 장보고는 흥덕왕興德王에게 당의 해적이 신라인을 약탈하여 노비로 부리고 있음을 막기 위해 청해진을 설치하자고 건의하였다.[101] 당에서 노비는 가축과 같은 존재였다. 장보고가 분개한 것은 단순한 동포애만은 아니었다. 인간을 가축처럼 사고파는 그 극심한 예종에 분개한 것이다. 당시 신라인은 그런 부류의 비천신분을 알지 못하였다. 신라인에게 익숙했던 것은 종자 또는 가인으로 표현되는 법률적으로 가축이 아니라 인간에 해당하는 예속관계였다.

이상과 같이 말기의 신라사회는 계층 간의 빈부 격차로 유동하였으며, 이는 사적 계약관계로서 고리대, 용작, 나아가 매신 행위까지 초래하였다. 매신의 결과인 인신 예속은 기한부 채무노예의 범주에 머물렀다. 짐작컨대 귀족가의 대규모 전장은 점차 사령으로 바뀌면서 고리대를 매개로 농민을 채무노예와 같은 예속인으로 끌어들이고 있었다. 『당서』의 기술은 이 같은 신라의 현실을 중국인이 그들의 언어로 표현한 것이다. 한국사에 관한 중국인의 기록을 대할 때는 늘 언어의 간격과 거기서 생기는 개념의 어긋남에 주의할 필요가 있다. 요컨대 8~9세기의 한국사는 아직 중국적인 노비제, 곧 당률唐律이 그 사회적 인격을 가축에 준하는 것으로 판정한 비천신분제를 알지 못하였다. 그러기 위해서는 한 두 세기를 더 기

100 圓仁 지음/申福龍 번역·주해(1991), 『入唐求法巡禮行記』, 245·272·295쪽.
101 『三國史記』 卷44 列傳4 張保皐·鄭年.

다릴 필요가 있었다.

『화랑세기』의 세상

1998년 나는 한국사에서 노비제가 언제 성립하고 그 역사적 경과가 어떠했는지를 살피기 위해 『삼국사기』와 『삼국유사』에 나오는 노奴, 비婢, 천賤 글자와 관련된 모든 기사와 용례를 조사하였다.[102] 이 책의 노비제에 관한 서술은 대부분 그때의 성과에 기초한 것이다. 두 역사책에서 이 세 글자는 개인 간에 성립한 다양한 형태의 정치군사적 신종관계를 대변하였다. 뒤이어 살핀 5~6세기의 여러 석문石文은 지배공동체와 예속공동체의 정치군사적 신종관계를 가리켜 노라고 하였다. 이후 2002년의 일이다. 우연하게 이종욱李鍾旭이 역주한 『필사본 화랑세기筆寫本 花郎世紀』를[103] 읽게 되었다. 나는 눈이 휘둥그레졌다. 거기에 나오는 노, 비, 천의 용례가 『삼국사기』와 『삼국유사』에서 내가 발견한 것과 거의 완벽하게 일치하기 때문이다.

『필사본 화랑세기』에서 노와 비의 용례는 각각 10회씩이다. 신라의 화랑도는 낭도郎徒→낭두郎頭→화랑花郎의 세 계층으로 이루어졌는데, 낭도는 품위가 없는 평민이다. 노의 용례는 일관하여 낭도를 가리켰다. 신라의 귀족 부인은 정식 남편 이외에 평민 신분의 젊은 남자를 거느리고 성생활을 즐겼다. 귀족 부인은 낭도가 그의 내연남일 때 그를 사노私奴라고 불렀다. 다른 어느 용례는 귀족 화랑이 낭도를 자신의 소유물로 간주하면서 노라고 칭하였음을 보이고 있다. 반면 품위를 가진 낭두는 칭노稱奴의 대상이 아니었다. 그들은 스스로 칭신稱臣하거나 칭신의 대상이었다. 비의 용례는 귀족 신분의 여인이 적출이나 서출이냐에 따라 일방이 타방

102 李榮薰(1998), 「한국사에 있어서 奴婢制의 추이와 성격」, 『노비·농노·노예 — 隷屬民의 比較史 —』, 314~336쪽.

103 김대문 저/이종욱 역주해(1999), 『화랑세기 — 신라인의 신라 이야기』, 소나무.
김대문 저/이종욱 역주해(2005), 『대역 화랑세기 — 신라인 그들의 이야기 —』, 소나무.

에 종속하는 관계, 또는 낭두의 처들이 화랑도의 우두머리 풍월주風月主에 성적 서비스를 제공하거나 은총을 받는 관계를 가리키고 있다. 『필사본 화랑세기』는 이렇게 하급 신분이 상급 신분에 성적 서비스를 제공하거나 은총을 받음으로써 상하가 하나의 공동체로 결속하는 질서를 가리켜 '신국神國의 도道'라고 자부하고 있다.

『필사본 화랑세기』에서 천賤의 용례는 9회인데, 모두 무품無品의 서민을 대상으로 한다. 대남보大男甫라는 낭도가 있었다. 어떤 사람이 딸을 풍월주에 바쳐 골품骨品을 얻으라고 권하였다. 대남보가 거절하면서 "우리 무리는 천인인데 어찌 여색으로 풍월주를 미혹하겠는가"라고 하였다. 이렇게 무품의 서민이 스스로를 천인으로 칭하는 예는 『삼국사기』에서도 발견된다. 앞서 소개한 강수의 처가 그 하나이다. 신라인의 비천관념에서 천의 대상은 귀족에 종속하는 서민이었다. 『필사본 화랑세기』는 신라의 귀족들이 무품의 서민을 물상物象으로 간주했음을, 그 비천관념의 골이 얼마나 깊었는지를 이야기해 주고 있다.

『화랑세기』는 8세기 초[104] 김대문金大問이 지은 책으로서 고려시대까지는 전하였지만 이후 일실逸失한 것으로 알려져 왔다. 그 『화랑세기』가 1995년에 박창화朴昌和(1889~1962)가 원고지에 필사한 형태로 세상에 모습을 드러냈다. 박창화는 1923년 이후 일본에 거주했으며, 1933~1944년에는 일본 궁내성宮內省 도서료圖書療에 촉탁으로 근무하였다. 박창화는 궁내성 도서료의 원고지에다 『화랑세기』를 필사하였는데, 그 시기가 정확하게 언제인지는 알려져 있지 않다. 『필사본 화랑세기』가 세간에 공개된 뒤 국사학계의 일반적 반응은 그것이 위작이라는 것이다. 주된 이유는 거기에 묘사된 화랑도의 모습이 『삼국사기』가 전하는 충절의 순국무사殉國武士로서의 그것과 너무나 상이하고, 신라 귀족사회의 성생활이 믿기 힘

104 김태식은 김대문이 화랑세기를 저술한 시기가 710년대 후반이나 720년대라고 추정하였다. 김태식(2002), 『화랑세기 — 또 하나의 신라 —』, 김영사, 141쪽.

들 정도로 난잡하다는 것이었다. 그에 맞서 이종욱은 박창화가 필사의 대상으로 삼은 것은 일본 어딘가에 있을 진본 『화랑세기』라고 주장하였다. 이종욱은 화랑도가 충절의 순국무사라는 이미지는 후대의 역사가들이 만들어 낸 것이며, 신라 귀족사회의 성생활이 난잡하다는 것도 어디까지나 후대의 윤리기준에 입각한 선입견일 뿐이라고 위작설을 비판하였다.[105]

이종욱이 진본설의 근거로 제시한 여러 가지 가운데 나에게 인상적이었던 것은 월성月城의 구지溝池이다. 월성은 신라의 왕궁을 옹위한 성이다. 1980년대 후반 월성의 유적에 대한 발굴조사가 이루어졌다. 그 결과 월성에는 원래 그것을 둘러싼 해자垓字가 있었으며, 해자는 여러 연못池과 그것을 잇는 도랑溝의 형태였음이 밝혀졌다. 그 해자는 8세기 이후 군사적 긴장이 사라짐에 따라 메워졌으며, 이후 천년 이상 그것이 실재했음을 아는 사람이 없었다. 그런데 『필사본 화랑세기』는 월성의 벽 아래 구지가 있음을, 곧 연못과 도랑으로 이루어진 해자가 설치되었음을 이야기하고 있다. 구지가 메워지기 이전의 사람이 아니면 알 수 없는 이야기를 하고 있는 것이다.

내가 보기에 이종욱의 진본설은 논리와 실증에서 위작설을 압도하였다. 그럼에도 위작설이 여전히 다수파를 점하는 것은 한국의 국사학계가 공유해 온 신라사회에 대한 인식이 『필사본 화랑세기』의 그것과 너무나 달라 그것을 진본으로 수용할 경우 그 후유증과 부작용이 감당할 수 없을 정도로 큰 가운데, 국사학계가 몇 개의 학파로 나뉘어 공정한 토론과 객관적 평가가 어려운 풍토이기 때문이지, 다른 무언가 진지한 학술적 근거가 있는 것은 아니다. 나는 이종욱의 진본설에 동조하였다.[106] 그것은

---

105 위작설과 진본설의 논쟁, 그 경과에 대한 종합적 고찰로서는 다음의 글이 적절하다.
김대문 저/이종욱 역주해(1999), 『화랑세기—신라인의 신라 이야기』, 12~42쪽.
이종욱(2000), 『화랑세기로 본 신라인 이야기』, 김영사, 474~522쪽.
이종욱(2003), 『화랑』, 휴머니스트, 334~362쪽.

106 李榮薰(2002), 「《花郎世紀》에서의 奴와 婢—三國時代 身分制 再論—」, 『歷史學報』 176,

앞서 소개한 대로 『필사본 화랑세기』의 노, 비, 천의 용례가 『삼국사기』나 여러 석문石文에서 확인되는 그것들과 거의 완벽하게 일치하기 때문이다.

각 시대는 다른 시대와 구분되는 고유 체계의 언어를 지닌다. 시대마다 상이한 인간관계의 원리와 제도가 그 시대의 언어에 복잡코드로 녹아 있다. 예컨대 김부식이 『삼국사기』를 지은 것은 어디까지나 12세기의 언어를 통해서였다. 『삼국사기』는 12세기 인간들의 삼국시대에 관한 기억일 뿐이다.[107] 『필사본 화랑세기』가 20세기에 만들어진 위작이라면 그것은 20세기 언어에 녹아 있는 복잡코드로 짜일 수밖에 없다. 그래서 노비는 개똥이나 소똥과 같은 비천과 오예의 존재이어야 했다. 그것이 15세기 이래의 노비에 관한 지배적 관념이었으며, 20세기 전반이라면 아직 거기서 해방되지 않은 시대였다. 그렇지만 『필사본 화랑세기』의 노와 비는, 나아가 천인의 실체는, 그와 전혀 달랐다.

역사가는 각 시대의 언어를 이해하고 그에 묻어 있는 복층의 시대성을 구분하고 분석하는 전문적 직업인이다. 『삼국사기』에서 12세기의 텍스트성을 걷어내고 그 아래 은연중에 녹아 있는 이전 세기를 발굴해 내는 것이 역사가의 직업 능력이다. 그런 문제의식에서 내가 찾아낸 1~9세기 노비의 실체는 노비제에 관한 기존의 연구사에서 전례가 없는 것이다. 그렇게 어렵사리 20세기가 끝나갈 무렵이 되어서야 알게 된 삼국시대 노비의 실체가 노비를 비천과 오예의 존재로 감각했던 시대의 인물에 의해, 또는 그 같은 감각에서 자유롭지 않은 20세기 전반의 어느 인물에 의해, 더구나 한국사 연구가 개시도 되기 전에 전문적 훈련을 받지 않은 어느 인물에 의해, 훌륭하게 묘사되었다는 것은 상상하기 힘든 일이다.[108]

요시다 아이吉田愛도 비슷한 작업을 수행하였다. 그는 『필사본 화랑세

37~39쪽.

107 『삼국사기』가 12세기의 텍스트임을 인상 깊게 설파한 글로서는 다음을 추천하고 싶다. 김태식(2002), 『화랑세기 — 또 하나의 신라 —』, 14~23쪽.

108 李榮薰(2002), 「《花郎世紀》에서의 奴와 婢 — 三國時代 身分制 再論 —」, 『歷史學報』 176, 37쪽.

기』를 둘러싼 논쟁을 떠나 우선 그것의 텍스트로서의 내용과 특질을 친족제를 중심으로 해부하였다. 그는 7세기까지 신라 귀족사회는 기본적으로 모계사회母系社會이며, 당과의 접촉이 빈번해지면서 8세기 이후 부계사회父系社會의 질서가 고개를 들기 시작한다는 결론을 내렸다.[109] 이 역시 부계제 질서가 확립된 15세기 이후의 인간들로서는 상상도 할 수 없는 세상이다. 『필사본 화랑세기』는 이종욱이 지적한 대로 "20세기의 통설로는 풀기 어려운 많은 미스터리를 담고 있는 암호"와 같은 것이다.[110] 그렇지만 아주 풀기 어려운 것은 아니다. 조금씩 풀려 가고 있으며, 이 책도 그러한 노력의 일환이다.

바다의 신라인

신라의 대외교역은 532년 낙동강 중·하류의 가야국을 병합하고 왜와 외교를 튼 것을 계기로 바다로 방향을 바꾸었다. 552년 백제로부터 한강 하류를 취한 뒤에는 황해를 통한 중국과의 교섭이 활발히 전개되었다. 583년 중앙정부에 선부船府가 설치되었다. 선부의 책임자로는 병부의 대감大監과 제감弟監이 임명되었다. 이로부터 선부의 설치가 군사적 목적이었음을 알 수 있다. 바다의 군사적 중요성은 통일전쟁의 과정에서 더욱 높아졌다. 통일의 중대 계기를 이룬 백촌강白村江의 전투에서 백제와 일본의 연합군을 격파한 것은 당의 우수한 군선軍船이었다. 676년까지 치열하게 이어진 당과의 전투도 주로 바다와 연안을 무대로 하였다. 675년 9월 설인귀薛仁貴의 당군이 쳐들어왔는데, 문훈文訓 등이 맞아 싸워 병선 40척을 빼앗았다. 치열한 해전이 있었음을 알 수 있다. 676년 11월에는 당과 마지막으로 대규모 전투가 벌어졌다. 사찬沙飡 시득施得이 병선을 거느리고 설인귀의 당군과 기벌포에서 싸웠는데, 대소 22회 전투에 승리하

109 吉田 愛(2006), 「《화랑세기》의 구조론적 이해를 위해」, 『新羅史學報』 8, 205~225쪽.

110 이종욱(2000), 『화랑세기로 본 신라인 이야기』, 482쪽.

여 4,000명이나 참획하였다.

뒤이은 678년, 신라는 선부를 병부로부터 독립시키고 별도로 관리들을 두었다. 관리들의 지위는 병부 및 조부와 동일하였으며, 장관급의 영令 1인에는 왕족이 임명되었다. 다시 벌어질지 모를 당과의 전쟁을 대비하여 해군력을 부쩍 강화한 조치였다. 731년 일본의 병선 300척이 신라를 침입한 적이 있는데, 신라가 이들을 대파하였다. 신라의 해군 육성 정책이 거둔 성과라고 하겠다. 757년 경덕왕景德王은 선부를 이제부利濟部로 개칭하였다. 관제를 중국풍으로 개혁하는 일환이긴 했지만, 평화의 시대가 오래 이어지면서 선부의 역할이 외교와 군사를 넘어 무역으로까지 확대되었음을 새로운 명칭에서 짐작할 수 있다. 이제부는 혜공왕惠恭王에 의해 선부로 명칭이 돌려진 다음 신라 말기까지 존속하였다. 이후의 고려와 조선 어느 왕조도 신라의 선부와 같은 바다와 배를 관장하는 최상급의 관부를 설치하지 않았다.

8~9세기 신라인의 해상활동은 후대의 한국인이 상상하기 힘들 정도로 활발하였다. 일본과의 정치적 관계는 적대적이거나 냉담하였지만, 그것이 양국의 활발한 교역을 막지는 않았다. 신라는 왜전倭典이란 관청을 두어 일본과의 무역을 관장하였다. 752년 신라는 7척의 배와 총인원 700명으로 이루어진 대규모 사절단을 일본에 파견하였다. 사절단은 일본의 수도 나라奈良에서 공적 교역을 벌였다. 도중의 교통요지인 다자이후太宰府와 난바難波(현 오사카)에서도 그들을 맞는 시장이 열렸다. 난바와 나라를 잇는 운하의 이름은 신라강新羅江이었다. 신라강의 좌우에는 일본의 지배층과 사원의 주요 전장田莊이 포진하였으며, 그들은 신라강을 오가는 상선을 통해 신라의 물품을 구매하였다. 나라의 동대사東大寺는 신라강장新羅江莊이란 창고를 두어 신라 물품을 저장하였다.[111] 814년에는 극심한 흉

111 尹善泰(2000),「新羅 統一期 王室의 村落支配 ― 新羅 古文書와 木簡의 分析을 中心으로 ―」, 111~112쪽.

년과 잇따른 내란의 혼란으로 인해 상당수의 신라인이 바다를 건너 일본으로 피란하였다. 서일본 곳곳에 표착하는 신라인의 수가 적지 않았는데, 820년 도토미遠江와 스루가駿河에 정착한 신라인은 700명이나 되었다.[112]

중국으로 건너간 신라인도 많았다. 일본 승 엔닌의 『입당구법순례행기入唐求法巡禮行記』(838~847)는 당시 당에 거주한 각종 직업의 신라인에 관한 직접적 관찰기로서 유일하다. 838년 그가 일본을 출발할 때부터 그의 옆에는 신라인 통역이 있었다. 중국에 표착한 엔닌의 일행은 바닷길을 잘 아는 신라인 60명을 고용하였다. 바다길을 따라 북상하는 도중에 그들은 10명의 신라 상인이 탄 숯 운반선과 만났다. 엔닌의 일행이 도착하여 머문 곳은 등주登州에 있는 구당신라소句唐新羅所였다. 등주는 오늘날의 산둥山東반도로 그곳에는 장보고가 세운 적산원赤山院이라는 절이 있었다. 절에는 30여 명의 신라인 승려가 있었으며, 연간 500석의 소출이 있는 장원이 딸려 있었다. 법회가 열리면 250명의 신라인이 참가하였다. 엔닌이 의도적으로 그의 행렬에서 이탈하여 구법의 순례를 떠난 것은 순전히 적산원의 배려와 주선에 의해서였다. 그가 들린 곳곳에는 신라방新羅坊이라는 신라인의 자치촌이 있었으며, 신라원新羅院 또는 신라관新羅館이라는 신라인의 행객이 머무는 숙박시설이 있었다. 당의 수도 장안長安에도 대략 7~8명의 신라인 승려가 있었다. 엔닌이 만난 신라인 가운데는 상인 출신으로서 항해 중 일본에 표류했다가 돌아온 사람도 있고, 장기간 일본에 체류하여 일본어에 능통한 사람도 있었다. 완십삼랑阮十三郎처럼 이름이 일본식인 신라인도 있었다. 완십삼랑의 숙부 이원좌李元佐는 종2품의 전중감찰시어사殿中監察侍御史이다. 당에서 고관으로 성공한 그는 엔닌이 장안에 체류하는 2년간 그를 스승으로 모시면서 극진하게 대접하였다. 엔닌의 구법 순례는 신라인의 배려와 주선이 없었다면 불가능하였

112 濱田耕策(2002), 『新羅國史の硏究 ― 東アジア史の視点から ―』, 吉川弘文館, 279쪽.

다. 엔닌이 어렵사리 구한 귀국선도 신라 상인의 배였다.[113] 9세기 중국에 거주한 신라인은 당, 신라, 일본을 무시로 왕복한 국제상인이자 신실한 불도佛徒로서 국적 따위는 따지지 않는 코즈모폴리턴이었다.

737년 발해渤海가 바다를 건너 등주登州를 침범하였다. 이 일을 계기로 당의 현종玄宗은 신라의 성덕왕聖德王을 영해군사寧海軍使로 임명하여 해적을 제압하고 해상교역을 보호할 책임을 부여하였다. 신라의 강한 해군력이 그 배경이 되었음은 두말할 필요가 없다. 신라왕에 부여된 영해군사의 직은 이후 120년간이나 지속하였다. 828년 신라는 청해진淸海鎭을 설치하였다. 오늘날의 완도莞島이다. 장보고가 그 대사大使로 임명되었다. 전술했듯이 장보고는 홍덕왕에게 신라인이 당에 노비로 팔려 가는 것을 막을 목적으로 청해진의 설치를 건의하였다. 그렇지만 홍덕왕이 청해진을 설치한 것은 그의 영해군사직 수행과 연관이 있었다고 보인다. 당도 신라가 그런 목적에서 청해진을 설치하는 것을 납득하였다. 그것은 이후 신라가 청해진을 폐지하자 더 이상 신라왕을 영해군사에 봉하지 않았음으로부터 짐작할 수 있다.

청해진은 해적을 제압하였을 뿐 아니라 당과 일본의 무역을 중개하거나 스스로 무역에 종사함으로써 상업적으로 번성하였다. 840년 장보고는 일본 규슈九州의 다자이후太宰府에 독자의 사절단을 파견하기도 하였다. 841년 장보고는 신라 조정에 반기를 들고 한동안 권좌를 누리다가 패하였다. 이후 851년 청해진은 해체되고 진민鎭民들은 벽골제가 있는 벽골군으로 옮겨졌다. 청해진의 폐지는 한국사가 바다로부터 멀어지는 중대 계기를 이루었다. 그렇지만 신라인의 해상활동이 갑자기 중단된 것은 아니었다. 일본 측의 기록은 9세기 말까지 신라의 해적이 쓰시마對馬島와 서일본 연안을 자주 침범했음을 전하고 있다. 때로는 신라의 해군이 해적

113 이상에 대해서는 圓仁 지음/申福龍 번역·주해(1991), 『入唐求法巡禮行記』를 참조.

으로 나서기도 하였다. 894년 신라의 해군은 왕의 명령을 받고 부족한 재정을 보충하기 위해 쓰시마를 습격하였는데, 그 규모가 100척에 승선 인원 2,500명에 달하였다.[114]

114 濱田耕策(2002), 『新羅國史の研究 — 東アジア史の視点から —』, 292~294쪽.

제4장

국인國人과 전호佃戶

1. 집권적 지배체제의 전개

인품의 조정

918년에 문을 연 고려왕조는 936년 후백제와의 전쟁에서 승리하고 신라의 귀순을 받아들여 한반도를 다시 통일하였다. 이후 455년을 지속한 고려는 이전의 신라와 마찬가지로 전국의 토지를 국가의 소유로 간주하는 이념에 기초하여 그의 집권적 지배체제를 구축하였다. 고려왕조의 지식인들은 전국의 토지를 국전國田이라고 불렀다.[1] 국전 이념에 기초한 고

1 "臣等謹按祖宗田制 役口之分 戶別之丁 皆爲國田"(『高麗史』 卷78 志 食貨1 田制 祿科田). 여기

려왕조의 집권적 지배체제는 936년의 통일과 동시에 확립되지는 않았다. 태조 왕건王建은 각 지방에 할거한 호족의 지원으로 후삼국을 통일하였다. 초창기의 고려왕조는 호족세력의 연합체에 다름 아니었다. 고려왕조가 호족들을 누르고 흡수하여 그의 집권적 지배체제를 정립하기까지는 상당한 세월이 소요되었다. 고려의 집권체제는 통일 이후 백년이 훨씬 지난 문종文宗 대(1046~1083)에서야 겨우 완성되었다.

이 같은 추이는 고려왕조가 귀족과 관료에게 전답과 시장柴場을 지급했던 토지제도의 역사에 잘 드러나 있다. 940년 태조는 조정의 신하와 군사들에게 역분전役分田이란 명분의 토지를 지급하였는데, "관계官階를 묻지 않고 인성의 선악과 공로의 대소"를 헤아렸다고 한다.[2] 태조에 대한 충성과 전공戰功을 기준으로 논공행상이 베풀어진 것이다. 관계를 묻지 않았다고 한 만큼 초창기의 고려 조정은 호족과 관료가 엉켜 그 지위가 구분되지 않은 실정이었다.

고려 조정의 이 같은 실태는 976년 전시과田柴科라는 토지제도가 시행될 때도 그리 다르지 않았다. 당시 조정을 구성한 귀족과 관료는 자삼紫衫, 단삼丹衫, 비삼緋衫, 녹삼綠衫의 4개 복색으로 그 지위가 구분되었다. 각 복색에는 8~18개의 등급이 있어 전시田柴가 차등 지급되었다. 예컨대 자삼의 경우 1등에서 18등까지 있었는데, 1등은 전 110결과 시 110결을, 18등은 전 33결과 시 25결을 받았다. 그런데 복색은 인적 또는 정치적 요인에 의해 결정되었다. 호족 출신의 귀족이라면 관직의 고하와 무관하게 자삼을 입었으며, 다른 복색의 실무 관료보다 많은 전시를 받았다. 등급별 지급액의 차이에도 체계적인 기준이 있지 않았다. 최초 전시과의 이러한 실태를 두고 당시의 기록은 "관품官品의 고저를 논하지 않고 단지 인

서 '役口之分'은 관료와 중앙군에게 지급한 토지를, '戶別之丁'은 개별 농가에 지급한 丁田을 말한다.

2 "初定役分田 統合時朝臣軍士 勿論官階 視人性行善惡 功勞大小 給之有差"(『高麗史』 卷78 志 食貨1 田制 田柴科 太祖23年).

품人品에 따라 정하였다"고 하였다.[3] '인품'이라는 말에서 짐작할 수 있듯이 고려왕조는 976년까지도 지방에 할거한 호족세력 또는 거기에 뿌리를 둔 중앙 귀족세력과의 연합체로 존속하였다.

공전과 사전

고려는 이전의 신라와 마찬가지로 전국의 토지를 공전公田과 사전私田으로 구분하였다. 공전은 그것을 보유하고 용익하는 주체에 따라 크게 세 부류로 나뉘었다. 첫째는 왕실의 소유지로서 내장전內庄田이다. 둘째는 정부 각 기관이 소유하는 공해전公廨田, 둔전屯田, 학전學田, 적전籍田 등이다. 셋째는 일반 농민의 경작지로서 민전民田이다.[4] 사전도 크게 세 부류로 나뉘었다. 첫째는 왕족과 사원이 소유한 궁원전宮院田과 사원전寺院田, 둘째는 관료들이 소유한 양반전兩班田, 셋째는 중앙군에 지급된 군인전軍人田이다. 지방의 향리에게도 토지가 지급되었는데, 군인전과 동격으로 취급되었다.[5] 이들 공전과 사전의 소유구조나 지배형태는 각각의 세 부류에 따라 한결같지 않았다. 크게 말해 공전은 왕실과 정부가 공적으로 조租를 수취하는 토지를, 사전은 궁원·사원·관료·군인·향리 등 고려의 지배신분이 사적으로 조를 수취하는 토지를 가리켰다. 이같이 공과 사의 대립과 통합이 수조권收租權의 귀속을 둘러싸고 국왕·정부와 귀족·관료의 수준에서 성립했다는 점에서, 다시 말해 토지를 경작한 농민은 아직 사의 주체로 인정되지 않았다는 점에서, 고려의 국가체제는 이전의 통일신라와 동질적이었다.

공전과 사전의 대립적 관계는 973년에 제정된 다음의 법령에서 뚜렷하게 확인되고 있다.

---

3 "始定職散官各品田柴科 勿論官品高低 但以人品定之"(『高麗史』 卷78 志 食貨1 田制 田柴科 景宗元年).

4 旗田巍(1972),「高麗の公田」,『朝鮮中世社會史の研究』, 法政大學出版局, 208~250쪽.

5 姜晋哲(1991),『改訂高麗土地制度史研究 — 田柴科體制篇 —』, 一潮閣, 62~67쪽.

> 陳田을 개간한 사람에게 私田의 경우 첫해는 소출의 전부를 지급하고 다음 해부터 田主와 반씩 나눈다. 公田의 경우는 3년간 소출의 전부를 지급하고 4년째부터 법에 따라 租를 수취한다.[6]

농지의 개간을 촉진하기 위한 이 법령은 개간자에게 사전에서는 1년간, 공전에서는 3년간 소출의 전부를 갖게 하는 혜택을 베풀고 있다. 사전에서는 2년째부터 귀족·관료인 전주田主와 반씩 나누게 했는데, 이로부터 사전의 수조율이 통상 1/2이었음을 알 수 있다. 공전의 수조율이 어느 정도였는지는 위보다 늦은 992년의 법령에서 확인되는데, 1/4이다. 이처럼 공전과 사전에 미치는 국가의 지배력은 상이하였다. 개간자에 베풀어진 혜택의 기간이 달랐을 뿐 아니라, 수조율에서도 2배의 차이가 있었다.

공전의 수조율이 사전보다 낮았던 원인은 분명치 않다. 국왕은 백성의 자애로운 어버이라는 왕정의 이념에 구애되었다고도 볼 수 있다. 공전 농민에게는 조 이외에 부賦와 역役이 부담이 있어서 결과적으로 사전 농민의 부담과 다를 바 없었다고도 할 수 있다. 어느 쪽인지는 알 수 없다. 어쨌든 조 수확의 절반을 수취한 사전은 귀족·관료의 사령지私領地와 다를 바 없었다. 그런 상태에서는 전국의 토지를 국전이라 하기 힘들었다. 10세기만 해도 국전의 이념이나 그것의 실제적 지배력은 취약하였다. 다만 국왕은 사전의 농민에게도 왕정의 혜택을 베풀고자 했고, 귀족·관료들은 그러한 왕정의 명분을 거부할 수 없었다. 그러했던 한 사전도 크게 말해 국전의 틀을 벗어나 있지는 않았다.

이 같은 사전이 생겨난 것은 각지에서 호족세력이 발호한 후삼국기였다. 그에 대해 고려의 태조는 다음과 같이 말하였다.

---

6 "陳田耕墾人 私田 則初年所收全給 二年始與田主分半 公田 限三年全給 四年始依法收租"(『高麗史』 卷78 食貨1 田制 租稅 光宗24년).

> 泰封의 왕이 백성을 마음대로 하여 오직 거두어들이는 것을 일삼고 옛 제도를 따르지 아니하여, 1頃의 토지에 조세가 6碩이요, 驛을 관리하는 호에 賦로서 실[絲]이 3束이니, 드디어 백성으로 하여금 밭 갈고 길쌈하는 것을 그만두고 유망하게 하였도다. 이제부터 조세와 부의 수취는 마땅히 옛 법을 따르도록 하라.[7]

918년 태조가 태봉의 왕 궁예弓裔를 축출하고 고려왕조를 창건한 직후에 내린 조치이다. 태조는 궁예의 학정을 비판하면서 1경頃의 조세가 6석碩이나 되었다고 하였다. 경은 결結로, 석은 석石으로 읽어도 무방하다. 전장에서 살폈듯이, 868년 개선사석등기에 나타난 관료전 1결, 곧 사전 1결에서의 수조는 조 2.86석이다. 그것이 918년까지 6석으로 2배 이상이나 증가한 것이다. 이 사실과 앞서 소개한 사전의 수조율이 공전의 2배인 사실은 우연의 일치라고만 할 수 없다. 이로부터 우리는 신라 말기, 후삼국기, 고려 초기에 걸쳐 토지제도에서 다음과 같은 변화가 있었다고 추측할 수 있다.

즉 신라 말기와 후삼국기에 걸쳐 관료전에 기원을 둔 사전에서의 수조가 중앙권력의 해체와 더불어 2배 가까이 증가하였다. 호족이 소유한 대규모 관료전은 그들의 사령지로 바뀌었다. 고려 태조는 사전에서의 수조를 원래 수준으로 되돌려 놓고자 했지만 실패하였다. 973년 사전의 수조율은 여전히 1/2로서 공전보다 2배나 높았다. 고려왕조가 귀족·관료의 사령지를 부정하고 전국의 토지를 국전으로 장악할 수 없었던 것은 호족세력과의 연합체라는 초창기의 국가체제를 쉽게 극복할 수 없었기 때문이다. 고려왕조가 그의 집권적 지배체제를 정비하는 것은 성종成宗 대(981~997)부터이다.

---

7 "泰封主 以民從欲 惟事聚斂 不遵舊制 一頃之田 租稅六碩 管驛之戶 賦絲三束 遂使百姓 輟耕廢織 流亡相續 自今租稅征賦 宜用舊法"(『高麗史』 卷78 食貨1 田制 租稅 太祖元年).

조의 수취

992년 고려는 공전의 수조율을 1/4로 정하고, 수전水田과 한전旱田의 결당 수조량을 〈표 4-1〉과 같이 정하였다.[8] 조租의 품목은 벼[租]이다. 한국사에서 조세의 수취규식이 온전한 형태로 전하는 것은 이때가 처음이다. 수전과 한전은 상, 중, 하 3등으로 등급이 구분되었다. 이 같은 등급 구분은 1054년의 어느 법령에서는 불역지지不易之地, 일역지지一易之地, 재역지지再易之地로 불리기도 했다. 불역은 매년 경작되는 상등의 토지, 일역은 2년에 1년 경작되는 중등의 토지, 재역은 3년에 1년 경작되는 하등의 토지를 말한다. 각 등의 전국적 분포를 전하는 기록은 없지만, 대체로 불역의 상등은 드물고, 2년 1작의 중등과 3년 1작의 하등이 일반적이라고 알려져 있다.[9] 수조량은 등급별로 두 가지가 제시되어 있는데, 위의 것은 상한으로, 아래의 것은 하한으로 이해되고 있다.[10] 이로부터 각 등마다 비옥도에 따른 등급 구분이 더 있었다고 추측되지만 자세한 사정은 전하지 않는다.

수조율이 1/4이기 때문에 결당 수조량에서 결당 벼 생산량을 추산할 수 있다. 〈표 4-1〉의 '생산량'이 그것이다. 예컨대 상등 수전의 평균 16.5석은 매년 경작되는 상등지 1결의 소출이 그 정도임을 말한다. 중등 수전의 평균 12.5석은 2년에 1년 경작하여 얻은 소출 25석을 2로 나눈 것이

---

8 『高麗史』 卷78 食貨1 田制 租稅 成宗 11년. 『高麗史』의 원문에서 제시된 등급별 수조의 양에는 오기가 있으며, 姜晋哲이 이를 교정하였다. 姜晋哲(1991), 『改訂高麗土地制度史硏究 — 田柴科體制篇 —』, 394쪽. 〈표4-1〉에 제시된 등급별 수조의 양은 강진철의 교정에 따른 것이다.

9 姜晋哲(1991), 『改訂高麗土地制度史硏究 — 田柴科體制篇 —』, 397쪽.

10 『高麗史』의 原文(주8)에서는 하한의 수조량이 본문으로, 상한의 수조량이 細注로 제시되어 있다. 종래 이 두 종류의 수조량을 둘러싸고 연구자에 따라 다양한 해석이 제시되었다. 어느 연구자는 세주로 제시된 수치를 믿을 수 없는 것이라고도 하였다. 姜晋哲(1991), 『改訂高麗土地制度史硏究 — 田柴科體制篇 —』, 392쪽 참조. 여기서는 원문을 하한의 조액으로, 세주를 상한의 조액으로 해석한 예를 취하였다. 이와 관련해서는 다음을 참조할 수 있다. 朴興秀(1972), 「新羅 및 高麗의 量田法에 關하여」, 『韓國學術院論文集』(人文社會科學篇)11집, 179~183쪽; 宮嶋博史(1980), 「朝鮮農業史上における十五世紀」, 『朝鮮史叢』 3, 16~18쪽.

【표 4-1】 공전 1결의 수조량과 생산량(992)

구분 / 등급	수전			한전		
	수조량	생산량	평균 생산량	수조량	생산량	평균 생산량
상등	4石 7斗 5升 3石 11斗 2升 5合	18石 15石	16.5石	2石 3斗 7升 5合 1石 13斗 1升 2合 5勺	9石 7.5石	8.25石
중등	3石 7斗 5升 2石 11斗 2升 5合	14石 11石	12.5石	1石 11斗 2升 5合 1石 5斗 6升 2合 5勺	7石 5.5石	6.25石
하등	2石 7斗 5升 1石 11斗 2升 5合	10石 7石	8.5石	1石 3斗 7升 5合 13斗 1升 2合 5勺	5石 3.5石	4.25石

출처: 『高麗史』 卷78 食貨1 田制 租稅 成宗 11年.
비고: 1石=15斗.

다. 하등 수전의 평균 8.5석은 3년에 1년 경작하여 얻은 소출 25.5석을 3으로 나눈 것이다. 한전의 수조량은 수전의 절반인데, 밭에서 나는 조粟, 보리麥, 콩豆 등의 가치를 쌀의 절반으로 간주한 것이다. 그렇다고 한전의 조가 반드시 벼로 수취된 것은 아니었으며, 조·보리·콩 등의 잡곡으로도 수취되었을 것이다. 고려왕조의 결부제結負制는 이전의 신라와 마찬가지로 절대면적을 측량하였다. 992년 당시 1결의 면적은 대개 1,200~1,500평이었다.[11] 석과 두의 관계는 시대에 따라 달랐다. 7세기까지 삼국에서는 1석이 10두인데, 9세기 통일신라에서는 20두였다. 그것이 10세기 말 고려에서는 15두로 바뀌었다.

수전 1결의 평균 수조량을 구하면 3.125석이다(3석 1두 8승 7홉 5작). 868년 개선사석등기에서 추정되는 수전 1결의 수조량은 2.86석이었다. 그 사이 석과 두의 관계가 1석=20두에서 1석=15두로 바뀌었다. 1석의 용적이 불변이고 두의 용적이 커졌다면, 수조량은 조금 늘었다. 반면 두의 용적이 불변이고 석의 용적이 작아졌다면, 수조량은 조금 줄었다. 어느 쪽인

11 李宇泰(1989), 「新羅時代의 結負制」, 『泰東古典研究』 5, 19쪽.

지 알 수 없으나 어쨌든 큰 차이는 없었다. 그렇다면 868년 관료전에서의 수조율 역시 1/4인 가운데 신라 말과 고려 초의 혼란기에 도작稻作의 생산성에는 큰 변화가 없었다고 이야기할 수 있다.

전장에서 지적한 대로 7세기 말 신라의 통일 이후 곡작 농업의 커다란 진전이 있었다. 그 중심에 도작의 발전이 있었다. 신라 말기 이래 도작의 생산성은 정체했을지 몰라도 곡작 농업에서 도작이 차지하는 비중은 개간을 통해 증가하는 추세였다. 농법은 여전히 2년1작 또는 3년1작의 휴한이 지배적이지만, 휴한의 주기가 보다 규칙화 하는 가운데 밭의 상당 부분이 논으로 개간되었다. 〈표 4-1〉에서 보듯이 고려는 밭에 대한 수조도 벼로 행하였다. 보리와 콩 등이 생산되는 밭에서 벼를 수취하기 위해서는 농가의 작부 구성에서 도작의 상당한 비중을 전제하지 않으면 안 된다.

그렇지만 10세기 말 일반 농가가 벼를 주식으로 했다고는 생각되지 않는다. 벼는 삼국시대 이래 귀족적 지배층의 사치적 소비품으로서 그들의 주식이었다. 서민들의 주식은 여전히 보리와 콩 등의 밭작물이었다. 1024년 경주의 불국사佛國寺는 지진으로 훼손된 석가탑釋迦塔을 중수하였다. 그때 불국사 내외의 승 80여 명이 식료와 기물을 시주하였다. 식료는 쌀, 밀, 메밀, 콩, 팥, 완두 등 도합 29석 8승이었다. 그 가운데 쌀은 6석 9두 8승으로서 23%에 불과하였다.[12] 80여 명의 시주자 가운데는 전시田柴를 지급받은 대덕大德이 11명이나 되었다. 그럼에도 쌀의 비중은 얼마 되지 않았다. 각인의 쌀 시주도 승 단위에 불과하였다. 이로부터 당시까지 쌀은 최상층의 귀족·관료가 아니고서는 일상적으로 섭취할 수 있는 식료가 아니었음을 알 수 있다. 다음 장에서 소개하겠지만, 쌀이 서민의 주식으로까지 널리 섭취되는 것은 16세기의 일이다.

〈표 4-1〉의 수취규식에서 인상적인 대목은 결당 수조량이 승升, 홉

12 千惠鳳(2009),「佛國寺釋迦塔重修形止記의 補塡 校註와 讀解 論難問題의 檢討」,『口訣研究』 22, 14~23쪽.

合, 작勺 단위까지 아주 세밀하게 정해졌다는 점이다. 당시 1두의 용적은 5.976l이다(1두=10승=100홉=1,000작). 그러니까 1작은 실재하지 않은 양기量器로서 계산단위에 불과하다. 여러 연구자들이 지적하듯이 이같이 번쇄하기 짝이 없는 규식은 수취의 현장에서 적용이 불가능한 것이다. 992년의 원래 수취규식은 훨씬 간명하였음이 분명하다. 〈표 4-1〉은 15세기 초 조선왕조의 학자들이 『고려사』를 편찬하면서 당시의 감각에 따라 1결의 수조량이 얼마씩이라고 계산해 낸 것이다.

그런데 각 등급별 수조량에다 8을 곱하면 모두 석 단위로 올라간다. 예컨대 상등 수전 1결의 4석 7두 5승과 3석 11두 2승 5합의 8배는 36석과 30석이다. 중등의 경우는 28석과 22석, 하등의 경우는 20석과 14석이 된다. 이로부터 992년 당시에는 8결에 얼마라는 식으로 수취규식이 정해졌을 것으로 짐작할 수 있다. 다시 말해 조의 실제 수취단위는 1결이 아니라 8결이었다. 나중에 설명하겠지만, 8결은 고려의 정호丁戶 농민이 보유한 경지의 표준 규모였다.

8은 무엇을 의미할까. 『고려사』를 비롯한 고려시대의 기록은 그에 관해 어떠한 정보도 전하지 않는다. 나는 8로부터 중국 주周의 정전제井田制를 떠올린다. 역사가라면 대개 동감하는 발상이다. 정전제에서 1정井은 1구區의 공전과 8구區의 사전으로 구획된다. 8구의 사전은 1구의 공전을 공동 경작했으며, 그것으로 국가에 대한 조부를 감당하였다. 고려인들은 정전제를 복구되어야 할 이상적 토지제도로 간주하였을 것이다. 그러한 취지에서 나는 10세기 어느 시기에 8결을 수조의 단위로 편성하는 양전이 행해졌다고 믿는다.

부와 역의 수취

고려왕조는 조에 이어 부賦, 곧 공물을 수취하였다. 그에는 포布, 사絲, 염鹽, 유밀油蜜, 우피牛皮, 지紙, 금金, 은銀, 동銅, 철鐵 등의 다양한 품목이 있었다. 각종 공물이 농가나 촌리에 어떻게 부과되고 수취되었는지에 관해서는 자료가 전하지 않는다. 1028년 현종顯宗은 여러 도의 군현으로 하여금[13] 매년 뽕나무를 정호丁戶는 20그루, 백정白丁은 15그루를 심게 하여 양잠에 이바지하도록 명하였다. 1145년에는 전답으로 일구기에 적합하지 않은 잡종지에 뽕나무, 밤나무, 옻나무, 닥나무를 토지의 성질에 따라 심도록 권장하였다.[14] 다시 말해 전답으로 일굴 만한 토지는 이미 거의 개간된 상태였다. 이로부터 뽕나무 숲이 무성했던 7세기 말 신라의 생태환경과는 많이 달라진, 산업의 중심이 현저히 곡작으로 이동해 있는 11~12세기 농촌을 상상할 수 있다. 농가로 하여금 매년 뽕나무를 얼마씩 심도록 했음으로부터 포와 사 수취의 대상이 개별 농가였다고 짐작되지만 확실하지 않다. 유밀·우피·종이 등은 생산의 효율성을 고려할 때 촌리가 생산의 주체이자 수취의 대상이었을 가능성이 크다. 염·금·은·동·철 등은 모든 촌리에서 생산되는 물종이 아니다. 철 등의 광산물을 생산하는 촌리를 가리켜서는 소所라 했는데, 전국에 대략 275개의 소가 있었다. 소는 독립적인 행정단위가 아니고 군현에 속하여 지방관의 통제를 받았다.

조와 부에 이어 백성에 강요된 부담은 역役이었다. 군현의 지방관은 내장전, 궁원전, 공해전, 둔전 등의 공전과 양반전, 군인전 등의 사전을 경작하기 위해 농민을 동원하였다. 미간지의 개간과 제언·성곽·도로의 수축에도 농민은 자주 동원되었다. 1034년 덕종德宗은 농상農桑은 의식衣食의 근본이므로 군현의 관리들은 백성들로부터 춘경春耕, 하운夏耘, 추수秋收의 농시農時를 빼앗지 말라고 명하였다. 그래도 그 폐단이 적지 않았는지, 1036년에는 각지에 사신을 파견하여 군현의 관리들이 백성을 사역하여

13 『高麗史』 원문에는 州縣으로 되어 있다. 고려왕조의 지방행정 단위는 3京, 都護, 牧, 州, 郡, 縣, 倉이다. 『高麗史』는 이를 줄여서 州縣, 州郡, 郡縣 등으로 부르고 있다. 이하 이전 신라시대의 서술과의 일관성을 기하기 위해 원문에 州縣으로 되어 있더라도 郡縣으로 바꾸어 쓴다.

14 『高麗史』 卷79 食貨2 農桑 顯宗19년, 仁宗23년.

농사를 방해하는 것을 적발하여 처벌하였다.[15] 개별 농가에 조를 부과하고, 농가나 촌리로부터 공물을 수취하고, 나아가 농민의 노동력을 징발한 점에서 고려왕조의 백성 지배체제는 이전의 신라왕조와 별로 다르지 않았다.

전시과의 진전

고려왕조의 집권적 지배체제는 성종成宗 대와 현종顯宗 대(1009~1031)에 걸쳐 크게 강화되었다. 거란과 벌인 세 차례의 대규모 전쟁이 그 한편의 배경을 이루었다. 성종은 중앙군을 강화하고 지방에 12목牧을 설치하여 지방관을 파견하기 시작하였다. 현종 대까지 지방관이 파견된 곳은 580여 군현 가운데 116곳이나 되었다. 지방관이 파견되지 않은 곳은 속현屬縣이라 하여 지방관이 파견된 주현主縣의 통솔을 받았다. 나아가 호족의 군사력이 주현군州縣軍이란 이름의 지방군으로 편성되어 지방관의 통제를 받게 되었다. 뿐만 아니라 호족세력이 보유해 온 조세와 공물을 개경으로 운송하는 조운漕運의 권리가 지방관에게 이양되었다. 고려왕조는 전국에 12개 조창漕倉을 설치하여 조운의 경로를 장악함으로써 그때까지 호족세력에 좌우되던 중앙재정을 안정시켰다.[16] 군사력과 조운권을 빼앗긴 호족세력은 크게 약화되었다.

이 같은 추세와 보조를 같이 하여 998년, 1033년, 1076년의 세 차례에 걸쳐 전시과田柴科의 개정이 이루어졌다. 그 결과 최초 전시과에서의 이른바 인품이라는 지급 기준이 사라졌다. 호족이라 하여 관직도 없이 전시를 지급받던 초창기의 관행은 부정되었다. 전시는 호장층戶長層에 한하여 지방세력에게도 지급되었는데, 그것은 호장이 향직을 보유했기 때문

---

15 『高麗史』 卷79 食貨2 農桑 德宗3년, 靖宗2년.

16 北村秀人(1970), 「高麗時代の漕倉制について」, 『朝鮮歷史論集』 上, 403~446쪽.
崔完基(1981), 「高麗朝의 稅穀運送」, 『韓國史硏究』 34, 29~52쪽.

[표 4-2] 1076년 개정 전시과에서 과별 전시의 양과 수취인 수

단위: 결, 명

과	전답	시	수취인					
			문관		무관·군인		잡직	향직
			품계	인원	품계	인원		
1	100	50	從1	3				
2	90	45	正2	4				
3	85	40	正·從2	3	正3	8		
4	80	35	正3	14	從3	8		
5	75	30	從3	15	正4	45		
6	70	27	正4	17	從5	91		
7	65	24	從4~5	21				
8	60	21	正·從5	30	正6	226		
9	55	18	從5·正6	5				
10	50	15	從5~7·正6	42				
11	45	12	正6~7·從6~7	42	正7	226		
12	40	10	從6~7·正7~8	39	正8	228		大相·左丞
13	35	8	從7·正8	54	正9	919		元甫·正朝
14	30	5	正·從8	82	?	1,838		元尹
15	25		正·從9	45	馬軍		諸主事 외 9職	
16	22		從9	8	步軍		諸令史 외 18職	
17	20				監門軍		諸書令史 외 21職	
18	17						閑人·雜類	

출처: 姜晋哲(1991),『改訂高麗土地制度史硏究—田柴科體制篇—』, 一潮閣, 48·79~81쪽.

이다. 향직을 받지 못한 호장 이하의 지방세력은 전시의 지급에서 제외되었다. 그 대신 중앙정부의 하급 이서吏胥와 중앙군의 마군馬軍·보군步軍이 토지를 지급받았다. 1076년 마지막으로 개정된 전시과에서 문무 관료와 군인에게 지급된 전시의 양은 〈표 4-2〉와 같다.[17]

17 〈표4-2〉는 姜晋哲(1991),『改訂高麗土地制度史硏究—田柴科體制篇—』, 48·79~81쪽의 두

전시는 수취인의 품계나 직무에 따라 1과에서 18과까지 차등을 두어 지급되었다. 최고 1과의 중서령中書令 등은 전답 100결과 시 50결을, 최하등 18과의 한인閑人과 잡류雜類는 전답 17결만 지급받았다. 시는 15과 이하에는 지급되지 않았다. 전답은 그 분포가 전국적이었지만, 시의 분포는 2일정日程 내의 근기近畿에 한정되었다. 조의 수취는 지방관이 대행하여 공적 조운의 경로를 통해 개경으로 운송하였다. 개경에는 우창右倉 풍저창豊儲倉과 좌창左倉 광흥창廣興倉이 있었는데, 우창에는 공전의 조가, 좌창에는 사전의 조가 저장되었다. 전답을 지급받은 관료와 군인들은 정기적으로 광흥창에 가서 그들 몫으로 올라온 조를 수령하였다.

수취인의 수를 보면 종1품의 1과에서 정9품의 16과에 이르는 문관의 수는 424명이다. 그에 비해 정3품의 3과에서 정9품의 13과에 이르는 무관의 수는 1,751명이다. 14과의 대정隊正 1,838명이 품계를 받았는지는 확실치 않으나 이들까지 포함하면 무관의 수는 3,589명이나 된다. 문관 424명에 지급된 전은 총 1만 8,991결임에 비해, 무관 3,589명에 지급된 전은 총 13만 1,220결로서 무려 7배이다. 여기서 보듯이 고려왕조는 11세기 후반까지 무사들이 정부의 인적, 재정적 구성에서 지배적 비중을 차지한 군사국가軍事國家였다.

왕도 개경開京에 집주한 중앙군은 국가체제의 중추를 이루었다. 중앙군은 대략 3,500명의 무관과 3~4만 명의 마군과 보군으로 이루어졌다. 〈표 4-2〉에서 보듯이 전시과는 이들 중앙군을 우대하였다. 각 과에서 무관의 품계는 문관보다 한 등급 낮았지만, 문관과 동일 규모의 전시를 지급받았다.[18] 병졸인 마군과 보군에게도 토지가 지급되었는데, 1033년에 개

표를 참조하여 작성하였다. 다만 武班 13科 諸衛와 14科 諸隊正의 수만큼은『高麗史』志 百官 西班에서 직접 헤아렸다.

18 이는 1075년 개정 당시의 군사적 긴장과 관련이 있으며, 1033년에 개정된 전시과에서 무관의 대우는 상대적으로 낮았다. 姜晋哲(1991),『改訂高麗土地制度史硏究—田柴科體制篇—』, 49쪽 참조. 그렇지만 중앙정부의 인적, 재정적 구성에서 무관의 비중이 압도적으로 컸던 고

정된 전시과부터이다. 1075년의 개정에서는 궁궐을 지키는 감문군監門軍에게도 전답이 지급되었다. 고려왕조는 크게 말해 이들 중앙군을 중추로 한 군사공동체라 할 수 있다. 고려왕조가 거란, 여진, 몽고, 홍건적 등의 잦은 외침에 강하게 맞설 수 있었던 것은 국가체제의 이 같은 특질에 의해서이다.

전시과는 정부 각 기관에서 문필文筆의 실무에 종사한 하급 관료인 이서와 잡류에게도 토지를 지급하였는데, 15~18과의 제주사諸主事 이하가 그들이다. 군현의 호장층에게도 전시가 지급되었는데, 12~14과의 대상大相 이하의 향직이 그들이다. 이로부터 고려 초기에 비해 무척 낮아진 지방세력의 지위를 확인할 수 있다. 이 외에 현직을 보유하지 않은 무산계武散階의 군인에게도 토지가 지급되었는데, 〈표 4-2〉에는 포함되지 않았다. 전시과의 운영이 위의 규식 그대로 철저했다고는 생각되지 않는다. 약 5만에 달했을 문무 관료, 중앙군, 이서·잡류, 향직에 위의 규식대로 토지를 지급하기 위해서는 대략 87만 결이 필요하였다. 10세기 후반 고려왕조의 토지가 전국적으로 얼마였는지는 알 수 없지만, 1388년에 알려진 전국의 결총結總은 50만 결에 불과하였다. 품계를 보유하지 못한 마군, 보군 등에 대한 지급은 명분에 그치거나 미미했다고 보인다.[19]

녹봉제의 실시

1076년에 개정된 전시과는 자세한 내막이 전하지 않으나 곧바로 그 운영이 중단되었다. 엄밀히 말하여 제도의 내용은 이어지는 가운데 형식이 바뀌었다. 사전의 지급은 더 이상 이루어지지 않고, 그에 대한 관리체제도 크게 변하였다. 그 대신 녹봉제祿俸制가 시행되었다. 귀족·관료의 녹으로서 토지가 아니라 현물이 지급되기 시작한 것이다. 그와 관련하여

려왕조의 군사국가로서의 특질은 전시과 체제하에서 始終如一했다고 생각한다.

19 姜晋哲(1991),『改訂高麗土地制度史硏究 — 田柴科體制篇 —』, 109~116쪽.

『고려사』는 매년 좌창에 들어오는 14만 석의 쌀[米], 조[粟], 보리[麥]를 가지고 안으로는 왕비, 종실, 관료에 이르기까지, 밖으로는 3경, 주, 군, 현의 외관에 이르기까지, 나아가 잡직, 서리, 공장工匠에 이르기까지 직역을 가진 모든 사람에게 과科에 따라 녹봉을 차등 지급하여 그들의 농경農耕을 대신하게 했다고[以代其耕] 서술하고 있다.[20] 이로써 689~757년 신라가 시행한 적이 있는 녹봉제가 부활하였다.

전시과는 국가의 직역자에 대한 보수체계로서 흠결을 지니고 있었다. 3경의 관리와 군현의 지방관에게는 전시가 지급되지 않았다. 이들 외관에 대한 보수는 군현에 설치된 공해전公廨田의 소출에서 지급되었지만, 거기엔 일정한 규식이 있지 않았다. 왕비와 종실에도 전시가 지급되지 않고 궁원전의 소출로 대신하였다. 임시 관서의 관리에 대한 보수 규정도 없었다. 이 같은 보수체계는 보다 통일적인 형태로 정비될 필요가 있었다. 녹봉제 시행의 한 가지 배경은 이와 같았다.

다른 한 가지 배경으로서는 고려왕조가 꾸준하게 추구해 온 중앙집권화 정책을 들 수 있다. 두어 차례 지적했듯이 초기의 사전은 후삼국기의 호족세력에 기원을 둔 귀족·관료의 사령지와 같았다. 이 점은 전시과 이후에도 크게 달라지지 않았다. 전시과의 시행과 더불어 귀족·관료에게 새롭게 지급된 사전도 적지 않았다. 원래의 사령지나 새롭게 취득한 사전이나 귀족·관료는 그것을 직접 관리하였다. 사전을 경작한 농민의 노동과정은 귀족·관료의 권농과 감독하에 있었다. 그것은 『고려사』가 녹봉제가 그들의 농경을 대신했다고 한 데서도 알 수 있다. 사전의 관리를 매개로 귀족·관료는 지방세력과 밀접한 유대를 형성하였다. 11세기 이후 고려왕조는 지방행정, 군사, 조운에서 지방세력을 누르고 중앙집권체제를 강화하였다. 사전에 대한 국가적 규제도 조금씩 가중되었다. 1014년 현종은 사전에

20 『高麗史』 卷80 食貨3 祿俸.

대해 종전에 없던 결당 5승의 세稅를 부과하였다. 소량이긴 했지만, 거기에는 사전도 국전임에 예외가 없다는 취지가 담겨 있었다. 1024년에는 백성을 구제할 목적으로 의창義倉이 설치되었는데, 결당 조 1두에서 3두까지의 의창미가 공전과 사전을 불문하고 부과되었다. 1036년에는 공전과 사전을 서로 교환하거나 보충하는 예가 지방에 따라 나타나고 있었다. 그렇게 공전과 사전은 서서히 국전으로 동질화하고 있었다.[21] 1069년 고려왕조는 전국의 토지에 대해 양전을 실시하였다. 연후에 사전의 세를 결당 5승에서 7승 5홉으로 올렸다. 이렇게 꾸준하게 추진되어 온 고려왕조의 중앙집권화 정책에서 1076년의 녹봉제 시행은 그 대미를 장식하였다.

『고려사』의 지적대로 녹봉제의 시행은 모든 직역자를 포괄하였다. 왕비·공주를 대상으로 한 비주妃主의 녹, 왕실의 인척을 대상으로 한 종실宗室의 녹, 그리고 문무 관료를 대상으로 한 문무반文武班의 녹이 제정되었다. 문무반의 녹에는 46개 등급이 있었다. 최고 1등의 중서령 등에는 녹 400석이, 최하 46등의 국학학정國學學正 등에는 녹 10석이 지급되었다. 3경의 관리와 군현의 지방관을 대상으로 한 녹도 책정되었다. 다만 중앙군의 병졸인 마군과 보군을 대상으로 한 녹은 없었다. 녹봉제의 시행은 모든 직역자에 대한 보수체제를 통일적인 관료제적 질서로 정비하였다. 뿐만 아니라 고려왕조의 집권적 지배체제의 확립에 있어서 일대 획기를 이루었다. 사전의 관리와 수취를 매개로 한 귀족·관료와 지방세력 간의 유대관계는 해체되었다. 귀족·관료는 그의 출신지와 탯줄이 끊어진 순전한 재경관인在京官人으로 그 모습을 바꾸었다.

종래 역사가들은 1076년에 있은 전시과 개정과 녹봉제 시행을 별개의 사건으로 간주해 왔다. 그들은 고려 초기부터 녹봉제가 전시과와 별도로 시행되어 왔다고 생각하였다. 그 같은 종래의 통설은 관료들에게 지급된

---

21 李榮薰(1999), 「高麗佃戶考」, 『歷史學報』 161, 68~70쪽.

전시를 녹 또는 녹봉으로 부르기도 했던 그 시대의 언어생활에 대한 오해에 기인하고 있다. 예컨대 1010년 백관의 녹봉이 부족하여 중앙군의 영업전永業田을 빼앗아 녹봉에 충당하니 무관들의 불평이 컸다.[22] 1036년 2월 정종靖宗은 백관에게 녹패祿牌를 하사하였다.[23] 이들 예에서 '녹봉'이나 '녹패'는 전시로부터의 수입이나 그에 대한 관리체제를 의미할 뿐이었다.

전시과가 존속하는 가운데 새롭게 정비된 녹봉제가 시행되었다면 고려 토지제도사의 이해에서 다음과 같은 커다란 모순이 발생한다. 첫째, 귀족·관료의 소득이 갑자기 두 배로 늘어나는데, 그런 일은 아무래도 있기 곤란하다. 예컨대 전시과에서 1과의 중서령은 100결의 토지를 지급받았다. 〈표 4-1〉에서 공전의 중등 수전과 한전의 평균 수조량을 구하면 대략 2석 5두이다. 사전은 그 두 배이므로 4석 10두이다. 이에 사전 100결에서 수취하는 조의 양은 467석이다. 이 사전 수입과 별도로 중서령에게 녹봉 400석이 지급되었다고 하면 총수입은 867석이 된다. 이런 일은 당시의 농업생산력 수준이나 그에 규정된 정부재정의 형편을 고려할 때 상상하기 힘들다. 중서령의 녹봉 400석 자체가 그의 사전 100결로부터의 수입을 고려하여 책정된 것이었다. 다시 말해 녹봉제는 전시과를 대체하고 계승하는 관계였다. 전시과를 폐지했다기보다 그것을 보다 중앙집권적이고 관료제적 형태로 통제하고 관리한 것이 녹봉제의 시행이었다. 녹봉제는 지급 대상을 모든 직역자로 확대하였다. 지급의 차등을 11등에서 47등으로 벌림으로써 정부조직으로서 관료체제의 상하 위계를 보다 분명히 하였다. 대개 전시과 1~11등의 수입에서는 큰 변화가 없는 반면, 그 이하에서는 수입이 줄었다. 왕비와 왕족에 대해서는 기존의 궁원전을 그대로 둔 채 녹봉의 지급을 신설하였다. 녹봉제의 시행은 왕권의 강화를 의미

22 『高麗史』 卷94 列傳7 皇甫兪義.

23 『高麗史』 卷6 世家 靖宗2년 2월.
『高麗史節要』 卷4 靖宗2년 2월.

하였다.

둘째, 『고려사』에서 전시과의 역사는 지志 식화食貨1 전제田制의 장에서 서술되는데, 1076년 이후 그 지속적 운영이나 개정을 알리는 기록이 보이지 않는다. 뒤이어 같은 장에서 1257년에 시행된 녹과전祿科田이라는 새로운 토지제도에 관한 서술이 나온다. "동년 6월 재추宰樞가 회의를 하여 전토를 분급하여 녹봉에 대신한다고 결정하고 드디어 급전도감給田都監을 설치했다"는 것이다.[24] 다시 말해 언젠가 토지를 분급하는 전시과는 중지되었다. 전시과가 그대로 존속했다면 어찌 토지를 분급하는 새로운 제도가 중복해서 설치될 수 있겠는가. 고려 토지제도사에 관한 종래의 연구는 전시과가 언제, 어떻게 종식되었는지를 진지하게 추궁하지 않았다. 『고려사』에서 녹봉제에 관한 서술은 정부재정을 다루는 식화3이라는 장에 포함되어 있다. 다시 말해 『고려사』를 편찬한 15세기의 역사가들부터 전시과와 녹봉제의 선후 계승관계에 대해 혼란을 일으켰다. 그로 인해 20세기 후반 고려 토지제도사에 관한 연구가 개시될 때도 같은 혼란이 되풀이되었다.

셋째, 문무 관료에 지급된 사전, 곧 양반전兩班田은 녹봉제 이후 점차 황폐해졌다. 『고려사』 지 식화1 전제에서 전시과에 관한 마지막 기사는 다음과 같다. 1188년의 기록이다. 여러 군현에 양반과 군인의 가전家田과 영업전永業田이 있는데, 간사한 향리들이 함부로 한전閑田이라 칭하고, 곧 임자가 없는 묵은 토지라 칭하고, 그것의 명의를 바꾸어 권세가에 바치며, 권세가가 자기의 토지라 여겨 사환使喚을 보내 수취하니, 한 토지에 수취가 2~3회나 되어 백성이 이를 견딜 수 없다는 내용이다.[25] 이로부터 1076년 이후에도 기존의 양반전, 군인전 등은 그대로 존속했음을 알 수 있다. 사전을 폐지하여 공전에 통합하는 과격한 개혁은 행해지지 않았다. 사전

24 『高麗史』 卷78 食貨1 田制 祿科田 高宗44년.

25 『高麗史』 卷78 食貨1 田制 田柴科 明宗18년.

은 관료와 군인의 세습적 가산으로서 그대로 보존되었다. 그렇지만 그에 대한 관리체제는 크게 바뀌었다. 양반전은 그 주인인 관료가 녹봉을 받게 되었으니 일반 민전과 마찬가지로 조를 납부하지 않으면 안 되었다. 양반전이란 명분은 남았지만 공전으로 바뀐 것이나 다를 바 없었다. 나중에 권세가가 양반전을 취하여 조를 수취하니 한 토지의 수취가 2~3회라는 지적이 있게 된 배경은 이와 같았다. 토지에 대한 관리체제도 해이해질 수밖에 없었다. 녹봉을 받게 된 관료들의 농사에 대한 관심은 이전과 같을 수 없었다. 그 결과 양반전 가운데 황폐한 토지가 생겨났다. 군인전의 경우는 다소 상이하였다. 마군과 보군은 녹봉을 받지 않았으며, 이에 군인전의 관리체제는 그대로 존속하였다. 그렇지만 그 역시 전반적으로 해이해질 수밖에 없었다.[26]

이와 같이 10~11세기의 전시과체제에서 귀족·관료들의 세습적 가산으로 존재한 사전은 12세기 이후 점차 그 모습을 감추었다. 1257년 녹과전이라는 전혀 새로운 내용의 토지제도가 생겨난 것은 이 같은 역사적 추이를 전제해서야 설명이 가능하다. 녹봉제 이후에도 전시과가 건재했다면 귀족·관료의 사전 역시 건재했을 터이지만, 실제의 역사는 그와 달랐다. 나중에 설명하겠지만 녹과전 제도가 새롭게 지급한 사전과 이전 전시과의 사전은 성격이 달랐다. 전시과와 녹봉제가 병존했다는 종래의 통설로써는 이 같은 고려 토지제도의 중대한 전환을 발견하고 설명하기 어려웠다. 요컨대 1076년 녹봉제의 실시를 계기로 귀족·관료의 사전에 대한 직접적 관리체제는 공적 지방행정체제의 일환으로 흡수되었다. 권농과 수조의 관리체제에서 사전은 형식적 존속에도 불구하고 공전과 통합된 가운데 점점 동질화하였다. 그 연장선에서 고려왕조가 전국의 토지를 국

26 1108년 『高麗史』의 한 기록은 "州縣의 守令들이 宮院田과 朝家田만을 사람을 시켜 경종케 하고 軍人田은 비록 기름진 땅이라도 마음을 써서 농사를 권장하지 않은" 폐단에 대해 이야기하고 있다(『高麗史』 卷79 志 食貨2 農桑 睿宗3년).

전으로 장악하고, 전국의 농민을 국가에 직속하는 백성으로 공포하는 것은 예종睿宗 대(1105~1122)의 일이다.

전호의 성립

1108년과 1111년 예종은 다음의 두 법령을 차례로 반포하였다.

> 여러 州縣의 公田과 私田이 하천에 떠내려갔거나 나무가 빽빽이 자라서 耕種을 할 수 없는데도 관리가 그 佃戶와 여러 친족과 이웃에게 세를 거두어 침해하는 폐단을 일으키니 내외의 담당 官司가 살펴서 금하여 없애도록 하라.[27]

> 3년 이상의 陳田을 개간하여 거둔 수확은 2년 동안 佃戶에게 모두 지급하고 3년부터 田主와 반씩 나누게 하며, 2년 진전의 경우에는 1/4을 전주에게 3/4을 전호에게 주며, 1년 진전의 경우에는 1/3을 전주에게 2/3를 전호에게 주게 하였다.[28]

위의 1108년 법령은 공전과 사전을 경작하고 조를 납부하는 농민을 가리켜 전호佃戶라고 칭하고 있다. 공전과 사전을 포괄하였으니 전호는 고려의 농민 전부를 통칭한 것이다. 고려왕조가 그의 백성을 특정의 신분 지위로 통일적으로 규정한 것은 이때가 처음이다. 이후 『고려사』에는 고려말기까지 위의 두 기사를 포함하여 전호라는 호칭이 다섯 차례 나오는데, 그 뜻이 모두 동일하다.[29] 요약하면 고려의 백성 농민은 국가의 토지를 전佃하는, 곧 빌려서 경작하는 호戶라는 뜻이다. 이 전호 규정에서 10~11세기에 걸쳐 꾸준히 강화되어 온 고려왕조의 중앙집권화 정책이

27 "諸州縣公私田 川河漂損 樹木叢生 不得耕種 如有官吏 當其佃戶及諸族類隣保人 徵斂稅粮 侵害作弊者 內外所司 察訪禁制"(『高麗史』 卷78 食貨1 田制 租稅 睿宗3年).

28 "三年以上陳田 墾耕所收 兩年全給佃戶 第三年則與田主分半 二年陳田 四分爲率 一分田主 三分佃戶 一年陳田 三分爲率 一分田主 二分佃戶"(『高麗史』 卷78 食貨1 田制 租稅 睿宗6年).

29 李榮薰(1999), 「高麗佃戶考」, 『歷史學報』 161, 41~64쪽.

드디어 전국의 토지를 명실상부한 국전으로 장악함과 더불어 백성 농민에게도 그에 상응하는 신분 지위를 부여하기에 이르렀음을 알 수 있다. 15~19세기의 조선왕조도 그의 백성 농민을 전객佃客, 전부佃夫 또는 전호佃戶로 규정하였는데, 그 뜻이 위와 같다.[30] 다시 말해 한국사에 백성 농민을 국가의 전호로 규정한 오랜 전통은 그 출발이 1108년부터이다.

위의 둘째 1111년의 법령은 사전을 개간한 농민에게 혜택을 부여하는 내용이다. 앞에서는 이와 동일한 취지의 973년에 제정된 법령을 소개하였다. 거기서는 사전을 개간한 사람에게 첫해는 소출의 전부를 지급하고 다음 해부터는 전주와 반씩 나눈다고 하였다. 그런데 1111년의 법령에서는 3년 이상 진전의 경우 처음 2년은 개간한 사람에게 소출의 전부를 지급하고 3년부터 전주와 반씩 나누게 했다. 개간 농민에 대한 혜택을 강화한 것이다. 그러면서 개간 농민을 가리켜 전호라고 하였다. 973년의 법령은 그저 '개간한 사람'이라 했는데, 그것을 '전호佃戶'로 바꾸어 부른 것이다.

1111년의 법령이 시사하는 바는 매우 복합적이다. 법령은 사전의 수조율이 여전히 1/2이며, 전주가 직접 조를 수취했음을 이야기해 주고 있다. 1076년 녹봉제의 시행에도 불구하고 제반 변화는 점진적이었다. 그렇지만 1111년의 이 법령은 사전을 사실상 폐지하는 일대 개혁에 다름 아니었다. 법령은 진전을 묵은 기간에 따라 '3년이상 진전', '2년 진전', '1년 진전'의 3등으로 구분하고 각각에 대해 개간의 혜택을 달리하고 있다. 법령은 원문이 크게 생략된 형태여서 그 뜻이 온전하지 않지만, 3등 진전별로 개간 후 3년간 전호와 전주의 분배분을 제시하면 〈표 4-3〉과 같았을 터이다.[31]

그런데 '1년 진전'에서 전호가 개간 후 4년째에 1년을 휴한한다고 가

---

30 李榮薰(1994),「朝鮮佃戶考」,『歷史學報』142, 77~127쪽.

31 李榮薰(1999),「高麗佃戶考」,『歷史學報』161, 71~72쪽.

【표 4-3】 개간지에 있어서 전호와 전주의 분배(1111)

등급 \ 구분	전호의 몫			전주의 몫		
	1년	2년	3년 이후	1년	2년	3년 이후
3년 이상 진전	1	1	1/2	0	0	1/2
2년 진전	1	3/4	1/2	0	1/4	1/2
1년 진전	1	2/3	1/2	0	1/3	1/2

출처: 李榮薰(1999),「高麗佃戶考」,『歷史學報』161, 71~72쪽.

정해 보자. 다시 '1년 진전'이 되어서 위와 같은 혜택을 3년간 받는다는 가정이다. 그러면 7년간 총생산은 6이 되고, 전주의 분배분은 0+1/3+1/2+0+0+1/3+1/2로서 10/6이다. 7년간 전주의 평균 분배율, 곧 수조율은 10/42이다. 다시 말해 공전의 수조율인 1/4과 다를 바 없게 된다. 이상은 다른 형태의 조합도 얼마든지 가능한 논리적인 상정에 불과하다. 그렇지만 법령이 사문死文이 아닌 이상, 의도적인 휴한은 사전의 전호로서는 수조율을 낮추는 참기 힘든 유혹이었음이 분명하다. 사전의 절반 수조율은 조만간 부정될 수밖에 없었다. 그렇게 1111년의 법령은 사전을 사실상 폐지하고 공전에 편입시키는 정책적 의도를 내포하였다.

앞서 지적한 대로 11세기에 걸쳐 사전에 대한 국가의 통제가 조금씩 강화되었다. 사전에 대한 세목이 신설되는가 하면, 필요에 따라 공전과 사전이 서로 돌려지기도 하였다. 1076년 녹봉제의 시행 이후 사전에 대한 관리체제가 공적 지방행정체제로 흡수되었다. 이윽고 1108년 전국의 공·사전 농민을 전호로 통칭하는 법령이 반포되었다. 곧이어 1111년에는 사전의 절반 수조율을 사실상 부정하는 권농정책이 펼쳐졌다. 이후 사전과 공전은 현저히 동질화하였다. 사전 가운데 관리체제가 눈에 띄게 소홀해진 양반전은 황폐해져 갔다. 1108~1111년의 전호 관련 법령이 지니는 역사적 의의는 이상과 같았다.

숙종肅宗 대(1096~1105)와 예종 대에 걸쳐 중앙정계에서는 신법개혁의 바람이 불었다. 송宋의 신유학 이념에 충실한 신진 관료들이 중앙정계의 실권을 장악하였다. 그들은 당시 송에서 진행 중이던 왕안석王安石의 신법개혁에 영향을 받았다. 그들은 귀족집단의 특권으로 각인된 고려의 국가체제를 갱신하고 왕권의 강화와 집권적 관료제의 완성을 지향하였다. 1108년 공·사전의 농민을 전호로 규정하고, 곧이어 사전을 사실상 공전화하는 급격한 개혁이 단행된 것은 이 같은 중앙정계의 동향과 밀접한 연관을 지녔다.[32]

송에서 전호는 주전제主佃制라는 민간의 토지 임대차 관계에서 남의 토지를 빌려 경작하는 소작농을 가리켰다. 중국사에서 전호라는 말은 송 이전에는 없었다. 이전의 당唐에서는 전인佃人이라고 했는데, 송에 이르러 호戶를 민간의 가家와 동일시하는 언어생활의 변화에 따라 전호라는 말이 생겼다고 한다.[33] 11세기 말 송은 주전제를 둘러싼 사회적 갈등을 조정하기 위해 전주와 전호의 신분 지위에 차등을 둔 법령을 제정하였다.[34] 그 법령이 송과의 활발한 교류를 타고 고려에 전해졌다고 짐작된다. 당시 고려에는 송의 주전제와 같은 지주-소작관계가 존재하지 않았다. 1108년 개혁파 세력이 공·사전의 농민을 전호로 통칭하는 법령을 제정할 때 그들은 고려왕조와 백성의 관계를 송의 주전제와 같은 것으로 간주하였다. 거기에는 백성은 국왕의 토지를 차경하는 농민으로서 국왕의 자애로운 보호를 받아야 한다는 반귀족적 개혁성이 강하게 침투해 있었다.

종래 고려의 전호를 송의 전호와 동일한 존재로 간주함으로써 한국 토지제도사의 연구에서 큰 혼란이 빚어졌다. 대부분의 역사가들은 고려에서도 토지는 송과 동일하게 사유재산이며, 송의 주전제와 동일한 형태의 지주-소작 관계가 영위되었다고 생각하였다. 고려의 전호와 송의 전호

32 李榮薰(1999), 「高麗佃戶考」, 『歷史學報』 161, 73~75쪽.

33 宮崎市定(1971), 「部曲より佃戶へ」(下), 『東洋史硏究』 30-1, 1~32쪽.

34 高橋芳郎(1978), 「宋代佃戶の身分問題」, 『東洋史硏究』 37-3, 64~91쪽.

가 상이한 존재라는 인식은 발상조차 없었다. 한국사와 중국사의 발전 과정, 단계, 수준을 동일한 것으로 간주해 온 오랜 선입견이 그 주요 원인이었다. 그렇지만 한국사와 중국사는 국가의 기원, 형태, 발전과정에서, 나아가 그것들을 규정한 자연적, 문화적 환경에서 적지 않은 차이를 안고 있다. 선진 중국의 문자나 제도가 후진 한국에 유입되어서는 별개의 수준과 내용으로 정착하였다. 제2장에서 살핀 '奴'자字가 그 좋은 사례라면, 본 장에서 살핀 전호佃戶도 양국 사회구성의 현절한 차이를 대변하는 못지않게 훌륭한 사례이다.

사유지설 비판

인류의 역사에서 농민이 대면했던 토지지배와 잉여수취의 형태는 크게 보아 세습적世襲的 소유, 직능적職能的 또는 봉록적俸祿的 소유, 상업적商業的 소유, 행정적行政的 소유의 네 가지이다.[35] 세습적 소유는 유력한 군사가문이 일정 지역과 주민을 사령지로 지배하는 권리를 세습적으로 보유하는 형태이다. 농민은 농노農奴로서 영주에게 노동력과 생산물을 공조貢租로 상납하지만, 토지를 세습적으로 경작할 관습적 권리를 갖는다. 영주 상호 간에는 힘의 강약에 따라 군사적 복무와 보호를 내용으로 하는 계층제가 성립하며, 상급영주는 하급영주에 대해 세습권을 행사한다. 세습적 소유는 흔히들 봉건적 소유라고도 한다.

직능적 또는 봉록적 소유는 중앙집권적 관료제국가에서 성립한다. 페르시아 사산왕조, 오스만터키제국, 인도 무굴제국, 고대 중국 등이 그 예이다. 이들 나라에서 절대군주는 전 국토와 인민에 대한 지배권을 독점한다. 그는 자신의 관료에게 직능에 대한 보수로서 토지에 대한 지배권을 할양하는데, 이것이 직능적[봉록적] 소유이다. 군주의 권력이 약화됨에

35 에릭 R. 울프 著/朴賢洙 譯(1983), 『農民』, 靑年社, 91~106쪽.

따라 직능적[봉록적] 소유는 관료의 가산으로 세습되고, 나아가 세습적[봉건적] 소유로 전환할 수 있다. 그렇지만 군주의 권력이 건재하는 한 관료의 토지에 대한 권리는 어디까지나 비세습적이며, 군주권의 할양에 그 근거를 둔다.

상업적 소유는 일정 수준의 상업과 시장의 발전을 전제하여 토지가 개인적 자산으로 취득되고 매매되는 상태를 말한다. 토지의 구입이나 개간은 자산에 대한 투자행위로 인식되며, 이에 제3자에 대여될 때 투하자본의 이자에 해당하는 지대地代가 청구된다. 지가나 지대의 수준은 시장 상황에 따라 결정된다. 고대 로마와 근대 자본주의에서 성립한 개인의 절대적 소유에서 이 형태의 전형을 찾을 수 있다. 근대 자본주의의 상업적 소유는 서유럽 봉건제하에서 농민들의 경작권으로서 하급소유가 법률적 소유로 성장한 데 그 기원이 있다. 마지막으로 행정적 소유는 20세기 공산주의체제의 소련과 중국이 그 대표적 예이다. 여기서는 토지에 대한 개인적 소유나 사적 권리는 일체 부정되고 국가의 소유로 흡수된다. 국유화된 토지는 공동경작의 단위인 집단농장에 분할된다. 제반 생산과정의 계획과 집행, 생산물의 처분, 생활 자료의 구입과 배급은 공산주의체제의 관료제적 행정기구가 이를 수행한다.

한국사 제2시대의 토지소유도 이 네 가지 형태를 벗어나지 않는다. 제5의 소유형태가 있지 않다면, 이 네 가지 형태에 준하여 고려의 토지제도를 논할 필요가 있다. 20세기에 들어 한국사 연구가 근대적 학문으로 출발할 때 신라와 고려의 토지제도는 가장 큰 관심과 연구의 대상이었다. 1920년 와다 이치로和田一郎가 집필한 『조선 토지·지세제도 조사보고서朝鮮 土地·地稅制度 調査報告書』가 그 최초의 연구서이다. 와다는 신라와 고려의 토지제도를 토지의 소유권이 국왕에 집중된 공전제公田制로 규정하였다. 인민의 사유는 인정되지 않았다. 관료에게는 직능에 따라 사전이 지급되었는데, 곧 수조권의 지급이었다. 일반 농민은 경작권을 보유하였다.

고려의 공전제는 중기 이후에 붕괴하는데, 기강의 해이, 사전의 과도한 지급, 환수의 불이행, 사적인 상속과 양도 등이 그 원인이었다.[36] 이후 1950년대까지 역사가들은, 일본인이든 한국인이든, 이 같은 와다의 공전제설을 큰 틀에서 부정하지 않았다. 마르크스주의자들은 와다의 공전제설을 마르크스의 동양사회론의 입장에서 수용하였다.[37]

결국 와다는 한국사 제2시대의 토지소유가 위의 네 가지 소유형태 가운데 직능적[봉록적] 소유임을 지적하였던 셈이다. 전국의 토지는 국왕의 소유이며, 귀족·관료에게 지급된 사전은 그 내용이 수조권으로서 곧 직능적[봉록적] 소유였다. 와다에 의하면 토지를 개인적 자산으로 향유하는 상업적 소유가 한국사에서 성립하는 것은 15세기 이후, 곧 제3시대의 일이다. 와다의 공전제설은 최초의 연구인 만큼 여러 가지 문제점을 안고 있었다. 직능적[봉록적] 소유는 군주 권력의 동향과 밀접한 관련을 지닌다. 군주의 권력이 약화되거나 해체되면 세습적(봉건적) 소유로 진전할 수 있다. 신라 말기와 후삼국기에 장군과 성주를 자칭하면서 도처에 할거한 호족세력은 정치적 상황의 귀결에 따라서는 일본 중세의 봉건영주와 같은 존재로 나아갈 수도 있었다. 그들이 고려왕조의 재경관인으로 서서히 흡수됨에 따라 그들의 토지에 대한 권리는 봉건적이라기보다 직능적인 것으로 굳어져 갔다. 왕권이 일층 강화된 어느 시점에서 그들의 직능적 소유는 더욱 추상화된 녹봉의 형태로 발전하였다. 군주가 관료에게 할양한 직능적 소유는 토지만이 아니라 징세청부권이나 녹봉 등의 다양한 형태를 취할 수 있음을 상기할 필요가 있다.[38] 그 사이 농민의 경작권은 어떠한 동태를 보였던가. 농민의 경작권은 언제, 어떻게 중세 말기의 서유럽이나 송 이후의 중국에서처럼 상업적 소유로 진전하였던가. 귀족·관료

---

36 和田一郎(1920, 1967년 복각), 『朝鮮土地地稅制度調査報告書』, 宗高書房, 22~45쪽.

37 旗田巍(1972), 「朝鮮土地制度史の文獻」, 『朝鮮中世社會史の研究』, 305~308쪽.

38 에릭 R. 울프 著/朴賢洙 譯(1983), 『農民』, 93~94쪽.

가 상업적 소유의 대열에 동참할 때 전통적인 국가체제는 어떻게 균열하고 재편되었던가. 와다의 공전제설은 이 같은 여러 의문에 대해 아무 것도 이야기하고 있지 않다. 그것들은 와다의 불비함이라기보다 이후의 연구자들이 구명해야 할 연구과제였다. 1950년대까지 몇 사람의 훌륭한 연구가 와다의 공전제설을 수정, 보완하였지만, 공전제설의 문제점과 후속과제에 대한 이해는 낮은 수준에 머물렀다.

1960년대 이후 공전제설은 수정, 보완되기보다는 전복되어 버렸다. 그것은 학술의 올바른 발전 방향이 아니었다. 한국과 일본의 영향력 있는 역사가들은 통일신라의 왕토주의나 고려의 국전제 이념은 현실적 구속력이 없는 허울일 뿐이라고 주장하였다. 1963년 일본의 하다다 다카시旗田巍는 고려 공전에 관한 『고려사』의 기록을 검토한 다음, 대부분의 공전은 백성의 소유지로서 민전이며, 그것이 공전으로 표시된 것은 공적 과세지이기 때문일 뿐이라고 하였다. 그는 공전(민전)에서 수취된 1/4율의 조는 지대가 아니라 공적인 세라고 판단하였다.[39] 1965년 한국의 이우성李佑成은 고려의 토지를 국가가 농민의 노동력을 징발하여 경작하는 토지로서 공전과 양반·농민이 대를 이어 상속하는 토지로서 사전의 두 부류로 나누었다.[40] 하다다와 이우성은 공전과 사전에 대한 어긋난 정의에도 불구하고 전국 토지의 대부분이 양반과 농민의 사유지였다는 점에서 의견의 일치를 보았다.

이 두 연구자의 설을 사유지설이라 하자. 이후 사유지설은 대다수 역사가들의 갈채를 받는 가운데 기존의 공전제설을 압도하였다. 공전제설을 고수한 학자가 없지 않았지만, 아무도 그들의 작은 목소리에 귀를 기울이지 않았다. 공전제설은 한국사가 오랫동안 정체했다는 일제가 심어 놓

39 旗田巍(1968), 「高麗の公田」, 『史學雜誌』 77-4, 1~42쪽. 이후 수정, 보완하여 1972년의 『朝鮮中世社會史の硏究』, 208~250쪽에 수록.

40 李佑成(1965), 「高麗의 永業田」, 『歷史學報』 28, 1~24쪽. 이후 1991년의 『韓國中世社會硏究』, 一潮閣, 14~34쪽에 수록.

은 잘못된 역사관의 상징으로 치부되었다. 그를 대체한 사유지설은 진보적 역사관으로 받들어졌다. 1980년대에 이르러 사유지설은 하다다와 이우성을 절충하여 고려의 공전과 사전에는 수조권과 소유권의 두 가지 차원이 있었다는 주장으로 나아갔다. 수조권 차원에서 공전은 공적 과세지로서 일반 민전, 곧 사유지이며, 사전은 귀족·관료에 지급된 민전으로서 곧 수조지이다. 소유권 차원에서 공전은 국·공유지를, 사전은 사유지를 말한다. 이 두 가지 차원의 공·사전설에 어울려 새롭게 제창된 것이 공전 1/10 수조설이다. 고려왕조가 공전의 수조율을 1/4로 정한 것은 소유권 차원의 국·공유지에서의 일이고, 수조권 차원의 공전, 곧 일반 민전에 대해서는 국초부터 1/10 수조율을 적용해 왔다는 것이다.[41] 그래야 그 공전이 소유권 차원에서 사유지일 수가 있기 때문이다. 예컨대 사유지로서 공전(민전)에 대한 수조율이 1/4이어서는 그 소유자가 1/2율의 지대를 수취하기 곤란하다. 1993년 국사편찬위원회는 새롭게 간행한 『한국사』에서 고려의 토지제도를 이 같은 취지로 서술함으로써 사유지설을 통설로 확인하였다.[42]

나는 이 같은 사유지설이 1950년대까지의 공전제설보다 학술적으로 후퇴했다고 생각한다. 사유지설이 주장한 사유는 위의 네 가지 소유형태 가운데 상업적 소유에 해당한다. 사유지설은 국왕이 전국 토지에 대해 행사하는 수조의 권리가 역사의 어느 단계에서 토지에 대한 소유권으로 제도화할 수 있는 가능성 자체를 부정하였다. 국왕에게 집중된 소유권 자체가 처음부터 없으니 그것이 귀족·관료에 할양된 결과로서 직능적[봉록적] 소유의 존재도 부정될 수밖에 없었다. 세습적 소유의 존재 가능성은 고려의 귀족·관료들이 점차 재경관인으로 흡수되었음이 명백하므로

41 李成茂(1981), 「公田·私田·民田의 概念」, 『韓㳓劤博士停年紀念論文集』. 이후 1981년의 『朝鮮初期 兩班硏究』, 一潮閣, 258~286쪽에 수록.

42 국사편찬위원회(1993), 『한국사 14—고려 전기의 경제구조—』, 21~96쪽.

처음부터 논외였다. 사유지설은 전국 토지의 대부분을 일반 인민이 영대永代 상속하고 매매하는 개인적 자산으로, 곧 상업적 소유로 간주하였다.

사유지설을 뒷받침한 가장 중요한 근거의 하나는 앞서 소개한 전호佃戶였다. 역사가들은 그 전호가 동시대 중국의 전호와 동일한 존재로서 소작농임을 믿어 의심치 않았다. 예컨대 사유지설을 제창한 이우성은 사전의 경영이 양반 전주가 개개의 독립 경영인 전호에게 토지를 분여하여 지대를 수취하는 전호제 방식에 입각했다고 하였다.[43] 그렇게 지주-소작관계가 농촌에서 일반적으로 행해지고 있는데, 어찌 그 시대의 토지가 개인적 자산으로서 상업적 소유가 아니겠는가. 그렇지만 그것은 더없이 큰 범주오류였다. 고려의 전호는 12세기 초 전국의 토지를 국전으로 장악한 국왕이 전국의 농민을 그에 전속하는 농민으로 선포한 국전제적 농민 규정에 다름 아니었다.

사유지설은 고려의 전시과가 언제 종식되었는지, 새로운 제도로서 녹과전이 시행된 배경이 무엇인지, 그 사이에 시행된 녹봉제가 어떠한 의미를 지니는지를 진지하게 추구하지 않았다. 그들은 고려 토지제도사에서 상이한 단계에 속하는 사건들을 어지럽게 섞은 뒤 특정의 관점에서 그 일부를 발췌하는 방식으로 그들의 학설을 구성하였다. 한국사와 중국사를 혼동하는 가운데 고려의 전호가 지닌 특별한 역사적 의의에 대해서는 일말의 주의도 기울이지 않았다. 그들은 한국사 제2시대에 벌써 오늘날에 준하는 상업적 소유가 일반적으로 성립했다는 시대착오에 깊숙이 매몰되었다.

토지금령

사유지설의 주창자들이 고려왕조가 다음과 같은 금령을 통해 토지의

43 李佑成(1991), 『韓國中世社會硏究』, 26쪽.

자유 매매와 경작을 금하거나 제약하였음에 대해 단 한 차례도 주목하지 않은 것은 아무래도 이해하기 힘든 일이다.

> 公私의 田井을 함부로 자기의 것으로 여겨 훔쳐 판 자는 1畝에 笞 50이며, 5무에 60이며, 10무에 70이며 15무에 80이며, 20무에 90이며, 25무에 100이며, 30무에 徒 1년이며, 35무에 1년 반이며, 40무에 2년이며, 50무에 2년 반이다.[44]

> 公私의 田을 훔쳐 경작하면 1畝에 笞 30이고, 5무에 40이며, 10무에 50이며, 15무에 60이며, 20무에 70이며, 25무에 80이며, 30무에 90이며, 35무에 100이며, 40무에 徒 1년이며, 50무에 1년 반이다.[45]

두 금령의 제정 연도는 확실하지 않은데, 고려 초기라고 보인다. 위는 공사의 전정田井을 함부로 파는 행위에 관한 처벌 규정이다. '田井'은 당률唐律 번역상의 착오이거나 '전정田丁'의 오기로 보인다.[46] 아래는 공사의 전田을 함부로 경작하는 행위에 관한 처벌 규정이다. 여기서는 '田井'이라 하지 않고 '田'이라 했으니, 전정은 결국 전과 마찬가지이다. 이 두 금령은 고려왕조가 토지의 자유로운 매매와 경작을 불법으로 간주했음을 전하고 있다. 매매를 완전히 금지했다고 볼 필요는 없다. 매매를 하기 위해서는 소정의 절차와 허가를 거쳐야 했다. 토지의 경작도 마찬가지였다. 고려는 통일신라의 정전제丁田制를 계승하였다. 농민과 토지는 일정 규모의 정

44 『高麗史』 卷85 刑法2 禁令.

45 『高麗史』 卷85 刑法2 禁令.

46 금령은 '妄認公私田井盜貿賣者'로 시작하는데, 당률의 해당 부분은 "諸妄認公私田若盜貿賣者"이다. 이를 비교한 신호웅은 금령의 井이 당률의 若을 잘못 옮긴 것으로 보았다. 辛虎雄(1995), 『高麗法制史硏究』, 國學資料院, 134쪽. 나는 신호웅의 지적에 동감하면서도 井과 若의 字形이 너무 달라 단순한 착오가 아닐 수도 있다고 생각한다. 고려의 관리나 15세기에 『高麗史』를 편찬한 사람들이 고려 고유의 丁田制를 중국 井田制의 기풍을 담은 것으로 간주하여 의도적으로 田井으로 표기했을 가능성도 없지 않다고 생각한다.

호丁戶로 편성되었다. 정호를 해체하여 함부로 팔거나 상속하는 일은 금지되었다. 어느 정호의 농민이 다른 정호의 토지를 함부로 경작할 수도 없었다. 위의 두 금령은 이 같은 고려왕조의 농민과 토지에 대한 지배체제를 이야기하고 있다. 다시 말해 고려왕조는 초기부터 전국의 토지를 국전으로서 지배하고 관리하였다. 물론 그 지배력의 강약은 세기마다 달랐다.

종래 고려 토지제도에 관한 연구가 이 두 금령에 전혀 주목하지 않은 것에 대해서는 다음과 같은 변명이 있을 수 있다. 즉 두 금령은 당률을 그저 옮겨 온 것으로서 현실적 구속력을 갖지 못했다는 판단이 있었다는 것이다. 그렇지 않았다. 두 금령은 구속적이었다. 아래는 위의 둘째 금령의 저본底本에 해당하는 당률이다.

> 여러 公田과 私田을 훔쳐 몰래 경작한 자는 1畝 이하는 笞 30이며, 5무에 1등을 가하고, 杖이 100을 넘으면 10무에 1등을 가하고, 죄는 徒 1년 반에 그친다. 荒田은 1등을 감하며, 강탈한 자는 각각 1등을 가한다. 苗子는 官과 主人에 돌린다.[47]

당에서 공전은 국·공유지, 사전은 사유지를 가리켰다. 공전과 사전이 도경盜耕될 경우, 당률은 도경자를 처벌할 뿐 아니라, 묘자苗子, 곧 작물이나 그 소출을 관과 주인에게 지급하였다. 그런데 작물이나 그 소출을 원 소유자에게 돌린다는 그 부분이 고려율에서는 생략되었다. 고려에서 그 부분은 필요 없었다. 고려에서 공전과 사전은 당에서와 달리 수조권의 귀속에 따른 구분으로서 둘 다 공적 관리체제하에 있었다. 때문에 작물이나 소출을 굳이 관과 주인에 돌릴 필요가 없었다. 지방관이 조를 수취하여 개경의 우창右倉이나 좌창左倉으로 조운하면 그만이기 때문이었다. 다시 말해 고려의 공전과 사전은 당의 그것과 달랐으며, 고려의 법률가들은

47 唐 戶婚律16 盜耕種公私田條.

그 점을 예의銳意 인식하고 있었다.

15세기에 편찬된 『고려사』는 당연하게도 15세기의 언어로 쓰인 것이다. 그와 달리 고려인들이 직접 남긴 기록에 의하면 고려인들은 토지로부터의 조租를 전출田出, 출식出食, 소출所出로 불렀다.[48] '토지의 소출' 또는 그것을 '먹는다'는 뜻이다. 다시 말해 토지에 대한 고려인의 직접적인 지배 내지 용익 상태를 나타내는 말이다. 이 같은 고려인의 언어생활에서 조와 별도 차원의 토지지배가 건재하여 어느 사적 개인이 1/2율의 지대를 수취했다고 봄은 지나친 상상이다. 그런 관계가 있었음을 논증할 요량이라면, 고려인의 언어생활에서 그 지대가 무슨 말이었는지를 먼저 분명히 할 필요가 있다.

10~14세기 고려시대에 걸쳐 토지가 매매되었을 수 있음을 보이는 사례는 다음이 유일하다. 1170년 무신武臣의 난 이후 얼마 되지 않은 시기의 일이다. 개경의 문인 임춘林椿이 가까운 장단長湍의 경치 좋은 곳에 밭을 사서 은거할 계획을 세웠다. 마침 그 밭의 농민도 밀린 세금과 빚을 갚기 위해 몇 차례 토지를 팔고자 하였으나 이루지 못하고 있었다. 임춘이 왕에게 아뢰어 허락도 받았다. 이후의 사정은 전하지 않는다.[49] 이로부터 12세기 후반에는 근기近畿의 농민은 자신의 경지를 팔 수 있는 권리를 보유했음을 확인할 수 있다. 고려의 토지제도가 공전제라고 해서 마치 20세기 공산주의체제하의 행정적 소유인 듯이 여겨서는 곤란하다. 국왕의 소유권, 귀족·관료의 수조권, 농민의 경작권이 한 토지 위에서 중층적 구조를 이룬 것이 공전제이다. 농민의 경작권은 어느 단계에 이르러 상업화하기 시작하였다. 그렇지만 장단의 농민은 토지를 팔려고 해도 좀처럼 팔지 못하였다. 그것을 사고자 했던 임춘은 왕의 허락까지 얻어야 했다. 연

48 李榮薰(1995), 「『大明律直解』의 '花利' 誤譯에 관한 考察」, 『淸堂金玉根博士古稀紀念論文集』, 146~151쪽.

49 『東文選』 59 「寄山人悟生書」: 林椿.

후에 과연 그가 계획대로 농민이 되었는지는 명확하지 않다. 『고려사』는 그가 마침내 궁하게 요사夭死하였다고 전하고 있다. 아마도 그는 뜻을 이루지 못하였을 것이다.[50]

이 사례는 전국의 토지를 국전으로 지배한 고려왕조가 토지의 자유로운 매매를 금지했으며, 아울러 농민의 경작권이 상업화하는 새로운 시대의 조짐이 나타나기 시작했음을 전하고 있다. 그렇지만 그 시대는 금방 열리지 않았다. 이후 토지 매매의 사례는 왕조 최말기인 14세기 말이나 되어서야 관찰된다. 그리고 그것이 공인되는 것은 제3시대인 15세기 전반의 일이다. 그렇게 역사의 발걸음은 느렸다.

개경과 국인

1123년 중국 송의 서긍徐兢이란 사람이 사신단의 일원으로 고려를 방문하여 3개월간 체류하였다. 당시 그가 지은 『선화봉사고려도경宣和奉使高麗圖經』은 12세기 전반 고려의 경제·사회·문화를 직접 관찰한 둘도 없는 귀중한 기록이다. 당초는 그가 그린 그림이 있었는데, 현재는 문장만 전하여 아쉽기 그지없다. 서긍에 의하면 고려의 풍속에 감히 사전을 가질 수는 없으며, 중국 상고의 정전제井田制와 같은 것이 있어서 왕족, 귀족, 관리, 군인, 공장에 이르기까지 모두 토지를 지급 받았으며, 농사를 짓다가 직을 맡으면 그 일에 나가고, 전쟁이 나면 모두 적지로 달려간다고 하였다.[51] 이렇게 서긍은 국전제에 기초한 고려왕조의 토지제도와 국가체제를 대범하게 잘 묘사하였다.

또한 서긍은 고려왕조의 국상國相 이하 현임 관료로서 녹봉을 받는 사람이 3,000여 명이며, 그 아래 산직散職으로서 녹봉은 없고 토지만 받은

50 李榮薰(1999), 「韓國史에 있어서 土地制度의 發展過程 — 土地制度史 연구의 前進을 위하여 —」, 『古文書硏究』 15, 20쪽.

51 徐兢, 『宣和奉使高麗圖經』 卷11 仗衛1, 卷23 雜俗2 種藝; 민족문화추진회, 『국역고려도경』, 83·138~139쪽.

사람이 1만 4,000여 명이나 된다고 하였다. 그 토지는 모두 지방에 있는데 전군佃軍이 농사지어 때맞추어 상납한다고 하였다.[52] 이로부터 앞서 소개한 1076년 녹봉제 시행 이후의 실태를 간취할 수 있다. 녹봉이 지급되지 않은 산직의 1만 4,000여 명은 실제로는 중앙군의 마군과 보군이었다. 전술했듯이 마군과 보군은 녹봉제의 대상이 아니었다. 전시과가 그들에게 지급한 토지는 녹봉제 이후에도 존속하였다. 그 외에 왕실과 왕족의 내장전과 궁원전이 그대로 존속하였다. 양반전은 명분만 남은 상태였다. 이들 토지는 서긍의 견문대로 전군에 의해 경작되었는데, 곧 전호를 말하였다. 서긍은 송인宋人으로서 고려의 전호를 그의 견문록에서 전호라 칭할 수 없었었다. 그 뜻이 송에서와 전혀 달랐기 때문이다. 그 대신 그는 고려의 토지제도가 당의 농민군제와 유사한 점에 착안하여 전군이라 칭하였다. 그는 또한 개경에는 군사가 항상 3만인데, 평소에는 농사를 짓다가 교대로 번番을 맞아 왕성을 수비한다고 하였다.[53] 고려 중앙군에 관한 서술이다. 그 수가 3만이라 한 것은 정확한 관찰이다. 평소에는 농사를 짓는다고 한 것은 부정확한 관찰이다. 중앙군은 농민으로서 군인전을 경작한 것이 아니라 군인전의 농경을 관리하고 조를 수취하였다.

서긍이 훌륭하게 묘사한 대로 고려의 왕도 개경은 약 5만의 왕족, 귀족, 관료, 중앙군, 산관, 잡직, 공인, 상인이 집거한 일대 도회였다. 『고려사』는 개경에 사는 사람을 가리켜 국인國人이라 불렀다. 『고려사』에서 국인은 그저 고려에 국적을 둔 고려인이라는 뜻이 아니다. 1074년의 일이다. 송과의 국교가 오래 중단된 뒤 송의 사절단이 개경에 도착하였다. 왕과 국인들이 이를 기쁘게 여겨 전례가 없는 파격적인 대우를 하였다. 국인으로서 송의 사신에 금은보화를 바치는 자가 헤아릴 수 없을 정도였다.[54]

52 徐兢, 『宣和奉使高麗圖經』 卷16 倉廩; 민족문화추진회, 『국역고려도경』, 105쪽.
53 徐兢, 『宣和奉使高麗圖經』 卷11 仗衛1; 민족문화추진회, 『국역고려도경』, 83쪽.
54 『高麗史』 卷9 世家3 文宗32년.

1280년 원元과 고려의 연합군이 일본을 침공하는 중이었다. 왕이 궁궐에서 주악奏樂을 울려 그 소리가 바깥으로 흘러나왔다. 국인들이 이마를 찌푸리며 탄식하였다.[55] 이처럼 국인은 개경에 집주하면서 왕실을 옹위하는 귀족, 관료, 중앙군의 지배세력을 가리켰다. 국인은 조정의 정치를 주도했으며, 여론의 향배를 결정하였으며, 왕위 계승에까지 큰 영향력을 행사하였다. 개경의 왕도는 이전의 신라에서와 마찬가지로 지배세력의 군사공동체였다.

고려왕조는 왕도에 집거한 국인들의 지배공동체가 전국의 580여 군현과 거의 같은 수의 향·부곡을 예속공동체로 지배하고, 예속공동체의 토지를 지배공동체의 성원에게 분배하고, 그로부터 조와 부를 수취하는 군사적 공납제 국가였다. 고려왕조는 공납제 지배체제의 구축을 위해 백성의 거주와 직업을 긴박하였다. 고려의 백성들은 거주지 군현의 적籍에 등록되었으며, 관부의 허락이 없이는 다른 지방이나 다른 직업의 적으로 옮길 수가 없었다. 특히 지배공동체가 집거하는 개경으로의 이동은 엄격히 통제되었다.

고려왕조는 개경의 국인에 비해 지방민을 향인鄕人으로 구분하고 차별하였다. 향인이 경적京籍을 얻어 국인이 되는 것은 쉽게 허락되지 않은 특권이었다. 대조적으로 국인이 향인으로 방출되는 것은 가혹한 형벌이었다. 고려는 당률을 받아들여 그의 법제를 마련하였는데, 당률에는 없는 독특한 고려율高麗律도 제정하였다. 범죄자를 출신지로 돌려보내는 귀향형歸鄕刑이 그 예이다. 예컨대 노비를 함부로 사고팔거나 양가의 자식을 훔쳐 판 국인은 귀향형에 처해졌다.[56]

개경의 경제는 전국에서 올라온 조租와 부賦에 기초하여 번성하였다.

55 『高麗史』 卷29 世家29 忠烈王6년.

56 辛虎雄(1995), 『高麗法制史硏究』, 203쪽.
朴恩卿(1992), 「高麗時代 歸鄕刑에 대한 재검토」, 『韓國史硏究』 79, 11~14쪽.

[그림 4-1] 개경 전도

출처: 朴龍雲(1996), 『高麗時代開京硏究』, 一志社, 25·33·43·98쪽.

비고: 1. 짙은 색 부분은 宮城.

2. 등고선의 숫자는 표고.

【그림 4-2】 고려의 은병과 해동통보

출처: 韓國銀行(1994),『韓國의 貨幣』, 173·353쪽

고려왕조는 그의 판도에 속한 인구가 얼마인지에 관해 정보를 남기지 않았다. 역사가들은 서긍의 견문록이나『송사宋史』가 전하는 몇 가지 정보에 근거하여 12세기 전반에 대략 300만 명 정도였다고 추정하고 있다. 그 가운데 무려 50만 명이 개경 성내와 근교에 집거하였다.[57] 〈그림 4-1〉은 개경의 성내이다. 성내를 동서와 남북으로 관통하는 두 거리에는 수백간의 행랑行廊으로 이어진 시전市廛이 설치되었다. 국인들은 시전에서 필요한 물자를 유무상통하였다. 1097년 숙종은 주전관鑄錢官을 두어 화폐를 발행하기 시작했는데, 이후 비로소 국인들이 화폐 사용의 편리함을 알게 되었다고 한다. 1101년에는 은銀 1근斤으로 활구闊口라 불린 은병銀甁을 만들어 보급하였으며, 그 다음 해에는 최초로 동전을 주조했는데 해동통보海東通寶라 하였다(〈그림 4-2〉). 그때에 경성京城 좌우에 주점酒店을 두었고 사거리 양쪽에 점포를 두어 화폐 사용의 편리함을 일으켰다고『고려

57 朴龍雲(1996),『高麗時代開京硏究』, 一志社, 156~167쪽.

사』는 전하고 있다.[58] 아마도 개경의 시전이 제 모습을 갖추는 것은 이때가 아니었던가 싶다

12세기 전반 고려왕조는 절정기에 있었다. 몽골이 침입하기 전 개경은 오랜 태평세월에 크게 번성하였다. 모든 국인이 다 부유하지는 않았다. 『고려사』는 토지를 제대로 지급 받지 못해 채소나 생선을 팔아 생계를 유지한 가난한 군인들의 존재를 전하고 있다. 그렇지만 국인이면 생존은 보장되었던 듯하다. 서긍의 『선화봉사고려도경』에 의하면 개경의 장랑長廊 곳곳에는 큰 독에 쌀죽[白米漿]을 끓여 놓고 귀천의 구분 없이 누구나 마시게 하였다.[59] 공납제 국가의 지배공동체가 누린 특권의 하나였다.

개경으로 수송된 전국의 조부는 활발한 대외교역을 성립시켰다. 고려와 요遼·금金과의 교역은 사신의 왕래에 따른 방물方物의 증여와 그에 편승한 상인들의 사적인 교역으로 이루어졌다. 그 외에 압록강변의 의주와 동해안의 청진에서는 국경무역이 활발히 벌어졌다. 이 두 경로를 통한 요·금과의 교역은 꽤나 번성하였다. 송과의 교역은 개경의 입구인 예성강과 중국의 등주登州나 영파寧波를 잇는 해상교역으로 영위되었다. 고려의 상인이 송으로 건너간 예는 확인되지 않는다. 그 대신 송에는 고려의 주문에 의해 상품과 정보를 수집해 주는 대리인이 있었다.[60] 개경의 시전에는 가족을 대동하고 장기간 체류하는 송의 상인들이 있었다. 아랍상인들도 개경에 거주하였는데, 아마 원에 복속한 기간이었던 듯하다. 개경에는 국제도시의 풍취가 있었다. 고려가요 쌍화점雙花店은 아랍상인과 고려 여인과의 정교情交을 노래한 것이다. 아래는 그 1절이다. 딱딱한 글에 지쳤을 터이다. 잠시 쉬면서 감상하시길 바란다.

---

58 『高麗史』 卷79 食貨2 貨幣·市估.

59 徐兢, 『宣和奉使高麗圖經』 卷23 雜俗2 施水: 민족문화추진회, 『국역고려도경』, 140쪽.

60 須川英德(1997), 「高麗後期における商業政策の展開 ― 對外關係を中心に ―」, 『朝鮮文化硏究』 4, 25~45쪽.

만두 가게에 만두 사러 갔더니
회회아비 내 손목을 쥐었습니다
이 말씀이 이 가게 밖에 나며 들며 하면
조그마한 어릿광대 네가 퍼뜨린 말이라 하리라
더러둥셩 다리러디러 다리러디러 다로러 거디러 다로러
그 자리에 나도 자러 가겠다
위 위 다로러 거디러 다로러
그가 잔 곳같이 어수선한 곳이 없다

2. 농민과 사회

정호丁戶

926년 태조 왕건은 벽진의 성주 이총언李悤言에게 226개 정호丁戶를 하사하였다. 뒤이어 936년 태조는 귀순해 온 신라의 경순왕에게 1,000정의 기차[己上]를 묶어서 지급하였다. 기차는 후술하는 주첩柱貼을 말한다. 이후 고려왕조의 전개와 더불어 『고려사』에서 고려의 백성 지배체제의 기초가 정호임을 알리는 기사는 부쩍 잦아지고 있다. 정호는 『고려사』에서 정丁, 전정田丁, 정전丁田, 호정戶丁으로 다양하게 불리는데, 그 모두는 동일한 실체이다. 이하에서는 그 모두를 정호로 통칭한다. 종래 정호의 다양한 호칭이 혼란을 빚어 연구자에 따라서는 정이나 전정이 일정 면적의 토지를 가리킨다고 이해하였다.[61] 983년 성종은 전국의 군현을 정의 수를 기준으로 8개 등급으로 나누고 각 등급의 군현이 보유할 수 있는 공수전公須田의 크기를 정하였다. 공수전이란 관청의 비용을 조달하기 위해 설

61 武田幸男(1971), 「高麗田丁の再検討」, 『朝鮮史研究會論文集』 8, 1~37쪽.

【표 4-4】 북관 6성의 호수

城	『英州記』(丁戶)	『綱目』(戶)	『世宗實錄地理志』(戶)	
咸州	1,948	13,000	咸州	3,538
英州	1,238	10,000	北青	1,539
雄州	1,436	10,000	鏡城	409
吉州	680	7,000	吉州	1,673
福州	632	7,000	端川	832
公嶮鎭	532	5,000	慶源	291
합계	6,466	52,000	합계	8,282

출처: 『高麗史』 卷58 地理3, 『世宗實錄地理誌志』.

치한 토지이다. 예컨대 1,000정 이상의 군현은 300결, 500정 이상의 군현은 150결의 공수전을 보유하였다. 이렇게 등급으로 나뉜 군현의 정 수는 15세기 초 조선왕조가 파악한 군현의 호戶수와 강한 상관관계를 지닌다. 이 점이 분명해짐에 따라 고려의 정은 단순히 토지만이 아니고 토지와 인구의 구조적 결합이라는 올바른 이해가 성립하였다.[62]

나는 정호의 실체와 관련하여 『고려사』가 전하는 다음의 기사에 특별히 주목한다. 1107년 윤관尹瓘 장군은 여진을 정벌하고 그 지역에 6성을 쌓은 다음 남쪽 지방의 백성을 그곳으로 옮겼다. 당시 옮겨진 인구에 대해 『고려사』는 두 가지 상이한 정보를 전하고 있다. 하나는 1108년 임언林彦이 지은 『영주기英州記』를 인용한 것인데, 각 성의 인구를 정호 단위로 헤아린 것으로 보인다. 다른 하나는 민지閔漬가 편찬한 『강목綱目』에서 나온 것인데, 각 성의 인구가 호 단위로 조사된 수이다. 두 기록이 전하는 각 성의 호수는 〈표 4-4〉와 같다.[63] 이 두 수치에 대한 이해를 돕기 위해 15세기 전반 조선왕조가 파악한 이 지역의 호수를 아울러 제시한

62 金琪燮(1993), 「高麗前期 田丁制 硏究」, 釜山大學校 大學院 史學科 博士學位論文, 131~147쪽.
63 『高麗史』 卷58 地理3.

다. 자료는 1430년대의 『세종실록지리지世宗實錄地理志』이다.[64]

그 사이 330년간 함주咸州의 이름이나 영역에는 변함이 없었다. 복주福州는 단천端川으로, 공험진公嶮鎭은 경원慶源으로 이름이 바뀌었다. 영주英州와 웅주雄州는 길주吉州에 병합되었다가 북청北靑과 경성鏡城으로 분리되었는데, 그 사이 성의 영역에 변화가 있었다. 이에 이 3성끼리는 묶어서 비교할 필요가 있다. 1108년의 『영주기』가 전하는 6성 정호의 총수는 6,466이다. 1430년대의 『세종실록지리지』가 전하는 호의 총수는 8,282이다. 성 별로 약간씩 차이가 있지만, 이로부터 1108년의 정호와 1430년의 호가 동질의 것임을 알 수 있다. 앞서 고려 군현의 정 수와 조선 초기 군현의 호수가 강한 상관관계를 갖는다고 했는데, 여기서도 그 점을 재확인할 수 있다.

반면에 『강목』이 전하는 호의 총수는 5만 2,000이다. 천 단위로 끊어진 수인데다 정호 총수의 대략 8배나 되어 그 성질이 전혀 달랐다고 할 수 있다. 짐작컨대 『강목』을 편찬한 민지는 6성으로 옮겨진 소규모 가족의 집자리를 헤아렸을 것이다. 그 총수를 정확히 세기는 어려웠다. 그래서 대략 천 단위의 수가 되고 만 것이다. 6,466정호와 5만 2,000호는 결국 동일한 실체이다. 다시 말해 고려의 정호는 평균 8개의 소규모 가족이 결합한 세대복합체에 다름 아니었다. 전장에서 살핀 대로 695년 신라촌장적의 공연孔烟이 바로 그러한 세대복합체였다. 그것이 722년의 정전제 이후 정호로 이름을 바꾸었다. 고려왕조는 그 정호의 제도를 계승하였다. 1108년의 『영주기』는 그것이 12세기 초까지 면면히 이어져 왔음을 이야기하고 있다.

정호의 경지 규모에 관해서는 다음의 두 기록이 전하고 있다. 1279년

64 6성의 호구에 관한 林彦의 英州記, 閔漬의 綱目, 世宗實錄地理志의 정보를 비교하고, 15세기 전반 함경도 일대의 호구의 실태를 자세하게 논한 것으로는 다음을 참조할 수 있다. 李榮薰(1995), 「韓國經濟史 時代區分 試論 ―戶의 歷史的 發展過程의 觀點에서―」, 『韓國史의 時代區分에 관한 硏究』, 韓國精神文化硏究院, 370~374쪽.

원 복속기에 원과의 교통로에 이리간伊里干이란 마을을 조성하고 남쪽 지방의 부유한 농민 200호를 그 곳으로 옮겼다. 당시 각 호에는 2두의 농우와 3두의 암소와 8결의 토지가 지급되었다.[65] 이후 1319년에 군현의 사심관事審官을 폐지하고 그들이 불법으로 끌어 모은 농민과 토지를 조사한 적이 있다. 군현 출신으로서 중앙정부의 귀족·관료로 출세한 사람을 군현의 사심관으로 임명하여 중앙정부와의 소통을 돕게 한 제도가 오히려 폐단을 야기한 것이다. 조사 결과 사심관에 포섭된 농민과 토지는 도합 2,360호에 1만 9,798결이었다. 호당 평균 8.4결이다.[66] 이 두 기록에서 호는 정호를 가리킨다. 두 기록은 공통으로 정호의 경지가 8결 정도였다고 이야기하고 있다.

여기서 〈표 4-1〉로 소개한 992년의 조租 수취규식에 다시 주목한다. 앞서 결당 수조량이 승, 홉, 작의 단위로까지 규정되어 그 실용성이 의심스러운 가운데 3등별 수·한전의 수조량을 8배하면 모두 석 단위로 마감됨에 주목하여 992년 당시는 8결을 수취의 단위로 삼았을 것이라고 추측하였다. 그러한 추측은 정호의 경지가 8결 정도였음을 전하는 위의 두 기사에 의해 강하게 지지된다. 요컨대 고려왕조의 인구와 토지에 대한 지배체제의 기초를 이룬 정호는 평균적으로 8가家의 인구와 8결의 토지가 결합한 세대복합체를 그 전형으로 하였다.

유감스럽게도 고려왕조가 군현이나 촌리의 정호를 종합적으로 조사한 장적은 전하지 않는다. 그런 가운데 1399년 조선왕조가 조온趙溫이란 개국공신開國功臣에게 토지를 지급한 문서가 전하고 있어 그나마 다행이다. 그를 통해 그때까지 존속한 고려 정호의 모습을 엿볼 수 있다. 조온은 경기도 양주 등 15개 군현에 걸쳐 도합 151결의 공신전功臣田을 지급 받았는데, 지급의 단위는 정丁이었다. 정은 천川이나 곡谷으로 자연스럽게 구획

65 『高麗史』 卷82 兵2 站驛.

66 『高麗史』 卷34 世家 忠肅王6년.

된 평坪 또는 원員으로 불리는 들을 가리켰다. 그 들이 어느 친족공동체에 의해 점유되고 경작될 때 그것을 가리켜 정호라 하였다. 동 문서로 대략 계산할 수 있는 15개 군현에 분포한 도합 2,450여 개 들의 크기는 평균 12.4결이다. 들의 크기는 군현마다 자연조건에 따라 달랐다. 산곡山谷이 많은 양주에서는 평균 7.4결임에 비해, 평야를 안고 있는 이천에서는 평균 16.3결이나 되었다.[67]

고려왕조는 정호를 족정足丁과 반정半丁이라는 두 등급으로 나누었다. 족정은 17결이고, 반정은 8결이다.[68] 족정과 반정을 평균하면 12.5결이다. 이는 조온의 공신전 문서에서 확인되는 2,450개 들의 평균 규모 12.4결과 일치한다. 이로부터 고려왕조는 8결을 전후한 들을 경작하는 친족공동체를 반정으로, 17결을 전후한 들을 경작한 친족공동체를 족정으로 구분하였음을 알 수 있다. 족정과 반정 가운데 지배적인 것은 반정이었다. 전술한 대로 고려왕조는 8결을 지배의 기초 단위로 규정하였다. 반정의 정호, 곧 8가와 8결의 구조적 결합으로서 세대복합체는 고려 농민의 표준적 존재형태를 이루었다. 족정호足丁戶는 조, 부, 역의 수취에서 반정호半丁戶보다 두 배의 부담을 졌다.

정호 농민의 일상생활이 어떠했는지는 전하는 자료가 없어 짐작하기 어렵다. 〈그림 4-3〉은 1350년에 제작된 불화佛畵 미륵하생경변상도彌勒下生經變相圖의 하단부이다. 여기에 단편적이나마 일반 민서民庶의 생활상이 그려져 있다.[69] 한국사에서 그림으로 전하는 최초의 농민들이다. 우선 불화에 그려진 사람들의 신체 크기가 궁궐 안팎에 따라 큰 차이가 있음을, 궁궐 밖이라도 위에서 아래로 점점 작아짐에 주목할 필요가 있다. 신체의 크기는 사회적 신분의 높고 낮음을 대변하고 있다. 맨 아래에 그려진

67 李榮薰(1997), 「朝鮮初期 5結字號의 成立過程 – '趙溫功臣田賜與文書'를 중심으로 –」, 『古文書研究』 12, 51~89쪽.

68 深谷敏鐵(1960), 「高麗足丁·半丁考」, 『朝鮮學報』 15, 1~18쪽.

69 日本 親王院 소장, 金元龍 등 편(1981), 『高麗佛畫』, 中央日報社, 61쪽에서 인용.

【그림 4-3】 미륵하생경변상도

출처: 日本 親王院.

농민의 신체는 가장 왜소한데, 그 신분이 가장 낮았음을 의미한다. 왼쪽에 그려진 두 사람의 농부는 쟁기갈이를 하고 있는데, 소가 2두이다. 앞서 이리간으로 옮겨진 농민에게 호당 2두의 농우가 지급되었다고 하였다. 당시의 쟁기갈이가 2두경頭耕이기 때문인데, 그 점을 불화에서 확인할 수 있다. 오른쪽에 그려진 4명의 농부는 손에 낫을 들고 수확을 하고 있다. 그 위의 3명은 무언가를 운반하고 있다. 쟁기를 가는 2명은 초립을 쓰고 있지만, 나머지는 모두 두건을 매고 있다. 맨 오른 쪽에는 움집에 앉아 있는 한 여인이 그려져 있다. 이처럼 민서의 주거는 반지하 움집이었다. 고려인이 불경을 필사한 사경寫經 속의 그림에서도 민서의 주거는 일반적으

로 움집이다. 1123년 개경의 거리를 걸은 송의 서긍은 성내의 일반 주거를 가리켜 '벌집과 개미굴[蜂巢蟻穴]'과 같이 밀집해 있는데, 서까래를 양쪽에 잇대고 풀을 베어 지붕을 덮어 겨우 바람과 비를 피할 수 있을 정도라고 하였다.[70] 이처럼 국인조차 하층일 경우 그 주거는 일반적으로 다닥다닥 붙은 움집의 군이었다.

가, 친족, 백정

정호는 국가에 대한 조부의 납부에서만 아니라 생산, 결혼, 상속, 촌락

70 徐兢, 『宣和奉使高麗圖經』 卷3 城邑 民居: 민족문화추진위회, 『국역고려도경』, 49쪽.

등 일상생활의 모든 측면에서 기초 단위를 이루었다. 그러한 의미에서 고려인들은 정호를 가리켜 가家라고 칭하였다. 가는 소규모 가족이 아니라 그것이 다수 결합한 친족집단으로서 세대복합체를 가리켰다. 원 복속기의 일이다. 1293년 원으로부터 흘절사팔吃折思八이란 번사蕃師가 고려에 파견되었다. 원래 고려인으로서 1271년 진도가 함락될 때 원에 끌려간 사람인데 승려가 되어 번사로 출세하였다. 32년 만에 고려에 돌아와 서림현西林縣에서 부모를 찾았는데, 부모가 가난하여 능히 자존하지 못하고 남의 집의 용작傭作이 되어 있었다. 이에 왕이 그 족속을 교동현喬桐縣으로 옮기고 토지를 지급하여 가를 이루게 하였다.[71] 1351년 공민왕恭愍王은 중국에서 유학하고 돌아온 보허普虛에게 경기도 광주에 있는 왕실의 전장을 하사하였다. 이에 보허가 흩어졌던 친척들을 모아 가를 이루었다.[72]

이 두 예에서 보듯이 고려의 가는 일반적으로 친족집단으로 구성되었다. 고려의 가족이나 친족의 구성 원리는 중국과 달랐다. 그로 인해 중국과 갈등이 빚어진 적이 있다. 고려가 원에 복속할 때 위의 흘절사팔처럼 끝까지 항전하다가 원으로 잡혀간 사람들이 많았다. 그 가운데는 원에 일찍 투항한 사람들의 가속家属이 있었다. 고려는 그러한 사람들을 송환해 주기를 원에 거듭 요청하였다. 이에 원은 일찍 투항한 사람들의 부모와 처와 자녀를 송환하였다. 그러자 고려왕조는 할아버지와 손자, 시아버지, 삼촌과 조카, 형제와 자매도 모두 고려에서는 가속이라고 주장하면서 그 사람들마저 돌려주기를 청하였다.[73] 이 사건은 중국의 가가 일반적으로 소가족임과 달리 고려의 가는 직계·방계만이 아니라 처족까지 포함하는 친족공동체였음을 이야기하고 있다.

고려의 친족집단은 자아自我을 중심으로 부변父邊, 모변母邊, 처변妻邊으

71 『高麗史』 世家 忠烈王 20년 7월 乙亥.
72 『高麗史』 世家 恭愍王 원년 5월 己丑.
73 『高麗史』 世家 元宗 12년 8월 丁巳.

그림 4-4 고려의 8조 세계

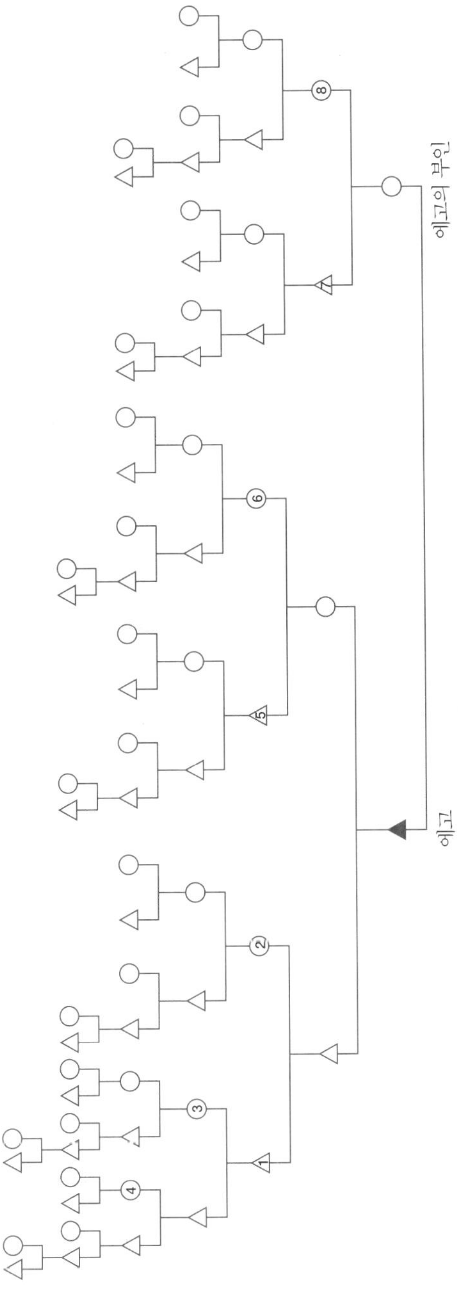

출처: 마르티나 도이힐러 지음/이훈상 옮김(2003), 『한국 사회의 유교적 변환』, 아카넷, 64~65쪽.

로 올라가는 8조祖 세계世系로 구성되었다. 8조라 함은 〈그림 4-4〉에서 1~8의 번호가 부여된 사람들을 말한다.[74] 부변으로는 조부(1), 조모(2), 증조모(3), 고조모(4)가 있고, 모변으로는 외조부(5), 외조모(6)가 있고, 처변으로는 처부(7), 처모(8)가 있다. 8조 세계라 함은 이 8조에서 부, 조부, 증조부, 고조부로 올라가는 남계男系를 말한다. 어느 사람이 관료가 되기 위해서는 8조 세계를 제시하여 그 가운데 천한 신분이 없음을 증명해야 하였다. 8조 세계는 8조의 남계 조상으로 구성되어 마치 고려가 부계사회父系社會인 듯이 보이지만 실제로는 그렇지 않았다. 결혼, 가족생활, 상속 등의 일상생활에서는 모계제母系制의 원리가 강하였다. 남자들은 대개 처방거주妻方居住의 관습에 따라 결혼 후 장기간 처가에 거주하였다. 처가에서 태어난 아이들은 모계 친족과 밀접한 관계를 맺었으며, 이에 고려인들이 친족의 서열과 원근을 구분한 용어는 부계보다 모계 친족을 대상으로 더 정교하게 발달하였다.[75]

결혼의 풍속도 중국과 상이하였다. 중혼重婚의 풍속이 있어 부유하고 지위가 높은 남자들은 여러 명의 처를 두었다. 서긍의 『선화봉사고려도경』에 의하면 부유한 집에서는 3~4명의 처를 두었다.[76] 복수의 처들은 그 지위가 평등하였다. 첩으로 불린 처가 있는데, 비婢 신분의 여자가 아름다운 미모로 주인의 처가 된 경우였다. 남편은 복수의 처와 한 울타리 안에서 함께 살지는 않았다. 결혼은 방문혼訪問婚의 형태를 취하는 경우가 많았다.[77] 아내들은 자신의 친족과 거주하였으며, 이에 남편과 동거하지 않더라도 경제생활에 지장이 없었다. 부부가 동거하는 경우에도 그리 안정

74 마르티나 도이힐러 지음/이훈상 옮김(2003), 『한국 사회의 유교적 변환』, 아카넷, 64~65쪽. 원저 Martina Deuchler(1992), *The Confucian Transformation of Korea:; A Study of Society and Ideology*, *Council on East Asian Studies*, Harvard University.

75 마르티나 도이힐러 지음/이훈상 옮김(2003), 『한국 사회의 유교적 변환』, 57쪽.

76 徐兢, 『宣和奉使高麗圖經』 卷22 雜俗1; 민족문화추진회, 『국역고려도경』, 133쪽

77 마르티나 도이힐러 지음/이훈상 옮김(2003), 『한국 사회의 유교적 변환』, 107쪽.

적이지 않았던 모양이다. 1107년 예종은 군인의 처로서 30년 이상 떠나지 않고 동거한 여인에게 상을 내렸다. 이처럼 고려왕조는 가정윤리에 충실한 효자, 효녀, 절부節婦를 포상하였다. 의부義夫도 포상의 대상이었는데, 처를 버리지 않고 오래 동거한 의리 있는 남자를 가리키는 고려시대 고유의 말이다. 장기간의 동거가 포상의 대상이었음은 그렇지 못한 결혼이 훨씬 많았음을 이야기하고 있다. 특히 가난한 사람들의 경우 쉽게 만나고 쉽게 헤어졌다. 근친혼도 고려 결혼의 한 가지 특색이었다. 원 복속기에 충선왕忠宣王은 원의 뜻을 받들어 왕실과 양반의 근친혼을 금하였다.

정호는 이상과 같은 구성 원리와 범위의 친족공동체를 말하였다. 정호는 고려왕조와의 관계에서 각종 조, 부, 역을 담당한 기초단위였다. 이에 정호를 함부로 해체하거나 분할하는 일은 허락되지 않았다. 고려왕조는 아버지가 죽으면 장자가 전정田丁을 잇게 하였다. 이를 가리켜 전정연립田丁聯立이라 하였다. 이 말을 두고 고려시대에 토지는 사유재산이며 장자에게 단독으로 상속되었다고 해석하는 연구자가 있지만,[78] 범주오류에 지나지 않는다. 전정연립은 정호에 부여된 각종 조, 부, 역의 부담과 군인, 향리와 같은 제반 직을 친족집단을 대표하여 장자가 계승하는 관계이다. 전술한 대로 고려시대의 토지는 사유재산이 아니며, 이에 개인적인 상속의 대상이 아니었다. 고려시대의 사유재산은 노비, 가재, 기물, 의류와 같은 동산動産의 범위에서 성립하였다. 부모의 재산은 형제·남매 간에 균등하게 분할됨이 원칙이었으며, 후일의 분쟁에 대비하여 상속문서가 작성되기도 하였다. 1354년 직장直長 윤광전尹光典이 그의 독자 단학丹鶴에게 비 1명을 상속하는 문서를 작성하였다. 그것이 지금까지 전하는 가장 오래된 상속문서이다(〈그림 4-5〉). 거기에는 토지가 없다. 토지를 재산으로 상속하는 문서가 작성되는 것은 제3시대인 15세기부터이다.

---

78 旗田巍(1972), 「高麗時代における土地の嫡長子相續と奴婢の子女均分相續」, 『朝鮮中世社會史の研究』, 325~361쪽.

[그림 4-5] 윤광전노비허여문기(1354)

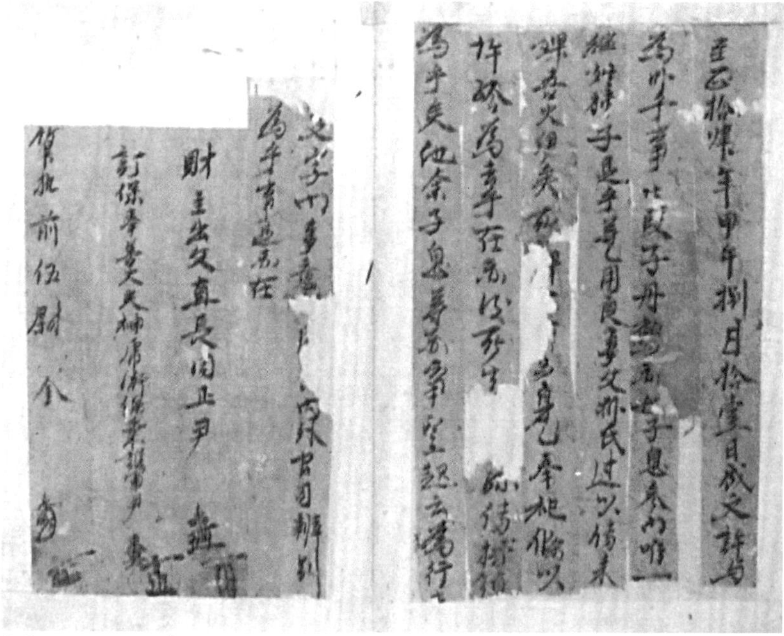

출처: 尹泳杓 編(1988), 『綠雨堂의 家寶』, 13쪽.

정호 이외에 백정白丁이라는 농민이 있었다. 정호는 일정 규모의 친족집단과 토지의 결합으로서 이념적으로 국가로부터 토지를 지급받은 정규 농민을 말하였다. 그에 비해 백정은 친족집단을 결여하거나 보유 경지가 영세한 비정규 농민이었다. 백白은 보통 없다는 뜻이다. 백정은 정丁의 토지와 역役을 보유하지 않는 하층 농민을 말하였다.[79] 이념적으로 백정은 국가로부터 토지를 받은 백성이 아니었다. 이에 백정이 국가로부터 토지를 받으면 정호가 되었다. 989년 성종은 효자, 의부, 절부를 조사하여 상을 내렸는데, 그중의 백정에게는 공전을 지급하여 정호가 되게 하였다.

백정과 정호의 관계가 어떠했는지는 자료가 없어서 짐작하기 힘들다. 정호에 비해 신분이나 인격이 천시된 인물이라 하기는 힘들다. 1028년 현

79 旗田巍, 「高麗時代の白丁」, 『朝鮮中世社會史の研究』, 362~379쪽.

종은 매년 뽕나무를 정호는 20그루를, 백정은 15그루를 심도록 명하였다. 이로부터 정호와 백정의 차등이 그리 심하지 않았음을 알 수 있다. 백정이 족정과 반정 다음의 최하등 호라는 설이 있다.[80] 정호가 아닌 백정에게도 역이 부과되기도 했으니, 백정을 최하등의 호로 간주할 만하다. 어쨌든 그들은 농촌사회의 기간을 이룬 정규의 농민은 아니었다. 백정은 정호와 병존하면서 정호에 의존했던 상대적으로 느슨한 예속의 하층농으로 여겨진다. 모든 사람이 정상적인 친족집단에 속하지는 않았다. 토지가 없거나 1~2결에 불과한 영세농이 적지 않았다. 그들이 농촌사회의 중견을 이루는 정호 계층에 용작 등의 관계로 포섭된 상태가 백정이었다. 앞서 흘절사팔의 부모가 능히 자존하지 못하고 남의 집의 용작으로 있었던 예를 소개하였다. 그들이 바로 백정이었다.

주첩

고려왕조는 어떠한 방식으로 그의 토지와 백성을 조사하였을까. 그 결과 어떠한 양식의 장적이 만들어졌을까. 토지와 인구의 구조적 결합으로서 정호 농민을 편성, 관리, 수취한 지방행정의 실태는 어떠하였던가. 그에 대해 『고려사』는 군현이 매년 인구를 조사하고 호적을 작성하여 중앙의 호부戶部에 바쳤으며, 호부는 그 호적으로 군인과 역정役丁을 징발했다고 적고 있다.[81] 과연 고려의 군현이 해마다 인구를 조사했는지는 『고려사』에 관련 기록이 하나도 없어서 그대로 믿기 힘들다. 해마다의 인구조사는 가능한 일도 아니었거니와 그럴 필요도 없었다. 인구조사가 3년마다 이루어짐은 중국에서는 오랜 전통이었다. 7세기 말의 신라도 그러하였다. 『고려사』 전권에 걸쳐 전국의 호수와 인구 수가 얼마라는 기록은 보이지 않는다. 456년이나 장기 존속한 왕조가 남긴 여러 문헌에서 인구 총

---

80 金琪燮, 「高麗前期 田丁制 硏究」, 84~97쪽.

81 "州郡 每歲計口籍民 貢于戶部 凡徵兵調役 以戶籍抄定"(『高麗史』 卷78 食貨2 戶口).

수에 관한 정보를 찾을 수 없음은 따지고 보면 기이한 일이다. 어쨌든 고려가 매년 인구를 조사했다는 이야기는 15세기 초 『고려사』를 편찬한 사람들이 임의로 지어내었을 가능성이 크다.

다른 한편, 『고려사』는 특정의 신분과 직역을 대상으로 그들의 씨족세계氏族世系를 기록한 호적이 작성되었음을 전하고 있다.[82] 왕족을 대상으로 해서는 종적宗籍이 작성되었다. 문무 관료의 양반은 3년마다 호주의 8조 세계와 동거하는 자녀·사위·형제·자매를 적은 호구戶口를 제출해야 하였다. 이를 양반호구兩班戶口라 하였다. 『고려사』가 여러 차례 언급한 호적은 실은 이 양반호구를 가리키는 것이다. 군인에게도 그 씨족세계를 적은 군적軍籍 또는 명적名籍이 있었다. 그 밖에 노비에게는 천적賤籍이, 승려에게는 승적僧籍이 있었다. 기생妓生에게는 유녀적遊女籍이 있었다. 이러한 호적은 신분, 직업, 거주를 제한하는 강제력을 지녔다. 향인이 국인이 되기 위해서는 경적京籍을 얻어야 했는데, 그것은 그리 쉬운 일이 아니었다.

인구의 대다수를 차지한 농민의 세계도 그들의 본관 거주지에 등록되었다. 적민籍民하는 것, 곧 호적에 이름을 올리는 것은 고려왕조의 백성이 됨을 의미하였다. 예컨대 귀화인에게는 적민의 은택이 베풀어졌다. 그 호적을 가리켜 판적版籍이라고 했는데, 중앙의 호부에는 전국의 판적을 보관하는 창고가 있었다. 판적은 2부가 작성되어 1부는 군현에 보관하고 다른 1부는 호부에 올려졌다. 그런데 판적에 등록되지 않은 부류가 있었으니 평안도에 많이 거주하던 양수척揚水尺이 바로 그들이다. 고려인의 기억에 의하면, 양수척은 태조 왕건이 후백제를 공략할 때 끝까지 저항한 무리의 후예이다. 그들은 본관도 호적도 없었으며, 이에 조부의 부담도 없었다. 이리저리 떠돌아다니며 사냥과 유기柳器 제작을 생업으로 삼는, 고려인에서 배척된 이류異類였다. 기생도 이들 양수척에서 나왔다고 하였다.

82 李榮薰(1995), 「韓國經濟史 時代區分 試論 ― 戶의 歷史的 發展過程의 觀點에서 ―」, 『韓國史의 時代區分에 관한 硏究』, 366~369쪽.

1216년 거란이 침입하자 양수척은 고려를 배반하고 거란의 길 안내를 맡았다.[83] 양수척이 전체 인구에서 차지하는 비중이 얼마였는지는 알 수 없다. 무시해도 좋을 정도로 적지는 않았다. 다음 장에서 소개하겠지만, 15세기 초 조선왕조가 이들을 강제로 정착시켰을 때 지방에 따라 그 수효는 인구의 1/4 내지 1/3에 달하기도 하였다. 이들 양수척을 제외한 고려의 모든 백성은 판적에 등록되었다.

그 판적이 어떠한 형태였는지에 관해서는 『삼국유사』에서 몇 가지 정보를 구할 수 있다. 『삼국유사』는 그것을 가리켜 주첩株貼이라 하였다. 931년경, 태조가 왕조의 창업에 분주할 때 서해에서 해적의 소요가 심하였다. 당시 광학廣學과 대연大緣이란 형제 법사가 기도를 하여 해적을 진압할 비법을 얻었다. 이후 태조가 두 사람의 부모를 위한 기일보忌日寶로서 돌백사埃白寺에 약간의 토지를 지급하였다. 그 토지의 주첩 아래 부분에 주注가 달려 있었다. 『삼국유사』의 저자 일연一然이 참고하니, 광학과 대연의 어머니로부터 경주의 호장戶長 거천巨川에 이르기까지 4대의 세계가 적혀 있었다.[84] 또한 일연은 승 보양寶壤이란 사람의 세계를 찾기 위해 943년 청도군淸道郡이 작성한 운문사雲門寺의 토지 경계를 표시한 주첩을 참고하였는데, 거기에 보양이 동수삼강전주인同藪三剛典主人의 직위를 가진 운문사의 주지住持로 기재되어 있었다. 그리고 그 주첩은 청도군의 도전장都田帳을 필사한 것이라 하였다.[85] 다시 말해 주첩과 도전장은 같은 내용이었다. 또한 일연은 강주군康州郡에서 작성한 백암사伯嚴寺의 주첩도 참고하였는데, 주지승의 나이가 39세라고 하였다.[86] 이처럼 주첩에는 토지의 경계와 더불어 그 소유 주체의 세계, 나이, 직위 등의 인적사항이 함께 기

83 『高麗史』 卷129 列傳 叛逆3 崔忠獻 高宗4년.
84 『三國遺事』 卷5 神呪 明朗神印.
85 『三國遺事』 卷4 義解 寶壤梨木.
86 『三國遺事』 卷3 塔像 伯嚴寺石塔舍利.

재되었다. 주첩의 주株는 토지의 경계를 표시한 기둥을 의미하였다.[87] 마지막으로 한 가지 더, 일연은 부여군의 옛 이름이 소부리군所夫里郡임을 입증하기 위해 부여군이 소장한 양전장적量田帳籍을 살폈는데 장적의 이름이 소부리군전정주첩所夫里郡田丁株貼임을 확인하였다.[88] 여기서 고려왕조가 작성한 양전장적 또는 도전장으로 불리기도 한 토지대장은 공식적으로 전정주첩田丁株貼이란 이름을 가졌음을 확인할 수 있다. 토지의 측량단위는 전정田丁이었으며, 그 면적과 사방경계가 조사되었다. 아울러 그 전정을 소유한 정호의 구성원과 호주의 세계가 주첩의 아랫부분에 주기되었다. 그 주첩이 고려왕조가 그의 백성을 등록했다고 하는 바로 그 판적이었다. 주첩은 1314년의 양전에서는 주안柱案으로 이름이 바뀌었다.[89]

주첩은 개별 정호를 단위로 하여 낱장으로 작성되었을 터이다. 휴한농법이 일반적이고 진전陳田이 광범한 시대에 모든 토지를 남김없이 다 조사할 필요는 없었다. 토지조사는 휴한이 정기적으로 이루어지는 범위의 경지를 하나의 정으로 묶는 방식이었다. 정과 정 사이에는 진전이 가로놓였다. 정의 면적은 앞서 소개했듯이 평균 12결이었다. 큰 것은 평균 17결로서 족정足丁이라 하였고, 작은 것은 평균 8결로서 반정半丁이라 하였다. 전장에서 소개한 대업답大業畓의 지형도처럼 전답의 위치, 사방경계, 면적을 개략적으로 그린 다음,[90] 정호의 호주와 그의 세계, 동거하는 친족과 노비의 인적 사항을 아랫부분에 주기함으로써 주첩의 작성은 완료되었다. 요컨대 고려왕조는 개별 정호를 단위로 하여 토지와 인구 정보를

---

87 一然은 청도 雲門寺의 내력을 다음과 같이 설명하고 있다. 後三國 시대에 청도에 다섯 寺院이 있었다. 혼란기에 모두 파괴되자 각각의 株를 大鵲岬이란 사원으로 통합하였는데, 그것이 나중에 운문사가 되었다는 것이다(『三國遺事』 卷4 義解 寶壤梨木). 다섯 사원의 柱를 합했다고 했으니, 柱는 사원의 경계를 표시한, 長生이라 불린, 기둥이었음을 알 수 있다.

88 "又按量田帳籍曰 所夫里郡田丁株貼"(『三國遺事』 卷2 紀異 南扶餘 前百濟).

89 朴京安(1990), 「甲寅株案考 — 忠宣王代의 田制 釐正을 중심으로 —」, 『東方學志』 66, 95~134쪽.

90 이에 일연은 주첩을 圖籍이라고도 표현하였다. 『三國遺事』 卷2 紀異 南扶餘 前百濟.

종합적으로 그리고 기입한 낱장의 주첩이란 장적을 작성하였다.[91] 다음 장에서 살피게 될, 토지와 인구를 따로따로 조사한 조선왕조의 양안量案과 호적戶籍과 같은 장적은 고려왕조에서는 없었다.

군현과 촌리

고려왕조의 군현은 전국적으로 580여 개였다. 그 가운데 지방관이 파견된 주현主縣이 120여 개이고, 나머지는 속현屬縣으로서 주현에 부임한 지방관의 통제를 받았다. 군현의 규모는 다양하였다. 큰 것은 1,000정이 넘기도 했지만, 작은 것은 20정에 불과하였다. 군현 이외의 행정단위로서는 향鄕과 부곡部曲이 있었는데, 그 역시 전국적으로 580개 정도였다. 향과 부곡은 군현에 속하여 군현의 통제를 받았다. 향과 부곡이라 해서 반드시 소규모는 아니었고, 1,000정에 달하는 것도 있었다. 그럼에도 향과 부곡으로서 차별을 받은 것은 그들이 후삼국의 통일전쟁 과정에서 태조 왕건에 저항한 세력이었기 때문으로 이해되고 있다.

군현과 향·부곡의 아래에는 촌村, 리里, 동洞, 평坪, 소所, 포浦 등 다양한 이름의 말단 행정단위가 있었다. 이하 촌리村里라고 부른다. 알려진 두 사례에 의하면 군현당 촌리의 수는 3개와 7개이다. 도합 1,160개에 달하는 군현과 향·부곡에 속한 촌리의 수가 총 얼마인지는 짐작하기 어렵다. 전 장에서는 통일신라의 촌리가 대략 3,600~4,900개라고 추정하였다. 그 사이 인구가 9세기 후반의 200만 명에서 12세기 전반의 300만 명으로 늘었음을 고려하면 촌리의 수도 다소 늘지 않았을까 싶다. 촌리당 호수가 얼마인지에 관해서는 단 하나의 사례가 전한다. 1360년 공민왕이 홍건적을 피하여 경기도 음죽현陰竹縣에 이르렀을 때이다. 현의 백성들이 왕의

91 『三國遺事』의 株貼 기사에 주목하여 고려왕조의 戶籍에 호가 보유한 토지도 기재되었다고 지적한 연구의 선구로서 다음을 참조할 수 있다. 金英夏·許興植(1978), 「韓國中世의 戶籍에 미친 唐宋 戶籍制度의 影響」, 『韓國史硏究』 19, 29~49쪽.

군대를 피하여 흩어졌는데, 오로지 어느 촌리의 10여 호가 남아서 왕의 군대를 영접하였다.[92] 촌리의 호수가 10여 호이면 촌의 공연孔烟이 10~15개였던 신라촌장적의 7세기 말과 다르지 않다. 어느 정도 일반화할 수 있을지 모르겠지만, 제2시대에 걸쳐 촌리의 규모나 구성에서 큰 변화는 없었다고 보인다.

고려의 군현은 하나의 신앙단체로서 강한 결속력을 보였다. 고려인들은 미륵彌勒의 강생을 기원하면서 향나무를 묻고 거기다 비를 세웠다. 흔히들 매향비埋香碑라고 한다. 지금까지 발굴된 매향비에 의하면 13세기까지 비를 세우는 주체는 군현이었다. 군현을 대신하여 촌리가 매향비 건립의 주체가 되는 것은 15세기 이후이다.[93] 향·부곡의 주민이 집단적으로 차별을 당한 것도 군현을 단위로 한 강한 종교적, 정치적 결속과 배타성을 전제한 현상이었다. 1178년 청주인들이 경인京人, 곧 국인으로서 청주에 퇴거해서 살던 사람들을 거의 다 죽인 사건이 발생하였다. 그러자 경인들이 결사대를 모아 청주를 공격했는데, 이기지 못하고 전사한 사람이 100여 명이나 되었다.[94] 경주의 별초군別抄軍이 평소 영주와 사이가 좋지 않았는데, 1201년 영주성을 공격했으나 영주의 정예군을 이기지 못하고 패주하였다. 개경의 중앙정부가 이 소식을 듣고 경주를 칠 궁리를 하였다.[95] 이 같은 사실은 지방의 군현이 고려왕조의 집권적 지배체제에 편입되어 있긴 했지만, 원래 하나의 읍락 내지 소국으로서 잘 단합된 군사공동체였다는 삼국시대 이래의 정체성을 아직 상실하고 있지 않은 상태를 이야기해 주고 있다.

군현에서는 호장층戶長層이 지배세력을 이루었다. 호장층은 군현의 행

---

92 『高麗史』 卷39 世家 恭愍王10년 11월.

93 李海濬(1983), 「埋香信仰과 그 主導集團의 性格 —14·5세기 埋香事例의 분석—」, 『金哲埈博士華甲紀念史學論叢』, 知識産業社, 381~388쪽.

94 『高麗史』 卷100 列傳 卷13 慶大升.

95 『高麗史』 卷21 世家 神宗5年.

정기구인 읍사邑司를 장악하였다. 후삼국의 통일전쟁 과정에서 군현의 호족들은 성주나 장군을 자칭하면서 중앙정부로부터 독립하였다. 호족들은 촌주村主, 사간沙干, 대등大等, 당대등當大等의 위계로 짜인 독자의 통치기구를 구축하였다. 통일 이후 호족세력은 고려왕조로부터 관계官階를 부여 받았지만, 그들의 지방 통치기구는 983년 성종에 의해 12목이 설치되고 예하의 군현에 지방관이 파견되기까지 사실상 그대로 존속하였다.[96] 그때 당대등과 같은 지방세력의 수장이 호장戶長으로 불리기 시작했는데, 이후에도 지방 통치기구의 정비에는 상당한 세월이 소요되었다. 그것이 나름의 결착을 보는 것은 1017년 현종 대의 일이다. 그때 군현의 등급을 나누고 등급별로 읍사를 구성하는 이직吏職의 수를 정하였다. 예컨대 1,000정 이상의 군현에 인정된 이직은 총 84명이었다. 이들은 크게 호장, 부호장, 병정兵正, 부병정, 창정倉正, 부창정의 20명과 사史 이하 60명으로 그 지위가 크게 이분되었다. 전자는 인리성人吏姓으로, 후자는 차리성次吏姓 또는 백성성百姓姓으로 불렸다. 호장은 부창정 이상의 인리성에서만 배출되고 그들 사이에서 세습되었다. 이들 인리성이 군현의 지배세력을 이루었다. 중앙정부는 이들을 관인으로 취급하여 관계를 부여하고 전시田柴를 지급하였다. 이들은 과거에 합격하거나 기인직其人職을 수행함으로써 중앙정부의 관료로 출세하거나 국인國人으로 편입되었다. 인리성의 상층이 중앙으로 이동함과 더불어 읍사를 구성한 인리성과 차리성·백성성의 두 집단은 점차 동질화하였다. 그 결과 13세기 전반이면 이들 지방세력을 통칭하여 토성土姓이라 부르게 되었다.[97] 1430년대의 『세종실록지리지』에 의하면 토성집단은 그 수가 전국적으로 2,281에 달하였다.[98]

이들 호장층 내지 토성의 지방세력이 군현의 정호 농민을 어떻게 지배

96 강은경(2002), 『高麗時代 戶長層 硏究』, 혜안, 52~56쪽.

97 강은경(2002), 『高麗時代 戶長層 硏究』, 149쪽.

98 李樹健(1984), 『韓國中世社會史硏究』, 一潮閣, 5쪽.

했는지, 양자 간의 경제관계는 어떠했는지는 관련 기록이 전무하여 알기 힘들다. 『고려사』는 철저하게 국인에 관한 기록이다. 『고려사』는 향인의 생활과 역사에 거의 관심을 기울이지 않았다. 다만 서긍이 그의 견문록에서 민장民長에 관해 쓴 부분이 있는데, 군현의 읍사를 지휘한 호장을 가리켰다고 보인다. 그에 의하면 백성 가운데 부유한 사람을 민장으로 삼으니, 취락의 큰일은 관부에 나가 지시를 받고 작은 일은 그의 권한으로 처리하는데, 세민細民들이 그를 자못 존중하고 섬겼다고 한다.[99]

노비법제

고려의 농촌사회가 사적 계급관계로 크게 분화했다는 잘못된 인식이 널리 유포된 데에는 앞서 비판한 사유지설의 역할이 컸다. 전호佃戶에 대한 오해가 그 깊은 뿌리를 이루었다. 다른 한 가지 깊은 뿌리를 지적하면, 노비에 대한 오해이다. 그에 의하면 고려의 노비는 주인의 땅을 경작하고 지대를 바치는 농노農奴와 같은 존재였다. 그 노비가 전체 인구의 적어도 30%를 차지하였다. 고려사회의 주요 생산관계로 간주된 지주-전호제는 노비 신분제에 의해 뒷받침되었다.[100] 이 같은 노비에 대한 종래의 이해는 더 이상 유효하지 않다.[101]

한국사에서 노비는 제1시대에 왕실과 귀족가의 가내노예로 그 모습을 드러냈다. 삼국의 통일전쟁 과정에서 전쟁포로에 기원을 둔 가내노예가 증가하였다. 7세기부터는 범죄자의 가속家屬을 노비로 적몰하는 제도가 운용되었다. 8~9세기에는 사회의 유동성이 높아짐에 따라 기한부 예속

99 徐兢, 『宣和奉使高麗圖經』 卷19 民庶 民長; 민족문화추진위회, 『국역고려도경』, 124쪽.

100 예컨대 James B. Palais는 고려사회의 기본 생산관계는 지주-전호제와 노비신분제가 결합한 韓國的 生産樣式이라고 주장하였다. 다음을 참조하시오. Palais, James B.(1998): *Views on Korean Social History, Institute for Modern Korean Studies*, Yonsei University.

101 이하 고려시대 노비제에 관한 서술은 대개 다음의 논문에 의거하고 있다. 李榮薰(1998), 「韓國史에 있어서 奴婢制의 推移와 性格」, 歷史學會 編, 『노비·농노·노예—隸屬民의 比較史—』, 一潮閣, 304~422쪽.

의 채무노예로서 노비가 증가하였다. 고려왕조의 노비제는 그 연장선 위에 놓였다. 고려왕조는 노비법제를 정비하고 강화하였다. 986년 고려왕조는 노비의 가격을 정하였다. 노의 가격은 포 100필, 비의 가격은 포 120필이었다. 그 계기는 다른 사람의 노비를 함부로 사역할 경우 그 피해를 보상할 기준을 마련함에 있었다. 그에 따라 노비를 하루 사역할 경우 포 1필을 보상하도록 했다. 아울러 보상의 상한을 정할 필요가 있어서 위와 같이 노는 100필, 비는 120필로 하였다. 이 보상의 상한가는 그대로 노비의 공정가격公定價格이 되어 고려 말기까지 준수되었다. 사람 몸에 가격이 붙으니 그 사람은 영락없이 노예이다. 986년의 위 규정은 노비는 주인의 재물임을 명시한 한국사 최초의 노예법奴隸法이다. 뒤이어 1039년에는 천자수모법賤者隨母法이 제정되었다. 이 법의 취지는 주인이 다른 노와 비가 결혼을 하여 아이를 출생할 경우, 그 아이의 주인을 어머니인 비의 주인으로 판정한다는 것이다. 이 법은 노비의 신분 세습을 당연시하는 가운데 소속이 다른 노와 비가 결혼하는 일이 잦아진 시대상을 전제하고 있다. 그만큼 노비인구는 확산일로에 있었다.

1136년에는 다음과 같이 해석하기 애매한 노비법이 제정되었다.

> 사노비私奴婢가 주인을 배반하고 그때문에 한恨이 있어 스스로 목을 맨 경우 그 주인을 죄주지 말게 하였다.[102]

위의 법은 사노비의 배반 행위를 주인이 처벌하는 중에 노비가 처벌을 두려워하거나 고통을 못 이겨 자살한 경우 주인에 책임을 묻지 않는다는 취지로 해석된다. 다시 말해 적절한 사유가 있을 때, 또는 그렇게 둘러댈 수 있다면, 주인은 노비를 살해해도 무방하게 되었다. 어느 시대와 사회든 사람을 함부로 죽이는 일은 불법이었다. 고려왕조도 마찬가지여서 노

102 "私奴婢背主 因而有恨自縊者 勿罪其主"(『高麗史』 卷85 刑法2 奴婢 仁宗14년).

비라 해서 함부로 죽일 수는 없었다. 그렇지만 이 법을 계기로 고려의 노비는 그 생사여탈이 주인의 권리로 장악된 진정한 의미의 노예로 전락하였다.

이윽고 1287년 충렬왕忠烈王은 공사公私의 노비를 양인으로 해방시키는 것은 금하는 법령을 반포하였다. 그 전까지 노비는 신분이 세습되었지만 해방의 가능성을 전제한 기한부 채무노예로서의 성격이 강하였다. 예컨대 100~120필로 정해진 노비의 가격은 100~120일어치의 임금에 불과하였다. 그 정도의 몸값이라면, 당시의 이자율이 아무리 고율이라 해도, 1~2년만 열심히 일하면 무난히 원리금을 상환할 수 있는 수준이었다. 노비 신분의 세습은 드문 현상이었다. 그러했던 노비의 처지가 13세기 말에 이르러 노비의 실질가격이 오르고 법적 지위도 악화됨에 따라 드디어 해방이 불가능한 존재로 공포되고 말았다. 엄밀히 말해 한국사에서 세습신분제로서 노비제가 확립하는 것은 이때에 이르러서이다.

당시는 고려왕조가 원元 제국에 복속한 기간이다. 원의 황제는 고려왕에게 노비제를 폐지할 것을 요구하였다. 충렬왕은 그에 반발하면서 노비제는 고려의 폐지할 수 없는 아름다운 전통이라고 주장하였다. 그는 고려의 태조가 유훈遺訓을 내리기를 노비는 그 종자가 있으니 이를 양인으로 해방시키지 말라, 그리하면 끝내 사직이 위태로울 것이라고 했음을 그 명분으로 제시하였다. 그렇지만 고려의 태조가 그런 유훈을 내린 적은 없었다. 충렬왕의 변명은 거짓말이라기보다 10세기 이래 점점 그 처지가 악화되어 온 노비에 대한 고려 국인들의 집단적 인식을 충실하게 대변하였을 뿐이다. 막상 노비의 해방을 법적으로 금지한 사람은 충렬왕 그 자신이었다.

고려의 노비는 비의 가격이 노보다 더 높았듯이 주로 가사노동에 종사하는 가내노예가 그 중심을 이루었다. 노비의 가족구성은 취약하였다. 노비의 자식은 주인의 자의적 처분에 따라 부모로부터 함부로 분리되었다.

부부생활도 안정적이지 못하였다. 노비들의 사회경제적 처지는 열악하였다. 『고려사』는 병들어 죽으면 그 시체가 들판에 버려져 짐승의 먹이가 되기도 했던 노비의 존재를 전하고 있다. 그런데 고려의 노비법제를 자세히 검토하면 이후 제3시대의 노비들과는 명확히 구분되는 그 시대 나름의 특질을 확인할 수 있다. 한마디로 고려의 노비는 주인의 완전한 사유재산이 아니었다.

> 관사노비官私奴婢와 꾀어낸 양인자녀良人子女를 매매할 경우 여인은 초범은 율律에 따라 처벌하고 재범은 귀향형歸鄕刑이고, 남자는 초범은 귀향형이고 재범은 충상호형充常戶刑이다.[103]

이 법은 관노비官奴婢와 사노비私奴婢, 그리고 유괴한 양인의 자녀를 매매한 범죄에 대한 처벌 규정이다. 그러니까 노비는 관노비든 사노비든 함부로 사고 팔 수 없었다. 범죄자를 귀향형歸鄕刑에 처한다고 했으니 개경의 국인을 대상으로 한 법이었음을 알 수 있다. 제정 시기는 고려 초기로 보인다. 고려왕조가 노비의 매매를 금지한 것은 노비는 원래 왕의 소유로서 정부기관이나 민간에게는 그 용익권이 지급되었을 뿐이라는 인식에 의해서였다. 1308년 충선왕忠宣王은 민간이 함부로 매매하거나 남에게 기증한 노비를 모두 조사하여 왕실로 돌렸다. 다시 말해 고려의 노비제는 국가노예제國家奴隸制로서의 특질을 강하게 지녔다. 고려왕조는 노비를 왕조에 반역하거나 범죄를 저지른 사람의 후손으로 간주하고 그들을 위험시하였다. 고려 노비의 원류는 형벌노예였으며, 왕조의 노비정책은 그러한 인식에 근거하여 규정되었다. 노비는 불온한 무리로서 선량한 양인과는 구별되어야 했다. 이에 고려왕조는 양인과 노비의 결혼을 억제하고 특

103 "官私奴婢 招誘良人子 賣買者 女人則初犯依律斷之 再犯歸鄕 男人則初犯歸鄕 再犯充常戶"(『高麗史』 卷84 刑法1 戶婚).

히 노가 양인 여자를 아내로 맞는 행위에 대해선 강하게 처벌하였다. 예컨대 노가 양인 여자와 결혼했을 때 노의 주인이 시켰으면 주인을 장杖 100에 처했으며, 양녀의 부모는 1년의 유배형에 처하였다. 노가 스스로 양녀를 아내로 맞았으면, 그 노는 1년 반의 유배형이었다. 노의 주인까지 처벌한 데에서 보듯이 노비는 주인의 완전한 사재私財가 아니었다.

노비와 양인을 엄격히 분리하려는 고려왕조의 또 다른 정책은 인신매매의 단속으로 나타났다. 앞서 인용한 법에서 보듯이 양인자녀를 유괴하여 매매한 사람은 남자의 경우 귀향형이나 충상호형에 처하였다. 국인을 원 출신지로 쫓아내는 귀향형이나 농촌의 상호常戶, 곧 일반 평민으로 삼는 충상호형充常戶刑은 국인에게는 특별히 무거운 형벌이었다. 또한 고려왕조는 고리대의 인질을 노비로 차압하는 행위를 금지하였다. 고려시대에 걸쳐 채무와 그에 따른 인신예속은 3~6년의 기한부 소각질消却質에 해당하였다. 고려왕조는 흉작이나 채무에 몰린 사람이 자녀를 노비로 파는 행위를 끝내 승인하지 않았다. 그 점에서 고려왕조는 동시대 일본의 가마쿠라막부鎌倉幕府가 채권자가 미상환 부채의 인질을 노비로 잡는 행위를 공인했던 것과 큰 차이를 보였다.[104]

고려의 노비는 국가노예로서 주로 왕실, 귀족, 중앙관부에 의해 소유되었다. 노비의 소유자는 대개 국인이었다. 원 복속기에 원의 황제는 고려의 노비제를 폐지코자 하였다. 그때 최유엄崔有渰이 고려 고유의 제도라며 원의 황제를 설득하여 결국 저지시켰다. 그가 원에서 귀국하자 국인들이 손을 들어 울면서 "우리 삼한三韓을 보전한 이는 최시중侍中이다"라고 환호하였다. 사원과 지방의 관부도 다수의 노비를 소유하였다. 고려시대에 총 10회에 걸쳐 노비의 반란이 있었는데 그중의 절반은 개경에서, 나머지 절반은 지방에서 일어났다. 지방의 반란 5회는 모두 관노官奴들이

---

104 李榮薰(2004), 「11~16세기 韓國의 奴婢와 日本의 게닌(下人)」, 『경제사학』 36, 10~13쪽.

주도하였다. 일반 농가가 소유한 노비와 관련해서는 1319년 사심관이 끌어 모은 토지와 인구를 몰수한 기록을 참고할 수 있다. 앞서 소개했듯이 당시 2,360호에 1만 9,798결의 토지가 몰수되었다. 거기에 포함된 노비는 고작 137구에 불과하였다. 호당 인구를 10명으로 잡으면, 노비의 비중은 1% 미만이다. 농촌인구의 상당 부분이 노비라는 종래의 이해는 애당초 믿을만한 근거에 입각한 것이 아니었다.

노비의 이미지

세계사의 여러 시대와 지역에 등장한 진정한 의미의 노예는 자기 공동체를 상실한 자들이다. 그들은 공동체 밖에서 끌려왔거나 범죄 등의 이유로 공동체 밖으로 내쳐진 자들이다. 노예의 본질은 사회적 죽음이다.[105] 그들은 살아 있지만 그 사회적 인격은 죽은 상태나 다를 바 없다. 노예에게는 그의 사회적 죽음을 나타내는 상징이 이름과 복식 등에 부착되었다. 피부와 두발이 아주 달라 별도의 노예 상징이 필요 없는 경우도 있었다.

고려의 노비에 강요된 사회적 죽음의 상징은 어떠한 것이었을까. 여러 고문서나 불탑 등의 석문石文에서 전하는 노의 이름은 천하지 않았다. 오히려 불교의 신심을 담은 고상함을 특징으로 하였다. 1198년 개경에서 노비의 난을 일으킨 주동자는 만적萬積이다. 약목현 정두사淨兜寺 석탑의 건립에 시주를 한 노의 이름은 덕적德積이다. 만적이나 덕적이나 불심이 가득한 이름이다. 기타 시광時光, 김광金光 등의 노비 이름도 마찬가지이다.[106] 고려왕조는 노비들의 복식을 차별하려고 노력하였다. 사노들은 모자를 쓸 수 없다는 금령이 내려졌지만 얼마 있지 않아 흐지부지되었다. 노는 요대腰帶를 할 수 없다는 금령이 내려지기도 했지만 역시 소용이 없

---

105 Patterson, Orlando(1982), *Slavery and Social Death, A Comparative Study*, Harvard University Press, pp.35~76.

106 1262년의 尙書都官貼에 나오는 奴 이름이다.

었다. 12세기 초 개경을 방문한 서긍은 귀천 간에 복식의 차별이 없음을 기이하게 여겨 그의 견문록에서 몇 차례나 이를 지적하였다. 그가 발견한 복식 차별은 아주 귀한 관인의 경우 두건의 띠가 한 가닥 더 있는 정도에 불과하였다. 그에 비해 동시대 일본의 노비들에 강요된 복식의 차별은 엄격하였다. 일본의 노비들은 동발童髮이었으며, 오모자烏帽子를 쓸 수 없었다.[107]

주인과 노 간의 신분 격차도 의외로 느슨한 데가 있었다. 어느 비부婢夫가 처의 주인을 살해한 사건이 있었다. 비부는 유배형에 처해졌을 뿐이다. 조선시대에는 예외 없이 참형에 해당하는 강상綱常의 범죄였다. 주인의 범죄를 고발하여 처벌을 받게 한 노가 있었다. 이런 일은 조선시대에는 상상도 할 수 없었다. 주인의 첩과 화간한 어느 노는 유배를 갔다가 얼마 있지 않아 풀려났다. 어느 절의 노는 식사량이 적다고 주지승을 관에 고소하였다.

이상과 같이 고려의 노비에게서 그의 사회적 죽음을 나타내는 상징을 찾기는 힘들다. 그들의 사회적 인격은 활발히 살아있는 편이었다. 이 같은 노비의 존재양상은 고려의 노비들이 원래 형벌노예에 기원을 둔 국가노예였다는 사실과 밀접한 관련이 있다. 다시 말해 고려의 노비들은 정치적인 이유로 노비가 된 자들이다. 그리하여 정치적 상황이 변하면 얼마든지 노비 신분을 벗어던질 수 있는 존재였다. 예컨대 무신집권기에 노 출신으로서 고관이나 장군으로 출세한 사람이 많았다. 집권자의 한 사람이기도 했던 이의민李義旼은 경주의 어느 사비寺婢의 아들이었다. 그러자 개경의 사노 만적이 난을 모의하면서 "장상將相에 어찌 종자가 있느냐"고 하였다. 고려의 노들은 주인을 죽이고 스스로 장상이 되고자 했다. 고려의 노들은 스스로를 귀종貴種으로 간주하였다. 이러한 신분의식을 이후

107 李榮薰(2004), 「11-16세기 韓國의 奴婢와 日本의 게닌(下人)」, 『경제사학』 36, 29~31쪽.

제3시대의 노비로부터 찾기는 불가능하다. 제3시대의 노비는 개의 똥과 오줌에 비유되는 비천과 오예汚穢의 존재였다.

고려의 노비들은 그의 주인과의 관계에서 천하였을 뿐이다. 반드시 사회적으로 천하지는 않았다. 주인이 총애하면 노는 해방되고 심지어 권력자로 출세하였다. 이 같은 주노主奴 관계가 고려인에게 어떠한 이미지로 비쳐졌는지는 매우 흥미로운 주제이다. 관련하여 『삼국유사』의 다음과 같은 기록을 소개한다. 신라 효소왕 대(692~702)의 사건이다. 화랑 죽지랑竹旨郞의 무리에 득오得烏라는 낭도가 있었는데 열흘간이나 보이지 않았다. 이에 죽지랑이 그의 행방을 물어 '좌인左人'을 데리고 찾아 나섰다. 그 '좌인'에 대해 일연一然은 "향鄕에서 이르기를 개질지皆叱知라 하는데 노복을 말한다"라는 주석을 달았다. '좌인'은 일연이 7세기 말의 기록에서 그대로 옮긴 것이다. 그 말이 13세기의 고려인에게는 생소하여 위와 같이 풀이하였다. 곧 '좌인'은 13세기의 노와 같은 존재인데, 일상생활에서는 개질지로 불린다는 것이다. 개질지는 원래 갯지㕧知인데, 『삼국유사』가 인간印刊될 때 부주의하게 세 글자로 풀어진 것이다. 이후 제3시대가 되면 갯지는 실록, 호적, 고문서에서 흔하게 등장하는데, 개[狗, 犬]라는 뜻이다. 제2장에서 한국사 제1시대의 '노 질서'를 서술하면서 국왕에 대해 신하는 개에 비유되었다고 하였다. 그 개의 이미지가 일연이 『삼국유사』를 지은 13세기까지도 면면히 이어져 왔던 것이다.

개는 천한 존재이지만, 주인의 사랑을 받을 경우 사회적으로 고귀해진다. 고려의 노 가운데 고관과 장군에 이른 엘리트 노가 적지 않은 것도 고려의 주노 관계가 지닌 이러한 특질 때문이다. 다음은 고려왕실에서 자주 불린 내당內堂이란 가요이다.

> 山水淸凉소리와
>
> 淸凉애사 두스리 믈어디새랴

道場애사 오시나니
한 남종과 두 남종과
열세 남종 주서빠라
바희에 나라새라
다로럼 다리러
열세 남종이 다여위실 더드런
니믈뫼셔 살와지
聖人無上兩山大勒아
다로럼 다리러

어느 귀부인이 13명의 남종을 데리고 조용한 계곡을 찾아 그들을 씻긴 다음 성적性的 열락悅樂에 든다는 내용이다.[108] 그렇게 간단한 세정례洗淨禮만으로 주인과의 성교가 가능할 만큼 고려의 노비들은 깨끗한 존재였다. 사노 5명을 거느리고 있다고 고백한 『화랑세기花郎世紀』의 귀부인 금진낭주金珍娘主가[109] 생각나지 않는가.

시장과 고리대

고려의 농촌시장은 열리긴 했지만 활발하지 못했다. 그에 대해 서긍은 "주군州郡의 토산은 다 관가의 공상供上으로 들어가므로 장사치는 멀리 가지 않고 사람들은 하루거리의 도시에 나가 있는 것을 없는 것과 바꾸는 것으로 만족하는 듯하다"고 하였다.[110] 고려왕조의 조부租賦 수취는 잉여생산물을 농촌에 남기지 않을 정도로 수탈적이었다. 그에 따라 시장이라 해 봐야 군현의 읍저邑底에서 부정기적으로 열리는 장시場市에 지나지

108 朴炳采(1968), 『高麗歌謠語釋研究』, 宣明文化社, 359~365쪽.
109 김대문 저/이종욱 역주해(1999), 『화랑세기—신라인의 신라 이야기—』, 소나무, 64~67쪽.
110 徐兢, 『宣和奉使高麗圖經』 卷19 民庶; 민족문화추진위회, 『국역고려도경』, 122쪽.

않았다. 장시에서의 교역은 서긍의 지적대로 물물교환이 기본 형태를 이루었다. 금속화폐는 일반적으로 통용되지 않았다. 고려왕조는 동전의 통용을 위해 농촌에 주점을 설치했지만 성공적이지 못했다. 서긍은 개경에서조차 동전이 창고에 쌓인 채 가끔 관리들의 노리개로 지급되는 현실을 목도하였다.[111]

고려 사회의 공동체적 편성에 가장 큰 위협이 된 것은 고리대高利貸였다. 그에 대해 고려왕조는 이자의 수취를 제한하는 정책으로 대응하였다. 고려왕조가 공정한 이자율은 국초 이래 3할이었다. 고려왕조는 이자율의 수준을 제한함과 더불어 이자의 합이 원금을 넘지 못하게 하거나, 흉년에 이자의 수취를 금지하거나, 이자의 수취 기한을 6년으로 한정하는 정책을 시행하였다. 민간의 고리대에 대해 고려왕조는 일관되게 그것을 소각질로 간주하여 일정 기한이 지나면 채권을 해소시키거나 인질을 반환케 하는 정책을 취하였다.

13세기 후반 이래 상업경제의 발전으로 사회적 유동성이 일층 높아졌다. 그에 따라 공적 조부나 사적 채무의 부담으로 가난한 사람들이 자녀를 팔거나 인질로 빼앗기는 일이 부쩍 많아졌다. 1318년 충숙왕忠肅王은 가난한 자들이 처자를 파는 폐단에 대해 이미 지불한 이자가 원금에 상당하거나 자녀를 사역한 기간의 임금이 원금에 상당할 경우 계약문서를 몰수하고 자녀를 돌려주도록 명하였다. 왕조가 민간의 고리대에 개입하여 채권이나 인질을 해소하는 일은 14세기 이후 농촌사회의 분화가 가속됨에 따라 더욱 빈번하게 강요되었다.

권농과 진휼

고려사회의 공동체적 통합에는 왕조에 의한 권농勸農과 진휼賑恤의 역

111 徐兢,『宣和奉使高麗圖經』卷3 城邑 貿易; 민족문화추진위회,『국역고려도경』, 50쪽.

할이 적지 않았다. 986년 성종은 "나라는 백성을 근본으로 하고, 백성은 먹는 것을 하늘로 한다"면서 지방관에게 봄부터 가을까지 오로지 권농에만 힘쓰라고 명하였다. 이듬해 그는 군현의 병기를 회수하여 농구를 만들었다.[112] 뒤이어 역대의 왕들은 전란이나 재해가 발생하면 농가에 양식과 종자를 공급했으며, 농구와 농우를 지급하기도 하였다. 현종은 전국의 정호에게 해마다 20그루의 뽕나무를 심도록 하였다. 백성을 전호로 규정한 예종은 권농에 특별한 관심을 쏟았다. 1115년 예종은 서경으로 행차하는 도중에 길가의 토지로서 개간되지 않은 곳이 있으면 수령을 불러 문책하였다.

이처럼 지방관의 중요 업무는 농지의 개간이었다. 1310년경 문인 최해崔瀣는 양주梁州에서 지방관의 성공적인 개간을 목도하였다. 양주는 오늘날의 양산이다. 양주는 저습한 황무지가 많은 가난한 고을이었다. 농민들은 농사보다는 대나무로 용구를 만들어 팔아 그것으로 양식을 구하고 조부를 냈다. 큰 상인도 부자도 없는 고을이었다. 이李 모씨가 수령으로 부임하였다. 그는 저습지에 수로를 깊게 파서 배수를 한 다음, 주민들로 하여금 얼마씩 개간하도록 명하였다. 개간을 위해 10명의 농민이 1보保로 편성되어 공동노동을 하였다. 수령은 들에 나아가 공동노동을 직접 감독하였다. 수령은 아침마다 공동노동에 가장 늦게 출두한 농민을 꾸짖고 벌하였다. 그렇게 하니 얼마 가지 않아 양주의 황무지가 거의 개간되기에 이르렀다.[113] 최해가 강조하고 싶었던 점은 백성이 가난하고 부유한 것은 오로지 수령된 자의 부지런함과 게으름에 달렸다는 것이다.

고려는 이전의 신라보다 훨씬 체계적으로 진휼 정책을 펼쳤다. 태조는 재난에 대비하여 흑창黑倉을 설치하였으며, 이는 성종에 의한 의창義倉의 전국적 설치로 발전하였다. 1023년 현종은 공전과 사전에 1~3두의 세를

---

112 『高麗史』 卷79 食貨2 農桑 成宗5년.

113 崔瀣, 『拙藁千百』 「送安梁州序」.

부과하여 의창곡을 확보하였다. 의창곡은 모든 지역에서 매년 지급되는 것이 아니라 재난이 발생한 지역을 대상으로 대부되었다가 회수되었다. 재난이 심할 경우엔 거저 지급하기도 하였다. 의창곡의 회수에는 이자곡을 붙이지 않음이 일반적이었다. 12세기 이후 의창은 이름이 여러 가지로 바뀌는 등의 혼란을 겪다가 무신집권기에 중단되었다. 이후 원 복속기에 다시 부활하는데, 창고의 곡식이 부족하여 원으로부터 강남미江南米 10만 석을 두 차례나 운송해 오기도 하였다. 고려왕조 456년에 걸쳐 행해진 진휼은 『고려사』에 기록된 것만으로도 총 92회를 헤아린다.[114] 비록 재난이 발생한 시기와 지역을 대상으로 한 제한적이고 임시적인 시행이지만, 고려왕조의 진휼 정책은 사회의 공동체적 통합에 큰 힘이 되었다.

3. 원 복속기의 사회와 경제

대몽골 울루스

1231년부터 시작된 몽골의 침입과 고려왕조의 28년에 걸친 항쟁은 고려의 사회와 경제에 말할 수 없는 피해를 안겼다. 『고려사』는 그에 관해 다음과 같이 전하고 있다. 1254년의 일이다. "이 해에 몽고병에 사로잡힌 남녀가 무려 20만 6,800여 인이요, 살육된 자도 이루 헤아릴 수 없으며, 지나가는 주군마다 모두 잿더미가 되었으니, 전란이 있은 이래로 이때처럼 심한 적이 없었다."[115] 피해가 컸던 만큼 전쟁 이후 재건된 고려의 사회·경제는 그 이전과 크게 달라진 모습이었다. 13세기 말이면 전쟁의 피해는 거의 복구되었다. 1296년에는 개경에 1,008개의 기둥으로 연결된 긴 복도의 시전市廛이 다시 세워졌다. 그보다 앞서 1279년에는 원과의 역

114 徐吉洙(1978),「還穀利子의 變遷過程」,『檀國大學校大學院學術論叢』2, 203~204쪽.

115 『高麗史』卷24 世家 高宗41年.

[그림 4-6] 몽골시대 후반의 유라시아

출처: 杉山正明(1995),『クビライの挑：モンゴル海上帝国への道』, 朝日新聞社, 234~235쪽.

비고: 원도에는 원제국에 해당하는 울루스 명칭이 없는데, 스기야마杉山의 설명에 따라 대원大元울루스라고 표기하였다.

쿠가이
누르간
일본
가마쿠라
교토
히카타
고려
요양
개성
이숭게공적비
석가원비
상도
카라코롬
회회사천대
로마교황의 사절
대도
(베이징)
직고
청도
(칭다오)
교회당
비슈·발리크
베제글리크
카라·호죠
코물
에치나
대원 울루스
천불동
사츄
카무츄
양주
(양저우)
개봉
(카이펑)
항주
(항저우)
인쇄
경조
도자기
복추
(푸저우)
알마릭
교회당
악주
(웨저우)
성도
(청두)
류큐
청정사
천주
(취안저우)
라싸
천문대
광주
(광저우)
대리
곤명
(쿤밍)
대라
파칸
훌라구 울루스의 사절
진씨대월국
베다왕조
치앙마이왕조
참파
수코타이왕조
앙코르왕조
안다만
말라카
스리비자야왕조
팔렘방
마자바이드왕조
싱가사리왕조

참로驛站路가 개통되었다. 이로써 고려왕조는 한반도에서 발칸반도까지, 베트남에서 헝가리까지, 시베리아에서 인도까지의 광활한 유라시아대륙과, 지중해에서 인도양을 거쳐 동지나해와 발해만에 이르는 광대한 해원海原을 종횡으로 엮는 대몽골 울루스에 깊숙이 포섭되었다. 울루스는 국가 또는 백성이란 뜻이다.

이전의 세계는 7개의 비교적 자급적인 지역으로 구성되었으며, 이슬람이 각 지역을 중개하는 중심부를 이루었다.[116] 대몽골 울루스하에서 세계는 최초로 단일의 세계체제로 통합되었다. 〈그림 4-6〉은 14세기 유라시아 대륙과 바다를 아우른 역참로, 교통로, 해상로의 그물망과 곳곳에 들어선 천문대·사원·교회당 등 문화 교류의 시설을 보이고 있다. 이 교역로를 따라 세계 각 지역의 지식, 기술, 상품이 다른 지역으로 널리 전파되어 각 지역의 전통 사회와 경제에 큰 충격을 주었다. 대몽골 울루스는 은본위제에 기초한 단일의 통화제도를 구축하였으며, 이는 세계적 범위의 자유무역을 촉진하였다. 인종이나 종교와 무관하게 누구든지 1/30의 저렴한 상세나 관세를 지불하면 자유롭게 통상을 행하였다. 대몽골 울루스는 여행의 편의와 안정을 보장하였다.[117]

대몽골 울루스의 중심은 '대칸의 울루스'인 원元제국이다.[118] 원은 그의 광대한 영역을 정치적으로 통합함에 있어서 노예제 폐지, 종교의 자유, 정치와 종교의 분리, 정치의 세속화, 법에 의한 통치, 공공교육 등과 같은 문명의 원리들을 혁신적으로 개발하였다. 이것들은 이후 서유럽에서 근대문명의 문을 여는 데 중요한 기틀이 되었다. 중국에서 건너간 컴퍼스, 활자, 종이, 주판籌板 등의 선진기술은 서유럽에서 과학혁명을 촉발하는 요인으로 작용하였다.[119] 원 제국의 학자들은 최초의 세계지도를 그렸

116 양동휴(2014), 『유럽의 발흥 — 비교경제사 연구 — 』, 서울대학교출판문화원, 36~42쪽.

117 杉山正明(1995), 『クビライの挑戦: モンゴル海上帝国への道』, 朝日新聞社, 231~241쪽.

118 김호동(2010), 『몽골제국과 세계사의 탄생』, 돌베개, 125~129쪽.

119 Jack Weatherford(2004), *Genghis Khan and the Making of the Modern World*, Crown and

으며, 이란 고대사, 이슬람사, 오구즈사, 중국사, 유태사, 프랑크사, 인도사의 서술로 이루어진 최초의 세계사를 편찬하였다. 몽골제국과 더불어 진정한 의미의 세계사가 탄생하였다.[120]

고려왕조는 원의 부마국駙馬國으로서 대몽골 울루스에서 비교적 높은 지위를 차지하였다. 고려를 둘러싼 국제무역의 번성함은 이전의 한국사가 알지 못한 수준이었다. 1323년 중국 영파寧波를 떠나 남방산 향목香木과 2만 점 이상의 자기磁器와 28톤의 동전을 싣고 일본으로 가던 200톤 규모의 무역선이 전라남도 신안新安의 앞바다에서 침몰하였다. 1976년에 우연히 발굴된 이 무역선은 대몽골 울루스의 질서에서 번성했던 동아시아 해상교역을 잘 보여주고 있다. 2만 점 이상의 자기 가운데는 그리 많지는 않지만 고려의 청자青磁도 포함되었다. 무역선은 한반도의 자기 산지인 남부 연안에 들렀다가 조난을 당하였다. 번성한 동아시아 해상교역에 고려의 청자만 포함되지는 않았다. 고려의 마포麻布가 한번에 1만 4,000필이나 산동山東으로 보내져 원의 저폐楮幣와 교환되기도 했으며, 원의 공주가 고려의 인삼을 멀리 강남江南까지 보내 판매한 적도 있었다.

원 제국으로부터의 충격은 경제적인 것만이 아니었다. 원의 고위 관리가 고려에 부임하였으며, 제도의 개혁과 새로운 정치를 주도하였다. 고려의 청년들이 원에 진출하여 과거에 급제하고 원의 관리로 출세하였다. 고려 조정의 관리에게는 원의 품계가 부여되었다. 무엇보다 새로운 세계관으로서 신유학을 신봉하는 지식인이 정치세력으로 발돋움하기 시작하였다. 20세기를 제외한다면 한국사에서 14세기만큼 개방적인 국제환경에서 사회, 경제, 문화의 성취를 크게 이룬 세기를 찾기란 쉽지 않다. 1392년에 이루어진 조선왕조의 개창은 그 이전 150년간 한반도에 가해진 팍스 몽골리카Pax Mongolica의 작용을 배제한다면 설명하기 어려운 사건이다.

Three Rivers Press, pp.234~236.

120 김호동(2010), 『몽골제국과 세계사의 탄생』, 201~243쪽.

지방세력의 해체와 이동

13~14세기에 걸쳐 군현의 지배세력인 토성이 해체되거나 다른 지방으로 이동하였다. 그런 일은 이전에도 있었지만 13세기 후반부터 부쩍 활발해져 새로운 추세를 이루었다. 그에 따라 농촌사회의 구조가 새로운 모습으로 바뀌어 갔다. 이전과 상이한 존재형태의 신흥세력이 조금씩 고개를 내밀었다. 몽골과의 오랜 전쟁에 따른 농촌의 피폐, 새로운 토지제도로서 녹과전祿科田의 시행, 뒤이은 귀족·관료의 농촌 침탈, 대외교역의 발전과 농촌경제의 부흥과 같은 격동의 역사가 농촌사회의 구조적 재편을 촉발하였다.

지방세력의 해체와 이동에 관해서는 15세기 전반의 『세종실록지리지』에 실린 전국 334개 군현의 토성土姓, 망성亡姓, 속성續姓의 실태로부터 그 정보를 구할 수 있다. 망성은 13세기 후반과 15세기 전반 사이에 유망하여 그 종적을 찾을 수 없게 된 토성집단을 말한다. 속성은 그 기간에 다른 군현으로 이동한 토성집단을 말하는데, 이동 후에도 호장직을 담당한 집단과 그렇지 않은 집단으로 구분된다. 전국의 2,281개 토성 가운데 망성은 542개로서 24%의 비중이다. 망성은 경기도에 159개, 충청도에 120개로서 전체 망성의 절반을 차지하였다. 이 두 도에서 망성이 집중적으로 발생한 것은 아무래도 개경과 가까워 중앙의 착취나 압력이 강하였기 때문이다. 망성의 공백을 매우며 새롭게 이동해 온 속성은 경기도와 충청도에서 도합 110개이다. 망성이 279개임에도 속성의 수가 그에 훨씬 미치지 못함은 그 기간 경기도와 충청도의 지방세력이 크게 위축되었음을 이야기하고 있다. 속성의 존재형태는 이전과 달랐다. 경기도와 충청도의 110개 속성 가운데 호장직을 계속 수행하는 집단은 13개에 불과하였다. 나머지 다수의 속성은 호장직과 무관한, 후일 조선왕조의 품관品官과 사족士族으로 이어질 새로운 지방세력이었다.[121]

121 강은경(2002), 『高麗時代 戶長層 硏究』, 204~211쪽.

대조적으로 경상도와 전라도에서 토성은 훨씬 안정적이었다. 경상도에서 망성은 17개, 전라도에서는 72개에 불과하였다. 그 대신 경상도의 속성은 142개, 전라도의 속성은 98개나 되었다. 이 두 도에서 속성은 대개 같은 도의 다른 군현에서 이동해 온 집단이었다. 또한 두 도의 240개 속성 가운데 164개가 이동 후에도 여전히 호장직을 수행하였다. 이로부터 경상도와 전라도에서 지방세력의 이동은 족세族勢가 번성한 호장층의 일부가 다른 군현으로 이동하여 그곳의 지배세력에 편입되는 과정이었음을 알 수 있다. 속성 가운데 호장직을 수행하지 않은 76개 집단은 대개 지방세력이 약한 속현屬縣으로 이동하여 사족 신분으로 정착하였다. 그렇게 지역마다 양상을 달리하면서 이후 제3시대에 펼쳐질 농촌사회의 구조가 서서히 모습을 드러내고 있었다.

녹과전의 분급

몽골과의 전쟁은 고려왕조의 지배체제에 큰 타격을 주었다. 무엇보다 귀족·관료의 생활이 더 없이 곤궁해졌다. 토지가 황폐하고 조부의 수취가 어려워짐에 따라 녹봉 수입이 크게 줄었기 때문이다. 1244년의 한 기록에 의하면 병란으로 전토가 황폐해지자 국가의 창고가 텅 비게 되어 녹봉 360석의 재상이 고작 30석을 받을 뿐이라고 하였다. 이에 1257년에 이르러 "토지를 나누어 녹을 대신하는[分田代祿]" 결정이 내려지고 문무 관료에게 토지를 분급하는 급전도감給田都監이란 관청이 설치되었다.[122] 1075년에 시행된 녹봉제祿俸制가 182년 만에 폐지된 것이다. 그 대신 1075년에 중단된 토지 분급의 제도가 부활하였다. 그렇게 다시 지급된 토지를 가리켜 녹과전祿科田이라 하였다. 녹과전으로 설정된 토지는 경기도에 한하였다. 왕족과 공신 등의 귀족에게도 토지가 지급되기 시작

122 "宰樞會議 分山代祿 遂置給田都監"(『高麗史』 卷78 食貨1 祿科田 高宗44年).

했는데, 이를 별사전別賜田 또는 사급전賜給田이라 하였다. 별사전은 경기도의 범위를 벗어나 전국적으로 널리 설치되었다. 한국사 제2시대에 걸쳐 국전國田 이념에 기초한 지배체제는 정치와 경제의 변동에 따라 또는 국왕 권력의 추이에 따라 귀족·관료에 대한 보수형태를 달리하였다.

녹과전은 그 규모가 이전 전시과하에서의 양반전을 훨씬 능가하였다. 예컨대 전시과에서 제1과 중서령에 지급된 토지는 100결임에 비해 녹과전에서는 300결이나 되었다. 특히 귀족에게 지급된 별사전의 규모가 커서 『고려사』는 그들의 농장이 산山과 천川을 경계로 할 지경이라고 하였다. 귀족들의 농장이 팽창하자 국왕도 왕실의 몫을 챙기기 시작하였다. 왕실은 기회가 닿는 대로 귀족들의 토지를 몰수하여 왕실의 장莊이나 처處로 삼았다. 장과 처로부터의 수입을 관리하는 왕실의 창고를 가리켜 요물고料物庫라 하였다. 고려왕조 말기에 요물고에 소속된 장과 처는 전국적으로 360곳을 헤아렸다.

녹과전, 별사전, 왕실의 장·처가 확대되자 중앙정부가 직접 조부를 수취하는 공전이 부족해져 중앙재정을 압박하였다. 이에 중앙정부는 이전에 없던 각종 임시세와 잡세를 개발하였다. 충렬왕은 염세鹽稅를 징수하기 시작하였다. 뒤이어 충선왕은 소금을 생산하는 염호鹽戶를 지정하고 소금을 독점하여 소금의 전매제를 실시하였다. 전국의 염분鹽盆은 616좌, 염호는 892호였으며, 그들이 생산한 연간 8만 석 가량의 소금으로 포 4만 필에 해당하는 수입을 얻었다.[123] 또한 충렬왕은 은과 곡물을 납부하는 대가로 관직을 하사하는 납속보관納贖補官를 실시하여 평민들의 부를 수탈하였다.

이 같은 고려왕조의 13~14세기 토지제도와 중앙재정의 실태를 두고 『고려사』의 편찬자들은 좋은 평가를 내리지 않았다. 왕실과 귀족의 수탈

123 朴平植(1999), 『朝鮮前期商業史硏究』, 지식산업사, 284~285쪽.

이 심해짐에 따라 농민의 고통은 커져만 갔다. 수탈에 몰린 농민은 처자를 팔거나 사방으로 유망하여 군현이 텅 빌 지경이었다. 연안 지방에서는 왜구의 노략질이 심하여 백성들이 더욱 곤궁해졌다. 그렇지만 『고려사』의 이 같은 서술에는 태조 이성계李成桂의 역성혁명易姓革命을 정당화하기 위한 정치적 의도가 숨어 있음에 유의할 필요가 있다. 녹과전과 별사전은 수조율 1/10의 수조지收租地에 불과하였다. 중서령의 녹과전이 300결이라 하지만 수조율이 1/2인 전시과하의 100결보다 수입이 많지 않았다. 이에 관해서는 조금 뒤에 서술하겠다. 왕실과 귀족의 대규모 농장이 야기한 폐단은 개경과 가까운 경기도와 충청도에 국한된 현상이었다. 이 두 도에서 망성이 집중적으로 발생한 이유는 여기에 있었다. 여타 도에서 사정은 달랐다. 13~14세기 원 복속기의 여러 기록을 세밀하게 읽으면 일반 농민의 사회경제적 지위가 이전 시대에 비해 훨씬 개선되고 있었음을 알아차릴 수 있다.

양전방식의 변화

1069년 고려왕조는 토지제도의 기초 단위인 1결의 면적을 제정하였다. 그에 의하면 사방 33보步, 곧 1,089평방보가 1결의 면적이었다. 1보는 6척尺이다. 그 척이 어떠한 종류이고 길이가 얼마인지에 대해서는 분분한 설이 있다.[124] 어쨌든 당시까지 양전에 사용된 척은 한 가지였다. 다시 말해 양전은 토지의 절대면적을 측량하는 방식이었다. 연후에 상, 중, 하 등급이 각 토지에 부여되었다. 그리고 그러한 양전방식은 1069년에 제정된 것이 아니고, 오래 전부터 이어져 온 것이었다. 그런데 15세기 초 조선왕조의 기록에 의하면 고려왕조는 토지의 등급을 상, 중, 하 3등으로 나누고

124 크게 말해 중국에서 온 周尺이란 설과 그것의 2.8배인 고려 고유의 指尺이란 설이 있는데, 후자가 더 타당한 것으로 평가되고 있다. 宮嶋博史(1980), 「朝鮮農業史上における十五世紀」, 『朝鮮史叢』 3, 12~15쪽.

각 등마다 길이가 다른 세 종류의 양전척을 사용하였다. 예컨대 상전上田의 양전척은 길이가 20지指, 중전中田의 양전척은 25지, 하전下田의 양전척은 30지이다.[125] 지는 성년 농부의 오른손 네 손가락의 폭을 4로 나눈 길이로 이해되고 있다. 토지의 등급에 따라 길이가 다른 척을 사용하는 양전방식을 가리켜 수등이척제隨等異尺制라 한다. 조선왕조는 고려왕조로부터 물려받은 3등의 수등이척제를 세종世宗 연간에 6등의 수등이척제로 수정하였다. 이후 6등의 수등이척제는 19세기 말까지 이어졌다. 수등이척제하에서 1결의 면적은 등급에 따라 달라진다. 각 등급 1결의 생산량과 조세량은 동일하다고 간주된다.

그런데 전술한 대로 1069년에 제정된 고려왕조의 양전방식은 한 가지 척으로 이루어졌다. 수등이척제가 아니라 이등동척제異等同尺制였다. 연구자들은 1069년 이후 언젠가 이등동척제가 수등이척제로 바뀌었음에 의견을 같이 하지만,[126] 그 시기가 구체적으로 언제인지는 자료가 없어서 단정하기 힘든 실정이다. 나는 1257년에 시행된 녹과전과 별사전의 제도가 그러한 변화를 초래한 중대 계기였다고 생각한다. 녹과전은 녹봉제를 대체한 것인 만큼 그로부터의 수입이 해마다 일정하고 또 수취자 상호간에 공평해야 했다. 그러기 위해서 지급 단위인 결結은 비옥도가 각각인 토지의 절대면적이어서는 곤란하고 비옥도의 차이에도 불구하고 생산량과 수조량이 동일하도록 조정된 면적이어야 했다. 1076년 이전의 전시과에서는 이러한 문제가 제기되지 않았다. 전시과에서 귀족·관료에 지급된 사전은 그 역사적 기원이 호족세력의 사령지에 있었다. 사전은 귀족·관료의 직접적인 권농과 관리하에 있었다. 그 때문에 결수가 동일한 사전의 수조량이 다르더라도 그것이 관료사회에서 문제가 될 이유가 없었다.

---

125 『龍飛御天歌』 73章 註; 『世宗實錄』 卷49 12월 8일 戊寅.

126 金容燮(1975), 「高麗時期의 量田制」, 『東方學志』 16, 72쪽.
宮嶋博史(1980), 「朝鮮農業史上における十五世紀」, 『朝鮮史叢』 3, 20쪽.

반면에 새롭게 분급된 녹과전은 관료들의 사령지가 아니라 민전 위에 설정된 수조지였다. 당시의 사정을 전하는 기록에 의하면, 녹과전은 경기도에서 양반조업전兩班祖業田을 제외한 토지로서 반정半丁을 파하여 지급한 것이었다.[127] 1076년 전시과의 중지와 더불어 개경의 관료들은 기내畿內를 중심으로 그들이 이전부터 보유한 양반전을 이후에도 세습적 가업으로 보유하였다. 그것이 양반조업전이다. 양반조업전은 더 이상 사전이 아니고 일반 민전과 마찬가지로 조부를 납부하는 공전으로 바뀌었다. 녹과전의 분급은 그러한 양반조업전을 제외한 일반 민전으로서 반정의 토지를 대상으로 하였다. 양반조업전을 제외한 것은 토지의 경작자와 조의 수취자가 같은 양반 신분이어서는 곤란한 문제가 발생하기 때문이다. 그렇다고 반정의 토지에 아무런 권리가 없었던 것은 아니다. 그 토지 역시 정호丁戶 농민의 세습적 가업이었으며, 그 점에서 양반조업전과 다를 바 없었다.

다시 말해 녹과전은 1075년 이전의 사전과 달리 민전에 설정된 수조지였다. 그러한 이유에서 녹과전의 수조량이 수취자에 따라 다를 수는 없었다. 예컨대 다 같이 50결의 녹과전을 받은 관료 간에 어느 사람의 수입은 100석이고 어느 사람의 수입은 150석이어서는 곤란하였다. 이에 불가피하게 토지의 비옥도에 따라 길이가 다른 양전척을 개발하여 등급별 1결의 소출량과 수조량이 같도록 면적을 조정하였던 것이다. 1257년 녹과전의 시행과 동시에 새로운 양전방식으로서 수등이척제가 만들어졌다고는 생각되지 않는다. 기존 제도의 문제점이 드러나고 그에 대한 대책을 마련하는 몇 차례의 논의 과정을 거친 나머지, 1314년 충숙왕이 전국적 범위의 양전을 단행하는 즈음에 이르러 3등의 수등이척제가 새로운 양전방식으로 정착했다고 보인다.[128]

---

127 "於是 罷畿縣兩班祖業田外半丁 置祿科田 隨科折給"(『高麗史』 卷78 食貨1 祿科田 忠穆王元年).
128 朴京安(1990), 「甲寅株案考－忠宣王代의 田制 釐正을 중심으로－」, 『東方學志』 66, 116~129쪽.

1/10 수조율의 성립

고려왕조의 공전에 대한 수조율은 1/4이었다. 반면 사전의 수조율은 1/2이었다. 12세기 초 예종은 공전과 사전의 농민을 전호로 규정하고 사전을 개간한 농민에 대해 1~2년간 조를 면제하는 혜택을 베풀었다. 이를 계기로 사전의 수조율이 공전의 1/4에 접근했음은 앞서 지적한 그대로이다. 나아가 공전과 사전의 수조율은 13세기 초반까지 1/10로 낮아졌다. 1225년 이규보李奎報는 개경의 대창大倉에 속한 니고泥庫라는 창고의 상량에 부치는 글을 지었다. 대창은 풍저창豊儲倉으로 공전의 조부를 저장하는 곳이다. 상량문은 개경은 우리 국가가 자리 잡은 만세萬歲의 도읍으로서 사방의 공貢을 받아 대창에 저장하는데, 배와 수레가 꼬리를 물고 실어 오니, 백성으로부터 가볍게 거두어 비록 공전의 세가 1/10이지만 해마다 총량이 10만 석에 달한다는 내용이다.[129] 공전의 수조율이 1/10임을 알리는 최초의 기록이다. 사전에 대한 언급은 아니지만, 공전과 사전의 수조율은 이미 현저히 근접한 시대였다. 이후 1361년 백문보白文寶는 고려의 국전제國田制에서 수조율은 중국을 본받아 1/10인데, 경상도의 경우 조운의 비용이 커서 다른 도에 비해 조의 부담이 두 배라고 지적하였다.[130] 백문보가 거론한 고려의 국전제는 공전과 사전을 포괄하는 범주이다. 다시 말해 14세기 후반이면 공전과 사전의 수조율은 공히 1/10로 당연시되었다.

고려왕조가 수조율을 정책적으로 낮추지는 않았다. 『고려사』에서 그러한 기사를 찾을 수 없다. 그보다는 농업생산력과 토지생산성이 높아짐에 따른 자연스런 귀결이었다. 10세기만 하더라도 1년 1작의 상등전은 드물고 2년 1작의 중등전이나 3년 1작의 하등전이 일반적이었다. 그러했던 휴

---

129 『李相國集』 卷19 「乙酉年大倉泥庫上樑文」.

130 『高麗史』 卷78 食貨1 租稅 恭愍王11年.

한농법이 고려왕조 말기에 이르러서는 연작농법으로 바뀌어 있었다.[131] 그 사이 토지생산성의 증가는 적어도 두 배 이상이었다. 수조율 1/4은 수조량이 고정된 가운데 저절로 1/10이 되었다. 이규보가 니고의 상량문을 지은 13세기 전반이면 그러한 변화의 귀결로서 공전의 수조율은 이미 1/10로 떨어진 상태가 아닐까 여겨진다.

1257년의 녹과전 실시도 수조율 1/10을 전제하였다. 그래서 중서령에게 지급된 녹과전 300결의 수입은 30결의 소출에 해당하였다. 10~11세기 전시과에서 중서령에 지급된 사전 100결의 수입은 수조율이 1/2이므로 50결의 소출에 해당하였다. 그 사이 토지생산성이 1.7배 증가했다면 녹과전 30결과 전시과 사전 50결의 소출은 동일하다. 1257년 녹과전의 시행은 이 같은 농업생산력의 증가와 그에 따른 수조율의 실질적 저하를 전제하였다.

토지생산성이 증가했음에도 수조량이 증가하지 않은 것은 토지에 대한 농민의 권리가 강화되었기 때문이다. 수조율이 1/4에서 1/10로 바뀐 것은 토지에 대한 농민의 권리의 차이로 설명되어야 한다는 해석이 있는데,[132] 이는 매우 타당한 주장이다. 수조율이 절반으로 낮아진 것은 고려왕조의 국전제적 토지지배, 그것의 분여分與 형태로서 귀족·관료의 직능적 토지소유에 대립하면서 정호 농민의 경작권이, 마르크스주의 역사학의 표현을 빌리면 직접생산자 농민의 '자기노동에 기초를 둔 사유私有'가,[133] 크게 신장된 결과에 다름 아니다.

고려왕조 초기부터 공전의 수조율은 1/10이었다는 주장이 있다. 1388년, 후일 조선왕조의 개창에 참여하는 대사헌 조준趙浚 등이 그러한 주장을 하였다. 그들은 926년 태조가 즉위 직후에 수조율을 1/10로 낮추고 1

131 宮嶋博史(1980),「朝鮮農業史上における十五世紀」,『朝鮮史叢』 3, 22~26쪽.

132 浜中昇(1986),「高麗民田の租率ついて」,『朝鮮古代の經濟と社會』, 法政大學出版局, 259~265쪽.

133 中村哲 지음/안병직 옮김(2000),『노예제 농노제의 이론—마르크스·엥겔스 역사이론의 재구성—』, 지식산업사, 55~64쪽.

결에 조 2석을 수취하는 법을 제정했다고 주장하였다.[134] 조준 등은 그들이 주도한 고려 말기의 토지개혁을 정당화할 목적에서 1/10 수조율이 태조의 유훈이라는 거짓 명분을 지어냈다. 그들이 고려왕조가 남긴 제반 문헌에서 그 같은 태조의 개혁 조치를 확인했다면, 이후 『고려사』의 편찬자들이 그것을 놓칠 리가 없었다. 그렇지만 『고려사』에서 그런 기록은 보이지 않는다. 조준 등은 926년 1결의 생산량이 벼 20석이라고 주장했던 셈이다. 그렇지만 〈표 4-1〉에서 보듯이 10세기 말 수전과 한전 1결의 평균 생산량은 9.375석이었다. 조준 등의 주장은 결과적으로 10세기 이래 14세기까지 토지의 생산성이 2배 이상 증가했음을 입증하는 사료로서 더 큰 의미를 지닌다. 조준 등의 주장은 사료에 근거하지 않은 정치적 수사에 불과하였다.[135] 그럼에도 오늘날의 역사가들이 조준 등의 주장을 채택하여 고려 초기부터 수조율이 1/10이라고 믿는 것은 앞서 비판한 대로 고려 초기부터 지주-전호제에 입각한 상업적 토지소유가 일반적이었다는 허소한 주장을 합리화하기 위한, 그 의도가 너무나 노골적으로 드러나 보이는, 견강부회牽强附會에 다름 아니다.

1375년경, 이후 조선왕조를 창건하는 주역의 한 사람인 정도전鄭道傳은 전라도 나주의 거평居平 부곡에서 유배생활을 하고 있었다. 정도전이 교제한 6명의 부곡민은 향리의 신분이 아님에도 철따라 술 빚기를 빼먹지 않을 정도로 비교적 풍족한 생활을 누렸다. 힘써 농사를 지은 결과라고 하였다. 그중의 2명은 독학으로 꽤나 문자에 밝았다. 정도전은 나주의 일반 촌민에 대해 "자기 땅 농사짓고 자기 집 살면서[田其田 宅其宅]" 낮에는 일하고 밤에는 휴식하여 그 인생을 즐긴다고 하였다.[136] 14세기 나주 농

134 "大司憲趙浚等上書曰 (중략) 太祖龍興 卽位三十有四日 迎見群臣 慨然嘆曰 近世暴斂 一頃之租 收至六石 民不聊生 予甚憫之 自今宜用什一 以田一負 出租三升 遂放民間三年租"(『高麗史』 卷78 食貨1 田制 辛禑14년).

135 浜中昇(1986), 「高麗民田の租率ついて」, 『朝鮮古代の經濟と社會』, 249~253쪽.

136 李佑成(1991), 『韓國中世社會硏究』, 116~123쪽.

촌사회의 넉넉한 분위기는 농업생산력이 크게 발전한 가운데 수조율이 1/10로 낮아진 덕분이었다. 농민들은 농민적 토지소유를 구가하는 자영농自營農으로 성립해 있었다.

경기도와 충청도에 널리 분포했던 귀족·관료의 별사전과 녹과전에서도 사정은 마찬가지였다. 별사전과 녹과전은 산천을 경계로 한 대규모 농장으로 발전하였다. 여러 기록에서 귀족·관료의 농장은 그들의 세습적 가산으로 묘사되었다. 그렇지만 그들의 토지에 대한 권리는 어디까지나 1/10율의 수조권에 다름 아니었다.[137] 농장의 농민들을 가리켜 당대인들은 처간處干이라 불렀다. 『고려사』는 처간에 대해 그들은 원래 국가에 대해 조租, 공貢, 역役을 바치는 전호라고 하였다. 『고려사』는 당시의 귀족들이 전호를 농장에 끌어들여 처간으로 삼아 조, 공, 역 3세를 거두어 먹는다고 비판하였다. 그렇게 처간은 공민인 전호가 권귀들의 농장에 사민으로 포섭된 상태를 가리켰다. 그럼에도 처간의 공민으로서의 인격은 끝내 부정되지 않았다.[138] 수조율이 1/10에 불과하였기 때문이다.

팍스 몽골리카의 번성한 국제적 교류는 고려의 경제를 자극하였다. 농지의 개간이 활발히 전개되었다. 근기近畿에서 개간의 주체는 개경의 국인들이었다. 잘 알려진 사례로서 안목安牧(?~1360)의 농장을 들 수 있다. 그는 개경 부근 파주의 서쪽 들을 개간하였다. 그의 손자 안원安瑗(1346~1411)에 이르러서는 개간지의 규모가 무려 수만 결에 달하였고 경작 노비가 수백 호나 되었다고 한다.[139] 개간지에 들어선 국인들의 농장은 수조권에 기초한 녹과전 농장과 달랐다. 새로운 형태의 농장은 농장주의

137 浜中昇(1986), 「高麗後期の賜給田について－農莊硏究の一前提－」, 『朝鮮古代の經濟と社會』, 185~191쪽.
오일순(1994), 「고려후기 토지분급제의 변동과 녹과전」, 『14세기 고려의 정치와 사회』, 민음사, 286~289쪽.

138 李榮薰(2000), 「『大東韻府群玉』의 佃戶論 檢討」, 『古文書硏究』 16·17, 181~187쪽.

139 인병우(1994), 「고려후기 농업생산력의 발달과 농장」, 『14세기 고려의 정치와 사회』, 322쪽.

개인적 소유로서 전술한 상업적 소유에 기초하였다. 그 점에서 15세기 이후의 농촌에서 일반화하는 품관·사족의 농장의 선구에 해당하였다. 농업에 대한 관심의 고조는 중국 농서의 간행으로 이어졌다. 1372년 원元의 농서 『농상집요農桑輯要』가 간행되었다. 한국사에서 농서가 출간된 최초의 사건이다. 12세기 전반 고려의 인구는 대략 300만이었다. 그것이 14세기 말이면 600만에 달하였다.[140]

3가 1호제

농업생산력의 발전과 농가경제의 개선은 농민의 존재형태를 크게 변화시킴으로써 한국사 제3시대를 여는 동력으로 작용하였다. 제2시대에 걸쳐 사회·경제의 기초단위를 이루어온 정호가 서서히 해체되기 시작하였다. 소규모 가족의 경제적 자립성이 고양됨에 따라 정호의 세대복합체로서의 결속력이 이완되었기 때문이다. 정호의 해체를 이끈 직접적 계기는 국제 정치와 군사의 측면에서 주어졌다. 원의 황제는 그에 복속한 모든 지역에 대해서와 마찬가지로 고려에 대해서도 인구와 호의 총수를 기재한 호적의 상납을 요구하였다. 그에 대해 고려왕조는 제대로 대응하지 못했는데, 그 이유는 그때까지 고려에는 그런 식의 장적이 없었기 때문이다. 전술한 대로 고려왕조가 보유한 장적은 평균 8결 또는 17결의 토지구획과 그 사방 경계를 표시한 지형도 위에 경작 농민의 세계를 주기注記한 주첩이었다. 그것으로는 인구와 호의 총수를 알기 힘들었다. 고려가 인구와 호의 총수를 보고하지 않음에 대해 원의 황제는 의아하게 생각했는데, 그 점은 오늘날의 역사가에게도 마찬가지이다. 476년이나 지속한 왕조가 남긴 기록 어디서도 인구와 호의 총수에 관한 정보가 찾아지지 않는다. 고려왕조는 왕도에 집주한 국인들의 군사적 지배공동체로서 전국

140 權泰煥이 추산한 1400년의 인구는 573만이다. 權泰煥·愼鏞廈(1977), 「朝鮮王朝時代 人口推定에 關한 一試論」, 『東亞文化』 14, 324쪽.

의 1,200여 예속공동체로부터의 공납과 그 총량에 관심을 두었지, 토지와 인구의 총량이 얼마인지는 굳이 알려고 하지 않았다.

1278년 원에 머물던 충렬왕은 원 황제의 거듭된 요구에 밀려 중국의 법에 따라 호구를 조사할 것을 약속하고 귀국하였다. 연후에 그는 인구조사의 새로운 방침으로서 "호주 부처와 부모와 결혼한 딸 부부 이외에는 호의 구성원으로 인정하지 말 것"을 각 도에 파견한 계점사計點使라는 관리에게 지시하였다.[141] 구래의 친족공동체를 해체하고 소규모 가족을 쪼개어 내면서 그 혈연의 범위를 호주의 부처, 부모, 딸 부부로 한정한 것이다. 후술하겠지만, 부모는 호주 처의 부모일 가능성이 크다. 당시까지도 혈연공동체로서 가족이라 하면 모계가족母系家族이 일반적이었다. 어쨌든 한국사에서 국가가 소규모 가족의 범위를 획정한 것은 이때가 처음이다. 그렇지만 충렬왕의 이 같은 개혁은 별다른 성과를 거두지 못하고 중단되었다. 이후에도 고려왕조는 몇 차례나 인구를 철저히 조사하고 호의 구성을 제도화하려고 노력했지만 성공하지 못하였다. 부변父邊, 모변母邊, 처변妻邊의 넓은 범위로 구성되는 친족공동체로서 고려의 전통적 가족제는 쉽사리 해체되지 않았다.

그렇지만 원 복속기에 걸쳐 고려왕조의 가족제는 조금씩 거스르기 힘든 변화를 맞이하고 있었다. 원이 총관부摠管府를 두어 직접 지배한 동북지방에서는 중국식의 호구조사가 이루어지고 호계戶計라는 이름의 호적이 작성되었다. 1281년 원의 일본 침공이 시작되었다. 이후 고려에서 수만 명의 병사가 몇 차례나 징발되었다. 토지가 없는 백정白丁이 차출되기도 했고, 한 집에 2~3명의 형제가 한꺼번에 출정하기도 했다. 그 과정에서 정호를 단위로 1명의 군인을 배출한 고려의 전통적 군사제도가 허물어져 갔다. 14세기에 걸쳐 고려왕조는 2차례의 홍건적紅巾賊 침입과 460여

141 "命曰 若諸軍挾帶人物 除父母許嫁妻室外 餘皆勿與"(『高麗史』 卷28 世家 忠烈王 4年 7月 丁未).

차례에 달한 왜구倭寇의 침입을 맞았다. 군사적 긴장이 지속되는 가운데 중앙군과 지방군의 편성은 토지와 무관한, 인구만을 자원으로 하는 형태로 이행해 갔다. 1356년은 그러한 이행 과정에서 일대 고비를 이루었다.

1383년 이성계李成桂는 왜구를 방어하기 위한 계책을 우왕禑王에게 올리면서 다음과 같이 말하였다.

> 先王(恭愍王)께서 1356년에 3家를 1戶로 하고 100戶를 1統으로 하고 統主를 元帥營에 예속시키고 적의 침입이 없을 때는 3가가 교대로 番上하고 적의 침입이 있으면 3가가 모두 나가고 사정이 급하면 가에 있는 모든 남정을 징발하셨는데, 실로 좋은 법이었습니다. (중략) 원컨대 선왕의 1356년 법에 따라 다시 軍戶를 정하고 통속함이 있게 하여 그 마음을 굳게 묶으소서.[142]

이처럼 공민왕 대 1356년에 3가를 하나의 군호軍戶를 편성하는 3가1호제가 시행되었다. 자세히 설명하면 다음과 같다. 1가에는 부父, 자子, 서壻, 형兄, 제弟 등 복수의 남정이 있다. 그 가운데 1명이 군정軍丁으로 지정된다. 3가에서 나온 3명의 군정으로 1개의 군호가 결성된다. 평시에는 군호에 속한 3명의 군정이 교대로 번상하고, 유사시에는 3군정이 모두 출전하고, 아주 긴박할 때는 가에 있는 나머지 남정을 모두 동원한다. 바로 여기서 오랜 세월에 걸쳐 정호丁戶에 파묻혀 있던 소규모 가家가 사회적 실재로서 그 모습을 뚜렷이 드러냈다. 농업생산력의 발전에 따라 개별 가의 사회경제적 자립성이 제고된 덕분이다. 1383년 이성계는 허물어져 있는 3가1호제의 복구를 주장하였다. 실제로 다음 장에서 살피겠지만, 그가 창건한 조선왕조 초기의 호와 군호는 그에 준하는 형태였다. 이즈음에 이르

142 "是以 先王丙申之敎 以三家爲一戶 統以百戶 統主隸於帥營 無事則三家番上 有事則俱出 事急則悉發家丁 誠爲良法 (中略) 乞依丙申之敎 更定軍戶 使有統屬 固結其心"(『高麗史』 卷81 志 兵1 禑王 9年 8月).

러 토지와 인구의 구조적 결합으로서 정호는 상당한 정도로 해체되어 있었다.

이성계호구주장

1390년 12월, 고려왕조가 망하기 1년 7개월 전의 일이다. 화령부和寧府가 이성계의 호구주장戶口柱帳을 작성하여 그에게 지급하였다. 화령부는 후일의 함길도 영흥부永興府로서 이성계의 출신지이다. 1389년 11월 이성계는 공양왕恭讓王을 옹립한 공로로 좌명공신佐命功臣에 책봉되었다. 아울러 식실봉食實封 300호와 노비 20명을 하사받았다.[143] 화령부가 이성계의 호구주장을 작성한 것은 식실봉 300호와 노비 20구를 지급하기 위해서였다. 당시의 호구주장은 이성계가 조선왕조를 개창하고 태조로 등극한 뒤 영흥부의 선원전璿源殿에 정중하게 보관되었는데, 1592년 임진왜란을 맞아 대부분 불타버렸다.[144] 1751년 조선왕조는 주장의 남은 8폭을 수습하여 첩으로 표구했는데 〈그림 4-7〉은 그것의 제1폭이다. 제1행은 문서의 제목인데 "1390년 12월 화령부가 호구주장을 시행"한다는 내용이다. 여덟 폭 곳곳에 관인이 찍혀 있는데, '和寧府尹之印'으로 읽힌다. 이로부터 호구주장의 발급처가 화령부임을 알 수 있다. 이하 이 문서의 제목을 이성계호구주장李成桂戶口柱帳으로 부른다.[145] 앞서 소개했듯이 고려인들은 토지와 인구를 등록한 장부를 가리켜 주첩柱貼 또는 주안柱案이라 했

143 『高麗史』 卷45 世家 恭讓王元年. 식실봉 300호와 노비 20구 이외에 食邑 1,000호와 田 200결을 받았다. 식읍 1,000호는 오래 전부터 功臣號의 등급을 나타내는 상징에 불과하였다. 전 200결은 실제 지급되었겠는데, 자세한 사정은 전하지 않는다.

144 이건식(2008), 「『高麗末 和寧府 戶籍大帳』의 전래 경위와 순서 복원」, 『古文書硏究』 32, 5~9쪽.

145 이 자료는 국립박물관에 보관 중이며, 國寶131호로 등록되어 있다. 國寶名은 '李太祖戶籍原本'이다. 문서의 작성 시기가 이성계가 조선왕조의 태조로 등극하기 이전이며, 발급자인 화령부가 문서를 가리켜 호구주장이라 했음을 고려하여 국보의 명칭을 '佐命功臣李成桂戶口柱帳'으로 고칠 필요가 있다. 여기서는 공신호를 생략하고 그저 '李成桂戶口柱帳'으로 부른다.

[그림 4-7] 이성계호구주장(1390)

출처: 국립중앙박물관.

는데, 호구주장의 주장柱帳도 그 전통을 잇는 이름이다.

주장의 여덟 폭은 서로 연결되지 않는다. 불타고 남은 것을 수습하였기 때문이다. 제2폭은 주장의 수취자인 이성계의 주소, 공신호功臣號, 직함, 상급을 적은 다음, 그에게 지급된 노비 20명의 이름과 나이를 열거하였다. 이성계의 주소는 화령부和寧府 동면東面 덕흥부德興部이다. 제2폭은 1390년 7월 이성계의 아들 이방원李芳遠, 곧 후일의 조선왕조 태종太宗이 주도한 호구조사에 관한 기록이다. 양반, 향리, 노비의 세계가 오랫동안 조사되지 않아 많은 폐단을 야기하므로 지금 개경에서부터 일대 조사에 착수하니 모두 자신의 세계世系와 노비의 전래를 증명할 문서를 제출하여 호구戶口를 성적成籍해 받으라는 내용이다. 세계를 증명하지 못한 사람은 공직에 나아갈 수 없고, 전래가 분명치 않은 노비는 속공屬公한다고 하였다. 이 제2폭의 기록은 이후 『고려사』에 실리는데, 그에 의하면 당시의 호구조사는 완료를 보지 못하였다.[146] 개경과 몇몇 지역에서 부분적으로 시행되었을 뿐이다. 이방원이 호구조사에 착수한 실제의 목적은 이성계를 위시한 새로운 집권세력에 지급할 식실봉과 노비의 자원을 확보함에 있었다고 보인다. 주장의 형식과 무관한 호구조사에 관한 기사가 제2폭에 실린 것도 이방원의 공로를 드러내기 위함이었다.

제3폭 이하는 이성계에 지급된 식실봉이다. 제3폭에 실린 것은 노비 신분의 15개 호이다. 1388년 6월 이성계 일파가 우왕을 폐하고 창왕昌王을 옹립하는 과정에서, 나아가 1389년 11월 창왕을 폐하고 공양왕을 옹립하는 과정에서 적지 않은 반대세력이 숙청되었다. 그와 더불어 반대세력이 소유한 상당 규모의 노비가 속공되어 신 집권세력에게 분배되었다. 제3폭의 15개 노비호는 그 가운데 이성계에게 분배된 노비들의 일부로 보인다. 노비들의 이전 소유주는 문무 관료와 왕족이며, 이에 노비들의 거주지는

146 『高麗史』 卷79 食貨2 戶口 恭讓王2년.

대개 개경이었다.

제4~8폭에 실린 식실봉은 모두 25개 호이다. 호주의 직을 보면, 문무 실직·비실직 관료가 10개 호, 학생學生이 11개 호, 군인이 1개 호이고, 나머지 3개 호는 해당 부분이 마멸되어 알 수 없다. 이들의 거주지가 어디인지는 확실하지 않다. 호주 가운데 2명은 문반 실직의 관료 출신이다. 세계를 증명하기 위해 경호구京戶口를 제출한 사람이 6개 호이다. 세계 가운데 부조父祖가 진사進士인 경우가 2개 호이다. 11개 호나 되는 학생은 개경으로 유입한 지방인에게 남발한 관직을 정리할 목적으로 설치한 직으로 이해된다. 학생들의 소속은 성균관 이외에 1389년 신 집권세력이 설립한 십학十學일 수도 있다. 제2폭의 기록에서도 1390년의 호구조사는 개경에서부터 착수되었다고 하였다. 이상의 여러 가지를 고려할 때, 제4~8폭에 실린 25개 호의 다수는 개경인으로 보인다.[147] 모두가 그렇지는 않았다. 이성계의 출신지인 화령부와 인근 군현에 거주했다고 보이는 몇 개의 호도 있다. 호구조사는 화령부에서도 시행되었을 터이다. 종합하면 호구주장은 1390년 7월 개경과 화령부에서 시행된 호구조사에 기초하여 중앙정부가 이성계에게 지급할 식실봉을 선발한 다음, 1390년 12월 화령부로 하여금 그들을 등록한 호구주장을 이성계에게 발급하게 한 문서이다.

이 문서에 대하여 화령부가 관내 주민을 행정적 편제에 따라 등록한, 조선왕조의 호적과 같은 것이라는 해석이 있는데,[148] 찬성하기 힘들다. 앞서 몇 차례 강조한 대로 고려왕조의 지배체제는 토지와 인구의 구조적 결합으로서 정호를 기초 단위로 하였다. 그 결과 전정주첩田丁柱貼이 작성되었다. 주첩은 정호가 점유한 들판의 사방경계, 면적, 등급과 더불어 정호 농민의 세계를 주기하였다. 인구만을 따로 파악하는 장적은 원래부터

147 許興植(1981), 『高麗社會史研究』, 亞細亞文化社, 79~86·125쪽.

148 吳英善(2000), 「高麗末 朝鮮初 戶口資料의 形式 分類」, 『韓國古代中世古文書研究(下)』, 118~124쪽.

없었다. 원 복속기에 이르러 중국식의 인구등록부로서 호적을 작성하려는 시도가 몇 차례 있었지만, 모두 실패하였다. 다만 개경의 국인들을 대상으로 해서는 3년마다 그들의 세계와 노비의 전래를 밝히는 양반호구가 작성되어 왔다. 이성계호구주장은 이 양반호구의 전통을 잇는 장적이다.

양반호구의 제도도 제2폭의 지적대로 오랫동안 제 기능을 하지 못하였다. 전술한 대로 제4~8폭의 25개 호 가운데 세계를 증명하기 위해 경호구를 제출한 6개 호가 있다. 그 경호구의 발급 시기는 1297년 또는 1304년까지 올라간다. 경호구 외에 그의 출신지로부터 족도건기族徒件記를 구해 제출한 호도 있었다. 전정주첩의 주기부분이 아니었을까 싶다. 그 외에 출신지의 지방관으로부터 세계를 증명하는 공문을 받은 사람도 있고, 아무런 증빙서류가 없거나 구두신고로 그친 사람도 9개 호나 되었다. 이렇게 개경에서조차 양반호구의 제도는 오랫동안 중단 상태에 있었다. 하물며 지방 군현에서 일반 주민을 대상으로 세계와 직역을 등록하는 제도가 영위되었다고 믿기는 더욱 어려운 시대였다.

요컨대 이성계호구주장은 양반호구 제도의 일환으로 만들어진 장적으로서 현재 전하는 호적 가운데 가장 오래된 국보적 가치를 지닌 문서이다. 비록 일반 농민을 대상으로 한 것이 아니지만, 이 자료에는 14세기 말 고려인의 결혼, 가족, 신분, 이동에 관한 구체적 정보가 적지 않게 담겨 있다. 더불어 한국사 제2시대의 막이 내리고 제3시대가 열리는 징후들이 관찰된다. 제2시대의 역사를 마감하는 대목에서 그에 관한 소개를 생략할 수 없다.

고려 말기의 사회상

실직·비실직 관인, 학생, 군인 25개 호의 가족형태에는 호주 부처와 사위가 동거하는 솔서가족率壻家族이 많다. 장녀의 배우자는 처가에서 장기 거주하는 것이 보통이었다. 그에 비해 차녀 이하의 배우자는 처가에 단기 거주한 뒤에 본가로 돌아갔다. 호주는 친부모보다 처부모를 더 많이 봉양하였다. 처가에 장기 거주한 사위가 호주를 승계한 까닭이다. 동거하는 방계친 가운데서도 친족보다 처족이 더 많다.[149] 고려의 가족제와 친족제에서 모계적 요소가 강함은 앞서 지적한 그대로이다. 호구주장은 그러한 가족·친족생활의 기저가 14세기 말까지도 여전하였음을 이야기해 주고 있다.

이전과 크게 달라진 한 가지는 세계를 추심하는 범위가 〈그림 4-4〉와 같은 8조에서 4조로 크게 축소되었다는 점이다. 4조는 호주의 조부祖父, 증조모曾祖母와 호주 처의 부, 모를 말한다. 〈그림 4-4〉의 1, 3, 7, 8이 그것이다. 4조 각각을 추심하는 상한도 증조까지로서 이전에 비해 절반으로 단축되었다. 이후 조선왕조의 호적이 이 같은 범위의 4조를 추심하였다. 그 점에서 호구주장은 조선왕조 호적의 선구를 이루고 있다. 친족의 범위가 절반 이하로 크게 축소된 만큼 친족집단에서 개별 소규모 가족이 차지하는 위상은 더욱 뚜렷해졌다.

25개 호의 호당 인구는 평균 7.5명이다. 인구의 등록은 불철저하였다. 호주의 친족은 상하 1대의 범위에 그쳤으며, 손이나 외손은 한 명도 등록되지 않았다. 동거하는 방계친의 자녀도 등록되지 않았다. 그 결과 전체 인구 가운데 16세 미만의 비중은 20%가 되지 않는다. 유소층의 인구를 적절히 보완한 호당 실제 인구는 13~15명으로 추산된다. 남자의 초혼 연령은 평균 24세, 여자는 21세이다. 이를 기준으로 1개 호에 실재했을 부부의 수를 헤아리면 평균 3.4쌍이다.[150] 다시 말해 실직·비실직 관인, 학생, 군인의 25개 호는 일반적으로 3~4개 소규모 가족의 결합이었다. 앞서 소개했듯이 농촌의 반정호半丁戶는 평균 8개의 소가족이 결합한 세대복합체이며, 족정호足丁戶는 그 2배의 규모이다. 그에 비해 호구주장의 관인 등 25개 호는 주로 개경에 거주한 국인으로서 그 세대복합체의 규모

149 許興植(1981), 『高麗社會史研究』, 59~66쪽.

150 許興植(1981), 『高麗社會史研究』, 62, 66~63·121~123쪽.

가 반정호 농민의 절반 정도였다. 언제부터 그러했는지는 알 수 없으나, 1383년 이성계가 건의한 3가1호제는 이미 도시부에서는 상당한 정도로 일반화한 실정이었다.

관인 등 25개 호에 속한 노비는 7명으로서 전체 인구의 4.3%에 불과하다. 노비를 보유한 호는 고작 5개 호이며, 그것도 호당 1~3구의 영세 규모이다. 25개 호 호주의 관직은 낮은 품계에다 비실직이 일반적이다. 다수를 점한 학생은 관직이라기보다 군역을 면해 주는 의미가 컸다. 이들 25개 호는 국인으로서는 하층에 해당하였다. 호구주장은 국인이라도 하층일 경우 노비를 보유하기가 힘들었음을 이야기해 주고 있다. 그 점에서 이후 15세기에 노비인구가 크게 늘어난 것과 시대적 차이를 보이고 있다.

제3폭에 실린 15개 노비호도 원래는 주인가에 포섭된 가내노예였을 가능성이 크다. 이들이 주장에서 독립적 호로 편성된 것은 적몰과 속공의 결과로 보인다. 호의 편성은 주인이 동일한 2~3쌍의 노비 부부를 하나로 묶는 등, 임의적인 방식이었다. 이들 15개 노비호에서는 부부결합이 일반적이다. 이전의 주인이 고관 귀족으로서 가내에 많은 수의 노비를 보유했으며, 주인이 노와 비가 부부로 결합하는 것을 장려하였기 때문으로 보인다. 그런데 노비 부부가 출산한 자녀는 단 1명도 보이지 않는다. 자녀는 출산되는 대로 주인의 의지에 따라 다른 곳으로 분리되었다. 노비 부부의 연령 터울은 매우 불안정한 분포이다. 노가 비에 비해 8~15세나 연상인 경우가 6개 호인 가운데, 비가 노에 비해 4~5세 연상인 경우도 3개 호나 된다. 이 같은 연령 터울의 분포는 노와 비의 결혼이 주인의 자의적인 결정에 따랐음을 이야기해 주고 있다. 노는 주인에게 노동력을 충분히 착취당한 다음, 연소한 비와 부부관계를 허락받았는데, 이는 주인을 위해 재산을 재생산하거나 증식하는 의미를 지녔을 뿐이다.[151] 이전 시대에 비

151 許興植(1981), 『高麗社會史硏究』, 73쪽.

해 노비들의 경제적 처지나 사회적 지위는 현저히 열악해진 상태였다. 노비의 이름 가운데는 돌이 셋이라는 뜻의 '돌삼乭三'처럼 물상에 빗대거나 '구월九月'처럼 출생한 달을 차용하는 형태가 있다. 이전 시대에 볼 수 없는, 이후 제3시대에 일반화하는, 노비들의 사회적 인격을 부정하는, 천한 형태의 이름이다. 이처럼 호구주장은 본격적인 인간예종人間隷從의 시대가 다가옴을 예고하고 있었다.

더 큰 변화의 조짐은 개경의 지배공동체 내부에서 발생하고 있었다. 호구주장에서 관인 등 25개 호의 호주와 호주처의 본관本貫을 조사하면 모두 52종이다. 전라도에 9종, 강원도에 33종, 함길도에 10종이다. 이 52종의 본관별 성씨를 1430년대의 『세종실록지리지』에서 살피면, 해당 군현의 토성 출신이 26종이다. 나머지 26종은 다른 군현에서 이동해 온 내성來姓 또는 속성續姓이다. 다시 말해 관인 등 25개 호의 절반은 본관지의 토성 세력으로서 비교적 오래 전에 개경에 유입하였다. 그에 비해 나머지 절반은 본관지의 내성과 속성 출신으로서 개경으로의 유입이 동 성씨집단의 2차 이동의 결과인 부류이다. 다시 말해 비교적 최근에 개경으로 유입한 집단이다. 고려의 사회적 유동성은 몽골과의 항쟁기에 부쩍 높아진 다음, 1350년대 이후 홍건적의 침입과 왜구의 발호를 맞아 다시 한 번 크게 고양되었다. 앞의 파동에서는 토성집단이, 뒤의 파동에서는 내성과 속성 집단이 개경으로 유입하였다. 거꾸로 원래의 국인이 지방으로 내려가 현지 세력의 일원으로 정착하는 부류도 생겨나고 있었다.[152]

사회적 유동이 격해짐에 따라 개경의 지배공동체에 균열이 생겼다. 원래 고려왕조는 개경에 집주한 국인들의 나라였으나 그 나라의 구성원이 너무나 이질화한 것이다. 이성계호구주장에서 그 점을 뚜렷하게 읽을 수 있다. 이성계는 국인 출신이 아니었을 뿐더러 조정의 최고실력자가 된 이

152 許興植(1981), 『高麗社會史硏究』, 86~117쪽.

후에도 국인으로서의 정체성에 미련을 두지 않았다. 그의 호구주장은 그의 주소가 여전히 화령부 동면 덕홍부임을 드러내고 있다. 더구나 조정은 개경의 국인을 그의 식실봉으로 초정하여 화령부로 주소를 옮겼다. 주장상의 형식적인 이동이었다. 그렇지만 국인의 나라 고려왕조는 그 중심부에서 해체되고 있었다. 그 종국은 역성혁명易姓革命이었다.

제5장

유교적 전환

1. 조선왕조의 창업

역성혁명의 배경

1392년 7월 고려왕조의 마지막 왕 왕요王瑤가 이성계李成桂에게 왕위를 넘겼다. 새로운 왕조는 국호를 조선朝鮮이라 하였다. 조선왕조는 유교를 국시로 삼았다. 역성혁명을 전기轉機로 하여 한국문명사에서 불교의 시대가 물러가고 유교의 시대가 열리기 시작하였다. 이 책의 시대구분에 따르면, 정丁에 기초한 제2시대가 막을 내리고 호戶에 기초한 제3시대의 역사가 펼쳐지기 시작하였다. 새로운 시대에서 사회는 지배와 예속의 신분

질서로 분열하였다. 토지가 개인의 사유재산으로 성립했으며, 소규모 가족경영이 발달하였다. 신분으로 갈라진 사회는 유교의 이념으로 통합되었다. 인구는 1392년의 555만 명에서 1810년의 1,838만 명으로 3배 이상 증가하였다.[1] 그에 상응하여 경지가 확충되고 이용이 심화하였다. 농촌시장도 성립하였다. 제3시대에 걸쳐 경제는 세기에 따라 기복이 있지만 전반적으로 성장하였다. 1인당 소득수준이 개선되었는지는 의심스러운 맬서스의 시대였다. 제3시대에 걸쳐 인간들은 보다 나은 신분적 지위에 도달하기 위해 투쟁하였다. 그 몸부림의 과정에서 현대 한국인의 원형이 빚어졌다. 20세기 한국사는 제3시대를 관철한 유교적 전환Confucian Transformation을 전제하지 않고서는 설명하기 어렵다.

팍스 몽골리카의 시대에 만주의 대부분은 옷치긴 왕조의 지배하에 있었다. 옷치긴은 징기스칸의 막내아들이다. 옷치긴의 판도에는 다수의 고려인이 여진족女眞族과 섞여 살았다. 조선왕조를 창업한 이성계의 가문도 그러하였다. 이성계의 고조부 이안사李安社는 원래 전주全州 출신인데, 170호의 추종세력을 거느리고 북상하여 원의 개원로開元路에 속한 남경南京(오늘날의 연길延吉)에 자리 잡았다. 1255년 이안사는 옷치긴 왕조로부터 5,000호의 수천호首千戶 겸 다루가치의 직위를 하사받았다. 1290년경 이 가문은 원의 쌍성총관부가 설치된 안변으로 남하하여 정착하였다. 이후에도 옷치긴으로부터 주어진 천호와 다루가치 직위는 이성계에 이르기까지 5대에 걸쳐 계승되었다.[2] 이성계의 가문은 팍스 몽골리카의 변방에서 성장한 군사세력의 하나이다. 『조선왕조실록』은 이성계의 아버지 이자춘李子春이 오로사불화吾魯思不花라는 몽골식 이름을 가졌음을 숨기지 않고 있다.[3] 몽골어로는 '울루스불카'이다. 울루스는 대몽골의 국가 또는 백성

---

1 權泰煥·愼鏞廈(1977), 「朝鮮王朝時代 人口推定에 關한 一試論」, 『東亞文化』 14, 324·328쪽.

2 윤은숙(2010), 『몽골제국의 만주 지배사』, 소나무, 272~277쪽.

3 『太祖實錄』 總序.

이란 뜻이다.

이 가문이 고려왕조에 내부來附하는 것은 1359년 공민왕이 쌍성총관부를 공격하여 고토를 수복할 때 그 지역의 이자춘이 호응하여 큰 공을 세우면서부터이다. 이자춘과 이성계는 고려왕조의 관직을 부여받았다. 이후 홍건적과 왜구의 침입을 격퇴하는 과정에서 이성계와 그의 군사세력은 두드러진 활약을 보였다. 이성계는 고려 조정의 실력자로 부상하였다. 그럼에도 그의 권력은 고려의 정규 중앙군에 기반을 두지 않았다. 이성계의 친병 가별초군家別抄軍은 몽골식 기마전투와 거친 산악지대에 잘 훈련된 여진족을 핵심 전력으로 하였다.[4]

1388년 요동을 장악해 온 몽골세력이 신흥 명明 제국에 항복하였다. 고려와 국경을 맞댄 명은 이전의 쌍성총관부에 철령위鐵嶺衛를 설치하여 명의 직할령으로 삼겠다고 고려에 통고하였다. 고려는 그의 군사공동체 전통에 따라 명에 맞섰다. 고려는 요동을 정벌하기 위한 군사를 일으켰다. 이성계가 그 선봉을 맡았다. 팍스 몽골리카의 변방세력으로 입신하여 국제정치의 변화에 적응해 온 가문 출신의 이성계로서는 무모한 전쟁이었다. 요동 정벌은 이성계의 친위 군사세력을 제거하기 위한 고려 귀족들의 음모일 수도 있었다. 이성계는 군대를 돌려 고려의 조정을 장악하였다(위화도회군威化島回軍). 때를 같이 하여 만주를 지배한 웃치긴 왕가 역시 영토에 대한 지배권을 인정받는 조건으로 명에 항복하였다. 군대를 돌린 이성계의 국제정치 감각이나 살아남기 위한 전략은 웃치긴과 다를 바 없었다.[5]

회군을 감행한 이성계로 하여금 새로운 왕조의 창업으로까지 나아가게 한 것은 일군의 성리학자性理學者들이었다. 원과의 교류가 활발해진 13세기 후반부터 송의 주자朱子가 집대성한 성리학이 고려에 유입되었다. 이

4 윤은숙(2010), 『몽골제국의 만주 지배사』, 281쪽.
5 윤은숙(2010), 『몽골제국의 만주 지배사』, 304~313쪽.

전까지 고려는 경사經史와 시문詩文의 형식적 수준에서 유교를 수용하였을 뿐이다. 자연과 사회의 기본질서나 인간의 본성에 관한 형이상학은 불교의 세계에 맡겨져 있었다. 주자 성리학은 삼라만상을 육성하는 기운氣運에 어떤 근본적인 도덕율이 관통한다는 형이상학을 정립하였다. 인仁으로 총괄되는 그 도덕율은 인간 제관계에 있어서는 충忠, 효孝, 제悌, 자慈의 사회적 윤리로 발현한다. 인간은 각각의 기질과 도덕능력에 따라 상하위계의 자연스런 질서로 이끌린다. 성리학의 세계에서 왕정王政은 이 같은 형이상학과 사회윤리에 충실한 도덕정치道德政治이다. 군주가 백성의 부모로서 인륜의 모범을 보일 때 하늘과 땅이 감응하여 경제, 사회, 정치의 조화가 달성된다.

이 같은 정치철학이 14세기 이래의 고려에서 그 세력을 강화한 것은 원의 간섭과 그에 부응하는 귀족세력의 발호로 정치와 사회가 크게 혼란스러웠기 때문이다. 보다 근본적인 배경은 사회경제적인 것이었다. 14세기는 사회·경제의 전통적 구조가 와해되고 새로운 시대로 이행하는 큰 변화의 시대였다. 연작농업이 확산하는 가운데 토지의 사유화가 진전하였다. 부처夫妻 양변의 넓은 범위에서 높이 소급하는 친족공동체를 대신하여 개별 소규모의 가족경영이 대두하였다. 제2시대 사회·경제의 기초를 이룬 정호丁戶는 보다 작은 규모로 분해하고 있었다. 사회·경제의 새로운 풍조는 새로운 형이상학을 요구하였다.

이성계를 도와 조선왕조를 창업한 성리학자 정도전鄭道傳은 새로운 시대의 모범을 중국 고대의 주례周禮에서 구하였다. 주례에서 전국의 토지는 국가의 공전公田이다. 토지로부터의 조부租賦 수입은 왕실에 대한 공상供上, 군자軍資, 녹봉祿俸, 진휼賑恤 등의 공적 용도로 관리될 바이다. 정도전을 위시하여 조선왕조의 창업에 참여한 신흥 성리학자들은 토지제도만이 아니라 중앙정부와 농촌사회의 구석구석을 주례의 공公 개념에 입각하여 일종의 국가사회주의적 형태로 일신하고자 하였다.[6] 역성혁명易姓革

命을 추진한 신흥 군사세력과 유학세력은 팍스 몽골리카의 역사적 유산이었다. 그러한 세계사적 시각에서야 474년을 버틴 고려왕조의 패망을 온전하게 설명할 수 있다. 그 세계사적 유산이 새로운 정치철학을 요구하는 고려사회의 내재적 발전과 어울린 것이 이후 518년을 지속한 유교적 전환의 정치형태로서 조선왕조의 창업이다.

집권체제의 정비

고려왕조는 왕도에 집거한 지배공동체가 지방의 예속공동체 위에 군림하는 군사국가로서의 특질을 강하게 보지하였다. 그와 대조적으로 조선왕조는 전국의 군현을 관료제적 행정체제로 통합하고 지배한 영토국가였다. 지방행정체제는 도道→군현郡縣→면面→리里의 관료제적 서열로 정비되었다. 고려의 군현과 향鄕·부곡部曲은 1,100개가 넘었는데, 335개 군현으로 통합되었다. 향·부곡은 모두 폐지되었다. 고려왕실의 장莊·처處도 모두 폐지되어 군현에 소속하였다. 모든 군현에는 예외 없이 지방관 수령이 파견되었다. 고려의 군현을 사실상 지배해 온 호장층戶長層과 토성土姓 세력은 현저히 약화되었다. 전장에서 서술한 대로 지방세력은 13세기 후반부터 쇠퇴했는데, 조선왕조에 들어 더욱 약화되었다. 조선왕조는 구래의 지방세력을 향리鄕吏 신분으로 규정하고 차별하였다. 향리에게는 특정의 복식이 강요되었다. 향리의 역은 점차 천시되었다. 향리가 지방민에게 행세해 온 온갖 기득권은 범죄로 규정되었다. 나아가 조선왕조는 향리를 위시한 지방세력이 수령의 불법행위를 고소할 수 없다는 법을 제정하였다. 군현마다 다양한 차이가 있지만, 이를 계기로 향리는 제2등의 신분으로 전락하기 시작하였다.

군현 아래의 행정단위는 면과 리였다. 면의 주요 기능은 권농이며, 이

6 한영우(1999), 『왕조의 설계자 정도전』, 지식산업사, 114~122쪽.
한영우(1997), 『다시 찾는 우리 역사』, 경세원, 210~212쪽.

를 위해 권농관勸農官이 임명되었다. 그런데 면은 17세기까지 군현의 영역을 몇 개의 방위로 구분한 형식적인 것에 지나지 않았다. 군현 아래의 실질적인 행정단위는 리였다. 리의 총수는 알려져 있지 않다. 제3장에서 소개한 대로 7세기 말 신라의 리 총수는 대개 4,200 전후였다. 15~16세기 조선시대는 그 사이 인구가 크게 증가했으므로 그보다 더 많았을 터인데, 대개 6,000을 헤아리지 않았을까 싶다.[7] 리는 주민의 공동노동이 조직되고 공동의 제사와 축제가 영위되는 공동체였다. 리에는 이정里正이란 책임자가 있어 주민의 공동체적 통합을 주도하였다. 고려까지 농촌사회의 공동체적 통합은 군현을 범위로 하였는데, 조선에 들어와 리가 군현을 대신하였다. 예컨대 1427년 충청도 해미海美에서 미륵의 강신을 축원하며 세워진 매향비埋香碑는 이민里民에 의해 세워졌다.[8] 대조적으로 고려에 있어서 매향비의 건립 주체는 군현이었다.

지방행정체제만이 아니라 중앙정부도 국왕을 정점으로 하는 집권체제로 정비되었다. 조선의 국왕은 고려의 국왕에 비해 일층 강력한 권력을 행사하였다. 후기의 고려왕조에서 최고 의결기구는 70~80명의 귀족이 참가하는 도평의사사都評議使司였다. 고려의 국왕은 그 귀족회의를 대표하는 수장과 같은 존재였다. 3대 국왕 태종은 도평의사사를 해체하고 그 기능을 이吏·호戶·예禮·병兵·형刑·공工의 6조曹로 분산하였다. 6조의 책임자 판서判書는 그의 정무를 국왕에 직접 보고했으며, 직접 국왕의 결재를 받았다. 6조를 통할하는 의정부議政府가 있었지만 국왕을 견제하는 독자의 권한을 갖춘 기관이 아니었다. 왕권의 절대성은 성리학의 정치이념

7 15세기 전반의 『慶尙道地理志』와 『慶尙道續撰地理志』에서 그 존재가 확인되는 里의 수는 1,073이다. 실재한 모든 리는 아니지만 80% 이상은 포괄한 수라고 여겨진다. 1790년의 『戶口總數』에 등록된 경상도의 리 수는 8,760, 전국의 리 총수는 39,465이다. 이 같은 정보로부터 15세기 전반의 리 총수는 추산하면 6,042이다.

8 李海濬(1983), 「埋香信仰과 그 主導集團의 性格 — 14·5세기 埋香事例의 분석 —」, 『金哲埈博士華甲紀念史學論叢』, 知識產業社, 374~375쪽.

에 의해 지지되었다. 성리학의 세계에서 국왕은 지극한 이치인 하늘을 대신하여 인간 세상을 다스리는 존재이다. 성리학의 세계에서 왕과 신하의 위계는 상대적이지만 초월이 불가능한 질서이다. 조선왕조를 둘러싼 국제정치의 질서도 왕의 권위를 불변의 것으로 지지하였다.

중화세계로의 편입

조선왕조의 국호는 기자조선箕子朝鮮에서 유래하였다. 그에 대해 정도전은 중국 고대의 기자箕子가 동이東夷로 건너와 8조의 법을 시행하여 정치와 풍속이 지극히 아름다워 후세에 그 이름을 널리 전하였는데, 이제 우리가 명의 황제로부터 그 아름다운 국호를 부여받아 이어가게 되었다고 자부하였다.[9] 정도전을 위시한 건국세력은 고대 중국의 성인의 정치를 계승한다는 도통론道統論을 새로운 왕조의 대의명분으로 삼았다. 도통론은 중국을 세계의 중심으로 간주하는 화이론華夷論과 표리관계에 있었다. 이성계가 위화도회군을 감행하면서 내건 제1의 명분은 "작은 자가 큰 자를 거스를 수 없다"는[10] 사대주의事大主義의 논리였다. 이와 같은 건국의 명분은 조선왕조로 하여금 어느 틈에 화이론에 기초한 세계관과 국제질서에 깊숙이 빠져들게끔 하였다.

조선왕조가 스스로를 중화세계의 제후국으로 자리매김하고 국가체제를 그에 상응하는 형태로 재편하는 것은 세종世宗 대(1418~1450)에 이르러서였다. 세종은 그가 제정한 오례五禮에서 하늘에 대한 제사를 폐지하였다. 이전의 고려왕조는 군사·외교의 수준에서 중국과 조공·책봉의 관계를 맺었지만, 하늘에 대한 제사를 고수함으로써 하늘 아래 자존하는 독립국으로서의 정체성을 놓치지 않았다. 그에 비해 조선왕조는 하늘과의 직접적 교섭을 포기하였다. 또한 세종은 독립국의 군사적 위용을 상징

9 鄭道傳, 『朝鮮經國典』 國號.

10 "今者出師 有四不可 以小逆大 一不可"(『高麗史』 卷137 世家 辛禑14年).

하는 출정出征 의례를 군례軍禮에서 배제하였다.[11] 조선왕조는 제후국으로서 독자의 군사적 의지를 스스로 제거하였다. 세종이 제정한 오례는 1474년 국조오례의國朝五禮儀로 완성되어 19세기 말까지 관철하였다. 조선왕조는 중국 황제의 책봉을 받고 그에 조공하는 제후국으로서 이상적인 모델을 이루었다.[12]

고려왕조와 대조할 때 조선왕조의 국례가 보이는 또 하나의 두드러진 차이는 예의 주체가 넓은 범위로 사회화, 지방화하였다는 점이다. 왕도에 집주한 지배공동체라는 국가체제에 걸맞게 고려에서 예의 주체는 중앙정부와 국인에 한정되었다. 지방과 향인은 예의 주체가 아니었다. 지방에 요구된 예는 군현에 설치된 향교의 석전의釋奠儀 정도였다. 군사공동체답게 고려는 흉례凶禮, 곧 상례喪禮를 제정하지 않았다. 군왕과 부모의 죽음을 맞아 2년간이나 길게 상복을 입어서는 군사에 충실할 수 없기 때문이다. 고려에서 흉례는 약식으로 치러졌다. 대조적으로 조선에서 지방은 중앙과 마찬가지로 예의 주체를 이루었다. 지방관은 물론 농촌의 사대부와 서인은 각종 국례의 거행에 신분별 격식에 맞추어 참여하였다. 나아가 개별 가족의 가례가 국례의 일환으로 규정되었다. 부모의 죽음을 맞아 사대부와 서인은 신분별 격식에 따른 상례를 거행하였다.[13] 천민을 제외한 모든 사람이 예의 주체로 승격함에 따라, 그리고 흉례가 국례에서 가장 큰 비중을 점하게 됨에 따라, 군사적 복무는 점점 소홀해질 수밖에 없었다. 이는 조선왕조의 국례에서 군사적 의지가 불식된 것과 밀접한 연관을 이루었다.

조선왕조는 중국의 황제를 정점으로 하여 농촌의 서인에까지 이르는 예의 국제적 질서로 자신의 국가체제를 순화시켜 갔다. 그 과정은 단계적이며 점진적이었다. 15세기까지만 해도 고려왕조의 유풍이 있어 조공·책

11 李範稷(1989), 「國朝五禮儀의 成立에 대한 一考察」, 『歷史學報』 122, 19쪽.

12 최연식(2007), 「조공체제의 변동과 조선시대 중화—사대 관념의 굴절: 변화 속의 지속—」, 『한국정치학회보』 41-1, 102쪽.

13 李範稷(1989), 「國朝五禮儀의 成立에 대한 一考察」, 『歷史學報』 122, 20~22쪽.

봉체제는 국례의 형식에 머물렀다. 조선의 국왕은 명 황제의 칙사를 국궁鞠躬의 예로 맞이하였다. 그러나 칙사가 거듭 요구한 5배拜3고두叩頭의 예를 예전禮典에 없는 일이라고 완강하게 거절하였다. 그렇지만 중종中宗대(1506~1544) 이후 조선의 국왕은 명의 칙사에게 5배3고두를 거행함에 주저하지 않았다. 명과 조선은 군신관계를 넘어 부자관계로 의식되었으며, 조선의 사대주의는 의례를 넘어 내면적 도덕으로 규범화하였다.[14]

바다가 닫히다

15세기에 들어 동아시아의 국제질서 자체에 심대한 변화가 발생하였다. 동아시아의 중심인 명 제국이 바다로부터 철수한 것이다. 영락제永樂帝의 명을 받아 정화鄭和의 함대가 행한 7차례의 인도양 항해는 그 규모나 기술수준에서 당대의 서유럽을 압도하였다. 그렇지만 명의 입장에서 해양진출은 경제적으로 실속이 없었다. 영락제의 죽음과 더불어 정화의 함대는 해체되고 7차례의 항해에 관한 모든 기록은 불살라졌다. 명은 북방의 유목민을 방어하고 내륙을 개발하는 자족적 농업국가로의 길을 선택하였다. 명 제국의 바다로부터의 철수는 이후 동아시아의 후퇴와 서유럽의 추월을 예고하는 세계사적 사건이었다.[15]

명은 바다에서의 자유통행을 금지하였다. 명과 조선과의 사행使行은 반드시 육로를 통하였다. 조선과 중국 사이의 바다를 건너는 배의 자취는, 명의 군대가 파견되었던 임진왜란 기간을 제외하면, 사행선이든 상선이든 완전히 두절되었다. 그 바다에 다시 항로가 뚫리는 것은 1882년 청淸의 황제가 해상무역을 허락하고서부터였다. 가까운 두 육지를 잇는 바다가 근 500년이나 상선의 왕래를 보지 못했음은 세계의 다른 시대와 지역에서 유례를 찾기 힘든 기이한 일이 아닐 수 없다.

---

14 계승범(2014), 『중종의 시대 — 조선의 유교화와 사림운동 —』, 역사비평사, 111~147쪽.
15 양동휴(2014), 『유럽의 발흥 — 비교경제사 연구 —』, 서울대학교출판문화원, 171~179쪽.

조선왕조도 이 같은 국제질서의 변화에 순응하여 바다로부터 철수하였다. 조선왕조는 바다를 통한 중국과의 통상을 시도하지 않았다. 15~16세기에 걸쳐 조선왕조는 제주도를 제외한 모든 섬을 대상으로 강제로 인구를 비우는 공도정책空島政策을 취하였다. 관부의 허락을 받지 않고 몰래 섬에 들어간 자는 100대의 장형에 처해졌다. 섬은 국왕의 덕화德化가 미치지 않은 이역異域으로 간주되었다.[16] 공도정책에 이어 육지에서 10리 밖의 바다로 나가는 항해는 왕토로부터의 무단이탈로 처벌되었다. 바다를 무대로 한 신라인의 왕성한 국제적 활동은 고려왕조에 들어 크게 위축되었다. 그럼에도 고려와 중국을 잇는 항로는 끊이지 않았다. 그러나 조선왕조에 이르러 바다는 넓은 개방의 통로가 아니라 높은 쇄국의 장벽으로 바뀌었다.

1402년 조선에서 한 장의 경이로운 지도가 그려졌다. 〈그림 5-1〉의 혼일강리역대국도지도混一疆理歷代國都之圖이다. 명에서 수입한 몇 장의 지도를 합성하고, 거기에 없거나 소략하게 그려진 조선과 일본을 그려 넣은 세계지도이다. 오늘날의 학자들이 이 지도에 감탄하는 것은 아프리카대륙을 온전하게 그려 넣은 최초의 세계지도이기 때문이다. 최근의 연구에 의하면 지도에 표기된 중앙아시아 서쪽의 지명은 모두 224개인데, 그 가운데 유럽 방면이 34개, 아프리카 방면이 15개이다.[17] 지도를 그린 조선의 엘리트 관료들은 중국을 세계의 대부분으로, 조선을 세계 제2의 대국으로 그렸다. 남쪽 바다 가운데의 일본은 조선의 4분지 1에 불과한 섬나라이다. 지도는 중화세계의 아중심亞中心으로서 조선의 국제적 위상을 과시하고 있다. 그렇지만 1402년 조선왕조의 세계 인식은 닫혀 있지 않았다. 그들의 시선은 멀리 아프리카대륙을 넘어 유럽으로까지 뻗쳐 있었다.

조선의 엘리트들이 이 같은 세계지도를 그릴 수 있었던 것은 그들이 합

---

16 강봉룡(2005), 『바다에 새겨진 한국사』, 한얼미디어, 231~235쪽.

17 김호동(2010), 『몽골제국과 세계사의 탄생』, 돌베개, 201~219쪽.

그림 5-1 혼일강리역대국도지도

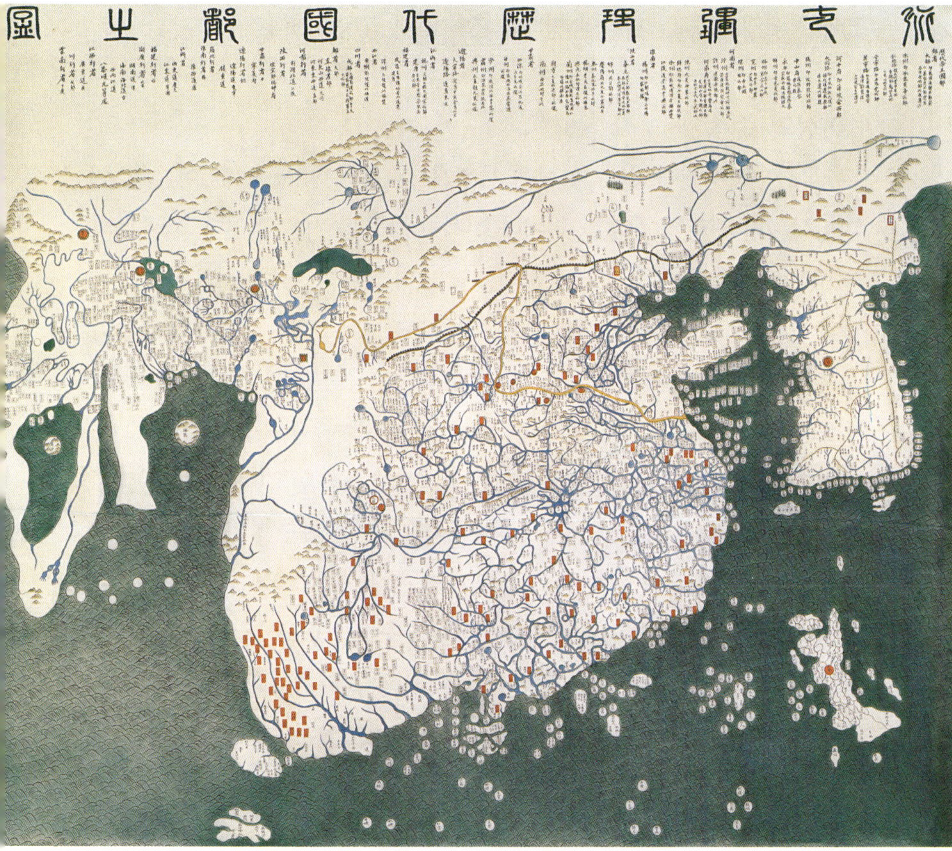

처: 서울대학교 규장각한국학연구원.

성한 중국의 지도가 그러한 정보를 담고 있었기 때문이다. 그 원류는 원의 황제가 그린 세계지도로 거슬러 올라간다. 다시 말해 15세기 초 조선왕조의 세계 인식이 열려 있었던 것은 팍스 몽골리카의 유산이었다. 바다가 높은 쇄국의 장벽으로 바뀌면서 조선왕조의 세계 인식도 닫혀갔다. 17세기에 이르러 조선왕조가 그린 세계지도는 중국을 중심으로, 조선을 아중심으로, 그 밖을 오랑캐 나라로, 그 밖을 심승의 나라로 그린 환상의 동심원이었다(제7장의 〈그림 7-5〉 참조). 그 같은 국제질서의 감각은 조선왕조의 경제체제를, 그 원리와 형태를 깊숙하게 규정하였다.

여성의 종속

한국사 제2시대에 걸쳐 여성은 사회적으로 남성과 동권同權이었다. 여성의 사회적 권리를 제약한 법이나 정책이 강구된 적은 없었다. 가족제와 친족제는 모계제의 특성을 강하게 드러냈다. 어린아이들은 대개 외가에서 출생하여 장기간 성장하였으며, 이에 부계보다 모계·처계의 친족들과 더 친밀하였다. 가재家財의 상속에서 남녀는 평등하였다. 여인의 재가再嫁는 도덕적 흠결이 되지 않았다. 『고려사』는 남편의 원수를 갚기 위해 무장을 하고 가병을 데리고 길을 떠나는 여인의 모습을 전하고 있다. 남자는 사회적 지위가 높아짐에 따라 중혼重婚을 하는 풍습이 있었다. 복수의 처들은 평등하였으며, 처첩妻妾의 질서는 존재하지 않았다. 원 복속기에 인구 증식을 위해 축첩의 제도를 만들자고 주장한 어느 관료는 도상에서 뭇 여인의 손가락질을 받았다.[18] 이 같은 가족제와 친족제의 원형은 조선왕조 이후에도 한동안 건재하였다. 1476년 최초의 족보族譜가 편찬되었다. 보통 성화보成化譜로 불리는 안동安東 권씨權氏 일족의 족보이다. 이 족보는 후대에 편찬된 족보와 달리 자녀를 기재함에 있어서 출생 순위에 따랐다. 외손도 본손과 마찬가지로 대를 이어 모두 기재되었다. 딸이 재혼을 하였을 때는 전부前夫에 이어 후부後夫의 성명도 기재하였다. 자녀가 없을 때는 무후無後라 하여 그냥 비웠으며, 굳이 양자를 들이지 않았다.

그렇지만 이미 조선왕조의 성립과 더불어 여성의 사회적 권리를 부정하는 변화는 조금씩 일어나고 있었다. 한국사에 있어서 남성에 대한 여성의 종속이 결정되는 것은 제3시대의 일이다. 1413년 태종은 "부부는 인

18 『高麗史』 卷106 列傳 朴褕.

륜의 큰 벼리"라 하면서 그때까지 적지 않게 행해지던 중혼을 금지하고 단혼을 법제화하였다. 기왕의 중혼에 대해서는 복수의 처가 사족 신분임에 한해서 모두 적처嫡妻의 지위를 인정하였다. 사족 신분이 아닌 처는 첩으로 지위가 강등되어 적처와의 지위가 차별되었다.[19] 이후 적서嫡庶의 차별과 대립은 조선왕조 500년을 관통한 가장 심각한 사회적 갈등을 이루었다.

여성에 대한 남성의 지속적 공격에 따라 사대부의 여인들이 교제할 수 있는 범위는 내외 3촌으로 한정되었다. 그 밖의 친족이나 족외인과 접촉하는 것은 실행失行의 혐의로 비판되었다. 여인들이 산천에서 유흥을 벌이거나 절에 올라가는 행위는 도덕적 이탈로 단죄되었다. 가장 비인간적 공격은 여성의 재가 금지였다. 재가를 금지하는 법이 노골적으로 제정된 적은 없다. 그렇지만 그에 관한 성종成宗 대의 논의는 재가한 여자의 자손은 과거에 응시할 수 없다는 결론을 내렸다.[20] 『경국대전經國大典』에 실린 이 법은 어느덧 사대부의 여인은 재가를 할 수 없다는 식으로 확대 해석되었다. 나이 10~20대의 젊은 여인이 과부가 되어 평생을 독신으로 지내는 것이 얼마나 비인간적이며 유교 경전의 본뜻에도 어긋난다는 비판이 여러 차례 제기되었지만 매번 실패하였다. 개가改嫁는 금수나 하는 짓이라는 교조적 반론은 비록 찬성자가 소수이지만 언제나 조정의 공론을 장악하였다.[21]

조선왕조의 창업 이래 1567년까지 도합 272명의 여인이 절부節婦로 포장褒奬을 받았다. 남편을 따라 죽은 여인이 29명, 남편을 위한 상제례를 극진히 봉행한 여인이 109명, 개가 권유를 거절하고 시부모를 봉양한 여인이 85명 등이다. 왕조는 여인의 절행을 행실도로 제작하여 널리 보급하

19 장병인(1997), 『조선전기 혼인제와 성차별』, 일지사, 57~59쪽.

20 "再嫁·失行婦女之子及孫 庶孼子孫 勿許赴文科·生員·進士科"(『經國大典』 禮典 諸科).

21 이숙인(2014), 『성설의 역사』, 푸른역사, 298~324쪽.

였다. 1568~1910년에는 더욱 많은 845명의 여인이 절부로 현창되었다.[22] 유교적 전환이 농촌사회의 구석에까지 미친 그 시기에 여인의 노예적 굴종은 더욱 심화하였다.

남성에 대한 여성의 패배는 신분에 따라 그 전개 양상이 달랐다. 여인의 사회적 권리가 가장 먼저 제약되거나 부정된 것은 양반 사대부 계층에서였다. 일반 양인이나 천민 신분의 여성에까지 그 같은 제약이 미치지는 않았다. 그러기 위해서는 좀 더 많은 세월이 필요하였다. 1602년 전라도 해남현에 양인 신분의 박의훤朴宜萱이란 사람이 있었다. 재산도 적지 않았고 관가에 출입했던 것으로 보아 이정里正 급의 인물이었다. 그가 남긴 상속문서는 양인 신분의 인물이 남긴 상속문서로서는 드문 것이다. 그에 의하면 그는 평생 다섯 여자와 결혼생활을 하였다. 본처를 포함한 처음의 네 여자는 다른 남자와 몰래 간통을 하고 그를 떠났으며, 마지막 다섯째 여자만큼은 그와 40년을 해로하였다. 그 사이 복수의 처를 둔 기간이 있었다. 그의 거듭된 결혼과 이혼에는 사회적으로 공인된 절차가 없었다.[23] 노비들의 부부생활에 관해서는 더 많은 정보가 있다. 노비들의 결혼에도 혼례는 없었다. 노비의 부부생활에서 단혼單婚의 윤리가 얼마나 규범적이었는지는 의심스럽다. 여자는 쉽사리 다른 남자와 성적 교섭을 가졌으며, 남편과 맺어졌다가 헤어지기를 반복하였다.[24] 하층 신분에까지 단혼의 윤리가 정착하고 사회적 의례로서 혼례가 성립하는 것은 거의 18세기 이후의 일이다.

양반 사대부의 여인이라 해도 가족·친족 생활에 있어서 그들의 전통적 권리는 쉽게 부정되지 않았다. 변화의 방향은 분명했지만, 그 속도를 과장해서는 곤란하다. 1476년의 성화보가 대변하는 여성의 높은 지위는 16

22 이숙인(2014), 『정절의 역사』, 115·130쪽.
23 문숙자(2000), 「양인의 혼인과 부부생활」, 『조선시대생활사』 2, 역사비평사, 92~97쪽.
24 이영훈(2000), 「노비의 혼인과 부부생활」, 『조선시대생활사』 2, 110~113쪽.

세기까지 크게 변하지 않았다. 1415년 조선왕조는 결혼 후 남자가 처가에 머무는 솔서率壻 혼속婚俗을 바로잡기 위해 남자가 본가에서 아내를 맞아 들이는 친영례親迎禮를 실시하였다.[25] 이 법은 세 차례나 공포되었지만 별다른 효력이 없었다. 왕실에서조차 결혼한 공주가 사가로 나가지 않고 궁중에 거주하는 경우가 있었다. 오랜 전통의 솔서 혼속은 16세기까지 완강하게 존속하였다. 토지와 노비 재산의 상속은 남녀균분의 원리에 의거했으며, 부모의 제사는 자녀들이 순차로 봉행하였다. 여인이 본가에서 상속받은 재산은 남편의 재산과 별도로 관리되었으며, 상속자가 없을 경우 본가로 귀속하였다.[26] 이 같은 여성의 전통적 권리가 부정되는 것은 종법宗法 원리의 가례家禮가 집집마다 보급되는 가운데 여성이 상속에서 배제되는 17세기 후반부터이다.

2. 국전제의 재편

과전법의 시행

1388년 위화도회군으로 정권을 잡은 이성계 일파는 1390년 고려 왕실에 속한 장莊·처處와 귀족·관료들의 사전私田을 몰수하여 재분배하는 토지제도 개혁을 단행하였다. 당시 몰수된 왕실과 귀족·관료의 토지문서는 개경 시내에서 사흘이나 불탔다고 한다. 이로써 고려왕조를 지탱한 귀족세력의 경제적 기반이 붕괴했으며, 뒤이어 고려왕조도 멸망하였다. 개혁의 대상이 된 귀족·관료의 사전은 13세기 중엽부터 지급되기 시작한 녹과전祿科田과 별사전別賜田이었다. 이들 토지는 국가가 귀족·관료에 수조권을 지급한 것이며, 수조율은 1/10이었다. 14세기에 걸친 정치적 혼란

25 장병인(1997), 『조선전기 혼인제와 성차별』, 116~117쪽.

26 文叔子(2004), 『조선시대 재산상속과 가족』, 景仁文化社, 78~99·109~127·135~151쪽.

으로 사전에 대한 정부의 통제는 느슨해졌다. 사전은 무제한으로 확대되어 중앙재정을 압박하였다. 사전은 점차 귀족들의 세습적 가산으로 변질되었으며, 전호佃戶 농민에 대한 수조도 1년에 5~6차례나 행해지는 문란상을 드러냈다. 이성계 일파의 개혁이 성공한 것은 귀족들의 사전 지배에 저항하는 농민들의 지지가 있었기 때문이다.

개혁파 정치세력은 귀족·관료의 사전을 몰수함과 동시에 평안도와 함길도를 제외한 전국의 토지를 조사하였다. 그 결과 약 62만 결의 기경지와 약 17만 결의 미간지를 확보하였다. 이들 토지는 몇 가지 원칙과 기준에 따라 정부, 왕실, 관료에게 다시 분배되었는데, 그 새로운 토지제도를 가리켜 과전법科田法이라 하였다. 과전법에 있어서 전국의 토지는 국전國田으로 간주되었는데, 그 점에서 이전의 제2시대와 다르지 않았다. 국전은 이전 시대와 마찬가지로 공전公田과 사전私田의 두 범주로 구분되었다. 공전은 정부가 직접 수조하는 토지이거나 미간지인데, 크게 다음과 같은 세 범주로 나뉘었다.[27]

첫째는 국고수조지國庫收租地이다. 이는 왕실에 속한 고궁전庫宮田, 관료들의 녹봉을 마련하기 위한 녹봉전祿俸田, 군자를 조달하기 위한 군자전軍資田, 각사위전各司位田으로 구성되었다. 각사위전에 대해 설명한다. 당시 중앙정부의 재정은 수입과 지출을 단일 창구로 통합하지 않고 중앙정부를 구성한 100개 이상의 각사各司가 독자의 재정기구로서 독자의 수입원을 갖는 분산적 구조로 운영되었다. 가령 경상도 김해의 어느 리里가 충훈부忠勳府의 위전位田으로 지정되면, 거기서 수취되는 조에는 충훈부라는 꼬리표가 붙어 중앙의 풍저창豐儲倉으로 운송되어 그대로 충훈부에게 지급되었다. 이상의 4종류의 국고수조지에 대략 40만 결이 분배되었다.

둘째는 공처절급지公處折給地이다. 이는 지방관청에 소속된 관리들의 식

27 이하 公田에 관한 서술은 주로 다음에 의거하고 있다. 朴時亨(1994), 「第9章 朝鮮朝 초기(15세기) 公田制度의 발전」, 『朝鮮土地制度史』(中), 신서원, 41~86쪽.

사비와 행정비용을 조달하거나, 역驛·참站·도渡·진津 등의 교통기관에 소속된 하급 관리와 인부의 생활비를 지급하기 위한 토지이다. 이에는 위의 국고수조지처럼 일반 농민의 경작지를 할당하여 수조하는 토지가 있는가 하면(각자수세지各自收稅地), 역·참 등에 소속된 하급 관리와 인부의 소유지에 대해 조를 면제해 주는 토지가 있었다(자경무세지自耕無稅地). 그 외에 지방관청의 소유지로서 관노비가 경작하는 둔전이 있었다(관둔전官屯田). 이 같은 공처절급지가 전국적으로 대략 5만 결이었다.

셋째는 국둔전國屯田이다. 왜구의 침입이 잦았던 연해와 인구가 희박한 평안도·함길도에는 미간지가 광대하게 분포하였다. 조선왕조는 미간지를 인근의 농민이나 군인에게 할당하여 개간을 강제했는데, 그것이 국둔전이다. 개간이 완료된 토지는 경작 농민에게 불하되었다. 개간이 진척됨에 따라 국둔전은 점차 줄어들었다. 그럼에도 15세기에 걸쳐 평안도와 함길도에는 상당한 미간지가 남아 있었다. 중앙정부는 몇 차례나 남부지방의 농민을 강제로 이사시키고 토지뿐 아니라 농우·농구·농량을 지급하는 등, 그 지방을 마치 국영농장처럼 관리하였다.

다음은 사전에 관해서이다.[28] 사전은 국가가 사인에게 1/10율의 조를 수취할 권리를 지급한 토지이다. 여기에는 크게 과전科田, 공신전功臣田, 군인전軍人田, 사원전寺院田의 네 가지가 있었다. 과전은 중앙정부의 관료와 하급의 잡직雜織·동정직同正職·학생學生을 대상으로 1과의 150결에서 18과의 5결까지 차등을 두어 지급한 토지이다. 과전의 규모는 총 10만 결 정도였다. 그 외에 왕의 자녀를 우대하여 대군大君에게 250결, 공주公主에게 220결, 제군諸君에게 200결을 지급하였다. 공신전은 조선왕조의 창업에 공을 세운 공신에게 지급한 수조지이다. 15세기에 걸쳐 도합 7차례의 정변이 발생했는데, 그때마다 다수의 공신이 배출되었다. 그들에게 지

28 이하 私田에 관한 서술은 주로 다음에 의거하고 있다. 朴時亨(1994), 「第10章 朝鮮朝 초기(15세기) 科田을 주로 한 私田制度의 발전」, 『朝鮮土地制度史』(中), 87~117쪽.

급된 공신전은 도합 4만 결에 달하였다. 군인전은 정기적으로 왕실을 숙위하기 위해 지방에서 상번上番하는 중앙군에게 5결 내지 10결을 지급한 것을 말한다. 고려에서 조선으로의 이행 과정에서 개경의 국인들은 다양한 연고를 좇아 농촌으로 내려가 농장을 개척하고 정착하였다. 그들은 여전히 국인으로서의 정체성을 보지했으며, 중앙군으로서 번차番次에 따라 상경하였다. 이성계세력은 불교 사원의 토지를 몰수했는데, 그 규모가 거의 4~5만 결에 달하였다. 연후에 정치적으로 중요하다고 여겨지는 43개 사원에 다시 수조지를 지급했는데, 대략 8,000~9,000결의 규모였다. 그것이 사원전이다.

과전법의 이념

과전법 토지제도가 어떠한 이념에 기초했는지는 개혁 당시에 반포된 다음의 두 법령에 잘 드러나 있다.

> 田主가 佃客의 所耕을 빼앗을 경우 1~5負는 笞 20을 치고 매 5부에 1등을 가하며 죄는 杖 80에 이른다. 직첩은 거두지 않는다. 1결 이상은 그 丁을 다른 사람에게 지급하여 수조케 한다.[29]

> 전객은 그 所耕田을 가지고 함부로 別戶의 사람에게 팔거나 줄 수 없다. 만약 사망하거나 이사하여 戶가 끊어진 경우와 많은 토지를 점유하고 고의로 묵히는 경우, 그 토지는 전주가 임의로 처분하는 것을 허용한다.[30]

여기서 언급되는 전주田主는 사전을 지급받은 관료나 공신을 가리키며,

29 "田主奪佃客所耕田 一負至五負笞二十 每五負加一等 罪至杖八十 職牒不收 一結以上 其丁許人遞受"(『高麗史』 卷78 志 食貨1 祿科田 恭讓王2年 9月).

30 "佃客毋得將所耕田 擅賣擅與別戶之人 如有死亡移徙戶絶者 多占餘田故令荒蕪者 其田聽從田主任意區處"(『高麗史』 卷78 志 食貨1 祿科田 恭讓王2年 9月).

전객佃客은 사전을 경작하는 농민을 말한다. 이 같은 전주와 전객의 용례는 사전만이 아니라 공전에서도 마찬가지였다. 공전에서는 왕실이나 정부 기관이 전주에 해당하였다. 전객은 동시대의 중국말로서 소작농이란 뜻이다. 조선왕조는 명明의 법률을 도입하여 사용했는데, 그 과정에서 전객이란 말이 전파되어 왔다. 12세기 초 고려왕조는 송으로부터 전호佃戶라는 말을 도입하여 백성의 법적 지위를 나타내는 말로 사용하였다. 고려왕조가 백성을 전호로 칭한 것은 백성은 국왕의 토지를 차경하는 농민으로서 국왕의 자애로운 보호를 받는다는 왕정의 이념에 의해서였다. 1390년 개혁파 정치세력이 토지제도의 개혁을 단행할 때도 마찬가지였다. 그들은 사전에 대한 귀족들의 문란한 수탈을 비판하면서 사전의 농민이 원래 국가에 속한 전호임을 강조하였다. 그러다가 명의 전객이라는 새로운 말을 알게 되어 위와 같이 토지제도 개혁의 법령에서는 그 말을 사용하였다.[31] 이후 태종太宗 대(1400~1418)에 걸쳐 조선왕조는 공전과 사전의 농민을 즐겨 전객으로 칭하였다. 백성은 국가의 토지를 빌려 경작하는 나그네와 같은 존재라는 전객 호칭의 취지에는 전국의 토지를 국전으로 간주하는 제2시대에 걸쳐 계승되어 온 정치이념이 강하게 작용하였다.

그렇지만 과전법은 다음과 같은 몇 가지 점에서 이전 시대와 중대한 차이를 보였다. 첫째, 관료들에게 지급된 10만 결에 달하는 사전의 지급 범위가 경기도에 한정되었다. 사전이 중앙정부가 통제하기 어려운 먼 곳에 설정되어 권세 관료들의 가산으로 변질되는 것을 막기 위한 취지였다. 조

31 『大明律』은 조선왕조의 창업 3년 뒤인 1395년에 『大明律直解』로 번역되었다. 거기서 『대명률』상의 佃客은 處十으로 번역되었다. 처간은 14세기 귀속의 사전 농장에 포섭되어 사민화한 농민을 말한다. 『대명률』의 번역자들이 명의 전객과 고려의 처간을 동질의 존재로 간주했음은 1390년 과전법 개혁의 주체들이 전객이란 용어를 구사했을 때 그 뜻이 명의 전객과 같지 않음을 잘 인식하고 있었음을 말한다. 이와 관련해서는 다음을 참조. 李榮薰(1995), 「大明律直解의 '花利' 誤譯에 관한 考察」, 『淸堂金玉根博士古稀紀念論文集』, 141~161쪽.

선왕조는 이 원칙을 지키기 위해 경기도의 토지가 10만 결에 모자라자 도의 범위를 확장하였다. 둘째, 관료의 임관, 퇴임, 사망에 따른 사전의 지급과 환수가 규정대로 엄격히 지켜졌다. 예컨대 관료가 죽었을 때 그 처가 절개를 지키고 자식이 있으면 과전 전체를 이어받는데, 자식이 없으면 반만 이어받고, 재혼을 하면 반납하였다. 또한 아버지가 죽었을 때 아들이 아직 어리면 과전 전체를 이어받고, 나이 20세가 되면 반납하였다.

셋째, 전객 농민에 대한 전주 관료의 침탈을 강력하게 규제하였다. 위의 첫째 법령이 그에 관한 것이다. 전주 관료에게 지급된 것은 어디까지나 수조권收租權이었다. 관료가 수조권을 넘어 농민의 경작권마저 빼앗으면, 비록 직첩은 회수당하지 않지만 그 정도에 따라 20~80대의 태형에 처해졌다. 비록 전객으로 불렸지만 사전의 농민은 해당 토지의 사실상의 소유자였다. 첫째 법령은 농민의 경작지를 가리켜 '소경所耕'이라 부르고 있는데, 이 말은 이후 일반 백성의 소유지라는 뜻으로 번안되어 널리 사용되었다. 첫째 법령은 농민의 경지를 가리켜 '정丁'으로도 칭하고 있다. 이 점에 특별히 유의할 필요가 있다. 한국사 제2시대에 걸쳐 국가의 백성지배는 정丁 또는 정호丁戶를 기초 단위로 하였다. 정은 농민과 토지의 구조적 결합으로서 세대복합체를 가리켰다. 첫째 법령은 그러한 농민의 존재형태가 과전법 당시에도 여전했음을 이야기하고 있다.

넷째, 사전에 대한 수조율이 1/10로 엄격히 통제되었다. 사전의 조는 수전水田 1결에 조미糙米(현미) 30두와 한전旱田 1결에 잡곡 30두로 정해졌다. 더 이상 걷는 자는 도둑으로 처벌한다고 하였다. 이 같은 수조율과 수조량은 공전에서도 마찬가지였다. 여기서 14세기 말 수전 1결의 생산량이 평균적으로 조미 300두임을 알 수 있다. 도정 이전의 조租로는 750두 정도이다. 전장에서 소개한 대로(〈표4-1〉) 10세기 말 수전 1결의 평균생산량은 조 187.5두였다. 13세기 중엽 이후 1결의 면적이 1~3등에 따라 달라졌다. 그 점을 고려하더라도 11~14세기에 걸쳐 수전의 생신성이 2~3배 증가했음은 의심의 여지가 없는 사실이다.[32] 2년1작 또는 3년1작의 휴한농법休閑農法이 극복되고 1년1작의 연작농법連作農法이 널리 성립한 덕분이었다.

연작농법의 정착에 따른 토지 이용의 심화, 그에 따른 노동과 토지의 일상적 결합의 진전은 토지에 대한 농민적 권리를 강화하였다. 농민의 '자기노동에 기초한 사유'가 크게 진전하였다. 조선왕조를 창업한 정치세력은 전통적 왕토주의王土主義를 되살려 그것을 귀족·관료의 수조권을 억제하고 농민의 경작권을 지지하는 정치적 명분으로 활용하였다. 왕토주의의 역사는 제2시대부터이지만, 그것의 역할은 시대에 따라 달랐다. 제2시대의 왕토주의는 귀족·관료의 권리를 지지하였다. 공과 사의 통합과 대립은 국왕과 귀족·관료의 수준에서 이루어졌다. 그에 비해 제3시대의 왕토주의는 귀족·관료의 권리를 제약하였다. 공과 사의 통합과 대립은 국왕과 일반 백성의 수준에서 성립하였다. 다시 말해 일반 백성이 사私의 주체로 등장하였다. 귀족·관료의 수조지로서 사전은 조만간 소멸할 운명이었다.

매매와 상속의 공인

그렇지만 농민의 토지에 대한 권리는 아직 경작권의 범주에 머물러 있었다. 토지의 법적 소유권은 전주인 정부나 관료에 속해 있었다. 농민의 법적 지위는 어디까지나 전객이었다. 위의 둘째 법령은 그 같은 취지에서 농민의 토지에 대한 권리를 제약한 것이다. 농민은 토지를 남에게 함부로

---

32 제4장에서 서술한 대로 10세기 말 1결의 면적은 1,200~1,500평이다. 1결의 면적은 13세기 후반에 隨等異尺制가 성립함에 따라 1~3등에 따라 달라졌다. 1등 1결의 면적은 1,999평, 2등 1결의 면적은 3,317평이다(〈표5-2〉). 1등의 경우 10세기 말에 비해 1결의 면적이 평균 1.5배 커졌다. 본문의 서술대로 14세기 말 수전 1결의 평균 생산량은 조 750두로서 10세기 말 187.5두의 4배이다. 이에 단위 토지당 생산량은 2.7배이다. 2등의 경우 1.7배로 계산된다. 宮嶋博史(1980), 「朝鮮農業史上における十五世紀」, 『朝鮮史叢』 3, 20쪽 참조.

팔 수 없었다. 이사할 경우 토지를 처분할 수 없었다. 이사한 농민의 토지는 전주의 처분에 위임되었다. 사망하여 후계자가 없는 농민의 토지도 마찬가지였다. 농민은 성실히 토지를 경작하는 한에서 그 권리가 인정되었을 뿐이다.

1395년 조선왕조는 명의 법령을 조선어로 번역한 『대명률직해大明律直解』를 간행하였다. 이 번역서는 적지 않은 오역을 내포하였다. 오역은 기술적이라기보다 토지소유권의 발전 수준의 차이를 반영하는 구조적인 것이었다. 예컨대 명률은 타인의 토지를 훔쳐 경작한 사람을 면적에 따라 태형에 처하며, 토지의 '화리花利'는 원 소유자에게 돌린다고 하였다. '화리'는 토지의 소출이다. 그 '화리'를 조선의 학자들은 '변리邊利', 곧 이자로 번역하였다. 이는 형식논리상의 명백한 모순이다. 그럼에도 그러한 오역이 『대명률직해』에서 3회나 되풀이되었다. 이는 14세기 말까지도 토지를 둘러싼 민사적 분쟁이 드물었던 농촌사회의 실태를 대변하고 있다.[33] 토지의 개인적 용익과 사유재산으로서의 권리는 아직 낮은 수준이었다.

그 점을 전제하더라도 조선왕조가 일반 농민을 전객으로 규정한 것은 지나치게 이념적인, 비현실적인 조치였다. 14세기 말의 농민은 나그네와 같은 무권리의 존재가 아니었다. 농민의 경작권은 곧이어 상업적 소유로 전진할 만큼 높은 수준에 도달해 있었다. 전객 규정은 세종世宗 대(1418~1450)에 이르러 자연스럽게 폐기되었다. 이윽고 1424년 세종은 부모의 장례를 치르거나 묵은 빚을 갚기 위해서라는 특별한 사유에 한하여 백성들이 토지를 매매하는 것을 허락하였다. 토지를 팔기 위해서는 관에 일정의 세를 내고 허가를 받을 필요가 있었다. 신고를 하지 않고 토지를 매매했을 때는 토지를 몰수하였다. 1441년 이 조치는 토지가격의

33 李榮薰(1995), 「大明律直解의 '花利' 誤譯에 관한 考察」, 『清堂金玉根博士古稀紀念論文集』, 141~161쪽.

절반을 추심하는 처벌로 완화되었다.[34] 이렇게 조건부 허가제의 방식으로 인정되기 시작한 토지의 매매는 1460년대에 완성된 『경국대전』에서는 보다 자유로운 형식으로 공인되었다. 매매를 제약한 여러 조건이 철폐되었으며, 자유롭게 매매한 다음 100일 이내에 관에 신고하여 입안立案을 받도록 요구되었을 뿐이다.[35] 입안이란 민간이 제출한 계약서를 관이 확인하고 서명하여 돌려준 일종의 증명서와 같은 것이다. 토지의 상속도 비슷한 추이를 밟아 공인되었다. 『경국대전』은 부모의 노비와 토지 재산을 나누기 위해서는 형제들이 모여 화회문기和會文記라는 상속문서를 작성하고 그것을 증인의 서명과 함께 관에 제출하여 입안을 받도록 규정하였다.

토지의 매매와 상속이 공인되었다고 해서 토지에 대한 국가의 지배체제가 해소되었다고 간주해서는 곤란하다. 예컨대 『경국대전』은 토지를 고의로 묵힐 경우, 3년이 지나면 다른 사람이 경작하여 소유함을 허락하였다. 군역을 진 사람이 사망을 하거나 이사를 할 때, 그의 토지는 군역을 이은 사람이 물려받도록 하였다.[36] 이는 과전법 시행 당시에 공포된, 위의 둘째 법령을 그대로 계승하는 것이었다. 조선왕조의 토지와 백성 지배체제를 뒷받침한 왕토주의는 한갓 문투가 아니었다. 그렇지만 『경국대전』이 반포된 1460년대의 단계에서 이 같은 관리체제가 얼마나 유의하였는지는 의문이다. 왕조가 민간의 소유관계에 개입하여 한편의 소유지를 다른 한편으로 옮기는 일은 정치적 이유에 따른 적몰 등의 특별한 경우를 제외하면 상상하기 힘든 세상이 되었다.

한국사에서 토지가 농민의 사유재산으로 공인되는 것은, 다시 말해 토지가 개인의 상업적 소유로 취득되고 처분되는 것은 15세기 후반의 일이다. 전장에서 서술한 대로 고려왕조는 토지의 자유매매를 규제하는 금령

34 『世宗實錄』 6年 3月 己亥, 23年 3月 丁未.

35 "田地家舍買賣 限十五日勿改 並於百日內 告官受立案"(『經國大典』 戶典 買賣限).

36 "過三年陳田 許人告耕", "無主田移給他人 有軍役者 死亡移徙 則給遞立者"(『經國大典』 戶典 田宅).

을 두었다. 토지의 상속도 전정연립田丁聯立이라 하여 장자가 친족공동체를 대표하여 정丁에 부과된 직職과 역役을 세습하는 수준의 일이었다. 제2시대에 있어서 토지재산의 지배적 형태는 국왕의 토지지배권이 귀족·관료에 할양된 직능적[봉록적] 소유였다. 제3시대에 들어 직능적 소유가 물러가고 토지를 개인적 자산으로 취득하는 상업적 소유가 성립하였다. 1424년의 토지매매 허가가 그 출발점을 이루었다.

15세기가 토지제도의 역사에서 중대한 전환기였음은 지금까지 전해오는 토지의 상속문서와 매매문기의 현황을 통해서도 알 수 있다. 1980년대 이후 유서 깊은 양반가문에서 전해 오는 고문서가 공개되기 시작하였다. 그 가운데 토지의 상속문서와 매매문기가 다량으로 전하는데, 그 출발이 15세기부터이다. 14세기 이전으로 올라가는 상속·매매문서가 없음은 그때까지 토지가 개인의 사유재산이 아니었기 때문에 당연한 일이다.

1447년 경상도 봉화현의 금혜琴嵇는 그의 사위 하소지河紹地가 생원시生員試에 합격하자 이를 축하하기 위해 답 1석락을 지급하였다. 〈그림 5-2〉는 그때 작성된 문서이다.[37] 이 문서는 지금까지 전하는 토지의 상속문서로서는 가장 오랜 것이다. 토지의 매매문기로서 지금까지 전하는 가장 오랜 것은 1487년에 작성된 것이다. 동년 경상도 안동부의 우령禹伶이 밀린 세를 내기 위해 답 3곳을 김효로金孝盧에게 팔았는데, 김효로는 매매문기를 안동부에 제출하여 입안을 받았다.[38] 토지의 매매문기로서 15

37 李樹健 編著(1981), 『慶北地方古文書集成』, 嶺南大學校出版部, 61~62쪽. 토지의 상속문서로서 알려진 한에서 가장 오래된 것은 1392년 조선왕조의 太祖 李成桂가 장자인 鎭安君 芳雨에게 삭방도 朔州·高州에 소재한 조상 전래의 토지를 賜給할 때 작성된 문서이다. 1934년 朝鮮史編修會 編의 『朝鮮史』 제4편 1권에 사진으로 전하는 이 문서는 현재 어디에 소장되어 있는지 불명하다. 뒤이어 1392~1398년에 開國功臣 南誾이 유서의 형태로 작성한 문서가 있는데, 토지의 내역이 명기되지 않은데다 후대에 필사한 문서이다. 이 두 문서에 관해서는 다음을 참조할 수 있다. 李榮薰(1991), 「'太祖賜給芳雨土地文書'考」, 『古文書硏究』 1, 1~18쪽. 鄭求福 外(1997), 『朝鮮前期古文書集成 —15世紀篇—』, 國史編纂委員會, 166~168쪽.

38 李樹健 編著(1981), 『慶北地方古文書集成』, 491~492쪽.

[그림 5-2] 금혜별급문서(1447)

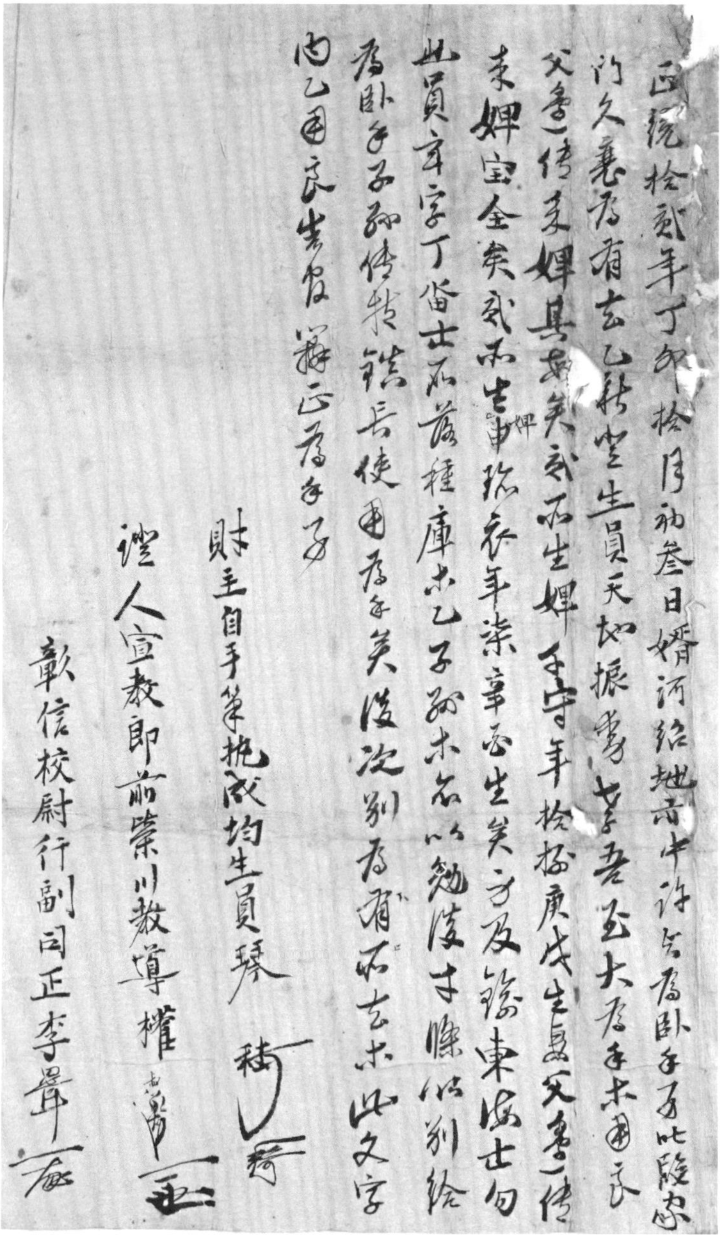

출처: 한국학중앙연구원 고문서자료관.

세기의 것은 이 문서가 유일하다. 그에 비해 16세기의 매매문기로서 지금까지 전하는 것은 268종이나 된다. 그 가운데 관의 입안을 받은 것은 3종에 불과하다.[39] 나머지는 백문기白文記라 하여 매매 당자 간의 계약과 서명만으로 그 유효성이 인정되는 문서이다. 이로부터 16세기 이후 토지의 매매는 관의 입안조차 번거로울 정도로 완전히 자유화하였음을 알 수 있다.

전부佃夫의 성립

세종 대에 걸쳐 전객 규정이 소멸하고 토지의 매매와 상속이 공인됨에 따라 조선왕조와 백성의 관계는 애매해졌다. 양자의 관계는 세조世祖에 의해 재정립되었다. 그는 할아버지 태종에 이어 국왕을 정점으로 한 집권체제를 강인하게 추구하였다. 1460년 세조는 『경국대전』 호전戶典을 친히 편찬하였다. 그는 백성의 법적 지위를 '전부佃夫'라는 새로운 용어로 규정하였다. 『경국대전』의 해당 부분은 다음과 같다.

> 새롭게 경작된 토지, 재해가 모두 든 토지, 과반만 재해가 든 토지, 병으로 경작하지 못해 묵은 토지는 佃夫가 이를 勸農官에 고하고, 권농관이 친히 살펴 8월 보름 전에 守令에 고해야 한다.[40]

해마다 농민은 토지의 경작 상태를 면의 권농관에게 보고해야 한다는 내용인데, 농민이 전부로 칭해지고 있다. 사전의 농민도 그렇게 칭해졌다. 예컨대 사원전의 조세가 부당하게 높을 경우 전부가 사헌부에 고소하여

---

39 김소은(2004), 「16세기 매매관행과 문서양식」, 『16세기 한국 고문서 연구』, 285쪽. 崔淵淑(2005), 「朝鮮時代 立案에 관한 연구」, 韓國學中央研究院 博士學位論文, 121쪽.

40 "新加耕田 全災傷田 過半災傷田 因病未耕全陳田 並聽佃夫狀告勸農官 勸農官親審 八月滿前告守令"(『經國大典』 戶典 收稅).

해당 사원의 죄를 다스리도록 하였다.[41]

세조가 제정한 전부 규정은 "백성은 왕토를 차경하는[佃] 농부[夫]"라는 뜻이다. 토지의 상속과 매매가 공인되는 등, 백성이 토지의 사실상의 소유자임은 부정할 수 없는 현실이 되었다. 그렇지만 국왕의 입장에서 백성이 왕토를 빌려 경작한다는 명분을 포기할 수는 없었다. 모든 국가는 통치의 정당성을 보증하는 이념을 추구하고 제도화한다. 왕은 무엇 때문에 왕이고, 백성은 무엇 때문에 백성인가. 이 같은 의문에 맞서 세조는 기왕에 소멸한 전객 규정의 대안으로서 전부佃夫 규정을 고안하였다. 전부 규정에는 전통적인 왕토주의 이념과 더불어 토지의 사실상의 소유자로서 백성의 권리를 공인하는 뜻이 복합적으로 담겼다.[42]

종래『경국대전』에 관한 연구는 전부 규정에 담긴 이 같은 특별한 뜻에 주의를 기울이지 않았다. 주석가들은 전부를 평범하게 '경작자'라는 뜻으로 풀이하였다.[43] 그래서는 한국사에서 6세기 단양적성비丹陽赤城碑상의 전사佃舍에서 출발하여 12세기의 전호佃戶를 거쳐 15세기의 전객佃客과 전부佃夫로 농민의 법적 지위를 규정해 온 국가적 토지제도의 역사가 제대로 잡히지 않는다. 15~16세기의 당대인들이 이들 전류佃類를 입에 올릴 때, 거기엔 그 시대가 공유한 그 시대 고유의 의미가 전제되었다.

> 저희는 본래 佃家戶로서
> 여자는 누에 치고 길쌈하고
> 남자는 밭 갈고 김매고
> 연연이 농사짓기 길쌈하기
> 때를 잃지 않고 부지런히 일하여
> 여덟 식구 그렁지렁 먹고 살있지요

41 "寺田稅 高重收納者 許佃夫告司憲府治罪 其濫收物還主 元田稅沒官"(『經國大典』 戶典 雜令).

42 李榮薰(1994),「朝鮮佃戶考」,『歷史學報』 142, 97쪽.

43 韓沽劤 외(1986),『譯註經國大典』 註解篇, 韓國精神文化研究院, 271쪽.

위는 1576년 경 김성일金誠一이 지은 「자식과 이별하는 어머니」라는 서사시의 일부이다.[44] 어느 어머니와 아들이 눈물로 헤어지는 장면을 목도한 김성일이 그 사유를 물었다. 어머니와 아들이 답하기를 우리는 원래 열심히 일하여 그렁저렁 먹고사는 전가호佃家戶였다. 큰 흉년이 들어 논이 타들어가고 수확이 전무한데도 관의 수탈이 여전하였다. 드디어 온 가족이 파산하여 동서남북으로 흩어지게 되었다는 것이다. 이 같은 전후 문맥에서 전가호라 함은 임금의 은덕으로 그럭저럭 먹고사는, 비교적 유복한 자작농이란 뜻이다. 그 전가호를 오늘날의 연구자들은 대수롭지 않게 소작농으로 풀이해 왔다.

조선왕조의 역사적 정체성을 이해함에 있어서 『경국대전』의 전부佃夫 규정은 다른 무엇보다 소중한 의의를 지닌다. 그 전부가 지금까지 경작자 또는 소작농의 뜻으로 밋밋하게 이해되어 왔다. 그와 더불어 조선왕조의 백성 지배체제에 담긴 역사적 특질이 앙상하게 발라져 버렸다. 역사 연구는 해당 시대의 언어와 그에 담긴 그 시대 고유의 의미체계에 대한 학습에서 출발한다. 한국사 연구는 그 점에서 많은 잘못을 범해 왔다. 전장에서 자세하게 비판한 바이지만, 토지는 유사 이래 개인의 사유재산이었다는 선입관 때문이다. 그 선입관에서는 사회도 유사 이래 신분과 계급으로 분열된 상태였다. 발상의 전환을 용납하지 않는, 비판과 토론을 억누르는 독선의 세계에서 지성의 역사는 정체한다.

세조가 제정한 전부 규정은 그가 시행한 전국적 범위의 양전에 적용되었다.[45] 그에 따라 전부체제佃夫體制라 할 독특한 양식의 양안이 제조되었다. 그에 대해서는 곧이어 소개하겠다. 『경국대전』의 전부 규정은 19세기

---

44 林熒澤 편역(1992), 『李朝時代 敍事詩 상』, 창작과 비평사, 93~94쪽. 임형택은 佃家戶를 "남의 땅 부치고" 사는 '농부'로 풀이했으나, 온당한 해석이 아니기에 漢詩의 원문대로 佃家戶라 하였다.

45 李榮薰(1996), 「'田制詳定所遵守條劃'의 制定年度 — 異尺制에서 同尺制로의 移行說 검토 —」, 『古文書研究』 9·10, 110~111쪽.

의 『대전회통』에 이르기까지 여러 법전에서 계승되고 또 증보되었다. 그 사이 왕토주의 이념은 현저하게 쇠퇴하고 일반 백성의 토지에 대한 권리는 일층 강화되었다. 왕토주의는 사실상 해체된 상태였다. 그럼에도 조선 왕조는 전부 규정에 담긴 왕토주의의 명분을 포기하지 않았다. 그것의 존폐가 정면으로 물어지는 것은 19세기 말의 마지막 양전에서였다. 국가체제의 근대적 개혁 여부가 정치적 과제로 물어지는 시기였다. 그에 관해서는 제7장의 해당 부분에서 상술하겠다.

전국적 농업생태

조선왕조는 전국의 지방행정체제를 정비함에 이어 1424년부터 각 도와 군현의 지리지를 편찬하기 시작하였다. 1432년 『신찬팔도지리지新撰八道地理志』가 편찬되었다. 이 책은 약간의 증보를 거쳐 1452년 『세종실록지리지』로 간행되었다. 우리는 이들 지리지를 통해 비로소 전국 각 지역의 농업생태에 관한 구체적 정보에 접하게 된다. 〈표 5-1〉은 『세종실록지리지』에서 8도 별로 논과 밭의 크기, 비중과 주요 작물을 재배하는 군현의 수를 구한 것이다.[46]

전국 8도의 경지는 총 171만여 결인데, 밭이 123만여 결로서 72%, 논이 47만여 결로서 28%이다.[47] 농업의 중심은 여전히 밭농사에 있었다. 도별로는 상당한 차이가 있어서 경기·충청·경상·전라의 남부지방에서 논의 비중은 37~46%인 반면, 황해·강원·평안·함길의 북부 산간지방에서 그것은 10%대에 불과하였다. 재배하는 군현의 수를 기준으로 한 5대 주요 작물은 기장(295), 콩(290), 벼(277), 보리(275), 피(269)의 순이다. 이들 5대

---

46 『世宗實錄地理志』에서 각 군현의 경지 구성은 '墾田'으로, 주요 작물의 분포는 '土宜'로 소개되어 있다.

47 『世宗實錄地理志』는 군현의 墾田 結數와 논의 비중을 이야기하고 있을 뿐이다. 이로부터 군현의 논과 밭의 결수를 추산하고 도별 합계를 구한 연구자는 이호철이다. 李鎬澈(1986), 『朝鮮前期農業經濟史』, 한길사, 262~263쪽.

[표 5-1] 15세기 전반 도별 경지 및 작물의 분포

단위: 군현 수, 결, %

		경기도	충청도	경상도	전라도	황해도	강원도	평안도	함길도	합계
군현		41	55	66	56	24	24	47	21	334
土地	밭 (%)	124,309 (62.3)	140,929 (59.7)	158,763 (60.7)	141,926 (53.7)	188,593 (84.2)	57,482 (87.2)	279,530 (89.7)	142,242 (95.3)	1,233,774 (72.1)
	논 (%)	75,318 (37.7)	95,185 (40.3)	102,675 (39.3)	122,342 (46.3)	35,287 (15.8)	8,426 (12.8)	32,240 (10.3)	7,064 (4.7)	478,537 (27.9)
	계	199,627 (100)	236,114 (100)	261,438 (100)	264,268 (100)	223,880 (100)	65,908 (100)	311,770 (100)	149,306 (100)	1,712,311 (100)
稻類	벼	41	48	66	53	18	14	23	14	277
	밭벼			1	3	1				5
黍粟類	기장	42	49	46	54	22	22	43	17	295
	피	39	45	17	56	23	24	44	21	269
	조	40	40	58	2	20	10	5	10	185
	수수	9				12		2		23
麥類	보리	39	41	38	56	24	23	42	12	275
	메밀	33	24	8	3	24	1	2	5	100
	기타		2			1		1	2	6
豆類	콩	42	52	33	55	24	22	43	19	290
	팥	40	29	1	2	24	2	1	2	101
	녹두	10	4			5				19
油脂類	참깨	20	11			7				38
纖維類	뽕나무	36	21	25	41	5	24	43	8	203
	삼	36	9	31	49	11	24	43	14	217
	모시		9	2	13	2	2			28
	목면		3	13	26					42
果實類	잣		2			1	1	3		7
	호두		4		1			3		8
	배		11	6	3	1	19	31	1	72
	감	1	1	8	6	1	7			24
	밤		5	1	7		22	28		63
	기타	2	5	5	8	1	5	2	1	29

출처: 『世宗實錄地理志』,
李鎬澈(1986), 『朝鮮前期農業經濟史』, 262쪽.

비고: 1. 黎·율무·마늘·차 제외. 2. 麥類의 기타는 밀, 귀리, 호밀. 3. 果實類의 기타는 대추, 모과, 석류, 귤, 능금.

작물을 일괄하여 『세종실록지리지』는 중국 고대의 경전을 인용하여 오곡五穀이라 불렀다. 그로부터 연상할 수 있듯이, 15세기 전반 조선의 농업은 크게 말해 동일 위도에 놓인 중국 화북華北의 농업과 비슷한 구조였다.

섬유류 작물로서 지배적인 것은 뽕나무(203)와 삼(217)이다. 1360년대에 문익점文益漸이 중국에서 종자를 들여와 보급한 목면木棉의 재배 지역은 전국 334개 군현 가운데 경상도와 전라도를 중심으로 한 42개 군현에 불과하였다. 목면의 재배가 일반화하고 면포가 의류의 중심을 차지하는 것은 16세기 이후의 일이다. 15세기 전반까지 의류의 대부분은 여전히 견포와 마포였으며, 이를 위한 뽕나무와 삼의 재배가 전국 대부분의 지역에서 성하게 이루었다. 전국에서 뽕나무 재배가 가장 성했던 지역은 황해도이다. 그에 대해 『세종실록지리지』는 황주를 비롯한 황해도 군현의 대부분이 뽕나무 재배와 누에치기에 힘쓴다고 하였다. 나아가 서흥, 봉산, 장련의 3개 군은 누에치기를 생업으로 삼는다고까지 하였다. 이들 지역에서 양잠업의 소득은 전 농업소득에서 상당한 비중을 차지했을 것이다.

또한 『세종실록지리지』는 강원도 삼척을 비롯한 7개 군현이 어업을 생업으로 삼는다고 하였다. 평안도에 대해서는 의주를 비롯한 13개 군현에서 사냥의 이익이 있다고 하였다. 그 밖에 여러 군현에 대해 동 지리지는 염철鹽鐵을 숭상한다든가, 선상船商이나 매매買賣를 좋아한다고 하였다. 제3장에서 소개한 바이지만, 7세기 말 신라촌장적新羅村帳籍에 나타난 농업생태는 곡작, 목축, 양잠, 임업이 적절히 어울린, 그로 인해 지역 간의 교역도 꽤나 활발한, 초기농경사회의 그것이었다. 그러한 농업생태는 15세기 전반까지 여전히 큰 비중으로 남아 있었다. 전술한 대로 곡작 농업에서 벼농사가 차지하는 비중도 아직 부차적이었다. 벼는 귀족적 지배층의 사치적 식료로서 수취되었으며, 아직 농촌 주민의 주곡으로 널리 섭취되지는 않았다. 4개체에 불과하다는 한계가 있지만, 인골人骨에 대한 안정동위원소安定同位元素 분석에 의하면 벼의 생산량이 월등이 많아져 농촌의

상위 계층이 벼를 주식으로 섭취했음이 분명해지는 것은 16세기 이후의 일이다.[48]

물론 7세기 이래 14세기까지 적지 않은 변화가 있었다. 역사가는 지속과 변화 사이에서 균형 감각을 잃지 말아야 한다. 다른 무엇보다 인구가 100만 명에서 600만 명으로 증가했음에 유의할 필요가 있다. 7세기 말 신라촌장적에서 잣나무와 호두나무는 촌마다 70~100그루의 숲을 이루었다. 그렇지만 위 표에서 보듯이 충청도 55개 군현에서 잣나무와 호두나무를 기르는 곳은 6개 군현에 불과하였다. 14세기까지 남부지방에서는 잣나무와 호두나무가 베어지고 그 그루터기가 논과 밭으로 개간되었다. 그럼에도 15세기까지 뽕나무의 재배와 양잠업은 여러 지방에서 성하게 이루어졌다. 여전히 울창한 산림에 서식하는 각종 야생동물의 고기와 가죽을 포획하는 수렵의 이익도 적지 않았다. 북부 산간지방에서 수렵은 지배적 산업을 이루었다. 『세종실록지리지』는 주요 작물 이외에 각 군현이 중앙정부에 상납하는 짐승가죽의 물목을 풍부하게 열거하고 있다. 요컨대 15세기 전반까지 조선의 농업생태는 인구증가의 불가피한 귀결로서 곡작 일변으로 기울었지만, 후대에 비할 때 여전히 초기농경사회의 모습을 잃지 않고 있었다.

『농사직설』의 간행

『신찬팔도지리지』보다 조금 앞서 1429년에 『농사직설農事直說』이 간행되었다. 한국사 최초의 농서인 『농사직설』의 출간은 중국과 상이한, 조선 고유의 농법이 15세기 초까지 성립했음을 이야기하고 있다.[49] 이 농서에 소개된 농법은 논이나 밭이나 모두 연작농법이다. 제2시대의 휴한농법을

48 이준정(2011), 「作物 섭취량 변화를 통해 본 農耕의 전개 과정—한반도 유적 출토 人骨에 대한 안정동위원소 분석 결과를 중심으로—」, 『韓國上古史學報』 73, 52쪽.

49 宮嶋博史(1980), 「朝鮮農業史上における十五世紀」, 『朝鮮史叢』 3, 26~77쪽.

대신하여 연작농법이 성립한 것은 다양한 재료를 이용한 시비법施肥法이 발달하였기 때문이다. 『농사직설』은 논농사에 대해 “올해에 객토客土를 하면 내년에는 분糞이나 잡초를 넣는다”고 하면서 해마다 지력을 보충하는 물질의 투입을 지시하고 있다. 밭농사에 대해서도 모든 작물마다 시비법을 구체적으로 지시하고 있다. 예컨대 기장과 조의 경우 종자 2~3석에다 숙분熟糞과 요회尿灰 1석을 섞어 뿌리라고 하였다. 숙분은 인분과 아궁이에서 나온 재灰를 섞어 건조시킨 것이며, 요회는 소나 말의 분뇨와 재를 섞은 것을 말한다. 『농사직설』에 재배법이 소개된 밭작물로서 시비를 동반하지 않은 것은 하나도 없다. 『농사직설』의 농법은 기본적으로 유비농법有肥農法이다.

『농사직설』 농법의 또 하나의 특질은 축력농구畜力農具와 인력농구人力農具의 능숙한 결합이다. 예컨대 논농사의 여러 노동과정에서 동원되는 농구에는 소가 끄는 축력농구로서 써레, 번지, 밀개 등이 있고, 인력농구로는 쇠스랑, 곰배, 호미 등이 있다. 경지를 가는 기경구起耕具에 대해서는 언급이 없는데, 쟁기에 의한 우경牛耕을 당연한 것으로 전제하고 있다. 특히 제초구로서 인력농구 호미가 지방별로 다양한 크기로 보급된 된 점은 축력농구 중심의 화북농법에서는 찾을 수 없는 조선농법의 특질로 지적되고 있다.

『농사직설』에 소개된 논농사의 경종법耕種法으로서는 수경水耕, 건경乾耕, 묘종苗種의 세 가지가 있었다. 이 가운데 지배적인 것은 볍씨를 직접 논에 파종하는 수경, 곧 직파直播였다. 건경은 볍씨를 마른 논에 뿌려 밭작물처럼 키우다가 비가 오면 물을 끌어들여 논으로 전환하는 농법이다. 건경은 3월 파종기에 가뭄이 심한 기후조건에 맞추어 개발된 조선 고유의 수전농법으로서 그 보급의 정도는 상당했다고 짐작된다. 묘종은 소규모 묘판에 도묘稻苗를 양육한 다음, 5~6월 물이 찬 논으로 이식하는 방법으로서 곧 이앙移秧이다. 그에 대해 『농사직설』은 제초에는 편리하지만 가물면 손 쓸 방도가 없으니 위험하다고 경계하였다. 주지하듯이 한반도의 기후는 봄에는 가물고 여름에 비가 집중해서 내리는 특징이 있어 이앙 적기인 5~6월에 충분한 물이 보장되지 않을 위험성이 컸다. 따라서 조선왕조는 묘종을 위험한 농법이라고 금했으며, 비록 다량의 제초노동이 요구되지만 수경을 안전한 농법으로 권장하였다.

『농사직설』은 논농사에 이어 서속류黍粟類를 비롯한 각종 밭작물의 농법을 소개하고 있다. 가장 중시한 밭작물은 기장과 조인데, 위의 표에서도 기장은 295개 군에서 재배되는 제1의 밭작물이다. 농서는 이 두 작물에 대해 3~4차례 면밀하게 제초를 행할 필요성을 강조하였다. 대조적으로 18세기 이후 밭농사의 중심 작물이 되는 맥류에 대해서는 단 1차례의 제초만 지시하는 등, 부차적인 관심을 표했을 뿐이다. 15세기와 18세기 밭농사의 구조와 농법에는 상당한 차이가 있었다.

15세기 전반에 이르러 토지가 농민의 사실상의 사유재산으로 성립하고 토지의 매매와 상속이 공인된 것은 『농사직설』이 소개하는 연작농법이 널리 보급되고 그에 뒷받침된 토지에 대한 농민의 권리가 부쩍 강화되었기 때문이다. 『농사직설』은 남부지방의 노련한 농민[老農]으로부터 그들의 농법을 청취한 것이다. 그 농민들의 존재형태와 관련해서는 다양한 용도로 개발된 축력농구와 인력농구를 능숙하게 결합하여 사용하는, 넓은 면적의 경지를 보유한, 대농大農의 존재가 상정되고 있다.[50] 소규모 가족노동에 기초한 소농小農은 막 생겨나고 있었지만 아직 농민의 지배적 존재형태가 아니었다.

양안

연작농법의 정착은 국가의 백성 지배체제를 상이한 형태로 재편하는

50 李鎬澈(1986), 『朝鮮前期農業經濟史』, 660쪽.

동력으로 작용하였다. 조선왕조의 양전 방식은 고려왕조와 상이하였다. 휴한농법이 일반적이던 고려시대에는 곳곳에 미간지가 광범하게 분포했으며, 기경지와 미간지의 경계도 애매하였다. 토지의 객관적 상태가 이러하기 때문에 고려왕조는 모든 토지를 세밀하게 조사할 필요를 느끼지 않았다. 고려왕조는 기경지만을 조사하였다. 제4장에서 소개한 대로 고려왕조는 기경 중인 들을 그것을 점유한 친족집단과 묶어 하나의 정丁으로 편성하였다. 정과 정 사이에는 크고 작은 미간지가 끼여 있었다. 이에 고려시대에는 모든 토지를 남김없이 순차로 조사한 조선시대의 양안量案과 같은 토지대장이 없었다. 고려왕조의 토지대장은 정을 단위로 그에 속한 필지의 배치와 각각의 면적과 정의 사방 경계를 표기한 낱장으로 작성되었는데, 이를 가리켜 전정주첩田丁株貼이라 하였다. 주첩의 어딘가에는 정을 점유한 친족공동체의 성원과 그들의 세계世系가 기록되었다. 더불어 그들로부터 조를 수취하는 사람이나 기관의 이름이 표기되었을 터인데, 이를 가리켜 정호丁號라 하였다. 공전이라면 왕실이나 정부기관의 이름이, 사전이라면 귀족·관료의 이름이 정호로 표기되었다.[51]

1389년 조선왕조를 개창한 정치세력은 과전법의 시행을 위해 전국의 토지를 조사하였다. 그때 사람의 이름을 정호로 붙이는 것을 금하고 그 대신 천자문千字文을 순서대로 붙이게 하였다. 나아가 조선왕조의 개창 이후인 1395년의 양전에서 모든 정을 5결의 크기로 규격화하였다. 전장에서 소개한 대로 고려의 정에는 평균 17결의 족정足丁과 평균 8결의 반정半丁이 있었다. 들의 크기에 따라 정의 등급을 그렇게 나눈 것이다. 조선왕조가 정의 크기를 5결로 규격화한 것은 들의 크기에 구애되지 않고 모든 경지를 기계적으로 조사하겠다는 의지의 표현이었다. 나아가 1405년의 양전에서는 종래 기경지와 미간지를 구분했던 이원적인 조사 방식

---

51 李榮薰(1997), 「朝鮮初期 5結字號의 成立過程」, 『古文書硏究』 12, 59~68·75~77쪽.

을 폐지하고 기경지와 미간지를 물론하고 모든 토지를 놓인 위치에 따라 순차로 조사하는 새로운 조사 방식을 채택하였다. 그와 더불어 5결 단위의 정에 속한 개별 필지에 차례로 지번地番을 붙였다. 그 시기가 언제인지는 확실하지 않으나 늦어도 1460년대까지는 그러한 변화가 완료되었다.[52]

그즈음에 조선왕조 고유의 양안이라 불리는 토지대장의 양식이 완성되었다. 〈그림 5-3〉은 1634년에 만들어진 전라도 해남현海南縣 양안의 1면이다. 이것이 현재 전하는 가장 오랜 양안으로서 15세기 중반에 완성된 양안의 양식을 보이고 있다.[53] 첫 행은 '花山一道 察字丁'이다. 화산일도花山一道의 '道'는 면面을 말한다. '察'은 5결마다 천자문으로 붙여진 정호丁號이다. 이어 개별 필지가 행을 바꾸면서 나열되어 있다. 매 행의 맨 위를 보면 1, 2, 3의 지번이 붙어 있다. 그 아래에 양전의 방향, 토지의 등급, 지형, 전·답 등의 지목地目, 장長·광廣의 길이, 그로부터 산출된 결부結負, 4표四標, 소유자가 차례로 기재되는데, 자세한 소개는 생략한다. 18세기가 되면 양안에는 행과 난을 구분하는 선이 그어졌는데, 1634년까지는 위와 같이 행을 구분하되 문장으로 내려 쓴 양식이었다.

각 필지의 맨 아래에 적힌 소유자의 기재방식에 유의할 필요가 있다. 소유자의 이름 앞에 '時'라는 표기가 있다. 18세기가 되면 '主'라는 표기가 성립하여 각 필지의 농민이 해당 토지의 주인主人임을 명확히 하고 있다. 그에 비해 1634년까지의 양안에는 해당 토지를 현재 또는 임시로 경작하는 사람이란 취지의 '時'가 표기되었다. 전술한 대로 1460년대 『경국대전』의 편찬에 즈음하여 조선왕조는 그의 백성을 왕토를 경작하는 농부라는 취지의 전부佃夫로 규정하였다. 그러한 농민 규정이 양안의 양식에 반영된 것이 위에서 보는 '시' 표기이다. 나는 이러한 '시' 표기가 이

52 李榮薰(1997), 「朝鮮初期 5結字號의 成立過程」, 『古文書硏究』 12, 82~84쪽.

53 李榮薰(1997), 「量案 上의 主 規定과 主名 記載方式의 推移」, 『조선토지조사사업의 연구』, 민음사, 73~75쪽.

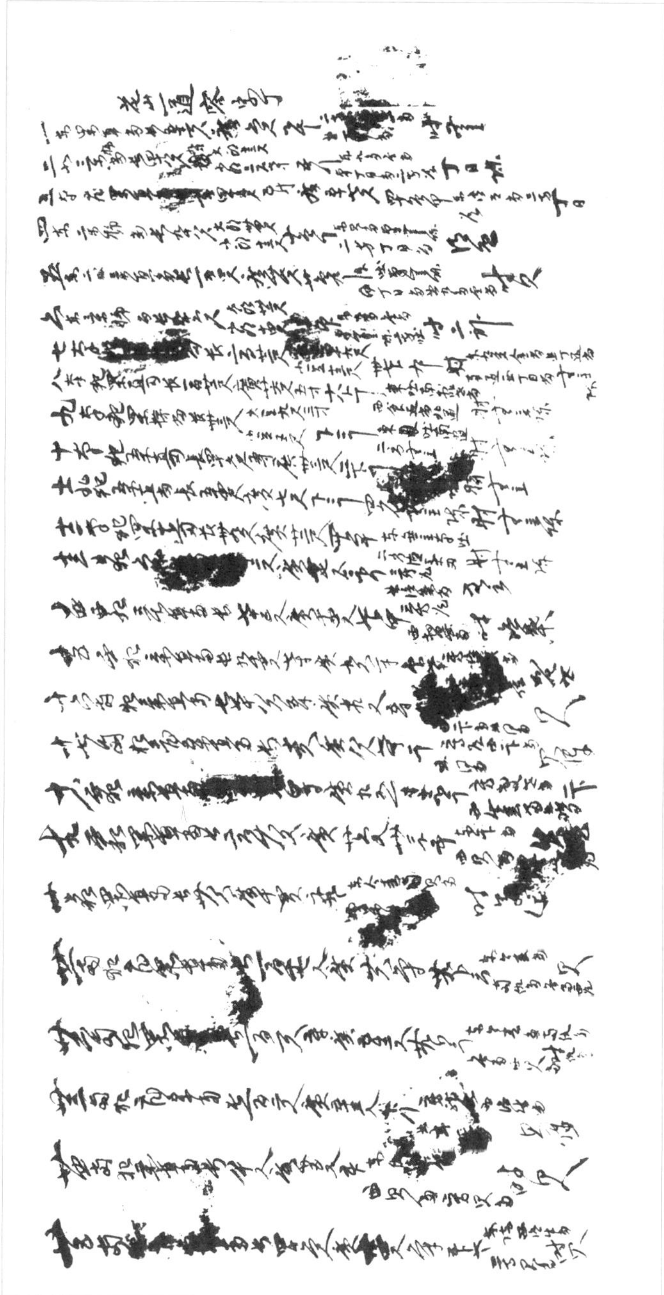

그림 5-3 전라도 해남현 화산일도 양안(1634)

출처: 韓國精神文化研究院(1986), 『古文書集成』 3(影印本), 61쪽

루어진 양식의 양안을 가리켜 전부체제佃夫體制의 양안이라고 부른다.

조선왕조 초기에 일어난 이상과 같은 양전방식의 변화는 재미있게 붕어빵틀에서 바둑판으로의 이행으로 비유될 수 있다.[54] 고려왕조는 마치 붕어빵틀처럼 전 토지 가운데 기경지만을 도려내는 방식으로 조사하였다. 그에 비해 조선왕조는 바둑판처럼 모든 토지를 남김없이 구획하여 조사하였다. 연후에 5결의 규격으로 토지를 구획하고, 그에 속한 필지에 지번을 부여하였다. 이러한 새로운 방식의 양전이 실질적인 의미를 갖기 위해서는 모든 토지가 기경 중이거나 조만간 개간될 전망에 있어야 했다. 다시 말해 휴한농법이 극복되고 연작농법이 정착해 가는 농법의 발전이 이 같은 새로운 방식의 양전을 요청하고 또 가능케 하였다.

조선왕조가 파악한 과세지의 총수는 새로운 양전방식으로 크게 증가하였다. 고려왕조의 과세지 총수가 총 얼마였는지를 전하는 자료는 없다. 전술한 대로 1389년의 양전으로 알려진 평안도와 함길도를 제외한 6개 도의 결총結摠은 도합 79만 결이었다. 이후 1405년에 행해진 양전의 결과는 평안도와 함길도를 포함한 것인데, 총 126만 결이었다. 이후 1432년 『세종실록지리지』에 보고된 전국 8도의 결수는 총 171만 결이나 되었다. 전국적 결수가 이처럼 급속하게 증가한 것은 광대한 미간지가 활발히 개간되는 가운데, 기경지와 미간지를 물론하고 전국의 모든 토지를 남김없이 조사한 새로운 방식의 양전에 의해서였다.

공법의 개정

조선왕조의 조세·재정제도를 가리켜 15세기 사람들은 공법貢法이라 불렀다. 1444년 세종은 과세지의 대대적 확충에 맞추어 기왕의 공법에 일대 수정을 가하였다. 우선 토지의 등급을 기존의 3등제에서 6등제로 확

54 李榮薰(1997), 「朝鮮初期 5結字號의 成立過程」, 『古文書硏究』 12, 85~87쪽.

[표 5-2] 등급별 1결의 면적

1275~1444년	1444~1917년
상등전 1결=1,999평 중등전 1결=3,137평 하등전 1결=4,529평	1등전 1결=2,987평 2등전 1결=3,513평 3등전 1결=4,260평 4등전 1결=5,423평 5등전 1결=7,467평 6등전 1결=11,946평

출처: 宮嶋博史(1980),「朝鮮農業史上における十五世紀」,『朝鮮史叢』 3, 21쪽

장하였다(전품6등제田品6等制). 전장에서 서술한 대로 토지를 측량하고 조세를 부과하는 결부제는 1275년 녹과전祿科田의 지급을 계기로 하여 기왕의 단일척제에서 3등의 이척제로 이행하였다. 토지의 비옥도를 3등으로 나누고 각등의 1결에서 동일 양의 조세가 수취되도록 1결의 면적에 차이를 둔 것이다. 결은 등급에 따라 절대면적이 상이한, 그렇지만 생산량과 조세량은 동일한, 일종의 과세지표로 변하였다. 각등 1결의 평방척수는 동일하였다. 다시 말해 각등을 측량하는 양전척의 길이는 달라졌다. 이를 가리켜 수등이척제隨等異尺制라 하였다. 세종은 기왕의 3등 수등이척제를 6등 수등이척제로 확장하였다.

신구 결부제에 있어서 각등 1결의 면적은 〈표 5-2〉와 같다.[55] 구 상등, 중등, 하등은 신 1등, 2등, 3등과 대체로 동일한 면적이다. 그에 비해 신 4~6등은 새롭게 신설된 것이다.[56] 결과적으로 1결의 평균 면적은 3,222평에서 5,933평으로 1.8배 커졌다. 결부제가 이같이 조정된 것은 전국의 과세지가 171만 결이나 될 정도로 크게 증가하였기 때문이다. 휴한농법의 단계에 비해 연작농법의 단계가 되면 토지의 비옥도는 일층 심한 격

55 宮嶋博史(1980),「朝鮮農業史上における十五世紀」,『朝鮮史叢』 3, 21쪽.

56 결부제에 있어서 기존 3등과 신규 6등의 상호관계에 관한 상세한 논의로서는 다음을 참조. 金泰永(1983),『朝鮮前期土地制度史硏究』, 知識産業社, 310~312쪽.

차로 벌어지게 마련이다. 예컨대 비료의 연속적 투하로 더욱 비옥해진 토지가 있는가 하면, 개간이 되기는 했지만 휴한과 연작 사이에 불안정하게 놓인 하등의 척박지는 더욱 광범해졌다. 세종이 3등 이척제를 6등으로 확장한 것은 이같이 달라진 경지의 현실을 감안해서였다. 다시 말해 한층 벌어진 비옥도의 격차를 적절히 반영하여 척박지의 조세 부담을 낮춤으로써 농가경영을 안정시킬 목적에서였다.

더불어 세종은 조세율을 기존의 1/10에서 1/20로 낮추고 해마다 작황에 따라 조세량을 조정하는 제도를 고안하였다. 매년의 작황은 상상上上, 상중上中, 상하上下, 중상中上, 중중中中, 중하中下, 하상下上, 하중下中, 하하下下의 9등으로 구분되었다(연분9등제年分九等制). 예컨대 최고의 상상년이면 결당 조세는 미 20두이다. 그 다음의 상중년에는 18두, 상하년에는 16두, 이렇게 매 등에 2두씩을 감하여 최하의 하하년에는 4두가 되었다. 상상년의 결당 조세가 미 20두였음은 당시 논 1결의 최고 생산량이 미 400두로서 조 1,000두의 수준이었음을 이야기하고 있다. 전술한 대로 1390년 과전법을 시행할 당시 1결의 생산량은 조 750두로 상정되었다. 이 차이는 1결의 평균면적이 위와 같이 확장되었기 때문으로 보인다.

이 같은 세종의 공법개혁은 비현실적이었다. 해마다 매 토지의 작황을 9등으로 구분하는 일은 너무나 번거로워 실행하기 힘들었다. 작황의 등급은 점차 하중과 하하로 고정되어 갔다. 세종은 그가 개정한 6등 결부제에 기초한 양전의 시행을 끝내 주저하였다. 그 미완의 과제는 1460년대에 이르러 그의 아들 세조에 의해 이루어졌다.[57] 세종은 성품이 유약하고 관념적인 유학자였다. 그가 지리지와 농서를 편찬하고 오례를 제정한 것은

57 세종이 제정한 6종의 양전척으로써 양전을 실제로 행하기는 어려웠다. 세조는 전품 1등에 해당하는 양전척으로써 토지를 측량한 다음, 그 결과를 각 등의 결부로 환산토록 하였다. 〈그림 5-3〉에서 제시된 장광 척수는 1등 양전척으로 측량한 결과이다. 자세한 사정은 다음을 참조. 李榮薰(1996), 「'田制詳定所遵守條劃'의 制定年度—異尺制에서 同尺制로의 移行說 검토—」, 『古文書研究』 9·10, 93~98, 107~109쪽.

그러한 학예學藝의 방면에서 그가 특별한 재능과 열성을 지녔기 때문이다. 인구와 토지를 조사하는 군국軍國의 정치에서 그는 끝내 망설이기만 하였다.

조세제도에 이어 세종은 중앙정부의 재정제도를 개혁하였다. 이전까지 전국의 공전은 왕실에 속한 고궁전庫宮田, 관료들의 녹봉을 위한 녹봉전祿俸田, 군비의 비축을 위한 군자전軍資田, 정부 각 기관에 지급된 각사위전各司位田으로 나뉘었다. 각 부류의 조세는 수취 당초부터 일종의 꼬리표가 붙어 한성漢城으로 조운된 다음 해당 왕실, 기관, 관료에 지급되었다. 이에 해당 기관의 형편에 따라 조세의 품목도 미米, 포布, 밀蜜 등으로 한결 같지 않았다. 이렇게 공전과 조세의 소속처가 특정됨으로써 각 부류의 공전에는 일종의 정치적 지위 같은 것이 붙고, 그에 따라 농민의 부담에도 차이가 있었음이 왕조 초기의 토지·재정제도의 실태였다. 세종은 이러한 공전제를 폐지하고 고궁전, 녹봉전, 군자전, 각사위전을 하나의 국용전國用田이란 범주로 통합하였다. 공해전이나 역전·참전 같은 특정 기관에 지급된 토지는 제외되었다. 국용전의 조세는 지방관에 의해 통합적으로 수취된 다음 한성으로 조운되었으며, 풍저창豊儲倉에 일괄 저장된 다음 재무관서인 호조에 의해 왕실과 정부 각사로 지급되었다. 나머지는 군자로 비축되었다. 이 같은 국용전제의 시행에 따라 전국의 공전은 보편적인 국가 수조지로 동질화하였다. 그러한 변화의 바탕에는 전국의 토지가 보편적으로 농민의 사실상의 소유지로 성립해 간 현실이 가로 놓여 있었다.[58]

사전의 소멸

공전과 대립한 사전도 점차 보편적인 국가 수조지로 전환해 갔다. 사전을 지급받은 양반관료 전주는 매년 사전의 작황을 조사하여 전부로부터

58 金泰永(1983), 『朝鮮前期土地制度史硏究』, 314쪽.

수취할 조의 양을 결정하였다. 1416년 전주의 이 같은 행위가 금지되고 정부가 파견한 관리가 사전의 작황을 조사하고 조의 양을 결정하게 되었다. 이로써 사전에 대한 전주의 지배력은 현저히 약화되었다. 1466년 세조는 현직 관료에게만 과전을 지급하는 개혁을 행하였다. 그때까지 과전은 관료가 은퇴하더라도 사망할 때까지 그 보유가 인정되었으며, 사망 후에도 처와 자식이 한동안 과전을 계승하였다. 세조는 양반·관료 사회의 큰 저항을 무릅쓰면서 이 같은 과전의 세습제를 폐지하고 현직 관료에게만 과전을 지급하였는데, 이를 직전법職田法이라 하였다.[59] 1478년에는 관료나 그의 대리인이 사전에서 직접 조를 수취하는 행위를 금지하고 정부가 대신 조를 수취하여 관료에게 지급하는 관수관급제官收官給制가 실시되었다.[60] 이 단계에 이르면 공전과 사전의 구분은 실질적인 의미를 갖지 못했다. 둘 다 1/20의 조를 내는 보편적인 국가 수조지일 뿐이었다. 이후 사전의 지급은 사실상 중단되었다. 언제부터인지 확실하지 않으나 16세기의 명종明宗 대(1545~1567)에 이르면 사전의 지급제도는 그 운영이 중단된 상태로 확인되고 있다. 687년 신라가 관료전官僚田을 지급한 데서 출발한 사전私田 제도는 800년 이상을 지속하다가 드디어 역사의 무대에서 사라졌다.

조선왕조는 이전 제2시대의 두 왕조와 마찬가지로 왕토주의 이념에 기초하여 출발했지만, 그 역사적 귀결은 달랐다. 귀족·관료의 지배세력에게 지급된 사전은 고작 100년을 넘기면서 폐지되었으며, 그에 따라 공전과 사전의 구별은 사라졌다. 전국의 토지는 중앙정부의 보편적인 수조지로 통합되었다. 그와 동시에 전국의 토지는 일반 백성의 사실상의 소유지로 바뀌었다. 16세기 이후 여러 기록에 등장하는 공전은 정부·왕실의 소유지를, 사전은 일반 백성의 소유지를 가리키는 뜻으로 바뀌어 있었다.

---

59 李景植(1986), 『朝鮮前期土地制度硏究 — 土地分給制와 農民支配 —』, 一潮閣, 242~246쪽.

60 李景植(1986), 『朝鮮前期土地制度硏究 — 土地分給制와 農民支配 —』, 262~263쪽.

제2시대에 있어서 공과 사는 왕도에 집주한 지배공동체 내에서 국왕과 귀족·관료의 관계를 대변하였다. 그것이 제3시대에 이르면 국왕과 일반 백성의 관계로 진보하였다.

그렇다고 공과 사의 관계가 근대적 형태로 전환한 것은 결코 아니었다. 그런 식으로 한국사 제3시대를 규정하는 것은 커다란 범주오류이다.[61] 전래의 세대복합체로서 정호丁戶가 해체되고 소규모 가족경영이 분출하고 있었다. 기왕의 공동체사회가 양반-상민-노비의 신분질서로 분해하고 있었다. 토지가 사유재산으로 바뀌는 역사적 추세의 선두에는 양반의 대토지소유가 있었다. 그들은 수조지 사전을 포기한 대신 상업적 소유로서 대규모 농장을 소유하였다. 농장을 경작한 것은 노비 신분의 농민이었다. 양반의 노비 지배는 이전 시대에 볼 수 없는 제3시대의 가장 뚜렷한 특질을 이루었다. 조선왕조의 백성 지배체제는 양반-상민-노비의 신분질서에 입각한 형태로 재편되어 갔다. 노비를 위시한 하층 신분의 농민에게는 가혹한 인신지배의 세월이 강요되었다.

3. 지배체제의 이원화

15세기 초의 호

한국사에 있어서 총 인구가 얼마인지를 알리는 수량적 정보는 제3시대가 되어서야 비로소 발견된다. 조선왕조가 문을 연 다음 해인 1393년에 평안도와 함길도를 제외한 6도에서 군적軍籍이 작성되었다. 그때 총 30만 1,300명에 달하는 군인, 향리, 역리 등이 군적에 등록되었다. 1406년에는

---

61 교과서류의 개설서에서 조선시대는 흔히들 '近世'로 규정된다. 세계사적인 차원의 '근대'를 예비하는 사회적 평등이나 사유재산과 같은 문화적 요소가 성숙했다는 취지이다. 15~17세기에 걸쳐 인구의 4할 가까이가 노비 신분으로 추락했음을 간과하는 時代錯誤라고 생각한다. 제3시대와 20~21세기 현대와의 역사적 관련은 별도의 시각에서 모색될 필요가 있다.

호조가 전국 8도의 호수戶數와 구수口數를 왕에게 보고하였다. 총 18만 246호에 37만 365구로서 호당 2.1구였다. 새롭게 보고된 평안도와 함길도의 구수는 9만 1,004명이다. 이를 제외한 6도의 구수는 27만 9,361명으로서 1393년보다 조금 줄었다. 다시 말해 1406년 호조가 보고한 구수란 것도 남녀노소를 총괄한 본래의 인구 수가 아니라 각종의 역을 지는 성인 남자의 총수를 가리켰다. 마찬가지로 1406년에 보고된 18만 여의 호수도 군호軍戶, 향호鄕戶, 역호驛戶 등의 총수였다. 이처럼 우리가 한국사에서 처음으로 알게 되는 전국의 구수와 호수는 왕조에 대해 특정의 역을 수행하는 성인 남자의 수와 그들의 편제로서 호의 수를 의미하였다.

이들 각종의 호는 정군正軍과 보인保人(봉족奉足)의 편제로 이루어졌다. 예컨대 2명의 군인으로 이루어진 군호라면, 그 가운데 1명은 정군이 되고 나머지 1명은 그의 보인이 되었다. 정군이 당번을 맞아 지정된 곳으로 군무를 수행하기 위해 나가면, 보인은 식량과 의복을 제공하는 등, 정군을 뒷바라지해야 하였다. 그러다가 전쟁이 나면 정군과 보인 모두가 출전해야 하였다. 정군과 보인은 대개 혈연관계로 맺어졌다. 1397년에 제정된 군호 편성의 규식을 보면, 호주와 동거하거나 각거各居하는 아들, 사위, 동생, 조카를 보인으로 지급한다고 하였다.[62] 이처럼 당시의 호는 동거하는 여러 성인남자, 또는 각거하는 개별 세대가 특정의 역을 수행하기 위해 묶인 친족공동체에 다름 아니었다. 그 점에서 조선왕조 초기의 호는 고려시대의 정호, 곧 친족으로 구성된 세대복합체와 별로 다르지 않았다.

그렇지만 조선의 호와 고려의 정호 사이에는 이미 적지 않은 차이가 생겨나 있었다. 고려의 정호는 토지와 인구의 구조적 결합이었다. 그에 비해 15세기 초의 호는 토지와 무관한 순수한 인적 구성이었다. 전술한 대로 조선왕조는 양전을 행함에 있어서 토지를 5결의 규격으로 구획하고 거기

62 "今後 各戶同居各居勿論 以子壻弟姪族親 年六十以下十六以上者 品官馬兵一員奉足四名 無職馬兵一名奉足三名 步兵一名奉足二名爲定 戶主名下施行"(『太祖實錄』 6年 2月 甲午).

에 천자문으로 정호丁號를 달았다. 그 과정에서 8결 또는 17결을 표준적 규모로 했던 고려의 정호가 크게 해체되었다. 15세기 초의 호는 1356년 고려의 공민왕이 3가1호의 방식으로 군호를 편성한 데에 그 기원이 있다. 그에 관해서는 제4장의 말미에서 소개하였다. 3가 각각에 복수의 남정이 있고, 거기서 1명의 군인이 나오고, 그 3명의 군인이 하나의 군호를 편성하였음이 3가1호제였다. 조선왕조 초기의 호 또는 군호 편성은 대개 그에 준하는 방식이었다.

조선왕조의 인구조사는 1407년 인보법隣保法의 시행으로 보다 철저해졌다. 인보법에 따라 군현의 지방관은 매년 인구의 출생, 사망, 이동 상황을 중앙정부에 보고하였다. 조사 대상이 된 인구는 성인남자에 한하지 않고 남녀노소의 전 인구로 확산되었다. 3년에 1차례 호적을 만드는 제도도 만들어졌다. 그와 더불어 호의 인적 구성을 어떤 범위로 제한할 것인가를 둘러싼 호구식戶口式이 제정되고 개정을 거듭하였다. 그 결과 1432년 『세종실록지리지』의 편찬을 즈음해서 조선왕조가 파악한 전국의 호수와 구수는 20만 7,526호에 74만 6,343구로 늘어나 있었다. 호당 3.6구이다. 그런데 동 지리지에 등록된 총 70여 만의 구수 역시 16~60세의 성인남자만을 가리켰다. 각 군현의 호수와 구수를 이전에 편찬된 『경상도지리지慶尙道地理志』와 대조하면, 그 점을 확인할 수 있다.[63]

당시 호의 실체가 어떠한 것이었는지는 몇 종의 준호구準戶口가 전하기 때문에 구체적으로 살필 수 있다. 준호구라 함은 호주가 무슨 필요에 따라 호의 구성원을 적어 군현의 수령에 제출하고, 수령이 그에 서명하여 되돌려 준 일종의 신분증명서와 같은 것이다. 한 가지 예만 소개한다. 1417년에 작성된 함길도咸吉道 길주목吉州牧의 영호군領護軍 최징崔澄의 준호구에서 호의 구성원은 호주 최징(47세), 처(41세), 영부사정領副司正의 직

63 金錫亨(1941), 「李朝初期 國役編成의 基底」, 『震檀學報』 14, 1~50쪽.
李樹健(1971), 「朝鮮初期 戶口硏究」, 『嶺南大學校論文集』 (人文科學篇)5, 107~162쪽.

을 진 장남(22세), 장녀(19세)로 이루어진 호주의 직계가족, 학생學生의 직을 진 형(51세), 4명의 자매((55, 42, 35, 33세)로 이루어진 호주의 방계가족, 그리고 비婢 2명으로서 도합 11명이었다.[64] 방계가족 5명은 나이로 보아 배우자와 자녀를 둔 독립적 세대였다. 최징의 호는 6개의 개별 세대가 결합한 세대복합체였다. 그런데 준호구에 등록된 인구는 호의 구성원 전부가 아니었다. 방계가족의 구성원은 대부분 누락되었다.

그런 가운데 중앙정부가 파악한 인구는 1432년까지도 호당 3.6명의 성인남자에 한하였다. 위의 최징의 호에서라면 호주, 호주의 장남, 호주의 형인 성인남자 3명만 중앙정부에 보고된 것이다. 1407년 인보법 시행 이후 전체 인구에 대한 조사가 강화되었지만, 중앙정부에 보고된 인구 수는 군사적 필요에 따라 특정 역을 지는 성인남자의 수에 한하였다. 『세종실록지리지』를 편찬할 당시까지도 조선왕조는 그의 남녀노소 총인구가 얼마인지 알지 못하였다. 동 지리지에 등록된 호수와 구수에 대해 동 지리지의 편찬자는 "우리 왕조의 호구제도가 분명치 않아 호적에 등록된 자가 겨우 10의 1, 2에 불과하다. 국가가 여러 차례 이를 바로 잡고자 했으나 거듭 인심만 잃었을 뿐이다"라고 솔직하게 그 실태를 토로하였다.[65]

그렇게 호구제도가 혼란을 거듭하는 가운데 호의 구조와 규모는 지방에 따라 다양한 편차를 보였다. 〈표 5-3〉은 『세종실록지리지』에 등록된 전국 335개 군현의 호수, 구수, 결수로부터 호당 구수와 결수의 분포를 구한 것이다.[66] 호당 구수는 156개 군현이 3~5구, 115개 군현이 1~3구의 분포를 보이고, 5구가 넘는 군현도 64개나 있었다. 도별로는 함길도가 평균 5.58구로 가장 많은 반면, 경기도가 평균 2.29구로 가장 적었다. 호당 결수에서도 5결 이하의 44개 군현에서부터 13결 이상의 64개 군현까지

64 許興植(1996), 「13~5世紀 戶籍資料의 補完과 批判」, 『古文書硏究』 9·10, 37~41쪽.

65 "本朝人口之法不明 錄于籍者僅十之一二 國家每欲正之 重失民心 因循至今"(『世宗實錄地理志』 京畿道).

66 李榮薰(1995), 「朝鮮初期 戶의 構造와 性格」, 『歷史의 再照明』, 소화, 302·310쪽.

[표 5-3] 도·군현의 호당 구수와 결수(1432)

		경기도	충청도	전라도	경상도	강원도	황해도	평안도	함길도	합계
군현 수		42	55	56	66	24	24	47	21	335
호총		26,555	24,161	24,073	42,236	11,103	23,512	37,175	18,711	207,526
구총		60,745	100,790	95,247	172,759	29,037	71,899	111,541	104,325	746,343
호당평균구수		2.29	4.17	3.96	4.09	2.62	3.06	3.00	5.58	3.60
결총		199,627	236,114	264,268	261,718	65,908	223,880	311,170	149,306	1,711,991
호당평균결수		7.52	9.77	10.98	6.20	5.94	9.52	8.37	7.98	8.25
호당 구수 구간	1~3	32	6	3	8	18	13	29	6	115
	3~5	10	42	33	40	5	11	6	9	156
	5~8		7	20	17	1		9	1	55
	8~				1			3	5	9
호당 결수 구간	0~5	2	1	3	19	11		4	4	44
	5~9	12	21	6	39	7	13	21	8	127
	9~13	25	28	12	8	4	8	10	5	100
	13~	3	5	35		2	3	12	4	64

출처: 李榮薰(1995), 「朝鮮初期 戶의 構造와 性格」, 『歷史의 再照明』, 소화, 302·310쪽.

다양한 분포를 보이는 가운데, 도별로는 큰 차이가 있어서 전라도가 평균 10.98결로 가장 큰 반면, 강원도가 5.94결로 가장 작았다. 호당 구수가 5구 이상이거나 결수가 9결을 넘는 군현에서 호의 대부분은 고려의 정호 그대로였다. 그렇지만 호의 규모가 그에 미치지 못하는 군현의 수가 훨씬 많아 고려의 정호는 상당한 정도로 해체된 상태였다.

1430년대의 호는 대체로 〈그림 5-4〉와 같은 네 가지 유형의 어느 하나에 속하였다.[67] A형은 3정의 1가와 2정의 2가가 결합한 호로서 곧 하나의 군호였다. 성인남자의 실재 수는 7정이지만, 전술한 3가1호의 원리에 따라 각 가에서 1정의 군인이 배출되어 실제 호적에 등록된 인구는 3정이다. 그중의 1정은 정군이고 나머지 2정은 보인이다.

67 李榮薰(1995), 「朝鮮初期 戶의 構造와 性格」, 『歷史의 再照明』, 324~331쪽.

[그림 5-4] 15세기 초 호의 유형

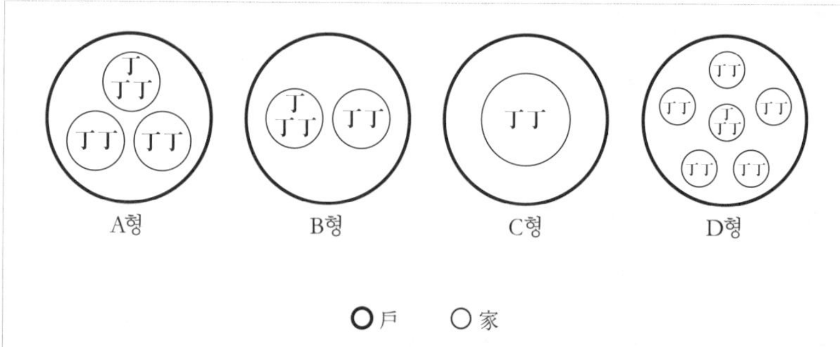

출처: 李榮薰(1995), 「朝鮮初期 戶의 構造와 性格」, 『歷史의 再照明』, 소화, 326쪽.

조선초기의 호는 당초 A를 전형으로 했는데, 군현의 인구 변동과 군역 부담의 크기에 따라 B~D와 같은 형태로 다양하게 분화하였다. B호는 가家가 둘인데 각각 3정과 2정이다. 1정씩 배출된 군인이 2명밖에 되지 않아 그 자체로 하나의 군호가 되지 못한다. 이에 다른 호로부터 보인 1명을 지급받아서 하나의 군호를 편성해야 했다. C는 1가 2정의 아주 단약單弱한 호이다. 여기서 나온 1명의 군인은 보인으로 지정되어 B형과 결합하여 하나의 군호를 이루었다. C형을 가리켜 당시 잔호殘戶 내지 잔잔호殘殘戶라고 하였는데, 호당 구수와 결수가 가장 작은 강원도에 많이 분포하였다. D형은 2~3정의 인구를 지닌 가가 넷 이상 결합한 대규모 호이다. 이를 가리켜서는 장리호長籬戶라 하였다. 지방의 품관이나 향리와 같은 유력자들이 긴 울타리를 치고 그 속으로 여러 가를 포섭하여 은닉하였기 때문이다. 장리호는 그 자체로 하나의 군호였다. 장리호는 지방세력이 강했던 전라도에서 가장 많았다. 〈표5-3〉에서 보듯이 전라도의 호당 결수는 10.98결로서 전국에서 가장 큰데, 다름 아니라 장리호가 그 지방에서 가장 많았기 때문이다.

호의 구조가 여러 유형으로 분화하고 호에 따라 또는 군현에 따라 군역의 부담에 큰 차이가 생기자 여러 가지 문제가 야기되었다. 군역이 가장 무거운 강원도에서는 대량의 인구가 남쪽으로 유망하였다. 군인을 선발하고 정군과 보인으로 편제함에도 통일적인 기준이 있지 않았다. 어느 군현에는 조사된 인구만을 자원으로 하여 군인을 선발하였다. 다른 군현에서는 이전 시대의 유제가 남아서 일정 토지를 기준으로 군인을 선발하였다. 또 다른 군현에서는 인구와 토지를 동시에 고려하였다. 어느 기준을 채택할 것인가를 둘러싸고 중앙정부의 입장도 이리저리 바뀌었다. 그렇게 호구제도와 그에 기초한 군사제도가 심한 혼란을 겪고 있었지만, 문치文治로 일관한 세종 대에 걸쳐 그에 대한 개혁은 끝까지 유보되었다.

호구제도의 개혁

1461년 세조世祖는 종래 호당 3~4명의 남정을 파악함에 그쳤던 인구조사를 폐지하고 남녀노소의 모든 인구를 총괄 조사하는 일대 개혁에 착수하였다. 그보다 앞서 1458년에는 울타리 내에 다수의 가家를 은닉하고 있는 장리호를 대상으로 3가까지만 용인하고 나머지 가를 모두 적발해 내는 조치가 있었다. 그 연장선에서 1461년에 이르러 울타리 내에 호주의 직계가족 1가와 솔거하는 노비만 남기고 나머지 가는 모조리 독립적 호로 등록하는 조사가 강행되었다. 다만 빈한하여 고공雇工이나 비부婢夫가 된 사람들은 노비와 같이 호주의 솔거인구로 취급하였다.[68] 그렇게 조사된 모든 가의 남정에게는 성명, 나이, 주소를 기록한 호패號牌가 발급되었으며, 호패를 소지하지 않은 남정은 발각되는 대로 효수형梟首刑에 처해졌다.

세조가 호구제도의 개혁을 단행한 것은 그때까지 알지 못한 전국의 인구 총수를 양인과 천인을 구분하여 파악한 다음, 군인의 수를 확충하여 국방을 강화하고, 군역의 부담을 호 간에 또한 지역 간에 공평하게 하기 위해서였다. 호구제도의 개혁과 더불어 세조는 그때까지 미루어진 경기,

68 『世祖實錄』 7年 7月 壬戌.

충청, 전라, 경상도의 양전도 강행하였다. 새로운 양전방식으로서 6등 결부제는 세종이 고안한 것이지만, 그것으로 양전을 실행한 이는 그의 아들 세조였다. 양반관료와 지방세력의 상당한 저항을 누르면서 강인하게 추진된 세조의 개혁은 왕조를 새롭게 세운다고 할 정도로 창업적인 것이었다.[69] 호구제도 개혁의 성과는 『세조실록』에 자세하게 전하지 않는다. 개혁에 반발했던 양반관료들이 실록을 편찬하였기 때문이다. 다만 경상도에서 종전의 4만여 호가 30만 호로, 충청도에서 종전의 2만여 호가 11만 호로 급증했다는 기사가 전할 뿐이다.[70] 이 두 도의 사정으로부터 개혁 이전의 20만 정도였던 총 호수가 개혁 이후 적어도 130만은 되었을 것으로 보인다. 총 인구 수는 적어도 800만 명 이상이었을 것이다.[71]

여기서 제3시대를 상징하는 소규모 가족경영으로서 호戶가 제도적으로 창출되었다. 종래의 총 20만이었던 호수가 130만으로 변했음은 종래의 호가 평균 6~7가의 결합이었음을 이야기하고 있다. 종래의 호는 제2시대를 상징하는 정호의 연장선에 있었다. 그것이 여기에 이르러 큰 단절을 보게 되었다. 종래의 호를 구성했던 다수의 세대가 개별 호로 분리되었다. 제2시대에서 제3시대로의 이행이 이로써 크게 마무리되었다. 소규모 가족경영은 호주와 그의 직계가족과 노비로 이루어진 인적 구성을 표준적 형태로 하였다. 경지의 규모는 지방에 따라, 신분에 따라 큰 차이가 있었다. 전국의 결총이 170여 만이고 호총이 130여 만이었으므로, 소규모 가족경영의 경지 규모는 평균 1.3결이었던 셈이다.

---

69 『成宗實錄』 卽位年 12月 癸丑.

70 "今國家推刷軍戶 忠淸道二萬戶 今爲十一萬戶 慶尙道四萬戶 今爲三十萬戶 以二道推之 他道皆然"(『世祖實錄』 10年 8月 壬午).

71 朝鮮時代의 인구에 관해서는 종래 權泰煥·愼鏞廈(1977), 「朝鮮王朝時代 人口推定에 關한 一試論」(『東亞文化』 14)의 추정이 널리 알려져 왔다. 그에 의하면 1464년의 전국 인구는 769만 2,000명이다. 나는 실제 총인구는 이보다 더 많았다고 생각한다. 총 호수를 130만으로 잡을 경우 그에 속한 혈연 가족인구는 호당 4~5명으로 칠 때 520~650만이 된다. 여기에다 이미 전체 인구의 3~4할을 차지한 노비인구를 추가하면 총인구는 800~1,000만이 된다.

보법의 좌절

호구조사를 창업적으로 단행함에 있어서 세조가 호의 전형으로 간주한 것은 위의 C형과 같은 것이었다. 세조는 아버지와 아들의 2정으로 이루어진 소규모 가족을 가장 보편적 형태의 가로 간주했으며, 그것을 그가 추구한 새로운 백성 지배체제의 기초 단위인 호로 삼고자 하였다. 세조의 그 같은 지향은 뒤이어 시행된 군사제도의 개혁에서 그대로 반영되었다. 1464년 세조는 새로운 원리로 군호를 편성하기 시작했는데, 이를 가리켜 보법保法이라 하였다. 보법의 기본 원리는 2정을 1보로 묶는 것이었다. 호가 보유한 토지도 군역 부과의 기준이 되어 5결의 토지를 1정으로 간주하였다. 노奴도 1정으로 간주되었다. 여기서 세조는 개별 호가 보유한 각종 자산을 종합적으로 고려하여 군인을 선발하고자 했으며, 그 점에서 인구와 토지의 결합으로서 정호를 지배체제의 기초 단위로 삼았던 고려 왕조의 제도를 어느 정도 계승하려 했음을 알 수 있다. 보의 수가 정수로 떨어지지 않으면, 예컨대 호의 남정이 3이어서 1보를 편성하고 1정이 남으면, 그 1정을 다른 호의 1정과 결합하여 독자의 1보를 이루게 하였다.

연후에 병종兵種에 따라 군호를 이루는 보의 수를 정하였다. 예컨대 보병步兵과 선군船軍의 군호는 2보, 기병騎兵의 군호는 3보, 갑사甲士 등 장교의 군호는 4보 이상이었다. 예컨대 보병의 군호를 편성하는 과정은 다음과 같다. 우선 그에 배정된 2보 각각으로부터 군인을 1명씩 뽑는다. 그러면 군인이 2명이다. 그 가운데 신체 조건이나 무술 실력을 고려하여 어느 한 사람을 정군으로 지정한다. 나머지 한 사람은 그의 보인이 된다. 이 같은 방식으로 전국적으로 대략 13만 5,000의 각종 군호가 편성되었다. 거기서 같은 수의 정군이 선발되었다. 정군에 지급된 보인의 총수는 대략 33만 3,000이었다. 정군 1명에 지급된 보인은 평균 2.5명이었다. 이들 46만 8,000의 군인은 2정의 보에서 선발된 자들이다. 다시 말해 세조는 전국적으로 대략 93만 6,000의 남성을 군역의 자원으로 파악하고, 그로부터 46만 8,000의 군인을 선발하고, 호당 평균 3.5명의 군인으로 이루어진 13만 5,000의 군호를 편성하였던 것이다.[72]

1468년, 보법을 시행한 지 4년 만에 세조가 사망하였다. 이후 양반관료들은 세조의 개혁을 하나씩 취소하거나 수정해 갔다. 후대의 군왕들은 성리학의 정치윤리로 군왕을 훈도하고 제약하려는 양반관료들의 집요한 노력에 순응하면서 소농민을 보호하고 지지하는 정책에서 세조만큼 열성을 갖지 않았다. 조선왕조의 지배체제는 양반관료의 이해관계를 각인하는 형태로 변질되어 갔다. 1471년 토지 5결을 1정으로 간주하는 보법의 가장 중요한 원리가 취소되었다. 이로써 토지와 인구의 구조적 결합으로서 정호를 기초로 했던 고려왕조의 백성 지배체제가 최종적으로 해체되었다. 조선왕조는 개별 호에 대해 호가 보유한 토지와 무관하게 호의 인정 수를 기준으로 군인을 선발하는 순수 인신지배체제로 전환하였다.

곧이어 노를 1정으로 간주한 보법의 원리도 폐기되었다. 처음에는 0.5정으로 간주하기로 했다가 결국 군역의 대상에서 완전히 제외하였다. 이것 역시 다량의 노비를 소유한 양반관료의 이해에 따른 것이었다. 나아가 양반관료는 1가에 남정이 3정 이상일 때 1보로 편성된 2정을 제외한 나머지 정에 대해서는 군역을 면제하자고 주장하였다. 이를 여정제餘丁制라 하였다. 그들은 1가에 3정이 있을 때, 2정은 군인으로서 복무하고 나머지 1정은 여정으로서 부모를 봉양하는 일에 힘써야 한다고 주장하였다. 여정제 역시 호의 인구구성이 풍부한 양반관료의 이해를 대변하였다. 그렇게 군역을 부담하는 인적 자원이 줄어들자 각종 군호를 편성하는 보의 수가 줄게 되었다. 예컨대 보병의 경우 원래 2보가 하나의 군호를 이루었는데, 이제 1보만으로 하나의 군호를 편성해야 했다. 그 결과 1보의 2정 가운데 1정이 정군이면 나머지 1정은 보인이 되었다. 그렇게 세조가 편성한 보는

72 陸軍本部(1968), 『韓國軍制史』(近世朝鮮前期篇), 34~41·209쪽.

완전히 해체되었다. 보법 개혁은 사실상 무효로 돌려졌다. 그 대신 하층 농가에 대해 토지 보유의 상태와 무관하게 정군이든 보인이든 1인 1역의 군역을 강요하는 조선왕조 고유의 개별 인신지배체제가 들어섰다.[73]

양역의 성립

양반관료들은 세조의 개혁이 양인 신분의 가난한 농민을 권세가의 노비로 내몰았을 뿐이라고 비난하였다. 그 같은 비난에는 근거가 없지 않았다. 1가에 2정뿐인 가난한 농민을 1보로 편성하고 거기서 1명의 군인을 차출한 것은 무거운 부담이었다. 군역을 감당하지 못한 하층 농민은 양인이기를 포기하고 권세가의 노비로 몸을 의탁하였다.[74] 그렇지만 하층 농가의 몰락은 세조의 개혁이 좌절된 이후 더욱 심한 추세로 진행되었다. 보법의 원리가 하나씩 취소됨에 따라 다량의 인정, 토지, 노비를 보유한 양반관료를 위시한 지배세력의 군역 부담은 한결 가벼워졌다. 군현에 부과된 군호의 수는 대개 고정적이었다. 결과적으로 양인 신분으로서 하층 농가의 군역 부담은 더욱 무거워졌다. 군호를 편성하는 보의 수가 줄자, 보병의 경우 1보 2정만으로 하나의 군호를 편성하게 되었다. C형의 2정뿐인 가난한 농가의 경우, 아버지가 정군이면 아들은 보인이었다. 군역을 감당할 수 없는 하층 농가는 양반관료나 지방세력의 노로 떨어지거나 그들의 울타리 안으로 숨어들었다.

그렇게 국가의 지배체제로부터 이탈하는 농민의 수가 많아지자 전국의 호수와 구수가 줄어들었다. 1519년에 보고된 전국의 호수는 75만 4,146호에 불과하였다.[75] 1464년 세조가 파악한 약 130만의 호총에 비해 근 55만 호가 감소하였다. 그만큼 대량의 인구가 세력가의 노비나 고공雇工으

73 保法의 개정과 그 귀결에 관해서는 다음을 참조. 陸軍本部(1968), 『韓國軍制史』(近世朝鮮前期篇), 206~213쪽.

74 『睿宗實錄』 卽位年 12月 丙申.

75 『中宗實錄』 14年 12月 己丑.

로 떨어지거나 투탁인投托人으로 은닉되거나 혹은 여정餘丁으로서 공연하게 용인되었다. 노비와 고공은 호적에 호주의 솔거인구로 등록되지만, 투탁인과 여정은 호적에서 누락되었다. 그렇게 은닉된 인구를 가리켜 당대인들은 협호挾戶라 불렀다.[76]

상당수의 하층농가가 노비, 고공, 협호의 비천 신분으로 떨어지는 추세와 어울려 보병 등 하급의 군역을 지는 양인 신분의 사회적 지위도 점점 열악해져 갔다. 보인의 수가 줄어드는 등, 군역의 부담이 무거워지자 군역의 수행은 포납제布納制와 고립제雇立制로 바뀌어 갔다. 당번을 맞은 정군은 지정된 곳으로 수자리를 나가는 대신에 일정 양의 면포를 납부하였다(포납제). 면포는 정군과 보인이 분담하였다. 군대는 그 면포로 다른 사람을 군인으로 고용하였다(고립제). 이런 일이 관행화하면서 여러 가지 부작용이 발생하자 군현의 수령이 양인 군정으로부터 연간 2필 씩의 면포를 수취하여 중앙정부에 상납하게 되었다.[77] 이렇게 생겨난 양인 하층의 군역 부담을 가리켜 16세기 이후 양인의 역, 곧 양역良役이라 불렀다. 양역은 점차 양인 하층의 열악한 신분을 상징하게 되었다.

조선왕조 초기의 사회적 신분은 크게 양인과 천인으로 갈렸다(양천제良賤制). 양반관료와 품관 등의 지방세력도 원래는 양인이라는 큰 범주에 속하였다. 관료로 벼슬살이에 나아가거나 향리나 역리의 역을 지지 않는 한, 그들 역시 군역을 부담해야 했다. 다만 갑사甲士, 별시위別侍衛, 친위군親軍衛과 같은 장교의 군역이었다. 그들은 원래 고려의 중앙군으로서 국인國人이었다. 고려 말기의 정치적 격변기에 그들은 각종 연고를 좇아 농촌으로 내려와 농장을 차리고 정착하였다. 다량의 토지와 노비를 소유한

76 李榮薰(1995), 「韓國經濟史 時代區分 試論－戶의 歷史的 發展過程의 觀點에서－」, 『韓國史의 時代區分에 관한 硏究』, 韓國精神文化硏究院, 360쪽.
李榮薰(2004), 「朝鮮時代의 主戶－挾戶 再論」, 『古文書硏究』 25, 8~9쪽.

77 군역제의 변질과 포납제의 성립과정에 대해서는 다음을 참조. 陸軍本部(1968), 『韓國軍制史』(近世朝鮮前期篇), 234~253쪽.

그들에게 장교의 군역은 그리 큰 부담이지 않았다. 오히려 정기적으로 상경하면서 관료로 나갈 길을 모색하는 기회이기도 했다. 갑사의 경우 일정 기한의 복무를 필하면 하급이나마 관직이 주어지기도 했다. 그들은 원元국인으로서 향인과 구별되는 그들의 정체성을 놓치려 하지 않았다. 점차 그들의 자식은 과거에 응시하기 위해 향교鄕校에서 학문을 연마하는 교생校生, 업유業儒, 한량閑良 등의 역을 지게 되었다. 그것은 역이라기보다 특권이었다. 그들은 하층 농민의 양역 부담은 물론, 장교의 군역으로부터도 면제되어 갔다. 그들 계층으로부터 향시에 합격한 생원·진사와 문과에 합격한 관료들이 배출되었다. 16세기 후반이면 농촌사회에서 이른바 사족士族으로 불리는 양반신분의 범주가 뚜렷하게 대두하였다. 그렇게 양인의 범주로부터 양반신분이 분리되면서 양역을 부담하는 일반 양인을 상민常民으로 천시하는 신분감각이 발달하였다. 요컨대 조선왕조의 신분제는 초기의 양천제에서 점차 양반-상민의 반상제班常制로 바뀌어 갔다.[78]

호적

조선왕조가 작성한 군현의 호적으로서 15~16세기의 것은 현재 전하지 않는다. 〈그림 5-5〉는 1606년의 경상도 산음현山陰縣 월음동月音洞 호적의 첫 부분이다. 현재 전하는 가장 오랜 호적 중의 하나이다. 호적은 호戶자를 크고 굵게 쓴 뒤 어느 호를 기재한 다음, 행을 바꾸지 않고 다음 호를 기재하고 있다. 17세기 말이 되면 호가 달라짐에 따라 행을 바꾸고 있다. 현縣 이하의 행정 단위로서 면面은 보이지 않고 바로 동洞이 나타나고 있다. 이 역시 17세기 말이 되면 현→면→동의 위계로 바뀐다. 이런 정도의 차이를 배제하면, 〈그림 5-5〉와 같은 호적의 양식은 19세기까지 면면히 이어졌다. 맨 처음에 등장하는 호의 내용을 각 사람에 따라 행을 달리

78 班常制의 성립과정에 대해서는 다음의 저서가 선구적이다. 김성우(2001), 『조선중기 국가와 사족』, 역사비평사.

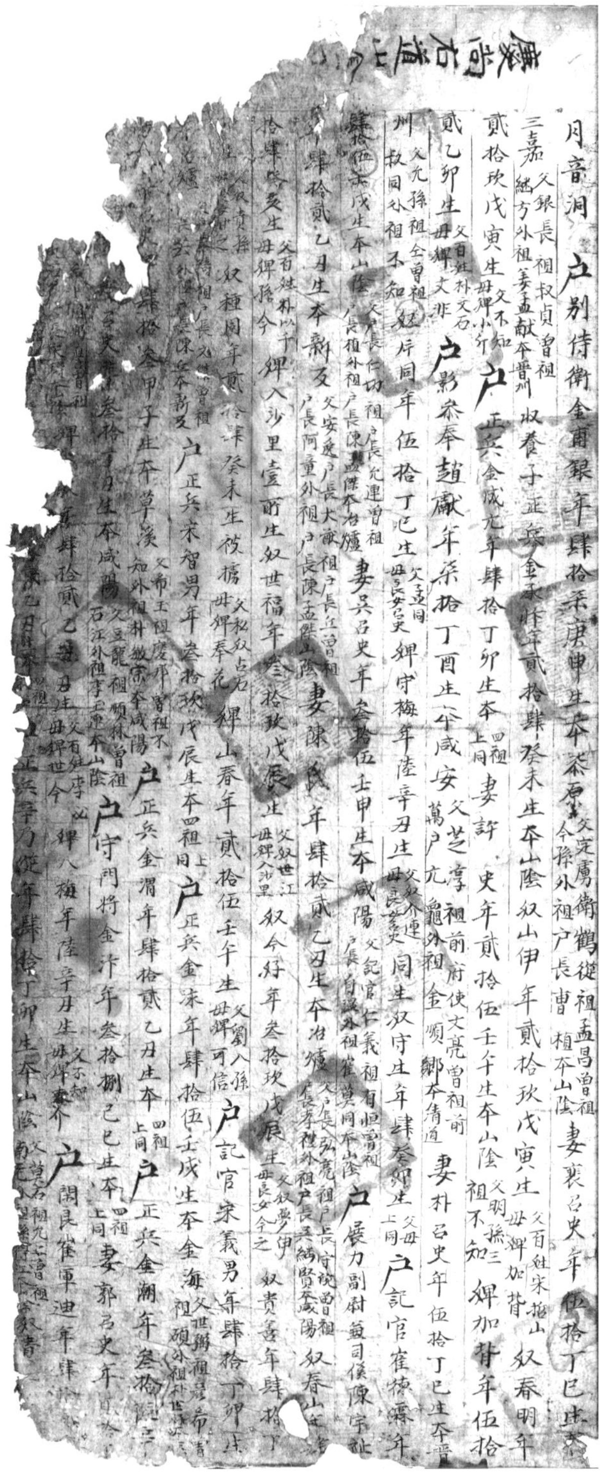

[그림 5-5] 경상도 산음현 월음동 호적 (1606)

출처: 서울대학교 규장각한국학연구원.

하여 옮기면 다음과 같다.

戶 別侍衛 金甫銀 年 肆拾柒庚申生 本 柒原 父 定虜衛 鶴從 祖 孟昌 曾祖 今孫
外祖 戶長 曺植 本 山陰
妻 裵召史 年 伍拾丁巳生 本 三嘉 父 銀長 祖 叔貞 曾祖 繼方 外祖 姜孟獻 本 晉州
收養子 正兵 金承㭘 年 貳拾肆癸未生 本 山陰
奴 山伊 年 貳拾玖戊寅生 父 百姓 宋哲山 母 婢 加背
奴 春明 年 貳拾玖戊寅生 父 不知 母 婢 小斤

호의 구성원은 호주, 처, (수양)자, 2명의 노로서 모두 5명이다. 호적은 각 사람에 대해 호주와의 관계, 직職, 성명, 나이, 본관, 4조를 밝히고 있다. 호주 부처의 4조는 부, 조, 증조, 외조이다. 이 같은 호적의 양식은 제4장 말미에서 소개한 1390년의 이성계호구주장의 호와 동일하다. 고려왕조는 귀족·관료·중앙군의 국인을 대상으로 8조를 신고하여 신분증명을 받게 하는 호구제도를 운영하였다. 1390년의 호구조사에 이르러 세계의 신고는 4조로 축소되었다. 1414년 조선왕조는 다음과 같이 호구제도를 정비하였다.

근년 이래 戶口의 法이 분명하지 못하여 役의 수취가 고르지 못하고 良과 賤이 어지럽게 섞여 그 폐단이 작지 않습니다. 지금부터 京外의 各官으로 하여금 이전의 籍을 따져서 戶首人 夫妻의 4祖, 솔거하는 子孫·弟姪, 奴婢의 나이까지 갖추어 등록하게 하소서. 각도의 각관은 금년 7월 15일을 시작으로 하여 兩班, 人吏, 百姓 各色人의 世系를 자세하게 갖추어 따져서 분간하여 籍을 만들어 1건은 戶曹에 들이고, 1건은 監司營의 창고에 들이고, 1건은 각관에 두도록 하소서.[79]

79 "近年以來 戶口之法不明 差役不均 良賤混淆 其弊不少 今後京外官 推考成籍 戶首人夫妻 內外四祖 及率居子孫弟姪 以至奴婢年歲備載 乞令各道各官 以今年七月十五日爲始 兩班人吏百姓各

여기서 4조 세계의 호구단자戶口單子를 제출하는 대상이 이전의 양반과 향리를 넘어 일반 백성에 이르기까지 모든 신분으로 확장되었다. 호구제도의 목적도 기왕의 신분 증명을 넘어 역役의 고른 징발에 두어졌다. 각 호의 호구단자를 모은 호적戶籍은 3건이 제작되어 1건은 중앙의 호조로, 1건은 감사영으로 납부되었으며, 나머지 1건은 군현에 두어 행정의 자료로 활용하였다. 조선왕조의 호적제도는 여기서 출발하였다.

그렇지만 이 호적제도가 1461년 세조에 의한 창업적 개혁이 있기까지 얼마나 실효적으로 운영되었는지는 의문이다. 그때까지 조선왕조는 총 130만여 호 가운데 20만여 호만을 파악하였을 뿐이다. 호구의 조사와 호적의 작성은 고식에 머물렀다. 그 사이 호구단자의 형식에 관해서도 논의와 개정이 있었다. 세조의 개혁 과정에서 최종 결정된 호구단자의 형식은 호주의 주소·직·성명·나이·본관·4조, 호주 처의 나이·본관·4조, 솔거하는 자녀와 사위의 이름과 나이, 솔거하는 노비·고공의 이름과 나이의 기재로 이루어졌다.[80] 엄밀히 말해 〈그림 5-5〉와 같은 양식의 호적은 세조에 의한 호구제도 개혁의 소산이었다.

조선 호적의 비교적 특질

조선왕조의 호적은 이전의 고려왕조 또는 동시대 중국 명明에서 찾을 수 없는 몇 가지 특질을 드러내고 있다. 첫째, 호적은 호가 보유한 토지에 관한 정보를 일체 싣고 있지 않다. 호적은 순수하게 인구와 관련된 장적이다. 조선왕조가 토지를 조사한 장적은 앞서 소개한 양안이다. 거기에는 인구에 관한 정보가 전혀 없다. 조선왕조는 인구와 토지를 호적과

色人世系 備細推考 分揀成籍 一件納于戶曹 一件置于監司營庫 一件置于其官"(『太宗實錄』 14年 4月 乙巳).

80 "戶 某部某坊第幾里 外則稱某面某里住 某職姓名年甲本貫四祖 妻某氏年甲本貫四祖 (中略) 率居 子女某某年甲 女壻則幷錄本貫 奴婢雇工某某年甲"(『經國大典』 禮典 戶口式).
李榮薰(1995), 「朝鮮初期 戶의 構造와 性格」, 『歷史의 再照明』, 332~333쪽.

양안이라는 상호 무관한 장적으로 조사하고 지배하였다. 이 같은 지배 체제의 이원성이야말로 이전 시대와 다른 나라에서 찾을 수 없는 조선왕조 고유의 특질이다. 이전의 고려왕조는 인구와 토지를 통합적으로 지배하였다. 이를 위해 전정주첩田丁柱貼이란 장적을 조제하였다. 동시대 명의 부역황책賦役黃册도 인구와 토지를 통합적으로 조사한 장적이다. 중국의 역대 왕조가 제작한 호적도 마찬가지이다.[81]

둘째, 호적에 등록된 모든 남자는 특정의 직職과 역役을 보유하였다. 직과 역은 품계의 유무에 따라 구분되었다. 품계가 있으면 직이고, 품계가 없으면 역이다. 직역의 보유 주체는 호가 아니라 개별 인신이었다. 예컨대 위의 예에서 아버지 김보근金甫銀이 별시위라는 역을 지는데, 그와 별도로 아들 김승변金承抃이 정병의 역을 졌다. 바로 이 점이 고려왕조와 구분되는 조선왕조의 지배체제가 지닌 또 하나의 두드러진 특질이다. 고려왕조는 정호를 단위로 하여 그를 대표하는 한 사람에게만 역을 부과하였다. 역은 정호의 공동부담으로 수행되었다. 지배체제의 그 같은 특질은 1390년에 작성된 이성계호구주장에서도 관찰된다. 거기에 호주가 관료, 군인, 학생인 25호가 있다. 그 25호에 속한 호주를 제외한 성인남자는 46명이다. 그 46명 가운데 특정의 직역을 보유한 사람은 8명에 불과하고, 나머지 38명의 다수는 무직역이다. 다시 말해 1390년까지도 호주가 특정의 역을 지면 아들은 대개 역으로부터 면제되었다. 원래 그러했던 국가의 백성 지배체제가 조선왕조에 들어와 호적에 등록된 모든 성인남자에게 직역을 부과하는 체제로 바뀌었다.

중국 역사상 성인남자가 특정의 역을 지는 것은 당唐까지의 일이다. 당의 균전제均田制하에서 성인남자는 부병府兵으로 지정되고 복무하였다. 당에서 송으로 이행하는 과정에서 국가에 의한 토지 지급과 그에 기초한

81 李榮薰(2006), 「朝鮮前期와 中國 明 戶籍의 비교사적 검토」, 한국고문서학회 엮음, 『동아시아 근세사회의 비교 — 신분·촌락·토지소유관계 —』, 혜안, 265~268쪽.

개별 인신에 대한 지배체제는 해체되고(당송변혁唐宋變革), 농업과 군역은 분리되어 국방은 고용된 직업적 군인에 의해 수행되었다. 기타 필요한 노동력은 리 단위로 조직된 자치조직에 의해 충당되었다. 중세 이후의 일본도 대개 비슷한 추이를 밟았다. 그러나 한국에서는 이 같은 변혁이 일어나지 않았다. 오히려 고려에서 조선으로 이행하는 과정에서 토지와 무관하게 개별 인신에 역을 부과하는 지배체제가 생겨났으며, 19세기까지 완강하게 존속하였다.[82]

셋째, 노비 신분의 인구가 광범하게 존재하였다. 위의 예에서 호주 별시위 김보은은 2구의 노를 보유하였다. 별시위는 원래 국왕을 시위하는 중앙군의 일원으로서 높은 품계의 직이었으나 16세기 이후 군인의 번상이 고립제로 바뀌면서 보통의 양역으로 바뀌었다. 그는 양반관료가 아니었다. 외조가 호장戶長이었음으로부터 원래 산음현의 지방세력에 속하는 가계였다고 짐작된다. 그럼에도 2구의 노를 보유하였다. 1606년의 산음현 호적에 등록된 인구는 총 1,489명이다. 그 가운데 노비인구가 617명으로서 41%나 되었다. 노비는 양반관료만이 아니라 김보은처럼 상층의 양인에 의해서도 널리 보유되었다. 앞서 지적한 대로 호적에 등록되지 않은 협호류의 인구가 적지 않았다. 그 점을 고려하더라도 노비인구의 실제 비중은 30%를 내려가지 않았을 것이다.

조선왕조의 호적을 접하는 역사가들은 매 인구의 세계와 본관이 그토록 세밀하게 추적되었음에 깊은 인상을 받는다. 양인 신분의 남녀는 4조를 신고해야 했다. 그렇게 신고할 능력이 없는 사람이 있었으니, 곧 노비였다. 노비는 그의 아버지와 어머니를 신고할 뿐이었다. 아버지를 모르는 노비도 많았다. 조선왕조는 각인의 세계를 통해 각인의 신분을 판별하였다. 호적을 작성한 다른 한편의 목적은 거기에 있었다. 세계사의 여러 나

82 李榮薰(2006), 「朝鮮前期와 中國 明 戶籍의 비교사적 검토」, 『동아시아 근세사회의 비교 – 신분·촌락·토지소유관계 –』, 268~270쪽.

라에서 모든 사람의 4조를 조사한 왕조는 아마도 조선왕조가 유일한 예일지 모른다. 고려왕조도 세계를 조사하였다. 무려 8조까지였다. 그렇지만 귀족, 관료, 중앙군의 신분에 한하였다. 그 조사의 범위가 조선왕조에 이르러 일반 백성으로까지 확장되었다. 바로 그 과정에서 인구의 30% 이상이 노비 신분으로 떨어지는 일이 벌어졌다. 제4장에서 지적한 대로 고려시대의 노비는 전체 인구의 3~4%에 불과하였다. 중국사에서 노비제가 전성기였던 당대唐代의 노비인구도 대개 그 정도였다.[83] 그러했던 노비인구가 위와 같은 양식의 호적이 작성되는 과정에서 10배나 팽창하였다. 한국문명사에서 이만큼 극적인 사건도 없었다.

이행의 귀결

요컨대 조선왕조는 토지와 인구를 별개의 체제로 지배하였다. 토지에 대해서는 매매와 상속을 공인하였다. 8세기 이래의 사전은 결국 폐지되었다. 전국의 토지는 보편적인 국가수조지로 동질화하였다. 수조율도 1/20로 낮아졌다. 토지는 상업적 소유의 대상으로, 곧 개인의 사유재산으로 바뀌었다. 연작농법의 성립이라는 생산력의 발전이 그 기초를 이루었다. 그와 동시에 조선왕조는 인구를 별개의 자원으로 지배하기 시작하였다. 그를 위해 토지의 소유 상태와 무관하게 전 인구를 호적에 등록하였다. 토지와 인구를 통합하여 지배하고자 한 군왕의 노력은 대규모 토지와 노비를 소유하기 시작한 양반관료들의 저항으로 좌절하였다. 호적에 등록된 인구는 크게 양인과 천인으로 나뉘었다. 양인은 그가 수행하는 직역의 성질에 따라 천한 양역을 지는 상민의 신분과 그로부터 면제되는 양반의 신분으로 분화되어 갔다. 양역을 감당할 수 없는 하층 농민의 상당 부분은 노비 신분으로 떨어졌다. 16세기 이르러 노비는 전체 인구의 30%

---

83 李榮薰(2006), 「朝鮮前期와 中國 明 戶籍의 비교사적 검토」, 『동아시아 근세사회의 비교—신분·촌락·토지소유관계—』, 270~274쪽.

이상을 차지하였다.

고려왕조에서 조선왕조로의 이행은 이상과 같은 엄청난 변화를 동반하였다. 한 조각의 토지도 지급하지 않고서 오로지 양인이라는 이유만으로 그 인신으로부터 무거운 역을 강요했던 조선왕조의 백성 지배체제는 후대의 한국사에 더 없이 큰 영향을 미쳤다. 신분원리에 따른 신역身役의 차별적 수취는 가家, 친족, 촌락과 같은 기초적 집단의 통합을 저해하고 사회구조의 유동성을 극대화하였다. 국가와 개인이 직접 대면하는 가운데 보다 나은 신분 지위를 추구하는 개인 간의 경쟁은 사회의 모든 영역에서 격심한 갈등을 유발하였다. 어찌해서 이같이 더 없이 독특한, 다른 나라에서 유례를 찾기 힘든, 지배체제가 성립하게 되었던가. 지난 30년간 나는 이 같은 의문에서 잠시도 자유로운 적이 없었다. 여기까지 나는 내가 알고 있는 모든 정보를 동원하여 그에 대해 설명하고자 했지만, 여전히 미진하다는 느낌을 지울 수 없다. 무언가 보다 근원적인, 이를테면 문화적이거나 종교적인 요인도 있었을 터이지만, 나는 잘 알지 못한다. 이 책을 읽는 젊은 연구자에게 던지는 질문이기도 하다.

4. 양반과 노비

농촌양반의 등장

조선왕조는 양반兩班의 나라이다. 조선왕조의 성립과 더불어 농촌에 대규모 토지와 노비를 소유한 관료 출신의 양반신분이 모습을 드러내기 시작하였다. 이후 농촌에서 전개된 양반 가문과 사회의 역사는 15~19세기 조선시대 역사의 주류를 형성하였다. 양반은 원래 문반과 무반의 관료집단을 지칭하였다. 고려시대의 양반은 국인國人으로서 왕도에 집결한 지배공동체의 성원이었다. 농촌에는 양반이 없었다. 고려왕조 말기에 개경의 양반은 가까운 경기도와 충청도로 내려가 토지를 개간하고 농장을 설치하였다. 그들의 압력에 밀려 구 지배세력인 토성土姓은 유망하였다. 모든 지방에서 다 그러하지는 않았다. 전라도와 경상도에서 토성은 건재하였다. 남부지방의 토성은 14세기 후반 홍건적과 왜구의 침입을 맞아 군공을 세우거나 각종 경로를 통해 무반 동정직同正職을 취득하여 개경으로 진출하였다. 중앙과 지방의 인적 교류는 왕조의 교체기를 맞아 더욱 활발해졌다. 역성혁명과 뒤이은 정치적 격변은 양반관료로서 실세한 많은 사람들을 농촌으로 내몰았다. 그들은 처변妻邊 등의 다양한 연고를 좇아 멀리 경상도와 전라도에까지 진출하였다. 그들은 그 지역의 강세한 지방세력을 피해 주로 속현이나 향·부곡에 정착하였다. 그렇게 그 모습을 드러낸 농촌사회의 새로운 지배세력을 가리켜 보통 품관品官이라 하였다. 실직이든 비실직이든 품계를 보유한 관료 출신이란 뜻이다.

조선왕조는 한성이나 지방에 거주하는 품관들에게 5~10결의 군인전을 지급하고, 그 대가로 정기적인 번상시위番上侍衛를 요구하였다. 농촌 품관들은 중앙군의 일원으로서 1년에 3개월씩 한성으로 올라와 왕실을 시위하였다. 일정 기간의 시위를 마치면 실직 관료로 출세하는 기회도 제공되었다. 이러한 관계가 유지되는 한 농촌 품관들이 지녔던 원래 국인으로서의 정체성도 건재하였다. 그렇지만 군인전이 더 이상 지급되지 않고 한성과 농촌의 품관에게 강요된 정기적 시위의 군사체제가 느슨해지면서, 그들의 국인으로서의 정체성은 희박해졌다. 나아가 세조 연간에 군대 편성에서 진관체제鎭管體制가 성립함에 따라 중앙군의 위상이 격하되었다. 한성은 더 이상 고려의 개경과 같은 지배세력의 공동체가 아니었다. 조선왕조는 한성으로의 이주와 그로부터의 퇴출에 아무런 제한을 두지 않았다.

이같이 왕도의 정치적 군사적 위상이 낮아지는 추세와 더불어 농촌 품관들의 결사가 국가체제의 일환으로 부상하였다. 품관들은 군현의 행정을 보좌하고 주민을 교회한다는 명분으로 유향소留鄕所라는 자치기구를 결성하였다. 1406년부터 그 존재가 확인되는 유향소는 중앙정부의 공인을 받지 못하는 가운데 설치와 폐지를 거듭하였다. 유향소의 존재가 최종적으로 공인되는 것은 양반관료의 이해관계가 조선왕조의 국가체제를 깊숙이 규정하게 된 1488년의 일이다.[84] 유향소는 농가에 공물을 배분하고 수취하는 역할을 담당하였다. 나아가 성리학의 사회윤리를 향약鄕約으로 제정하여 농촌의 원주민에게 강요하였다. 유향소에는 구성원의 이름을 적은 향안鄕案이란 명부가 비치되었다. 향안에 등록되기 위해서는 기존 구성원의 완전한 동의가 필요하였다. 향안은 농촌 품관의 특권적 지위를 상징하였다. 대조적으로 토착세력인 향리들의 사회적 지위는 점차 하락하였다. 중앙정부는 향리의 복식을 차별했으며, 그들에 지급된 과전을 회수하였다. 무엇보다 향리집단에 큰 타격을 준 것은 부민고소금지법部民告訴禁止法이었다. 백성이 수령의 비리를 고소하는 것을 금지한 이 법은 향리들의 권리와 지위를 크게 제약하였다. 향리는 점차 군현의 수령에 매인 2등 신분으로 추락하였다.

농촌 품관들의 자식은 점차 군역의 부담에서 벗어나 향교에 출입하면서 과거를 준비하는 교생, 업유, 한량의 역을 졌다. 그들로부터 향시에 합격한 생원과 진사가 나오고 문과에 급제한 관료가 배출되자, 이윽고 스스로를 일반 양인과 구별되는 특권적 신분으로 자처하는 농촌양반의 사회가 성립하였다. 일반 양인은 양역을 지는 상대적으로 천한 상민신분으로 차별되었다. 농촌양반의 성립은 지방간에 불균등하게 진행되었다. 예컨대 15세기 전반까지 양반관료를 배출한 곳은 전국의 440여 본관 가운데 218곳에 불과하였다. 나머지 220여 본관 가운데는 16세기 말까지도 양반관료의 배출을 보지 못한 곳이 많았다.[85] 그런 지방에서는 비록 2등 신

84 李泰鎭(1989),「士林派의 留鄕所 復立運動」,『韓國社會史硏究 — 農業技術 발달과 社會變動 —』, 지식산업사, 150~176쪽.

85 李樹健(1984) ,『韓國中世社會史硏究』, 一潮閣, 17~18쪽.

분으로 전락했다고 하나 향리집단의 위세가 여전히 강하였다. 원래부터 토착세력이 강했던 경상도 북부지방의 경우, 16세기 전반까지도 향리집단은 농촌양반과 마찬가지로 향안에 그 이름을 등록하였다.[86] 그 지방에서 양반과 향리의 신분 차등이 확연해지는 것은 16세기 후반의 일이다. 크게 말해 15~16세기 농촌사회에서는 품관과 향리의 연합이 지배세력을 형성하였다.[87]

농장

농촌양반의 경제적 기반은 노비와 토지에 있었다. 15~16세기 남부지방에서 전개된 농지의 개간은 다량의 노비 노동을 동원할 수 있는 농촌양반에 의해 주도되었다. 19세기까지 한국의 농지 개발은 대개 계간농업지대溪間農業地帶에 머물렀다. 그리 높지 않은 산과 그리 깊지 않은 계간에 완만한 구배句配로 형성된 들이 그 전형을 이루었다. 그곳에는 일찍부터 계간수를 저류하는 제언堤堰이 발달하였다. 개간을 주도한 농촌양반은 새로운 수리시설로서 계간수를 끌어들이는 보洑를 개설하였다.[88] 그들이 얼마만큼의 노비와 토지를 소유했는지는 그들이 남긴 상속문서를 통해 잘 살필 수 있다.

〈그림 5-6〉은 16세기 경상도 북부지방의 양반가에서 전해오는, 노비와 토지 재산을 함께 적은, 24종의 상속문서에 나타난 노비와 토지 규모의 분포이다.[89] 노비의 규모는 적어도 보통 50구를 넘고, 많게는 317구나 되었다. 토지 규모의 분포는 일층 다양한데, 대개 200두락을 초과하며, 최

86 鄭震英(1985), 「朝鮮前期 安東府 在地士族의 鄕村支配」, 『大丘史學』 27, 51~88쪽.

87 李榮薰(2006), 「朝鮮前期와 中國 明 戶籍의 비교사적 검토」, 『동아시아 근세사회의 비교―신분·촌락·토지소유관계―』, 290~292쪽.

88 李泰鎭(1989), 「16세기 川防(洑)灌漑의 발달―士林勢力 대두의 經濟的 背景 一端―」, 『韓國社會史研究―農業技術 발달과 社會變動―』, 187~219쪽.

89 李榮薰(1987), 「古文書를 통해 본 朝鮮前期 奴婢의 經濟的 性格」, 『韓國史學』 9, 韓國精神文化研究院, 101~103·110·115쪽.

[그림 5-6] 16세기 경상도 양반가의 노비·토지재산의 규모

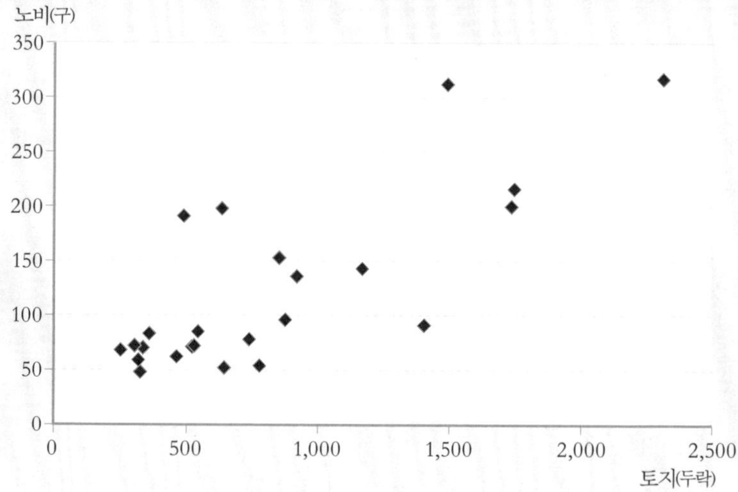

출처: 李榮薰(1987),「古文書를 통해 본 朝鮮前期 奴婢의 經濟的 性格」,『韓國史學』9, 韓國精神文化硏究院, 110쪽.

대는 2,312두락이었다. 두락이란 1두斗의 종자를 파종하는 면적을 말하는데, 16세기에는 대개 100~120평의 크기였다(1평=3.3㎡).[90]

노비와 토지 재산의 규모가 월등하게 큰 상속주는 대개 중앙정부의 관료이거나 그의 아버지나 할아버지가 그러했던 가문이다. 관료로서의 지위와 노비·토지 재산의 규모는 밀접한 관련이 있었다. 특히 노비 재산의 경우가 그러하였다. 중앙관료일 경우 노비의 규모는 200구를 내려가지 않았다. 왕조실록은 왕족과 고위 관료의 노비가 수천 구에 달하고, 심지어 1만 구를 넘기까지 했다고 전하고 있다. 지금까지 전하는 상속문서에서 노비를 가장 많이 보유한 사람은 15세기 중반에 홍문관 부제학을 지낸 이

90 李榮薰(1987),「古文書를 통해 본 朝鮮前期 奴婢의 經濟的 性格」,『韓國史學』9, 110~113쪽.

맹현李孟賢인데, 758구나 되었다. 그런데 그의 자손이 경상도 영해寧海로 하향한 뒤, 이 집안의 노비는 16세기 말까지 71구로 감소하였다.[91] 여기서도 보듯이 관직의 고하와 노비의 다과는 밀접한 상관을 이루었다. 토지재산도 마찬가지이다. 24종의 상속문서에서 최대 2,312두락을 소유한 사람은 권벌權橃인데, 벼슬이 종1품의 좌찬성에 이른 당대 최고 수준의 관료였다. 그의 노비는 위의 24종의 상속문서에서 가장 많은 317구였다.[92]

양반이 노비를 사역하여 토지를 경작한 농사의 단위를 가리켜 보통 농장農庄이라 하였다. 농장의 형태는 일반적으로 다음과 같았다. 우선 얕은 야산으로 둘러싸인 동洞이나 곡谷이 농장의 본거지를 이루었다. 너무 높은 산이나 깊은 골짜기는 계간수를 이용할 수 없기 때문에 적지가 아니다. 홍수의 위험에 노출된 천변의 평야도 적지가 아니다. 동네의 안쪽 약간 높은 곳에 양반 농장주가 사는 기와로 이어진 커다란 저택이 자리 잡는다. 그 아래로 좌우 야산의 기슭을 타고 노비의 집들이 10~20채 배치된다. 동네 안에는 부식의 재료나 가내공업의 원료를 위한 채마밭이 조성된다. 동네 밖으로는 비교적 넓게 전답의 들이 펼쳐진다. 노비와 토지가 많은 양반가는 이 같은 형태의 농장을 여러 곳에 분산시켰다. 지형의 제약으로 한 곳에 많은 노비와 토지를 집중할 수 없거니와 노비와 토지의 과다한 집중은 경영의 비효율성을 유발하기 때문이다. 농장을 여러 곳에 배치하면 자연재해로부터의 위험을 분산시키는 효과도 있었다. 예컨대 위의 권벌은 경상도 봉화현 유곡酉谷을 본거지로 했는데, 그의 농장은 봉화현 내의 5곳에 분포하였다.

농장의 경영은 일반적으로 주인이 노비의 노동을 사역하는 방식이었다. 노비들에게는 보통 한 달에 한 번 쌀 등의 생활자료가 지급되었다. 이

91 文叔子(2004), 『조선시대 재산상속과 가족』, 190~199쪽.

92 758구의 노비를 소유한 李孟賢의 상속문서가 24종에서 빠진 것은 노비재산만 싣고 있기 때문이다.

외에 봄·가을로 의복 한 벌이 지급됨이 관례였다. 이 같은 경영방식을 농장주의 가작家作이라 하였다. 농장의 규모가 커서 가작이 기술적으로 어려우면 보완책으로 작개作介를 행하였다. 작개는 특정 토지의 경작을 특정 노비에게 책임지우는 것을 말한다. 작개지의 소출은 주인의 몫이다. 그 대신 작개를 한 노비에게는 사경私耕이라는 토지가 주어졌다. 사경의 소출은 노비의 몫이다.[93] 여러 곳에 분산된 농장에는 호노戶奴 또는 마름[舍音]이 노 가운데서 선발되어 주인을 대신하여 농장을 경영하였다. 한성에 거주한 왕족과 고위 관료의 농장은 여러 군현에 분포하였다. 각각의 농장에는 호노나 마름이 있어서 농장을 관리하였다. 농장의 마름은 소출 곡식으로 고리대를 행하는 등, 지방의 유력자로 행세하였다. 권세가의 농장은 각종 역을 면제받았다. 그로 인해 적지 않은 하층 농민이 협호로서 권세가의 농장 안으로 숨어들었다.

농장은 보통 가작이나 작개의 방식으로 경영되지만, 모든 토지가 다 그렇지는 않았다. 농장의 본거지로부터 멀리 떨어져 있어 가작이나 작개가 어려운 경우도 있었다. 토지가 너무 많아 가작과 작개로 다 감당하기 힘든 경우도 있었다. 이러한 토지는 주변의 농민들에게 병작幷作으로 대출되었다. 병작은 보통 '어우리'로 불렸다. 병작은 한 사람은 토지를 내고 다른 사람은 노동력을 내어 합작으로 농사를 지은 다음, 소출을 반씩 나누는 관계를 말한다. 이 같은 합작 방식의 농사가 생겨난 배경에는 토지를 국가의 소유로 간주하는 이념의 작용이 있었다고 이해되고 있다.[94] 다시 말해 병작이란 소유지를 남에게 임대하고 지대를 수취하는 관계라기보다 국전國田의 경작권자인 농민이 노동력 부족 등의 사유로 다른 농민의 도움을 받아 공동경작하게 된 관계를 말하였다. 본시 이러한 관계이

93 安承俊(1992), 「1554年 在京士族의 農業經營文書—安氏治家法制—」, 『季刊書誌學報』 8, 37~48쪽.
김건태(2004), 『조선시대 양반가의 농업경영』, 역사비평사, 59~84쪽.

94 深谷敏鐵(1941), 「朝鮮の土地慣行'並作半收'試論」, 『社會經濟史學』 11-9, 165~174쪽.

기 때문에 남의 토지를 병작한다고 해서 사회적 신분이나 인격에 흠결이 생기는 것은 아니었다. 병작은 토지이용의 비신분적인 쌍무적 계약관계를 말하였다.[95]

병작은 연작농법이 확산되고 토지가 개인의 사유재산으로 변하는 고려왕조의 말기에 생겨났다. 조선왕조는 한동안 병작을 금지하였다. 농촌의 품관과 향리가 가난한 농민과 병작을 행하는 것이 민폐로 지목되었기 때문이다. 그러다가 1406년 토지의 소유자가 병이 들거나 노비가 도망을 쳐 농사를 지을 수 없게 된 경우나 홀아비나 과부와 같이 노동력이 부족한 경우에 한하여 병작을 인정하였다. 이후 병작은 꽤나 일상적인 관계로 널리 보급되었다. 양반가의 농장 경영도 점차 가작이나 작개보다 병작에 의존하는 추세였다. 예컨대 1589년 경상도 안동부의 김씨 양반가는 739두락의 경지를 소유하였는데, 243두락은 가작과 작개의 방식으로, 496두락은 병작의 방식으로 경영하였다. 병작을 행하는 농민 가운데는 김씨가의 노비도 있었다.[96] 이처럼 일정 규모 이상으로 토지가 많아지면 병작 경영이 지배적 비중을 차지하였다.

안호정의 풍류

양반가의 상속문서 가운데는 농장의 공간적 배치를 구체적 이미지로 연상할 수 있을 정도로 정보가 풍부한 경우가 있다. 1575년 경상도 풍산현 안씨 양반가에서 작성된 상속문서가[97] 그 대표적 예이다. 역사의 한 장면을 글보다 그림으로 그리는 것은 훨씬 힘들고도 유익한 작업일 터이다. 〈그림 5-7〉은 그런 취지에서 안씨가의 농장을 상상도로 그린 것이다. 지금의 경상북도 안동시 풍천면 갈전리葛田里 일대이다. 안씨가는 원래 고려

95 李榮薰(1988), 「朝鮮封建制論의 批判的 檢討」, 『韓國資本主義性格論爭: 移山趙璣濬博士古稀紀念論文集』, 大旺社, 137~141쪽.

96 李榮薰(1987), 「古文書를 통해 본 朝鮮前期 奴婢의 經濟的 性格」, 『韓國史學』 9, 158~165쪽.

97 李樹健 編著(1981), 『慶北地方古文書集成』, 169~170쪽.

【그림 5-7】 경상도 풍산현 갈전리 안씨가 농장(상상도)

출처: 김연경 그림.

시대에는 개경의 관인이었다.[98] 조선왕조의 성립에 저항한 안씨가는 처향妻鄕인 경상도 예천군으로 내려와 정착하였다. 이후에도 중앙관인 출신으로서 품관의 신분 지위는 굳건했으며, 그로 인해 인근의 유력한 품관들과 혼반婚班을 유지하였다. 안씨가가 풍산현 갈전리로 주거를 옮기는 것은 1500년경이며, 그 역시 이곳이 처향과 가까운 연고에 의해서였다. 이 가문에서 생원이 배출되는 것은 16세기 중반의 안경로安景老(1527~1592) 대이며, 그의 아들 안담수安聃壽(1552~1627)는 드디어 문과에 합격하였다. 이로써 안씨가는 안동 일원의 대표적인 양반신분의 반열에 들었으며, 향안에도 그 이름을 올렸다. 이상과 같은 안씨가의 역사는 앞서 소개한 15~16세기 농촌양반의 성립과정을 전형으로 대표하고 있다.

1575년의 상속문서는 생원 안경로의 형제를 피상속자로 한 것이다. 상속재산은 전답 543두락, 노비 85구의 적지 않은 규모였다. 이제 그 문서를 토대로 그려진 안씨가 농장의 상상도를 해설한다. 농장의 터전인 갈전리는 주인가主人家 1채와 노비가奴婢家 10채로 이루어져 있다. 주인가와 노비가로만 이루어진 마을을 독호촌獨戶村이라 한다. 갈전리는 전형적인 독호촌이었다. 마을에 거주한 노비는 대략 40명 내외이고, 나머지는 원근 각지에 분포하였다. 마을의 맨 안쪽 약간 높은 곳에 주인가가 놓였다. ㅁ자의 기와집이다. 대문 좌우로는 행랑채이다. 문을 열고 들어서면 오른쪽은 창고와 외양간이고, 왼쪽은 봉당과 부엌이다. 노비가 10채 가운데 4채는 초가이고, 건너편 산기슭의 6채는 반지하 움집이다. 16세기까지도 노비가의 다수는 반지하 움집이었다. 4채의 초가에는 주인의 신임을 받는, 작개를 하는, 노비의 가족이 입주하였다. 주인가와 노비가 사이의 마을 안은 면화전棉花田, 마전麻田, 칠전漆田, 채전菜田으로 가꾸어져 있다. 면화전은 2필지에 10두락이다. 마전, 칠전, 채전은 모두 5필지이다. 노비가

98 이하 안씨가의 역사와 안호정의 유래와 관련해서는 다음의 미간행 자료를 요긴하게 참고하였다. 김학수(2013), 『雁湖亭과 定峯 安聃壽』, 安東靑年儒道會.

의 아낙네들은 주인과 자신의 가족을 위한 면포와 마포를 직조하는 가내공업에 매달렸다.

동구洞口를 나서면 안동에서 한성으로 향하는 도로이다. 이 길을 따라 안동부 일원의 수많은 품관들이 한성으로 과거를 보러 갔다. 길 건너편은 유서 깊은 여자지女子池이다. 15세기 전반의 『경상도지리지』에서 이미 그 존재가 확인되는 제언이다. 여자지는 제방이 800m, 둘레가 2km로서 100결의 넓은 면적을 관개하였다. 상상도 속의 계절은 한여름이다. 제방에 심어진 수양버들은 푸른 가지를 무성하게 드리우고 있다. 여자지에는 연꽃이 만발하였다. 제방 아래의 도로변에 큰 바위가 있는데, 그 위에 정자가 세워져 있다. 유명한 안호정雁湖亭이다. 한성으로 오가는 선비들이 여기서 휴식하였다. 주인가가 노비들의 농작업을 감독하는 곳이기도 하다. 제방 아래는 경상도 북부지방에서 제일 넓다고 알려진 풍산들의 시작이다. 거기에 안씨가의 논이 펼쳐져 있는데, 모두 7필지에 87두락이다. 1필지 15두락의 밭도 있다. 2필지 27두락의 논은 노 임석林石과 돌동乭同의 작개이다. 1필지의 밭은 그들에게 할양된 사경이다. 나머지 논은 노비들을 동원한 가작이다.

세월이 한참 지난 1620년대 안담수가 농장의 주인일 때이다. 어느 해 여름에 안동에서 상중喪中이던 당대 최고의 정치가 김상헌金尙憲이 안호정을 방문하였다. 여자지의 만발한 연꽃을 감상하기 위해서였다. 그는 다음과 같은 시를 현판으로 남겼다.

菖蒲에다 연꽃 자란 연못가에 있는 언덕
말을 달려 와서 보매 흥이 일어 솟구치네
천 조각의 물 위 구름 불그레한 떨기 같고
한 줄 뚝방 나무 푸름 서로서로 얽혀 있네
(중략)

백 結을 적시는 맑은 못에 몇 리 언덕
연꽃에다 마름 잎 위 하얀 白鷺 날아가네
鶴嶠山 그림자는 아득 깊이 꽂혀 있고
花山은 병풍처럼 주위 둘러 에워쌌네
병 많아 누워 있다 애써 늦게 찾았는데
아까워 슬픈 마음 못 뜨고서 앉아 있네
은근하게 내년 만날 약속 다시 맺었거니
主人丈의 풍류가 최고의 경지로다

김상헌이 감탄해 마지않았던 여자지의 풍광과 그것을 가꾼 주인장 안씨의 멋진 풍류에는 노비들의 피와 땀이 배여 있었다.

노비인구의 팽창

노비신분이 전체 인구에서 어느 정도의 비중인지를 알리는 신뢰할 만한 정보가 얻어지는 것은 17세기 초의 호적에서이다. 앞서 소개한 대로 1606년 경상도 산음현 호적에서 노비는 전체 인구의 41%이다. 1609년 경상도 울산부 호적에서 노비의 인구비중은 47%이다. 호적에 등록된 인구는 완전하지 않다. 역을 피하기 위해 권세가에 투탁한 양인신분의 협호가 많기 때문이다. 이 점을 고려하여 여러 연구자들은 17세기 초 남부지방에서 노비의 인구비중을 대개 30~40%로 추정하고 있다. 15~16세기 노비의 인구비중과 관련해서는 몇 가지 추상적인 서술을 참고할 수 있을 뿐이다. 15세기 후반 성현成俔이란 관료는 "우리나라 사람 가운데 노비가 반을 차지한다"고 하였다. 1461년 세조가 전국의 인구를 남김 없이 조사할 때 노비도 함께 조사되었다. 그 조사를 주도한 한명회韓明澮라는 관료는 당시 전국의 공노비와 사노비의 분포에 관해 몇 가지 믿을 만한 정보를 남겼는데, 그로부터 추정되는 노비의 인구비중은 내략 40%이다.[99]

제4장에서 소개했듯이 고려시대 노비의 인구비중은 대개 3~4% 수준에 머물렀다. 원래 그러했던 것이 두 왕조의 교체기를 거치면서 30~40%로까지 크게 팽창한 원인과 그 역사적 배경은 무엇인가. 이 문제는 인근 중국사와 일본사와의 비교에서, 나아가 세계사 가운데서 한국사가 지니는 비교적 특질을 상징하는 가장 흥미로운 연구과제에 해당한다. 노비가 팽창한 주요 경로는 출생을 통한 신분세습이었다. 가난한 사람이 자신이나 처자를 노비로 팔거나 채무의 인질로 잡혀 노비로 떨어지는 경우는 거의 없었다. 조선왕조는 고려왕조와 마찬가지로 그의 백성이 가난과 채무의 이유로 남의 노비가 되는 일을 용납하지 않았다.

조선왕조에 들어 노비의 결혼과 신분세습의 원리에 큰 변화가 있었다. 초창기의 태종 대까지만 해도 노비와 양인의 결혼을 금지하거나, 이미 이루어진 결혼에 대해서는 강제로 이혼을 시키거나, 그들이 낳은 자녀를 양인 신분으로 돌리는, 다시 말해 노비의 증식을 억제하는 정책이 취해졌다. 그렇지만 세종 대에 이르러 그 모든 것이 바뀌었다. 세종은 노비와 양인의 결혼을 허용했으며, 나아가 그들이 낳은 자녀를 모두 노비 신분으로 돌렸다. 종천법從賤法으로 불린 이 고약한 신분세습의 원리는 세계사의 다른 곳에서 유례를 찾기 힘든 것이다. 이후 세조는 종천법을 취소하고자 했으나 성공하지 못했다.[100]

노비와 양인의 결혼은 15세기 전반만 해도 노비의 전체 결혼에서 10~20%에 불과했지만, 15세기 후반부터 부쩍 증가하여 16세기 말까지 내내 40~60%의 높은 수준을 유지하였다.[101] 그에 더하여 종천법이 적용됨에 따라 노비인구가 기하급수적으로 증가하였다. 이미 15세기 후반이

99 李榮薰(1998), 「한국사에 있어서 奴婢制의 추이와 성격」, 歷史學會 編, 『노비·농노·노예—隷屬民의 比較史—』, 一潮閣, 364~366쪽.

100 노비신분의 세습원리에 대한 조선왕조의 정책과 그 변동과정에 관해서는 다음의 연구를 참조. 池承鍾(1995), 『朝鮮前期奴婢身分研究』, 一潮閣, 2~60쪽.

101 김성우(2001), 『조선중기 국가와 사족』, 133~137쪽.

면 노비의 인구비중은 전체 인구의 30~40%에 달하였다. 주인의 입장에서 양천교혼良賤交婚은 재산으로서 노비를 증식시키는 유력한 방편이었다. 주인은 가내의 노와 비가 서로 사랑하여 결혼하는 것을 금하였다. 노비가 늘지 않기 때문이다. 특히 어느 노가 다른 주인의 비와 결혼하는 것은 주인에 대해 "만 번 죽어도 마땅한" 죄를 짓는 것과 같았다. 그의 자녀가 모두 다른 주인의 소유로 되어 주인의 재산을 축내기 때문이다. 마음씨 고약한 주인은 그 노를 결코 용서하지 않았다.

경상도 안동부의 이씨 양반가에 복만卜萬이란 노가 있었다. 그는 다른 집의 비와 결혼하여 그의 두 딸이 모두 그 집의 비가 되었다. 1540년 죽음을 앞둔 복만은 두 딸에게 재산을 상속하는 문서를 작성하였다. 그 문서에서 복만은 나의 주인이 내가 연로한 것도 봐 주지 않고 매년 공물을 수취하고 또 갖가지로 괴롭히므로, 후환을 남기지 않기 위해 주인 앞으로 논 1필지, 밭 1필지, 화로 1기, 구리동이[鍮盆] 1기, 큰 소 2마리를 기상記上한다고 하였다.[102] 기상은 원래 기차[己上]이다. 제3장에서 소개한 대로 10세기에 기차의 용례가 최초로 발견되는데, 토지를 증여하거나 취득함에 있어서 소유권을 증명해 받기 위해 토지를 나열하여 기재하는 행위를 뜻하였다. 그것이 노비제의 전성기인 16세기에 이르러 기상으로 바뀌어 노비가 주인에게 토지재산을 바치는 행위 또는 주인이 노비의 토지재산을 추심推尋하는 행위의 뜻으로 널리 쓰였다.

노비인구가 급팽창하는 가운데 노비의 사회적 지위와 법적 권리를 제약하는 법제가 발달하였다. 『경국대전』에서 정해진 노비의 가격은 저화楮貨 4,000장으로서 666일 노동의 가치에 해당하였다.[103] 이는 10세기 말 고려왕조가 정한 노비 가격이 100~120일 노동의 가치임에 비해 5~6배나 높

102 李榮薰(1987), 「古文書를 통해 본 朝鮮前期 奴婢의 經濟的 性格」, 『韓國史學』 9, 153~157쪽.
103 李榮薰(1998), 「한국사에 있어서 奴婢制의 추이와 성격」, 『노비·농노·노예 ― 隷屬民의 比較史 ―』, 371쪽.

은 수준이다. 새로운 노비 가격은 말 1필의 가격과 같았다. 노비의 재산 가치는 토지를 능가하였다. 15~16세기의 상속문서에서 노비는 늘 토지보다 앞서 열거되었다. 노비는 주인의 동산으로서 매매, 상속, 증여되었다. 노비의 가격이 666일 노동의 가치라면, 1년은 365일에 불과하기 때문에 노비는 아무리 열심히 일해도 평생 그의 몸값의 원리元利를 상환할 수 없는 처지가 되었다. 노비의 해방은 불가능해졌다. 조선왕조는 잔인하게도 노비가 해방될 수 있는 단 하나의 길도 허락하지 않았다. 한 번 노비면 영원한 노비였다. 노비가 자유인이 될 수 있는 유일한 방법은 도망이었다.

역시 세종 연간인 1422년에 노비는 주인을 고소할 수 없다는 법률이 제정되었다. 노처奴妻와 비부婢夫가 주인을 고소하면 장杖 100과 류流 3,000리의 중형에 처해졌다.[104] 그로 인해 노비들은 주인이 그 생사여탈의 권리를 행사하는 노예적 처지로 전락하였다. 세종조 이후에는 노비를 함부로 죽인 주인에게 형사적 책임을 묻지 않았다. 주인의 가혹한 형벌로 대수롭지 않게 죽어간 노비들의 슬픈 이야기는 조선왕조가 남긴 사료에서 그 수를 헤아리기 힘들 정도이다.

이류異類

15~16세기에 걸쳐 노비가 전체 인구의 30~40%로 팽창한 것은 그 시대가 한국인이 이전에 경험한 적이 없는 격동기였기 때문이다. 격동의 본질은 한마디로 공동체사회의 해체와 신분제사회로의 이행이었다. 지방행정체제의 개편은 구래의 향·부곡 공동체를 해체하였다. 토지와 인구에 대한 이원적 지배체제의 성립은 구래의 세대복합체로서 정호를 해체하였다. 조선왕조는 토지의 유무나 다과를 묻지 않은 채 백성의 개별 인신에 역을 부과하였다. 농업생산력의 발전에 따라 토지가 개인의 사유재산으로 바뀌

104 『世宗實錄』 4年 2月 庚寅.

었다. 농촌사회에는 대규모 토지를 소유한 새로운 지배신분이 들어섰다. 공동체를 상실한 다수의 하층 농민은 그의 몸에 부과된 역을 감당할 능력이 없었다. 그들은 유망하였으며, 이윽고 노비신분으로 떨어졌다.

하층 농민의 몰락이 다름 아닌 노비신분의 팽창으로 이어진 것은 그에 상응하는 사회질서의 원리, 보다 크게는 자연과 사회의 질서에 대한 정치철학적 이해에 있어서 일대 전환이 있었기 때문이다. 이전의 한국사 제2시대는 불교의 시대였다. 불교의 세계에서 인간은 평등하였다. 비천한 노비나 가난한 용작인傭作人도 모두 부처였다. 13세기에 쓰인 『삼국유사』는 노비와 용작인이 알고 보니 부처였다는 진신설화眞身說話를 다수 전하고 있다.[105] 그와 대조적으로 조선왕조의 성리학은 인간의 비천과 예속을 자연의 질서로 정당화하였다. 조선왕조를 개창한 정치세력은 그들이 기자조선箕子朝鮮의 도통道統을 계승한다고 자부하였다. 기자조선의 설화에 의하면, 기원전 1100년경 중국에서 건너온 기자는 동방의 캄캄한 야만을 깨우치기 위해 8조 금법을 실시하였다. 그 가운데 범죄자와 도둑을 노비로 삼으라는 법이 있었다. 이에 조선왕조의 양반관료는 우리나라에 노비가 있는 것은 성인의 가르침에 따른 것이라고 합리화하였다. 나아가 그들은 주자 성리학이 사회의 기본 질서로서 가르치는 5륜, 곧 군신, 부자, 부부, 형제, 친우의 윤리에 주노主奴의 윤리를 더한 6륜을 창출하였다. 그들은 주노의 윤리야말로 모든 윤리의 으뜸으로서 군신의 윤리를 능가한다고 주장하였다.[106] 조선왕조 초기에 노비의 신분적 예속을 정당화하는 법제가 정비된 데에는 이 같은 정치철학의 전환이 크게 작용하였다.

농촌의 일상생활에서는 예부터 특정 부류의 인간을 이류異類로 비천시하는 감각이 있어 왔다. 화척禾尺과 재인才人이 그 대상이었다. 이들은 원래

---

105 李榮薰(1998), 「한국사에 있어서 奴婢制의 추이와 성격」, 『노비·농노·노예—隷屬民의 比較史—』, 326~328쪽.

106 李榮薰(1998), 「한국사에 있어서 奴婢制의 추이와 성격」, 『노비·농노·노예—隷屬民의 比較史—』, 363~364쪽.

고려시대의 양수척楊水尺이었다. 고려왕조에 저항한 백제의 후예로 간주된 이들은 수렵과 유기柳器의 제작과 예능藝能을 생업으로 하는 집단이었다. 이동성이 강하여 고려왕조의 판적에 등록되지도 않은 무리였다. 엄밀히 말해 그들은 고려왕조의 백성이 아니었다. 화척과 재인은 거란이 침입할 때 길을 안내하거나 왜구가 창궐할 때 그에 가담하였다. 과연 사실인지는 알 수 없으나, 그 같은 기억이 고려인으로 하여금 화척·재인을 이류異類 내지 이종異種으로 천시하게 만들었다. 원 복속기 이래 육식의 풍습이 확산되었다. 그에 따라 도축업이 생겨났는데, 화척·재인이 그 직업을 담당하였다. 그들은 도축의 재료를 구하기 위해 민가의 가축을 훔치는 도둑집단으로 활동하였다. 이 또한 그들을 이류로 감각하는 원인이 되었다.[107]

조선왕조는 호적에 등록되지 않은 채 이리저리 이동하면서 사회질서를 교란하는 화척·재인의 집단을 강제로 정착시키는 정책을 실시하였다. 조선왕조는 화척·재인을 각 군현에 할당하여 일반 농민과 섞여 살도록 하였다. 정착과 동화를 촉진하기 위해 토지를 지급하고 일반 농민과의 혼인도 장려하였다. 조선왕조는 화척·재인에 백정白丁 또는 신백정新白丁이란 명칭을 부여하였다. 제4장에서 서술한 대로 고려시대에 있어서 백정은 정호를 이루지 못한, 주로 용작을 생업으로 하는 하층 농민을 말하였다. 화척·재인을 정착 농민으로 만들고자 한 조선왕조의 정책은 그리 성공적이지 않았다. 일반 농민들은 그들을 이종으로 간주하고 그들을 용납하려 하지 않았다. 그 수가 실로 적지 않았는지, 1473년 왕조실록의 한 기사는 재인의 수가 평민의 1/4 내지 1/3이나 된다고 하였다.[108] 그들은 점차 품관 등 지방세력의 예속인으로 점유되었다. 1512년 실록의 한 기사는 전라도 남원부에서 신백정이 2,000명이나 되는데, 모두 품관에 포섭된 예속인

107 濱中昇(1997),「高麗末期·朝鮮初期の禾尺·才人」,『朝鮮文化紀要』4, 東京大學 文學部 朝鮮文化硏究室, 47~72쪽.

108 "其才人居一邑之數 較諸平民 或三分之一 或四分之一"(『成宗實錄』4年 12月 甲戌).

으로서 한 울타리 안에 30~40명 또는 50~60명이나 된다고 하였다.[109]

1528년에 작성된 경상도 안동부 부북면 주촌周村 호적의 단편이 전하고 있다. 거기에 등록된 82명의 인구 가운데 9명이 신백정이다. 그 중의 2명은 양반가의 노와 결혼한 신백정의 딸이다.[110] 이후 1606년의 경상도 산음현 호적에서도 노비의 부모 가운데 백정인 자가 다수 확인되고 있다. 이로부터 화척·재인의 무리가 신백정으로 정착하는 과정에서 품관 등 세력가의 예속인으로 떨어지고, 그들의 자녀가 세력가의 노비와 결혼하고, 다시 그들의 자녀가 세력가의 노비로 지배되는 일련의 과정을 연상할 수 있다. 15~16세기 인구의 30~40%가 노비신분으로 편입되었던 가장 크고 넓은 길은 이와 같았다.

노비와 화척·재인과의 결합은 노비를 둘러싼 사회적 비천관을 심화시키는 데 기여하였다. 고려시대의 노비는 그리 심각하게 천시되지 않았다. 그들은 정치적으로 노비가 되었으며, 이에 정치적으로 해방될 수 있는 존재였다. 노비의 이름은 불교식으로서 그들의 사회적 인격이 건재하였음을 이야기해 주고 있다. 주인에 충직한 노는 개지介只, 곧 개의 이미지로 감각되었다. 그렇지만 조선시대가 되어 노비를 둘러싼 비천관념은 죽음과 같은 절망으로 바뀌었다. 노는 개가 아니라 개똥[介同 또는 介屎]에 비유되었다. 노비를 획득한 주인은 우선 그의 이름부터 바꾸었다. 그가 지닌 사회적 인격과 그에 상응한 인생의 기억을 말소하는 의례였다. 노의 이름은 개, 소, 말, 돼지 등 동물의 분뇨나 돌과 같은 무인격의 물상에 빗대어 지어졌다. 비의 이름은 태어난 달을 빌리거나 꽃과 같은 식물에 비유되었다.[111]

---

109 『中宗實錄』 7年 11月 甲戌, 9年 12月 丁未.

110 李榮薰·安承俊, 「1528年 安東府 府北 周村 戶籍斷片」, 『古文書硏究』 8, 129~146쪽.

111 金容晩(1997), 『朝鮮時代 私奴婢 硏究』, 集文堂, 47~51쪽.

입역노비와 납공노비

주인과의 관계에서 노비의 존재형태는 다양하였다. 우선 노비들은 그의 소속처에 따라 공노비公奴婢와 사노비私奴婢로 나뉘었다. 공노비는 중앙정부의 각사와 지방 군현에 소속된 노비를 말한다. 왕실의 재정을 관리하는 내수사와 궁방이 소유한 노비도 많았는데, 그들도 공노비에 속하였다. 사노비는 민간의 사가에 속한 노비이다. 노비의 주인은 양반신분에 국한되지 않고, 양인이나 심지어 같은 노비신분일 수도 있었다. 공노비든 사노비든 그들은 주인과의 관계에서 크게 입역노비立役奴婢와 납공노비納貢奴婢의 두 범주로 나뉘었다.[112]

입역노비는 소속 관청이나 주인가의 안팎 가까운 곳에 살면서 특정의 노역에 종사하는, 다시 말해 주인에 의해 그 노동력이 사역당하는 노비를 말한다. 노비가 종사한 노역은 취사, 청소, 세탁, 운반, 시목 채취, 주인의 배종 등과 같은 가사노동과 가작, 작개, 양잠, 직포 등의 생산노동에 걸쳐 실로 다양하였다. 그 대가로 그들은 주인으로부터 의식주의 각종 생활자료를 지급받았다. 입역노비는 주인에 의해 사역당하고 또 주인에 의해 급양된다는 점에서 노예奴隸라는 범주에 속한다고 해도 좋을 존재이다.

다른 한편 납공노비는 소속 관청이나 주인가로부터 멀리 떨어진 곳에 자신의 집과 가족과 토지를 보유한 독립적 농민으로 존재하였다. 납공노비는 그들의 소유지나 경작지에 대해 국가가 부과하는 조부租賦를 부담하였다. 그럼에도 그들이 노비인 것은 그 인신이 주인의 재산으로 매여 있기 때문이다. 그 이유로 그들은 국가가 일반 양인의 인신에 부과하는 양역에서 제외되었다. 그 대신 그들은 매년 일정 양의 신공身貢을 주인에게 바쳐야 했다. 신공의 양은 관례적으로 노라면 연간 면포 2필, 비라면 1.5필이었다. 물목은 반드시 면포만이 아니라 납공노비가 처한 상황에 따

112 李榮薰(1998), 「한국사에 있어서 奴婢制의 추이와 성격」, 『노비·농노·노예 ─ 隷屬民의 比較史 ─』, 385쪽.

라 농산물, 해산물, 임산물 등으로 다양하였다. 양인의 양역 부담이 연간 면포 2필이므로, 노의 신공 부담은 대개 양역과 같았다. 노가 사적 예속인이라면, 양인은 공적 예속인이었다. 노비신분의 경우, 노의 신공보다 적은 양이긴 했지만 비의 신공이 강요되었다. 그 점에서 양인 여자의 양역 부담이 없음과 달랐다. 여인의 몸으로부터 공물을 수취했음은 조선왕조가 영위한 노비 신분제의 가장 고약한 인간 예종을 상징하였다.

납공노비는 14세기 고려 말기에 번창한 사원노비에 그 기원이 있다.[113] 사원은 조부의 수탈을 피해 몸을 의탁한 농민들을 노비로 맞아들였다. 사원은 보호의 대가로서 연간 정액의 공물을 수취하였다. 조선왕조가 들어서자 이들 사원노비는 공노비로 몰수되었으며, 1392년 그 수가 전국적으로 8만 명을 헤아렸다. 연후에 이들 공노비는 왕실과 공신과 양반관료의 노비로 분배되었다. 이 같은 역사적 유래로 인해 납공노비는 여러 지방에 분산적으로 분포하였다. 예컨대 앞서 소개한 홍문관 부제학 이맹현李孟賢의 758구 노비는 함경도에서 전라도에 이르는 72개 군현에 골고루 분포하였다.[114] 왕실과 관료들이 이들 납공노비로부터 신공을 수취할 수 있었던 것은 지방관의 적극적인 지원이 있었기 때문이다. 이러한 이유로 납공노비의 주요 보유자는 한성의 왕실과 고급관료들이었다. 무관無官의 농촌양반에게는 납공노비가 그리 많지 않았는데, 그것은 신공을 수취할 수 있는 강제력의 확보가 어려웠기 때문이다. 납공노비의 계급적 성격은 노예라기보다 인격의 일부가 주인에 예속된 예농隷農이라고 할 수 있다.

전 노비 가운데 납공노비의 비중이 어느 정도였는지는 정보가 부족하여 확실히 이야기하기 힘들다. 1606년 경상도 단성현 호적에서 중앙 각사나 왕실에 속한 납공노비의 비중은 전 노비 가운데 13%에 불과한데, 1609년

---

113 林英正(1973), 「朝鮮初期 公賤에 대한 一硏究 — 外居奴婢의 成立을 中心으로 —」, 『史學硏究』 23, 23~60쪽.

114 文叔子(2004), 『조선시대 재산상속과 가족』, 191~193쪽.

울산부 호적에서는 48%의 높은 비중을 차지하였다.[115]

일반적으로 말해 노비는 그의 가족을 보유하였다. 경상도 북부지방 양반가의 상속문서에 헤아려지는 총 3,308구의 노비 가운데 65%는 부부와 그들의 자녀로 이루어진 단혼가족이거나 부-자-손의 3대로 이루어진 직계가족에 속하였다. 나머지 35%는 단신으로 가족을 이루지 못하거나 형제 내지 방계친족과의 결합으로서 불완전 형태의 가족이었다. 노비의 가족형태는 입역노비인가 납공노비인가에 따라 크게 달랐다. 주인에 의해 직접 사역되는 입역노비의 가족형태는 일반적으로 불완전하였으며, 대조적으로 납공노비의 가족형태는 보다 완전하였다. 그 외에 주인이 보유한 노비재산의 규모, 상속자의 수에 따른 분할상속의 정도, 상속 이후 다음 상속까지의 기간의 길이 등, 여러 가지 요인이 노비의 가족형태에 영향을 미쳤다.[116]

주인의 노비 지배는 가족이 아니라 개별 인신을 대상으로 하였다. 상속자의 수가 1~2명일 경우는 그렇지 않지만, 3~4명이나 그 이상일 경우 노비 가족은 여러 상이한 상속자의 소유로 해체됨이 보통이었다. 이에 노비 가족이 대를 물리면서 어느 주인에 소속하는 경우는 일반적으로 드물었다. 16~17세기 경상도 안동부의 이씨 양반가에서 노비의 상속은 평균 29년만에 한 번씩 이루어졌는데, 어느 노비나 그의 자손이 다음 상속에서 확인되는 정도는 평균 38%였다.[117] 다시 말해 어느 노비 가족이 2대에 걸쳐 동일 주인에 속할 확률은 10~20%에 불과하였다. 일반적으로 말해 노비 가족이 건재한 것은 주인집의 상속이 이루어지기 전까지이며, 상속이 있게 되면 대부분의 노비 가족은 이리저리 찢어졌다. 대다수의 노비

115 李榮薰(1998), 「한국사에 있어서 奴婢制의 추이와 성격」, 『노비·농노·노예 — 隷屬民의 比較史 —』, 392~393쪽.

116 李榮薰(1987), 「古文書를 통해 본 朝鮮前期 奴婢의 經濟的 性格」, 『韓國史學』 9, 118~130쪽. 文叔子(2008), 「16~17세기 兩班家 노비 가족의 존재형태」, 『古文書研究』 32, 147~173쪽.

117 文叔子(2008), 「16~17세기 兩班家 노비 가족의 존재형태」, 『古文書研究』 32, 162~168쪽.

는 도망을 준비 중이었으며, 도망을 결행한 노비는 일상적으로 전체 노비의 30~40%나 되었다. 양반가의 노비 지배는 그 가혹성에 어울리지 않게 허술한 구석이 있었다. 그럼에도 양반가의 노비재산은 17세기 말까지 줄지 않았다. 그만큼 양역을 감당할 수 없어 노비신분으로 떨어지는 하층 농민의 무리가 많았던 것이다.

노예제사회인가

세계사의 여러 지역과 시대에서 성립한 노예제에 관한 연구로 유명한 패터슨O. Patterson은 고려왕조와 조선왕조를 노예제사회slavery society의 모범적 사례로 평가하고 있다. 그는 노예가 출생에 의해 신분을 세습하는 여러 가지 방식 가운데 가장 가혹한 것으로서 부모의 어느 한 쪽이 노예이면 그 자식이 죄다 노예가 되는 방식을 들고서는 고대 중국에서 그 기원을 찾았다. 그런데 패터슨은 중국사에서 이 방식은 실태와 큰 괴리를 지녀서 노예가 출생에 의해 신분이 결정되는 강제력은 매우 약했으며, 오히려 인근의 고려와 조선에서 이 방식이 훌륭하게 적용된 예를 본다고 하였다.[118]

미국의 역사학자들이 한국의 전통사회를 노예제사회의 전형으로 간주하는 이유는 다음의 세 가지이다. 첫째 노비는 주인의 재산으로서 매매와 상속의 대상이며, 법적으로 주인에게 생사여탈권이 잡힌 무권리의 존재였다. 그러한 존재는 세계사적으로 노예이다. 둘째, 그러한 노비가 전체 인구의 30% 이상을 차지하였다. 고전고대의 그리스·로마 또는 남북전쟁 이전의 미국남부와 같은 전형적 노예제사회에서 노예의 인구비중은 대개 그 정도였다. 셋째, 그러한 노비의 노동을 이용하는 생산양식이 10~18세

118 Orlando Patterson(1982), *Slavery and Social Death: A Comparative Study*, Harvard University Press, pp.141~144.

기 한국사에서 가장 중요한 생산양식을 이루었다.[119]

10~14세기 고려시대에 노비의 인구비중이 30% 이상이라는 주장은 그에 합당한 실증적 근거를 갖추지 못한 선입견에 불과하다. 나는 제4장에서 고려시대 노비의 인구비중에 관해 기껏해야 3~4%에 불과하며, 아무리 많이 잡아도 10%를 넘을 수 없다고 지적하였다. 그렇다면 노비의 인구비중이 30~40%로 증가한 15~17세기 조선시대는 노예제사회인가. 노비 가운데 주인에 의해 사역되고 급양되는 입역노비가 세계사적으로 노예의 범주에 속함은 부정하기 힘든 일이다. 조선시대가 되어 전체 사회구성에 있어서 노예제 범주가 대폭 확장했음은 어김없는 사실이다.

그렇지만 조선시대의 노비 가운데는 주인가와 떨어져 자신의 가족과 토지를 보유한 납공노비의 범주가 있었다. 납공노비의 토지는 법적으로 그들의 소유였다. 주인이 납공노비의 재산에 대해 권리를 행사하는 것은 그들이 상속자가 없이 죽을 경우에 한하였다. 납공노비는 그들의 토지에 부과된 조세와 공물을 조선왕조에 납부하였다. 그에 관한 한 납공노비는 일반 양인농민과 마찬가지로 공민이었다. 납공노비는 그 인신이 주인의 재산으로 매인 예속인이긴 하지만, 동시에 국가에 대해 공적 부담을 지는 공적 존재이기도 하였다. 토지와 인구를 별개의 자원으로 지배한 조선왕조 고유의 지배체제가 이 같은 반공반사半公半私의 특이한 범주를 배출하였다. 어쨌든 납공노비를 노예의 범주로 온전히 귀속시키기는 곤란하다. 전체 노비 가운데 납공노비의 비중이 얼마인지는 확언하기 힘들지만, 이들을 제외한 입역노비만으로 노예제사회의 성립요건인 노예의 인구비중 30%를 충족시킬 수 있을지는 의심스러운 일이다.

119 한국의 전통사회를 노예제사회로 간주하는 대표적인 연구로서는 다음을 참조.
James B. Palais(1996), *Confucian Statecraft and Korean Institutions: Yu Hyŏngwŏn and the Late Chosŏn Dynasty*, University of Washington Press.
James B. Palais(1998), *Views on Korean Social History*, Institute for Modern Korean Studies, Yonsei University.

노예제 생산양식이 지배적 생산양식을 이루었다는 주장도 몇 가지 잘못된 선입견에 기초한 것이다. 15~17세기 조선시대에 노예제 생산양식이 있었다면, 주인이 입역노비를 사역하는 가작家作 농업이 그에 해당한다. 그런데 과연 가작이 동시대의 지배적 생산양식이었을까. 이 같은 가설을 논박하기는 어렵지 않다. 동시대의 가장 중요한 생산양식은 조선왕조와 전부佃夫와의 관계였다. 국가가 전국의 토지를 국전國田으로 지배하고 일반 백성이 그 토지를 차경하면서 조세와 공물을 납부하는 관계야말로 동시대의 가장 규정적인 생산관계를 이루었다. 그 사회가 생산한 잉여의 총량 가운데 이 같은 국가적 농노제랄까 국가적 공납제를 통해 수취되고 처분되는 잉여가 지배적 비중을 점하였다. 양반가의 가작 농업도 조선왕조에 조세와 공물을 부담하였다. 토지와 인구를 이원적으로 지배한 조선왕조는 토지의 소유자가 누구인지 묻지 않고 모든 토지에 대해 조세와 공물을 부과하였다. 종래 조선왕조는 양반관료의 토지에 대해 조세를 면제했다는 이해가 널리 유포되어 왔다. 이 이야기는 수조지인 사전私田에 대해서는 옳지만, 15세기 이후 그와 별도의 차원에서 성립한 양반관료의 사유지에 대해서는 타당하지 않다. 다시 말해 양반가의 가작 농업도 일반 양인과 마찬가지로 조선왕조의 전부佃夫 지배체제에 포섭되었다. 이 같은 국가체제의 구조에서 가작이라는 노예제 생산양식이 지배적 생산양식의 지위에 오를 수는 없다. 앞서 소개한 대로 가작 이외에 병작幷作이라는 생산양식이 있었는데, 그것 역시 마찬가지이다.[120]

어느 사회가 노예제사회인가 여부를 둘러싸고서는 위와 같은 법제적,

---

120 고려와 조선을 奴隸制社會라고 주장한 제임스 팔레는 이 시대의 지배적 생산양식을 가리켜 '韓國的 生産樣式'이라 규정하였다. 팔레는 10~18세기 한국사에서 1) 토지는 개인의 사유재산이며, 2) 양반관료의 대토지소유는 지주-소작관계로 경영되며, 3) 소작농은 양반관료의 노비이며, 4) 노비는 노예이며, 5) 그러한 '한국적 생산양식'이 동시대의 지배적 생산양식을 이루기 때문에 동시대는 노예제사회라는 주장을 펼쳤다. 이 책의 여기까지의 서술에서 명확하듯이 위의 5가지 근거 가운데 내가 수긍할 수 있는 것은 하나도 없다.

경제적 평가를 넘어 사회적, 문화적, 국제환경적 조건을 종합적으로 고찰할 필요가 있다.[121] 진정한 노예제사회의 노예는 먼 이방에서 끌려왔거나 내부에서 추방된 자들로서 자신의 공동체를 상실한 자들이다. 그들은 이미 사회적 인격이 죽은 자들로서 그에 상응하는 각종 상징과 심리로 지배되는 존재이다.[122] 노예제사회의 이 같은 문화적 특질을 조선사회에서 찾아내기란 어려운 일이다. 앞서 소개했듯이 노비를 비천시하는 사회적 관념이 발달한 것은 사실이지만, 노비들의 사회적 인격을 완전히 박탈할 정도는 아니었다. 무엇보다 양인과의 경계가 애매하였다. 노비와 양인은 자유롭게 결혼하였다. 보다 정확히 말해 노비는 주인에 의해 양인과의 결혼을 강요받았으며, 국가도 그것을 공인하였다.

나아가 노비를 양인과 차별하는 사회적 상징도 발달하지 않았다. 예컨대 조선왕조는 양반관료와 양인의 복식을 차별하였지만, 양인과 노비를 차별하는 복식을 만들어내지는 않았다. 노비와 양인은 겉모양에서 쉽사리 구분되지 않았다. 비록 노비의 이름이 심하게 천한 형태이긴 했지만, 양인의 이름도 그러한 경우가 적지 않았다. 요컨대 조선시대의 노비들에게 그들이 사회적으로 죽은 자라는 상징은 강요되지 않았다. 이러한 사회적, 문화적 환경은 노비들에게 도망의 기회를 일상적으로 제공하였다. 노비가 도망을 친 정도는 노비인구가 급속히 팽창한 15세기에서부터 줄곧 30~40%의 높은 수준에 머물렀다. 조선왕조의 노비 지배체제는 의외로 허술하였다.

고전고대의 그리스·로마나 남북전쟁 이전의 미국남부와 같은 진정한 노예제사회는 공통으로 국제적으로 발전된 시장과 상업적으로 경영된 대

---

121 이하 奴隷制社會說 비판과 관련해서는 다음의 논문을 참조.
李榮薰(1998),「朝鮮의 奴婢制 — 奴隷인가 農奴인가 —」, 조선시대사학회 편,『東洋 三國의 王權과 官僚制』, 國學資料院, 1998, 292~322쪽.
李榮薰(2010),「제임스 팔래의 奴隷制社會說 검토」,『한국문화』 52, 339~351쪽.

122 Orlando Patterson(1982), *Slavery and Social Death, A Comparative Study*, pp.35~76.

농장이라는 조건 위에서 성립하였다. 농장의 노동력을 자기 사회에서 확보할 수 없는 인구 조건도 노예제사회를 성립시킨 중요 조건이었다.[123] 진정한 노예제사회는 국제무역이 발달한 해양문명을 배경으로 하였다. 거기서 인구의 약 30%를 점한 노예들은 상업적으로 경영된 대농장에서 주인의 채찍하에서 집단적으로 사역당하였다. 노예는 문명 수준이 현격하게 떨어지는 다른 먼 지역에서 끌려옴이 보통이었다. 조선시대는 이 같은 국내외 조건이나 환경과 무관하였다. 해양을 무대로 한 국제무역은 없었다. 상업적으로 경영된 대농장도 없었다. 입역노비를 이용한 양반주의 농장은 식량과 가내공업의 원료를 확보하기 위한 자급경제의 일환으로 영위되었다. 이 같은 자급적인 농업경제에서 진정한 의미의 노예제사회가 성립하기 위해서는 생산노동의 50% 이상이 노예일 필요가 있다. 나는 자급적 농업사회로서 인구의 50% 이상이 노예인 사회는 논리적으로나 경험적으로 존재할 수 없다고 생각하고 있다.

우리는 매우 자주 언어의 부족으로 우리가 온전하게 이해하고자 하는 역사적 사실과 그것의 형식적 규정 사이에 좀처럼 매우기 힘든 간격間隔에 봉착한다. 조선시대의 노비nobi를 노예slave로 이해하고 그 시대를 노예제사회로 규정하는 것에는 이 같은 해결하기 힘든 고민이 자리 잡고 있다. 이전의 고려왕조는 왕도에 집결한 군사적 지배공동체가 전국의 1,000개 이상에 달하는 예속공동체를 지배하는 농노제 또는 공납제 국가였다. 예속공동체 내에는 또는 그 사이에는 고려왕조에 온전히 복속하지 않는 부류들이 존속하였다. 조선왕조는 이 같은 이류를 배제한, 전국을 관료제적 행정체제로 통합한, 영토국가였다. 고려에서 조선으로의 이행과정에서 인구와 토지를 이원적으로 지배하는 세계사적으로 매우 독특한 국가체제가 들어섰다. 공동체는 해체되었으며, 호戶로 불린 소규모 가족경

123 그리스·로마에 있어서 노예제사회의 성립 조건과 관련해서는 다음을 참조.
Moses I. Finley(1980), *Ancient Slavery and Modern Ideology*, New York: Viking Press, p.86.

영이 분출하였다. 조선왕조는 소규모 가족경영을 지배체제의 기초로 삼은 농노제 내지 공납제 국가였다. 조선왕조의 지배세력으로서 양반관료는 대규모 토지와 노비를 소유하였다. 조선왕조는 양반관료와 대립하면서 결탁하였다.[124] 그 같은 지배연합은 토지에 대해서는 소유자가 누구인지 묻지 않은 몰인격적 지배체제를, 인구에 대해서는 공적 예속의 양인과 사적 예속의 노비를 구분하는 지배체제를 창출하였다. 토지소유의 다과를 묻지 않은 채 개별 인신에 군역을 부과하는 지배체제는 원元 이류로서 하층 농민의 상당수를 노비신분으로 내몰았다. 나는 15~17세기의 노비제를 한국사 제2시대가 제3시대로 이행하는 과정에서 빚어낸 노예제 색채가 듬뿍 칠해진 사적 농노제로, 국가적 농노제의 전체 사회구성에서 부차적 지위를 점한, 그리하여 18세기 이후 국가체제의 재편 과정에서 해소되어 갔던, 과도적 범주로 이해하고 있다.

5. 경제체제와 사회

농본주의적 통합

조선왕조의 개창을 주도한 정치세력은 농본주의農本主義에 입각한 질박한 농업사회를 지향하였다. 그들은 중국 고대의 주례周禮를 국가체제의 이상으로 여겨 그에 기초한 일종의 농업사회주의적 개혁을 추진하였다. 조선왕조는 사치를 조장한다는 이유로 원 제국에 복속한 이래 활발히 전

---

124 조선시대의 社會構成을 국가와 양반관료의 상호보험적 결탁하에서 직접생산자 농민이 노예, 농노, 예농으로 유동하였던 구조로 파악한 연구로서는 다음의 두 저작이 선구적이다. 이들은 초기 연구로서 이론적으로나 실증적으로 補正되어야 할 점을 많이 안고 있지만, 조선사회를 조망하는 시각에서 여전히 유효한 시사를 풍부하게 안고 있다.
金錫亨(1957), 『朝鮮封建時代 農民의 階級構成』, 북한 과학원출판사.
金鴻植(1981), 『朝鮮時代 封建社會의 基本構造』, 博英社.

개된 민간무역을 금지하였다.[125] 중국과의 교역은 정부 주도의 조공·사행 무역으로만 행해지게 되었다. 중원의 새로운 주인 명은 바다를 통한 자유 항해와 무역을 금지하였다. 명의 쇄국정책은 조선왕조가 추구한 농본주의 경제체제에 걸맞는 국제환경을 이루었다. 민간무역을 금지한 조선왕조의 경제정책은 19세기 말까지 변함없이 이어졌으며, 장기적으로 경제가 심각하게 정체하는 중대한 원인을 제공하였다.

조선왕조는 명에 대한 조공품으로 금·은·칠기·비단·종이·전피氈皮 등을 바쳤으며, 그 대가로 비단·도자기·서적·약재 등을 수령하였다. 명의 강압적 요구로 말 4만 필과 소 2만 필이 공출된 적도 있었다. 금과 은은 조선의 부담이 커서 성종 대(1469~1494) 이후 조공품에서 제외되었다. 사행을 빙자한 상인들의 사무역은 엄하게 규제되었다. 일본과의 교역도 공무역의 형태로 이루어졌다. 조선왕조는 왜구를 종식시키는 데 협력한 일본 쓰시마對馬島의 영주 종씨宗氏와 진상과 회사回賜의 형식으로 무역을 하였다. 일본 측의 진상은 금·은·동·아연·유황 등의 광물과 향목·호초·상아象牙 등의 남방산품이며, 조선의 회사품은 쌀·저포·마포·면포·인삼·초피貂皮 등이었다. 1443년 무역의 규모는 연간 배 50척으로 약정되었다. 남해안에는 일본인의 거주가 허락된 3곳의 포浦가 있었으며, 무역은 주로 거기서 이루어졌다. 때때로 일본의 사행단이 한성까지 올라오기도 했다. 한성에는 명의 사신을 위한 태평관太平館, 일본의 사신을 위한 동평관東平館, 여진의 사신을 위한 북평관北平館이 설치되었다. 외국 사신들이 지참해 온 상품은 한성의 시전에서 교역되었다.

조선왕조는 대외무역만이 아니라 국내 상업도 억제하였다. 그에 따라 고려 이래로 군현의 읍저邑底에서 열리던 장시가 사라졌다. 그 대신 정부로부터 노인路引이란 증명서를 발급받은 행상이 상업을 담당하였다. 행상

---

125 須川英德(1997), 「高麗後期における商業政策の展開 ― 對外關係を中心に ―」, 『朝鮮文化紀要』 4, 34~39쪽.

에는 육상과 선상의 두 부류가 있는데, 주로 한성의 상인들이었다. 그들은 매달 소정의 상세를 납부하고 노인을 발급 받아 전국을 무대로 상행위를 벌였다. 그들에 의해 내륙의 곡물과 연안의 어염이 교역되었으며, 농가의 비자급품으로서 철제 농구와 의료가 공급되었다.

국내외 시장이 억제된 가운데 가장 큰 물류를 형성한 것은 조선왕조의 현물재정이었다. 조선왕조는 조租·용庸·조調로 불린 3종의 세를 수취하였다.[126] 조租는 논에서는 쌀을, 밭에서는 콩을 수확의 1/20율로 수취하는 것을 말한다. 군현에 따라서는 조를 면포, 마포, 저포로 대납하기도 했다. 1결당 조의 양은 20두인데, 앞서 소개한 대로 매년의 작황을 9등으로 구분하여 최고 20두에서 최하 4두까지를 수취하였다. 조調는 외방의 군현이 왕실을 받듦에 있어서 지방의 특산물을 헌상한다는 취지로 수취된 공물을 말한다. 중앙정부는 각 군현마다 그의 특산물과 연간의 상납량이 적힌 공안貢案을 작성하였다. 공물의 종류는 다양하였다. 세종 대에 경상도 지방에서 부담한 공물의 종류는 창槍, 각궁角弓 등의 병기를 비롯하여 철鐵, 수피獸皮, 석자席子, 포물布物, 해산海產, 과물果物, 약재藥材에 이르기까지 모두 59종에 달하였다.[127] 공물은 8결의 토지를 단위로 해서 징수되었다. 8결의 토지를 가리켜서는 주비라 했는데, 보다 자세하게는 뒤에서 설명할 예정이다. 물종에 따라서는 지방관이 농민을 동원하여 재배하기도 했으며, 특정 호를 지정하여 조를 면제해 주고 공물을 채취하거나 제작하게 하기도 했다. 이외에 군현은 성곽·도로·교량의 수축과 조세·공물의 수취와 운반 등, 여러 가지 필요에서 농민의 노동력을 동원하였는데, 이를 가리켜 요역徭役이라고 하였다. 요역의 징발도 8결의 토지를 단위로

---

126 조선왕조의 지배세력은 중국의 唐을 모범으로 하여 그의 수취체제를 구축하였다. 그런 연유에서 그들은 조선왕조의 3稅를 즐겨 '租庸調'라고 불렀다. 이전 제2시대의 두 왕조는 그 말을 알지 못했다. 『高麗史』에 租庸調라는 말이 1회 등장하는데, 조선 초기의 편찬자들이 고려왕조의 수취를 해설하는 취지로 삽입한 것이다.

127 田川孝三(1964), 『李朝貢納制の研究』, 東洋文庫, 8~9쪽.

하였다. 공물과 요역의 수취 기준이나 방식은 동일했으며, 이에 요역도 크게 말해 조調의 범주에 속하였다.

조선왕조는 토지로부터의 조租와 조調를 넘어 개별 인신을 대상으로 역을 수취하였다. 그것이 용庸이다. 조선왕조는 제2시대의 고려왕조와 달리 토지의 다과를 묻지 않고 백성의 인신 그 자체를 지배의 자원으로 삼았다. 모든 16~60세의 성인 남자는 양과 천으로 신분이 구별되고, 그에 상응하는 신역을 졌다. 천인에게는 노와 비의 역이 강요되었다. 양인에게는 관료, 향리, 역리, 군인, 장인匠人, 상인 등의 직과 역이 부과되었다. 군인의 역은 앞서 소개하였기에 여기서는 장인의 역에 대해 설명한다.

조선왕조는 전국의 장인을 등록시켜 업종과 작업장의 규모에 따라 차등을 두어 저화, 미米, 포布, 철鐵을 장인세로 수취하였다. 그 위에 숙련된 장인들을 선발하여 중앙정부의 각사와 지방의 도·군현에 소속시키고 각 기관이 필요로 하는 물품을 제작하는 역을 부과하였다. 지정된 장인들은 2교대 또는 3교대로 대개 6개월간 관청에 설치된 작업장에서 노동을 해야 하였다.[128] 입역의 기간에는 장인세가 면제되었다. 중앙정부의 30개 기관에는 도합 128종의 2,823명에 달하는 장인들이 배속되었다. 그 가운데 군기시軍器寺가 644명의 가장 많은 장인을 보유하였는데, 무구武具 제작과 관련된 야장冶匠, 연장鍊匠, 시인矢人이 그 중심을 이루었다. 그 다음이 궁중의 의료를 생산한 상의원尙衣院으로서 579명이었다. 그 가운데는 비단을 짜는 능라장綾羅匠이 105명으로서 가장 많았다. 지방의 도와 군현에는 도합 27종의 3,605명의 장인이 배속되었는데 지장紙匠, 야장冶匠, 석장席匠 등이 중심을 이루었다. 이 같은 관영수공업의 원재료는 전술한 공물의 수취로 확보되었다. 조선왕조가 영위한 방대한 규모의 관영수공업은 공산품의 상업적 생산과 유통을 배제한 점에서 조선왕조의 농본주

128 姜萬吉(1981), 「手工業」, 『한국사』 10, 국사편찬위원회, 355~376쪽.

의적 지향을 충실하게 대변하였다.

조선왕조의 왕도 한성부漢城府에는 부민의 생활 자료를 공급하기 위한 공영시장으로서 시전市廛이 개설되었다. 한성부의 중심가 좌우에는 1430년대까지 도합 2,000여 간의 공랑公廊이 건설되었는데, 여기에 고려의 개경에서 옮겨온 상인들이 입주하였다. 상인들은 공랑 1간에 봄·가을로 저화 20장의 세를 냈다. 상인들은 정부의 명에 따라 상품을 조달했는데, 그에 대해서는 가격이 지불되었다. 중국에 가는 사행단이 지참하는 조공품도 시전에서 조달되었다. 시전의 상인들은 국장國葬에 동원되는 등, 여러 잡역을 부담하기도 하였다.[129] 그러나 시전상인의 권리와 부담이 종합적인 체계를 갖춘 것은 아니었다. 17~19세기에 성립하는 특권적 시전체제는 15~16세기에는 아직 존재하지 않았다. 1430년대에 한성부 성내와 성저 10리의 인구는 2만여 호에 약 11만 명 정도였다.[130] 고려왕조의 개경에 비해 일층 작은 규모이다. 조선왕조의 한성부는 개경과 같은 군사·귀족국가의 지배공동체가 아니라 농본주의 국가의 행정도시였다.

조선왕조는 저화楮貨와 동전銅錢의 유통을 시도했지만 성공하지 못하였다. 1401년 태종은 기존의 포화布貨를 금지하고 지폐인 저화를 발행했으나 3년 뒤 이를 중지하였다. 정부의 강요에도 불구하고 그 태환성을 보장할 만큼 정부가 방출하는 재화의 양이 많지 않았기 때문이다. 1410년 태종은 다시 저화를 발행하고 그 유통에 상당한 의욕을 표했지만 역시 실패하였다. 저화는 세종 대에 이르러 다시 발행되지만, 상세商稅나 장인세匠人稅 등의 수취에서나 소량이 통용되다가 16세기에 들어 소멸하였다. 1415년 태종은 저화의 보조화로서 조선통보朝鮮通寶라는 동전을 발행했으나 주전량이 많지 않아 보편적 유통에 실패하였다.[131] 민간에서 일반적

129 朴平植(1999), 『朝鮮前期商業史硏究』, 지식산업사, 89~93쪽.

130 朴平植(1999), 『朝鮮前期商業史硏究』, 94쪽.

131 崔虎鎭(1974), 『韓國貨幣小史』, 瑞文堂, 55~75쪽.

으로 통용된 화폐는 여전히 미와 포의 현물화폐였다.

조선왕조의 농본주의적 지향은 흉년에 농민을 구휼하는 의창義倉의 운영으로 나타났다. 1389년 개혁파 정치세력은 고려왕조의 의창제도를 복구하였다. 그들은 귀족세력의 사전을 몰수한 뒤, 거기서 나오는 조를 기곡基穀으로 하여 각 군현에 의창을 설치하였다. 이후 조선왕조는 1416년까지 도합 37회나 의창의 문을 열었다.[132] 대여된 곡식은 좀처럼 회수되지 않았으며, 이에 늘 기곡의 부족 문제가 왕조를 괴롭혔다. 의창의 운영이 본격화하는 것은 1423년 세종이 군자곡軍資穀 107만 석을 각 군현의 의창에 이속한 뒤부터이다. 의창곡은 농량과 종자를 위해 무이자로 분급했다가 회수하는 환자[還上]와 흉년에 무상으로 지급하는 진제賑濟의 두 가지 방식으로 운영되었다. 1448년에는 또 한 차례 대규모 군자곡이 의창에 이속되어 기곡이 총 240만 석에 달하였다. 농업생산력의 발전, 그에 따른 조세 수입의 풍족, 왕조 초기 근검풍勤儉風의 재정운영이 그 같은 군자곡의 대량 비축과 이속을 가능케 하였다. 조선왕조의 의창제는 농가경제의 안정화에 기여하였다. 1464년 왕조실록의 한 기사는 백성들이 추수곡으로 술과 음식을 풍족히 먹은 뒤 봄이면 의례히 의창곡에 의지하는 문제점을 지적하고 있다.[133] 비록 시속의 병폐를 지적한 기사이긴 하지만, 이로부터 조선왕조의 의창제가 농가경제의 재생산에 상수로 역할을 하였음을 이야기해 주고 있다.

또한 왕조 초기의 군왕들은 권농정책에 각별한 성의를 기울였다. 그들은 농지의 개간과 수리시설의 확충과 농우의 보급을 장려하였다. 특히 양반관료의 이해를 누르면서 각종 개혁을 강행한 세조는 권농의 모범을 보인 군왕이었다. 그는 왕실의 종친과 고급관료들에게 품계에 따라 일정 규

132 菅野修一(1994), 「朝鮮朝初期における義倉制の開始 — 國家の賑恤政策と烟戸米法 —」, 『朝鮮學報』 153, 4~13쪽.

133 『世祖實錄』 10年 2月 甲午.

모 이상의 토지를 개간하도록 강제했으며, 그 실적을 평가하여 상벌을 주었다. 또한 전국의 모든 호에게 호등戶等에 따라 일정 수 이상의 소, 말, 돼지를 사육할 것과 일정 그루 이상의 뽕나무를 심도록 강제하였다. 그는 관우官牛를 농민에 대여하여 개간케 했으며, 개간지에 대해서는 2년간 면세의 혜택을 베풀었다. 그는 신뢰하는 신하를 전국에 파견하여 무너진 제언을 수축했으며, 그 자신 스스로 한성 근교에 나가 보洑를 개설하는 모범을 보이기도 하였다. 그는 의창곡을 종자 용도로 지급함에 있어서 그것이 농가의 식량으로 허비되지 않도록 파종일에 임박하여 창고의 문을 열었다. 군왕이 그렇게까지 백성의 살림살이에 깊숙이 개입한 것은 전무후무하였다.

공물·선물경제의 확장

조선왕조의 재정·군사체제는 15세기 후반의 성종 대를 경과하면서 양반관료의 이해관계를 관철하는 형태로 재편되어 갔다. 창업기의 왕조를 관철한 질박한 국풍은 사라지고, 대규모 토지와 노비를 소유한 양반사회의 귀족풍이 온 나라를 뒤덮기 시작하였다. 중앙정치는 성리학적 교의와 명분을 극단적으로 추구한 사림士林이라 불리는 신진 관료집단에 의해 주도되었다. 앞서 소개한 대로 양반사회의 이해관계는 토지와 노비를 군역의 부과 대상으로 삼았던 세조의 보법保法을 수정하는 과정에서 극명하게 관철되었다. 토지와 노비는 군역에서 제외되었다. 또한 재정수입의 근간을 이룬 조의 수준이 내려가기 시작하였다. 1결당 조의 양은 작황에 따라 상상년 20두에서 하하년 4두까지인데, 15세기 말에 이르러 작황의 변동과 무관하게 하중년 6두 또는 하하년 4두로 고정되었다. 세종이 고안한 연분9등의 복잡한 조세제도는 결국 대토지를 소유한 양반관료의 이해관계에 따라 슬슬 폐기되고 말았다.

조의 부담이 줄어드는 대신, 공물의 부담이 늘어났다. 왕조실록은 이미 세조 대에 중앙정부 재정수입의 6할이 공물이라고 하였다.[134] 원래 외방의 군현이 왕실을 받든다는 취지에서 생겨난 공물은 백성의 큰 부담이 아니었다. 공물의 부담이 부쩍 증가한 것은 방탕한 궁중생활로 유명한 연산군燕山君 대(1494~1506)의 일로 알려져 있다. 그 기간에 정부 창고에 풍족히 비축되어 온 각종 물자가 고갈되고, 궁중의 사치적 소비를 지탱하기 위한 공물의 수취가 크게 증가했다고 한다. 그렇지만 재정제도의 큰 변화가 어느 군왕의 개인적 취향에 기인했다고 볼 수는 없다. 연산군을 타도한 양반관료들이 그들의 쿠데타를 정당화하기 위해 지어낸 허위의 명분일 수도 있다.

조의 감소와 공물의 증가는 추세를 같이 하였다. 후술하겠지만, 공물의 수취는 반드시 토지의 다과를 기준으로 삼지 않았다. 결과적으로 조세의 감소와 공물의 증가는 대토지를 소유한 양반신분에 유리하였다. 그만큼 일반 농민의 부담은 무거워졌다. 공물의 증가는 그에 상응하는 유통경제를 발달시켰다. 우선 상인들의 방납防納 활동이 왕성하게 펼쳐졌다. 군현이 납부할 공물의 물목과 수량을 등록한 중앙정부의 공안貢案은 좀처럼 고쳐지지 않았다. 이에 군현은 관내에서 더 이상 생산되지 않은 공물을 상인에 의뢰하여 다른 지방에서 구입하여 대납하게 되는데, 그것을 가리켜 방납이라 하였다. 방납은 주로 한성의 대상인에 의해 이루어졌다. 그들은 권세가와 결탁하여 군현의 공물을 방납할 권리를 취득하였다. 군현의 지방관은 농민들로부터 미, 두, 포를 수취하여 방납의 대금을 지불하였는데, 그 과정에서 농민에 대한 수탈이 이루어졌다. 방납은 이미 세조 대부터 성행하였는데, "한 나라 부세賦稅의 절반이 부상대고富商大賈의 손에 부쳐져 있다"고 할 정도였다.[135]

다음, 지방관에 의한 곡물의 교역이 증대하였다. 조의 수입이 줄자 군

134 『世祖實錄』 10年 5月 庚辰.

135 朴平植(1999), 『朝鮮前期商業史研究』, 147쪽.

자곡軍資穀과 의창곡義倉穀의 보충에 문제가 생겼다. 이에 정부는 비축 중인 면포로써 지방의 미곡을 구입하여 군자곡과 의창곡을 보충하였다. 한성의 왕족, 권세가, 대상인들이 그 기회를 놓칠 리 없었다. 그들은 농촌에 소재한 그들의 농장에서 나온 곡물을 정부창고에 납부하고 정부로부터 넉넉한 보상을 받았다. 왕족이나 권세가가 직접 면포를 들고 지방으로 내려가 미곡을 매집하여 지방관에 납부한 다음, 경창京倉에서 유리한 가격으로 그 대가를 받기도 하였다.[136] 이같이 재정적 물류에 편승한 미곡의 지방간 거래는 한성의 권세가와 대상인에게 엄청난 부를 안겨다 주었다.

그에 따라 전국 도처에 권세가의 농장이 건설되었다.[137] 농장의 소출은 곡물의 원격지 교역에 활용되었을 뿐 아니라, 지방 농민들을 대상으로 한 고리대의 밑천이 되기도 하였다. 국가에 의한 의창곡의 분급은 점점 그 기능을 상실해 갔으며, 16세기가 되어선 군현에 따라 기곡의 부족으로 그 운영이 정지되기도 하였다. 그 공백을 메우면서 권세가의 농장과 고리대가 팽창하였다. 성종 대의 왕조실록은 그에 대해 "지금의 고관으로 녹을 후히 받는 자들이 모두 장리長利를 놓아 더욱 부유해져 그 농장이 산야에 두루 널리고 쌓아 둔 곡식이 군현에 버금갈 지경이다"라고 하였다.[138] 그에 따라 양인 농민이 몰락하고 노비 인구가 팽창하였다.

이 같은 사회·경제의 추세는 대중, 대일 무역이 활성화함에 따라 더욱 왕성해졌다. 15세기 말 3포에 거주하는 일본인은 3,000명이 넘었다. 1503년 연은분리법鉛銀分離法이 개발되면서 평안도 단천 일대의 연鉛 산지에서 은銀이 생산되기 시작하였다. 조선왕조는 명이 은을 공물로 요구할 것을 걱정하여 은의 채굴에 소극적이었지만, 대상인의 지원을 받은 민간의 사사로운 채굴을 막을 수는 없었다. 그에 따라 증산된 은이 무역의 결제

136 朴平植(1999),『朝鮮前期商業史研究』, 255~260쪽.

137 周藤吉之(1934),「麗末鮮初に於ける農莊に就いて」,『青丘學叢』17, 1~80쪽.

138『成宗實錄』5年 潤6月 辛丑.

자금으로 활용되면서 대중 무역이 활성화되었다.[139] 조선에서 개발된 연은분리법은 일본으로 전파되어 일본의 은 생산을 자극하였다. 이후 일본은 신대륙에 이어 세계 제2의 은산국銀産國이 되었다. 조선의 상인들은 정부의 규제에도 불구하고 대량의 면포를 일본에 밀수출하여 일본은을 벌어들였으며, 이는 중국에서 비단을 수입하는 무역을 활성화하였다. 중국과의 사행무역에서 금지되어 온 사무역도 성종 대 이래 공공연히 행해졌는데, 일본은이 유입되자 더욱 그러하였다. 중종中宗 대(1506~1544)에 이르러 사행단이 비공식적으로 지참하는 은은 사행원 1명당 3,000냥을 내려가지 않은 지경이었다.[140]

일본은에 지지된 중국 물화의 대량 유입은 일대 사치풍조를 유발하였다. 16세기 조선의 지배층은 중국에서 수입된 사치품이 없이는 혼례를 치를 수 없을 지경이었다.[141] 사치풍조는 왕조와 양반관료의 공물 수취를 자극하였다. 왕조는 양인 농민들로부터, 양반관료는 그의 납공노비로부터 공물을 수취하였다. 공물의 과람한 수취는 지배세력이 여분의 공물을 선물로 교환하는 경제활동을 촉진하였다. 그렇게 성립한 선물경제膳物經濟는 16세기 조선왕조의 경제체제에서 적지 않은 비중을 차지하였다.

이문건李文楗(1494~1567)과 유희춘柳希春(1513~1577)이라는 두 관료가 남긴 일기는 당시의 사회·경제 실태를 생생하게 전하는 더 없이 유익한 자료이다. 이 두 일기는 그들의 사치스런 소비생활의 상당 부분이 그들이 소유한 납공노비와 왕조가 그들에게 할당한 양인 군정軍丁으로부터 수취하는 각종 공물로 충당되었음을 잘 보여 주고 있다. 그것 이상으로 중요

139 柳承宙(1993), 『朝鮮時代鑛業史硏究』, 고려대학교출판부, 130~141쪽.
韓相權(1983), 「16世紀 對中國 私貿易의 展開 — 銀貿易을 中心으로 —」, 『金哲埈博士華甲紀念史學論叢』, 知識産業社, 460~466쪽.

140 柳承宙(1993), 『朝鮮時代鑛業史硏究』, 151쪽.
朴平植(1999), 『朝鮮前期商業史硏究』, 124쪽.

141 "近來奢侈日甚 利源日開 至於婚事 非異土之物 擬不成禮 卿士大夫 爭尙奢華 厮隷下賤 亦用唐物"(『中宗實錄』 35年 7月 甲寅).

한 수입원은 혈연과 학연 등, 각종 연고로 맺어진 양반관료끼리 주고받는 선물이었다. 유희춘은 120개월 동안 무려 2,855회의 선물을 수취하였다. 일기의 기록이 비교적 충실한 66개월 동안의 선물 수취는 한 달에 평균 42회에 달하였다. 마찬가지로 이문건은 226개월 동안 6,346회의 선물을 수취하였다.[142] 선물의 종류는 곡물, 면포, 꿩, 닭, 고기, 조개, 반찬, 과일, 채소, 약재, 시초柴草 등 주요 생활자료에 두루 걸쳤으며, 그 양은 실로 방대하였다. 이 두 관료의 경제생활에서 시장거래는 거의 없었다. 필요한 생활자료의 대부분이 선물경제로 공급되었기 때문이다. 유희춘은 비교적 청빈한 관료로 알려진 인물이다. 그 사람의 경제생활이 이와 같았다면, 보통의 탐욕스런 관료가 어떠했는지는 짐작하기 어렵지 않다. 16세기의 왕조실록은 왕족과 권세가의 마당에 지방에서 올라오는 공물이 날마다 산을 이룰 지경이라고 하였다. 결코 빈말이 아니었으리라.

시장경제는 아직 미명未明의 지평 저 건너에 있었다. 전술한 대로 왕조의 성립과 함께 농촌에서 장시가 사라졌다. 장시는 성종 대에 이르러 전라도 연해 지역에서부터 다시 생겨났다. 중앙정부는 흉년에 굶주린 백성을 구휼하는 기능이 있다고 하여 장시의 발생을 묵인하였다. 이후 장시는 전국적 범위로 확산되었다. 장시는 처음에는 월 1~2회의 뜸한 빈도로 열렸는데, 16세기 말이 되면 5일마다 정기적으로 열리기도 하였다. 장시 사이의 긴밀한 네트워크는 아직 성립하지 않았다. 예컨대 16세기 말 충청도 홍산, 임천, 한산은 서로 인접한 군현이지만 매 1일과 6일의 같은 날에 장시를 열었다.[143] 이 같은 현상은 이들 장시를 하나의 시장권으로 하여 정기적으로 이동하는 상인들이 아직 출현하지 않은 실정을 이야기하고 있다. 장시는 주로 가난한 농민과 노비들이 출입하면서 남고 모자라는 생활

142 李成妊(1995),「16세기 朝鮮 兩班官僚의 仕宦과 그에 따른 收入—柳希春의 『眉巖日記』를 중심으로—」, 『歷史學報』 145, 124~131쪽.
李成妊(2005),「16세기 양반사회의 '膳物經濟'」, 『韓國史硏究』 130, 61쪽.

143 李憲昶(2003), 『韓國經濟通史』, 法文社, 116쪽.

자료를 상호 교환하는 장소로 기능하였다.

1592년 전국시대戰國時代를 끝낸 일본이 조선을 침략하였다. 전쟁 초기에 벌어진 조선왕조의 급격한 붕괴는 이 왕조의 백성 지배체제가 지닌 모순이 얼마나 심각했는지를 잘 보여주었다. 국왕과 지배세력이 떠난 한성의 왕궁은 노비들에 의해 불살라졌으며, 함경도로 피신한 왕자 일행은 지방민에 사로잡혀 일본군에 넘겨졌다. 일본군이 7년간 장기 주둔했던 남부지방에서는 왜복과 왜발을 하고 조선왕조가 다시 복귀할까 봐 걱정하는 백성들도 생겨났다. 그 전쟁을 방어하는 데 큰 공을 세운 유성룡柳成龍이 1596년 평안도에서 하층 양민과 노비를 모아 군대를 편성할 때 이루어진 신체검사의 기록이 전하고 있다.[144] 거기서 확인되는 연령별 평균신장은 40대가 7척尺 [illegible]촌寸 6분分, 30대가 7척 4촌 4분, 20대가 7척 2촌 3분이다. 젊을수록 키가 작아지는 추세는 16세기 중반 이래 평안도에서 하층 농민의 생활수준이 지속적으로 악화되었음을 이야기하고 있다. 지독한 모순의 조선왕조를 구원한 것은 그 왕조가 백성의 고혈로 공물을 올렸던 종주국 명明으로부터의 원조이었다.

주비

1471년 조선왕조는 '8결출1부八結出一夫'라는 이상한 결정을 내렸다.[145] 각종 요역을 수취함에 있어서 8결의 토지에서 1명을 징발한다는 내용이다. 이 규식은 1명을 징발하되 연간 6일을 초과할 수 없다는 단서 조건과 함께 『경국대전』에 실렸다. 앞서 소개한 대로 조선왕조는 양전을 함에 있어서 5결씩 토지를 구획하여 천자문 순서의 정호丁號를 붙였다. 8결은 이같은 양전의 방식과 무관하였다. 무엇 때문에 8결인가. 눈을 들어 고려시대를 보면 거기에 8결의 근거가 있음을 알게 된다. 전장에서 소개한 대

144 鄭求福(1994), 「1596年 平安道 鎭管官兵編伍册」, 『古文書硏究』 5, 129~174쪽.

145 "下役民式于戶曹 一應收稅田 每八結出一夫"(『成宗實錄』 2年 3月 壬申).

로 8결은 고려왕조의 백성 지배체제에서 기초 단위를 이룬 정호丁戶의 표준적 규모였다. 어느 들판을 공동으로 점유, 경작하는 세대복합체가 정호였다. 들판의 규모는 평균 8결과 평균 17결의 쌍봉형 분포였다. 각각 반정半丁과 족정足丁이라 하였다. 그 정호가 왕조가 바뀌고, 상이한 방식의 양전이 행해지고, 토지와 무관한 호구조사가 이루어지고, 개별 인신에 역이 부과되는 격동의 변화를 겪는 과정에서도 완전히 해체되지 않았다. 1471년의 '8결출1부'라는 역민식役民式은 농촌에서 오랫동안 존속해 온 농민의 공동체적 편성을 추인한 것에 다름 아니다.

8결을 가리켜 당시 사람들은 '矣'라고 쓰고 '주비'라고 일렀다. 矣라고 쓴 것은 원래 夫 위에 점을 찍은 자형인데, 그에 정확히 일치하는 한자가 없어서 가장 비슷한 형태를 취한 결과이다. 나는 조선왕조가 그의 백성을 전부佃夫로 칭하면서부터 그러한 차자借字 관행이 생기지 않았을까 추측한다. 여러 사람(夫)의 이름을 열거한 다음, 그들은 하나로 묶는다는 뜻으로 점을 찍은 모양이, 또는 그중의 한 사람을 대표로 지정하기 위해 점을 찍은 모양이 矣로서 곧 주비이다. 그러니까 주비는 일정한 규격으로 묶인 사람들, 혹은 그들의 대표라는 뜻이다. 주비의 대표를 가리켜 호수戶首라고도 하였다. 주비가 특정의 역을 수행하는 호로 의식되었기 때문이다.[146]

이문건은 중종中宗 대에 문과에 급제한 다음 벼슬이 정3품의 승문원판교承文院判校에 달한 사람으로서 1535년부터 1567년 죽을 때까지 하루하루의 일기를 남겼다. 1545년 사화士禍에 휘말려 경상도 성주로 유배되었으며, 거기서 죽었다. 성주에서 22년이나 이어진 그의 일기는 16세기 중반 군현의 지방행정과 농촌사회의 실태를 알리는 더 없이 훌륭한 사료이다. 이문건의 일기를 통해 우리는 지방행정의 기초 단위로서 주비의 역할이 얼마나 긴요하고 광범했는지를 비로소 알게 된다.

146 李榮薰(1980), 「朝鮮後期 八結作夫制에 대한 硏究」, 『韓國史硏究』 29, 80~82쪽.

이문건의 일기에 따르면 주비는 공물과 요역, 곧 조調의 수취 단위였다.[147] 환자[還上], 곧 의창곡을 풀고 거두는 단위이기도 하였다. 조租를 수취하고 운반하는 단위도 주비였다. 성주목이 중앙정부에 상납하는 공물은 대략 30여 종에 달하였다.[148] 그 가운데 일부는 주비에 부과되어 징수되었다. 고급 비단인 생주生紬가 그 대표적인 물목이다. 주비의 크기는 보통 8결이었다. 농가의 경지가 평균 1결이라면 8개 농가의 결합이 주비이다. 호수는 주비에 할당된 생주를 소속 농가에 할당하여 직조하거나 공동으로 직조한 다음, 기한에 맞추어 성주목에 납부하였다. 기한을 어긴 호수는 성주목에 끌려가 갇히거나 매를 맞았다. 주비에 할당되는 공물의 물목은 매년 일정하지 않았다. 예컨대 겁성劫成이란 사람이 호수인 주비는 1545년에는 꿀을, 그다음 해는 비단을, 그다음 해는 닥나무를 바쳤다. 주비의 농민을 동원하여 채취, 포획하는 공물도 있었다. 은어와 노루가 그 대표적인 물목이다. 해마다 성주목은 특정의 주비를 지정하여 은어잡이와 노루사냥에 나서게 하였다. 이문건의 일기는 그 시대에 국가가 얼마나 번거롭게 양인 농민을 동원하고 무거운 역을 지웠는지를 생생하게 전하고 있다. 조선왕조의 사회구성은 다른 무엇도 아닌 국가적 농노제 바로 그것이었다.

그 농노제적 지배체제에서 지배신분에 속하는 양반은 우대받는 위치에 있었다. 공물의 배정과 수취는 군현의 향리나 유향소에 의해 이루어졌다. 공물의 물종이나 가치는 너무나 다양했으며, 이에 매 주비에 공정

147 金炫榮(1999), 「조선시기 '士族支配體制論'의 새로운 전망－16세기 慶尙道 星州地方을 중심으로－」, 『韓國文化』 23, 171~172쪽.

148 이하 星州牧의 공물 수취와 주비에 관해서는 다음을 참조.
이성임(2009), 「16세기 지방 군현의 공물분정(貢物分定)과 수취－경상도 성주(星州)를 대상으로－」, 『역사와 현실』 72, 33~72쪽.
이성임(2012), 『16세기 양반 사족의 貢納制 참여 방식－李文健의 『默齋日記』를 중심으로－』, 『史學硏究』 105, 73~106쪽.
이성임(2013), 「16~17세기 '공역호'(貢役戶)와 호수(戶首)」, 『역사연구』 24, 105~122쪽.

하게 분배되기 힘들었다. 향리와 유향소는 양반이 속한 주비의 공물 부담을 재량으로 헐하게 해 주었다. 결과적으로 토지를 많이 소유한 양반호에 부과된 공물의 실질 부담은 상대적으로 가벼웠다. 또한 주비에 부과된 공물은 소속 농가에 불공정하게 분배되거나 과하게 수취되었다. 양반이 호수를 맡을 경우 그러한 폐단이 발생하였다. 예컨대 성주목은 이문건을 대우하여 그에게 여러 주비로부터 공물을 수취할 수 있는 권리를 부여하였다. 이문건의 노들은 성주목이 발행한 패지牌旨를 들고 여러 주비의 호수가 되어 성원들로부터 공물을 수취하였다. 관가에 납부하고 남은 것은 이문건의 소득이었다. 이런 식으로 주비의 내부에까지 신분 차별에 기초한 수탈의 촉수가 뻗치는 가운데 공동체로서 주비의 건강한 생명은 서서히 죽어가고 있었다.

향도

1657년 효종孝宗은 8결 주비를 가리켜 향도香徒라고 불렀다.[149] 향도란 원래 부처 미륵의 강신을 기원하는 신앙단체를 말하였다. 그래서 염불향도念佛香徒라고도 하였다. 고려시대에는 군현 자체가 하나의 향도로서 미륵의 강신을 기원하는 향나무를 땅에 묻고 비석을 세웠다. 조선시대가 되어 매향埋香의 주체는 리里로 바뀌었다. 조선왕조는 향도를 억압하였다. 왕조실록에 의하면 전국 곳곳의 마을에 향도가 있는데, 부모가 숨이 끊어지지도 않았는데 집 밖으로 옮기고, 부모가 죽으면 집을 헐어버리고, 장례일에는 이웃 사람들을 모아 술 마시고 노래 부르면서 조금도 애통해하는 바가 없으며, 화장을 하여 그 재를 뿌리면서 극락왕생을 기원하였다.[150] 유교적 인륜에서 도저히 용납할 수 없는 향도의 장례풍속은 왕조

149 "上曰 今見御史書啓 則監兵使營將 巡歷各官時 下人供饋 或徵於軍卒 或定於香徒八結云 良可駭也 未知此事何如耶"(『承政院日記』 孝宗8年 1月 7日).

150 『太祖實錄』 2年 11月 己巳, 7年 12月 辛未; 『世宗實錄』 11月 4月 己卯.

의 금압에도 불구하고 끈질기게 존속하였다. 1573년의 왕조실록은 "우리 나라의 풍속에 안으로는 한성에서 밖으로는 농촌 구석에까지 동린洞隣의 계契와 향도의 모임이 있어서 사사로이 약속을 체결하고 서로 단속한다"고 하였다.[151]

향도의 주요 기능은 불교식의 장례이지만 그에 그치지 않았다. 향도는 여러 가지 목적과 기능을 위한 '동린의 계'이기도 하였다. 리의 주민들은 그 계를 통해 다양한 목적의 공동노동을 조직하였다. 남부지방의 농촌에서는 오늘은 이곳, 내일은 저곳, 내 땅과 네 땅을 구분하지 않고 힘을 합쳐 농사를 짓는 풍습이 있었다.[152] 절기에 따라서는 공동노동을 마친 뒤 호미씻이[洗鋤]라는 축제를 벌였다. 공동노동은 농사에 그치지 않았다. 15세기 전반 『경상도지리지』와 『경상도속찬지리지』에서 확인되는 1,073개 리 가운데 리의 이름이 제언의 이름과 일치하는 것이 153개이다. 자기瓷器와 도기陶器를 굽는 소所의 이름과 일치하는 리는 50개, 염분을 소유한 리는 20개이다. 이처럼 리는 공동의 수리, 공업, 어업 활동의 단위를 이루었다. 공동노동의 최소 단위는 전술한 주비였다. 주비가 수행할 가장 중요한 공동노동은 지방관이 부여한 각종 공물의 제작과 채취였다. 15~16세기의 리와 향도는 여러 주비의 결합이었다. 효종이 8결 주비를 향도로 칭한 것은 이 같은 배경에서였다. 유교적 전환은 16세기까지 조선왕조의 국가체제와 지배이념의 수준에 머물렀다. 농촌의 일상생활에서는 전래의 토착신앙과 공동노동에 뿌리를 둔 공동체가 왕조와 양반관료의 수탈을 가쁜 숨결로 견디고 있었다.

---

151 "我國之俗 內自都下 外暨鄕曲 皆有洞隣之契 香徒之會 私立約條 欲相檢攝"(『宣祖實錄』 6年 8月 甲子).

152 『成宗實錄』 6年 2月 戊申, 3月 壬戌.

제6장
소농사회

1. 시장경제의 대두

대항해시대의 파도

1492년 콜럼버스가 신대륙을 발견하였다. 조선왕조 성종23년의 일이다. 이후 16세기에 걸쳐 스페인과 포르투갈이 주도하는 대항해시대大航海時代가 열렸다. 벌써 1511년이면 포르투갈이 동남아 무역의 거점으로서 말라카를 점령했으며, 1554년이면 중국 광저우廣州에서 통상의 권리를 획득하였다. 그 사이 1540년대에 포르투갈의 상인과 선교사가 일본에 도착하여 그리스도교와 철포鐵砲를 전파하였다. 1560년대가 되면 스페인이 필리핀을 점령하고 무역의 거점으로서 마닐라를 건설하기 시작하였다. 포르투갈과 스페인의 상인들은 신대륙의 은을 가지고 와서 동남아와 중국의 향료·비단·도자기·차를 구하였다.

바다를 오가는 교역의 파고가 높아지자 교통의 요지에 이를 중개하는 항시港市나 신흥국가들이 들어섰다. 타이의 아유타야Ayuthaya 왕조, 수마트라의 아체Atjeh 왕국, 자바의 마타람Mataram 왕조, 베트남의 레Le 왕조 등이 그 예이다. 이들 신흥국가는 교역의 이익과 유럽에서 전해진 새로운 군사기술로 주변세력을 통합하였다. 다른 한편, 동남아, 남중국, 일본까지의 넓은 바다를 무대로 은과 상품을 노리는 해적들의 활동이 활발해졌다. 그런 가운데 해상교역의 질서와 번영을 추구하는 군사세력이 남중국의 연안에서 성장하였다.

16세기 중반 이후 명 제국은 북로남왜北虜南倭의 군사적 긴장을 맞았다. 북쪽에서는 몽골의 부족들이 다시 통합을 이루어 원 제국의 부활을 노리면서 북방의 국경을 위협하였다. 남쪽에서는 새로운 해양세력이 발호하였는데, 명은 이들을 왜구倭寇라 불렀다. 이러한 군사적 긴장으로 팽창한 명의 국방비는 재정지출의 새로운 수단으로서 은에 대한 무한정한 수요를 불러 일으켰다. 중국은 세계의 은을 흡인하는 블랙홀이었다. 신대륙에서 채취되어 서유럽으로 건너간 은의 약 1/3은 다시 인도양을 건너 중국을 종착지로 하였다. 중국으로 유입된 은은 16세기 후반에 2,100~2,300톤, 17세기 전반에 5,000톤에 달하였다. 그 가운데 거의 절반인 3,600톤은 일본은이었다.[1] 대항해시대에 일본은 남미대륙에 이어 세계 제2의 은산국으로 부상하였다. 일본은의 상당 부분은 중국의 비단을 구하기 위해 왜구들이 주도한 밀무역을 통해 중국으로 흘러갔다.

이렇게 동아시아의 바다에까지 밀려온 대항해시대의 파도로부터 조선

1 기시모토 미오·미야지마 히로시 지음, 김현영·문순실 옮김(1998), 『조선과 중국: 근세 오백년을 가다』, 역사비평사, 152쪽.

왕조는 고립되어 있었다. 일본은의 생산을 촉진한 연은분리법鉛銀分離法은 조선에서 개발되었지만, 조선왕조는 은광 개발에 소극적이었다. 조선왕조는 왕실의 사치적 수요나 재정적 필요에 몰려 은을 한시적으로 채굴하고서는 은광을 폐쇄하는 정책을 반복하였다.[2] 그런 가운데 16세기 중반 이후 일본은이 유입되자 은을 캘 필요도 적어졌다. 일본은의 유입은 대중국 무역을 활성화했지만, 지배층의 사치적 수요를 조장했을 뿐, 조선왕조의 경제에 큰 변화를 초래하지 않았다.

조선왕조를 찾아온 대항해시대의 파도는 경제적이라기보다 군사적이었다. 오랜 전국시대戰國時代의 혼란을 겪던 일본이 1590년대에 이르러 통일국가의 성립은 본 것은 포르투갈 상인과 함께 들어온 철포라는 병기를 구사한 새로운 군사기술에 의해서였다. 대국적인 견지에서 보면 일본의 통일도 대항해시대를 맞아 동·동남아시아에서 발흥한 상업적 군사세력에 의한 신흥국가 건설의 일환이었다.[3] 통일 일본은 1592년 국내 정치를 안정시킬 목적에서 명을 공략한다는 명분을 내걸고 조선왕조를 침공하였다. 1570년대 이후 황량한 만주 벌판에서 또 하나의 상업적 군사세력이 성장하였다. 흑룡강 산림지대의 초피貂皮와 백두산의 인삼을 교역하며 성장한 여진족의 청淸은 1644년 북경을 점령하고 중원을 차지하는 일대 이변을 연출하였다. 조선왕조는 일본으로부터 자신을 구원해 준 명과의 의리에 구속되어 청과의 외교에서 실패했으며, 그로 인해 1627년과 1636년 두 차례에 걸쳐 청의 침공을 받고 그에 복속하였다.

일본과 청의 군사적 침공은 조선왕조에 참담한 피해를 안겼다. 왜란倭亂을 겨우 수습한 뒤인 1603년 조선왕조의 과세지는 16세기 중반의 151만 결에서 81만 결로 줄어 있었다. 두 차례의 호란胡亂을 겪은 뒤인 1639

2 柳承宙(1993), 『朝鮮時代鑛業史研究』, 고려대학교출판부, 130~174쪽,

3 기시모토 미오·미야지마 히로시 지음, 김현영·문순실 옮김(1998), 『조선과 중국: 근세 오백년을 가다』, 184쪽.

년에 조선왕조가 파악한 전국의 호총은 44만 호에 불과하였다.[4] 그렇지만 한반도에까지 미친 대항해시대는 그 끝 무렵에 조선왕조로 하여금 2세기 반은 더 존속할 수 있는 자양분을 선사하였다.[5]

중계무역의 성황

명이 망하자 푸젠성福建省 샤먼厦門에 거점을 둔 해적 출신의 상업적 군사세력 정성공鄭成功은 명 황실의 유족을 받들고 명의 부활을 도모하였다. 정성공은 풍부한 자금력과 해전의 실력으로 청을 괴롭혔다. 청의 강희제康熙帝는 정성공 세력의 경제적 기반을 봉쇄하기 위해 1661년 천계령遷界令을 발포하여 푸젠성에서 산둥성山東省에 이르는 장대한 중국 연안의 주민을 15km 안의 내륙으로 이주시켰다. 이에 몰린 정성공 세력은 1661년 타이완臺灣으로 들어가 네덜란드인을 쫓아내고 그곳을 거점으로 하여 청에 대항하였다. 이 격동의 군사적 정세로 인해 조선왕조는 이후 60년간 청과 일본 간의 무역을 중계하는 이익을 듬뿍 누리게 되었다.

타이완은 1624년 이래 남부의 타이난臺南을 점거하여 성채를 건설한 네덜란드 상인의 지배하에 있었다. 네덜란드 상인은 일본이 1639년 그리스도교를 탄압하면서 포르투갈 상인을 몰아내자 그를 대신하여 1641년 나가사키長崎에 상관을 차리고 일본과 중국의 무역을 중개하는 이득을 누렸다. 그 네덜란드 상인이 타이완에서 쫓겨나자 그들이 중개하던 중일 무역이 쇠퇴하였다. 게다가 타이완을 봉쇄하기 위한 청의 강력한 해금海禁정책은 일본 상선의 자유로운 왕래를 허락하지 않았다. 그 시장의 공백을 메운 것이 쓰시마번對馬藩이 주도한 대조선 무역이었다.

4 이영훈(1995), 「조선사회의 경제」, 정창수 편, 『한국사회론』, 사회비평사, 215·219쪽.

5 동·동남 아시아에 있어서 16세기 중반부터 열린 '상업의 시대'는 1683년 마지막 상업적 군사 세력인 타이완의 鄭氏家가 멸망함으로써 막을 내렸다. 이후 서유럽이 다시 동아시아에 나타나기까지 동아시아의 바다는 고요하였다. 기시모토 미오·미야지마 히로시 지음, 김현영·문순실 옮김(1998), 『조선과 중국: 근세 오백년을 가다』, 223쪽.

1679년 3월 나가사키 네덜란드상관의 책임자 하스D. D. Haas는 도쿄東京로 가는 도중에 오사카大阪를 통과하였다. 그때 그는 쓰시마번이 조선에서 구입한 14~15만 근斤의 중국산 백사白絲와 2만 7,000반反의 각종 견직물이 공매에 붙여지는 광경을 목도하였다.[6] 그 전해 1678년 조선에서는 영의정 허적許積이 동전의 유통을 건의하면서 다음과 같이 말하였다. "우리나라는 원래 화폐를 쓰지 않았습니다만, 근년 이래 은을 화폐로 하게 되었는데, 심지어 나무와 채소 값에 이르기까지 모두 은을 쓰고 있습니다."[7] 조선왕조의 수도 한성漢城에서 은의 유통은 16세기에 일본은이 유입된 이래 드문 일은 아니었다. 그럼에도 허적은 과거엔 그러한 일이 아예 없었던 듯, 몇 년 전부터 한성에서 은의 유통이 일반화하여 하찮은 생필품의 거래에까지 은이 쓰이고 있음을 지적하였다. 한성에서만의 일도 아니었다. 1692년 경상도 경주 양동良洞의 손씨 양반가는 7두락의 논을 매입하면서 은 18냥을 지급하였다.[8] 이처럼 농촌에서까지 은이 유통된 것은 한국사 전 시대에 걸쳐 1690년대가 처음이자 마지막인 것 같다. 이때에 무슨 일이 있었기에 한성에서 농촌에 이르기까지 그토록 은의 사용이 일반화하였던가.

그보다 앞서 1672년 봄의 일이다. 경상도 경주에 인접한 울산의 포구에는 멀리 평안도에서 온 상선 수십 척이 수개월간 정박하면서 곡물을 매집하였다. 그로 인해 평년에 조 1석당 3~4냥 하던 곡가가 무려 11냥으로 치솟았다.[9] 평안도의 상선이 곡물 매집만을 위해 서해와 남해를 거쳐 울산에까지 오지는 않았다. 그들은 평안도에서 출발하여 경상도 동래 초량草梁에 있는 왜관倭館에까지 화물을 운송한 다음, 회항 화물을 구하기 위

6 田代和生(2002), 『倭館: 鎖國時代の日本人町』, 文藝春秋, 97~98쪽.

7 "我國本無通行之貨 自近年以來 以銀爲通貨 至於柴菜之價 亦皆用銀"(『承政院日記』 肅宗4年 1月 23日 乙未).

8 李樹健 編著(1981), 『慶北地方古文書集成』, 嶺南大學校出版部, 692~693쪽.

9 李樹健·李樹煥 編(1999), 『朝鮮時代嶺南書院資料』, 國史編纂委員會, 711쪽.

해 가까운 울산으로 올라왔다. 아마도 서북의 상선들이 왜관에 싣고 온 화물은 1679년 하스가 오사카에서 침을 삼키며 공매되는 광경을 바라보았던 그 중국산 백사와 견직물이었을 것이다.

1636년 청에 정복된 조선왕조는 이전의 명에 대해서와 마찬가지로 조공·책봉체제에 포섭되었다. 조선왕조는 이후 1874년까지 238년간 도합 474회, 연평균 2회의 사행단을 북경에 파견하였다. 같은 기간 청이 조선에 파견한 칙사는 236회에 달하였다. 조선의 사행단은 청의 황실에 소정의 공물을 바쳤으며, 그 대가로 청의 회사품을 수령하였다. 조선이 바치는 공물, 곧 세폐歲幣와 방물方物은 19세기 초의 동전 가격으로 연평균 13만 냥, 쌀로 환산하여 대략 2만 6,000석에 달한 반면, 청의 회사품은 4,100냥에 불과하였다. 조공사행의 비용은 이것만이 아니었다. 청으로 가는 사행단의 여비와 중국에서 오는 칙사의 접대비까지 포함하면 조공사행에 소요된 연간 비용은 19세기 초 가격으로 29만 7,000냥에 달하였다. 반면 청의 급부는 사행단이 받은 선물까지 포함하여 2만 3,500냥에 그쳤다.[10]

이처럼 청과의 조공관계는 조선으로서는 적지 않은 부담이었다. 그렇지만 사행단의 왕래에 편승하여 사적인 무역이 이루어졌으며, 그로부터 조선이 얻는 이익이 적지 않았다. 조선왕조는 초기부터 사행으로 중국에 가는 약 30명의 관원이 여행비를 조달하기 위해 인삼을 휴대하는 것을 허락했는데, 이를 포삼包蔘이라 하였다. 1653년 1인당 포삼의 양은 8포包였다. 1포는 인삼 10근이며, 인삼 1근은 은 25냥에 해당하였다. 이에 8포는 은 2,000냥에 해당하는 적지 않은 액수였다. 은이 풍족해진 1682년에는 인삼이 아니라 은을 1인당 2,000냥씩, 상급 관원은 3,000냥씩 휴대하도록 허용하였다. 이에 사행단이 지참하는 은은 도합 7~8만 냥에 달하였다. 은을 실제로 공급한 것은 한성, 개성, 의주의 상인들이었다. 그들은

10 全海宗(1970), 『韓中關係史 硏究』, 一潮閣, 70~77쪽.

사행단을 수행하는 노와 마부의 일원으로 북경을 왕래하는 도중에 청의 상인과 사무역私貿易을 벌였다.[11]

사무역은 사행단이 북경에서 숙박하는 회동관會同館에서 청의 공인하에 이루어졌다. 이외에 사무역은 연간 4~5차례의 후시後市를 통해서도 이루어졌다. 후시에는 책문후시柵門後市와 단련사후시團練使後市가 있었다. 책문후시는 사행단이 국경을 건너 봉황성鳳凰城 아래의 책문을 통과할 때 사행단을 수행한 상인과 청의 특허운송인인 난두欄頭 사이에 벌어지는 시장이다. 단련사후시는 사행단의 화물을 심양審陽까지 호송한 평안도 병마단련사兵馬團練使 일행이 중국 상인과 벌이는 시장을 말한다. 이 두 후시 가운데 점차 책문후시가 번창하였다. 후시무역에서 조선의 주요 수출품은 은, 인삼, 피물이었으며, 주요 수입품은 중국산 백사와 비단이었다. 중국 상인들은 조선의 은을 구하려 북경에서 후시까지 백사와 비단을 운송하였다.[12] 후시무역의 규모는 8포은으로 이루어지는 회동관 개시開市의 은 7~8만 냥을 훨씬 초과하는 은 50~60만 냥의 거액에 달하였다.[13]

조선과 일본의 무역은 왜란을 맞아 중단되었다가 1609년 국교가 정상화함에 따라 이전과 마찬가지로 공무역公貿易의 형식으로 재개되었다. 해마다 쓰시마번이 40척의 무역선으로 일본산 은·동과 남방물산 후추胡椒·단목丹木 등을 바치면, 조선왕조는 쓰시마번에 경상도에서 조租로 수취한 면포와 쌀을 지급하였다. 그 양은 1660년 이후 면포 1,021동同(1동=50필)과 쌀 1만 6,000석으로 고정되었다.[14] 일본과의 사무역은 동래부 두모포豆毛浦에 설치된 왜관에서 양국 상인이 5일마다 만나는 장시에서 이루어졌다. 사무역은 조선과 청의 관계가 안정된 1660년대 이후 활성화

11 全海宗(1970), 『韓中關係史 硏究』, 100~103쪽.

12 李哲成(2000), 『朝鮮後期 對淸貿易史 硏究』, 國學資料院, 44~60쪽.

13 全海宗(1970), 『韓中關係史 硏究』, 103쪽.

14 糟谷憲一(1992), 「近代的外交體制の創出—朝鮮の場合を中心に—」, 荒野泰典 外, 『アジアなかの日本史』 II, 東京大学出版會, 231쪽.

[그림 6-1] 왜관의 선창과 잔교

출처: 朝鮮總督府(1936),『朝鮮史料集眞』4, 10쪽.

였다. 1678년 두모포의 왜관이 초량으로 옮겨졌다(〈그림 6-1〉). 이전보다 넓은 약 10만 평의 부지를 확보한 왜관은 460여 명의 일본인이 상주하면서 조선과의 무역을 중개하고 조선의 정보를 염탐하여 본국에 전달하는 역할을 맡았다. 후시무역을 통해 조선으로 들어온 중국의 백사가 일본으로 흘러간 것은 초량 왜관에서 벌어진 사무역을 통해서였다.

네덜란드 상인을 통해 일본에 들어오던 중국산 백사가 정성공의 타이완 농성으로 줄어들자 일본 내에서 백사 가격이 오르기 시작하였다. 쓰시마번은 그러한 시장의 동향에 기민하게 대응하여 조선의 왜관으로 백사의 발주를 늘렸다. 그 결과 1680년대이면 일본의 백사시장에서 조선 경유의 중국산 백사가 지배적 지위를 점하게 되었다. 1688년 일본의 수입 백사 가운데 조선 경유의 중국산이 총 10만여 근임에 비해 나가사키를 통해 들어온 동남아산 하급 백사는 4만여 근에 불과하였다.[15] 1694년 일본과의 사무역에서 조선 수출품의 60%는 중국산 백사였고 중국산 견

15 田代和生(1981),『近世日朝通交貿易史の研究』, 創文社, 281쪽.

직물은 4%였다. 나머지 36%는 조선의 인삼이었다.[16] 인삼은 희귀한 약재로서 일본에서 그에 대한 수요가 컸다.

중국의 백사와 일본의 은을 연결하는 중계무역에서 조선이 벌어들인 이익은 대단하였다. 백사 100근이 조선에 수입될 때는 은 60냥이었는데, 그것이 일본에 수출될 때는 은 160냥에 달하기도 하였다. 1683년 타이완에 농성 중이던 정씨 세력이 멸망하였다. 뒤이어 청의 천계령도 해제되지만, 중국과 일본을 잇는 조선의 중계무역은 여전히 활황을 유지하였다. 1684~1717년 일본과의 사무역의 규모는 연평균 은 60만 냥(22.5톤)에 달하였다. 이는 동 기간 일본이 네덜란드 상인과 행한 무역의 2배이다.[17] 중계무역은 1686~1697년이 그 절정기였다. 이후 일본이 은 유출을 억제하고 견직물을 국산화하는 정책을 추진함에 따라 조선의 중계무역은 점차 위축되었다. 일본은 인삼마저 국산화를 추진하여 조선의 삼종蔘種을 몇 차례나 밀반입하였다. 1730년대에 이르러 일본은 인삼의 인공재배에 성공하였다.[18] 일본과의 사무역은 그로 인해 더욱 위축되었다. 그럼에도 1750년까지 은을 실은 쓰시마번의 무역선은 꾸준히 초량의 왜관을 찾았다.

동전의 유통

1678년 조선왕조는 오랜 숙제였던 동전銅錢의 유통에 성공하였다. 동전은 1423년에 조선통보朝鮮通寶로 발행된 적이 있지만 널리 유통되지 못하였다. 이후 1625년과 1633년에도 조선통보의 발행이 있었지만, 뒤이은 청의 침입으로 실패하였다. 1651년에는 상평통보常平通寶를 발행하고 유통을 강력히 장려하지만 그 역시 실패하였다. 무엇보다 원료인 동이 부족하여 주전량이 많지 않음이 큰 원인이었다. 정부는 농민들로 하여금 동전으

16 田代和生(1981), 『近世日朝通交貿易史の研究』, 283쪽.

17 鄭成一(2000), 『朝鮮後期 對日貿易』, 신서원, 190쪽.

18 鄭成一(2000), 『朝鮮後期 對日貿易』, 251~254쪽.

로 조租를 내게 했지만, 농민들은 동전을 구할 수 없었다. 이에 상인에 조의 대납을 요청하게 되니 그에 따른 폐단만 요란하였다.

그렇지만 1678년에 이르러 사정은 달라져 있었다. 앞서 소개한 대로 나무와 채소의 소소한 거래까지 은으로 이루어질 만큼 국내의 은 보유가 풍족해졌다. 중계무역이 벌어들인 대량의 은은 국내의 상업경제를 자극하였다. 시장이 확대됨에 따라 교환수단에 대한 수요가 증가했는데, 미·포의 현물화폐로는 감당할 수 없었다. 또한 은은 소액 거래에 불편하였다. 동전을 대량 주조하기 위해서는 원료인 동이 충분히 공급되어야 했다. 그 문제는 풍족해진 은으로 일본동日本銅을 수입하면 되었다. 이에 영의정 허적은 천하가 통용하는 동전을 이제 우리도 사용할 때가 되었다고 하면서 동전의 주조와 유통을 관철시켰다. 1678년 실험적으로 소량 주조된 상평통보는 이후 본격적인 발행되기 시작하여 1697년까지 약 450만 냥이 주조되었다. 이를 위해 총 100만 근, 4,000톤 이상의 동이 일본에서 수입되었다.[19] 동전 1닢은 1푼分, 10푼은 1전錢, 10전은 1냥兩, 10냥은 1관貫이다(1貫=3.75kg). 〈그림 6-2〉는 상평통보 1닢이다. 후면에 새겨진 동同, 공工, 무武, 병兵 등은 주조 관청을 나타낸다. 은과의 비가比價는 은 1냥에 동전 4냥으로 설정되었다.

대량으로 주조된 동전은 정부의 적극적인 유통정책에 힘입어 널리 보급되었다. 정부는 관리들의 녹봉을 동전으로 지급하거나 산간지방의 조를 동전으로 수취하였다. 한성 시전의 상인들에게 무이자로 동전을 대출하기도 하였다. 이에 1694년에 이르면 동전의 유통은 전국 8도에 미쳤다. 지방에 따라 약간의 시차는 있었다. 경상도의 경우 양반가와 서원書院 등이 남긴 기록에서 동전의 사용이 관찰되는 것은 1690년대부터이다. 반면 전라도에서는 그보다 다소 늦은 1700년대부터이다. 어쨌든 동전의 일반적

19 이정수·김희호 지음(2006), 『조선의 화폐와 화폐량』, 경북대학교출판부, 155쪽.

[그림 6-2] 상평통보

출처: 韓國銀行(1994),『韓國의 貨幣』, 178쪽.

유통은 1718년이 되면 "나물 캐는 할미나 소금 굽는 더벅머리 사내조차 곡물을 버리고 동전을 구할 정도"라고 하였다.[20] 동전은 한반도의 최북단 회령에서부터 최남단 제주도에 이르기까지 널리 유통되었다.

1697년 이후 조선왕조는 한동안 동전의 주조를 중단하였다. 동전의 유통으로 고리대의 폐해가 생겼기 때문이다. 예컨대 곡가가 높은 봄에 1냥을 빌려 주고 곡가가 낮은 가을에 이자를 붙여 1냥 5전을 회수한다고 치자. 동전으로 따진 이자율은 50%이지만, 곡물로 계산한 실질이자율은 그보다 훨씬 높아진다. 이러한 폐단으로 인해 동전의 유통을 폐지하자는 주장이 제기되어 동전의 발행은 1720년대까지 중단되었다. 그러자 일상적 거래에 지장이 생길 정도로 화폐가 부족해졌다. 이른바 전황錢荒의 폐단이 발생하였다. 동전의 유통은 돌이킬 수 없을 만큼 널리 정착된 실정이었다. 1730년부터 조선왕조는 동전을 다시 발행하였다. 이후 1860년대까지 조선왕조가 주조한 동전은 총 1,600만 냥에 달하였다. 퇴장되거나 용해된 것을 제하면 1860년대 동전의 통화량은 1,300~1500만 냥 정도였다고 추정되고 있다.[21]

20 "自夫錢貨之行 風俗日渝 物價日湧 甚至菜嫗鹽豎 亦皆棄穀而索錢"(『肅宗實錄』 44年 閏8月 戊申).
21 李憲昶(1999),「1678-1865년간 貨幣量과 貨幣價値의 推移」,『經濟史學』 27, 23쪽.

17세기 말부터 유통된 동전의 성질은 모든 재화의 일반적 등가물로서 교환과 축장蓄藏의 수단으로 기능하는 후대의 화폐와 같지 않았다. 17~18세기의 동전은 특별한 용도를 위해 구입되는 여러 재화 중의 하나였다. 예컨대 당시 사람들은 무엇을 팔아 동전을 취득하는 행위를 '무전貿錢', 곧 "돈을 산다"고 하였다. 가격식도 '전錢 1냥兩 = 조租 6두斗'와 같이 동전 1냥을 사기 위해 조 6두를 지불한다는 뜻으로 표시되었다.[22] 동전은 먼 여행을 위한 경비를 휴대한다든가, 남에게 선물을 준다든가, 국가에 대해 조租나 군포를 납부한다든가 등의 특정 용도를 위한 특별한 지불수단으로 구입되었다. 촌락 내외의 가까운 범위에서는 대체로 미·포의 현물화폐가 일반적이었다. 동전은 주로 원거리 교역에서 통용되었다. 이에 동전의 유통은 기존의 현물화폐 미·포에다 금속화폐 1종이 추가된 것을 의미하였다. 후술하겠지만 조선왕조가 동전을 유통시킨 본래의 의도도 또 하나의 지불수단을 공급함으로써 백성의 살림살이를 안정시키고자 함에 있었다. 동전이 미·포를 몰아내고 화폐로서 배타적인 지위를 점하는 일은 19세기 말까지 없었다. 그렇지만 19세기에 들어서면 민간의 여러 기록에서 가격식은 '조 6두 = 전 1냥'으로, 곧 조 6두를 사기 위해 동전 1냥을 지불한다는 취지로 바뀌었다. 다시 말해 동전이 가치 척도나 교환의 일반적 수단으로 자리를 잡게 되었다. 그만큼 18세기에 걸쳐 동전을 거래수단으로 하는 상업경제는 꾸준히 발전하였다.

장시의 확산

17~18세기에 걸친 장시場市의 동향과 관련해서는 전라도 순천의 사례가 널리 알려져 있다. 1618년 순천의 장시는 고작 2곳에 불과하였다. 5일에 한 번 열리는 5일장이 하나, 10일에 한 번 열리는 10일장이 하나였다.

---

22 李榮薰·全成昊(2000),「米價史 資料의 現況과 解說」,『古文書研究』18, 151~152쪽.

【표 6-1】 장시의 전국적 분포(1770)

지역	장시 수	장시권의 반경(km)
경기	101	6.7
충청	157	6.4
전라	216	5.9
경상	276	6.6
황해	82	9.0
평안	134	11.2
강원	68	12.4
함경	28	27.2
합계	1,062	9.0

출처: 李憲昶(2003),『韓國經濟通史』, 法文社, 115쪽.

당시까지 왜란의 피해는 충분히 복구되지 않은 상태였다. 이후 1729년의 상황이 알려져 있는데, 도합 9곳으로서 모두 5일장이다. 순천의 장시가 언제 2곳에서 9곳으로 부쩍 증가했는지, 언제 개시의 주기가 5일로 통일되었는지는 알 수 없다. 아마도 1660년대부터 중국·일본과의 무역이 활성화하고, 1680년대에 들어 동전이 널리 유통됨이 큰 계기였을 것이다. 이후는 1770년의 상황이 알려져 있는데, 도합 13곳이다.[23] 이 언저리에서 장시의 확산은 정점에 달하였다. 이후 1830년이 되면 순천의 장시는 8곳으로 줄어 있었다.

장시의 전국적 분포는 1770년에 편찬된 『동국문헌비고東國文獻備考』에서 처음으로 자세히 보고되었다. 〈표 6-1〉이 그것이다. 당시 전국의 장시는 총 1,062곳이었다. 대부분의 장시는 한 달에 6회 열리는 5일장이나 그렇지 않은 장시도 있었다. 전라도의 216곳을 보면, 한 달에 12회 열린 가

23 韓相權(1981),「18세기 말-19세기 초 場市發達에 대한 基礎研究」,『韓國史論』 7, 187쪽.

[그림 6-3] 울산 읍내장(20세기 初)

장시가 열린 날

장시가 열리지 않은 날

출처: 서울대학교 박물관.

장 번창한 장시가 1곳, 5일장이 173곳, 10일장이 26곳이고, 나머지 14곳은 개시일이 불규칙하였다. 개별 장시권場市圈의 반경은 인구가 밀집한 경기 이남에서는 6~7km임에 비해, 인구가 희박한 함경도에서는 27km나 되었다. 함경도를 제외하면 대개 하루 만에 돌아올 수 있는 거리에 하나의 장시가 위치하였다. 당시의 인구는 대략 1,700만 명이었다.[24] 이에 장시 1기

24 權泰煥·愼鏞廈(1977),「朝鮮王朝時代 人口推定에 關한 一試論」,『東亞文化』14, 327쪽.

당 평균 인구는 1만 6,000명으로서 농가 3,500호 전후였다. 농민들은 대개 한 달에 1회, 많게는 2회 장시에 나갔으며, 이에 장시별로 모여드는 사람은 적게는 600명, 많게는 1,200명 정도였다. 번창한 장시는 수천 명에 달하기도 하였다.

장시는 거래를 위한 시설이나 건물을 갖추지 않았다. 사람들이 모였다가 흩어지면 공터가 되는 것이 장시였다. 〈그림 6-3〉은 20세기 초 경상도 울산군 울산읍에서 매 3일과 8일에 열린 읍내장邑內場의 모습이다. 울산 관내 6곳의 장시 가운데 가장 번성한 장시이다. 위는 장시가 열린 날이고, 아래는 열리지 않은 날이다. 우연하게 같은 장소가 다른 사람에 의해 촬영되어 장시의 실체가 어떠한 것인지를 보여 주는 희귀한 사진 자료이다. 멀리 보이는 기와집은 울산군의 군아郡衙이다. 장시는 군아 앞 광장과 거리에서 열렸다. 읍내장이라 하면 대개 그러하였다. 장시가 열리면 사방에서 농민, 행상, 어부가 운집했으며, 해가 져서 장시가 파하면 평소의 공지로 돌아갔다. 두 사진에서 보듯이 장시에는 거래의 편의를 위한 전시나 저장의 시설이 없었다. 거래는 장시의 맨 바닥에서 이루어졌다. 19세기의 장시를 관찰한 외국인에 의하면, 장시에서 이루어진 거래의 상당 부분은 출시인出市人 상호간의 물물교환이었다. 동전이나 미·포의 현물화폐가 개재된 거래라 하더라도 비자급 생활자료를 구하기 위한 간접적인 물물교환의 성질을 크게 벗어나지 않았다.[25] 농촌의 부민들이 여유 곡식을 내다 팔아 동전이나 다른 재화를 구입하여 비축한 뒤 시세차익을 노리는 상업적 거래도 있었지만, 시집인 1,000명 전후의 소규모 장시에서는 흔한 일이 아니었다.

장시에서 거래된 재화에 대해서는 1830년대에 서유구徐有榘가 지은 『임원경제지林園經濟志』가 좋은 참고서이다. 서유구는 전국 316개 군현마다

25 吳斗煥(1991), 『韓國近代貨幣史』, 韓國研究院, 12~13쪽.

대표적인 장시 하나를 선정하여 거래되는 재화의 종류를 조사하였다. 가장 널리 거래된 재화는 쌀, 콩, 보리의 곡류이다. 주목되는 바는 보리[麥]를 거래한 군현이 기장[黍]을 거래한 군현보다 훨씬 많다는 사실이다. 보리를 거래한 군현은 160개, 기장을 거래한 군현은 21개이다.[26] 전장에서 소개한 대로 15세기만 하더라도 가장 널리 재배된 밭작물은 기장과 조[粟]였다. 그것이 19세기에 이르러 보리로 교체되었다. 뒤이어 가장 일반적인 재화는 면포, 마포, 저포苧布 등의 의료衣料이다. 면포가 거래된 군현의 수는 245이다. 주목할 점은 그 가운데 137개 군현에서 면화棉花가 거래되었다는 사실이다. 이는 면작棉作이 방적·방직 공업에 원료를 공급하는 상업적 농업으로 영위되었음을 이야기하고 있다.

다음, 의료와 비등했던 재화는 어물, 건염어乾鹽魚, 젓갈, 소금, 미역 등의 해산류海産類이다. 해산류가 왕성하게 거래된 곳은 충청도 연안이다. 이 지방의 장시 15곳은 아예 곡류를 취급하지 않고 해산물만을 거래하는 전문시장으로 특화해 있었다. 뒤이어 널리 거래된 재화는 왜란 당시 일본을 통해 전래된 기호품으로서 연초煙草인데, 170개 군현에서 거래되었다. 그 다음의 주요 재화는 채소인데, 167개 군현에서 거래되었다. 그 밖에 대추·밤·배·감 등의 과물류, 산채·봉밀 등의 부식류, 솥·유기·자기 등의 용기류, 농구·목구 등의 기물류, 녹피鹿皮·웅피熊皮 등의 피물류皮物類, 삿갓·짚신 등의 잡화류 등이 있었다. 이상 『임원경제지』가 전하는 장시 거래 품목은 도합 300종에 가깝다. 그 가운데 해산류가 87종으로서 품목의 수에서 가장 큰 비중을 점하였다.

장시를 성립시킨 주체는 각종 재화를 출하하는 소생산자 농민, 수공업자, 어민이었다. 또 하나의 주체가 있었는데, 행상이다. 장시를 무대로 활동한 상인은 이동하는 행상이었다. 도보로 이동하는 육상陸商도 있었고

26 金容燮(1971), 『朝鮮後期農業史研究 — 農業變動·農學思想 —』(II), 一潮閣, 157쪽.

배로 이동한 선상船商도 있었다. 도보로 이동할 경우 운송수단이 봇짐이면 보상, 등짐이면 부상이라 했는데, 통칭하여 보부상褓負商이라 하였다. 17~19세기 농촌 상업은 상인을 상설점포에 정주시킬 만큼 활발하지 못하였다. 상인들은 생계소득을 벌기 위해 여러 장시를 이동해야 했다. 상인들이 순회하는 4~5곳의 장시는 하나의 시장권을 이루었다. 시장권의 성립은 17세기까지만 해도 미숙하였다. 1699년 전라도 남원에는 6곳의 장시가 있었는데, 그 가운데 서로 가까운 거리의 3곳이 공통으로 매 3일과 8일에 열렸다. 이처럼 개시일이 같아서는 이들 장시를 행상들이 순회할 수 없다. 개시일의 중복은 장시가 상호 무관하게 발생하고 고립적으로 기능하였음을 의미한다. 이후 18세기가 되면 6곳의 장시는 그 위치를 재배치하면서 개시일을 순차로 분산시켰다.[27] 이로부터 4~5곳의 장시가 하나의 시장권으로 통합되는 것은 18세기의 일임을 알 수 있다.

물가변동

동전의 유통과 장시의 확산으로 어느덧 시장경제market economy라 할 만한 경제형태가 출현하였다. 사람들의 경제생활은 시장과의 연관에 긴밀히 규정되기 시작하였다. 시장경제는 부차적 범주이지만, 그것 없이는 개별 세대는 물론 전체 경제의 원활한 순환이 어려워졌다. 시장에서의 물가변동은 대응을 소홀히 할 수 없는 중요 정보였다. 알려진 한에서 물가를 일기에 규칙적으로 적기 시작한 최초의 사람은 경상도 고성현의 구상덕具相德이란 양반이다. 그는 주변의 장시에서 수집한 주요 재화의 물가를 한 달에 두어 차례 일기에 적었다. 1725년부터 시작한 그의 일기는 죽기까지 36년이나 이어졌다.

개인의 일기 이외에 물가를 전하는 또 하나의 기록은 친족집단의 계

27 韓相權(1981), 「18세기 말-19세기 초 場市發達에 대한 基礎硏究」, 『韓國史論』 7, 183~184쪽.

[그림 6-4] 미가의 변동과 11년 이동평균(1713~1937)

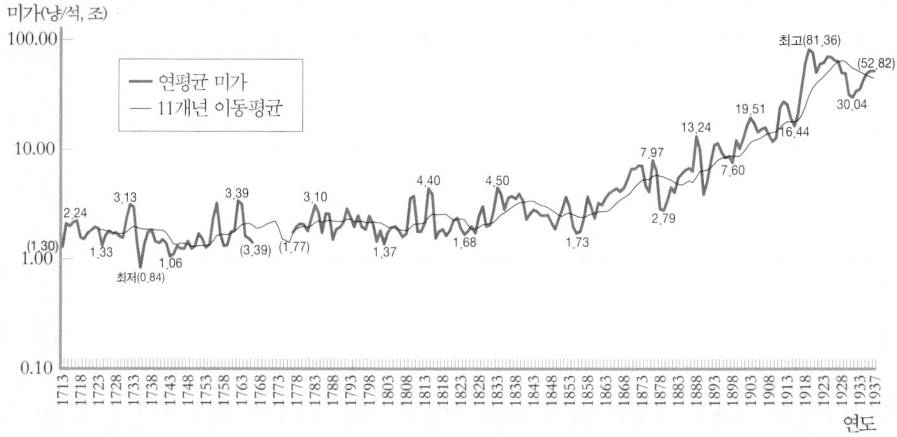

출처: 李榮薰·全成昊(2000),「米價史 資料의 現況과 解說」,『古文書研究』18, 156쪽.

契 문서와 서원의 지출부이다.[28] 이들 기록이 전하는 물가 정보는 100년 이상이나 지속되기도 하여 개인의 일기에서는 볼 수 없는 물가변동의 장기추세를 전하고 있다. 친족집단의 계 문서로는 1744년부터 1937년까지 193년간이나 이어진 전라도 영암군 장암리의 문씨 일족의 것이 널리 알려져 있다. 서원의 지출부로는 1713~1928년에 걸친 경상도 경주부 옥산서원玉山書院의 것이 대표적이다. 이들 자료를 상호 보완하면 18세기 초 이래 주요 재화의 물가변동과 그 장기추세가 어떠했는지를 알 수 있다. 〈그림 6-4〉는 그렇게 해서 얻어진 조租 1석石의 1713~1937년에 걸친 연평균 가격의 추이이다.[29]

미가의 변동이 자주 날카로운 톱니를 그리는 것은 풍흉에 따른 생산충격 때문이다. 그에 관해서는 조선왕조가 매년 각 도의 작황에 따라 조세

28 물가정보를 전하는 자료의 현황에 관해서는 다음을 참조할 수 있다. 李榮薰·全成昊(2000),「米價史 資料의 現況과 解說」,『古文書研究』18, 125~157쪽.

29 李榮薰·全成昊(2000),「米價史 資料의 現況과 解說」,『古文書研究』18, 156쪽.

액을 결정한 통계가 남아 있다. 미가의 변동과 그 통계를 대조하면 미가의 급등이 한발이나 홍수와 같은 재해의 발생 때문임을 확인할 수 있다. 조선의 강우량은 연간 1,200mm 전후로서 논농사의 영위에 부족하지 않지만, 강우가 7~9월에 집중되고 4~6월의 이앙기에는 가물기 쉽다는 특질을 지니고 있다. 그로 인해 수리시설의 확충에도 불구하고 논농사는 잦은 한발의 피해를 면하기 힘들었다. 그에 따른 미가의 단기변동 정도는 동시대의 중국과 일본보다 심하였다.[30]

미가의 장기변동을 보면 몇 차례 상승과 하강의 소규모 순환을 그리면서 1840년대까지는 일정 수준으로 회귀하는 정상성定常性을 보이고 있다. 생산충격을 흡수하면서 경제체제의 순환을 안정시키는 어떤 메커니즘이 작동하고 있었던 셈이다. 미가가 정상성을 상실하고 지속적으로 상승하는 것은 1850년대부터이다. 후술하듯이 그때부터 조선왕조의 경제체제는 균형을 상실하고 심각한 위기를 맞이하였다.

미곡 이외에 다른 재화의 가격변동을 소개하면, 농산품이나 그 가공품의 경우에는 미가와 마찬가지로 심한 단기변동을 보였다. 대조적으로 생산충격이 크지 않은 의료衣料 등의 공산품과 가축류의 단기변동은 그리 심하지 않았다. 미곡과 비교된 여러 재화의 상대가격 추세는 생활수준이나 산업구조의 변화에 관해 유익한 정보를 제공한다. 19세기 중엽까지 보리는 미곡에 비해 하급재下級財임에도 그 가격이 미가와 비슷한 수준을 유지하였다. 이는 미곡의 공급이 전반적으로 부족하여 단경기端境期가 되면 보리의 가치가 미곡만큼이나 중요하였기 때문이다. 미곡에 대비된 다

30 1736~1859년의 기간 조선의 영암 지방과 중국 양쯔 델타와 일본 오사카 시중의 연도별 미가로부터 미가의 變動係數(標準偏差/平均)를 상호 비교하면, 중국이 0.25, 일본이 0.27, 조선이 0.35이다. 각 미가 시계열의 출처는 다음과 같다. 조선 영암: 李榮薰·全成昊(2000), 「米價史 資料의 現況과 解說」, 『古文書硏究』 18, 155쪽; 중국 양쯔 델타: Thomas G. Rawski and Lillian M. Li ed. (1992), *Chinese History in Economic Perspective*, University of California Press, pp.40~47; 일본 오사카: 山崎隆三(1983), 『近世物價史硏究』, 塙書房, 168~170쪽.

른 농산물과 공산품의 상대가격은 18~19세기 걸쳐 하락하는 추세였다. 그 주요 원인은 역시 미곡의 공급 부족이었다. 그에 관해서는 다음 장에서 자세하게 소개하겠다. 이 같은 상대가격의 장기추세는 농산물이나 공산품의 상업적 생산에 불리한 시장조건으로 작용하였다.[31]

미곡시장의 통합

미가변동의 지역 간 비교를 통해서는 미곡시장이 어느 정도 긴밀하게 통합되었는지를 판별할 수 있다. 〈그림 6-5〉는 1738~1765년 전라도 영암과 경상도 고성, 상주, 경주의 미가변동이 상호 어떠한 관계였는지를 도시한 것이다.[32] 제시된 수치는 연도별 미가 변동치(1계차분) 간의 상관계수이다. 굵은 선은 상관계수가 통계적으로 유의하며, 가는 선은 유의하지 않다는 뜻이다. 영암-고성, 영암-경주, 고성-상주, 고성-경주는 높은 수준의 유의한 상관계수를 보이고 있다. 모두 바다와 강으로 연결된 지역이다. 상주-경주는 가장 가까운 거리인데도 유일하게 유의하지 않다. 그것은 이 두 지역이 육로로만 통하였기 때문이다. 이로부터 18세기 중엽 바다와 강으로 연결된 해강부海江部에서 지역 간의 미가 차이를 상업이윤으로 실현하려는 선상들의 활동이 활발했으며, 그로 인해 광역의 통합적 미곡시장이 성립했다고 이야기할 수 있다.

1650년부터 약 200년간 일본으로 표류한 배에 관한 심문기록을 통해 전라도와 경상도를 오고간 배들의 항해경로와 선적화물이 어떠했는지를 알 수 있다. 남해를 무대로 한 해상교역의 주체는 전라도의 선상이었다. 전라도의 배들은 100석 전후의 미곡을 싣고 경상도 남해 연안이나 더 멀리 동해의 울산·영일까지 가서 미곡을 처분한 다음, 청어 등의 어물을 매

31 박기주(2004), 「재화가격의 추이, 1701-1909—慶州 지방을 중심으로—」, 이영훈 편, 『수량경제사로 다시 본 조선후기』, 서울대학교 출판부, 185~203쪽.

32 이영훈·박이택(2004), 「농촌 미곡시장과 전국적 시장통합, 1713-1937」, 『수량경제사로 다시 본 조선후기』, 242쪽.

[그림 6-5] 지역 간 미가 변동의 상관계수(1738~1765)

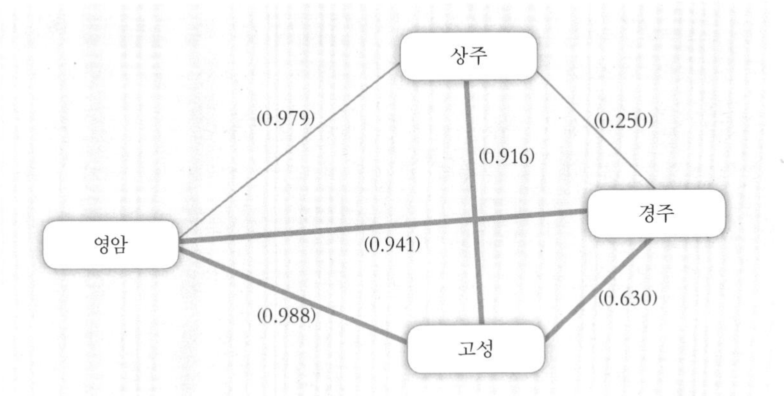

출처: 이영훈·박이택(2004), 「농촌 미곡시장과 전국적 시장통합, 1713-1937」, 이영훈 편, 『수량경제사로 다시 본 조선후기』, 서울대학교 출판부, 242쪽.

집하여 회항하였다.[33] 서해는 한성·황해도·충청도의 선상이 지배했으며, 그에 막혀 전라도의 선상이 서해로 진출하기는 어려웠다. 동해에서는 함경도의 어물과 강원도·경상도의 곡물이 교역되었다. 세 바다를 아우르는 선상의 활동은 부진하였다. 일본으로 표류했던 배들은 대부분 그 출항지가 전라도와 경상도의 포구였다. 이 사실은 한성과 서해에서 출항한 배가 남해나 동해까지 오가기는 힘들었음을 말한다. 그렇지만 서해와 남해의 곳곳에는 해상교역을 중개하는 포구가 발달해 있었다. 포구상업의 번창으로 18세기의 세 바다는 그런대로 잘 통합된 상태였다.

전라도 영산강 하구의 영암포靈巖浦는 제1시대 이래 해상교역의 요충이었다. 1770년까지도 그 여파가 이어져 영암포에서 열리는 동문외장東門外場은 전라도 216곳 가운데 유일하게 월 12회나 열리는 번창한 장시였다.

33 長森美信(1998), 「李朝後期の海上交易 — 全羅道地域を中心に —」, 『千里山文學論集』 59, 關西大學大學院, 49~87쪽.
이영훈·박이택(2004), 「농촌 미곡시장과 전국적 시장통합, 1713-1937」, 『수량경제사로 다시 본 조선후기』, 248~249쪽.

가까운 장암리의 문씨 일족이 미곡을 처분한 곳도 이 장시였다. 문씨 일족의 계 문서가 전하는 동문외장에서의 미가변동과 도별 과세지 변동과의 상관성을 살피면, 1780~1846년 영암의 미가변동은 전라 1도가 아니라 전국 8도의 과세지 변동과 유의한 상관성을 지녔다. 이 사실은 동기간 영암포의 번창한 상업을 규정한 시장은 전라 1도의 국지적 시장이 아니라 전국 8도의 광역적 시장이었음을 이야기하고 있다.[34]

영암포처럼 연안 무역의 요충지에는 지역 간의 시장을 중개하는 여객주인旅客主人이 존재하였다. 여객주인은 행상의 화물을 위탁판매하는 상인으로서 도매업의 초기형태라고 할 수 있다. 위탁판매의 구문口文은 통상 10%의 수준이었다. 여객주인이 처음 출현한 것은 17세기 후반 한성 밖 한강의 여러 포구에서였다. 최초의 여객주인은 훈련도감의 군관들이었다. 그들은 지방의 군현에서 조운되어 온 조세곡을 정부 창고에 납입하는 역할을 대행하였다. 이후 여객주인의 업무는 각지의 선상들이 싣고 온 상품에 대한 위탁판매로 발전하였다. 여객주인은 특정 지방의 상인들과 장기거래의 계약을 체결하여 그 지방에서 온 재화의 중개를 독점하였다. 여객주인의 권리는 특정 재화에 대한 독점적 중개권으로 발전하였다.[35] 한강 포구에서 출현한 여객주인은 점차 남부지방의 포구로 확산되었다.

광역의 시장통합과 중개상업의 발전은 대개 해강부의 범위에 국한되었다. 바다와 강이 통하지 않은 내륙부는 해강부와 무관한 별개의 시장권을 이루었다. 예컨대 전라도 남원은 바다나 강으로 연결되지 않은 내륙부에 속하였다. 1820~1825년 남원의 미가변동은 같은 전라도의 해강부 영암과 0.072라는 더없이 낮은 상관계수를 보였다. 멀리 경상도의 예천과는

34 박이택·이영훈(2004), 「18-19세기 미곡시장의 통합과 분열—靈巖 지방의 미가변동에 대한 생산충격의 영향 분석—」, 『수량경제사로 다시 본 조선후기』, 315~321쪽.

35 李炳天(1983), 「朝鮮後期 商品流通과 旅客主人」, 『經濟史學』 6, 98~164쪽.

음陰의 관계였다. 남원을 포함하여 소백산맥 이서의 10개 군현의 미가는 20세기 초까지도 연안지방과 상당한 격차를 보였다.[36] 이 내륙부에서도 몇 개의 기초시장을 통할하는 고차시장이 출현하였다. 남원부의 읍내장이 그 한 가지 예이다.[37] 이 내륙부의 대장大場에 여객주인이 출현하는 것은 1876년 개항 이후의 일이다.

관영수공업의 재편

전장에서 소개하였듯이 조선왕조는 민간의 장인을 동원하여 관영수공업을 영위하였다. 중앙정부와 지방관청이 수용需用하는 재화의 상당 부분은 관영수공업에 의해 제작되었다. 관영수공업은 왜란과 호란을 겪으면서 크게 해체되었다. 과중한 부담과 열악한 작업조건에 시달리던 장인匠人들은 관영 작업장을 이탈하였다. 전국의 장인을 등록하고 장인세를 수취하던 제도는 더 이상 유효하게 작동하지 않았다. 1785년에 편찬된 『대전통편大典通編』 공전工典을 참고하면, 원래 경공장京工匠이 배속되었던 중앙정부의 각사 30개 가운데 5개는 사司 자체가 폐지되었고, 10개 사는 공장이 1명도 없고, 나머지 15개 사는 공장이 있긴 하나 그 실태가 가지각색이며, 공조工曹가 경공장을 등록하는 제도가 행해지지 않은 지 오래라고 하였다. 지방관청의 외공장外工匠에 대해서도 장인을 등록하는 법이 오래 시행되지 않은 가운데 각 관청은 필요에 따라 민간의 장인을 사사롭

36 이영훈·박이택(2004), 「농촌 미곡시장과 전국적 시장통합, 1713-1937」, 『수량경제사로 다시 본 조선후기』, 243·252~256쪽.

37 1808년에 편찬된 재정서 『萬機要覽』에는 전국적으로 유명한 大場 15곳이 소개되어 있다. 그 가운데 남원의 읍내장이 포함되어 있다. 대장 15곳은 다음과 같다. 경기도: 沙坪場, 松坡場, 安城邑內場, 恭陵場. 충청도: 江景場, 德坪場. 전라도: 全州邑內場, 南原邑內場. 경상도: 馬山浦場. 강원도: 大化場. 황해도: 飛川場, 黃州邑內場, 銀波場. 평안도: 津頭場. 함경도: 元山場. 이들 장시가 모두 대장이었는지는 1770년의 『東國文獻備考』와 1830년 『林園經濟志』의 정보와 일치하지 않은 경우가 많아 의심스러운 바가 있다. 이재하·홍순환(1992), 『한국의 場市－정기시장을 중심으로－』, 民音社, 79~82쪽 참조.

게 고용한다고 하였다.[38]

중앙정부의 관영수공업 가운데 명맥을 유지한 것은 조지서造紙署와 사옹원司饔院 정도였다. 한성의 세검정洗劍亭에 위치한 조지서에는 정부가 수용한 각종 종이를 생산하는 지장紙匠이 배속되었다. 지장은 조지서에 전속하는 장인과 지방에 거주하면서 포를 납부하는 장보匠保라는 두 집단으로 나뉘었다. 조지서는 장보로부터 수취한 포를 전속 장인의 보수로 지급하였다. 17세기 중엽 조지서의 제지업은 공인제도貢人制度로 재편되었다. 후술하듯이 공인제도는 대동법 이후 정부와 왕실에 물자를 공급하는 상인을 지정하고 그에게 공가貢價를 지급하는 새로운 조달체제를 말한다. 그에 따라 조지서의 지장 가운데 4명이 종이를 조달할 공인으로 지정되었다. 세검정은 그들에 의한 민영 제지업의 마을로 바뀌었다. 이후 공인은 자금력이 있는 시전상인의 차지가 되었다. 시전상인은 제지업의 원료와 자금을 선대先貸하였다. 세검정의 제지업은 점차 시전상인을 물주物主로 하는 선대제 지배를 받게 되었다.[39]

다른 관영수공업도 점차 전속장인이 공인으로 지정되거나 시전상인의 지배를 받는 경로로 민영화해 갔다. 궁중에서 비단을 직조하는 상의원尙衣院은 1733년에 폐쇄되었으며, 이후 면주전綿紬廛에 속한 공인들이 비단을 조달하였다. 사옹원의 자기업만큼은 원료와 연료의 애로 때문에 끝까지 관영수공업으로 남았다. 사옹원에는 조지서와 마찬가지로 전속 장인과 장보가 배속되었다. 자기는 사옹원이 경기도 광주에 설치한 분원分院에서 생산되었다. 분원은 장인과 잡역부로 이루어진 1,000여 호의 큰 마을이었다. 장인들은 빈약한 소득을 보충하기 위해 자기를 사사롭게 구워 팔기도 하였다. 분원의 장인들을 괴롭힌 것은 연간 두 차례의 정례적인 진상이 아니라 사옹원의 각급 관리와 궁중 환관배의 끝도 없는 주구誅求

38 『大典通編』 工典 京工匠 增, 外工匠 增.

39 宋贊植(1973), 『李朝後期手工業에 관한 研究』, 韓國文化研究所, 49~52·148~154쪽.

였다. 수많은 작폐에도 불구하고 분원의 자기업이 조지서의 제지업처럼 민영으로 전환할 수 없었던 것은 장인의 힘만으로는 자기 제작에 필요한 백토白土와 시목柴木을 구할 수 없었기 때문이다. 중앙정부는 남부지방에서 나오는 백토를 직접 분원까지 운송했으며, 강원도의 여러 군현에 대해서는 시목을 분원까지 운반해 오도록 하였다. 나아가 분원에 한강을 타고 한성으로 내려가는 뗏목에 세를 걷는 권리를 부여하여 분원의 운영비를 보충케 하였다. 정부의 지원이 이와 같았기 때문에 사옹원의 자기업은 1870년대까지 관영수공업으로 남았다.[40]

16세기까지 광업은 정부가 필요에 따라 한시적으로 주변 농민을 동원하여 광물을 채취하는 방식으로 영위되었다. 광업은 17세기 이후 민간의 상인에게 채굴권을 허락하고 세를 수취하는 방식으로 민영화하기 시작하였다. 초기에는 광산에 정부의 대리인으로서 별장이 파견되었으나 18세기 이후 군현의 수령이 관리와 수세를 맡음으로써 민영화가 촉진되었다. 채굴권을 따낸 상인물주는 덕대德大라 불린 광산업자에게 자금을 선대하였다.[41] 광업도 제지업과 마찬가지로 상인의 선대제 지배하에 놓였다. 광산의 실질적 경영자는 덕대였다. 사금광砂金鑛을 보면, 상인물주로부터 자금의 선대를 받은 덕대는 광부를 고용하여 광물을 채굴하고 광세를 납부하고 선대금을 상환하는 등, 광업의 전 과정을 자신의 경리로 운영하였다.[42] 19세기 전반 황해도 수안의 사금광에는 39개의 금혈金穴이 있었는데, 금혈마다 1명의 덕대가 있어서 평균 15~20명의 광부를 고용하였다. 덕대가 광부에게 지급하는 임금은 초기엔 광물의 일부를 포함한 현물임금이었는데 점차 화폐임금으로 바뀌어 갔다.

40 宋贊植(1973), 『李朝後期手工業에 관한 硏究』, 85~123·154~167쪽

41 柳承宙(1993), 『朝鮮時代鑛業史硏究』, 고려대학교 출판부, 322~365쪽.

42 柳承宙(1993), 『朝鮮時代鑛業史硏究』, 377~387쪽.

농촌수공업의 실태

관영수공업이 해체된 뒤 농촌수공업의 실태가 어떠했는지와 관련해서는 1794년에 편찬된 『부역실총賦役實摠』이란 재정서를 참고할 수 있다. 그에 의하면 대부분의 군현은 행정비를 조달하기 위해 관내의 장인들로부터 정기적으로 생산물의 일부를 진상의 명분으로 수취하였다. 경기도 광주의 경우, 매달 야장 1명은 마철馬鐵 1부를, 도기점陶器店 1호는 동해東海 2개를, 유기장柳器匠 1명은 행담行擔 1부를 상납하였다. 경기도의 다른 군현을 보면, 이외에 수철점水鐵店의 식정食鼎, 옹기점甕器店의 옹기, 지점紙店의 상지常紙와 장지壯紙 등이 수취되었다. 도마다 진상의 실태는 같지 않았다. 충청도의 경우, 야장이 매달 상납하는 마철은 2~7부로서 적지 않은 부담이었다. 초혜草鞋와 석席 등, 경기도에서 볼 수 없는 물목도 있었다. 어쨌든 18~19세기의 농촌수공업은 야장, 수철장, 지장, 도기장, 사기장, 토기장, 옹기장, 유기장, 혜장, 석장 등이 정기적으로 생산물의 일부를 지방 관부에 상납하는 가운데 비교적 자유롭게 영위된 민영공업이었다.

농촌수공업의 지역별 분포에 대해서는 1830년대의 『임원경제지』가 소개하는 장시의 출시품을 통해 짐작해 볼 수 있다. 〈표 6-2〉는 식료와 의료를 제외한 각종 공산품이 장시에 출시되는 해당 군현 수의 도별 분포이다.[43] 우선 한 가지, 도별로 농촌수공업의 발전 수준에 큰 차이가 있었음을 지적할 수 있다. 평안도 군현에서 장시당 출시품은 평균 4종을 넘는 반면, 충청도와 강원도에서는 0.5종에 불과하였다. 전라도에서는 2.7종, 경상도에서는 2.5종이다. 전국에서 농촌수공업이 가장 발전한 곳은 평안도이며, 가장 후진적인 곳은 충청도와 강원도였다.

다른 한 가지 두드러진 특징은 농촌수공업의 지역적 편중이다. 예컨대 지물의 경우 44개 군현에서 출시되는데, 그중의 35개 군현이 전라도와 경

---

43 家畜類, 藥材類, 雜貨類(사립, 평량자 등), 木材類, 皮物類 등도 제외되었다.

[표 6-2] 『임원경제지』에 있어서 출시 수공업제품의 구성과 분포(1830년대)

단위: 군현 수

도 \ 제품	郡縣 數	鐵器	鍮器	磁器	土器	紙物	柳器	木器	竹器	席	鞋	합계
경기	33	15	4	6	10	1	6	10	0	12	1	65
충청	52	5	1	0	4	1	1	2	0	12	0	26
전라	53	14	3	16	31	19	1	12	21	25	3	145
경상	70	26	26	25	25	16	9	16	14	14	1	172
강원	26	2	0	1	1	3	0	0	0	0	8	15
황해	23	5	6	8	10	1	7	3	0	14	0	54
평안	41	41	34	34	30	3	1	36	1	2	0	182
함경	14	7	4	2	4	0	1	6	0	7	0	31
합계	312	115	78	92	115	44	26	85	36	86	13	690

비고: 『林園經濟志』가 소개하고 있는 장시의 재화는 군현에 따라 그 명칭이 다양하다. 위의 10개 물목은 鍮器와 柳器를 제외하고는 다음의 같이 여러 물목을 통합한 것이다.
1. 鐵器: 鐵器, 鐵物, 農器, 釜鼎, 片子. 2. 磁器: 磁器, 陶器. 3. 土器: 土器, 甕器.
4. 紙物: 紙物, 紙地. 5. 木器: 木器, 木物, 木履, 木盤. 6. 席: 茵石, 簟石, 蘆簟石.
7. 鞋: 草鞋, 麻鞋, 皮鞋.

상도에 속하였다. 제지업은 전라도와 경상도에서 가장 발달하였다. 그런데 다른 도의 장시에서 지물의 출시율이 매우 낮음은 전라도와 경상도의 지물이 상업적 경로로 널리 유통되지 못했음을 이야기하고 있다. 다른 재화에서도 그러하였다. 예컨대 자기와 토기는 전라·경상·평안에서 많이 출시되는데, 충청·황해·강원으로 흘러가지 못하여 이 3도에서 자기와 토기의 출시율은 매우 낮았다. 철기도 마찬가지여서 전국의 312개 군현 가운데 115개에서만 출시를 보았다.

이처럼 1830년대까지 공산품의 장시를 통한 유통은 유치한 수준이었다. 우선 생산량 자체가 광역의 유통을 성립시킬 만큼 풍족하지 않았다. 게다가 유통 경로는 장시만이 아니었다. 그보다 더 오랜 전통을 지닌 행상의 방문거래나 행공行工의 주문생산이 있었다. 공개적인 시장거래보다

[그림 6-6] 노변야로

출처: 김홍도, 18세기(국립중앙박물관).

대면對面의 방문거래나 주문생산이 아직 더 큰 비중을 차지했음이 1830년대 상업경제의 수준이었다. 1778년 화가 김홍도金弘道는 농촌을 여행하면서 인상 깊게 관찰한 풍속 8가지를 행려풍속도병行旅風俗圖屛이란 병풍으로 그렸다. 그중의 한 폭이 〈그림 6-6〉 왼쪽의 '노변야로路邊冶鑪'이다. 노변의 주막에서 행객들이 밥을 먹거나 쉬고 있다. 주막의 마당에서는 4명의 야장이 노爐를 설치해 놓고 단련 작업을 하고 있다. 나중에 김홍도는 야장들의 작업 장면을 별도의 그림으로 그렸는데, 오른쪽이 그것이다. 이같이 야외에 노출된 간단한 시설의 노와 소수 야장의 결합이 18세기 후반 농촌 철공업의 실태였다. 당시 사람들은 야장의 무리를 가리켜 모작배募作輩라 하였다. 모작배는 여러 지역을 돌아다니면서 지방민들의 철기 수요를 충족하였다. 노는 이동에 편하도록 간단한 형태로 설치되고 해체되었다. 〈표 6-2〉에서 철기의 출시가 115개 군에 그친 것은, 다시 말해 다수의 197개 군현에서 철기가 출시되지 않은 것은, 이 같은 이동 철공업이 철기의 생산과 유통을 담당하였기 때문이다. 상업에서의 행상체제行商體制에 짝하여 공업에서는 이 같은 행공체제行工體制가 생산과 유통의 지배적 형태를 이루었다.

2. 소농경제의 전개

이앙의 보급

수전농업은 15~17세기에 걸쳐 크게 발전하였다. 우선 수전의 면적이 확대되었다. 주로 전라도와 경상도에서의 일이었다. 이 두 도에서 수전의 면적은 1432년의 22만 5,000여 결에서 1720년 32만 9,000여 결로 46%나 증가하였다.[44] 제언, 천방川防 등 수리시설의 확충으로 10만 결 이상의 밭이 논으로 전환하였다. 15세기까지 이 지방에서 하층 농민의 주식은 기장[黍], 조[粟], 콩[豆], 보리[麥] 등의 밭작물이었다.[45] 쌀은 귀족적 지배층의 주식이었다. 이후 18세기 초까지 하층 농민의 주식이 쌀로 바뀌었다. 그 사이 위와 같이 수전의 일대 개간이 이루어졌다. 개간의 확충과 더불어 수전의 농법에서도 커다란 변화가 있었다. 곧 수전의 경종법이 직파直播에서 이앙移秧으로 바뀌었다.

이앙은 오래 전부터 알려진 농법이지만, 이앙 적기에 충분한 물을 확보하기 어렵다는 이유에서 위험한 농법으로 경계되었다. 그럼에도 이앙은 16세기 후반 이래 경상도 북부에서부터 시작하여 슬슬 확산되었다. 수리시설이 확충되기도 했지만, 이앙기의 물 부족에 대처할 수 있는 방향으로 농

---

44 이영훈(1995), 「조선사회의 경제」, 정창수 편, 『한국사회론 — 제도와 사상 —』, 사회비평사, 219쪽.

45 이준정(2011), 「作物 섭취량 변화를 통해 본 農耕의 전개 과정 — 한반도 유적 출토 人骨에 대한 안정동위원소 분석 결과를 중심으로 —」, 『韓國上古史學報』 73, 52쪽.

법이 개량되었기 때문이다.[46] 우선 만도晩稻가 개발되어 파종기가 3월 말과 4월 초로 15세기에 비해 한 달 정도 늦추어졌다. 이에 파종 이후 한 달간 묘판에서 묘를 키워 5월에 이앙할 시기에는 비가 내릴 확률이 이전보다 훨씬 높았다. 묘판에도 시비를 해서 튼튼한 묘를 키우게 된 점도 중요한 요인이 되었다. 가뭄이 아주 심하여 묘판에조차 물을 댈 수 없을 때는 묘판을 밭으로 관리하여 양묘하는 건앙법乾秧法이란 기술도 개발되었다.[47]

이 같은 농법의 개량에 지지되면서 이앙의 보급을 적극 유인한 것은 제초노동의 절감 효과이다. 이앙은 종래의 직파에 비해 제초노동을 절반 정도 절감하였다. 17세기 후반 경상도 칠곡의 이씨 양반가의 농사일기에 의하면, 1두락의 논에 투여된 제초노동은 직파의 경우 4회 제초에 합 8.5명임에 비해, 이앙의 경우 이앙을 포함하여 2회 제초에 합 5명이었다.[48] 이 같은 제초노동의 절감으로 이앙은 노동력이 부족한 소규모 가족농업의 농법으로 선호되었다. 그런데 이앙의 보급에 따라 다수의 노비를 보유한 양반가의 가작家作 규모가 확대되었다. 같은 노동력으로 더 큰 면적의 제초가 가능해졌기 때문이다. 이같이 이앙의 보급으로 출현한 대규모 경작농을 당시 사람들은 광작廣作이라 불렀다.[49] 그렇지만 수전농업의 발전은 기본적으로 노동집약화의 방향이었으며, 광작은 장기적으로 감소하는 추세였다. 그 대신 소규모 가족농업이 성장하였다. 그것은 이앙의 덕분으로 소규모 가족노동만으로도 수전농업의 사활이 걸린 제초과정을 감당할 수 있었기 때문이다.

나아가 이앙의 보급은 농업의 생산과정을 다각화하여 농가경제를 안정시키는 효과를 낳았다. 수전농업에서 절감된 제초노동은 그와 시기적으

46 염정섭(2002), 『조선시대농업발달연구』, 태학사, 185~206쪽.

47 宮嶋博史(1981), 「李朝後期における朝鮮農業の發展」, 『朝鮮史硏究會論文集』 18, 76~77쪽.

48 김건태(2004), 『조선시대 양반가의 농업경영』, 역사비평사, 148쪽.

49 宋贊植(1970), 「朝鮮後期 農業에 있어서의 廣作運動」, 『李海南博士華甲紀念史學論叢』, 95~134쪽.

로 중복되는 한전농업의 제초과정에 투여되었다. 예컨대 면작棉作은 수전농업과 거의 동량의 제초노동을 요하는데, 이앙 이전에는 그 시기가 중복되어 노동력이 적은 소규모 가족농업으로서는 면작을 행할 수 없었다. 17세기 이후 면작이 널리 보급된 것은 이앙의 보급으로 두 농사를 겸영할 수 있는 조건이 마련되었기 때문이다. 결국 이앙은 생산의 다각화를 수반하는 집약농법으로서 소농경제小農經濟의 안정화에 이바지하였다.

또한 이앙의 보급으로 수전이모작이 가능해졌다. 3~4월에 묘판에 파종하여 묘를 키우는 동안 전년에 벼 추수가 끝난 후 논에 파종한 보리를 5월에 수확할 때까지 키울 수 있게 되었기 때문이다. 그에 따른 보리의 증산은 식료의 공급을 증가시켜 농가의 안정성을 제고하였다. 1912년 수전이모작水田二毛作의 보급률은 경상북도와 경상남도가 각각 26%와 18%로 가장 높고 전라남도는 11%, 나머지 도에서는 4~7% 수준에 머물렀다.[50] 경기 이북에서는 보리의 월동이 불가능하여 이모작을 행할 수 없었다. 이모작은 많은 지력을 소모하기 때문에 수전의 고생산성을 추구하는 독농가篤農家의 호사好事는 아니었으며, 이에 그 보급에는 한계가 있었다.

집약농법과 상업적 농업

17~19세기의 한전농업 역시 많은 노동력을 투하하여 고생산성을 추구하는 집약농법으로 발전하였다. 한전의 집약농법을 대표한 것은 전작前作의 근경根耕 또는 간작間作의 형태로 행해진 보리-콩의 1년2작과 조-보리-콩-휴한의 2년3작 윤작법輪作法이었다. 인구의 증가와 토지의 부족이 이러한 집약농법의 발전을 촉구하였다. 〈표 6-3〉은 1918년 도별 한전의 경지이용률이다. 개항 이후 대외 무역이 크게 늘어 한전농업의 구조가 영향을 받았지만, 개항 이전을 짐작할 수 없을 정도의 큰 변화는 아니었다.

50 李榮薰(1999), 「朝鮮社會 經濟史 硏究의 現況과 課題」, 鄭求福 외, 『朝鮮時代 硏究史』, 韓國精神文化硏究院, 146쪽.

【표 6-3】 도별 한전 경지이용률(1918)

단위: %

경기	충북	충남	전북	전남	경북	경남	황해	평남	평북	강원	함남	함북	전국
142	136	154	135	112	139	143	121	112	114	116	112	112	122

출처: 李榮薰(1999), 「朝鮮社會 經濟史 硏究의 現況과 課題」, 鄭求福 외, 『朝鮮時代 硏究史』, 韓國精神文化硏究院, 147쪽.

그런 전제에서 한전의 경지이용률을 보면, 충청남도의 154%를 필두로 하여 경기, 충청북도, 전라북도, 경상북도, 경상남도가 135% 이상의 높은 수준을 보이고 있다. 참고로 1년1작, 1년2작, 2년3작이 각각 1/3의 비중이라면 전체 경지이용률은 150%이다. 이로부터 이들 남부지방에 있어서 한전의 적어도 1/2 이상이, 많게는 2/3가, 2년3작 내지 1년2작의 윤작법으로 이용되었음을 알 수 있다. 전라남도가 112%로서 유독 낮은 것은 그 지방에서 성하게 이루어진 면작 때문이다. 면작은 지력 소모가 심하여 다른 작물과의 윤작이 어려웠다.[51]

이같이 한전의 집약적 이용이 가능했던 것은 이랑[畝]과 고랑[畎]을 높고 깊게 조성하는 쟁기갈이의 진전과 풍부한 시비에 의해서였다. 15세기의 『농사직설』에 소개된 쟁기갈이는 작물의 성숙 기간에 잡초를 제거하기 위해 소를 몰아 쟁기갈이를 할 수 있을 정도로 이랑과 고랑의 폭이 넓은 가운데 고저가 분명치 않은 만연漫然의 상태였다. 기경법起耕法이 그러해서는 깊은 고랑을 적지適地로 하는 맥작麥作에 어려움이 있었다. 보리는 습윤작물로서 고랑이 깊어야 충분한 수분을 확보할 뿐 아니라 월동이 가능해져 2년3작 윤작의 한 고리로 도입될 수 있었다. 그런데 17세기 이후 이랑과 고랑이 높고 깊어진 가운데 작물의 속성에 따라 고저를 달리할 정도로 기경법의 진전이 있었다.[52] 그에 따라 한 포장에서 건조작물과 습윤작물을 근경과 간작의 형태로 능숙하게 결합하는 윤작법이 널리 행

51 李榮薰(1999), 「朝鮮社會 經濟史 硏究의 現況과 課題」, 『朝鮮時代 硏究史』, 147쪽.
52 염정섭(2000), 『조선시대농업발달연구』, 235~264쪽.

해지게 되었다.

15세기의 『농사직설』에 의하면 그 시기의 시비법은 분회糞灰가 비료의 주종을 이루면서 종자와 분회를 섞거나 파종구播種溝에만 시비하는 분종법糞種法의 수준에 머물렀다. 그에 비해 17세기 이후의 시비는 퇴구비堆廏肥가 주종으로 바뀐 가운데 경지에 비료를 널리 투하하는 분전법糞田法으로 발전하였다. 퇴구비란 우마牛馬의 외양간에 야초나 볏짚을 넣어 우마의 분뇨와 섞이게 한 뒤, 일정 기간 숙성시킨 것을 말한다. 17세기 이후의 여러 농서는 특히 맥작과 면작에서 시비의 중요성을 강조했으며, 18세기 이후에는 작물의 성숙 중에도 비료를 투하하는 추비追肥까지 권장하였다.[53]

여러 농서는 농업에 정성을 다하는 정농精農들이 다량의 비료를 확보하기 위해 벌였던 다양한 형태의 노력을 실감나게 묘사하고 있다. 예컨대 19세기 전반 서유구가 지은 『행포지杏浦志』는 비료를 수집하는 6가지의 방도를 소개하였다. 그 한 가지는 "남이 버리면 내가 줍는다[人棄我取]"이다. 새벽 일찍이 노비들을 시켜 길거리에 나가 남이 버린 소똥이나 말똥을 줍는다는 뜻이다. 또한 "법을 엄히 세우고 영을 매섭게 집행한다[嚴法峻令]"고 했는데, 가장이 비료의 재료를 함부로 버리는 가구원을 엄히 다스린다는 내용이다.[54] 정농가의 이러한 행동규율은 20세기 전반의 농촌 주민이 남긴 기록에도 관찰된다. 예컨대 "어린이나 어른이나 남의 집에 마실을 갔다가도 (중략) 대소변이 마려우면 반드시 자기 집으로 가서 볼일을 봐 중요한 거름을 보태곤 하였다."[55]

수·한전에 걸친 집약농법의 발전은 장시의 보급과 어울려 팔기 위한 목적의 상업적 농업을 촉진하였다. 전국의 농가가 널리 소비한 면포와 연초를 위한 면작과 연초재배가 상업적 농업을 대표하였다.[56] 면화와 연초는

53 林和男(1980), 「李朝農業技術の展開」, 『朝鮮史叢』 4, 20~23·46~47쪽.

54 林和男(1980), 「李朝農業技術の展開」, 『朝鮮史叢』 4, 50~51쪽.

55 정주영(1998), 『이 땅에 태어나서』, 솔, 19쪽.

56 金容燮(1971), 『朝鮮後期農業史研究 — 農業變動·農學思想 —』 (II), 163~168·174~179쪽.

그에 적합한 토성土性에서만 재배가 가능하여 주산지를 형성하였다. 면작은 전라도의 연해지방에서 성하게 이루어졌으며, 연초는 전라도 진안과 평안도 삼등을 주산지로 하였다. 상업적 농업의 정도나 분포에 관해서는 1830년대의 『임원경제지』를 참고할 수 있다. 예컨대 면화는 전국 316개 군현 가운데 137개 군현에서 거래되었다. 연초는 그보다 더 많은 170개 군현에서 출시를 보았다. 의료로서 면포 다음의 큰 비중을 지녔던 마포와 저포의 원료도 상업적 농업의 대상이었다. 마포는 전국의 143개 군현에서 출시되었는데, 함경도와 경상도가 주산지였다. 특히 함경도의 북포北布가 그 품질에서 명성을 누렸다. 저포는 충청도와 전라도의 48개 군현에서 출시되었는데, 주지하듯이 충청도 한산이 가장 유명한 산지를 이루었다. 파·마늘·배추·고구마 등의 작물도 상업적 농업의 대상이었는데,[57] 그 지역적 분포는 제한적이었다. 이들 소채류가 출시된 곳은 전국적으로 13개 군현에 불과한데, 그중의 11곳이 전라도였다.

노비제의 해체

17~18세기 조선의 경제가 성장일로였음을 알리는 확실한 지표는 인구 증가이다. 전국의 호구는 1639년의 44만여 호와 152만 명에서 1750년까지 178만여 호와 733만 명으로 증가하였다. 이 시점에서 호총은 정점에 달했는데, 구총은 이후에도 증가하여 1814년의 790만 명을 정점으로 하였다. 인구 증가는 노비제의 해체를 유도하였다. 인구 증가로 인해 인간 노동력의 가치가 상대적으로 하락하였다. 양반이 노비를 통해 누릴 수 있는 편익의 상당 부분은 장기계약의 고공雇工이나 단기계약의 일고日雇로 대체될 수 있었다. 그에 따라 노비의 재산 가치가 하락하였다. 18세기 중반 어느 양반은 "옛날에는 노비를 재산으로 삼았는데, 요사이는 토지를

57 金容燮(1971), 『朝鮮後期農業史硏究 — 農業變動·農學思想 —』(II), 168~174쪽.

재산으로 삼는다"고 하였다.[58]

조선왕조의 신분 정책도 노비의 해방을 유도하는 방향으로 조금씩 바뀌었다. 16세기까지 조선왕조는 노비가 해방될 수 있는 경로를 거의 허용하지 않았다. 16세기 말 일본의 군사적 침입을 받은 위급한 기간에 조선왕조는 군공을 세운 노를 해방하거나 노에게도 무과에 응시할 자격을 부여하였다. 또한 군수를 확보할 목적에서 50~100석의 곡식을 헌납한 노를 양인으로 해방하였다.[59] 이 같은 정책은 이후 17~18세기에 걸쳐 심각한 흉년에 빈민을 구제할 목적으로 간헐적으로 이어졌다. 이 같은 임시방편을 넘어 조선왕조의 노비 정책이 사실상 노비의 해방을 촉구하는 방향으로 전환하는 것은 현종顯宗 대(1659~1674)부터이다. 그 역시 정치군사적 요인에서 비롯되었다. 조선왕조의 지배층은 1636년 청에 항복한 치욕을 갚기 위해 청을 정벌할 꿈을 꾸었다. 그들은 군사를 확충하기 위해 다수의 인구를 포섭하고 있는 노비제를 억압하기 시작하였다. 1669년 노奴와 양녀良女가 낳은 자식을 양인신분으로 돌리는 종량법從良法이 제정되었다. 이로써 노비신분이 세습되는 한 가지 큰 경로가 차단되었다. 또한 조선왕조는 납공노비로부터 신공을 수취하는 노비주의 권리를 제약하기 시작하였다. 흉년이 든 해의 신공 수취는 금지되었으며, 도망노비를 추쇄할 노비주의 권리에도 빈번한 제약이 가해졌다.[60]

조선왕조의 북벌北伐 의지는 상당수의 인구가 호적에서 누락된 문제점을 바로 잡기 위한 호구정책으로도 나타났다. 1666년에 제정된 호구 조사의 규칙은 호를 은닉하다가 발각될 경우 양반신분을 막론하고 전가사변全家徙邊의 형벌에 처한다고 하였다. 그 같은 왕조의 강력한 의지에 떠밀려 주인가의 문전에서 움집을 짓고 사는 노비조차 호적에 독립호로 등

58 『均役廳病國論』(국립중앙도서관, 일산 古 605-3)

59 平木實(1982), 『朝鮮後期奴婢制研究』, 知識產業社, 153~174쪽.

60 全炯澤(1989), 『朝鮮後期奴婢身分研究』, 一潮閣, 188~201·10~219쪽.

【표 6-4】 경상도 대구부 6개 면 호구의 신분구성(1690~1858)

단위: 戶, 口, %

구분 연도	호				구			
	양반	상민	노비	합계	양반	상민	노비	합계
1690	290 (9.2)	1,694 (53.7)	1,172 (37.1)	3,156 (100)	1,027 (7.4)	6,894 (49.5)	5,992 (43.1)	13,913 (100)
1732	579 (18.7)	1,689 (54.6)	824 (26.6)	3,092 (100)	2,260 (14.8)	8,066 (52.8)	4,940 (32.4)	15,266 (100)
1789	1,055 (37.5)	1,616 (57.5)	140 (5.0)	2,810 (100)	3,928 (31.9)	6,415 (52.2)	1,957 (15.9)	12,300 (100)
1858	2,099 (70.3)	842 (28.2)	44 (1.5)	2,985 (100)	6,410 (48.6)	2,659 (20.2)	4,126 (31.3)	13,195 (100)

출처: 四方博(1938),「李朝人口に關する身分階級別的觀察」, 京城帝國大學法學會,『朝鮮經濟の硏究』三, 岩波書店, 387·410쪽.

록되었다. 이 같은 현종 대의 호구정책은 숙종肅宗 대(1674~1720)와 영조英祖 대(1724~1776)까지 이어져 동기간 전국의 호총과 구총을 2배 이상 증가시키는 데 크게 기여하였다. 호적에 독립호로 등록된 노에게는 속오군束伍軍과 같은 각종 공역公役이 부과되었다.[61] 공역을 지게 된 노에 대한 주인의 지배력은 이전과 같을 수 없었다. 이 같은 여러 요인이 상호 복합하여 1686년을 전후하여 노비가격이 구당 100냥의 높은 수준에서 10~20냥으로 폭락하였다.[62] 18세기에 이르러 노비들은 별 어려움 없이 약간의 재산을 주인에게 헌납하고 스스로를 속량贖良하였다. 노비제 해체의 기본 경로는 이러하였다.

노비제가 해체되는 양상과 추세는 조선왕조가 3년마다 작성한 호적을 통해 구체적으로 살필 수 있다. 〈표 6-4〉는 경상도 대구부 6개 면의 호적

61 全炯澤(1989),『朝鮮後期奴婢身分硏究』, 169~178쪽.
李榮薰(1998),「한국사에 있어서 奴婢制의 추이와 성격」, 歷史學會 編,『노비·농노·노예—隷屬民의 比較史—』, 一潮閣, 413~415쪽.

62 李榮薰(1998),「한국사에 있어서 奴婢制의 추이와 성격」,『노비·농노·노예—隷屬民의 比較史—』, 403~405쪽.

에서 양반, 상민, 노비 신분별 호와 구의 수가 1690~1858년에 걸쳐 어떻게 변했는지를 보여 주고 있다.[63] 1690년 전체 호에서 37.1%를 차지한 노비신분의 호가 1858년까지 1.5%에 불과할 정도로 거의 사라지고 말았다. 상민신분의 호도 19세기에 들어 절반의 비중으로 감소하였다. 그 대신 양반신분의 호가 크게 증가하였다. 이 같은 신분구조의 변동은 여러 지방의 호적에서 공통으로 확인되는, 상당히 보편적인 현상이다. 양반신분의 호가 급증한 것은 양반 인구가 그만큼 늘었다기보다 군역에서 면제되는 사람의 수가 크게 늘어 조선왕조의 인신 지배체제가 크게 이완되었음을 대변하고 있을 뿐이다. 어쨌든 그 과정에서 노비신분의 호는 거의 소멸하였다. 노비신분의 호는 대개 왕실, 중앙각사, 재경 양반관료의 납공노비納貢奴婢들이다. 노비제의 해체는 납공노비의 범주에서 가장 급격하게 이루어졌다.

〈표 6-4〉에서 노비신분의 구를 보면 1690년의 43.1%에서 1789년의 15.9%로까지 감소하였다. 연후에 1858년까지 31.3%로 다시 증가하는데, 이는 사실이 아닌 것으로 지적되고 있다. 19세기가 되면서 호적제도가 기강을 잃어 대구부 호적의 경우 1840년대부터 호적에 등록되는 노비의 성별과 나이가 불분명해진다. 이에 호적에 노비 인구가 다시 증가하는 현상은 양반 호가 신분 위세를 과시할 목적에서 있지도 않은 노를 1~2명씩 등록한 탓으로 이해되고 있다.[64] 여러 다른 지방에서 확인되고 있듯이 19세기에 걸쳐 노비신분의 인구는 지속적으로 감소하였다.

〈표 6-5〉는 1729~1867년 경상도 울산부 농소면 호적에서 확인되는 신분구조의 변동이다.[65] 노비신분의 호가 사실상 소멸하였음은 대구부와

---

63 四方博(1938), 「李朝人口に關する身分階級別的觀察」, 京城帝國大學法學會, 『朝鮮經濟の研究』 三, 岩波書店, 387·410쪽.

64 權奇重(2015), 「호적대장을 통해 본 조선후기 노비층의 증감현상—대구부 동상면을 중심으로—」, 『大東文化研究』 91, 28~30쪽.
김건태(2009), 「戶名을 통해 본 19세기 職役과 率下奴婢」, 『韓國史研究』 144, 236쪽.

65 鄭奭鍾(1983), 『朝鮮後期社會變動研究』, 一潮閣, 248~249쪽.

[표 6-5] 경상도 울산부 농소면 호구의 신분구성(1729~1867)

단위: 戶, 口, %

구분 연도	호				구				
	양반	상민	노비	합계	양반	상민	입역노비	납공노비	합계
1729	168 (26.3)	382 (59.8)	89 (13.9)	639 (100)	493 (19.4)	1,260 (49.6)	555 (21.8)	234 (9.2)	2,542 (100)
1765	225 (41.0)	313 (57.0)	11 (2.0)	549 (100)	602 (32.1)	953 (50.8)	285 (15.2)	35 (1.9)	1,875 (100)
1804	347 (53.5)	296 (45.6)	6 (0.9)	649 (100)	963 (43.7)	747 (33.9)	488 (22.1)	7 (0.3)	2,205 (100)
1867	349 (65.5)	181 (34.0)	3 (0.6)	533 (100)	1,340 (67.1)	365 (18.3)	287 (14.4)	6 (0.3)	1,998 (100)

출처: 鄭奭鍾(1983), 『朝鮮後期社會變動硏究』, 一潮閣, 248~249쪽.

동일하다. 노비신분의 구를 보면 1729년의 31.0%에서 1804년의 22.4%로, 나아가 1867년의 14.7%로 감소하였다. 여기서는 입역노비立役奴婢와 납공노비가 구분되어 있다. 1867년까지 납공노비는 거의 소멸하였다. 그때까지 존속한 노비는 입역노비로서 그 인구비중은 14.4%였다. 양반가의 가내 노예로서 각종 가사노동에 종사한 입역노비는 쉽게 해소되지 않았다. 대개 이 정도가 남부지방에서 19세기까지 잔존한 노비인구의 실제 비중이 아니었을까 여겨진다. 양반신분이 발달하지 못한 지역에서 노비의 인구비중은 이보다 훨씬 낮았다. 예컨대 1840년대 경상도 진해에서 노비의 인구비중은 3~4%에 불과하였다.[66]

18세기에 들어 노비제의 해체에 공로가 컸던 사람은 국왕 영조이다. 그의 어머니는 궁중의 비천한 무수리였다. 현종 대에 제정된 종량법은 양반 노비주들의 반발로 몇 차례 시행과 폐지를 거듭하였다. 1730년 영조는 종량법의 실시를 확정하였다. 이후 노비신분의 세습은 어머니가 비일 경우

66 武田幸男(1983), 『學習院大學藏 朝鮮戶籍大帳の基礎的硏究 ―19世紀·慶尙道鎭海縣の戶籍大帳を通じて―』, 學習院大學東洋文化硏究所, 53쪽.

로 한정되는데, 그 결과 여러 세대에 걸치는 노비의 가계는 비의 여계女系로만 이어지게 되었다.[67] 19세기가 되면 비가 낳은 복수의 딸 가운데 큰딸만 어머니의 역을 계승하여 비가 되고 나머지 딸은 양녀로 해방되었다. 종량법 이후 노는 대개 자기 당대에 한하는 예속인으로 바뀌는데, 실제로는 양녀에 장가든 뒤 사실상의 자유인으로서 독립하는 것이 일반적이었다.

종량법의 확정에 이어 1744년 영조는 노비를 함부로 죽이거나 가혹한 형벌을 가하는 것을 규제하였다. 동년에 편찬된 『속대전續大典』은 노비를 죽인 주인을 장도杖徒의 형에 처한다고 하였다. 1750년 오랜 진통 끝에 단행된 균역법均役法은 양인의 군포 부담을 2필에서 1필로 낮추었다. 그로 인해 노비제의 해체가 가속되었다. 노비의 신공 부담도 그렇게 낮아졌기 때문이다. 1774년 영조는 "여인의 공貢은 천하에 없다"고 하면서 왕실과 중앙각사가 소유한 공비公婢의 신공을 폐지하였다. 정조正祖 대(1776~1800)에는 죄인의 가솔을 노비로 적몰하는 연좌제가 폐지되었다.[68] 한국사에 있어서 노비제의 역사적 기원을 이루는, 천년 이상을 이어져온, 형벌노비제가 드디어 역사의 무대에서 사라졌다. 뒤이은 순조純祖 대(1800~1834)에는 왕실과 중앙각사에 속한 공노비들이 해방되었다. 이후 1894년의 완전한 폐지를 맞기까지 노비제는 양반가에 속한 사노비로만 남았다.

조선왕조의 노비정책이 노비제를 억압하는 방향으로 돌아선 것도 중요했지만, 노비제의 해체를 이끈 궁극의 힘은 시장경제의 대두, 집약농법의 진전, 인구 증가 등, 노비들을 소농小農으로 자립할 수 있게 한 사회경제의 새로운 환경이었다. 15~17세기 인구의 40%나 되었던 노비는 양반주의 노예제 또는 농노제 굴레하에 놓인 비자립적 소농이었다. 전장에서 설명한 대로 토지와 인구에 대한 조선왕조의 이원적 지배체제가 그러한 비

67 李榮薰(2000), 「18-19세기 奴婢 世襲原理의 변화—江原道 原州牧 權氏 兩班家의 事例分析—」, 『李樹健敎授停年紀念 韓國中世史論叢』, 714~731쪽.

68 李榮薰(1998), 「한국사에 있어서 奴婢制의 추이와 성격」, 『노비·농노·노예—隸屬民의 比較史—』, 409쪽.

자립적 소농의 범주를 광범하게 분출시켰다. 노비제의 해체는 다름 아니라 그 범주의 해소, 곧 소농자립의 역사적 귀결이었다. 18~19세기의 농촌은 자립적 소농경제를 토대로 한 소농사회peasant society였다. 이하 토지 소유, 농업경영, 사회생활의 측면에서 그 소농사회의 실태를 구체적으로 추적해 보자.

분쟁의 시대

17세기는 소유권 분쟁의 시대이다. 분쟁은 주로 궁방전宮房田이라 불린 왕실의 토지에서 일어났다. 15~16세기의 왕실재정은 수조지 과전과 납공노비로부터의 수입에 기초하였다. 왕실과 관료에게 수조지를 지급하는 토지제도는 16세기에 들어 중단되었다. 이후 전국 각지에 분포한 수많은 납공노비로부터의 신공이 왕실재정의 주요 수입원을 이루었다.[69] 16세기 말의 왜란은 왕실재정을 위기에 빠뜨렸다. 대부분의 납공노비가 도망치거나 없어졌기 때문이다. 왕실재정은 왕자와 공주의 혼인 비용조차 염출하기 힘들 정도로 곤핍해졌다. 왕실은 흩어진 납공노비를 수습하는 한편, 궁방전을 확보하기 시작하였다.

왜란과 호란을 경과하면서 전국에 주인이 없는 진전陳田이 대량으로 발생하였다. 1634년 정부는 충청, 전라, 경상 3도를 대상으로 양전을 행하였다. 그 결과 98만여 결의 토지를 얻었는데, 그 가운데 44만 결이 진전이었다. 원래 조선왕조는 진전의 개간을 장려하기 위해 3년이 지난 진전의 경우 개간자를 소유주로 인정하였다. 개간의 희망자는 해당 토지가 무주진전無主陳田임을 입증하는 서류와 함께 개간을 지방관에 청원하였다. 지방관은 이를 심사하여 해당 토지의 소유권을 인정하는 문서를 발급하였다. 궁방전이 생겨난 것은 이 제도를 통해서였다. 궁방은 왕실의 소비생활과 각종 의례에 들어가는 물자를 조달하기 위해 궁궐 밖 한성 시내에 설치

69 宋洙煥(2000),『朝鮮前期 王室財政 硏究』, 集文堂, 357~375쪽.

된 왕실의 분실分室을 말한다. 궁방은 왕실에서 파견된 환관, 나인, 궁노宮奴에 의해 운영되었다. 궁방은 개간의 명분을 내세워 전국 각지에 널린 무주진전을 소유지로 확보하였다. 때때로 국왕 자신이 무주진전을 조사하여 궁방에 하사하기도 하였다.

궁방은 진전을 개간하였다. 그렇게 생겨난 궁방전을 가리켜 영작궁둔永作宮屯이라 하였다. 그렇지만 영작궁둔은 전체 궁방전 가운데 소량에 불과하였다. 대부분의 궁방전은 이전부터 농민이 개간해 온 토지였다. 농민들은 지방관에게 개간을 신청하고 소유권을 인정받는 행정절차에 익숙하지 않았다. 그들은 자유롭게 무주진전에 접근하여 개간했으며, 개간지를 자신의 소유지로 용익하였다. 개간지는 자유롭게 매매, 증여, 상속되었다. 그럼에도 양안에 등록된 상태는 여전히 무주진전이었다. 아예 등록되지 않은 개간지도 많았다. 궁방은 그러한 토지를 무주진전이라 칭하고 정부로부터 궁방전으로 떼어 받았다.

그러한 일이 가능했던 것은 정부가 조부租賦를 면제하는 특혜를 궁방전에 베풀었기 때문이다. 궁방은 그 특권을 활용하여 농민들로부터 조부에 상당하는 지대를 수취하였다. 농민들은 그것을 국가에 바쳐야 할 정규의 세로 간주하였다. 궁방만이 아니었다. 중앙 각사와 군영도 재정 궁핍을 빌미로 전국에 널린 무주진전을 점거하였는데, 이를 아문둔전衙門屯田이라 하였다. 요컨대 국왕의 초월적인 권위가 제도의 근거도 없이 특정 토지에 면세의 특혜를 부여함으로써 생겨난 것이 17세기의 궁방전과 아문둔전이었다. 궁방전과 아문둔전의 팽창은 현종 대에 절정에 달하여 남부지방 전 경지의 무려 10%에 달하였다.[70]

---

70 宮房田과 衙門屯田이 생겨난 이상의 과정에 대해선 다음의 연구를 참조.
朴廣成(1970), 「宮房田의 硏究」, 『仁川教育大學論集』 5, 1~71쪽.
朴準成(1984), 「17·18세기 宮房田의 확대와 所有形態의 변화」, 『韓國史論』 11, 187~210쪽.
李榮薰(1988), 「宮房田과 衙門屯田의 展開過程과 所有構造」, 『朝鮮後期社會經濟史』, 한길사, 139~168쪽.

궁방전과 아문둔전에서 소유권 분쟁이 발생하는 것은 시간 문제였다. 세월이 흐르자 궁방과 아문은 슬슬 궁방전과 아문둔전을 그들의 사유지로 간주하였다. 궁방과 아문의 관리들은 농민들에게 민간의 병작竝作에서와 마찬가지로 수확의 절반을 지대로 낼 것을 요구하였다. 그에 대해 농민들은 토지가 그들의 선조에 의해 개간된 그들의 소유지로서 정규의 세 이상을 납부할 수 없다고 맞섰다. 전국 도처에서 발생한 이 같은 분쟁에 대해 조정의 관료들은 대체로 농민의 편을 들었다. 궁방전을 둘러싼 왕실과 농민 간의 요란한 분쟁은 1694년에 일단락을 보았다. 정부는 영작궁둔을 제외한 궁방전에 대해 1결당 미米 20두 이상을 수취할 수 없다는 결정을 내렸다. 1결당 미 20두는 당시 정부가 일반 토지로부터 수취하는 정규의 세 수준이었다. 영작궁둔에 대해선 그 4배인 미 80두의 수취가 인정되었다.

이후 궁방전은 왕실이 대가를 치르고 정상 구입한 토지이거나, 아니면 민유지를 지정하여 거기서 수취되는 세를 궁방에 이전하는 토지로 바뀌었다. 후자의 궁방전을 가리켜 무토無土라 하였다. 궁방에 소유권이 없는, 세만을 궁방에 이속한 토지라는 뜻이다. 이렇게 무토가 발생하자 이전부터 있어온 궁방전은 유토有土로 칭해졌다. 궁방에 소유권이 있는 토지라는 뜻이다. 그렇지만 궁방의 소유권이 확실한 것은 궁방이 직접 개간한 영작궁둔뿐이었다. 그보다 훨씬 많은 유토 궁방전에서 소유권의 향방은 애매하였다. 법적 소유권은 궁방에 있지만 사실상의 소유권은 토지를 개간하고 매매, 상속해 온 농민에 있었다. 이같이 소유권이 중첩된 구조는 때때로 심각한 분쟁을 야기하면서 이후 200년도 더 지속하였다.[71] 궁방전의 소유권이 근대적 형태로 정리되는 것은 20세기 초의 조선토지조사사업朝鮮土地調査事業에 의해서이다.

71 이상 궁방전에서의 소유권 분쟁과 그 귀결에 관해서는 李榮薰(1988), 「宮房田과 衙門屯田의 展開過程과 所有構造」, 『朝鮮後期社會經濟史』, 168~187쪽 참조.

전부에서 기주로

일반 민유지에서의 소유권 분쟁도 심하였다. 양반-노비의 신분제가 해체되고, 하층 농민의 권리 의식이 강화된 것이 그 배경이었다. 분쟁의 직접적 원인은 양안量案에 있었다. 조선왕조는 토지와 인구를 별개의 자원으로 지배하였기 때문에 토지의 소유자를 세밀하게 조사하지 않았다. 수조지 과전의 지급이 중단된 16세기 이후 토지는 소유자가 누구인지와 무관하게 조와 공물을 수취하는 객관적 대상일 뿐이었다. 이에 간헐적으로 행해진 조선왕조의 양전量田은 토지의 등급과 면적에 대한 조사를 주목적으로 하였다. 양안도 소유자를 등록한 토지대장이라기보다 조부의 수취를 위한 징세대장으로 간주되었다. 양안에 등록된 이름은 수취를 담당하는 향리의 지배 대상으로서 천시되었다. 이에 양반은 호적에는 성명 3자로 된 자신의 본명을 어김없이 등록하지만, 양안에는 명名 2자로 된 노비의 이름을 대록代錄하였다. 그렇게 해도 양반의 노비 지배가 관철되는 한, 토지소유권의 확보에는 아무런 지장이 없었다. 양안에 노비 이름을 대록하는 관행은 사회적으로 널리 확산되었다. 예컨대 경상도 상주목 단동면의 1634년 양안을 보면, 총 4,040개 필지 가운데 소유자의 이름이 성과 명으로 이루어진 온전한 형태는 299개 필지에 불과하다. 나머지 3,741개 필지에서 소유자의 이름은 성을 결여한 명만의, 보통 노비 이름으로 간주되는, 형태이다.[72]

17세기 후반 이래 노비제가 해체되기 시작하자 문제가 발생하였다. 양안에 등록된 이름이 누구를 가리키는지가 애매해졌기 때문이다. 어느 노비의 명자名字를 두고 그것이 자기 집의 노비라고 주장하는 여러 명의 주인이 나타나기도 하였다. 심각한 분쟁은 해방된 노비의 후손과 옛 주인의 사이에서 벌어졌다. 노비의 후손은 양안에 적힌 선조의 명자를 근거

72 李榮薰(1997), 「量案 上의 主 規定과 主名 記載方式의 推移」, 김홍식 외, 『조선토지조사사업의 연구』, 민음사, 86쪽.

로 해당 토지의 소유권을 주장하였다. 그 같은 분쟁의 대표적 사례를 전라도 해남현의 윤씨 양반가에서 찾을 수 있다. 고급 관료 윤선도尹善道를 배출한 이 가문이 해남현에 입향하는 것은 16세기이지만, 이후에도 재경 관료로 지내는 기간이 많아서 본격적 정착은 1670년대부터였다. 윤씨가는 오랫동안 방치되어 온 집안의 토지를 조사하기 시작하였다. 그러자 윤씨가의 해방된 노비들의 후손이 강하게 반발하였다. 그들은 윤씨가 농장의 일부는 자기 조상이 개간한 것이고, 양안에도 자기 조상의 이름이 등록되어 있다고 주장하였다. 장기간의 분쟁은 노비 후손의 승리로 끝이 났다. 해남현의 수령이 강세한 양반가를 억압하고 소민小民을 보호한다는 명분에서 노비들 후손의 손을 들어주었기 때문이다. 소민을 보호한다는 왕조의 새로운 정치이념은 소농사회小農社會의 성립을 견인한 한편의 동력이었다. 이러한 결말에 대해 윤씨가는 "대개 사대부가의 오랜 농장으로서 노배奴輩들이 간수한 곳은 경향을 막론하고 이 같은 근심이 많다"고 개탄하였다.[73]

윤씨가의 개탄 그대로 양반가와 노비 후손의 분쟁은 전국적인 현상이었다. 분쟁의 요인은 농장農庄의 경영방식에도 내재해 있었다. 전장에서 소개하였듯이 양반가는 노비를 사역한 대가로 사경私耕을 지급하였다. 사경은 원래 주인의 땅이지만, 세월이 오래 흐르자 노비의 소유지로 인식되고 관리되었다. 게다가 양안상의 이름이 자기 조상을 가리킬 때 노비의 후손은 더욱 강하게 토지의 소유권을 주장하였다. 윤씨가와 같은 분쟁을 겪으면서 노비에게 경영을 위탁했던 양반가의 농장은 점차 소멸해 갔다. 전장에서 지적한 대로 한국사에서 토지가 개인의 사유재산으로 성립하는 것은 15세기이다. 그렇지만 양반-노비의 신분제가 발전함에 따라 노비에 지급된 사경처럼 한 토지 위에 주인의 법적 소유권과 노비의 관습적

73 李榮薰(1997), 「量案 上의 主 規定과 主名 記載方式의 推移」, 『조선토지조사사업의 연구』, 111~112쪽.

소유권이 중첩하는 토지가 늘어났다. 이러한 중층적 소유구조가 해소되어 그야말로 일지일주一地一主의 소유권이 성립하는 것은 노비제의 해체를 기다린 18세기 이후의 일이다.

1720년 조선왕조는 1634년 이래 오랫동안 실시하지 않았던 양전에 착수하였다. 소유자의 이름을 정확히 조사하겠다는 정부의 방침도 주효했지만, 궁방전과 양반가 농장을 둘러싼 소유권 분쟁으로 시달려 온 민간의 대응도 예와 달랐다. 토지의 소유자들은 양안에 자신의 이름을 정확하게 등록하였다. 노비의 명자를 대록하는 관행은 대폭 줄었다. 경상도 상주목 단동면의 1720년 양안을 살피면, 총 3,642개 필지 가운데 807개 필지가 양반신분의 소유지인데, 그들은 자신의 성명과 노비 이름을 함께 등록하였다. 양반이 자기의 성명을 양안에 등록하는 일은 이전에 없던 현상이었다. 2,551개 필지는 양인신분의 소유지인데, 그들은 자신의 성명을 등록하였다. 나머지 284개 필지는 노비신분의 소유지인데, 그중에 127개는 성이 없는 이름이고, 157개는 성을 갖춘 이름이었다.[74] 노비도 이제 성을 갖게 된 시대가 되었다.

이처럼 양안이 소유권을 증빙하는 대장이라는 인식이 보편화하는 가운데 한국 토지제도사에서 괄목할 만한 변화가 생겨났다. 양전을 담당한 관리들이 양안에다 토지의 소유자를 '主'라고 표기하였다.[75] 어느 왕조가 그의 백성 지배를 상징하는 토지대장에서 백성을 토지의 '주'라 표기하는 일은 상정하기 힘든 일이다. 초창기의 조선왕조는 국전제國田制에 입각하여 그의 백성을 전객佃客으로 규정하였다. 1460년대에 이르러 전객을 대신하여 전부佃夫 규정이 성립했는데, 백성은 국전을 빌려 경작하는 농부라는 뜻이었다. 그러했던 백성의 지위가 18세기 초에 이르러 주主로

74 李榮薰(1997),「量案 上의 主 規定과 主名 記載方式의 推移」,『조선토지조사사업의 연구』, 124~125쪽.

75 정확히 말해 양안에 主 規定이 최초로 성립한 것은 1662년에 시행된 경기도의 양전에서였다. 그것이 1720년 三南의 양전을 맞아 널리 확산되었다. 李榮薰(1997),「量案 上의 主 規定과 主名 記載方式의 推移」,『조선토지조사사업의 연구』, 115~121쪽 참조.

[그림 6-7] 경상도 상주목 단동면 양안(1720)

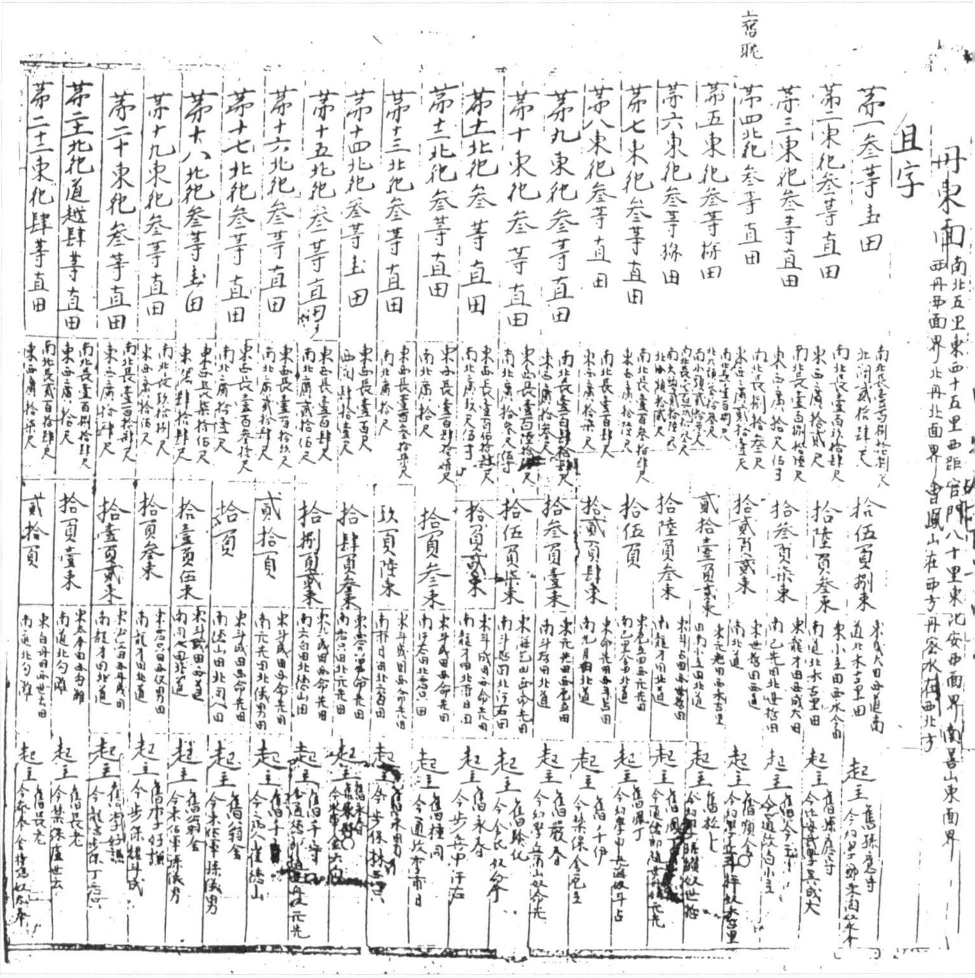

출처 : 서울대학교 규장각한국학연구원.

승격한 것이다.

〈그림 6-7〉은 앞서 자주 언급한 경상도 상주목 단동면의 1720년 양안이다. 필지별 자호, 지번, 양전방향, 등급, 지형, 장광, 결부, 사표, 소유자 등 양안의 내용은 전장에서 소개한 15~16세기의 양안과 다르지 않다. 다만 각 필지와 각 내용이 선으로 그어진 열과 행으로 구분되어 양안의 양식이 말끔하게 정비되었음을 볼 수 있다. 맨 아래 간은 소유자란이다. 기주起主라는 표기하에 구舊와 금今이라 하여 이전의 소유자와 지금의 소유자를 병기하고 있다. 바로 그 기주가 원래 전부였던 농민이 18세기 초에 이르러 주로 승격한 상태를 전하고 있다. 기주는 기경 중인 토지의 주인이란 뜻인데, 진전의 소유자에 대해서는 진주陳主라고도 하였다. 주인이 없는 진전은 무주진無主陳이었다. 이렇게 모든 토지에 경작 상태를 불문하고 주인이 있고 없음이 물어지는 시대가 되었다.

이 같은 양안상의 주 표기는 전국적 현상은 아니었다. 양전이 시행된 남부지방에 한하는 일이었다. 15세기 이래의 전부 규정이 공식적으로 폐기된 것도 아니었다. 어쨌든 알게 모르게 당초 나그네나 소작농에 불과했던 백성이 이제 주인이 되었다. 군왕의 백성 지배는 어떤 근거에서 정당한가. 이러한 의문이 제기될 수밖에 없는 시대가 되었다. 양안상의 주 표기를 보고 정약용丁若鏞은 "태아太阿의 칼자루가 거꾸로 잡혔다"고 탄식하였다.[76] 태아는 군왕의 대권을 상징하는 칼이다. 그 칼이 거꾸로 잡힌 시대가 되었다.

토지소유의 동향

1720년 백성을 주主로 표기한 남부지방의 양안은 현재 여러 지방의 것이 전하고 있다. 그 가운데 경상도의 양안은 1634년의 소유자도 함께 등

76 "今也 太阿倒柄 田爲民田"(丁若鏞, 『經世遺表』 卷6 地官修制 田制4).

[표 6-6] 경상도 상주목 단동면 계층별 토지소유의 추이(1634~1720)

단위: 명, 結-負-束, %

소유 구간 \ 연도·구분	1634		1720	
	인원	결부	인원	결부
500~負	1(0.2)	6-06-7(2.2)	1(0.1)	5-05-2(1.8)
200~500	22(4.7)	56-17-9(19.9)	8(1.2)	20-91-3(7.5)
100~200	73(15.6)	99-61-1(35.3)	55(8.1)	78-25-2(28.2)
50~100	88(18.8)	60-45-4(21.5)	105(15.4)	76-41-2(27.5)
25~50	107(22.9)	38-17-8(13.5)	149(21.9)	53-26-7(19.2)
0~25	176(37.7)	21-58-0(7.6)	363(53.3)	43-91-2(15.8)
합계	467(100)	282-06-9(100)	681(100)	277-80-8(100)

출처: 李榮薰(1996), 「韓國史에 있어서 近代로의 移行과 特質」, 『經濟史學』 21, 81쪽.

록하고 있어서 1634~1720년에 걸쳐 토지소유의 계층별 구조가 어떻게 변해 왔는지를 보여 주고 있다. 〈표 6-6〉은 경상도 상주목 단동면 양안에 나타난 1634년과 1720년의 토지소유의 계층별 구조이다.[77] 1634년 단동면에서 2결 이상을 소유한 사람은 23명인데, 1720년까지 9명으로 감소하였다. 그들의 소유지 비중은 1634년의 22.1%에서 1720년의 9.3%로 감소하였다. 반면에 0~25부 또는 25~50부 계층의 비중이 크게 확대되었다. 0~50부 소유자는 283명에서 512명으로, 그들의 소유지 비중은 21.1%에서 35%로 증가하였다.

이같이 대규모 토지소유가 감소하고 소규모 토지소유가 확대되는 추세는 다른 지방에서도 마찬가지이다. 〈표 6-7〉은 경상도 대구부 조암방의 예이다. 1634~1720년에 2결 이상의 대규모 소유자는 37명에서 10명으로 줄었다. 그들의 소유지 비중은 41.5%에서 9.8%로 더욱 크게 줄었다. 그 대신 0~50부의 소규모 소유자가 199명에서 693명으로, 그들의 소유

77 李榮薰(1996), 「韓國史에 있어서 近代로의 移行과 特質」, 『經濟史學』 21, 81쪽.

[표 6-7] 경상도 대구부 조암방 계층별 토지소유의 추이(1634~1720)

단위: 명, 結-負-束, %

소유 구간 \ 연도·구분	1634		1720	
	인원	결부	인원	결부
500~負	1(0.3)	5-63-0(2.2)		
200~500	36(10.7)	99-95-0(39.3)	10(1.2)	25-51-6(9.8)
100~200	44(13.0)	65-01-6(25.6)	48(5.8)	66-47-1(25.6)
50~100	58(17.2)	41-32-7(16.3)	82(9.9)	57-51-6(22.2)
25~50	64(18.9)	23-59-5(9.3)	143(17.1)	49-86-2(19.2)
0~25	135(39.9)	18-48-9(7.3)	550(66.0)	60-05-9(23.2)
합계	338(100)	254-00-7(100)	833(100)	259-42-4(100)

출처: 『大邱庚子田案』에서 작성.

지 비중은 16.6%에서 42.4%로 크게 증가하였다.

이 같은 장기추세를 이끈 기본 요인은 인구 증가였다. 조선에서 상속은 전통적으로 형제·자매 간의 분할 방식이었다. 인구 증가는 분할상속의 관행과 맞물려 토지의 소유자를 늘리고 이에 토지재산의 평균적 규모를 축소시켰다. 1634~1720년 단동면의 소유자는 467명에서 681명으로, 조암방의 소유자는 338명에서 833명으로 증가하였다. 상주목 인근의 용궁현에서도 마찬가지이다. 용궁현의 양안에서 동기간 소유자의 총수는 4,303명에서 6,535명으로 증가하였다.[78] 그렇지만 용궁현의 토지는 그리 늘지 않았다.

인구 증가에 따른 토지재산의 영세화 추세가 17~18세기 농촌사회에 어떠한 충격을 가했는지에 대해서는 연구자들 사이에 넓은 공감대가 형성되어 있다. 15~16세기에서와 같은 수 천 두락의 토지와 수 백 명의 노비를 소유한 대부호는 17~18세기 농촌사회와 거의 무관하였다. 노비와

78 김건태(2000), 「17-18세기 田畓 소유규모의 영세화와 양반층의 대응」, 『韓國史學報』 9, 65쪽.

토지를 나누는 상속문서의 작성은 17세기 후반에 들어 대부분의 가문에서 중단되었다. 더 이상 분할할 만한 노비와 토지가 없기 때문이다. 19세기 되면 남부지방에서 명문가라 해도 토지재산이 200두락을 넘기 힘들었다. 상속은 대개 구두상속으로서 재산의 상당 부분을 장자가 관리하는 제위祭位 전답으로 남기고 소량의 재산만 차남 이하에게 분할 지급하는 장자우대長子優待의 관행으로 바뀌었다.

노비·토지재산이 영세해지자 여자들이 상속의 대상에서 제외되었다. 여자는 결혼할 때 약간의 재산을 받았는데, 그것으로 본가에 대한 상속청구권은 소멸하였다. 여성이 재산권을 상실하고 남성에 심하게 종속하는 것은 17세기 후반부터이다. 친족의 구성에도 상응하는 변화가 있었다. 종래의 친족은 부계, 모계, 처계에 걸친 열린 조직이었다. 그러한 3계 친족집단이 단일 부계의 폐쇄적 조직으로 바뀌었다.[79] 성리학적 종법宗法에 입각한 가례家禮가 농촌사회에 널리 보급되었다. 그에 따라 고조-증조-조-부의 4대를 적장嫡長으로 잇는 가계를 종宗으로 받드는 친족집단이 남부지방 곳곳에서 동성촌락의 형태로 들어서기 시작하였다.

가족형태에서도 상응하는 변화가 일었다. 전장에서 서술한 대로 한국사에서 가족의 범위와 구성원이 법제로 정해지는 것은 1460년대의 호구제 개혁에서이다. 당시 호의 구성원에는 사위도 포함되었다. 그런데 부계친족집단이 발달함에 따라 사위가 가구원에서 배제되었다. 18세기가 되면 사위는 처가의 호적에 속해서는 과거를 볼 자격을 인정받지 못하였다.[80] 세대가 계승되는 경로는 17세기 전반까지만 해도 다양하였다. 남녀자식은 결혼하는 순서대로 부모의 세대로부터 분리되었다. 연로한 부모는 말자末子와 동거하는 경우가 많았는데, 실제로는 다양한 선택지가 있었다. 17세기 후반 이후 장남 부부는 부모의 세대로부터 분리되지 않고

79 崔在錫(1983), 『韓國家族制度史硏究』, 一志社, 489~494쪽.

80 李榮薰(1988), 『朝鮮後期社會經濟史』, 274~275쪽.

장차 부모의 세대를 계승할 목적으로 동거하였다. 1690년 경상도 대구부 조암방과 월배방의 호적에서 장남 부부가 부모와 동거하는 세대는 10%에 불과했는데, 1858년에는 35%나 되었다.[81] 20세기 한국인들이 이상적 가족형태로 간주한 부-자 2대의 직계가족直系家族은 이처럼 17세기 후반부터 그 모습을 드러냈다. 제1장에서 소개한 대로 세계의 가족지도에서 한국은 소수파인 직계가족의 그룹에 속한다. 그렇게 세계적으로 특이한 한국의 가족형태는 알고 보면 불과 2~3세기 전에, 긴 역사에서 보면 아주 가까운 과거에, 생겨난 것이다.

병작의 양상

노비제의 해체와 토지재산의 영세화는 불가피하게 토지의 경영방식을 변화시켰다. 17세기 전반까지 노비제가 건재했을 때 양반의 대규모 토지는 농장農庄의 방식으로 경영되었다. 전장에서 소개한 대로 양반의 농장은 노비의 노동을 사역하는 가작家作을 중심부로 하였다. 가작의 규모를 넘는 토지는 건실한 노비에게 작개作介로 할당되었으며, 사경私耕이 그 보수로 주어졌다. 이 같은 경영 방식은 노비제가 해체되자 더 이상 유효하지 않게 되었다. 노비 노동력의 동원이 가능하지 않을 뿐더러 사경을 둘러싼 분쟁이 심하였기 때문이다. 양반가의 농업은 점차 병작竝作의 방식으로 이행하였다. 18세기까지는 노비가 병작을 담당하기도 했으나,[82] 노비가 사라짐에 따라 그 역시 보기 힘든 현상이 되었다.

병작은 한 사람은 토지를 내고 다른 한 사람은 노동력을 내어 합작으

81 嶋陸奥彦(2010), 『韓國社會の歷史人類學』, 風響社, 132쪽. 嶋는 부모와 동거하는 子 부부로서 서열을 알 수 없는 경우를 獨子로 분류하고 있다. 이 가운데 長子가 포함되었을 가능성이 크다. 이를 고려하면 장자 부부가 부모와 동거하는 비율은 훨씬 높아진다.

82 李榮薰(1997), 「18世紀前半 農庄 經營의 一樣相 — 黃氏家 扶餘 農庄의 事例分析 —」, 『朝鮮時代史學報』 1, 183~193쪽.
김건태(2004), 『조선시대 양반가의 농업경영』, 역사비평사, 298~303쪽.

로 농사를 짓는 관계를 말한다. 토지를 내는 사람은 전주田主 또는 답주畓主라 했으며(이하 답주로 통칭), 노동력을 내는 사람은 작인作人이라 하였다. 병작은 보통 '어우리'라 불렀는데,[83] 답주와 작인의 합작 관계를 잘 표현한 말이다. 그러한 관계의 바탕에는 토지를 국전國田으로 간주하는 왕토주의 이념의 작용이 있었다. 병작은 토지를 둘러싼 신분관계라기보다 경제적인 계약관계였다. 계약은 문서계약이 아니라 관습에 준하는 구두계약이었다. 계약기간은 원칙적으로 1년이나 작인이 지대를 성실히 납부하는 한 자동으로 갱신되어 실제로는 영대계약永代契約으로 간주되기도 하였다.[84]

합작관계인만큼 답주와 작인은 수확을 반씩 나누었다. 답주가 작인이 추수하는 마당에 입회하여 반씩 나누거나, 추수 전에 답주와 작인이 작황을 조사하여 절반의 수확량을 합의한 다음, 추수 후 작인이 지정된 장소로 운반하기도 하였다. 이러한 수취방식을 타작打作이라 하였다. 타작일 경우 왕조에 대한 세와 다음 해를 위한 종자는 답주와 작인이 반씩 분담하였다. 실제로는 작인이 모두 부담하고 그만큼 답주의 몫에서 공제함이 일반적이었다. 답주가 먼 곳에 거주하여 추수에 입회할 수 없거나 해마다 작황을 조사할 형편이 못되면, 풍흉에 관계없이 대개 연례 수확량의 1/3에 준하는 정액을 답주의 몫으로 정했는데, 이를 가리켜 도지賭只라 하였다. 도지일 경우 종자와 세는 작인이 부담하였다. 타작과 도지의 분포는 지방별로 다양하였다. 밭은 대개 도지의 방식이었다. 밭농사는 여러 작물을 윤작하기 때문에 일일이 반씩 나누기도 어렵고 또 풍흉에 큰 영향을 받지 않기 때문에 도지의 방식이 편리하였다.

전체 농업경영에서 병작의 비중은 어느 정도였던가. 양반가의 가작은 2결까지도 가능했으나 대개 1결을 상한으로 하였다. 부유한 상민의 자작

83 朝鮮總督府(1932), 『朝鮮ノ小作慣行』(上卷), 1쪽.

84 朝鮮總督府(1932), 『朝鮮ノ小作慣行』(下卷), 「參考篇 從來ノ朝鮮ノ小作慣行調査資料」, 127쪽.

도 마찬가지였다. 대략 2ha, 30~40두락의 크기였다. 더 이상의 가작이나 자작은 비효율적이며, 병작을 주는 편이 더 나았다. 이 같은 기준에서 〈표 6-6〉에 제시된 1720년 단동면의 토지소유의 계층별 분포로부터 병작의 비중을 추산하면 다음과 같다. 가작과 자작의 상한을 1결로 치자. 1결 이상을 소유한 사람은 64명, 그들의 소유지 합은 104결 21부 7속이다. 여기서 64명의 가작과 자작으로서 64결을 제하면 40결 21부 7속이다. 이것이 기계적으로 산출된 병작지의 합이다. 전 토지에서 그것의 비중은 14.5%이다. 마찬가지로 〈표 6-7〉에서 병작의 비중을 추산하면 13.1%이다. 병작의 비중이 이와 같음은 지금까지 분석된 여러 지방의 양안에서 공통으로 확인되는 현상이다.[85]

그럼에도 당대의 여러 기록은 병작의 보급이 높은 수준임을 전하고 있어서 우리를 당혹하게 하고 있다. 예컨대 1800년부터 18년간 전라도 강진에서 유배생활을 한 정약용丁若鏞은 호남 농민의 5%는 남에게 병작을 주어 도지를 수취하고, 25%는 자기 토지를 자작하고, 나머지 70%의 다수는 남의 토지를 병작한다고 하였다.[86] 답주와 작인을 함께 조사한 몇 종의 양안이 전하고 있어서 병작의 생생한 실태를 살필 수 있다. 황해도 해주군 화양방 정천평正川坪에 내수사內需司가 설치한 보洑로부터 물을 받는 민유지 1,345두락이 있었다. 1825년의 조사에 의하면 그 가운데 58%가 병작이었다. 인근의 영정평永亭坪이란 곳에는 3,095두락에 달하는 용동궁龍洞宮의 궁방전이 있었다. 앞서 소개한 사실상의 민유지인 그러한 종류의 궁방전이다. 여기서 병작의 비율은 76.9%나 되었다.[87] 전라도 고부군 덕림면의 여러 들에도 용동궁의 궁방전이 있었는데, 약 95결이다. 1830년의 양안에 의하면 그 가운데 63%가 병작지이다.

---

85 李榮薰(1988), 『朝鮮後期社會經濟史』, 34~35쪽.

86 丁若鏞, 『與猶堂全書』 第1集 文 卷9 「擬嚴禁湖南諸邑佃夫輸租之俗箚子」.

87 李榮薰(1988), 『朝鮮後期社會經濟史』, 89~91쪽.

[표 6-8] 전라도 고부군 덕림면 용동궁 궁방전에 있어서 소유와 경작(1830)

단위: 명

합계 (경작)	176	98	123	74	41	20	19	9	2	2	3	6	573
100~負	1				1		1						3
90~100	2		1			1						1	5
80~90	1		1	1									3
70~80	2					1		1				1	5
60~70	7	2				2	1	2				1	15
50~60	5	1		1		1	2		1				11
40~50	12		4	2	1	3	1	1		1	1	1	27
30~40	19	5	4	1	6		2	2					39
20~30	36	1	4	21	3	2	3	1	1	1		1	74
10~20	52	1	32	6	4	2	2						99
0~10	39	37	17	9	6	3	3						114
0		51	60	33	20	5	4	2			2	1	178
	0	0~10	10~20	20~30	30~40	40~50	50~60	60~70	70~80	80~90	90~100	100~200	합계 (소유)

출처: 李榮薰(1988), 『朝鮮後期社會經濟史』, 한길사, 88쪽.

여러 지방의 양안에서 추산된 병작의 비중이 낮음에도 불구하고 그것의 실제 보급률이 높은 이유는 무엇일까. 다름 아니라 토지재산이 소규모 단위로 널리 분산된 데 주요 원인이 있었다. 〈표 6-8〉은 전라도 고부군 덕림면 용동궁 궁방전의 1830년 양안에서 토지의 소유와 경작의 상관관계를 보이고 있다.[88] 횡축은 소유 규모, 종축은 경작 규모이다. 우선 눈에 띄는 한 가지는 소유가 0인 사람, 곧 토지를 조금도 소유하지 않고 병

88 李榮薰(1988), 『朝鮮後期社會經濟史』, 88쪽.

작을 얻어 농사를 짓는 사람이 176명이나 된다는 점이다. 후대의 표현에 의하면 순소작농純小作農이다. 그들의 병작 규모는 대개 50부 이하인데, 드물지만 1결을 넘는 경우도 있었다. 대조적으로 경작이 0인 사람, 곧 소유지를 모두 병작으로 대여한 사람이 178명이다. 후대의 표현에 의하면 순지주純地主이다. 이들의 소유 규모도 대부분 50부 이하인데, 1결을 넘기도 하였다. 소유와 경작의 규모가 일치하는 45도란에 속하는 자작농自作農의 범주는 103명이다. 소유와 경작에 관계한 사람은 총 573명이다. 그 가운데 176명이 순소작농, 178명이 순지주, 103명이 자작농이다. 나머지는 116명은 후대의 표현으로서 자소작농自小作農이거나 소자작농小自作農이다. 소유와 경작의 상관관계를 말하면, 대개 70부를 경계로 하여 그보다 소유가 작을 경우는 병작을 얻어 경작을 확대하고, 그보다 소유가 클 경우는 병작을 주어 경작을 축소한다. 소유와 경작의 이 같은 분포나 상관관계는 앞서 병작의 실제 보급률을 소개한 황해도 해주군 화양방의 두 사례에서도 꼭 같은 양상으로 확인되고 있다.[89]

이처럼 병작의 실제 보급률이 60% 이상으로 높았던 것은 소수의 부호가 토지를 집중하거나 독점해서가 아니었다. 실은 그 반대였다. 토지재산의 규모는 전반적으로 영세했으며, 그럼에도 상당수의 답주가 소유지 전부를 병작으로 대출하였다. 거꾸로 상당수의 작인이 한 조각의 땅도 소유하지 않은 채 경작지 모두를 병작으로 확보하였다. 소유지의 모두를 병작으로 준 답주는 대개 다른 면이나 군에 거주하는 사람들이었다. 동일 면이나 가까운 동리에 살면서 경작에서 분리된 소유자도 많았다. 상인과 수공업자가 그 한 부류라면, 과거 준비에 몰두하는 유생儒生이 다른 한 부류이고, 농사를 지을 수 없는 홀아비와 과부가 또 다른 부류였다. 기생妓生도 있었다. 요컨대 병작의 실제 보급률이 높은 것은 토지재산의 규모

89 李榮薰(1988), 『朝鮮後期社會經濟史』, 89~91쪽.

가 전반적으로 영세하고, 공간적으로 분산된 가운데, 경작에서 분리된 비농업자들이 광범하였기 때문이다.

전술한 대로 17세기 후반 이래 상업경제가 발달하고, 집약농법이 성숙하고, 인구가 증가하고, 노비제가 해체되어 갔다. 인간들의 사회관계는 신분에서 계약으로 자유화하고 유동화하였다. 토지는 개인의 사유재산으로 성숙하는 가운데 이동, 상속, 매매 등의 다양한 계기를 통해 영세화하고 분산화하였다. 토지의 분산은 자연재해의 위험을 분산시키는 가정경제家政經濟의 전략이기도 하였다. 토지는 신분과 무관한 순상업적인 재산으로 바뀌었다. 이러한 사회경제적 환경에서 토지의 소유자와 비소유자, 노동력의 소유자와 비소유자, 농업자와 비농업자, 양반과 상민 등 다양한 처지의 사람들이 다양한 계기로 만나 활발하게 합작을 벌린 것이 18~19세기 농촌에서 지배적 생산관계를 이룬 병작의 실태였다. 17세기 후반 이래 조선왕조의 백성 지배체제도 이완되어 갔다. 원래 전부佃夫로 규정되었던 백성 농민의 지위가 양안에서 어느덧 주主로 바뀌었다. 15~16세기의 조선왕조는 국가적 농노제國家的 農奴制의 사회구성이었다. 18세기가 되면 국가적 농노제가 사실상 해체되고 농민적 토지소유가 발달하였다. 병작제는 토지를 둘러싼 계급적 착취관계라기보다는 농민적 토지소유의 일환으로서 소농자립을 지지하는 사회적 환경을 이루었다.

지주제는 있었는가

〈그림 6-8〉은 18세기 김홍도의 작품으로서 벼를 타작하는 장면이다. 답주가 담뱃대를 물고 비스듬히 누워 감독하는 가운데 6명의 일꾼이 탈곡을 하고 있다. 탈곡은 볏단을 나무둥치에 후려치는 방식이다. 어느 일군은 맨땅에 떨어진 벼를 비로 쓸고 있다. 탈곡의 방식이 이렇게 조잡하여서 벼에 흙이나 돌이 섞이는 것은 19세기 말까지 개선이 없었다. 김홍도가 이 그림에서 무엇을 표현하고자 했는지는 명확하지 않다. 답주는

[그림 6-8] 타작

출처: 김홍도, 18세기(국립중앙박물관).

갓을 쓰고 도포를 입고 가슴에 술띠를 둘렀다. 곧 양반신분이다. 상투머리, 더벅머리, 고깔머리의 일꾼들은 영락없이 상민이나 노 신분이다.[90] 어쨌든 양반의 신분적 위세나 거드름이 그림에서 물씬 풍기고 있다. 김홍도는 아마도 그것을 해학적으로 풍자하고자 했을 것이다.

한국사 연구가 개시된 이래 역사가들은 이와 같은 인간관계를 봉건적 신분질서에 입각한 지주제地主制라고 정의해 왔다. 1960년대에 들어 역

90 양반과 상민 신분의 복식 차별에 대해서는 다음을 참조. 이영훈(2006), 「18세기 남성 복식 스케치」, 한국고문서학회, 『조선시대 생활사 3－의식주, 살아 있는 조선의 풍경－』, 역사비평사, 16~55쪽.

사가들은 조선왕조가 남긴 양안을 분석하기 시작하였다. 그들은 양안에서 검출된 토지소유의 계층별 구조로부터 봉건적 지주제의 실재를 확인하고자 하였다. 그때까지 한국의 역사가들은 알게 모르게 마르크스주의 역사학의 방법론에 매몰되어 있었다. 그들은 한국사의 진행과정을 일찍이 마르크스가 제시한 '세계사의 기본법칙'에 따라 설명할 수 있다고 믿었다. 그들의 생각은 다음과 같았다. 조선사회는 '세계사의 기본법칙'이 상정하는 중세로서 봉건제사회封建制社會이다. 봉건제는 원래 중세 서유럽에 있어서 영주들 간에 맺어진 군사적 복무와 보호를 내용으로 하는 정치체제를 말한다. 그러한 봉건제는 중국과 조선에서 없었다. 그 대신 봉건적 생산양식生産樣式은 있었다. 그것의 본질은 영주든 지주든 토지를 소유한 지배계급이 직접생산자 농노農奴에게 토지를 나눠주고 경제외적 강제를 통해 전 잉여생산물을 수취하는 농노적 생산관계生産關係이다. 중국과 조선에서 그러한 의미의 봉건적 생산양식은 일찍부터 존속해 왔다.[91] 역사가들은 봉건제사회의 의미를 이렇게 재구성한 다음, 18세기의 양안에서 지주제의 실재를 확인함으로써 그 시대가 세계사적으로 중세 봉건사회임을 입증하고자 했다. 그러했던 한 시대의 지적 노력과 성취는 지금도 여전히 유효한 것일까.

양안을 최초로 분석한 김용섭金容燮에 의하면 양반신분은 상민이나 노비 신분보다 많은 토지를 소유하였다. 예컨대 1720년 경상도 의성군 양안에서 양반은 평균 57부 2속의 토지를 소유했는데, 상민과 노비는 평균 48부 3속과 34부 9속을 소유하였다. 동년 전라도 전주부 양안에서 양반은 평균 1결 11부를 소유한 반면, 상민과 노비는 41부 속과 12부 1속을 소유하였다.[92] 이 같은 신분에 따른 토지소유의 다과多寡는 후속하는 여

91 中國史와 韓國史 연구에서 봉건제 개념의 적용 가능성과 대안을 모색한 연구사와 관련해서는 다음을 참조. 金鴻植(1981), 「問題의 提起－李朝 封建制論 序說－」, 『朝鮮時代 封建社會의 基本構造』, 博英社, 9~37쪽.

92 金容燮(1960), 「量案의 硏究－朝鮮後期의 農家經濟－」 (上), 『史學硏究』 7, 1~96쪽; 金容燮

러 연구에서 공통으로 확인되었다. 내가 분석해 본 1720년 경상도 예천군 저곡면 양안에서 양반의 평균 소유는 51부 5속으로서 상민의 28부 2속과 노비의 21부 4속보다 우월하였다.[93] 그렇지만 내가 보기에 이러한 신분별 격차는 어디까지나 상대적인 것일 뿐이다. 우리는 양안을 통해 양반신분이 상민과 노비 신분에 비해 더 또는 훨씬 부유했다고 이야기할 수 있다. 그렇지만 거기서 한 걸음 더 나아가 농노적인 지주제가 주요 생산관계로 농촌사회를 관철했다고 주장할 근거는 지금까지 분석된 어느 양안에서도 찾아지지 않는다.

나는 이 대목에서 다시 한 번 한국사 연구에서 빚어져 온 언어의 혼란과 그 부작용을 절감한다. 한국사 제1시대의 노奴와 제2시대의 전호佃戶가 그 전형적 사례이다. 중국사에 기원을 둔 그 말이 한국사에 수입될 때 그것들이 가리킨 역사적 실체는 중국사의 그것과 전혀 딴판이었다. 그에 따른 역사가의 오해는 오랫동안 두 시대에 대한 올바른 연구를 방해하였다. 지주地主라는 용어도 마찬가지이다. 이 말의 기원은 일본사에 있다. 18세기 일본의 막번체제幕藩體制하에서는 백성百姓 출신으로서 상인형의 대규모 토지소유자가 출현하여 주변의 빈농에게 소작지를 대여하고 소작료를 수취하였다. 그들이 곧 지주[ちぬし]이다. 그 지주와 소작농과의 관계를 가리켜 일본의 역사가들은 지주제라 하였다. 20세기 전반 한국사를 연구하기 시작한 역사가들은 일본인이든 한국인이든 태연하게 그 말을 차용하였다.

해방 후에도 그러한 언어생활은 바뀌지 않았다. 오히려 혼란이 심화하였다. 역사가들은 소작농을 중국풍의 전호로 부르기 시작하였다. 지주제는 지주-전호제로 개칭되어 한동안 널리 사용되었다. 그 과정에서 어느

(1960),「量案의 硏究 — 朝鮮後期의 農家經濟 —」(下),『史學硏究』8, 59~120쪽. 이 두 논문은 이후 金容燮(1970),『朝鮮後期農業史硏究 — 農村經濟·社會變動 —』(I), 一潮閣에 수록되었다.

93 李榮薰(1988),『朝鮮後期社會經濟史』, 34쪽.

연구자는 소작전호小作佃戶라는 말을 고안하기도 하였다. 일본어와 중국어의 무신경한 조합이었다. 실은 조선에서도 지주라는 말이 있긴 했는데, 군현의 수령守令을 지칭하는 전혀 별개의 뜻이었다. 때로는 산지山地의 소유자를 지주라고 하였다. 소작인小作人이란 말은 아예 없었다. 전술한 작인作人이 그에 해당하는 조선어이다. 12세기 초 고려왕조가 그의 백성을 전호라 칭하기 시작했음은 제4장에서 지적한 그대로이다. 전호의 실체가 그러했음은 조선왕조에 들어서도 19세기까지 변함이 없었다.[94]

게다가 역사가들은 지주제라는 외래어를 통해 정의하거나 설명하고자 했던 역사적 대상을 분명히 하지 않았다.[95] 그것은 일종의 슬로건과 같았다. 조선시대를 두고 말하면, 토지를 매개로 한 민간의 잉여 수취관계는 농장農庄과 병작竝作의 두 가지가 있었다. 양반가의 노비 노동을 통한 농장경영은 제5장에서 지적한 대로 그 본질이 노예제적 관계이다. 병작은 조금 전에 소개한 대로 민간에서 다양한 계기로 성립한 합작의 계약관계이다. 그런데 지주제라 하면 이 둘 중의 어느 것을 가리키는가, 아니면 둘 다를 가리키는가. 어느 경우든 그것은 농노제적 관계가 아니다.

농장과 병작 이외에 궁방전과 아문둔전이 있었다. 이 둘은 궁방과 아문이 국세國稅 수준의 지대를 수취하는 사실상의 민유지였다. 궁방·아문과 농민의 관계는 조선왕조와 백성의 관계와 유사하다. 조선왕조는 전국의 토지를 왕토로, 온 백성을 전객 또는 전부로 규정하고 조, 공물, 요역을 수취한 국가적 농노제였다. 그것이 제3시대 사회구성의 기본구조이다. 그 아래에서 18세기 일본에서처럼 지주제가 성립했다면, 병작이 바로 그에 해당하는 관계이다. 그런데 그것을 병작 그대로 부르고 그 실태를 분석하면 그만이지 굳이 지주제로 고쳐 부를 필요가 있는가. 나는 한국사 제3시대의 연구에 있어서 지주제라는 용어나 개념은 혼란만 야기할 뿐이

94 李榮薰(1994),「朝鮮佃戶考」,『歷史學報』142, 107~117쪽.

95 李榮薰(1999),「朝鮮社會 經濟史 硏究의 現況과 課題」,『朝鮮時代 硏究史』, 172~200쪽.

라고 생각한다.

허상으로서 자본가적 부농

1960년 최초로 양안을 분석한 김용섭은 조선사회에 실재한 봉건적 신분관계와 사회질서를 논증한 다음, 1963년 그 봉건사회가 해체의 과정에 들어섰음을 알리는 또 하나의 주목할 만한 논문을 발표하였다. 거기서 김용섭은 상업적 생산을 목적으로 소작지를 확보하고 임노동을 고용하여 경작 규모를 확대하는 자본가적 부농의 존재를 검출하였다. 김용섭은 그 농민을 경영형부농經營型富農이라고 명명하였다.[96] 18세기 농촌사회에서 경영형부농은 하나의 계층으로까지 성립하였다. 자본주의적 농업으로의 자생적 이행을 알리는 농촌사회의 구조적 변동은 19세기에 걸쳐 근대적 개혁을 추진하는 동력으로 작용하였다. 김용섭의 이 같은 주장은 1960~1980년대에 걸쳐 한국의 역사학계를 주도한 이른바 자본주의 맹아론資本主義萌芽論의 가장 귀중한 성과로 간주되었다. 김용섭의 학설은 18~19세기의 농업사를 넘어 20세기의 파란만장한 한국사를 해석하는 길잡이 역할을 수행하였다.

김용섭이 경영형부농의 존재를 검출한 것은 전라도 고부군 덕림면 용동궁 궁방전의 양안에서이다. 앞서 〈표 6-8〉로 소유와 경작의 상관관계를 검토한 바로 그 궁방전이다. 다시 표를 보면 소유지가 0이거나 50부 미만으로서 병작지를 추가하여 경작 규모가 50부 이상 또는 1결 이상에 달하는 농민이 30여 명 있다. 바로 그들이 김용섭이 경영형부농으로 지목한 범주이다. 나는 이 같은 김용섭의 주장에 동의하지 않는다. 여러 가지 이

96 金容燮(1963), 「續·量案의 研究—朝鮮後期의 佃戶經濟—」(上), 『史學研究』 16, 1~64쪽; 金容燮(1964), 「續·量案의 研究—朝鮮後期의 佃戶經濟—」(下), 『史學研究』 17, 95~118쪽. 이 두 논문은 이후 金容燮(1970), 『朝鮮後期農業史研究—農村經濟·社會變動—』(I), 一潮閣에 수록되었다.

표 6-9 전라도 고부군 덕림면 용동궁 궁방전에서의 경작 규모의 장기추세(1747~1830)

단위: 명, 結-負-束, %

경작 구간 \ 연도·구분	1747		1830	
	인원	면적	인원	면적
2~結	2(0.9)	4-94-9(6.2)		
1~2	12(5.4)	15-56-4(19.5)	3(0.8)	3-53-5(3.7)
50~100負	27(12.2)	17-97-9(22.5)	39(9.9)	26-82-6(28.1)
25~50	73(32.9)	25-59-0(32.1)	96(24.3)	33-77-0(35.5)
0~25	108(48.6)	15-73-3(19.7)	257(65.0)	31-10-9(32.7)
합계	222(100)	79-81-5(100)	395(100)	95-24-0(100)

출처: 李榮薰(1988), 『朝鮮後期社會經濟史』, 한길사, 94쪽.

유가 있지만,[97] 다음의 두 가지만 지적한다. 하나는 소유와 경작의 상관관계를 전체적으로 검토하지 않았다는 점이다. 토지가 없거나 적은 사람이 병작을 얻어 경작을 확대하기도 했지만, 거꾸로 적은 소유에도 경작을 쉽게 포기하거나 축소하는 사람도 많이 있었다. 소유와 경작의 상관관계는 극히 분산적이었다. 그런 가운데 사람들은 소유지가 70부를 넘으면 더 이상 경작하지 않고 병작으로 대여하여 경작 규모를 줄였다. 전반적 양상이 이 같은 가운데 소수의 농민이 병작을 얻어 경작 규모를 확대할 때, 그것

97 金容燮은 1830년에 작성된 전라도 고부군 덕림면 용동궁 궁방전 양안의 성격을 이해하지 못하였다. 이 양안에는 개별 필지의 畓主와 作人이 적혀 있다. 궁방전이 사실상의 민유지이기 때문에 그것은 별 이상한 현상이 아니다. 1963년 이 양안을 분석한 김용섭은 그러한 사실을 알지 못하였다. 그는 궁방전인 상태에서 답주-작인의 관계는 있을 수 없다고 생각하였다. 그래서 양안 상의 답주-작인의 관계는 해당 토지가 궁방전으로 편입되기 이전인 18세기 초의 것이라고 간주하였다. 그렇지만 그 관계는 1830년 양안이 작성될 당시의 그것이었다. 이외에 김용섭의 논문은 현지답사를 결여하여 분석 대상지를 한정하는 데 큰 혼란을 보였다[李榮薰(1988), 『朝鮮後期社會經濟史』, 80~86쪽]. 김용섭의 1963년 논문은 자료에 대한 기초적 이해에서 커다란 결함을 안고 있어서 학술 논문으로서는 성립하기 힘든 것이었다. 그럼에도 불구하고 김용섭은 1995년 그의 저작집을 출간하면서 1963년의 논문을 수정 없이 그대로 실었다. 그러면서 그에 대한 나의 비판에 대해 아무런 대응을 하지 않았다. 솔직히 말해 나는 그 점을 전혀 납득하지 못하고 있다.

은 부족한 소유지를 보충하는 의미가 강하였다. 그들이 과연 상업적 이윤을 목적으로 병작을 얻어 경작을 확대했는지는 검증되지 않았다.

다른 하나는 특정 연도의 단면적 분석에 그쳤다는 점이다. 대규모 경작의 상층농이 장기적으로 어떠한 추이를 보였는지, 과연 하나의 사회계층으로서 존속했는지, 성장하고 있었는지 아니면 쇠퇴하였는지는 특정 연도의 단면적 분석만으로는 알 수 없고 장기시계열을 통해 검증되지 않으면 안 된다. 이를 위해 나는 농가의 경작 규모를 알리는 궁방전이나 민유지의 추수기秋收記 자료를 널리 수집하여 분석하였다. 〈표 6-9〉는 김용섭이 경영형부농을 검출한 고부군의 그 궁방전에서 1747~1830년에 걸쳐 경작 규모의 구간별 분포가 어떠한 추세였는지를 보이고 있다. 1747년 1결 이상을 경작한 상층농은 13명인데, 1830년에는 3명에 불과하였다. 그들이 차지한 경지 비중은 1747년에 25.7%인데, 1830년까지 3.7%로 크게 줄었다. 반면 0~25부의 하층농이 108명에서 257명으로, 경지 비중은 19.7%에서 32.7%로 크게 늘었다.[98]

〈표 6-10〉은 경상도 남해군 삼동면에 소재한 용동궁 궁방전의 추수기에서 검출한 1681, 1845, 1905년의 구간별 경작 규모의 추이이다. 1681년 1결 이상을 경작한 농민은 42명인데, 1845년까지 15명으로, 1905년까지 5명으로 줄었다. 그들이 차지한 경지의 비중도 1681년 49.1%, 1845년 25.3%, 1905년 7.2%로 크게 줄었다. 1681년에만 해도 궁방전의 경작은 1결 이상의 상층농이 중심부를 이루었다. 그에 비해 1905년이면 50부 미만의 하층농이 새로운 중심부로서 전체 경지의 74.7%나 차지하였다.[99]

이처럼 17세기 말에서 20세기 초에 걸쳐 농민의 수나 경지의 비중에서 대규모 경작의 상층농이 줄어들고, 소규모 경작의 하층농이 증가함은 내

98 李榮薰(1988), 『朝鮮後期社會經濟史』, 86~88쪽.

99 李榮薰(1988), 『朝鮮後期社會經濟史』, 518~533쪽.

[표 6-10] 경상도 남해군 용동궁 궁방전에서의 농민분화의 장기추세(1681~1905)

단위: 명, 結-負-束, %

경작 구간 \ 연도·구분	1681		1845		1905	
	인원	면적	인원	면적	인원	면적
2~ 結	10(3.8)	23-77-0(17.1)	2(0.8)	4-62-3(5.4)		
1~2	32(12.1)	44-54-8(32.0)	13(5.3)	17-06-1(19.9)	5(1.3)	6-18-2(7.2)
50~100負	58(18.1)	35-46-5(25.4)	31(12.6)	21-39-8(25.0)	23(5.8)	15-52-0(18.1)
25~50	65(24.5)	22-58-9(16.2)	78(31.7)	27-27-2(31.9)	97(24.3)	33-30-8(38.8)
0~25	110(41.5)	12-89-2(9.3)	122(49.6)	13-23-1(17.8)	274(68.6)	30-89-1(35.9)
합계	265(100.0)	139-26-4(100)	246(100)	85-58-5(100)	399(100)	85-90-1(100)

출처: 李榮薰(1988), 『朝鮮後期社會經濟史』, 한길사, 520·532쪽.

가 수집한 20종의 사례에서 예외가 없다.[100] 다른 연구자가 수집한 양반가의 추수기에서도 작인들의 경작 규모는 평균적으로 작아지는 추세이다.[101] 요컨대 17~19세기 농민분화의 장기추세는 소규모 경작의 소농이 농가의 표준적 형태로 확산하는 소농자립小農自立의 진전 그것이었다.

20세기 초 조선총독부朝鮮總督部가 남긴 제반 농업통계나 조사자료는 이 같은 농민분화의 장기추세가 농업생산력의 구조에 규정된 농가의 합리적 선택이었음을 이야기하고 있다. 군 단위로 조사된 1인당 경지면적과 토지·노동의 생산성은 정확히 역의 관계에 있었다.[102] 1인당 경지면적이 적은 지방일수록 토지·노동의 생산성은 높았다. 수전과 한전을 물론하고 적은 토지에 다량의 제초노동과 비료를 투하하여 고생산성을 추구하

100 李榮薰(1983), 「19세기 農業變動의 一樣相—慶南 金海郡 內需司庄土의 事例를 中心으로—」, 『經濟史學』 6, 30~97쪽.
李榮薰(1984), 「朝鮮後期 農業變動의 基本樣相에 관한 諸事例의 分析」, 『歷史學報』 102, 63~108쪽.
李榮薰(1988), 『朝鮮後期社會經濟史』, 435~559쪽.

101 김건태(2004), 『조선시대 양반가의 농업경영』, 326, 335쪽.

102 李榮薰(1988), 『朝鮮後期社會經濟史』, 557~558쪽.

는 다로다비多勞多肥의 소농농법이야말로 자립과 성장을 추구하는 소농들의 이탈할 수 없는 행동원리였다. 노비 노동을 이용한 양반가의 대규모 가작은 장기적으로 쇠퇴할 수밖에 없었다. 이앙법이 보급되는 초기 국면에 노비 노동을 이용하여 경작 규모를 늘리는 이른바 광작廣作이 출현하기도 했으나 장기적으로 쇠퇴하였다.[103] 태업을 본성으로 하는 노비 노동의 생산성은 높을 수 없었다. 노비를 대체하여 임노동을 고용하는 것은 능사가 아니었다. 20세기 초의 조사 자료는 농가가 노동력을 포함하여 제반 생산요소를 구입하여 농업을 상업적으로 경영할 때의 수익률이 작물에 따라 11~36%에 불과함을 보여주고 있다. 다시 말해 상업적 농업보다 수확의 50%를 취득하는 병작의 대여가 훨씬 나았다. 대부분의 독농가는 자가 노동력의 경작 한도를 넘는 토지를 병작으로 대출하였다. 그 상한은 대체로 30~40두락에 해당하였다.[104] 상업적 목적으로 임노동을 고용하고 병작을 확보하여 경작 규모를 늘리는 자본가적 부농이 하나의 사회계층으로까지 성립했다는 김용섭의 주장은 허상虛像을 본 것이나 다름없었다.

서유럽의 조방적인 한전농업과 달리 한국, 중국, 일본 등 동아시아의 수전농업은 소규모 토지에서 다량의 노동을 투하하여 고생산성을 실현하는 집약농법을 추구하였다. 예컨대 중국의 선진 농업지대인 양쯔 델타의 경우 인구 증가와 그에 따른 경지의 영세화로 인해 15~19세기에 걸쳐 농가의 평균 경지면적은 1/3로 감소하였다.[105] 그럼에도 농가의 생활수준에는 별다른 변화가 없었다. 경지의 영세화에 따른 생계소득의 부족은 면

103 安秉直(1990), 「茶山의 農業經營論」, 『碧史李佑成教授定年退職紀念論叢 民族史의 展開와 그 文化』 (下), 398쪽.

104 李榮薰(1991), 「朝鮮後期 農民分化의 構造·趨勢 및 그 歷史的 意義」, 『東洋學』 21, 檀國大學校 東洋學研究所, 36~40쪽.

105 Philip C. C. Huang(1989), *The Peasant Family and Rural Development in the Yanzi Delta, 1350-1988*, SMC Publishing Inc. Taipei, p.342.
양동휴(2014), 『유럽의 발흥—비교경제사연구—』, 서울대학교출판문화원, 250쪽.

【그림 6-9】 근면혁명과 산업혁명

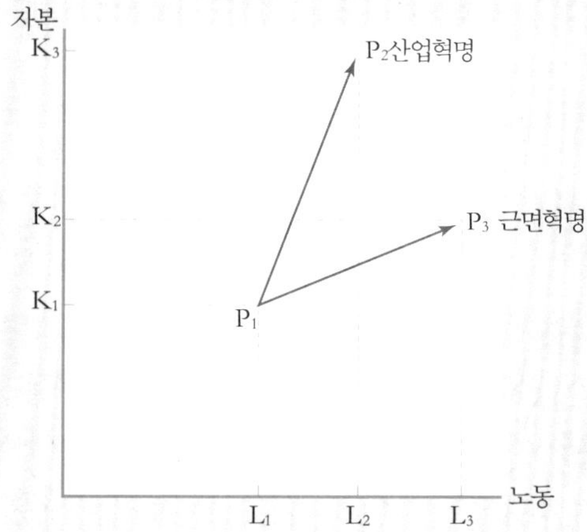

출처: 速水融(1967),「經濟社會の成立とその特質」,『近世日本の経済社会』, 麗澤大学出版会, 226쪽.

작, 직포, 양잠, 견직의 상업적 농업과 가내수공업으로 보충되었다. 소농경제의 성숙, 농촌시장과 가내수공업의 발전은 상호 견인의 관계에 있었다.

17~18세기 일본의 농업 발전도 같은 원리에 입각하였다. 하야미 아키라速水融는 이 같은 동아시아 소농사회의 발전경로를 서유럽의 산업혁명industrial revolution에 대비된 근면혁명industrious revolution에 비유하였다. 〈그림 6-9〉는 하야미가 그린 것으로서 자본과 노동의 부존도 및 상대가격의 차이에 따라 동아시아와 서유럽의 생산확장경로生產擴張經路가 상이하였음을 보이고 있다.[106] 동아시아는 노동사용적인 근면혁명의 경로이고, 서유럽은 자본사용적인 산업혁명의 경로이다. 하야미에 의하면 16세기까지 일본 농업의 주체는 20~30명의 노동력을 거느린 나누시[名主] 경영이었다. 그 주변에는 다수의 비자립적 예농이나 노예로서 나누코[名子]와 게닌[下人] 계층이 분포하였다. 17세기 이후 소농자립의 진전에 따라

106 速水融(1967),「經濟社會の成立とその特質—江戸時代社會經濟史の視點—」,『近世日本の経済社会』, 麗澤大学出版会, 226쪽.

나누코와 게닌 농민이 해소되었다. 더불어 나누시 경영도 소농으로 바뀌어 갔다. 18세기까지 소농자립의 전면적 실현은 인력의 괭이질이 우마의 쟁기질을 대체할 정도의 고강도 노동투하에 의하였다. 그러한 소농적 노동규율의 변화를 하야미는 근면혁명으로 이름하였다.[107]

크게 말해 15~18세기에 걸친 조선농업의 발전도 이 같은 경로를 따랐다. 다만 조선의 소농경제는 중국이나 일본의 선진 농업지대가 도달한 농촌시장과 가내수공업의 수준에는 도달하지 못하였다. 조선의 경우 앞서 소개했듯이 면작과 면직업이 분리되어 장시에서 면화가 활발히 거래되었다. 그렇지만 방적紡績과 직포織布 과정이 사회적 분업으로 분리되지는 않았다. 예컨대 『임원경제지』에 의하면 장시에서 면사綿絲가 거래된 곳은 전라도 만경의 성외장城外場 1기뿐이었다. 조선 농촌의 면직업에서 방적과 직포의 과정은 미분리 상태였다. 그에 따라 면직업의 생산성은 낮았으며, 면직업이 농가의 부족한 생계소득을 보충하는 정도도 낮았다. 조선이 성취한 소농자립의 수준은 중국과 일본의 선진지대에 비해 제한적이었다. 19세기에 들어 조선의 경제가 중국과 일본에 비해 더 심한 위기에 봉착한 것은 이 같은 역사적 제약에 의해서였다.

3. 소농사회의 양상

주호와 협호

소농자립은 소규모 가족으로 이루어진 개별 세대가 노동·생산과정의 기초 단위로 성립한 상태를 말한다. 소농자립은 일정 수준의 농업생산력과 시장의 발전을 전제한다. 소농은 홀로 자기 힘만으로 자립할 수 없다.

107 하야미 아키라(2006), 조성원·정안기 옮김, 『근세 일본의 경제발전과 근면혁명』, 혜안, 285~303쪽.

재생산과정의 원활한 수행을 위해서는 수리, 영림, 도로, 교량, 치안, 자연재해에 대한 보험 등의 조건을 갖출 필요가 있다. 이러한 사회적 조건들은 소농의 공동체나 지배계급이 그 안정적 조달을 책임져야 한다. 그 점에서 소농자립은 노동·생산과정만이 아니라 동리의 자치, 군현의 지방행정, 왕조의 조부租賦 수취와 재난 구호, 그것을 뒷받침하는 통치이념 등이 밀접히 상호작용하는 사회, 정치, 문화의 복합과정이다.

이 같은 복합과정으로서 소농자립의 과정과 실태를 생생하게 그리는 것은 자료의 부족 때문에 쉬운 일이 아니다. 우선 17~18세기 농촌사회에서 인간들은 크게 주호主戶와 협호挾戶라는 두 계층으로 나뉘었음을 지적하는 것으로부터 시작하자. 전국의 모든 마을에는 마을의 중심을 이루는 집단이 존재하였다. 그에 관해 19세기의 정약용은 "형제가 있고 친척이 있고 이웃이 있고 총호塚戶가 있는 자"들이라 하였다.[108] 총호란 조상의 묘를 수호하는 재실齋室의 묘직墓直을 말한다. 그들은 마을에서 오랫동안 대를 이어 정착해 온 농민들이다. 그들은 친족집단에 소속해 있으며, 1~2명이라도 노비나 고공을 보유한, 토지재산이 넉넉한, 농사 규모가 큰, 자족자급의 상대적으로 요족한 부류이다. 사회적 신분은 양반이거나 중인이거나 상민이라면 상층부에 속하는 자들이다. 이같이 농촌사회의 기간을 이룬 계층을 가리켜 당대인들은 주호 또는 원호元戶라고 불렀다. 원호는 원거지호元居之戶의 준말로서 오랫동안 정착해 온 마을의 뿌리를 이루는 호라는 뜻이다.[109] 조선왕조가 3년마다 작성한 호적을 채운 것은 이들 주호 또는 원호 계층이었다. 조선왕조가 해체된 20세기 전반까지도 농촌 주민들은 이 같은 실체의 주호 또는 원호를 기억하였다. 그들은 마을을 찾아온 손님에게 "우리 마을의 원호元戶는 몇 집이다"라고 말하곤 하였다. 어느 사람을 평가해서는 "저 사람은 우리 마을의 주호主戶이다"라고 했는

108 丁若鏞, 『牧民心書』 賑荒 勸分.

109 李榮薰(1988), 『朝鮮後期社會經濟史』, 303~306쪽.

데, 모두가 인정하는, 내력이 분명한, 번듯한 체통의 집안이라는 뜻이었다.

주호 또는 원호의(이하 주호로 통칭) 대극에 놓인 범주는 협호이다. 이 말이 조선왕조의 실록에서 처음 등장하는 것은 15세기 전반의 세종 대이다. 당시 조선왕조는 3~4명의 남정을 하나의 군호로 묶고 그중의 1명을 정군正軍으로, 나머지 사람을 그의 보인保人으로 지정하였다. 보인은 정군의 군역 수행을 뒷바라지 하였다. 그 보인을 가리켜 때때로 협호라고 하였다. 17세기 초까지도 지방에 따라선 아버지가 군인이면 그 아들이나 사위를 협호로 지정한 호적이 작성되었다.[110] 그렇지만 16세기에 들어 협호는 제반 국역을 피해 양반가나 토호세력에 몸을 의탁한 사람을 가리키는 뜻으로 바뀌었다. 그들은 농촌 유력자의 행랑, 협방, 농막, 재실에서 비부, 고공, 작인으로 생활한 맨하층의 가난한 농민이었다. 유력자의 울타리 아래에 숨었다 하여 리하인籬下人이라고도 하였다. 협호는 주호와 달리 호적에서 누락되었다. 제반 국역을, 특히 군역을 감당할 능력이 없어서 호적에서 누락되어 다른 호에 끼인 존재가 곧 협호이다.

강원도와 평안도에서는 이들을 가리켜 입작入作 또는 입경入耕이라 하였다. 17세기 전반 이 두 도에서 입작 또는 입경은 전 농가의 30~40%에 달하였다. 입작이란 말에서 짐작할 수 있듯이 그들은 다른 곳에서 흘러들어온 자들이었다. 역의 부담을 피하여 또는 심한 흉작의 타격을 받아 원거지를 떠나 다른 지방이나 마을로 유입한 인구가 입작, 곧 협호이다. 유민이 어느 마을에 정착하기 위해서는 그를 용접해 주는 주인이 있어야 했다. 그 사람이 바로 주호이다. 유민은 주호의 비부, 고공, 작인으로서 주호가 제공하는 집에 정착하였다. 협호는 인격적으로나 경제적으로 주호에 종속되었다. 노비와 같은 처지는 아니지만 그들의 사회적 지위는 차별되었다. 주호에 무례하게 굴거나 주호를 능욕한 협호는 마을의 주호 집단

110 林學成(2005),「現存 16·17세기 호적대장의 특징들과 新발견—1666년도 '濟州牧丙午式戶籍大帳' 斷片—」,『古文書硏究』26, 88쪽.

【그림 6-10】 **양반의 저택**(18세기 후반, 전라도 구례현 토지면 소재)

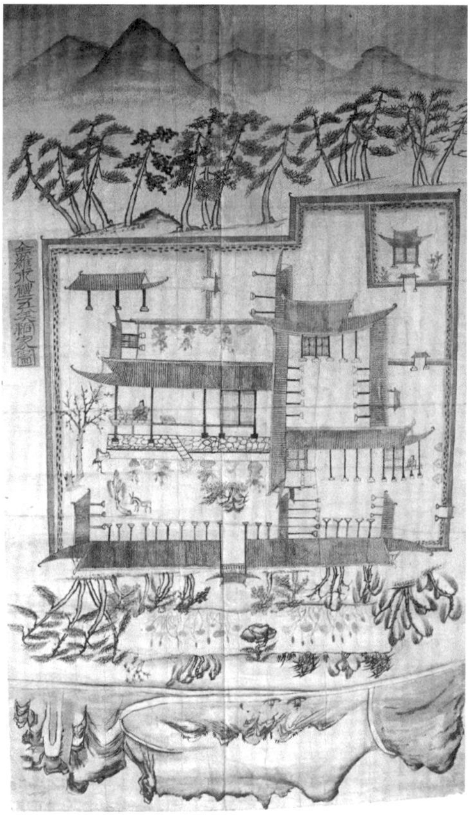

출처: 國立民俗博物館·全羅南道(1988), 『求禮 雲鳥樓』.

에 의해 처벌되거나 심지어 살해되기도 하였다.

협호의 존재양태가 소상하게 밝혀지는 것은 1901년에 행해진 충청남도 7개 군의 양전에서이다. 당시 작성된 양안상의 농가는 총 2만 4,316호인데, 그 가운데 7,947호, 33.9%가 협호였다.[111] 18세기에도 협호의 비중은 대개 그 정도였다. 1750년 조선왕조가 파악한 전국의 호총은 178만 3,044

111 李榮薰(1988), 『朝鮮後期社會經濟史』, 258~294쪽.

에 달하였다. 제반 노동과정과 사회과정에서 자립적인 주호의 총수가 그 정도였던 셈이다. 그 아래에는 대략 그 절반인 90만 호의 협호가 있었다. 결과적으로 1750년 조선왕조의 판도에 속한 백성은 총 270만 호 정도였다. 호당 인구를 6명 전후로 잡으면 당시 조선의 총인구는 1,620만 전후에 달하였다.[112] 이때가 조선왕조의 절정기였다.

18세기로 돌아가 어느 동리에 들어섰다고 상상해 보자. 어느 집이 주호이고 어느 집이 협호인지를 구별하기는 어렵지 않았다. 주호는 기와집[瓦家]이거나 초가草家라도 3간 이상이 보통이었다. 협호는 주호를 옹위하는 형태로 배치되었다. 협호의 집은 초라하여 2간 이하의 초가이거나 움막이었다. 움막은 아직도 곳곳에서 하층 빈민의 주거로 남아 있었다. 〈그림 6-10〉은 1776년에 전라도 구례현 토지면에 세워진 유柳씨 양반가의 가도家圖이다. 도합 20간의 이 저택은 지금도 온전히 전하여 관광객의 발길을 끌고 있다. 대문을 끼고 동서로는 노비, 고공, 협호 등이 입주한 행랑이다. 대문을 들어서면 양반가의 위세를 자랑하는 사랑채이다. 오른쪽 중문을 열면 곳간으로서 창고나 외양간 등의 시설이다. 곳간 사이를 통과하면 양반가 마님의 지배공간인 안채이다. 안채 뒤편에 별도의 담장으로 구분된 작은 건물은 조상의 신위神位를 모신 사당祠堂이다. 18~19세기 양반가의 저택은 대개 이러한 구조였다.

1677년 충청도 공주의 이유태李惟泰가 자손에 남긴 유훈은 양반가의 가정家政이 어떠한 원리로 운용되었는지를 잘 전하고 있다. 이 집안의 토지재산은 논 50두락과 밭 100두락이었다. 논과 밭은 가작, 병작, 제위의 용도로 분배되었다. 5명의 노를 부려 짓는 가작은 논 30두락과 밭 20두락인데, 거기서의 소출은 가족과 노비들의 식료에 충당되었다. 나머지 토

112 잘 알려진 권태환의 추계는 1750년의 인구를 1,865만으로 이야기하고 있다[權泰煥·愼鏞廈(1977), 「朝鮮王朝時代 人口推定에 關한 一試論」, 『東亞文化』 14, 313쪽]. 앞서 주24의 본문에서는 권태환의 추계를 인용하여 1772년의 인구를 1,700만 정도라고 하였다. 나는 이 같은 인구 추계가 조금 과장되었다고 생각한다.

지는 병작으로 대여되는데, 거기서의 수입은 왕조에 바칠 각종 조부와 손님의 접대비로 돌려졌다. 제위로 할당된 논의 경작과 지출은 모두 묘직노비墓直奴婢에 위임되었다. 그들은 양반가의 제사 봉행에 따른 제반 비용을 감당하였다. 이 외에도 이씨 양반가는 마전麻田, 저전苧田, 채전菜田, 과원果園을 경작하고, 누에를 치고, 닭을 먹이고, 물고기를 기르고, 송아지를 사육하였다.[113] 이 같은 다각적 구조로 면밀한 계획과 엄격한 실행으로 꾸려지는 가정경제의 기본 지향은 자급자족이었다. 부모를 모시고 처자를 양육하고 제사를 받들고 손님을 접대함에 있어서 모자람이 있어서는 안 될 일이었다. 살림이 궁하여 과년過年한 딸의 혼사를 늦추는 것은 반가班家의 치욕이었다. 19세기의 정약용이 추천한 양반가의 농업경영도 대개 이 같은 원리에 입각하였다. 그는 토지가 부족한 가난한 선비에게 채전과 양잠을 통한 상업적 농업을 적극 권장하였는데, 그 경우에도 가정경제의 기본 지향이 자급자족임에는 변함이 없었다.[114]

주호 집단은 이 같은 양반가를 정점으로 하는 몇 개의 층위로 분화하였다. 대다수의 주호는 빠듯하게 재생산을 영위하는 가난한 소농이었다. 〈그림 6-11〉는 1790년경에 세워진 농가의 모습과 울타리 내의 구도이다. 소재지는 경상도 고성현 회화면 봉동리이다. 대다수 주호의 주거는 이같이 초라하였다. 본채의 규모는 2간이다. 마당에 있는 아랫방까지 합하면 3간이다. 주거 공간 이외의 시설로는 헛간이 둘, 방앗간이 하나이다. 우마의 외양간이 없어 가난한 농가인 줄 알겠다. 짐작컨대 전답 재산은 10두락 내외이고 농사 규모는 병작을 얻어 15~20두락이었을 터이다. 불의의

113 金容燮(1989), 「朝鮮後期 兩班層의 農業生産 — 自作經營의 事例를 中心으로 —」, 『東方學志』 64, 19~49쪽.
禹仁秀(2000), 「朝鮮後期 한 士族家의 生活 樣式 — 草廬 李惟泰의 庭訓을 중심으로 —」, 『朝鮮時代史學報』 12, 43~68쪽.

114 安秉直(1990), 「茶山의 農業經營論」, 『碧史李佑成教授定年退職紀念論叢 民族史의 展開와 그 文化』 (下), 399~410쪽.

[그림 6-11] 상민의 초가(18세기 말, 경상도 고성현 회현면 소재)

출처: 윤원태(1998), 『한국의 전통 초가』, 재원, 66~67쪽.

재해라도 닥치면 재생산이 힘들어지는, 아슬아슬한 자립의 빈농이었다. 소규모 노동력과 경지로 인해 양반가처럼 가정경제를 다각화하기는 어려웠다. 이에 자립을 확보하기 위해서는 불가피하게 상업적 농업이나 수공업을 영위할 수밖에 없었다. 이들 빈농이 농촌 장시와 접촉하는 빈도는 양반가보다 높았다.

순환과 이동

소농은 가족의 형성, 확대, 수축, 해체라는 생물학적 과정에 맞추어 작동하는 유기체有機體와 같다. 소농은 젊은 남녀가 부부로 맺어진 초기에는 토지도 노동력도 부족하여 가난할 수밖에 없다. 자녀가 태어나 일손이 늘고 근검하면 재산과 농사는 조금씩 불어난다. 가장이 장년에 이르면 나이 든 몇 명의 자식과 더불어 소농의 재산과 농사는 절정에 달한다. 이어 자식들이 결혼하고 분가를 하면 재산과 농사는 줄어든다. 노년에 이른 가장은 농사를 줄이고 병작의 대출을 늘린다. 가장의 죽음과 함께 소농은 해체되며, 가계를 계승한 자식 부부에 의해 소농의 새로운 순환이 시작된다.

소농의 세대에 걸친 순환은 사회적으로 주호층과 협호층의 대류對流로 나타났다. 어느 마을에 정착한 협호는 결혼, 출산, 독농, 근검, 축적의 어느 시점에서 주호층에 편입되었다. 향리鄕吏와 이정里正은 협호 중에 부유한 자를 추려 호적에 등록하고 각종 역을 부과하였다. 반면 주호 중에는 빈곤과 노쇠의 이유로 역을 감당할 수 없는 자들이 생겨났다. 그들은 향리와 이정의 양해 하에 호적에서 누락되어 협호로 떨어졌다. 현존하는 군현의 호적은 이 같은 주호-협호의 순환과 대류가 활발했음을 보이고 있다.[115]

순환을 유발한 것은 소농 세대의 생물학적 흥망성쇠의 과정만은 아니었다. 생산력과 시장의 발전 수준에 구애되어 소농의 재생산과정은 전반적으로 불안정하였다. 소농자립의 시대라고 하지만 자립의 수준은 낮았다. 불규칙한 자연재해와 왕조의 과중한 수취는 소농의 재생산과정을 불안정하게 만든 직접적 요인이었다. 다소 과장된 수사이겠지만, 18세기의 여러 기록은 평년작의 경우에도 1년 농사로 1년의 양식을 이을 수 있는 농가는 열에 한두 집도 못된다고 이야기하고 있다. 심한 흉작의 해에는

115 李榮薰(1988), 『朝鮮後期社會經濟史』, 410~429쪽.

대량의 기민饑民이 발생하였다. 그들은 살길을 찾아 이리저리 유망하였다. 조선왕조의 지배자들은 정처 없이 자주 옮겨 다니는 백성들을 철새의 무리에 비유하곤 하였다.[116]

농가의 이동성이 어느 정도였는지는 현존하는 군현의 호적을 통해 살필 수 있다. 1717년 경상도 단성현 법물야면에서 주호는 368호였다. 이들이 이후 법물야면에서 가계를 계승하고 유지한 기간은 평균 41년이다. 신분별로 기간의 차이가 있어 양반의 가계는 78년, 양인의 가계는 37년, 맨 하층 노비의 가계는 23년이다. 이에 100년이 지난 1825년까지 존속한 가계는 각 동리를 대표하는 양반 친족집단의 대소 종가에 해당하는 45호에 불과하였다.[117] 이같이 대다수의 가계는 평균 2~3세대 안에 다른 지방으로 거주지를 옮겼다. 농가의 이동은 잘 알려진 흉작의 해에 특히 심하였다. 농가의 빈번한 이동은 다른 마을에 협호로 정착하는 농가를 생산하였으며, 이는 주호-협호 관계의 재생산으로 이어졌다.

주호-협호 관계의 재생산은 정치과정에 의해서도 촉발되었다. 모든 군현에는 중앙정부가 관례로 부여한 호총戶總이 있었다. 호총은 군현의 주호 총수에 준하는 것이지만, 변동의 방향이 서로 일치하는 것은 아니었다. 군현의 수령은 좋은 고과考課를 받기 위해 호총을 늘리려고 노력하였다. 수령이 베푸는 권농, 면역, 진휼 등의 선정善政은 협호의 주호화를 촉구하였다. 흉년에 군현이 베푸는 곡식을 분배받기 위해서는 주호로서 호적에 등록될 필요가 있었다. 그렇게 주호의 총수가 증가하면 수령의 출세에는 도움이 되지만 군현의 주민에게 득이 되지는 않았다. 다시 흉년이 들면 군현의 늘어난 각종의 역 부담은 하층 주호의 몰락과 유망을 재촉하였다.[118] 요컨대 생산력과 시장의 수준에 제약된 소농의 불안정성, 불규

116 李榮薰(1988), 『朝鮮後期社會經濟史』, 294~298쪽.

117 이영훈·조영준(2005), 「18-19세기 農家의 家系繼承의 추이—경상도 丹城縣 法勿也面 戶籍에서—」, 『경제사학』 39, 12~17쪽.

118 李榮薰(1988), 『朝鮮後期社會經濟史』, 303~322쪽.

칙한 자연재해, 왕조의 과중한 역의 수취, 군현의 호총을 늘리기 위한 지방행정 등이 소농의 존재형태를 주호-협호 관계로 편성하고 재생산하는 압력으로 작용하였다. 18세기의 소농자립은 동시대의 일본이나 중국과 달리 조선 나름의 자연조건과 국가체제에 규정되어 주호 집단에 한정되어 주호-협호라는 계층 구조를 통해 실현되었다.

리里의 재편

조선왕조가 그의 지방행정체제를 도道-군현郡縣-면面-리里의 위계로 정비하는 것은 일찍이 15세기부터이다. 1460년대에 편찬된 『경국대전』은 5호戶를 1통統으로 하며, 매 5통, 곧 25호를 1리里로 한다고 하였다. 리에는 이정里正을 두었다.[119] 이 같은 지방행정체제는 17세기 전반까지 문투에 불과하였다. 16세기까지 8도의 관찰사는 군현의 수령을 감독하기 위해 순력하는 존재였다. 도가 상급 행정단위로 들어서는 것은 관찰사의 거소로서 감영監營이 정착하는 17세기 이후이다. 면은 17세기 전반까지 독자의 행정 기능을 갖추지 않았으며, 군현의 영역을 4방으로 구분하는 역할에 머물렀다. 지방행정은 군현-리의 편제로 수행되었다. 수령은 향리와 유향소의 도움을 받아 리를 지배하였다.

15~16세기의 리에 관한 전장의 서술을 잠시 상기한다. 15세기의 리는 제1시대의 말인 6~7세기에 성립한 촌村에 기원을 두었다. 16세기까지 리는 염불, 장례, 공동노동을 위한 향도香徒를 중심으로 강하게 결속한 공동체였다. 리의 내부에는 제2시대의 정호丁戶에 기원을 둔 8결 주비가 있었다. 주비는 리 공동체의 기초 단위일 뿐 아니라 각종 조부를 공동으로 생산, 수취, 납부하는 조직이기도 하였다. 리의 수는 군현 당 평균 20으로 전국의 총수는 대략 6,000을 헤아렸다.

119 『經國大典』 戶典 戶籍.

17세기 후반 이래 소농사회의 전개에 따라 이 같은 농촌사회의 유서 깊은 구조가 해체, 재편되기 시작하였다. 그 출발은 1675년에 반포된 5가통사목5家統事目이다. 그에 따라 5가家가 1통統으로 편제되었다. 통은 서로 도와 농사를 짓고, 들고 나감에 서로를 살피고, 병들면 서로 구해주는 생활공동체로 규정되었다. 통 위에 리가 설치되는데, 5~10통을 소리小里, 11~20통을 중리中里, 20~30통을 대리大里라 하였다. 리에는 이정과 유사有司가 있어 인구 조사와 치안 유지 등의 행정을 맡았다. 리 위에는 면이 있는데, 도윤都尹과 부윤副尹이 그 책임자였다.[120]

5가통사목이 초래한 변화와 관련해서는 경상도 단성현의 사례가 널리 알려져 있다. 1607년 단성에는 현 아래에 면이 없고 6개 리가 있었다. 그 6개 리가 1675년 이후 6개 면으로 승격하고 그 아래에 1717년까지 63개 리가 배속하였다. 전국적으로 면과 리의 총수가 알려진 것은 1789년에 편찬된 『호구총수戶口總數』에서인데, 각각 3,951와 3만 9,465이다. 1개 면에 속한 리는 평균 10개였다. 동년 전국의 호총은 171만이며, 이에 리의 평균 호수는 43호였다. 이는 원호만의 수인데, 협호까지 합하면 1개 리는 대개 60~70호의 규모였다. 20세기 초의 조사에 의하면, 당시의 리가 대체로 그 정도였다. 이처럼 20세기의 한국인이 몸을 담았던 기초적 생활공간으로서 리가 한국사에서 최초로 그 모습을 드러내는 것은 1675년 이후의 일이다.

15세기의 6,000으로 짐작되는 구리舊里가 18세기 말까지 4만에 가까운 신리新理로 이행하는 양상은 군현에 따라 다양하였다. 단성에서처럼 구리가 면으로 승격하고 구리 아래의 취락이 신리로 드러나기도 했지만, 모든 군현에서 그렇지는 않았다. 전반적으로 구리와 신리 사이에는 이행이라 하기 힘들 정도의 심한 단절이 있었다. 15세기의 『경상도지리지』와

---

120 『備邊司謄錄』 肅宗 元年 9月 26日.

『경상도속찬지리지』에서 확인되는 경주의 리는 총 116개인데, 18세기 『호구총수』에서는 271개이다. 리의 수가 2.3배에 불과하여 구리와 신리는 상당히 연속적이었을 것으로 보인다. 그렇지만 116개의 구리 가운데 18세기까지 그 이름을 잇는 것은 23개, 20%에 불과하였다. 인근 울산에서도 마찬가지이다. 15세기의 37개 리는 18세기 말까지 244개 리로 불어나 있었다. 그 가운데 이름이 일치하는 것은 7개 리에 불과하다. 반면 청도에서는 15세기의 22개 리 가운데 9개 리가 18세기까지 이름을 이었다. 청도에서 리는 상대적으로 연속적이었다. 어쨌든 15세기의 리는 대부분 해체되었으며, 그 폐허에서 새로운 형태의 리가 출현하였다.

15~16세기와 18세기의 사이에는 우리가 통상 여겨온 것 이상의 심한 단절이 있었다. 15세기 중반 전국의 인구는 대략 800만 명이었다. 그것이 18세기 중반까지 1,600만 명으로 배증하였다. 그 사이 농촌사회에서는 대량의 인구가 노비신분으로 떨어졌다가 해방되었다. 양반가의 농장이 건설되었다가 해체되었다. 16세기 말에는 일본의 침략에 따른 7년간의 전쟁이 있었다. 농지가 개간되고, 수전에서는 이앙이, 한전에서는 윤작이 널리 보급되었다. 곳곳에 자립적 소농의 생활공간으로서 취락이 건설되었다. 유감스럽게도 15~16세기와 18세기 사이의 간격을 메우는 자료는 부족하다. 한 가지 분명한 사실은 중앙집권적 관료제의 행정질서가 구래의 공동체 질서와 양반·향리세력이 구축한 노예적, 농노적 질서를 대체하면서 농촌사회의 구석구석에까지 미치게 되었다는 것이다. 향도로 대표되는 17세기 전반까지의 공동체는 18세기 이후 그 모습을 찾아보기 힘들었다.

소농을 포섭하고 지배하려는 조선왕조의 의지는 호구 조사의 강화로 나타났다. 전국의 호총은 1663년의 81만 호에서 1750년의 178만 호로 증가하였다. 호구 조사는 1675년의 5가통사목에 따른 면리제面里制의 실행에 의해 크게 뒷받침되었다. 1714년에는 한층 강력한 호구 조사의 규칙이

제정되었다. 그에 따라 호구의 변동을 일으키는 유출, 유입, 출생, 사망, 분호分戶, 합호合戶의 사항이 하나씩 별도의 책으로 집계되었다. 가좌책家座冊도 작성되었는데, 이는 모든 가를 대상으로 배치된 순서에 따라 가구원의 수, 본채 및 행랑의 간수, 전답의 면적, 우마의 수를 상세하게 조사한 책을 말한다. 협호에 대해서는 협호책挾戶冊이 작성되었다. 협호인 자는 어느 주호主戶의 협호라는 신고서를 주호와 이정里正의 서명을 받아 제출하였다.[121] 이러한 갖가지 성책류成冊類을 통해 조선왕조는 그의 판도에 놓인 모든 가호의 인구와 살림살이를 세밀하게 파악하였다. 그 위에 원거토착의 주호를 중심으로 호적을 작성하고, 그를 바탕으로 제반 역을 수취하였다. 협호는 호적에서 누락되었지만, 왕조가 그에 무지했거나 방임한 것은 아니었다.

8결작부제

새롭게 성립한 평균 60~70호의 리는 지역에 따라 동洞으로도 불렸다. 이하 리를 현대 한국인에게 보다 친근한 동리洞里라는 말로 고쳐 부르기로 하자. 동리는 인간이 태어나서 자라고 결혼하고 장성하고 노쇠하고 사망하는 생애과정이 펼쳐지는 공간이었다. 사람들은 동리에서 노동하고 교환하고 협동하였다. 20세기 중반까지 대다수 한국인의 일상생활은 동리를 무대로 하였다. 동리에서 이루어지는 협동과 신뢰의 원리는 대다수 한국인의 사회생활을 크게 규정하였다. 그 점은 그로부터 멀리 떨어져 있지 않은 21세기 초 오늘날에도 마찬가지이다. 우리가 다른 나라와 비교된 한국사회의 구조와 특질에 관심을 가질 때 그 출발점은 17세기 후반에 모습을 드러낸 동리라고 할 수 있다.

1675년 반포된 5가통사목은 동리를 서로 돕고 의지하고 규찰하는 생

121 『戶籍謄關冊』 戶籍事目 甲午式, 成冊規式 甲午式.

활공동체로 규정하였다. 그렇지만 조선왕조는 이후 그의 국가체제를 재편하거나 개선함에 있어서 동리를 기초 단위로 삼거나 그에 상응하는 역할을 부여하지 않았다. 5가통사목의 효력은 3년마다 작성되는 호적에서 5호를 1통으로 묶는 형식적 변화로만 유효하였다. 15세기 이래 조선왕조는 토지와 인구에 대한 지배체제를 몇 차례 뜯어 고치지만, 모두 포괄적이고 체계적인 개혁에 이르지는 못했다. 대부분의 개혁은 부분적이거나 일시적이었으며, 실행력을 결여한 가운데 의도하지 않은 혼란스런 결과로 이어졌다.

1744년 『속대전續大典』이 편찬되었다. 이 새로운 법전에서 조선왕조는 조부의 수취체제로서 8결작부제八結作夫制를 공식화하였다.[122] 8결의 토지를 1부夫로 편성하고, 부 내의 전부佃夫 가운데 부유하고 성실한 자를 호수戶首로 택정하여 제반 조부를 징수, 납부케 하는 제도이다. 전장에서 소개한 대로 15세기의 『경국대전』은 '8결출結出1부夫'라는 요역식徭役式을 제정하였다. 8결은 제2시대 정호丁戶의 평균적 규모이다. 조선왕조는 제2시대의 전통을 이어 8결을 단위로 각종 조부와 요역을 수취하였다. 8결은 하나의 부夫, 곧 주비이다. 주비라 함은 동류를 하나로 묶은 조직을 말한다. 주비에는 호수가 있어서 각종 조부를 생산, 수취, 운반, 납부하는 책임을 맡았다. 1744년의 『속대전』은 '8결위結爲1부夫'라 하여 『경국대전』의 요역식을 재확인하고 공식화하였다.

그보다 69년 전에는 5가통사목을 반포하여 통 조직을 창출하고, 동리를 설치하였다. 24년 전에는 남부지방을 대상으로 한 양전이 단행되었다. 거기서 토지는 5결 단위로 구획되었으며, 각 구획에는 천자문 순서의 자호字號가 붙여졌다. 1744년의 8결작부제는 이 같은 호구 및 토지 행정과 아무런 연관이 없었다. 결국 통과 동리를 통한 호구 조사, 5결 자호를 통

122 "每八結爲一夫 佃夫中擇其饒實勤幹者 定爲戶首 凡其八結應納之役 使戶首收于結內佃夫以納"(『續大典』 戶典 收稅).

한 토지 조사, 8결작부제를 통한 조부의 수취는 따로따로 작동하였다. 전장에서 지적한 대로 조선왕조는 토지와 인구를 별개의 자원으로 지배하였다. 조선왕조는 제2시대의 신라·고려왕조와 달리 토지와 인구에 대한 이원적 지배체제를 구축하였다. 엄밀히 말하면 3원적 지배체제였다. 5결 단위의 토지 조사와 8결 단위의 조부 수취가 별개였기 때문이다. 15세기에 걸쳐 성립한 조선왕조의 3원적 지배체제는 18세기 전반에 모습을 약간 달리하면서 재정비되었다. 제2시대의 정호는 18세기 이후에도 길게 자취를 남겼다. 조선왕조 시대에 걸쳐 어떤 정치세력이 정권을 확고히 장악하여 국가체제와 사회구성을 머리부터 발끝까지 체계적으로 개혁한 적은 없었다. 낡고 새로운 것이 얽힌 어긋난 구조가 오랫동안 자연의 질서처럼 이어졌다. 왜 그랬을까. 그 점은 그 시대를 연구하는 역사가들의 떨칠 수 없는 의문이자 필생의 연구과제이기도 하다.

그러한 소회所懷를 뒤로 물리면서 이하 8결작부제의 실태를 소개한다. 18세기에 이르면 토지에 부과되는 각종 조부는 결세結稅로 불려졌다. 결세의 수취는 크게 행심行審, 표재俵災, 이래이거移來移去, 작부作夫의 과정을 거쳤다.[123] 결세 행정은 향리의 소집단인 서원書員이 담당하였다. 매년 8월 서원은 면 단위로 할당된 자신의 구역을 다니면서 매 필지의 경작자와 재해 상황을 조사하였다. 이를 가리켜 행심이라 하였다. 다른 한편 수령은 봄부터 정기적으로 군현의 풍흉과 재해 상황을 중앙정부에 보고하였다. 이에 근거하여 중앙정부는 8~9월 각 도에 결세의 감면액을 통보하였다. 도의 감영은 이를 예하 군현에 지급했는데, 이는 다시 군현의 서원에 의해 개별 필지에 분배되었다. 이렇게 중앙정부의 방침에 따라 결세를 감면하고 조정하는 과정을 표재라 하였다.

연후에 12월 서원은 그들의 사무소인 군아의 질청[作廳]에서 행심과 표

123 李榮薰(1980), 「朝鮮後期 八結作夫制에 대한 硏究」, 『韓國史硏究』 29, 88~94쪽.

재의 결과에 기초하여 전년의 깃기衿記를 수정하는 작업을 벌였다. 깃기는 납세 필지를 농가별로 열기列記한 장부를 말한다. 납세자는 관례에 따라 소유자가 아니라 경작자였다. 이에 주호와 협호를 막론하고 토지를 경작한 모든 농가가 깃기에 등록되었다. 깃기에 등록된 이름은 본명이 아니라 호명戶名이었다. 모든 농가에는 납세용의 호명이 있었다. 깃기상의 호명이 누구를 가리키는지는 담당 서원이 아니고서는 알 수 없었다. 토지의 경작자는 해마다 빈번하게 교체되었다. 그로 인해 결세의 부담은 구 경작자에서 신 경작자로 옮겨졌다. 그러한 취지로 전년의 깃기를 수정하여 금년의 깃기를 작성하는 작업을 가리켜 이래이거라 하였다. 1840년대 경상도 진주 가서·종화면의 깃기는 어느 해에 전 토지의 1/3이 이래이거의 대상이었음을 보여 주고 있다.[124] 그만큼 경작자의 교체는 심한 편이었다. 이래이거 과정은 방대할 뿐 아니라 복잡하여 해당 서원이 아니면 누구도 알 수 없는 그들만의 비밀스런 작업이었다. 그 과정에서 서원배는 토지와 결세를 숨기는 방식으로 그들의 생계소득을 벌었다.

이래이거가 서원들의 전문적 능력으로 수행될 수밖에 없는 것은 해마다 경작자의 교체가 심할 뿐 아니라 그 범위가 동리와 면을 넘는 경우가 많았기 때문이다. 앞서 지적한 대로 토지재산은 소규모 단위로 여러 곳에 분산되었다. 토지의 경작도 마찬가지였다. 동리의 토지는 동리의 주민에 의해서만 경작되지 않았다. 면의 경우도 마찬가지였다. 동리와 면은 그런 취지로 구획된 내포적內包的인 단체가 아니었다. 다른 동리의 주민이 경작하는 토지는 그 동리의 깃기로 옮겨져야 했다. 그렇게 이래이거의 범위는 동리와 면을 넘었다. 그로 인해 동리와 면은 결세 수취의 기초 단위로 성립하기 힘들었다. 결세 행정의 주체는 질청에 속한 10~20명의 서원배였다.

이래이거가 끝나면 매 농가가 납부할 세액이 결정되었다. 연후에 서원

---

124 李榮薰(1980), 「朝鮮後期 八結作夫制에 대한 研究」, 『韓國史研究』 29, 111~127쪽.

들은 8결을 하나의 징세조직으로 묶었다. 그것이 곧 주비이다. 8결이 넘는 큰 동리에는 여러 주비가 결성되었다. 8결이 못되는 작은 동리는 그 자체로 하나의 주비가 되었다. 매 주비에는 호수戶首라 불린 징세 책임자가 선정되었다. 이 같은 결세 행정의 마지막 단계가 곧 작부作夫이다. 호수는 주비의 성원으로부터 결세를 수취하여 지정된 조창漕倉까지 운반, 납부하는 책임을 졌다. 호수는 자신의 수고에 대해 성원으로부터 부가세를 거두었다. 어느 호수는 필요 이상의 부가세를 거두어 착복하였다. 토호들이 호수가 되어 벌인 이 같은 폐해를 가리켜 양호養戶라 하였다.

이상에서 보듯이 결세 행정의 실질적 주체는 서원배였다. 정확히 말해 서원배를 대리인으로 하는 군현의 수령 권력 또는 조선왕조의 관료제적 행정체제였다. 서원배는 매년 모든 토지의 경작자와 작황을 조사하고, 모든 농가의 세액을 사정하고, 8결로 규격화된 징세조직을 만들어냈다. 이 모든 과정에서 동리가 주체로서 간여할 틈은 없었다. 동리는 경계가 그어진 토지의 구획이 아니었다. 동리는 주민으로서의 권리가 배타적으로 공유되는 인적 결합도 아니었다. 예컨대 어느 동리의 주민은 다른 동리의 주비에 속할 수 있었다. 서원배의 농간과 토호의 양호로 그러한 일이 벌어졌다. 요컨대 동리는 토지의 구획도, 배타적 권리의 단체도, 나아가 토지와 인구의 구조적 결합도 아니었다. 동리는 인간들이 모여 사는, 최소한의 이웃효과가 발휘되는, 공동 주거의 공간이었을 뿐이다. 동리가 행정의 단위로 부상하는 것은 3년마다 이루어지는 호구 조사와 군역 부과에서였다.

비교사회사

18세기 조선왕조의 동리가 드러내는 사회적 특질은 근세 일본 막번체제하의 무라[村]와 여러모로 달랐다. 막부幕府의 장군將軍 권력은 조선왕조의 양전에서처럼 전국의 모든 토지를 검지檢地하여 필지별로 연공年貢의 과표를 부여하였다(석고제石高制). 그런데 이후의 조세 행정은 조선왕조와 크게 달랐다. 번주藩主의 대관代官과 무라의 역인役人은 한 해의 작황을 고려하여 무라가 부담할 연공의 양을 협상하였다. 무라는 결정된 연공을 공동의 책임으로 징수, 납부하였다(촌청제村請制). 무라의 역인은 무라의 백성에게 연공을 공평하게 할당하고 징수할 책임을 졌다. 연공의 협상은 작황의 변동이 심하지 않은 한 매년 행할 필요가 없었다. 이에 무라와 번주의 접촉은 그리 빈번하지 않았다. 무라는 고도의 자치를 누렸다. 무라와 무라 사이에는 쉽게 넘을 수 없는 경계가 그어졌다. 무라는 인구, 경지, 산림, 하천, 신사神社의 여러 요소가 결합한 단체였다. 무라는 그 자체로 영속하는, 성원으로부터 분리된, 성원을 지배하는 법인격이었다. 무라는 토지 이용, 용수用水 관리, 재산·권익 방위 등, 제반 공공기능을 종합적으로 수행하는 생산·생활공동체였다.[125]

반면 18세기의 청淸은 리가 아니라 개별 농가를 조세 수취의 대상으로 삼았다. 이전의 명明에서는 이갑제里甲制하에서 일본의 촌청제와 유사한 수취제도가 운영되었지만, 인구의 급격한 증가와 지역 간의 높은 유동성이 그러한 사회적 연대를 해체하였다. 18세기 화중華中지방의 경우 현의 지방행정은 6방房의 서리胥吏와 차역差役에 의해 수행되었다. 향鄕과 리里의 조세는 서리·차역의 통제를 받는 쾌역快役에 의해 징수되었다. 향과 리의 책임자인 향약鄕約과 보정保正은 조세 행정의 주체가 아니었다.[126] 쾌역이 개별 토지와 농가를 대상으로 세액을 조사, 결정하는 과정은 조선과 비슷하였다. 다만 수취 방식에서 큰 차이가 있었다. 청에서 조세의 수취는 개별 농가가 소정의 세액을 현아縣衙에 설치된 궤에 직접 넣는 자봉투궤自捧投櫃의 방식이지만, 조선에서는 8결 주비라는 공동납의 조직을 통해서였다. 청에서 조세는 은납인 반면, 조선에서는 미·두·포의 현물납이었다. 청

125 水本邦彦(1985), 「村共同體と村支配」, 歷史學硏究會·日本史硏究會 편집, 『講座日本歷史 5 近世』, 東京大學出版會, 119쪽.

126 足立啓二(2012), 『明淸中國の經濟構造』, 汲古書院, 634쪽.

에서는 조세의 납부처가 현아이지만, 조선에서는 도회관都會官에 설치된 조창漕倉이었다. 개별 농가가 현물을 멀리 조창까지 운반할 수는 없었다. 이 같은 수취 방식의 차이가 개별납과 공동납의 차이를 초래하였다.

조세행정의 과정과 주체가 비슷하다고 해서 조선과 중국의 사회구성이 동질적인 것은 아니었다. 이미 700년 전 중국은 조선과 상이한 사회구성을 성립시켰다. 906년 당의 멸망과 더불어 황제 권력이 농민을 부병府兵으로 지배한 개별 인신지배체제는 중국사에서 자취를 감추었다(당송변혁唐宋變革). 그와 더불어 농촌사회에 군림한 세습적 귀족도 사라졌다. 960년에 성립한 송 이후 중국의 농민은 봄가을로 연간 두 차례 부과되는 토지세를 부담할 뿐이었다. 군인을 비롯하여 국가가 필요한 각종 노동력은 역의 동원이 아니라 재정을 통한 고용으로 확보되었다. 황제권력의 인신지배로부터 해방된 중국의 사회는 개인의 능력에 따른 사회적 서열로 긴밀하게 통합되었다. 송대 이후 중국의 사회는 관료, 신사, 상인에 의해 지배되었다. 황제권력은 이들의 중개와 조정을 통해 농촌사회에 침투하였다. 관료와 신사의 지위는 당대에 성취된 것으로서 세습되지 않았다. 사회는 황제권력을 정점으로 하는 관료제적 편성으로부터 자유롭지 않았지만, 보다 나은 지위에 오르기 위한 인간들의 경쟁이 개인적 신뢰를 매개로 한 관계망關係網을 통해 볼 만한 자율성과 통합성을 실현하였다.

일본에서는 16세기 말과 17세기 초에 10~11세기의 중국과 유사한 변혁을 수행하였다. 근세 일본의 장군 권력은 병兵과 농農을 분리하였다. 농민이 보유했던 칼은 일체 몰수되었다. 농촌에 근거를 둔 무사 계급은 영주의 성 아래로 주거를 옮겨야 했다. 상인과 공인도 마찬가지였다. 사회의 모든 구성원에게는 사, 농, 공, 상의 역이 세습적 신분으로 부여되었다. 농촌은 농민들의 세상이었다. 무라는 농민의 공동체로서 소농자립을 위한 제반 조건을 공동으로 조성하고 용익하였다. 상인과 수공업자도 마찬가지 원리의 공동체로 조직되었다. 근세 일본의 사회구성은 꼭대기에서 말단에 이르기까지 특정의 역을 수행하는 인간들이 단체로 짜인, 그러한 단체가 상하 위계로 긴밀하게 포개진, 거대한 군단軍團 조직과 같았다. 일본에서 개별 인간은 중국에서보다 훨씬 덜 개성적이지만, 사회는 훨씬 더 조직적인 가운데 보다 높은 자율성을 구가하였다.

18세기 조선사회의 편성 원리가 동시대의 중국 및 일본과 달랐던 가장 중요한 이유는 국가에 의한 개별 인신지배체제가 강건하게 유지되었기 때문이다. 16세 이상의 모든 남자는 국가로부터 부여받은 특정의 역을 수행하였다. 그 역의 귀천에 따라 인간의 사회적 지위가 세습적 신분으로 구분되었다. 유학幼學·학생學生·교생校生 등 학문의 역을 지면 양반兩班신분이었다. 향리鄕吏와 역리驛吏의 역을 지면 중인中人신분이었다. 각종 군인軍人이나 공장工匠의 역을 지면 상민常民신분이었다. 그 이하 노, 비, 고공, 백정, 기생, 무부巫夫의 역을 지면 천민賤民신분이었다. 역의 귀천은 지방에 따라, 시대에 따라 달랐다. 이에 신분 간의 경계는 모호했으며 유동적이었다. 모든 역은 이념적으로 중앙의 왕조를 받드는 국가적 직업이었다. 민간의 생업은 역이 아니었다. 예컨대 군현의 호적에 나열된 수많은 역 가운데 농민과 상인의 역은 보이지 않는다. 면과 동리의 행정을 수행한 도윤都尹이나 이정里正의 역도 보이지 않는다. 다시 말해 사회의 자율적 질서로서 생업이나 단체는 조선왕조의 지배체제와 무관하였다.

전장에서 서술한 대로 이 같은 조선왕조의 지배체제가 성립하는 것은 15세기의 일이다. 어느 면에서 한국사의 전개는 중국사와 역의 방향이었다. 중국의 인간들이 국가의 인신지배체제로부터 해방된 그 시대에 한국의 인간들은 국가의 인신지배체제에 편입되었다. 후술하는 17~18세기의 대동법과 균역법 개혁에도 불구하고 조선왕조의 인신지배체제는 19세기 중반까지 그 골격을 허물지 않았다. 중국과 일본에서 이루어진 병농분리는 한국에서는 끝내 이루어지지 않았다. 한국 고유의 인신지배체제는 송 이후 중국에서와 같은 국가로부터 상대적으로 자율적인 사회의 성립을 저해하였다. 사회를 동일 신분의 단체로 조직하고 자치를 허락한 일본의 경험과도 무관하였다.

그렇다고 조선왕조를 동아 3국에서 가장 강력한 전제국가專制國家로 오해해서는 곤란하다. 조선왕조는 역의 귀천에 따라 인간들의 사회적 신분을 양반, 중인, 상민, 천민의 서열로 편제하였다. 학문의 역을 진 양반신분은 고려의 국인國人에 기원을 둔 집단이다. 왕조의 교체와 더불어 고려의 국인들이 농촌에 정착하고 군현의 향리·토성 집단과 결합함으로써 조선의 양반신분이 생겨났다. 15세기까지 그들은 원 국인으로서 중앙군으로 복무하였다. 양반이 군역에서 면제되는 특권이 생겨나는 것은 16세기부터이며, 그것이 확립되는 것은 17세기에서이다. 그들은 왜란과 호란을 맞아 의병을 조직하여 왕조를 구원한 공로를 내세워 그들이야말로 왕조의 간성干城이자 원기元氣라고 주장하였다. 왕조의 간성을 자처하는 부류가 군역의 면제를 요구한 것은 일종의 아이러니이다. 조선왕조는 전제국가라기보다 고도의 관념국가觀念國家이다.

농촌사회의 구성원이 중앙권력과의 개별적 관계에 따라 상이한 신분으로 차별되었음은 17~19세기 농촌사회의 동태를 규정한 가장 중요한 요인이었다. 보다 나은 사회적 지위를 취득하기 위한 인간들의 노력은 중앙권력과의 관계를 재구성하기 위한 정치적 경쟁으로 나타났다. 노력과 경쟁의 단위는 중국의 개인도 일본의 단체도 아니었다. 그것은 동성의 친족집단이었다. 토지와 노비를 상실한 양반을 구원한 것은 친족집단이었다. 양반은 친족집단을 통해서 그들의 사회적 지위를 유지하였다. 상민이 군현의 양반사회로 진입하기 위해서는 친족집단을 결성할 필요가 있었다. 소농자립의 사회적 표상은 친족집단의 확보였다. 17~19세기 조선의 소농사회는 진정한 의미의 씨족사회氏族社會를 지향하였다.

갈등과 협력

1675년의 5가통사목은 동리洞里를 서로 돕고 의지하고 선악을 규찰하는 생활공동체로 규정했지만, 동리에서 벌어지는 일상생활의 실태는 꼭 그렇지만은 않았다. 동리 조직은 쉽게 안정되지 않았으며, 지속적으로 유동하였다. 동리의 수는 19세기 말까지 증가일로에 있었다. 1678년 경상도 단성현의 동리는 68개인데, 1825년까지 112개로 늘었다. 1699년 경상도 울산부의 대현·청량·농소·유포 4개 면의 동리는 63개인데, 1801년까지 114개로 불었다.[127] 앞서 잠시 소개한 대로 전국의 동리 총수가 파악되는 것은 1790년의 『호구총수』에서인데, 총 3만 9,465개이다. 그랬던 것이 1910년까지 6만 2,532개로 1.6배 증가하였다.[128]

동리의 증가는 인구 증가나 개간의 진전에 따른 것이라기보다는 기존의 동리가 둘로 나뉘는 분동分洞 또는 분리分里에 의해서였다(이하 분동으로 통칭). 분동의 주요 원인은 주민 간의 신분 갈등이었다. 동리는 2~3개의 취락으로 이루어졌으며, 각 취락에는 상이한 신분의 주민이 거주하였다. 양반의 취락은 동리의 지배세력을 이루었으며, 상민의 취락을 차별하고 지배하였다. 이러한 지배구조의 동리를 흔히들 반촌班村이라 하였다. 전형적인 반촌에서 상민은 양반의 비부·고공·작인이거나 그 후손인 경우가 많았다.

분동을 야기한 갈등은 반촌의 지배세력인 양반 친족집단 간에 주도권 다툼이 벌어지거나 양반의 지배에 대해 상민이 반발하는 등, 그 양상이 다양하였다.[129] 전자의 경우 하나의 반촌이 두 개의 반촌으로 갈라졌다. 후자의 경우 하나의 반촌이 하나의 반촌과 하나의 민촌民村으로 분리되었다. 민촌은 상민신분의 동리를 말하였다. 양반과 상민의 갈등은 주로

127 鄭震英(1993), 「조선후기 村落의 구조와 '分洞'」, 『國史館論叢』 47, 7쪽.
128 서울大學校 奎章閣, 『戶口總數』, 해제 〈표2〉.
善生永助(1933), 『朝鮮の聚落』 前篇, 536쪽.
129 鄭震英(1993), 「조선후기 村落의 구조와 '分洞'」, 『國史館論叢』 47, 12~22쪽.

동리에 부과된 군역이나 잡역을 주민에 분배하는 과정에서 발생하였다. 양반은 군역을 면제받았을 뿐 아니라 잡역마저 상민에게 전가하는 경우가 많았다. 상민 가운데는 친족 결합을 강화하면서 경제적 능력과 사회적 지위를 상승시키는 집단이 있었다. 그들은 양반의 지배를 부정하고 그로부터의 독립을, 곧 분동을 쟁취하였다. 새로운 동리에서 그들은 양반 신분으로 행세하고자 했으며, 이는 다른 상민 집단과의 갈등을 야기하여 또 한 차례의 분동을 예고하였다. 이 같은 흐름과 반대로 민촌에 양반신분이 침투하여 점차 원주 상민을 하민下民으로 종속시켜 가는 흐름도 있었다. 어쨌든 18~19세기에 걸친 분동의 장기추세는 반상班常의 대립과 갈등을 안은 반촌이 공간적으로 확산하는 과정이었다. 반촌이 나뉘기도 하고, 민촌이 반촌으로 바뀌기도 하였다. 그 흐름을 타고 노비는 상민으로, 상민은 양반으로 신분을 상승시켜 갔다. 인구의 보다 많은 부분이 반촌에 거주하는 양반신분에 속하게 되었다.

다른 한편, 18세기 농촌사회의 주민은 질서의 유지와 공공기능의 조성을 위해 협력하였다. 그들은 동계洞契, 족계族契, 학계學契, 천방계川防契, 송계松契 등, 다양한 형태의 계를 체결하였다. 계는 몇 사람 혹은 수십 명이 공동의 규약을 만들고 공동의 재산을 조성하여 거기서 나오는 수입으로 공동의 목적을 행하는 결사結社를 말한다. 동계는 동리의 지배세력이 주민을 유교의 윤리로 순화하고, 반상의 질서를 수호할 목적에서 결성한 계이다. 일반적으로 동계는 상계上契와 하계下契의 두 계로 구성되었다. 상계는 양반신분의 계이고, 하계는 상민신분의 계이다. 동계는 연간 2회, 봄 가을로 동회洞會를 가졌다. 그때 구성원의 자리는 신분 원리에 따라 엄격하게 구분되었다. 1756년에 결성된 경기도 광주부 경안면 2리의 동계는 동회 시에 양반은 동사洞舍의 마루에, 중인은 계단에, 상민은 마당에 앉거나 서도록 그 좌차座次를 명확히 차별하였다. 또한 동회의 의사 결정은 사실상 상계에 의해 이루어졌으며, 하계는 그에 참여하거나 발언할 자격이 없었다. 이같이 동계는 동리를 지배하기 위한 양반신분의 결사체였다. 협력의 주체와 범위는 양반신분에 한하였다. 동계의 운영은 신분 간의 대립과 갈등으로 그리 안정적이지 못하였다. 위 경안면 2리에는 8개의 취락이 있었다. 그 가운데 3개가 1790년까지 별개의 동리로 독립하였다. 상민의 취락이 양반의 지배에 반발하여 분동을 쟁취한 것이다. 그에 따라 기존의 동계는 해체되고 좁은 범위에서 재결성되었다. 반상의 갈등만이 아니었다. 공동재산의 운영을 둘러싼 양반 친족집단 간의 갈등이 동계를 해체하기도 하였다.[130]

동계의 다른 한편의 기능은 공동노동의 동원에 있었다. 상계는 하계의 상민들을 15명 전후의 패牌로 편성하였다. 농시農時를 맞아 패는 동리의 이앙과 제초에 동원되었다. 패는 농기農旗와 농악農樂의 인도하에 동리의 답을 차례대로 돌았다. 패의 공동노동에는 술과 음식이 제공되었다. 그 비용은 상계의 답주들이 제공하였다. 그 외에 답주들은 고임雇賃을 분담했는데, 이는 공동노동에 동원된 하계원에 노동량에 따라 분배되었다. 흔히 두레로 불린 이 같은 공동노동의 조직과 관행은 종래 한국인들의 우수한 공동체문화를 상징하는 민속으로 알려져 왔지만,[131] 근래의 인류학적 연구는 그에 대한 재고를 요구하고 있다. 두레의 전형은 반촌에서 상계가 하계의 노동을 동원하는 강제체제와 그에 부수하는 문화였다. 동계는 두레를 통해 가난한 하민의 노동력을 수탈했으며, 소농의 자율적인 노동과정을 억압하였다.[132] 두레의 역사적 기원은 16세기까지 건재한 일반 민서民庶의 향도에 있었다. 그 원초적 공동체가 17~18세기 농촌사회에 침

130 이영훈(2014), 「한국사회의 역사적 특질 – 한국형 시장경제체제의 비교제도적 토대 –」, 이영훈 엮음, 『한국형 시장경제체제』, 서울대학교출판문화원, 390~391쪽.

131 愼鏞廈(1984), 「두레 共同體와 農樂의 社會史」, 『한국사회연구』 2, 한길사, 11~53쪽.

132 안승택(2007), 「식민지 조선의 근대농법과 재래농법: 경기남부 논밭병행 영농의 환경·기술·역사에 대한 인류학적 연구」, 서울대학교 대학원 인류학과 박사학위논문, 416~417쪽. 오창현(2008), 「농지개혁과 마을 공동체의 변형: 경기동남부의 두 지역을 중심으로」, 『비교문화연구』 14-2, 77~121쪽.

투한 유교적 전환의 물결에 휩싸여 반촌의 하계로 편입된 것이 두레라고 여겨진다.

동계가 결성되지 않은, 수적으로 다수인, 상민신분의 민촌에서 어떠한 약속이 있었는지, 거기서 15~16세기의 향도는 어떻게 계승되고 있었는지는 참고할 문헌이 거의 없는 실정이다. 유교의 침투가 미미했던 함경도 등 북부 산간지대에서는 20세기 전반까지 향도의 유제가 남아 있었다. 대부분의 지방에서 향도가 체현하였던 전통 신앙과 생활문화는 양반사회의 억압을 받아 점차 위축되어 갔다. 반촌의 지배세력은 전통 신앙의 제사와 사당을 음사淫事라 하여 철폐하거나 산중으로 추방하였다. 시대적 추세는 그 같은 반촌의 공간적 확산이었다. 그 큰 흐름으로부터 자유로운, 전통 신앙에 바탕을 둔 약속체로서 민촌이 건재했다고 이야기하기는 어려운 실정이다.[133]

동계가 점점 좁아지는 동리의 공간에서 양반의 상민에 대한 지배 조직으로 그 기능을 단순화하자 교육, 수리, 영림 등 별도의 공공기능을 위한 계들이 다양하게 발달하였다. 서당은 3~4개 동리에서 하나가 건립되었다. 이의 운영을 위해 여러 동리의 양반이 연합한 것이 학계이다. 수리조직인 천방계 역시 보가 여러 동리를 통과하기 때문에 여러 동리의 연합으로 결성되었다. 동리를 둘러싼 산림은 양반 친족집단의 소유인데, 그의 관리를 위해 송계가 조직되었다. 동리에 속한 양반 친족집단이 복수일 경우 복수의 송계가 조직되었다. 이 경우 송계는 학계, 천방계와 달리 동계보다 범위가 작았다.

족계는 동성 친족집단이 조상 제사와 상호부조를 위해 결성한 계이다. 족계는 대개 면이나 군현의 범위에서 결성되었다. 족계가 철따라 거행하는 입향조나 선조에 대한 묘제墓祭는 일족의 신분이 허물없는 양반임을

133 이영훈(2014), 「한국사회의 역사적 특질 – 한국형 시장경제체제의 비교제도적 토대 –」, 『한국형 시장경제체제』, 391~392쪽.

과시하는 더 없이 훌륭한 상징이었다. 족계는 친족집단의 종가에 의해 운영되었다. 구성원이 혈연으로 맺어지고, 종宗과 지支의 위계가 명확하고, 장長과 유幼의 질서가 엄하고, 목적과 효용이 뚜렷하여 족계를 둘러싼 갈등은 적었다. 족계의 운영은 동계보다 안정적이며 장기지속하였다. 흔히들 지적되는 한국 전통사회의 공동체문화는 대부분 혈연공동체 족계에 연원하는 것이다.

18세기의 인간들이 살아남고 보다 나은 처지로 올라서기 위해 추구한 제1의 행동전략은 친족집단의 결성이었다. 그래야 소농자립을 성취하고, 상민이라도 신분을 유지하거나 양반신분으로의 진입을 노릴 수 있었다. 친족집단을 결여하면 흉년에 의지할 데가 없고, 향리들의 침탈을 면할 수 없어, 양반조차 그 신분적 위세를 유지하기 힘들었다. 소농자립의 사회적 과정은 곧 친족집단의 결성이었다. 동성同姓 친족집단의 결성이 가시화하는 것은 대개 17세기 후반부터이다. 18세기에 걸쳐 그러한 움직임은 보다 뚜렷해졌다. 경상도 예천군 용문면의 대저리는 18세기 전반만 해도 민촌이었다. 상민 성씨는 86호인데, 양반 성씨는 8호에 불과하였다. 18세기 후반에 걸쳐 양반 성씨가 상민들을 구축하면서 138호로 급속히 불어났다. 그 가운데 124호가 권權, 박朴, 김金, 여呂의 4대 성씨에 속하였다. 친족집단을 결성하고 유지하기는 그리 쉬운 일이 아니었다. 위의 4대 성씨 가운데 김과 여는 19세기 후반까지 대저리에서 사라졌다. 살아남고 번창한 것은 권과 박의 2대 성씨였다.[134] 1690~1858년 경상도 대구부 월배방에서 장기존속에 성공한 친족집단은 11개, 소멸한 친족집단은 11개, 거의 소멸 중인 친족집단은 4개였다. 크게 번영하여 월배방의 지배세력으로 군림하게 된 친족집단은 3개였다.[135]

---

134 李榮薰(2001),「18·19세기 大渚里의 身分構成과 自治秩序」, 安秉直·李榮薰 編著,『맛질의 農民들: 韓國近世村落生活史』, 一潮閣, 255~256쪽.

135 嶋 陸奧彦(2010),『韓國社會の歷史人類學』, 200~201쪽.

18세기 소농사회의 동태를 살피기 위해서는 다양한 수준과 각도의 관찰이 필요하다. 양반과 상층 상민은 자립적 소농으로 주호主戶 계층을 구성하였다. 하층 상민과 천민은 비자립적 소농으로서 협호挾戶 계층에 속하였다. 동리는 전자의 약속과 협동의 공간이며, 후자는 하민으로서 그에 종속하였다. 동리는 전자와 후자가 갈등하는 공간이기도 하였다. 이 같은 사회편성을 초래한 요인으로서 가장 중요했던 것은 토지와 인신에 대한 조선왕조의 이원적 지배체제였다. 8결작부제로 관철된 왕조의 개별 토지에 대한 직접적 지배는 농민적 공동체의 성립을 저해하였다. 농촌사회의 주민을 양반과 상민으로 차별한 왕조의 인신지배체제도 그러한 역할을 수행하였다. 왕조의 이원적 지배체제는 하층 농민의 자립을 가로막은 가장 심각한 장애물이었다. 집약농법의 성숙과 농촌시장의 발달로 보다 많은 인구가 양반과 상층 상민 신분을 취득하고, 친족집단을 결성하고, 주호 계층으로 진입하였다. 그렇지만 소농자립을 위한 사회적 협력은 왕조의 지배체제하에서 제한적이었으며, 그 결과 여전히 적지 않은 인구가 협호로서 비자립적인 예종 상태에 있었다.

4. 국가적 재분배경제

대동법

16세기 이래 조선왕조가 백성에게 강요한 가장 큰 부담은 부賦, 곧 공물貢物이었다. 15세기 말까지 토지로부터의 조租, 곧 전세田稅는 결당 미米 4~6두로 낮아졌다. 그 대신 정부의 각사가 수용하는 각종 재화를 군현에 배정하여 현물로 수취하는 공물의 부담이 부쩍 증가하였다. 공물의 종류는 각종 식료, 의료, 피물, 약재, 과실, 종이 등, 실로 다양하였다. 공물의 수취에는 표준화된 규식이 있지 않으며, 그 징수의 실태는 군현마다 달랐다.[136] 대체로 군현의 수령은 8결 주비에 공물을 배정하여 생산, 채취케 하거나 징수하였다. 향리와 유향소가 그 배정과 징수의 실무를 담당하였다. 그들은 양반이 속한 주비를 우대하여 공물의 부담을 덜어 주었다. 16세기에 걸쳐 증가한 공물은 주로 하층 상민의 부담으로 귀착되었다.

공물의 수취를 위해 중앙정부는 공안貢案을 작성하였다. 거기에는 전국의 군현이 중앙 각사에 상납할 공물의 종류와 양이 자세하게 적혔다. 한 번 작성된 공안은 군현의 환경과 조건의 변화에도 불구하고 장기간 고정불변이었다. 이에 군현은 관내에서 더 이상 생산하거나 채취하기 힘든 공물을 다른 군현에서 구입하여 상납할 수밖에 없었는데, 이를 방납防納이라 하였다. 방납을 담당한 상인은 한성의 대상인으로서 왕실이나 권문세가의 대리인이거나 비호를 받는 자들이었다. 군현의 수령과 상인은 방납을 빙자하여 농가로부터 과중한 양의 쌀을 수취하였는데, 이를 사대동私大同이라 하였다. 사대동은 군현에 따라 1결에 미 70두에 달하기도 하였다.

조선왕조가 공물의 폐단에 손을 대기 시작한 것은 1608년부터이다. 경기도에서 맨 처음 시작된 개혁은 기왕의 모든 공물을 대신하여 전답을 불문하고[137] 결당 12두의 미를 수취한 다음, 그것을 한성의 상인에게 지급하여 그들로 하여금 왕실과 중앙 각사에 각종 공물을 조달케 하였다. 황해도에서만은 결당 15두였다. 이 같은 공물 수취제도의 개혁을 가리켜 대동법大同法이라 하였다. 곧 대동법은 기왕의 방납과 사대동의 관행을 공식화하고 농가의 부담과 상인에 지급할 공물의 가격을 공정한 조치에 다름 아니었다. 대동법 개혁은 공납제로 큰 고통을 받은, 토지를 적게 소유한, 하층 농민의 환영을 받았다. 반면 대토지를 소유하여 부담이 늘어나게 된 양반은 그에 반발하였다. 그로 인해 대동법의 실행은 매우 느린 속

---

136 金玉根(1977), 『朝鮮後期經濟史研究』, 瑞文堂, 25~29쪽.

137 대동법이 田과 畓을 불문하고 결당 米 12두를 수취하게 된 경과에 관해서는 金玉根(1977), 『朝鮮後期經濟史研究』, 75~77쪽을 잠조.

도로 진척되었다. 대동법은 1608년 경기도에서 시작하여 1623년에는 강원도로, 1651~1677년에는 삼남으로 확산된 다음, 1708년 황해도를 끝으로 하여 겨우 마무리되었다. 대동법의 정착에 무려 100년의 긴 기간이 소요되었음은 조선왕조의 국가체제가 양반신분의 이해관계에 얼마나 크게 제약되었는지를 잘 보여 주고 있다. 대동법의 시행으로 조선왕조의 토지세는 기왕의 전세田稅로서 결당 미 4~6두에다 새로운 대동미 12~15두를 합한 16~21두로 증가하였다. 이를 가리켜 흔히들 결세結稅라 하였다.

따지고 보면 대동법은 1444년 세종이 세율을 1/20로 낮추고 상상년上上年에 결당 미 20두를 수취하고자 했던 공법貢法 개혁이 260여년 만에 전면적인 실행에 옮겨진 것과 다를 바 없었다. 세종의 공법 개혁은 그대로 실행하기 곤란한 여러 가지 모순을 안고 있었다. 우선 매년의 작황을 상상上上에서 하하下下까지 9등으로 나누었듯이, 농업생산이 불안정하여 전세의 안정적 수취가 힘들었다. 해마다 작황을 9등으로 나누는 행정의 번거로움도 커서 결국 전세는 15세기 말까지 하하년 내지 하중년의 결당 4 내지 6두로 낮아질 수밖에 없었다. 대동법의 시행은 16~17세기에 걸쳐 수전농업이 안정되어 결당 미 20두 정도라면 매년 무리 없이 수취할 수 있는 생산력 조건이 구비되었음을 이야기하고 있다.

세종의 공법이 안고 있는 가장 큰 모순은 전세로 수취한 쌀로써 정부가 수용하는 수많은 물자를 구입할 시장을 전제하지 않았다는 점이다. 세종은 농본주의 이념에 입각하여 대외무역과 국내 상업을 억압했으며, 신공을 수취하는 노비제의 발달을 조장하였다. 조선왕조가 전세를 줄이고 공물의 수취를 늘릴 수밖에 없었던 것은 농본주의적 시장 억압과 노비적 예종을 심화시킨 지배정책의 당연한 귀결이었다. 전술한 대로 대항해시대의 물결이 밀려오면서 국내외 환경이 달라졌다. 대외무역이 성장함에 따라 동전이 유통되고 연안무역과 농촌장시가 확대되었다. 이앙과 2년3작의 집약농법이 성숙하였다. 노비세로 상징되는 인간 예종이 해체되었다. 하층 농민이 자립적 소농으로 전진하였다. 대동법의 시행은 이러한 내외 환경의 변화를 전제하였다. 대동법의 시행을 맞아 조선왕조는 구래의 농노적 공납국가에서 대규모 쌀 재정에 입각한 관료제적 조세국가로 바뀌어 갔다.

그렇지만 전면적인 전환이 일어난 것은 아니었다. 대동법의 시행이 공납제 자체를 폐기한 것은 아니었다. 공납제에 입각한 중앙정부의 재정 운용에는 근본적 변화가 없었다.[138] 16세기 이래의 공안은 19세기까지 그대로 존속하였다. 현존하는 몇몇 기관의 공안을 보면 모某 공인貢人이 모 군현의 모 공물의 얼마를 상납하고 그에 지급되는 공가貢價는 얼마라는 내용이다.[139] 대동법으로 달라진 것이 있다면 중앙정부와 군현 사이의 관계에서였다. 군현은 각종 현물 대신에 결당 12~15두의 쌀을 중앙정부의 선혜청宣惠廳에 상납하였다. 선혜청은 그 쌀을 공인으로 지정된 한성의 상인에게 지급하여 모 군현이 모 관청에 납부해 온 모 공물을 조달케 하였다. 공인은 대개 이전부터 방납을 해온 자들이었다. 방납의 이익은 중앙의 권문세가, 군현의 수령, 상인의 몫으로 분배되어 왔다. 대동법은 그 방납의 이익을 공인에 몰아준 셈이었다.[140] 그에 따라 18세기의 한성부漢城府에서는 재정적 재분배에 기초한 큰 시장이 성립하였다.

또한 대동법으로 농민의 공물 부담이 완전히 해소되지는 않았다. 중앙정부로 올라가는 공물은 대동미로 통합되어 대체되었지만, 지방정부, 특히 군현의 수령에 대한 지방민의 공물 부담은 그대로 남았다. 군현의 수

138 德成外志子(1999),「朝鮮王朝後期の國家財政と貢物·進上」,『朝鮮學報』173, 49~85쪽.
德成外志子(2001),「朝鮮王朝後期における貢物·貢人の槪念」,『東方學報』83-1, 1~25쪽.
박기주(2010),「선혜청의 수입·지출 구조와 재정운영」, 이헌창 엮음,『조선후기 재정과 시장 —경제체제론의 접근—』, 서울대학교출판문화원, 102~103쪽.

139 박기주(2010),「선혜청의 수입·지출 구조와 재정운영」,『조선후기 재정과 시장—경제체제론의 접근—』, 91~95쪽.

140 박기주(2010),「貢人에 대한 경제제도적 이해」,『조선후기 재정과 시장—경제체제론의 접근—』, 252쪽.

령은 왕을 대신하여 군현의 만 가지 일을 다스리는 제후諸侯와 같은 존재였다. 대동법은 대동미의 절반을 군현에 남겨 지방행정에 충당케 하였다. 그럼에도 제1시대에 소국의 신지臣智에 대한 하호下戶의 진상에 기원을 둔, 천 수 백년을 이어온, 지방민의 수령에 대한 향공鄕貢의 전통은 대동법 이후에도 끊어지지 않았다. 향공의 실태는 18세기 말에 편찬된 『부역실총賦役實摠』이란 재정서에서 포괄적으로 조사되었다. 예컨대 평안도 성천현의 농민은 연간 수령의 부임과 귀임에 따른 교통비로서 고마전雇馬錢 1,251냥과 수령 및 관속을 대접하기 위한 생닭[生鷄] 5,499수, 생꿩[生雉] 1,041수, 달걀[鷄卵] 5,499개, 시柴 3,124속, 곡초穀草 1만 3,758속을 부담하였다. 이들 향공은 호역戶役이라 하여 토지의 다과를 묻지 않고 호적에 등록된 호에 분배, 징수되었다. 향리와 유향소가 그 일을 관장하였다. 『부역실총』에 나타난 향공의 실태는 군현에 따라 천태만상이었다.[141] 향공의 수취가 어떠한 원리에 의했는지는 잘 알려져 있지 않다. 여기서도 양반 신분의 호가 면제되거나 우대받는 처지였음이 분명하다. 전국적으로 지방재정의 총규모는 쌀로 대략 100만 석에 달하였다. 그 가운데 지방민의 수령에 대한 향공 부담은 17만여 석으로 추정되고 있다.[142]

균역법

1750년에 시행된 균역법均役法도 대동법과 마찬가지로 양반 신분의 큰 저항을 무릅쓰면서 관철된 개혁이다. 임진왜란 후 조선왕조는 무너진 군사제도를 재건하기 위하여 훈련도감訓鍊都監을 비롯하여 5군영軍營을 설

---

141 金玉根(1984), 『朝鮮王朝財政史硏究』, 一潮閣, 91~101쪽.

142 군현의 지방재정 가운데 향공에 해당하는 부분을 명확히 도려내기는 힘들다. 그 규모는 토지로부터 수취한 結役 10만 3, 000석, 호로부터 수취한 戶役 7만 6, 000석으로 합 17만 9, 000석로 추정되는데, 최소한이라고 여겨진다. 이우연(2010), 「『賦役實摠』에 나타난 조선후기 지방재정의 규모와 특질」, 『조선후기 재정과 시장 — 경제체제론의 접근 —』, 152~161쪽 참조.

치하였다. 각 군영은 정기적으로 번상番上하는 농민군을 대신하여 직업군인을 고용하였다. 그 비용을 조달하기 위해 조선왕조는 상민신분의 남정을 군인으로 지정하고 연간 2필의 군포軍布를 수취하였다. 이 같은 포납제는 16세기부터 있어 온 것인데, 17세기에 생겨난 두드러진 차이는 양반신분의 남정이 그로부터 제외되었다는 점이다. 앞서 몇 차례 소개한 대로 16세기 이래 농촌사회에서는 양반이란 특권 신분이 발달하였다. 그들은 왜란과 호란을 맞아 솔하 노비와 주민을 의병으로 조직하여 저항하였다. 양란 이후 양반들은 그들이야말로 국가의 간성으로서 군포 부담에서 면제되어야 한다고 주장하여 관철시켰다. 대조적으로 군포를 부담하는 상민은 상대적으로 천한 신분으로 떨어졌다.

17세기 말 군포를 부담하는 상민신분의 호는 30만 호인데, 호구 조사가 강화됨에 따라 18세기 중엽까지 50만 호로 증가하였다. 전국의 호총 170만 호에서 나머지 120만 호의 다수는 각종 구실로 군포 부담에서 제외되었다. 그들은 유학·학생 등 양반의 호이거나, 공역公役에 종사하는 향리·역리·장인의 호이거나, 공사公私 노비로서 주인에게 역을 바치는 천민이거나, 홀아비·과부·병자·의생·무부 등의 면역호免役戶였다. 양반의 호 가운데는 부유한 상민의 자제로서 각종 수단으로 신분을 위조하여 군포 부담을 면제받는 부류가 많아졌다. 그들은 향교에 출입하는 교생校生을 칭하면서 스스로를 상민신분과 구분되는 향반鄕班으로 자처하였다. 18세기는 향반鄕班이라 불린 새로운 양반신분이 전국 도처에서 족생하면서 조선왕조의 인신지배체제를 허물었던 시대이다.

연간 면포 2필의 군포는 그것을 강요당한 50만 호의 상민 농가에게 적지 않은 부담이었다. 면포 2필은 벼 2석과 동일한 가치로서 답 1두락의 생산량과 동일하였다. 병작 답이라면 2두락의 지대에 상당하는 크기였다. 병작을 포함하여 고작 10두락 전후를 경작한 하층 농가에게 그것은 생계를 위협할 정도의 큰 부담이었다. 흉년에 적지 않은 농민이 유망한 것은 군포 부담이 가장 큰 원인이었다.

상민의 과중한 군포 부담에 대한 개혁은 17세기 후반 이래 양반의 호도 군포를 부담해야 한다는 호포론戶布論이나 군포 부담을 결당 얼마의 토지세로 바꾸어야 한다는 결포론結布論으로 제기되어 오랫동안 논쟁을 거듭하였다. 신분적 특권에 집착한 조선왕조의 지배층은 어느 쪽으로도 쉽게 양보하려 하지 않았다. 이윽고 1750년, 소민小民 보호에 특별한 집념을 지녔던 영조英祖에 의해 군포 2필을 1필로 반감하는 결정이 내려졌다. 이를 가리켜 균역법이라 하였다. 그에 따라 5군영의 군포 수입은 종전의 100만 필에서 50만 필로 줄었다. 이를 보충하기 위해 영조는 균역청均役廳이란 관청을 신설하고, 정부의 여러 관청이 보유한 잉여미를 그곳으로 옮겼다. 또한 여러 궁가宮家가 소유해 온 전국의 어전漁箭, 염분鹽盆, 어선漁船도 모두 혁파한 다음, 그 세 수입을 균역청으로 돌렸다. 더불어 결포론에 준하여 평안도와 함경도를 제외한 6도의 토지에 결당 미 2두의 세를 부과하여 균역청의 수입으로 삼았다. 이렇게 생겨난 새로운 결세를 가리켜 결미結米라고 불렀다.[143]

조선왕조의 인신지배체제는 영조의 균역법으로 크게 이완되었다. 균역법은 군포 부담을 반감함으로써 하층 농가가 추구한 소농자립을 지지하였다. 균역법은 그보다 몇 년 앞서 강행된 종량법從良法 개혁과 맞물려 노비제의 해체를 촉진하였다. 군포가 반감되자 전통적으로 그와 동일한 부담이었던 노비의 신공도 반감되었다. 노비의 재산 가치는 더욱 떨어졌다. 주인은 약간의 헌납만으로도 노비를 쉽게 해방시켰다. 군포의 반감은 해방된 노비들이 추구한 소농자립에 우호적인 환경을 조성하였다. 절반으로 줄어들긴 했지만 연간 1필의 군포 부담은 하층 농가에 가해진 신분 차별과 경제적 억압의 굴레로서 19세기까지 이어졌다. 그러한 한계가 여전

---

143 黃夏鉉(1979), 「良役의 實相과 均役法의 實施」, 『經濟史學』 3, 1979, 62~69쪽.

했지만, 대동법과 더불어 균역법은 조선왕조의 인신지배체제를 상당 부분 해소하였다. 신분 차별의 원리로 수취된 공물과 군포는 대동미와 결미라는 비인격적인 토지세로 전환하였다. 조선왕조는 공납제의 꼬리를 완전히 떼지는 못하였지만 서서히 관료제적 조세국가로 변신하고 있었다.

균역법 이후 농민들의 결당 조세는 15세기부터 내려온 전세 4~6두, 대동법에 의한 대동미 12두, 균역법에 의한 결미 2두, 그리고 언급할 기회가 없었는데 임진왜란 때 포수砲手의 경비를 조달하기 위해 급하게 부과되어 그대로 내려온 삼수미三手米 2두 등, 도합 20~22두에 달하였다. 여기에다 각종 지방세와 운반비 등의 부가세를 더하여 결세의 크기는 결당 미米 40두, 조租로는 100두가 보통이었다. 1808년에 편찬된 재정서 『만기요람萬機要覽』은 당시의 결세 부담을 그렇게 공식화하였다. 당시 1결의 생산량은 대개 미 600두 전후였다.[144] 이에 결세가 생산량에서 차지하는 비중은 6~7%의 수준이었다. 조선왕조의 수취는 여기서 그치지 않았다. 얼마 되지 않지만 신분 차별을 동반한 향공에 따른 추가 부담도 있었다. 다음에서 설명할 환곡還穀에 따른 적지 않은 부담도 있었다. 이 모두를 남김 없이 조사한 19세기의 정약용에 의하면 농가의 조부 부담은 대개 총생산량의 11~15%에 달하였다.[145] 그런데 결당 12두의 대동미와 2두의 결미는 전과 답을 불문했는데, 전의 생산성은 답의 절반에 불과하였다. 이 점까지 고려하면, 그리고 전과 답이 각각 절반이라면, 결세의 실질 부담은 위보다 1.3배 정도 높아진다. 그리고 상민 농가라면 억울하게도 연간 1필의 군포 부담을 추가로 져야 했다. 국가적 농노제의 억압이 극에 달했던 16세기 비한다면 훨씬 가벼워진 부담이었다. 그렇지만 농민들은 여전히 왕조의

144 이헌창 엮음(2010), 『조선후기 재정과 시장 — 경제체제론의 접근 —』, 447~448쪽.

145 19세기 초 丁若鏞은 그의 유배지 강진 일대에서 농민이 부담한 결세, 각종 부가세, 民庫로 불린 향공, 환곡 등 도합 44종의 세를 그의 『牧民心書』에서 열거하였다. 이를 종합적으로 분석한 박시형에 의하면, 1결의 세는 도합 미 67~81두에 달하였다. 朴時亨(1994), 『朝鮮土地制度史』 中, 신서원, 375~425쪽 참조.

토지·인신 지배체제에 매인 국가적 농노로서의 신세를 면치 못하였다.

환곡

〈그림 6-12〉는 1870년에 그려진 전라도 남원부의 북서부에 위치한 상번암, 중번암, 하번암, 산동 4개 면의 지도이다. 산천, 도로, 면, 리와 더불어 장시場市와 사창社倉의 위치가 표시되어 있다. 동년 중앙정부는 전국의 군

[그림 6-12] 전라도 남원부의 장시와 사창(19세기)

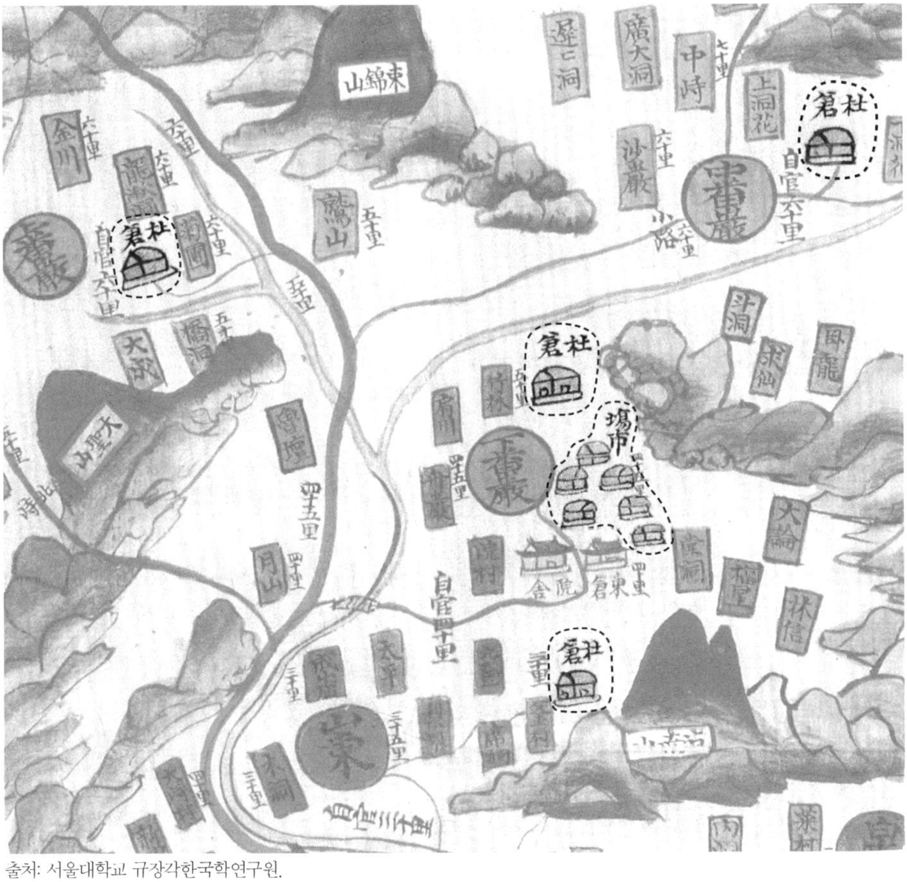

출처: 서울대학교 규장각한국학연구원.

현에 명하여 군현의 지도를 그리게 하였다. 다른 모든 군현의 지도에서도 위와 같이 장시와 사창이 표시되었다. 장시와 사창을 놓치지 말라는 중앙의 지침이 있었다고 보인다. 위의 4개 면에서 장시는 하번암에 위치하였다. 장시는 4개 면 주민이 매 5일마다 얼굴을 마주하고 생활자료를 유무상통하는 경제생활의 중심을 이루었다. 장시는 주민의 사교와 오락과 정보 소통이 이루어지는 사회·문화생활의 중심이기도 하였다. 사창은 각 면마다 하나씩 설치되었다. 사창이 없는 면은 없었다. 사창은 정부가 비축한 환곡을 저장하는 시설이다. 1870년 당시에는 사환곡社還穀으로 이름이 바뀌고 창고의 명칭도 사창으로 바뀌었지만, 17세기부터 죽 있었던 정부의 저장 시설이다. 위 지도는 18~19세기 농촌경제가 장시와 환곡을 양대 축으로 하여 그 재생산을 영위했음을 시각적으로 잘 표현하고 있다.

환곡제還穀制는 조선왕조가 춘경기에 종자와 농량의 용도로 쌀과 잡곡을 농가에 나누어 주고 추수 후 10%의 이자곡利子穀을 붙여 회수하는 곡물의 저장 및 대부 제도를 말한다. 전장에서 서술한 대로 15세기 조선왕조는 권농과 구휼의 목적으로 의창義倉을 운영하였다. 16세기 이래 전세 수입이 줄어들면서 여러 군현에서 의창의 운영은 중단되었다. 그 대신 왕실의 재정기구인 내수사와 귀족·관료의 농장에서 대출하는 장리長利가 사회적 보험의 역할을 맡았는데, 그 고리대적 속성으로 인해 농민의 몰락을 부추겼다. 17세기 이후 조선왕조는 다시 곡물의 저장과 배분 제도를 복구하여 사회적 보험의 기능을 강화하였다.

1608년경 조선왕조는 상평청常平廳과 진휼청賑恤廳를 설치하였다. 이 두 기관이 저장한 곡식을 가리켜 상진곡常賑穀이라 했는데, 그것이 환곡제의 원천을 이루었다.[146] 17세기 후반의 경제적 확장과 대동법 시행에 따른 재정잉여의 발생 등으로 조선왕조는 상진곡을 지속적으로 확충하였

146 17세기 初 常平廳과 賑恤廳이 설치되고 두 기관에 의해 새로운 환곡제가 시행되어 간 과정에 대해서는 다음을 참조. 文勇植(2000), 『朝鮮後期 賑政과 還穀運營』, 景仁文化社, 19~69쪽.

다. 조선왕조의 북벌정책은 병영과 수영의 군사기관으로 하여금 대량의 군량미를 비축케 했는데, 그것의 일부도 환곡으로 운영되었다. 중앙의 호조나 지방의 감영도 독자의 환곡을 마련하였다. 이들 병영, 수영, 호조, 감영 등이 환곡을 비축한 목적은 권농과 구제보다 1/10 이자곡으로 재정 수입을 보충하려는 데 있었다.

이렇게 다양한 경로로 확충되어 간 환곡은 18세기 초반이면 그 전국적 규모가 쌀과 잡곡을 합하여 500만 석이었으며, 18세기 말까지는 거의 1,000만 석의 거대 규모에 달하였다.[147] 1797년의 환곡 총량은 각종 곡식으로 967만 석, 쌀로 환산하여 672석이나 되었다. 그 가운데 7할, 약 677만 석이 매년 농가에 대부되었다. 당시 전국의 호총은 170만 호였다. 이에 환곡의 호당 대부량은 평균 4석으로 실로 적지 않은 양이었다. 환곡은 춘경기의 종자와 식량을 보충해 줌으로써 농가의 안정적 재생산에 크게 기여하였다. 19세기 전반 정학유丁學遊가 지은 농가월령가農家月令歌는 농가가 월별로 행할 일들을 열거한 노래인데, 4월의 노래 가운데 "농량이 부족하니 환자 타 보태리라"는 구절이 있었다. 환자는 환상還上, 곧 환곡의 이두음이다.

> 산새는 진작부터 산사람 얼굴을 알고 있건만
> 관아 호적에는 아예 들판 늙은이 이름이 빠졌구나
> 큰 창고에 쌓인 쌀을 한 톨도 나눠 갖기 어려워
> 높은 다락에 홀로 오르니 저녁밥 짓는 연기 피어오르네[148]

이는 18세기 노비 출신의 시인 정초부鄭樵夫가 지은 '환곡을 구걸함[乞糴]'이란 시이다. 그는 재능을 인정한 주인이자 친구의 배려로 해방되었지

147 오일주(1992), 「조선후기의 재정구조의 변동과 환곡의 부세화」, 『實學思想硏究』 3, 83쪽.
148 권내현(2014), 『노비에서 양반으로, 그 머나먼 여정』, 역사비평사, 100쪽에서 인용.

만, 평생 나무꾼으로 빈한하게 살았다. 호적에 이름이 빠졌다 했으니 협호의 처지였다. 그래서 환곡을 타먹을 처지가 못 되었다. 위 시의 마지막 행에 나오는 '저녁밥 짓는 연기'는 그의 굶주리는 신세를 더없이 구슬프게 표현하였다. 경제사 연구자의 입장에서 이 시는 작가의 굶주림보다 환곡을 통해 춘궁기의 양도糧道를 이은 18세기 농민의 생활상과 호적제도의 중요성을 노래한 것으로 들린다. 환곡을 분배받기 위해서는 호적에 주호로 등록될 필요가 있었다. 환곡제는 협호 농민의 주호화, 곧 소농자립을 유인하고 지지한 조선왕조 고유의 재분배경제체제였다.

중국에서는 상평곡常平穀이라는 곡물의 저장제도가 있었는데, 풍흉에 따른 물가의 변동을 조절하는 역할을 맡았다. 그에 비해 조선의 환곡은 풍흉이나 곡가의 수준과 무관하게 매년 일정량의 곡물을 모든 농가에 대부하였다. 중국의 상평곡은 역시 1790년대 중반에 최대 규모였는데, 쌀로 환산하여 총 2,250만 석이었다. 그 총량은 조선의 3.3배나 되지만, 인구가 조선의 20배나 되어 호당 저장량은 조선이 5배 이상이나 많았다.[149] 이 같은 간단한 비교만으로 시장경제와 무관하게 순전히 재분배경제로 운영된 조선왕조의 환곡이 얼마나 큰 규모였는지를 짐작할 수 있다. 18세기 군현의 수령이 감당한 가장 힘들고 번거로운 정무는 환곡을 분배하고 거두어들이는 일이었다. 전국 3,951개 면마다 평균 2,400여 석의 곡물을 저장한 창고가 설치되었다. 군현의 수령은 그 창고를 관리하는 고직庫直이나 다를 바 없는 존재였다. 주지하듯이 18세기 후반 유라시아 대륙의 서쪽 끝 영국에서는 산업혁명의 횃불이 타오르기 시작하였다. 그 시기에 유라시아 대륙의 동쪽 끝에서는 전 세계 어디에도 유례가 없는 거대 규모의 창고경제가 영위되고 있었다.

149 박이택(2005), 「조선후기의 경제체제: 中國·日本과의 비교론적 접근」, 이대근 외, 『새로운 한국경제발전사』, 나남출판, 54~55쪽.

균안均安의 정치경제학

그러한 재분배경제再分配經濟를 구축한 조선왕조의 이념적 지향은 백성의 부모가 된 군왕이 어린 백성의 살림살이를 지극한 정성으로 보살펴 서로 고르게[均] 하고 또 편안하게[安] 한다는 것이었다. 조선왕조가 국시로 채택한 성리학은 17세기 이후에서야 진정한 의미의 성리학의 나라를 위한 정치경제학으로 정착하고, 그에 상응하는 정책수단을 확보하였다. 예컨대 노비제를 해체시킨 종량법 개혁의 기초에는 노비도 군왕의 어린 백성이라는 성리학적 왕정王政의 이념이 작용하였다. 그 점에서 17세기 이후의 성리학은 15세기의 성리학이 양반·관료의 노비 지배를 정당화했던 것과 큰 차이를 보였다. 18세기 이후 성리학적 왕정은 민간의 대부업을 제한하거나 폐지했는데, 이는 환곡제還穀制의 구축과 밀접한 연관을 이루었다. 1708년 조선왕조는 동전으로 이루어지는 대부업의 연간 이자율을 20%로 제한하였다. 곡물로 이루어진 장리라 불린 16세기 이래의 전통적인 대부업에 대해서는 당초 50%의 이자율을 용인했는데, 1744년에는 그것마저 20%로 제한하였다. 나아가 1749년에는 왕실, 각사, 군영이 농촌에서 행해오던 일체의 대부업을 폐지하였다.[150] 전술한 대로 1750년에는 균역법을 강행하면서 왕실의 각 궁가가 소유해 온 전국의 어전과 염분을 폐지하였다. 백성의 살림살이와 관련된 경제적 이권과 사회적 보험은 백성의 부모로서 군왕이 독점할 바라는 성리학적 왕정의 이념에 입각한 개혁이었다.

환곡제라는 거대 규모의 재분배경제를 구축한 성리학적 왕정에 경제적 합리성이 없었던 것은 아니다. 시간과 공간에 따른 재화의 유무와 다소를 조절하는 경제적 통합의 체계에는 역사적으로 여러 가지 형태가 있으며, 시장을 통한 교역交易만이 언제나 최선인 것은 아니었다. 자연환경이

150 徐吉洙(1983), 「朝鮮後期 貸借關係 및 利子에 관한 研究(1)—法定利子率의 變遷과 行錢의 影響을 中心으로—」, 『經濟學研究』 31, 106~110쪽.
이영훈·배영목·박원암·김석진·연강흠 공저(2004), 『한국의 은행 100년사』, 산하, 57쪽.

나 국제조건에 규정되어 저장貯藏이 최적의 통합체계로 들어설 수도 있었다. 예컨대 국토의 크기가 적당히 작아서 자연환경이 동질적이고 기후변동에 따른 생산충격이 대부분의 지역에 동일하게 미치는 나라에서는 재화의 시간적 유무를 통합하는 저장의 체계가 공간적 유무를 통합하는 교역의 체계보다 더 효율적일 수 있다. 실제로 18세기의 조선왕조가 그러한 조건에 해당하였다.[151] 심한 흉년에 곡물을 공급해 줄 해외시장이 결여된 국제환경도 한몫의 역할을 하였다. 환곡의 지역적 배치를 검토한 연구에 따르면, 환곡은 배가 통하는 해강부海江部보다 배가 통하지 않은 내륙부內陸部에서 상대적으로 더 많이 저장되었다.[152] 해강부에서 교역이 수행한 통합의 역할을 내륙부에서는 저장이 합리적으로 대체한 결과였다.

이렇게 나름의 경제적 합리성으로 구축된 환곡제는 주곡인 쌀의 유통에 관한 한 전국적 범위에서 시장교역을 능가하였다. 18세기 말 쌀의 총생산량은 대략 1,800만 석 정도로 추산되고 있다. 쌀의 상품화율은 대개 20% 정도이며, 이에 쌀의 시장교역은 총 360만 석 정도였다.[153] 그에 비해 18세기 말 환곡제를 통한 쌀의 유통은 원리곡元利穀을 합하여 510만 석이나 되었다. 거기에다 조선왕조의 중앙재정과 지방재정이 해마다 쌀로 결세를 수취한 것이 약 120만 석이었다.[154] 이에 환곡과 결세로 이루어진 쌀의 국가적 유통은 도합 630만 석으로서 시장 교역 360만 석을 훨씬 능가하였다. 재분배경제의 영역은 주곡만이 아니었다. 왕도 한성부에 집결

151 朴二澤(2009), 「조선후기의 곡물 저장과 교역」, 『경제사학』 46, 29~59쪽.

152 이영훈·박이택(2007), 「18세기 조선왕조의 경제체제—광역적 통합체계의 특질을 중심으로—」, 나카무라 사토루·박섭 엮고 지음, 『근대 동아시아 경제의 역사적 구조』, 일조각, 83~85쪽.

153 이헌창 엮음(2010), 『조선후기 재정과 시장—경제체제론의 접근—』, 442쪽.

154 1794년 『賦役實總』에서 쌀로 수취된 결세는 수취는 도합 81만여 석으로 확인되고 있다[金載昊(2008), 「朝鮮後期 中央財政과 銅錢—『賦役實總』을 중심으로—」, 『경제사학』 44, 13쪽]. 이는 법으로 규정된 정규의 결세만을 가리키며, 이외 관례적인 船價, 邑徵, 民庫 등이 있었다. 그 정확한 양을 알 수 없으나 정규 결세의 적어도 절반 이상을 달하였다. 그렇다면 쌀로 수취된 결세 총량은 약 120만 석 정도가 된다.

한 왕실, 중앙정부, 5군영과 그를 둘러싼 20만 인구의 경제생활의 상당 부분도 면밀하게 기획된 재분배경제로 영위되었다.

중앙재정과 한성부

왜란과 호란을 겪고 난 뒤인 1657년 조선왕조의 왕도 한성부의 인구는 1만 5,760호에 8만 572명에 불과하였다. 이후 급속한 인구증가의 추세와 보조를 같이 하여 한성부의 인구는 1789년까지 4만 3,929호에 18만 9,153명으로 팽창하였다. 이후 한성의 인구는 전국의 호총과 구총이 감소함에도 불구하고 오히려 증가하여 1864년 4만 6,565호와 20만 2,639명의 정점에 도달하였다. 정부의 호구 조사가 완전하지 않음을 감안하면 실제 인구는 25만 명 이상이었을 터이다. 한성은 전국에서 유일하게 큰 도시였다. 평양이 그 다음으로 큰 도시인데, 절반이 못 되는 11만 인구였다. 1789년 한성을 제외한 전국의 3,951개 부·면 가운데 인구 1만 명 이상은 12개에 불과하였다. 한성을 포함한 1만 명 이상의 도시에 거주하는 인구는 총인구의 2.5%였다. 그 같은 수준의 도시화율은 동시기의 중국, 일본, 서유럽에 비해 많이 낮았다.[155]

도시 한성의 경제는 조선왕조의 중앙재정에 기초를 두었다. 18세기 조선왕조의 재정은 토지로부터의 결세와 상민신분의 남정으로부터의 군포를 양대 수입원으로 하였다. 결세는 군현에 따라 전답의 구성비나 운송 조건을 고려하여 쌀 대신 콩, 포목, 동전으로 수취되기도 하였다. 〈표 6-11〉은 18세기 말의 『부역실총賦役實摠』이란 재정서에서 확인되는 쌀, 콩, 포목, 동전의 4개 물종으로 이루어진 조선왕조의 재정수입이다.[156] 쌀

155 1820년경 인구 1만 이상의 도시에 거주하는 인구의 비중은 일본 12.3%, 중국 3.8%, 서유럽 12.3%였다. 中村哲, 「동북아시아 경제의 근세와 근대, 1600-1900—그 공통점과 차이점—」, 『근대 동아시아 경제의 역사적 구조』, 34쪽.

156 金載昊(2008), 「朝鮮後期 中央財政과 銅錢—『賦役實總』을 중심으로—」, 『경제사학』 44, 10~14쪽.

【표 6-11】 조선왕조의 재정 수입(1794)

단위: 石, 疋, 兩, %

	미류	두류	포목류	동전	합계(미 환산 石)
총 재정(A)	803,152	90,639	770,349	3,052,598	1,782,311
중앙재정(B)	493,942	78,513	493,942	1,324,188	978,176
B/A	61.5	86.6	64.1	43.4	54.9

출처: 金載昊(2008),「朝鮮後期 中央財政과 銅錢—『賦役實總』을 중심으로—」,『경제사학』 44, 10~14쪽.

은 총 80만여 석, 콩은 9만여 석, 포목은 77만여 필, 동전은 305만여 냥이다. 이들 모두를 법정가격에 따라 쌀로 환산하면 178만여 석에 상당하는 규모이다. 이는 동 재정서에 수록된 정규의 세만을 가리키며, 이를 한성으로 운반하거나 창고에 납입함에 따르는 적지 않은 비용을 포함하고 있지 않다. 그 외에 각 군현에서는 민고民庫라 하여 향공鄕貢을 담당하는 지방재정이 있었는데, 그것도 포함하고 있지 않다. 이들을 모두 포함한 조선왕조의 공식, 비공식 재정은 적어도 250만 석에 달하였을 것이다.

총 178만 석에 달하는 공식 재정수입 가운데 한성으로 운송된 중앙재정의 몫은 98만 석으로서 55%의 비중이다. 나머지 80만 석은 지방의 군현, 감영, 영진營鎭에서 지방재정으로 지출되었다. 한성으로 운송된 것의 물종별 구성을 보면 쌀이 49만여 석, 콩이 7만 8,000여 석, 포목이 49만여 필, 동전이 132만 냥이다. 포목은 마포가 6만 필, 면포가 39만 필이다. 중앙정부의 주요 재정기관은 전세와 삼수미를 관장한 호조戶曹, 대동미를 관장한 선혜청宣惠廳, 결미를 관장한 균역청均役廳, 군포를 관장한 병조兵曹였다. 이들 4대 재정기관은 121개에 달하는 중앙 각사에 그들의 필요 경비를 이전하였다. 중앙 각사가 행한 지출의 주요 용도는 일반 행정비, 왕실에 대한 공상供上, 관료·이서·군인에 대한 녹료祿料, 공인貢人에 대한 공가貢價 등이었다.

이 같은 과정의 재정지출을 통해 한성 20만 인구의 주요 생활자료인 쌀과 포목이 공급되었다. 한성 20만 인구의 연간 쌀 소비량에 관해서는 1인당 1일 소비량을 2승升으로 보아 100만 석이라는 추계가 있다.[157] 그 가운데 49만여 석이 위와 같이 재정경로를 통해 공급되었다. 재정경로를 통한 쌀 공급은 이것만이 아니었다. 우선 결세의 약 12%에 해당하는, 약 10만 석에 달하는, 조운비를 고려할 필요가 있다.[158] 그것의 상당 부분은 조운을 담당한 한성 상인의 소득이었다. 전국에 분포한 왕실의 궁방전에서 올라오는 쌀도 있었는데, 대략 3~4만 석이었다.[159] 이런 것들을 추가하면 18세기 말 재정경로를 통한 한성으로의 쌀 공급은 적어도 60만 석이었다고 이야기할 수 있다. 연간 100만 석 소비량의 절반을 넘는 규모이다. 나머지는 양반·관료의 지방에 소재한 농장에서 올라오는 추수곡이거나 상업적 경로를 통해 유입되는 미곡으로 충당되었다. 어쨌든 "도성의 백성이 먹고 사는 것이 공미貢米에 의지함이 많다"는[160]말은 허튼 소리가 아니었다. 한성이 소비한 두류豆類의 상당 부분도 재정경로로 공급된 8만 석으로 충당

157 1783년 左承旨 柳義養이 제시한 추계이다. 『承政院日記』 正祖7年 9月 9日 참조. 柳는 서울 인구의 1일 쌀 소비량을 2升으로 잡았다. 18세기 농촌인구의 1일 쌀 소비량은 보통 大人은 1승, 老人과 小人은 0.5승으로 이야기되었다[金鴻植(1981), 『朝鮮時代 封建社會의 基本構造』, 博英社, 268~269쪽]. 그에 비해 서울의 소비가 2배임은 서울의 소득 수준이 농촌에 비해 높고, 또 왕실과 양반가의 祭祀와 饗宴을 위한 쌀의 소비도 특별히 많았다고 여겨져 그런대로 수긍할 수 있는 지적이다. 그런데 柳가 서울의 연간 소비량 100만 석의 공급 경로와 관련하여 정부창고에서 나가는 것이 20만 석, 私家의 추수곡이 20만 석이라 한 것은 어디까지나 개인의 발언으로서 전적으로 신뢰하기 곤란하다. 종래 이 柳의 발언을 근거로 나머지 60만 석의 쌀이 상업적 경로로 공급되었으며, 이에 서울에서 아주 발달한 米穀市場이 성립했다는 주장이 제기되었다[高東煥(1998), 『朝鮮後期 서울商業發達史硏究』, 지식산업사, 241쪽]. 재정경로를 통해 어느 정도의 쌀이 서울에 공급되었는가는 1794년의 『賦役實總』, 1808년의 『萬機要覽』, 1864년의 『六典條例』와 같은 재정서를 통해서 구체적으로 파악할 수 있다. 이들 재정서가 포괄하는 범위는 조금씩 다르지만, 이들을 종합할 때 본문에서의 지적처럼 연간 적어도 60만 석 이상의 쌀이 재정경로를 통해 서울에 공급되었음에는 의문의 여지가 없다.

158 조운비에 관해서는 다음을 참조. 金載昊(2008), 「朝鮮後期 中央財政과 銅錢 —『賦役實總』을 중심으로—」, 『경제사학』 44, 23~24쪽.

159 金載昊(2008), 「朝鮮後期 中央財政과 銅錢 —『賦役實總』을 중심으로—」, 『경제사학』 44, 26쪽.

160 "都民仰哺 多靠貢米"(『純祖實錄』 25年 11月 壬寅).

되었을 것이다.

19세기 말의 기록에 의하면 전국의 1인당 면포 소비량은 연간 1필이었다.[161] 한성의 경우 소득 수준이 높아 그 2배라고 간주하면, 20만 인구의 연간 소비량은 대략 40만여 필이다. 위 표에서 보듯이 재정경로로 공급된 면포가 39만 필, 마포가 6만 필이었다. 이렇게 한성의 인구가 수요한 면포와 마포의 대부분은 중앙재정의 경로를 통해 공급되었다.

쌀, 콩, 면포 이외의 수많은 생활자료는 어떻게 공급되었을까. 그 가운데 일부는 한성의 시중에서 생산되었다. 1909년의 조사에 의하면 한성의 5만 5,463호 가운데 8,643호가 농업호, 3,310호가 공업호였다.[162] 한성부는 성내城內와 성저城底 4km로 이루어졌는데, 성저에 대략 1,000결의 전답이 있었다.[163] 한성은 순 상공업의 도시가 아니었다. 한성의 적지 않은 농업호는 재정경로만으로는 채울 수 없는 곡물류를 포함하여 각종 식료를 생산하였다. 또한 3,000여 공업호는 한성이 소비한 공산품의 일부를 제작하였다. 이처럼 한성의 생활자료는 일정 부분 한성 내에서 공급되었는데, 그것으로 모든 것이 충족되지는 않았다. 한성 밖에서 공급된 것도 많았다. 그렇다면 그에 대한 한성의 구매력은 어디서 생겨난 것인가.

한성은 지방에서 각종 재화가 올라오는 곳이지 지방으로 재화를 내려보내는 곳은 아니었다. 결세로서 한성에 올라온 쌀과 면포는 한성에서 모두 소비되었다. 한성에서 제작된 공산품의 대부분도 마찬가지였다. 한성에는 지방에 재화를 공급할 산업이 없었다. 이에 지방의 재화에 대한 한성의 구매력은 시장 밖의 경로일 수밖에 없었다. 그 유일한 대안은 매년 중앙재정이 지방에서 수취하여 운송해 온 132만 냥의 동전이었다. 18세

---

161 梶村秀樹(1977), 『朝鮮における資本主義の形成と展開』, 龍溪書舍, 33쪽.

162 內部警務局(1910), 『民籍統計表』, 日韓印刷株式會社, 1쪽.

163 1430년대의 상황을 대변하는 『世宗實錄地理志』에 의하면 한성부 성저 10리 안에 1,451결의 경지가 있었다.

기 말 전국의 동전 통화량은 대략 1,000만 냥이었다.[164] 〈표 6-11〉에서 보듯이 그 가운데 305만 냥이 매년 조선왕조에 의해 수취되었으며, 그 가운데 132만 냥이 한성까지 올라왔다. 이 동전은 다시 지방으로 환류하지 않으면 안 된다. 그렇지 않을 경우 다음 해의 동전 수취가 불가능해지기 때문이다. 이에 중앙정부가 재정경로로 시중에 방출한 132만 냥의 동전은 한성의 지방에 대한 구매력을 이루어 재화를 들고 한성을 찾아온 지방 상인이나 재화를 구하기 위해 지방으로 내려간 한성 상인을 거쳐 원래 있던 지방으로 돌아갔다.

1680년대 조선왕조가 동전을 발행했을 때, 그것은 국가적 지불수단으로서 특별한 사용가치使用價値를 지닌 재화의 하나로서 취급되었다.[165] 동전의 한 가지 사용가치는 농민의 결세 부담을 안정시킴에 있었다. 중앙정부는 논보다 밭이 많은 산간 내륙으로부터는 결세의 일부를 쌀이 아니라 동전으로 수취하였다. 그것은 그 지역 농민의 결세 부담을 낮추는 효과를 낳았다. 흉년이 들면 동전으로 수취하는 결세의 비중을 늘렸다. 상대적으로 가치가 높아진 쌀의 일부를 풍흉에 관계없이 고정되어 있는 법정가격에 따라 동전으로 대납하면 농민의 부담이 줄기 때문이다.[166] 동전의 다른 한 가지 사용가치는 한성의 생활자료를 안정적으로 확보하는 지불수단支拂手段이었다는 점이다. 한성으로 올라온 동전은 원래 있던 그 자리로 돌아가야 했으며, 그 환류의 과정에서 지방에서 한성으로 각종 재화를 공급하는 물류物流가 형성되었다.

동전은 국내외 시장의 발전에 따라 거래비용去來費用을 절감할 상업적 목적에서 발행된 것이 아니었다. 현물 조세의 조운비를 절감하기 위한 재정적 필요에 따른 것도 아니었다. 〈표 6-11〉에서 보듯이 지방에서 수취

---

164 李憲昶(1999), 「1678-1865년간 貨幣量과 貨幣價値의 推移」, 『經濟史學』 27, 7쪽.

165 金載昊(2008), 「朝鮮後期 中央財政과 銅錢—『賦役實總』을 중심으로—」, 『경제사학』 44, 29쪽.

166 이영훈·박이택(2007), 「18세기 조선왕조의 경제체제—광역적 통합체계의 특질을 중심으로—」, 『근대 동아시아 경제의 역사적 구조』, 70~71쪽.

된 쌀, 콩, 포목, 동전 가운데 한성으로 상납되는 비율은 동전이 가장 낮았다. 결세로 수취된 동전의 보다 많은 부분은 지방에서 지방재정의 수단으로 활용되었다. 동전은 다른 재화에 비해 운반비를 크게 절감할 정도로 가볍지는 않았다.[167] 그때문에 한성에 올라온 동전은 주로 한성과 가까운 경기, 충청, 황해 지방의 것이었다. 동전을 매개로 한 한성과 지방의 시장통합은 주로 위 3도에 국한되었다. 동전은 17세기 후반 국내외 시장의 발전을 전제로 하여 농민의 살림살이를 안정시킴과 동시에 왕도 한성의 생활자료를 안정적으로 확보하기 위해 성리학적 왕정의 정치경제학政治經濟學이 훌륭하게 고안한 지불수단이었다.

한성 20만 인구의 경제생활을 지탱한 재화의 흐름도 동일한 관점에서 이해될 필요가 있다. 조선왕조가 끝까지 결세를 쌀과 포목의 현물로 수취한 것은 불안정한 시장에 맡기기보다 그 편이 왕도의 살림살이를 안정시키는 보다 합리적인 선택이기 때문이었다. 환換 등의 금융수단을 이용하지 않고 동전을 한성으로 현송現送한 것은 그래야 한성으로 올라오는 재화의 흐름을 원활하게 할 수 있기 때문이었다.[168] 18세기 이래 한성에서 시장이 발전한 것은 사실이지만, 크게 보아 이같이 잘 기획된 국가적 재분배경제체제의 일환이었다. 한성에서 전국적 광역을 대상으로 상품의

---

167 常平通寶 동전 한 닢의 무게는 원래 2錢5分이 원칙이지만 점점 가벼워져 18세기 말경에는 1錢2分이 되었다. 1분은 0.375그램, 곧 동전 한 닢의 무게는 4.5그램이며, 이에 동전 1냥의 무게는 450그램이다. 중앙으로 상납되는 132만 냥 동전의 무게는 총 596톤이며, 전국 평균 8일간에 연인원 7만 4,000여 명을 소요하였다. 이상 金載昊(2008), 「朝鮮後期 中央財政과 銅錢—『賦役實總』을 중심으로—」, 『경제사학』 44, 29~30쪽 참조.

168 그 외에 김재호는 동전이 끝까지 현송된 이유로서 현송에 따르는 상당한 운송비가 운송에 관여한 수많은 사람들의 소득이 되는 관계에 주목하고 있다. 再分配經濟는 재화의 집중과 분배의 모든 단계의 과정에서 소득을 구하는 수많은 사람들이 보유한 持分의 체계로 짜였다. 이에 쉽사리 운송비의 절감을 위한 개혁을 행할 수 없는 재정 운용의 경직성을 특질로 하였다. 金載昊(2008), 「朝鮮後期 中央財政과 銅錢—『賦役實總』을 중심으로—」, 『경제사학』 44, 34~35쪽.

집산集散을 수행한 도매시장은 성립하지 않았다.[169] 그래서는 상업도시商業都市라 하기 어렵다. 종래 시장이 발달했다는 이유 하나만으로 한성을 상업도시로 높이 평가하는 경향이 있었는데, 나무만 보고 숲을 보지 못한 소치라고 하겠다.[170]

시전체제

1864년에 편찬된 『육전조례六典條例』라는 재정서에 의하면, 중앙정부의 121개 각사에 속한 인원은 관료가 4,659명, 이서吏胥가 1,735명, 운반 등 잡역에 종사한 도예徒隸가 3,621명으로서 총 1만 15명이었다. 이들에게 지급된 녹료는 매년 5만 600석이었다.[171] 이는 법전에 규정된 공식적 지불을 의미할 뿐, 관료·이서 집단의 실제 소득은 그것을 훨씬 초과하였다. 그들은 중앙재정의 수입과 지출 모든 과정에서 인정人情 또는 향미鄕味라 불린 비공식적 수입을 적지 않게 취득하였다. 중앙재정으로부터 소득을 구하는 또 하나의 집단은 병조 산하 5군영에 속한 9,526명의 직업군인이다. 그들은 상민신분의 남정이 5군영에 바치는 연간 1필의 군포로써 월료月料를 지급받았다.

중앙재정과 별도로 왕실재정에서 소득을 구하는 부류도 적지 않았다.

---

169 이영훈(2010), 「19세기 서울시장의 역사적 특질」, 『경제사학』 48, 28~34쪽.

170 17~19세기 서울을 商業都市로 평가한 연구로서는 다음이 대표적이다. 高東煥(1998), 『朝鮮後期 서울商業發達史研究』, 지식산업사. 그 이전 시대에 비해 17~19세기 서울에서 상업이 발달한 것은 사실이다. 그 서울이 상업도시로 규정되기 위해서는 상업소득이 서울의 총소득 가운데서 큰 비중을 차지하였음을 입증할 필요가 있다. 예컨대 지방상품이 서울로 올라올 때 서울상인이 취하는 소득은 口文 10%와 小賣 마진에 불과하다. 이를 넘어 상업소득이 지배적 소득이 되기 위해서는 전국적 또는 광역적 시장을 대상으로 한 都買物流가 서울에서 대량으로 지속적으로 성립할 필요가 있다. 고동환은 서울에서 성립한 시장이 어떠한 層位의 것인지, 상업소득의 비중이 얼마인지를 논증하지 않았다. 그런 가운데 상업이 발달했다는 사실을 단순히 나열하는 것만으로 商業都市說을 주장했는데, 개념의 남용일 뿐이다.

171 김재호(2010), 「조선후기 중앙재정의 운영: 『六典條例』의 분석을 중심으로」, 『조선후기 재정과 시장 — 경제체제론의 접근 —』, 56~58쪽.

왕실은 그의 방대한 생활자료와 번잡한 의례의 비용을 중앙 각사의 공상供上으로 충당하였다. 이 외에 왕실은 궁방宮房이라는 사적 재정기구를 운영하였다. 궁방의 주요 재원은 전국에 분포한 궁방전으로부터의 지대 수입이었다. 왕실재정의 규모는 쌀로 환산하여 총 20만 석에 달하였다.[172] 왕실재정에서 소득을 구하는 궁중의 환관宦官·여관女官·나인內人은 2,000명 이상이었다. 이 외에 지게꾼과 같은 하인배를 더한 궁속宮屬은 4,000명 이상이었다.[173] 이상 중앙재정과 왕실재정에 생계를 의존하는 사람을 합하면 2만 3,000명을 넘었다. 이들을 매 호의 호주로 간주하면, 1864년 한성부의 총 4만 6,565호 가운데 중앙재정과 왕실재정에 생계를 의존하는 호의 비중은 근 50%에 달하였다.

나머지 절반의 호는 상인, 수공업자, 농민, 노동자였다. 이들은 중앙정부 각사, 군영, 왕실, 그리고 그에 속한 관료·이서·군인·도예·궁속에 각종 재화와 서비스를 공급하는 역할을 맡았다. 1909년의 조사에 의하면, 한성에서 상업에 종사한 자는 1만 3,672호이다. 앞서 소개한 대로 공업호는 3,310호, 농민호는 8,643호이다. 앞의 2만 3,000호와 합하면 총 4만 8,625호이다. 1864년의 호총 4만 6,565호를 2,000여 호 초과하는 것은 그만큼 직업이 중복되는 호가 있었기 때문이다. 한성부 주민의 직업 구성은 대강 이상과 같았다.

한성에는 이러한 직업 구성을 바탕으로 전국에서 둘도 없는 큰 시장이 열렸다. 이 시장은 가격 형성의 원리를 달리하는 여러 층위의 복합구조로 이루어졌다. 이 시장을 매개한 가격에는 크게 말해 3종류가 있었다.

---

172 조영준(2010), 「조선후기 왕실재정의 구조와 규모: 1860년대 1司4宮의 재정수입을 중심으로」, 『조선후기 재정과 시장 — 경제체제론의 접근 —』, 132쪽.

173 1907년 황실재정이 해체될 당시에 조사된 宮屬은 총 1,217명이었는데, 여기에는 內人들이 포함되어 있지 않다[김재호(2010), 「조선후기 중앙재정의 운영: 『六典條例』의 분석을 중심으로」, 『조선후기 재정과 시장 — 경제체제론의 접근 —』, 58쪽]. 이와 별도로 1907년에 해고된 궁속의 총수는 4,400명에 달했다는 기록이 있다[新城道彦(2015), 『朝鮮王公族 — 帝國日本の準皇族』, 中公新書, 21쪽].

첫째는 정부가 쌀, 콩, 포목, 동전을 수취하거나 지출할 때 그들의 교환비율을 정한 가격이다. 이를 가리켜 대전가代錢價라 하였다. 쌀 1석의 대전가는 동전 5냥이었다. 예컨대 이서배의 월료는 쌀과 면포로 지급됨이 원칙이지만, 경우에 따라 동전으로 지급되기도 하였다. 그때 대전가가 적용되었다. 대전가는 후술하는 시가市價와 비슷한 수준에서 정해지지만, 한 번 정해지면 시가와 달리 변하지 않았다.

둘째는 정부가 재화를 구입할 때의 가격이다. 예컨대 선혜청은 매년 대동미 27만여 석을 지출하여 시중에서 종이, 기름, 어물, 소금, 가죽, 꿀 등 여러 물자를 구입하였다. 이때의 가격을 공가貢價라 하였다. 공가 역시 대전가와 마찬가지로 한 번 정해지면 불변이었다. 정부에 물자를 조달하는 상인을 가리켜서는 공인貢人이라 하였다. 전술한 대로 공인은 대동법 개혁에 의해 생겨난 어용상인이다. 공인은 취급하는 물종에 따라 공계貢契로 조직되었다. 정부는 매년 초 공계에 공가를 선불하였다. 공계는 정해진 수량의 재화를 정해진 시일에 정부에 조달하였다. 공가는 시가보다 훨씬 높았다. 일반적으로 공가는 시가보다 평균 3배 정도였다.[174] 이렇게 공가가 높은 것은 정부가 시장의 불안정한 변동과 무관하게 일정 수량과 품질의 재화를 안정적으로 확보하기 위해 특정 상인을 선정하여 임무를 부여하고 그를 보살핀다는 취지에서였다. 계약의 내역이 특정되지 않은 것도 다른 한 가지 원인이었다. 정부는 공계에게 한성에서 치르는 과거의 경비를 대게 하거나 얼음을 채취, 저장, 공급하는 역을 부과하였다. 정부와 공인의 관계는 시장경제에서 보는 익명의 비인격적 거래가 아니라 단골거래와 같은 호혜성互惠性에 입각한 인격적, 도덕적 거래였다.[175]

셋째는 상인과 주민 간의 거래에서 성립한 가격이다. 이를 가리켜 시가

---

174 이헌창·조영준(2010), 「조선후기 貢價의 체계와 추이」, 『조선후기 재정과 시장－경제체제론의 접근－』, 303쪽.

175 박기주(2010), 「貢人에 대한 경제제도적 이해」, 『조선후기 재정과 시장－경제체제론의 접근－』, 250~256쪽.

市價 또는 시가時價라고 하였다. 시가는 대전가나 공가와 달리 시장 상황에 따라 변동하였다. 그렇다고 해서 그 시장이 자유시장은 아니었다. 보다 자세히는 후술하겠다. 한성의 시장은 평시서平市署라는 정부기관의 감독하에 있었다. 상인들은 취급하는 물종에 따라 시전市廛이라는 단체에 속하였다. 시전은 종묘, 사직, 조정과 함께 왕도를 구성하는 4대 제도의 하나로 중시되었다.[176] 시전의 상인은 스스로를 "왕도의 근본을 이루는 백성"으로 자부하였다. 그러한 취지에서 시전은 한성부의 성내와 성저에서 자신이 취급하는 재화의 거래를 독점할 수 있는 권리를 인정받았다. 시전에 속하지 않은 상인은 난전亂廛이라 하여 단속의 대상이었다. 그 반대급부로 시전은 공계와 마찬가지로 과거의 비용을 대거나 얼음을 채취, 저장, 조달하는 역을 졌다. 그 외에 중국으로 가는 사신단의 방물方物을 마련하거나, 관청과 궁궐을 수리하고 도배하는 역이 있었다. 전술한 공인은 대개 시전 상인이며, 그렇지 않고 독립적으로 활동하는 경우도 있었다.

1808년의 『만기요람』에 의하면 한성에는 91종의 시전이 있었다. 그중에 37종은 유분전有分廛이고, 54종는 무분전無分廛이다. 유분전은 10분에서 1분까지 10등의 분分을 부여받고 그에 상응하는 역을 부담하는 전을 말하였다. 대조적으로 무분전은 시장의 규모와 수익이 보잘 것 없어 역을 질 형편이 못되는 전을 가리켰다. 시전 가운데 가장 번성한 것은 선전線廛, 면포전綿布廛, 면주전綿紬廛, 지전紙廛, 내·외어물전內·外魚物廛, 저포전苧布廛이었다. 선전은 중국에서 수입한 비단을, 면주전은 국내에서 생산된 비단을 취급하는 전이다. 선전은 분수가 10으로서 시전 가운데 가장 규모가 컸다.

시전은 왕조 초기에 성내 종로거리와 광통교 부근에 설치한 2,200여 간의 행랑에 상인들이 입점한 데서 출발하였다. 18세기의 규모는 대개

---

176 "王都之制 左祖右社 前朝後市 市者小民之貿遷係焉 公家之需用資焉 治國者重之"(『萬機要覽』 財用篇5 各廛).

1,000간 정도로 알려져 있다. 종로와 광통교의 교차지점에 위치한 면주전의 배치를 보면, 크게 5개 방房인데 방마다 소구획이 있어 68개 방으로 이루어졌다. 각 방마다 1명의 상인이 입점하여 전을 차린 상인은 68명이지만, 입점하지 않은 상인도 있어 도합 193명에 달하기도 하였다.[177] 이렇게 전廛은 동종의 상인들이 모인 단체였다. 그래서 전을 가리켜 보통 주비라고 불렀다. 주비는 농촌에서의 징세조직인 8결 주비와 동일한 뜻이다. 주비는 한자로 '矣'라고 썼다. 위의 6대 전을 가리켜서는 흔히들 육주비전[육의전六矣廛]이라 하였다.

주비에는 대방大房을 우두머리로 하여 대략 20~30명의 임원으로 구성된 지도부가 있는데, 이를 도중都中이라 하였다. 이러한 조직은 공계의 경우에도 마찬가지였다. 도중의 사무실 도가都家에는 2~3명의 상근자가 있었다. 도중의 중요 사무는 평시서가 할당한 역을 주비의 성원에 분담시켜 공동으로 수행하는 것이었다. 도중의 또 다른 역할은 대방 이하 성원들의 상하 위계를 엄격히 하고, 성원의 경조사를 부조하고, 기금을 조성하여 성원에게 대부하는 것이었다.[178] 이외에 상업적 거래에 있어서 주비의 역할이 어떠했는지는 자료의 부족으로 잘 알 수 없다. 대개 정부가 결세나 군포로 수취한 포목이나 사행단이 수입한 비단을 시중에 방출할 때 그것을 독점 인수하여 성원이 출자한 비율에 따라 분배했다고 보인다. 지방에서 올라온 상품에 대해서도 마찬가지였다. 주비로의 가입이나 탈퇴는 비교적 자유로웠다. 상인은 도중의 승인을 받지 않고 자유롭게 자신의 권리를 제3자에 방매, 증여, 상속하였다. 주비는 상인으로서의 권리를 배타적으로 향유하는, 강한 결속력과 자율성으로 영속하는 상인의 공동체

177 須川英德(2010), 「시전상인과 국가재정: 가와이[河合]문고 소장의 綿紬廛 문서를 중심으로」, 『조선후기 재정과 시장 — 경제체제론의 접근 —』, 353쪽.

178 須川英德(2010), 「시전상인과 국가재정: 가와이[河合]문고 소장의 綿紬廛 문서를 중심으로」, 『조선후기 재정과 시장 — 경제체제론의 접근 —』, 356~358쪽.

라 하기 힘들었다.[179]

이상과 같이 한성에서 성립한 시장의 층위와 구조를 시전체제라 규정해도 좋을 것이다. 시전체제는 16세기까지 존재하지 않았다. 당시까지 왕도 한성에서 벌어지는 상업의 이윤은, 전국을 무대로 했던 방납 활동까지 포함하여, 궁가·권문세가·대상인·군현 수령의 몫이었다. 그러한 귀족적 상업체제가 17세기 후반 이래 내외 무역과 상업이 발전하고 동전이 유통되고 대동법 개혁이 추진된 어느 시점에서 한성의 주민과 상인을 대상으로 위와 같은 시전체제로 대체되었다.[180] 17세기 이래의 경제적 고양이 농촌사회에서는 환곡이라는 국가적 재분배경제를 구축했다면, 팽창하는 왕도의 인구를 대상으로 해서는 위와 같은 시전체제를 만들어냈다. 한성에서는 환곡제가 운영되지 않았는데, 이는 20만 인구의 생계가 중앙재정과 시전체제를 통해 보장되었기 때문이다. 18세기 한성의 시전체제는 정부와 왕실에 물자를 안정적으로 공급하고 부민의 생활을 안정시킬 목적으로 균안均安 이념의 성리학적 왕정이 만들어낸 국가적 재분배경제의 일환을 이루었다.

인격적 거래

궁중의 왕실이 생활자료를 구하기 위해 시중에 설치한 궁방은 수입과 지출에 관한 자세한 기록을 남겼다. 현존하는 궁방의 수입부와 지출부는 1792년부터 시작하여 궁방이 폐지되는 1906년에까지 이르고 있다. 궁방의 기록물은 왕조실록·승정원일기 등과 함께 조선왕조가 남긴 우수한 기록문화를 대표하고 있다. 궁방은 시전으로부터 왕실의 각종 생활자료를 구입하였다. 궁방의 지출부에 나타난 가격은 시전에서 형성된 시가市

179 박기주(2010), 「貢人에 대한 경제제도적 이해」, 『조선후기 재정과 시장—경제체제론의 접근—』, 265~273쪽.

180 고동환(2000), 「17세기 서울상업체제의 동요와 재편」, 이태진 외, 『서울상업사』, 태학사, 184~196쪽.

價 또는 시가時價로 확인되고 있다. 비록 대부분의 시기가 19세기에 속하지만, 그 가격을 통해 18세기 시전체제의 양태를 미루어 살필 수 있다.

궁중의 주방에 식료를 공급한 명례궁明禮宮의 지출부에 의하면 1792~1906년에 걸쳐 동 궁방이 시중에서 구입한 재화는 총 506종이었다. 각각의 구입 빈도에는 차이가 컸다. 거의 매달 구입되는 것이 2종, 2~3달에 한 번 구입되는 것이 13종, 1년에 한두 번 구입되는 것이 12종이었다. 나머지 479종 가운데 372종은 10년에 한 번 구매될까 말까한 것이었다. 1년에 한 번 이상 구입되는 재화는 찹쌀·팥·녹두·깨의 농작물류, 참기름·밀가루의 농가공류, 감·앵도·살구·잣의 과실류, 청밀·백청의 밀류蜜類, 장지·소장지의 지류 등이었다. 그 외에 궁중의 주방이 소요한 각종 용기류와 김장·염색 등의 궁중공업에 소요되는 원료와 기물이 있었다. 가장 높은 빈도를 보인 것은 말 편자였다. 명례궁은 복마卜馬 1필의 편자를 매달 교체하였다. 소금·광어·굴비·염진어 등 해산류의 구입은 매우 뜸하였다. 왕실이 소비한 어물의 대부분은 공계가 조달하는 공물에 의해 확보되었다. 19세기 한성시장에 출시된 재화의 종류는 제한적이었으며, 농작물류를 제외한다면 거래는 한산한 편이었다.[181]

1876년 개항 이전에 명례궁이 구입한 재화 가운데 외국에서 수입된 것은 남방산 후추[胡椒]와 일본산 귤로서 2종에 불과하였다. 후추의 구입은 1835년 이후 두절되었으며, 일본산 귤의 구입은 1864년의 2회에 한하였다. 19세기에 걸쳐 새로운 재화가 개발되거나 기존의 재화가 세분됨으로써 시장이 확장하는 양상은 보이지 않았다. 명례궁이 구입한 각종 식료품은 대부분 원료 그 자체였다. 가공품은 참기름과 밀가루 정도에 그쳤다. 원료-가공-조리-소비의 각 단계가 시장화, 다양화, 고급화 하는 식료품공업의 발전상은 관찰되지 않는다. 상품사商品史로 보는 19세기의 한성

181 이영훈(2010), 「19세기 서울시장의 역사적 특질」, 『경제사학』 48, 5~8쪽.

시장은 정체적이었다.[182]

수요와 공급의 변동에 따라 가격이 자유롭게 움직인 재화는 찹쌀 등의 농작물과 소금으로서 19종에 불과하였다. 나머지 재화의 가격은 수급의 변동에도 불구하고 대개 고정적이었다. 명례궁이 매달 교체한 복마의 편자 가격은 1803년 이래 1906년까지 2전 5푼에서 변함이 없었다. 그렇게 극단적이지는 않지만 대다수 재화의 가격은 고정적이었다. 흉작 등의 충격을 받아 일시 자유롭게 변동하기도 했지만, 다시 원래 수준으로 돌아와 고정되는 경우가 일반적이었다. 이는 재화의 수요자와 공급자가 특정의 역무役務와 보호로 맺어진 인격관계이기 때문이었다. 명례궁은 시전 상인에 대해 특정의 수요자로서 특정의 거래방식과 특정의 가격을 강요한 권력이었다.[183]

상인과 주민 간의 거래마저 그러했다고 이야기하기에는 신중을 기할 필요가 있다. 거기서는 수요와 공급의 법칙에 따라 가격이 보다 자유롭게 움직이는 시장이 성립했을 수 있다. 그렇지만 거기서도 한계는 있었다. 한성의 주민이라 하지만, 자유로운 인간들이 아니었다. 주민의 절반은 정부와 왕실에 속한 관료·이서·군인·도예로서 시전 상인보다 높거나 낮은 신분이었다. 상이한 신분 간의 거래가 특정의 역무나 보호 관계로 맺어질 가능성은 일상적이었다. 상인과 주민 간의 거래를 보이는 자료는 없지만, 궁방과 상인의 거래를 자세히 살피면 그렇게 이야기할 수 있는 몇 가지 단서를 찾을 수 있다. 예컨대 거래의 빈도가 높아 가격이 자유롭게 움직인 농작물류의 거래도 수요와 공급의 법칙에 따라 균형가격이 성립하는 자유시장이 아니었다.

지출부를 남긴 궁방은 명례궁 이외에 내수사內需司와 수진궁壽進宮이 있다. 이들 세 궁방이 구입한 재화의 가격에는 적지 않은 편차가 있었

182 이영훈(2010), 「19세기 서울시장의 역사적 특질」, 『경제사학』 48, 8~14쪽.
183 이영훈(2010), 「19세기 서울시장의 역사적 특질」, 『경제사학』 48, 14~28쪽.

[그림 6-13] 내수사·명례궁·수진궁 간 찹쌀가격의 차이(1792~1881)

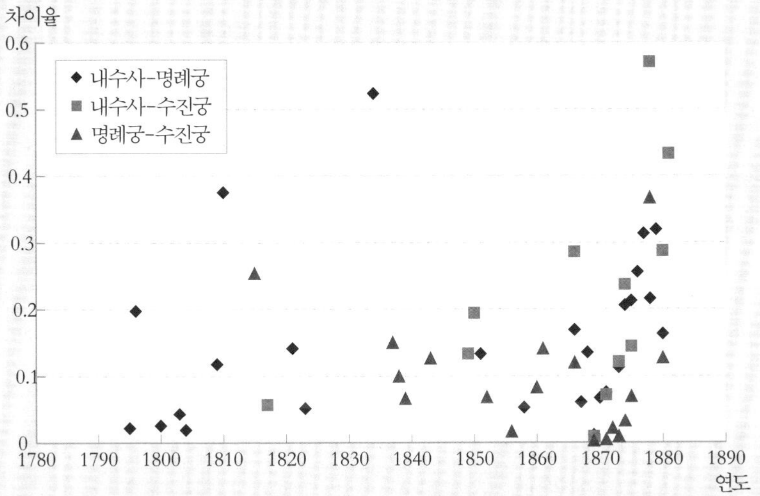

출처: Young Hoon Rhee(2015), *What Were the Prices in the 19th Century Seoul?*, Working Paper 2015-01, Naksungdae Institute of Economic Research, p.9.

다. 예컨대 1866년 6월 찹쌀 1두의 가격은 명례궁 지출부에서는 9전 3푼, 내수사 지출부에서는 1냥 1전 8분, 수진궁 지출부에서는 1냥 4분이었다. 같은 연월 팥 1두의 가격은 각각 7전 7푼, 1냥 2전 6푼, 9전 2푼이었다. 〈그림 6-13〉은 농작물류 가운데 가장 거래의 빈도가 높은 찹쌀을 대상으로 어느 궁방의 연평균 구입가격과 다른 궁방의 연평균 구입가격의 차이(절대값)를 두 연평균 구입가격의 평균으로 나누어 구한 차이율의 1792~1881년에 걸친 연도별 분포이다. 가격 정보가 없어 차이율을 구할 수 없는 연도가 적지 않다. 비교가 가능한 짝은 모두 56개인데, 그로부터 구해진 차이율의 평균은 0.148이다. 다시 말해 1792~1881년간 명례궁, 내수사, 수진궁이 시전에서 구입한 찹쌀가격에는 평균 14.8%의 차이가 있었다. 그림에서 보듯이 차이율은 작게는 0.1 미만에서 크게는 0.5 이상이기도 하였다. 차이율은 연도에 따라 큰 진폭을 보였다. 차이는 해소되는 추세라기보다, 비록 유의하지는 않지만 커지는 추세였다. 이렇게 동일 시점의 동일 시장에서의 가격이 구입자에 따라 큰 차이를 보이고, 그것도 시점에 따라 크게 유동했음은 그 시장이 수요와 공급의 법칙에 따라 균형 가격을 성립시키는 자유시장이 아니었음을 이야기해 주고 있다.[184]

궁방과 상인의 관계에서 가격을 결정하는 쪽은 궁방이었다. 궁방을 관리한 환관이나 상궁은 상인이 청구한 가격과 시중의 가격을 고려하여 가격을 결정하였다. 그렇다고 그 가격이 시가보다 낮아 상인에게 불리한 것만도 아니었다. 낮기만 하면 상인은 생존이 불가능해진다. 낮은 가격은 때때로 특별한 거래의 높은 가격으로 보상을 받았다. 그렇게 궁방과 상인의 거래는 특정의 역무와 보호를 동반하는 장기에 걸친 인격적 관계였다. 이 같은 관계는 궁방과 상인 사이의 일만도 아니었다. 거래의 상대가 고급의 관료일 경우에도 유사한 인격적 관계가 성립하였다. 거꾸로 거래의 상대가 낯선 또는 비천 신분의 사람이라면 상인은 그에 대해 속임수를 동반하는 높은 가격을 청구하였다. 다시 말해 시전 상인이 수요자에 청구하는 가격은 수요자의 처지에 따라 상이하였다. 18~19세기 한성의 시장은 가격이 비교적 자유롭게 움직인 농작물시장이라 하더라도 당사자 간의 인격적 관계가 복잡하게 얽힌 비자유시장이었다. 거래의 빈도가 한산한 꿀, 비단과 같은 고급 재화의 거래에서는 더욱 그러하였다. 요컨대 18~19세기 한성의 시장에서는 중앙재정의 운영을 위한 대전가와 공가로 매개되는 거래가 큰 비중을 차지한 가운데, 가격이 비교적 자유롭게 움직인 상인과 주민 간의 거래일지라도 그 속성은 당사자 간의 신분, 친소, 역무, 보호의 관계에 긴밀하게 규정된 인격적 거래에 속하였다.

---

184 Young Hoon Rhee(2015), *What Were the Prices in the 19th Century Seoul?*, Working Paper 2015-01, Naksungdae Institute of Economic Research.

정지된 시간

1748년 사간司諫 황경원黃景源은 사행단의 부사副使로 중국에 가는 친구에게 다음과 같이 말하였다. "지금 나라 안의 삼베와 모시와 솜과 비단으로 족히 입을 수 있고, 조와 쌀과 보리와 콩으로 족히 먹을 수 있고, 철의 달굼이 풍요로워 족히 기물을 만들 수 있고, 은의 이로움으로 족히 경제를 다스릴 수 있는데, 또 무엇에 쓰려고 굳이 천리 타국의 물화를 실어 올 필요가 있는가."[185] 나라 안의 물화가 풍족함을 들어 사행단이 사무역에 종사하는 행태를 비판한 내용이다. 여기서 묻어나는 자족감과 자신감은 이후 시대에는 다시 듣기 힘든 18세기 고유의 정신문화를 이루었다. 18세기 조선의 지식인들은 중화문명의 정통이 명이 망한 뒤 조선왕조에 의해 계승되고 있다는 드높은 자부심을 보유하였다. 조선은 소중화小中華로서 세계의 중심이었다. 18세기의 풍족한 경제가 그러한 세계관의 물질적 기초를 이루었다. 그 물질문명은, 황경원이 은에 대해 언급했듯이, 조선이 중국의 비단과 일본의 은을 중계할 수 있었던 국제시장의 환경에 힘입은 바가 컸다. 그렇지만 소중화의 지식인들에게 그러한 개방적 시각은 결여되었다. 그들의 드높은 자부심을 고취한 다른 한 가지는 그들이 그 속에서 태어났고 성장했던 조선왕조 유일의 도시문명으로서 한성漢城이었다.

18세기 후반이면 소중화의 세계관에 바탕을 둔 조선의 자족감과 자신감은 절정에 달해 있었다. 1776년에 등극한 정조正祖는 스스로를 '만천萬川에 비치는 명월明月'로 자부하였다. 삼라만상의 근원으로서 태극太極이, 인륜의 표준으로서 성리性理가, 국왕 일신에 체현되어 온 국토를 두루 비치는 달처럼 온 백성의 마음을 밝히고 있다는 취지이다. 1792년 정조는 한성부를 그린 성시전도城市全圖를 전시하고, 근신들에게 시를 지어 바치

185 "今國中絺紵絮帛 足以爲服 粟米麥菽 足以爲食 鐵冶之饒 足以成器 銀幣之利 足以致用 又何必齎貨千里他國之物哉"(黃景源, 『江漢集』 卷7 「送鄭副使亨復入燕序」).

게 했다. 그때 규장각 검서관으로 문명文名을 떨친 이덕무李德懋는 성시전도를 중국 송의 개봉부開封府를 그린 청명상하도清明上河圖에 비유한 다음, 그 그림과 같은 곳에서 태어나고 자란 자신의 행운에 겨워하는 시를 지었다. 그 시에서 이덕무는 한성의 산천, 종묘, 사직, 조정에 이어 시전의 풍요로움을 다음과 같이 노래하였다.

> 거리좌우에 늘어서 있는 천간 행랑에
> 온갖 물화 산처럼 쌓여 헤아리기 어렵네
> 비단가게에 울긋불긋 벌여 있는 건
> 모두 綾羅와 錦繡요
> 어물가게에 싱싱한 생선 도탑게 살졌으니
> 갈치·노어·준치·쏘가리·숭어·붕어·잉어이네
> 쌀가게에 쌓인 쌀 飯果山 같으니
> 雲子 같은 흰밥에 기름이 흐른다
> 주점은 본래 인간 세상인데
> 熊白猩紅의 술빛 잔에 가득하네
> 행상과 坐賈 헬 수 없이 많아
> 자질구레한 물건 갖추지 않은 것이 없네[186]

2002년 국립중앙박물관은 한성의 성시도를 '태평성시도太平城市圖'라는 이름을 붙여 공개하였다. 8폭으로 된 병풍이다. 누가 언제 그린 그림인지는 확실하지 않다. 그림 가운데 김홍도의 풍속화와 동일한 장면이 몇 군데 등장한다. 그로부터 대개 18세기 후반이나 말기의 작품으로 추정할 수 있다. 이 그림이 1792년 정조가 펼쳐 놓고 근신으로 하여금 시를 짓게 한 그

186 민족문화추진회(1979), 『국역 청장관전서』 IV, 26~27쪽.

[그림 6-14] 태평성시도(18세기 말)

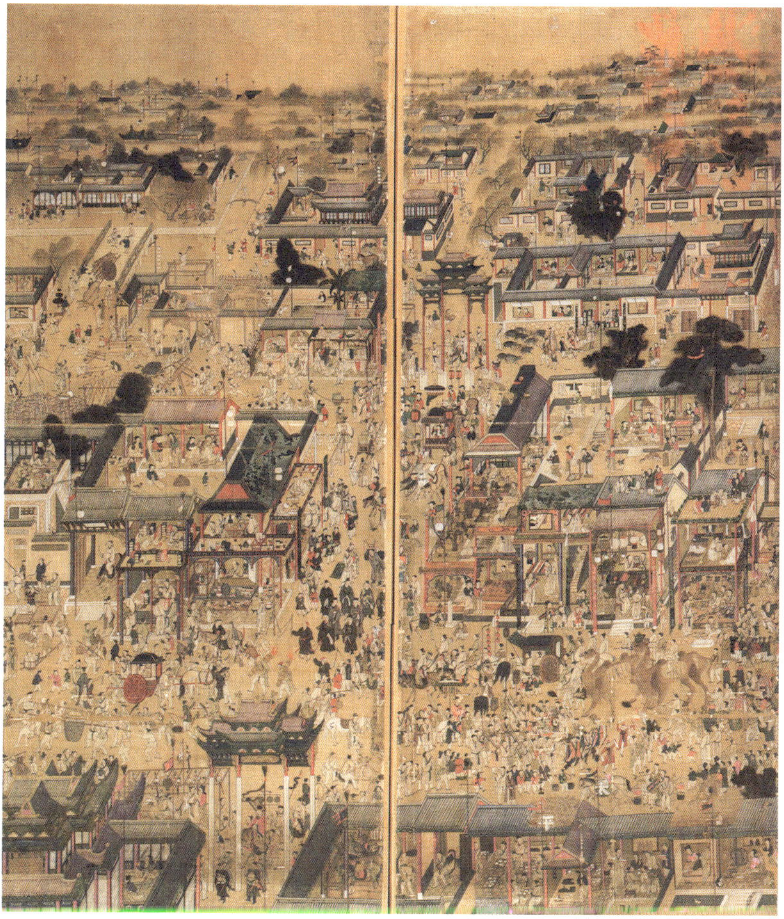

출처: 국립중앙박물관.

성시전도인지는 확실하지 않다. 〈그림 6-14〉는 병풍의 제1폭과 제2폭이다.

성시도가 공개된다는 소식은 나의 마음을 설레게 하였다. 서둘러 그림 앞에서 선 나는 점점 커지는 당혹감에 어찌할 줄을 몰랐다. 그림 속의 도시는 확실히 18세기의 한성이다. 그런데 건물은 모두 붉은색 기둥의 중국식이다. 약 2,200명에 달하는 사람들의 복식도 대부분 중국식이다. 관료들의 복식은 송이나 명의 그것이다. 거리에는 낙타와 코끼리가 행렬을 짓고 있다. 원숭이와 호랑이가 재주를 넘는 서커스도 열려 있다. 아, 그것은 거대한 환상이었다. 소중화의 정신세계가 그림으로 표현될 때 왕도 한성은 실재하지 않은 환상의 세계로 탈바꿈하였다. 생각이 그에 미치자 나는 직업의식을 발동하여 병풍의 한 폭 한 폭을 고문서를 해독하듯 살피기 시작하였다.

1704년 조선왕조는 임진왜란 때 군대를 파견하여 구해 준 명의 만력제萬曆帝와 마지막 황제 숭정제崇禎帝를 제사하는 대보단大報壇을 건립하였다. 이후 명의 시조인 홍무제洪武帝가 추가되었다. 명과 조선이 맺었던 군부君父-신자臣子의 관계와 나라를 살려 준 재조再造의 은혜를 기림으로써 중화의 적통을 계승한다는 취지였다. 궁중의 깊은 후원에 세워진 대보단에서 행해진 3황제에 대한 제사는 1894년의 청일전쟁淸日戰爭까지 면면히 이어졌다. 국왕이 주재하고 백관이 참례한 이 제사는 종주국 청의 주목을 피해 깊은 밤중에 거행되었다. 그 190년간 소중화 조선을 둘러싼 세계사의 시간은 정지해 있었다.[187] 18세기 후반 조선의 경제는 확장을 멈추었다. 1790년대이면 프랑스의 상선과 영국의 군함이 남해와 동해에 출몰하기 시작하였다. 이미 캄차카반도에 도착한 러시아가 몇 차례 남하하여 일본을 긴장시켰다. 위기의 시대가 다가오고 있었다.

187 계승범(2011), 『정지된 시간 — 조선의 대보단과 근대의 문턱 —』, 서강대학교출판부.

제7장
위기

1. 19세기의 정체

반전하는 역사상

19세기 말 서방의 여러 외교관, 선교사, 여행가들이 목도한 조선왕조의 현실은 18세기의 조선인들이 높은 자부심과 충족감으로 노래했던 그것과는 전혀 별개였다. 그들의 눈에 비친 조선의 현실은 극도의 가난함과 무기력 그 자체였다. 그들이 보기에 조선의 미래는 없었다. 국왕은 무능하였고, 양반·관료는 부패하였다. 백성은 양반·관료의 수탈과 학정에 지친 나머지 노동의욕을 잃고 있었다. 이방인들이 보기에 이 나라의 가장 두드러진 국민적 특성은 게으름이었다.[1] 이방인만도 아니었다. 조선인 스스로가 그들의 현실을 그같이 인식하였다. 그들은 절망과 분노에 찬 한숨을 쉬면서 그들의 나라가 전 세계에서 가장 약하고 가난한 나라라고 개탄하였다. 그들은 경제가 침체하고 사회가 문란하고 도덕이 타락한 책임은 부패하고 탁상공론을 일삼고 당쟁으로 분열한 양반신분의 지배자들에 있다고 비판하였다.[2] 1910년 나라가 망한 뒤 지식인들은 조선인이 그들의 혼을 잃어버렸다고 탄식하였다.[3] 환상에서 깨어난 뒤의 허무감이었다. 가없는 상실감이었다. 깊은 절망감에 빠진 나머지 많은 지식인들이 자진自盡하거나 은둔하였다. 그들로부터 소중화로 자처했던 18세기 선조들의 위풍당당한 모습을 찾기는 어렵다. 그 사이 무슨 일이 있었기에 그 같은 역사상의 일대 반전이 이루어졌던가.

한반도를 자신의 영토로 지배하기 시작한 일본의 지식인들은 이 나라의 지난 천년의 역사에서 볼 만한 발전은 없었다는 결론을 내렸다. 그들은 고대 삼국시대에 찬란한 문화를 자랑했던 이 민족이 조선왕조에 이르러 심하게 정체하게 된 원인을 중국과의 사대관계와 반도半島라는 지리환경에 기인한 타율성이나 오랜 붕당정치가 빚어낸 당파성에서 찾았다.[4] 그들에게 있어서 조선왕조는 인류사에 있어서 문명이 퇴보한 좋은 본보기의 하나였다. 오늘날의 연구수준에서 볼 때 그 같은 한국사에 대한 이해는 제국의 지식인들이 좀처럼 벗어날 수 없었던 오만과 편견에 지나지 않는다. 그렇지만 그들로 하여금 그런 편견에 젖어 들게 한 한국사 측의 요인으로서 그들이 직접 관찰하거나 전해 들은 19세기 조선의 경제가 심한

---

1 박지향(2003), 『일그러진 근대』, 푸른역사, 171~195쪽.

2 앙드레 슈미드 지음, 정여울 옮김(2007), 『제국 그 사이의 한국』, 휴머니스트, 116~119·295~301쪽.

3 晛觀 申圭植 原著, 閔弼鎬 編著(1971), 『韓國魂』, 普信閣, 15~57쪽.

4 李基白(1990), 『韓國史新論(新修版)』, 一潮閣, 1~3쪽.
旗田巍 著, 李基東 譯(1983), 『日本人의 韓國觀』, 一潮閣, 134~136쪽.

위기와 정체의 상태였음은 그리 간단히 부정될 수 있는 것은 아니다.

1960년대 이후 한국의 역사학자들은 위와 같은 불쾌하기 짝이 없는 역사상歷史像을 극복하고자 많은 노력을 기울였다. 그들은 17~18세기에 상업이 발전했음을 입증하였다. 나아가 자본주의를 향한 맹아적 경제형태가 농업과 공업에서 자생했다고 주장하였다. 그 연장선에서 19세기는 근대를 위한 정치적 변혁이 추구된 시대로 규정되었다. 빈곤과 혼란으로 점철된 19세기의 이미지는 말끔히 벗겨지고 그 위에 분홍빛의 낙관이 덧칠해졌다. 조선왕조의 진정한 불운은 시간이 충분치 않았다는 점이다. 근대로의 맹아가 결실을 맺기도 전에 제국주의가 침입해 왔으며, 그 모든 것을 파괴해 버렸다.

이같이 또 한 번의 반전을 본 19세기의 역사상은 현대 한국인의 드높은 민족주의 정서에 부응하면서 국내에서는 어렵지 않게 지배학설로 군림하였다. 그렇지만 해외의 연구자까지 설득하기는 쉽지 않았다. 미국의 어느 역사학자는 한국인들이 그들의 역사에서 산업혁명의 씨앗을 찾고자 노력하는 것을 두고 오렌지나무에서 사과를 구하는 것과 같다고 점잖게 비꼬았다.[5] 그가 보기에 한국에 있어서 근대적 경제형태는 어디까지나 개항開港 이후 바깥에서 유입한 것이었다. 해외의 비판은 국내의 민족주의보다 역사의 진실에 보다 가까웠다. 자본주의맹아론에서 역사의 서술은 전체적이라기보다 부분적이었으며, 그것도 심하게 과장되었다. 시간이 흐름에 따라 그 점이 점점 명확해졌다.

전장에서 설명한 대로 18세기는 상대적으로 번영과 안정의 시대였다. 국가적 농노제의 굴레하에서 초보적이나마 시장경제가 발전했으며, 신분제가 해이해졌으며, 농민적 토지소유가 성립하고 소농경제가 발달하였다. 그 소농사회의 전체적 순환을 책임진 것은 균안均安 이념의 성리학적 왕

5 카터 J. 에커트 지음, 주익종 옮김(2008), 『제국의 후예: 고창 김씨가와 한국 자본주의의 식민지 기원 1876-1945』, 푸른역사, 30쪽.

정이 기획해 낸 국가적 재분배경제였다. 나는 그러한 18세기 조선왕조의 경제체제에서 세계사에 있어서 최초로 산업혁명을 성취한 18세기 영국의 모습을 찾기는 불가능하다고 생각한다. 아니 그럴 필요가 없는 일이다. 조선과 영국은 각기 상이한 자연적, 인문적 환경에서 자기 나름의 발전경로를 모색해 온 다른 형태의 문명이다. 18세기의 조선왕조에서 서유럽의 근대를 찾아내고자 했던 역사학자들의 노력은 민족사의 내재적 발전에 대한 주관적인 신뢰에도 불구하고 객관적으로는 독자적 경로로 전개해 온 한국의 문명사를 서유럽 중심의 단선적單線的 발전사관에 끼워 맞추는 오류를 범하였다.

19세기의 역사는 다른 무엇도 아닌 19세기의 사료로써 설명되지 않으면 안 된다. 1990년대 이래 한국의 경제사 연구자들은 19세기가 남긴 적지 않은 자료로부터 물가, 이자, 임금, 토지생산성 등의 시계열과 지수를 추출하였다. 이들 새로운 통계학적 지표는 그동안의 추론과 주관적 신조를 대신하여 경제의 장·단기 변동이 어떠했는지를 객관적으로 제시해 주었다. 2002년 나는 경상도 경주의 유서 깊은 옥산서원玉山書院이 소장하고 있는 18~19세기의 기록을 조사할 기회를 가졌다. 1개 연도에 1책씩 작성된 동 서원의 지출부를 연도 순으로 죽 배열하자 그것만으로도 경제변동의 장기추세가 훌륭하게 관찰되었다. 장부의 지질이 점점 조악해지고 있었다. 제본사製本絲의 재료가 비단에서 종이로 열악해지고 있었다. 인간들의 교양 수준도 그러했는지, 자체字體도 선비의 달필에서 동몽의 졸필로 저하하고 있었다. 이하 그렇게 또 한 번의 반전을 보게 된 19세기의 역사상을 소개한다.

산림의 황폐

18세기에 걸친 조선왕조의 안정과 번영은 한반도의 인간들이 일찍이 부닥쳐 본 적이 없는 도전적 상황을 조성하였다. 급격한 인구증가로 인해 산림이 황폐해지기 시작한 것이다.[6] 인구증가는 난방과 취사를 위한 연료 시목柴木에 대한 수요를 증대시켰다. 하층민에게까지 온돌이라는 난방시설이 일반화하는 것은 18세기의 일이다. 그 이전까지 노비를 비롯한 하층민의 주거는 반지하 움집인 경우가 많았다. 온돌을 구비한 지상가옥이 일반화하자 시목에 대한 수요가 크게 증가하였다.

산림을 황폐시킨 또 하나의 요인은 식량의 증산을 위한 산지의 개간이었다. 산지를 개간하여 일군 밭을 가리켜 화전火田이라 하였다. 그 화전의 개간이 얼마나 성하였는지에 대해서는 참고할 만한 자료가 적지 않다. 18세기의 정상기鄭尙驥라는 양반은 화전의 크기에 대해 "50, 60만 결 아래가 아니다"라고 하였다. 동 세기 전국의 결총結總은 140만 결 정도였다. 19세기의 정약용丁若鏞도 비슷한 언급을 남겼다. 그는 "우리나라는 산지가 국토의 3/4인데, 화전의 면적이 평지의 밭과 비슷하다"고 하였다. 조선왕조는 산림을 황폐시키는 화전에 대해 자주 금지령을 발포했지만 실질적인 행정력을 결여한 가운데 명분에 그치는 경우가 대부분이었다.

18~19세기의 한국인들에게 쌀은 주식이기를 넘어 사회적, 문화적으로 상징성이 큰 식료였다.[7] 쌀을 먹어야 인간으로 대접받을 수 있었다. 신분의 고하를 막론하고 쌀을 주식으로 탐닉하는 시대의 풍조는 〈그림 7-1〉에 잘 나타나 있다. 농군들이 들에서 점심을 먹고 있는 장면이다. 위는 18세기의 천재 화가 김홍도金弘道가 그린 것이고, 아래는 위를 모작模作한 개항기의 작품이다. 원작에서 김홍도가 무엇을 그리고자 했는지는 그 자체로 명확하지 않다. 농사일을 잠시 중단하고 웃통을 벗은 채 점심을 즐기는 하층민의 건강한 생활상이라 하면 지나치게 순진한 감상이다. 원작자의 의도는 모작품에서 명확히 드러나 있다. 그것은 밥을 가득 담은 소

6 이에 관한 근년의 대표적 연구로서 다음을 참조할 수 있다. 이우연(2010), 『한국의 산림 소유 제도와 정책의 역사, 1600~1987』, 일조각.

7 정치영(2006), 『지리산지 농업과 촌락 연구』, 高麗大學校 民族文化硏究院, 106~107쪽.

【 그림 7-1 】 쌀을 탐닉하는 풍조

출처: 김홍도, 18세기(국립중앙박물관).

출처: 작자 미상, 19세기 후반(독일 Gertrud Klassen).

쿠리, 커다란 밥그릇, 술항아리로 알 수 있다. 곧 쌀에 대한 탐닉이었다. 상하 신분에 걸쳐 쌀을 탐닉한 문화를 가리켜 당대인들은 반도지풍飯稻之風이라 하였다. 김홍도가 그림으로 풍자하고자 했던 것은 바로 그러한 시대의 풍조였다.

쌀을 탐닉하는 식문화는 기존의 밭을 논으로 바꾸는 번답[反畓] 현상을 촉진하였다. "산에 매달린 계단식 밭까지도 모두 논으로 뒤집는다"고 했듯이 화전에 물을 끌어들여 논으로 바꾼 것이 번답이다. 지리산지 일대의 유명한 계단식 논이 조성되기 시작한 것은 18세기부터이다.[8] 번답의 개발이 얼마나 왕성하였는지, 그에 대해 서유구徐有榘는 전국적으로 논의 30%가 번답이라고 하였다.[9] 번답의 추세 역시 산지의 개발과 그에 따른 산림의 황폐를 자극하였다.

산림이 황폐해짐에 대한 우려와 대책은 정조正祖 대(1776~1800)부터 적지 않게 제기되었다. 1798년 10월 비변사備邊司가 왕에게 올리기를 "근래 송정松政이 날이 갈수록 해이해지는 탓으로 공산公山이나 사양산私養山이나 할 것 없이 가는 곳마다 헐벗은 곳뿐이니 정말 작은 걱정거리가 아닙니다"라고 하였다.[10] 산림이 헐벗기 시작하는 것은 그보다 이른 18세기 초부터이다. 산림이 황폐하면 그 속에서 놀던 호랑이를 비롯한 각종 짐승이 소멸한다. 그 초기에 산짐승과 인간과의 충돌이 잦아지는데, 그로부터 산림이 황폐하는 조짐을 찾을 수 있다. 17세기의 왕조실록에서 호랑이가 촌리村里에 출몰하거나 사람이나 가축을 해쳤다는 기사는 13건에 불과하다. 18세기의 왕조실록에서 관련 기사는 74건이나 된다. 호랑이 피해가 절정에 달하는 것은 1750년대이다. 예컨대 1754년 4월 경기도에서만 그 달에 호랑이에게 먹힌 자가 120명이나 되었다.[11] 호랑이 피해는 1770년대

8 정치영(2006), 『지리산지 농업과 촌락 연구』, 181~191쪽.

9 徐有榘, 『林園經濟志』 本利志 卷1 田制 諸田.

10 『正祖實錄』 22年 10月 癸卯.

11 『英祖實錄』 30年 閏4月 戊辰.

[그림 7-2] 조선임야분포도(1910)

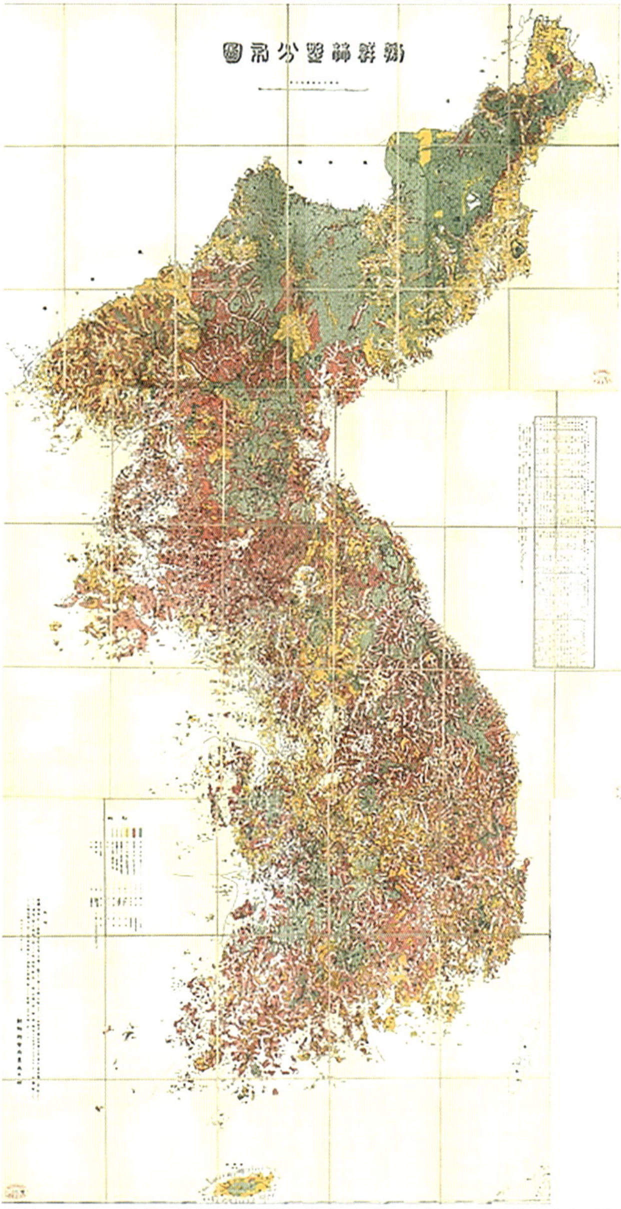

출처: 1910년 조선총독부가 작성한 朝鮮林野分布圖는 51장으로 이루어져 있다. 이를 한국산림과학원의 裵在洙 박사가 1장의 전국도로 통합하였다. 위 자료는 그가 제공한 것이다.

를 넘기면서 부쩍 줄어들었으며, 19세기가 되면 거의 사라졌다. 19세기의 왕조실록에서 호랑이에 관한 기사는 고작 4건에 불과하다. 이로부터 한반도의 산림은 1770년대 이후 호랑이가 살 수 없을 정도로 성글어졌음을 알 수 있다.

개항 이후 조선을 찾아 온 외국인들은 이 나라의 산림이 극도로 황폐해 있음에 대해 적지 않은 기술을 남겼다. 그들에게 조선의 황폐한 산림은 이전 방문지인 일본의 푸른 산림과 너무나 대조적이었다. 전국의 임상林相에 대한 최초의 조사는 1910년 조선총독부에 의해 이루어졌다. 그 결과 전국 임야의 32%가 성림지成林地, 42%가 치림지稚林地, 26%가 무입목지無立木地로 판명되었다.[12] 성림지는 인간의 접근이 불가능한 개마고원이나 태백산맥과 같은 깊은 산속에 있는 원시림이었다. 그를 제외한 한반도의 거의 전역이, 특히 농업 선진지대인 중남부 이하가 무입목지나 치림지로 헐벗어 있었다. 〈그림 7-2〉는 당시에 그려진 조선임야분포도朝鮮林野分布圖이다. 전국 산지의 대부분이 노란색의 무입목지이거나 붉은색의 치림지임을 판연하게 보여 주고 있다. 뒤이어 1917년에 완료된 토지조사사업에 의하면, 한반도의 전답 경지는 총 487만 헥타르였다. 그에 비해 1877년 북해도北海島를 제외한 일본열도의 경지는 총 484만 헥타르였다. 일본열도는 산지의 비중이 한반도와 비슷한 가운데 절대면적이 1.35배이다. 그럼에도 한반도의 경지가 일본열도보다 조금 많음은 18~19세기 한국인들이 동시대의 일본인에 비해 얼마나 열심히 산으로 올라가 농지를 일구었는지를 이야기해 주고 있다.

조선왕조가 산림의 황폐라는 환경위기를 면치 못했던 것은 산림 자원을 관리할 주체와 그들의 권리를 보호하는 제도를 창출하지 못했기 때문

12 이우연(2010), 『한국의 산림 소유제도와 정책의 역사, 1600~1987』, 206~207쪽. 성림지는 立木의 밀도가 완전한 것을 1로 할 때 입목도가 0.1 이상인 것, 치림지는 낫으로 벨 수 있는 정도의 어린 나무가 발생하는 지역으로 밀도가 0.1이상인 것, 무입목지는 밀도가 0.1이하인 것을 말한다.

이다. 조선왕조는 정부와 왕실이 수용하는 재목을 확보하기 위해 전국의 요처에 공산公山을 지정하고 나무의 벌채를 금지하였다. 그렇지만 재목에 대한 민간의 수요가 그대로인 한, 금지 일변의 정책만으로는 아무런 효과가 없었다. 금지 일변의 정책은 오히려 민간의 도벌을 부추기는 역효과를 낳았다.[13] 공산과 별도로 민간에서는 묘지를 중심으로 사양산私養山이 발달하였다. 정부는 일정 범위의 묘역을 관리할 수 있는 권리를 묘주墓主에 허락하였다. 그것이 사양산이다. 그렇지만 사양산에 대한 묘주의 권리는 주변 농민이 잔가지를 치거나 낙엽을 채취하기 위해 접근할 수 있는 관습적 권리를 배제할 만큼 절대적인 것은 아니었다.[14] 조선왕조는 산지 자체에 대한 사적 권리를 공인하거나 제도화하지 않았다. 조선왕조의 산림제도는 끝까지 "산림山林과 천택川澤은 백성과 함께 공유한다"는 성리학적 왕정의 이념에 의해 지배되었다. 산림을 사유재산으로 관리하는 주체가 결여된 가운데 산림 자원에 대한 사회적 수요가 증가하자 먼저 베는 사람이 임자가 되는 이른바 '공유지의 비극'이 전형적으로 연출되었다.[15]

미곡 생산의 감소

산림이 헐벗으면 뒤이어 어떠한 재앙이 따르는지에 대해서는 그리 긴 설명이 필요하지 않다. 한반도의 토양은 일반적으로 표층이 얕고 그 아래에 풍화작용에 취약한 화강암花崗巖과 편마암片麻巖이 깔려 있다. 산림의 황폐는 조그만 비에도 흙과 풍화작용을 받은 암반이 사석沙石으로 흘러내려 제언을 메우고 보를 무너뜨리게 했다. 19세기에 걸쳐 수리시설이 파

13 예컨대 1804년 丁若銓이 쓴 논문 「松政私議」는 공산 주변의 백성들이 소나무를 사사롭게 벌채한 뒤의 후환을 봉쇄하기 위해 미리 소나무를 베어 없어 버리는 모순에 가득 찬 세태를 묘사하였다. 안대희(2002), 「정약전(丁若銓)의 송정사의(松政私議)」, 『문헌과 해석』 20, 202~225쪽 참조.

14 이우연(2010), 『한국의 산림 소유제도와 정책의 역사, 1600~1987』, 88~97쪽.

15 이우연(2010), 『한국의 산림 소유제도와 정책의 역사, 1600~1987』, 70쪽.

괴되고 기능을 상실해 간 추세에 관해서는 적지 않은 기록이 남아 있다. 1847년 『비변사등록備邊司謄錄』의 한 기사는 "근세 이래로 관리가 법을 지키지 않고 백성은 본분을 중하게 여기지 않아, 제언과 보가 막히고 무너져도 준설하거나 수리할 생각은 아니하고 폐기하여 경지로 삼고 있다"고 하였다.[16] 이 기사는 제언이 막혀 생겨난 토지를 경지로 활용하는 사회기강의 문란을 고발하고 있지만, 보다 근본적인 원인은 제언의 준설이 불가능할 정도로 매년 대량의 토사를 흘러내리게 한 산림의 황폐에 있었다. 그 결과 1918년의 조사에 의하면 전국에 6,300개 제언과 2만 700개 보가 존재하지만, 그 태반은 이용이 불가능한 실정이었다. 그리하여 수리의 편리가 있는 답이 총 154만 정보 가운데 23만 정보에 불과하였다.[17]

또한 산림의 황폐는 잦은 수해를 유발하였다. 토사의 퇴적으로 하상河床이 높아진 하천은 조그만 비에도 범람하여 주변의 농지를 떠내려 보내거나(포락浦落) 모래로 덮는(복사覆沙) 피해를 안겼다. 이와 관련해서는 전라도 영광 서부면의 예가 잘 알려져 있다. 18세기 서부면의 경지는 775결이었는데, 19세기 후반까지 578결로 약 25%나 감소하였다. 경지가 그렇게 크게 감소한 것은 서부면을 흐르는 3개의 하천이 자주 범람하여 포락과 복사의 피해를 안겼기 때문이다.[18] 이 같은 현상은 지방에 따라 정도가 다르긴 하지만 전국적 범위의 일이었다. 조선왕조의 과세지는 1784년의 102만 결을 정점으로 하여 1883년의 94만 결로까지 약 8% 감소하였다.

전국적으로 미곡의 생산량이 감소한 것은 이처럼 경지가 감소한 탓도 있지만, 보다 중요한 원인은 토지생산성의 감소에 있었다. 17세기 후반 이래 남부지방에 분포한 양반신분의 답주, 친족집단, 서원 등이 소유한 답에서 수취한 생산량이나 지대량을 매년 기록한 추수기秋收記에서 그러한

16 『備邊司謄錄』 憲宗13年 1月 15日.

17 李光麟(1961), 『李朝水利史研究』, 韓國研究圖書館, 146쪽.

18 鄭勝振(2003), 『韓國近世地域經濟史 — 全羅道 靈光郡 一帶의 事例 —』, 景仁文化社, 41~52쪽.

[그림 7-3] 답의 두락당 지대량의 장기추세(1685~1945)

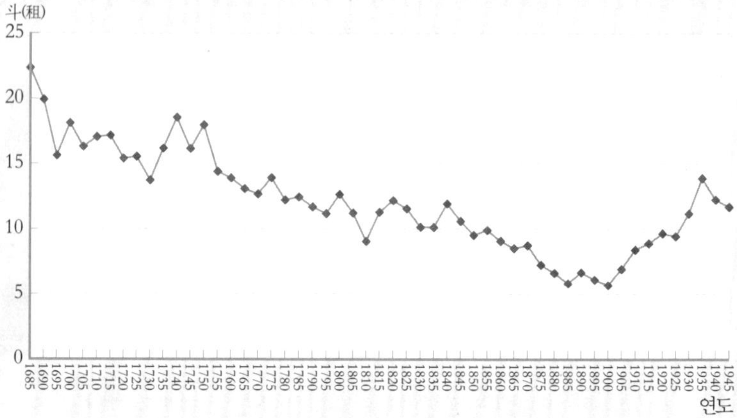

출처: 이영훈(2012), 「17세기 후반~20세기 전반 水稻作 土地生産性의 장기추세」, 『經濟論集』 51-2, 서울대학교 경제연구소, 417쪽.

추세를 확인할 수 있다. 〈그림 7-3〉은 지금까지 확인된, 시계열이 비교적 양호한, 36종의 추수기에서 검출된 답 1두락에서 수취된 벼 지대량의 5개년 평균치의 장기추세이다.[19]

두락당 지대량은 1680년대 이래 1750년대까지는 15~20두 수준에 머물다가 이후 지속적으로 감소하여 1880년대에 이르러서는 6~7두로까지 낮아져 있었다. 18세기 전반에 비해 1/3에 불과한 수준이다. 이후 1890년대부터 상승의 추세로 반전하여 1940년대까지 15두 수준을 회복하고 있다. 두락당 지대량의 감소를 초래하는 요인은 두 가지이다. 하나는 두락당 생산량이 감소하는 것이고, 다른 하나는 생산량 가운데 지대가 차지하는 비율, 곧 지대율이 감소하는 것이다. 17~19세기 민간의 병작(어우리) 관행에 있어서 지대율은 통상 50%였다. 그 지대율이 장기적으로 하락

19 이영훈(2012), 「17세기 후반~20세기 전반 水稻作 土地生産性의 장기추세」, 『經濟論集』 51-2, 서울대학교 경제연구소, 411~460쪽.,

했다는 증거는 어디서고 찾아지지 않는다. 병작 관행에 관한 20세기 초의 조사 자료는 공통으로 지대율이 50%임을 전하고 있다. 36종의 추수기 가운데 2종의 추수기로부터는 지대율을 추정할 수 있는데, 거기서도 지대율은 변하지 않았다. 36종의 추수기 가운데 3종은 두락당 지대량이 아니라 두락당 생산량을 기록한 것이다. 거기서 확인되는 두락당 생산량 역시 위와 같은 형태의 장기추세를 그렸다. 요컨대 18세기 후반 이래 19세기 말까지 두락당 지대량이 근 1/3로 감소하는 장기추세의 기본 요인은 두락당 생산량, 곧 수도작의 토지생산성의 감소에 있었다. 지대율이 감소하여 위와 같은 추세를 가속시킨 기간이 있긴 했었다. 민란이 자주 발생하여 사회기강이 문란해진 1860년대 이후는 지대율의 하락이 중요한 요인이었다.[20] 그것은 민란이 종식된 1894년 이후 지대량이 곧바로 상승의 추세로 돌아선 것을 보아서도 짐작할 수 있다.

수집된 36종의 추수기 가운데 전라도와 경상도의 것이 30종으로서 대부분을 차지하고 있다. 나머지는 경기도 1종, 충청도 5종이다. 추수기가 수집되지 않은 강원도와 북한 지방에서도 위와 같은 추세가 있었는지는 알 수 없다. 19세기의 함경도는 남부지방과 달리 경제적으로 확장 추세였다고 지적되고 있다. 인구가 증가했으며, 그에 따라 논의 면적과 장시의 수가 증가하고 있었다.[21] 위와 같은 수도작의 위기적 상황은 19세기의 함경도와는 무관하였을 가능성이 크다. 또한 경기 이남의 남부지방이라고 해서 모든 지역의 실정이 한결 같지 않았다. 위와 같은 장기추세는 전라도의 여러 추수기에서 전형적으로 연출되었다. 수도작의 위기는 19세기의 전라도에서 가장 심각하였다. 경상도에서의 장기추세는 사례에 따라 보다 일찍 감소했다가 회복되는 경우, 보다 늦게까지 안정적이었다가 급하

20 전라도 영광군의 辛氏家 추수기를 분석한 정승진에 의하면 1860년대 이후 두락당 지대량이 감소한 한편의 원인은 지대율의 하락에 있었다. 鄭勝振(2003), 『韓國近世地域經濟史 — 全羅道 靈光郡 一帶의 事例 —』, 182~185쪽 참조.

21 고승희(2003), 『조선후기 함경도 상업연구』, 國學資料院, 40~51·74~97쪽.

게 감소하는 경우 등, 다양한 중기적 변동을 내포하였다.

추수기가 제시하는 이 같은 장기추세를 두고 그것은 병작 관계에 있어서 답주와 작인이 소출을 나누는 방식이 변했기 때문이라는 비판적 해석이 있다.[22] 18세기 전반까지 종자와 결세는 답주가 부담했는데, 이후 작인이 부담하게 되었으며, 그에 따라 답주의 몫이 위와 같이 줄어들었다는 것이다. 그렇지만 여러 추수기에서 관찰되는 종자와 결세를 둘러싼 답주와 작인의 관계는 이 같은 해석이 별다른 근거 없이 제기된 것임을 확인해 주고 있다. 병작 관계에 있어서 종자와 결세는 오래 전부터 작인이 부담해 왔다. 특별한 흉작이라도 들면 아무래도 작인이 그것을 부담할 능력이 없기 때문에 답주가 부담을 대신하였다. 그러다가 다시 원래의 상태로 돌아가 작인이 부담하였다. 그런데 19세기에 들어서면 답주가 종자와 결세를 부담하는 경우가 추세적으로 많아지고 또 그 기간이 장기화하였다. 그만큼 작인들의 경제 사정이 악화되었기 때문이다. 그러니까 비판적 해석과는 거꾸로 실제의 역사는 답주가 종자와 결세를 부담하는 추세였다.[23]

요컨대 18세기 중엽 이후 수도작의 토지생산성은 1880년대까지 큰 폭으로 하락하였다. 산림의 황폐와 그에 따른 수리사정의 악화가 한편의 원인이었다. 뒤이어 살필 시장의 위축과 사회기강의 해이는 노동의욕을 감퇴시킴으로써 그에 민감하게 영향을 받는 수도작의 생산성을 떨어뜨리는 다른 한편의 요인으로 작용했을 터이다. 논농사의 위기가 밭농사에서도 마찬가지였다는 확실한 증거는 없다. 밭농사는 논농사만큼 수리사정의 변화에 큰 영향을 받지 않기 때문이다. 그렇지만 시장의 위축과 사회기강의 해이는 밭농사에도 나쁜 영향을 미쳤을 가능성이 크다.

---

22 김건태(2004), 『조선시대 양반가의 농업경영』, 역사비평사, 267~271쪽.
허수열(2011), 『일제초기 조선의 농업 – 식민지근대화론의 농업개발론을 비판한다 –』, 한길사, 339~345쪽.

23 이영훈(2012), 「혼란과 환상의 歷史的 時空 – 허수열의 『일제초기 조선의 농업』에 답한다 –」, 『경제사학』 53, 168~172쪽.

여러 추수기에서 관찰된 논농사의 위기적 상황은 다른 자료에서 검출되는 경제지표들과 수미상응하고 있다. 경주 옥산서원의 지출부에서 확인되는 여러 재화의 가격을 비교한 연구에 의하면, 19세기 이래 쌀의 상대가격은 상승추세였으며, 특히 19세기 중엽 이후가 그러하였다.[24] 이 같은 현상은 쌀이 상대적으로 부족해졌기 때문일 수도 있고, 쌀에 대한 수요가 상대적으로 커졌기 때문일 수도 있다. 1792~1906년에 걸친 한성 명례궁明禮宮의 지출부에서 확인되는 찹쌀 가격은 그와 보완재 관계에 있는 팥·녹두·꿀 가격보다 더 가파른 상승세를 보였다.[25] 이 현상은 한성 시장에서 찹쌀의 공급량이 점점 작아졌음을 의미하고 있다. 수요 측 요인은 아니었다. 그 점은 경주에서도 마찬가지였다. 다시 말해 전국적으로 여타 모든 재화에 대한 쌀의 상대가격이 상승했음은 쌀의 공급량이 감소하였기 때문이다. 논의 명목가격을 쌀 가격으로 나눈 논의 실질가격이 어떻게 변했는지를 1만 점 이상의 매매문기를 통해 추적한 연구가 있다. 그에 의하면 논의 실질가격은 19세기 초에는 두락당 벼 6석을 넘었는데 개항 직전에 4석으로까지 떨어졌다.[26] 그것은 논의 생산성이 떨어지자 논의 자산가치가 하락하고, 그에 따라 논의 수요가 감소하였기 때문이다.

무역의 동향

1660년대 이후의 경제적 번영과 안정을 가져다 준 일본과의 무역은 18세기에 들어 일본이 주요 수입품인 중국산 견직물과 조선산 인삼을 국산화함에 따라 급격히 위축되어 갔다. 일본은의 수입은 1714년의 1,956관

---

24 박기주(2004), 「재화가격의 추이, 1701-1909—慶州 지방을 중심으로—」, 이영훈 편, 『수량경제사로 다시 본 조선후기』, 서울대학교출판부, 187~188·204~205쪽.

25 이영훈(2005), 「19세기 서울 재화시장의 동향—안정에서 위기로—」, 中村哲·박섭 편저, 『동아시아 자본주의 형성사』 I, 신서원, 102~108쪽.

26 차명수·이헌창(2004), 「우리나라의 논가격 및 생산성, 1700~2000」, 『수량경제사로 다시 본 조선후기』, 148~171쪽.

을 정점으로 하여 1751년까지 110관으로 줄었으며, 1752년 10관의 은을 실은 배 1척이 마지막으로 입항한 뒤로는 사실상 두절되었다.[27] 동래의 왜관倭館에서 5일마다 양국의 상인이 만나던 사무역 시장은 1722~1726년에는 74%의 개시율을 보였으나 1844~1849년에는 24%로 낮아져 있었다.[28] 그사이 양국의 외교관계도 점점 소원해져 1636년 이후 8회에 달했던 조선왕조의 통신사 파송은 1811년 이후 중단되었다. 양국의 관계는 쓰시마번對馬藩이 해마다 동·후추·단목丹木과 같은 조선의 비토산품을 공급하고 조선이 면포 665동과 쌀 1만 3,333석을[29] 지급하는 공무역 중심으로 위축되었는데, 이 관계는 1876년 일본과 새로운 형태의 국교가 수립되기 직전까지 묵묵히 이어졌다.

일본은의 유입이 감소하자 중국과의 무역에 적지 않은 타격이 가해졌다. 조선왕조는 은의 유출을 막기 위해 1720년에 책문후시柵門後市를 봉쇄하였다. 사행단을 수행하는 상인들이 책문에서 중국 상인과 벌인 후시는 조선에서 은이 유출되는 가장 중요한 경로였는데, 그 유출량이 연간 50~60만 냥에 달하기도 하였다.[30] 이후 대중對中무역은 연간 8포은包銀 7~8만 냥의 규모로 축소되었다. 그러나 1754년이 되면 변경 주민의 생계를 돕는다는 명분으로 책문후시가 다시 개설되었는데, 조선왕조는 은 대신 종이, 면포, 해산물의 수출을 장려하였다.

1758년에는 은이 점점 부족해져 사행단이 휴대하는 8포은의 확보마저 어렵게 되자 조정은 정부가 보유한 은을 역관에게 대여하여 중국에서 방한용 모자를 수입하여 민간에 은을 받고 파는 정책을 시행하였다. 1774

27 田代和生(1981), 『近世日朝通交貿易史の硏究』, 創文社, 325쪽.

28 鄭成一(2000), 『朝鮮後期對日貿易』, 신서원, 98쪽.

29 糟谷憲一(1992), 「近代的外交體制の創出 — 朝鮮の場合を中心に —」, 荒野泰典 外, 『アジアなかの日本史』 II, 東京大学出版會, 231쪽. 일본에 지급된 면포와 쌀은 1660년 이래 1,021동과 1만 6,000석이었는데 1809년 위와 같이 조정되었다.

30 全海宗(1970), 『韓中關係史 硏究』, 一潮閣, 103쪽.

년에는 상인들이 직접 자기자본으로 모자를 수입하고 그에 대해 정부가 은을 관세로 부여하는 정책이 취해졌는데, 그것도 국내의 은 보유가 점점 고갈되어 여의치 않았다. 상인들에게 허가된 모자의 수입량은 연간 1,000척隻이었는데, 1808년의 수입량은 560척에 불과하였다.[31] 모자 무역은 결과적으로 민간이 보유한 은을 중국으로 유출시키는 역할을 수행하였을 뿐이다.

은 부족에 따른 대중무역의 침체를 구한 것은 재배인삼, 곧 가삼家蔘이었다. 가삼은 18세기 초 영남에서 재배법이 개발되었는데, 18세기 말 개성부근으로 그 재배 중심지가 바뀌었다. 자연산과 달리 가삼은 장거리 수송에 부패할 수 있어 홍삼紅蔘으로 가공되었다. 홍삼은 정부의 강력한 규제에도 불구하고 일찍부터 중국으로 밀수출되었다. 그 대책의 일환으로, 또 8포은을 확보하기가 점점 어려워진 현실에 대응하여, 1797년 조선왕조는 17세기의 포삼제包蔘制를 부활하여 사행단이 여행경비와 무역자금을 위해 홍삼 120근을 휴대하는 것을 허락하였다. 당시 홍삼 1근의 국내가격은 은 100냥이었는데, 중국으로 건너가면 350~750냥의 고액으로 팔렸다.[32] 홍삼의 수출무역은 처음에는 사역원司譯院의 역관과 한성상인이, 1810년대 이후 개성상인과 의주상인이 주도권을 장악하였다. 공인된 수출 물량은 1797년의 120근에서, 1811년 200근, 1823년 800근, 1834년 8,000근, 1847년 2만 근으로 늘었다.[33] 정부는 수출 홍삼에 대해 근당斤當 정액의 수출세를 수취하여 호조와 의주부義州府의 재정에 보탰는데, 1840년대의 경우 근당 5냥으로서 도합 10만 냥의 적지 않은 수입을 올렸다.

은을 대신한 홍삼의 출현으로 대중무역은 19세기에 들어와 번성했다고 보이지만, 그것이 국내의 경제 발전과 시장 확대에 얼마나 도움이 되었는

31 민족문화추진회(1971), 『국역만기요람』 I(財用篇), 560쪽.
32 유승주·이철성(2002), 『조선후기 중국과의 무역사』, 景仁文化社, 194쪽
33 유승주·이철성(2002), 『조선후기 중국과의 무역사』, 207쪽.

지는 의심스럽다. 인삼의 재배와 홍삼으로의 가공에는 많은 자본이 소요되었으며, 이에 정부의 허가를 받은 소수의 상인만 그 특권을 누렸다. 반면 중국에서 수입된 대량의 견직물은 조선의 잠업과 견직업에 파괴적인 영향을 미쳤다. 그럼에도 조선왕조의 지배자들은 자국의 산업을 보호하기 위한 산업정책이나 무역정책을 강구하지 않았다. 오히려 그들은 중국산 고급 비단을 선호했으며, 이에 비단의 수입은 상인들에게 커다란 이익을 안겼다. 1834년 조선왕조는 비단을 경쟁적으로 수입하려는 시전 상인들의 청원을 허락하여 비단의 수입권을 널리 개방하였다.[34] 1834년 홍삼의 수출량이 종전의 800근에서 8,000근으로 갑자기 증가한 것도 그때문이었다고 보인다. 그와 더불어 서양목西洋木 또는 당목唐木이라 하여 이미 중국에 들어오기 시작한 영국산 면제품도 함께 수입되기 시작하였는데, 그에 따라 한성의 면포전이 입은 타격은 적지 않았다.

중국산 견직물이 대량으로 수입됨과 더불어 서유럽산 면제품까지 수입되자, 홍삼의 수출에도 불구하고 조선의 대중무역은 적자를 면치 못하였다. 예컨대 중앙정부가 보유한 은은 1782년 43만 냥이었는데, 비단의 수입 자유화가 있은 1830년대에 격감하여 20만 냥 전후에 불과하였다.[35] 일본에서 더 이상 은이 들어오지 않자 평안도 등지에서 은광이 개발되었는데, 대부분의 은은 대중무역의 적자를 메우기 위해 중국으로 유출되었다. 19세기에 들어와 황해도 수안에서는 사금砂金이 활발하게 채취되기 시작했는데, 그 역시 대부분 중국으로 빨려 들어갔다. 그에 대해 정약용은 『경세유표經世遺表』에서 "우리나라는 해마다 금은金銀 수천만 냥을 중국에 들여보내 금수錦繡와 견포絹布를 바꿔 오고 있다. 이것은 한정 있는 것으로써 한정 없는 것과 무역하는 것이니 어찌 국력이 쇠진하여 피폐하

34 고석규(2000), 「19세기 전반 서울의 시전상업」, 이태진 외, 『서울상업사』, 태학사, 335~342쪽.

35 李憲昶(1999), 「1678-1865년간 貨幣量과 貨幣價値의 推移」, 『經濟史學』 27, 26~27쪽.

【표 7-1】 장시 수의 추이(1770~1911)

지역 \ 연도	1770	1830	1872~1876	1911
전국	1,062	1,052	-	1,084
충청도	157	158	105	138
전라도	216	188	169	208
경상도	276	268	237	246

출처: 1770, 1830, 1872, 1876년: 韓相權(1981), 「18세기말~19세기초 場市發達에 대한 基礎硏究」, 『韓國史論』 7, 196쪽.
1911년: 『朝鮮總督府統計年報』 1911年度版.

지 않겠는가"라고[36] 비판하였다.

장시의 위축

대일무역의 쇠퇴와 대중무역의 불균형은 국내시장의 위축을 초래하였다. 그 좋은 증거를 19세기에 걸친 장시의 동향에서 찾을 수 있다. 〈표 7-1〉에서 보듯이 1770년 1,062기에 달했던 전국의 장시 총수는 1830년까지 큰 변화가 없었다. 다만 전라도에서 장시 수가 동기간 216기에서 188기로 적지 않게 감소하였다. 장시의 수가 감소한 것을 두고 두 가지 상이한 해석이 있다. 하나는 분산적인 소규모 장시가 대규모 장시로 통합되어 가는, 다시 말해 시장이 발전하는 현상이라는 해석이고,[37] 다른 하나는 사회적 혼란과 경제적 침체로 시장이 후퇴하는 현상이라는 해석이다.[38] 나는 후자의 해석이 옳다고 생각한다. 전자의 해석이 성립하기 위해서는 5일장이 3일장 또는 상설시장으로 나아가는 추세가 관찰되어야 하는데, 실제로는 그 반대이다. 예컨대 1770년의 『동국문헌비고』에서는 2일

36 민족문화추진위(1977), 『국역경세유표』 I, 169쪽(丁若鏞, 『經世遺表』 卷2, 冬官工曹 典圜署).

37 韓相權(1981), 「18세기말~19세기초 場市發達에 대한 基礎硏究―慶尙道地方을 중심으로―」, 『韓國史論』 7, 207~216쪽.

38 이재하·홍순기(1992), 『한국의 場市―정기시장을 중심으로―』, 民音社, 73~74쪽.

장 내지 3일장이 각 도에서 여럿 존재하였지만, 1830년의 『임원경제지』에서 전국의 장시는 거의 예외 없이 5일장으로 표준화해 있었다. 이렇게 농촌시장은 후퇴하고 있었는데, 그 출발은 전라도였다.

뒤이어 1872년까지는 충청·전라·경상 3개 도의 동향만 알려져 있는데, 1830년과 비교했을 때 도합 614기에서 511기로 17%나 감소하였다. 특히 충청도에서의 감소가 가장 심하여 158기가 105기로까지 감소하였다. 이후에도 장시는 1890년대까지 더욱 감소하거나 정체했으며, 1900년 이후에야 증가 추세로 돌아섰다고 보인다. 남부 3개 도의 장시 총수는 1911년 592기로 회복되었는데, 그럼에도 충청과 경상에서는 1830년의 수준에 미달이었다.

19세기에 걸친 장시의 감소는 내륙에서보다 연안에서 심하였다. 내륙지방의 장시 수는 안정적이었으며, 오히려 증가하기도 하였다. 연안 지방에서 장시가 더 많이 감소한 것은 해상무역이 쇠퇴하였기 때문이다.[39] 전술한 대로 동래의 왜관에서 벌어진 일본과의 사무역 시장은 19세기 전반까지 점점 위축되었으며, 그에 따라 왜관으로 오가는 상선의 수와 화물의 양도 줄어들었다. 전장에서 소개한 대로 전라도와 경상도의 연안을 연결한 무역은 전라도의 곡물이 경상도로 건너가고 경상도의 어물이 회항回航 화물로 실려 오는 구조였다. 19세기에 들어 전라도의 논농사가 후퇴하자 이 같은 구조의 남해무역도 시들어 갈 수밖에 없었다.

1797년에 정조가 한성 포구의 상인들에게 지방 군현의 세곡을 한성으로 조운하는 특권을 부여한 것은 지방 상인의 해상무역에 더없이 큰 타격이었다. 정조는 한강 이남의 수원에 있는 부친의 묘 융릉隆陵에 자주 행차했으며 그때마다 한강 상인들의 배를 동원하여 배다리舟橋를 가설하였다. 정조는 그에 대한 보상으로 그때까지 지방의 상인들이 보유한 세곡

39 李榮薰(2007), 「19세기 朝鮮王朝 經濟體制의 危機」, 『朝鮮時代史學報』 43, 280~281쪽.

【표 7-2】 전라도 영암과 경상도 경주의 미가변동의 상관계수

기간	상관계수	관측치
1738~1765	0.941	10*
1779~1816	0.659	37*
1820~1854	0.627	30*
1855~1882	0.230	11
1883~1910	0.618	31*
1911~1937	0.818	18*

출처: 이영훈·박이택(2004), 「농촌 미곡시장과 전국적 시장통합, 1713~1937」, 이영훈 편, 『수량경제사로 다시 본 조선후기』, 서울대학교출판부, 237쪽.
비고: *는 5% 수준에서 유의미.

의 조운권을 한강의 상인들에게 넘겼다.[40] 세곡의 조운비는 대략 10만 석에 달하였다. 그 거액의 운임이 한성상인의 소득으로 넘겨지자 지방의 상업과 해상무역은 위축될 수밖에 없었다.

시장이 위축됨에 따라 광역적인 시장통합도 해체되어 갔다. 〈표 7-2〉는 전라도 영암과 경상도 경주의 쌀값 변동을 비교하여 시기별 상관계수를 계산한 것이다.[41] 처음 1735~1765년에 두 시장의 쌀값 변동은 0.941이라는 높은 수준의 유의한 상관계수를 보였다. 전장에서 설명한 대로 번성한 남해무역이 멀리 떨어진 두 시장을 긴밀하게 통합하였다. 그때가 조선왕조 경제의 전성기였다. 뒤이어 1779~1816년에는 0.659, 1820~1854년에는 0.627로 상관계수가 낮아졌다. 그 사이 두 시장의 통합은 적지 않게 약화되었다. 그럼에도 통계적으로는 여전히 유의한 상관계수여서 그런대로 두 시장은 통합 상태를 유지하였다. 이후 1855~1882년의 상관계수는 0.230으로서 두 시장은 어떠한 수준의 통합도 거론하기 힘들 정도

40 崔完基(1989), 『朝鮮後期船運業史研究』, 一潮閣, 129~147쪽.
41 이영훈·박이택(2004), 「농촌 미곡시장과 전국적 시장통합, 1713~1937」, 『수량경제사로 다시 본 조선후기』, 237쪽.

로 완전히 분열하고 말았다. 두 시장의 상관성이 회복되기 시작하는 것은 1883년 이후, 정확히 말해 일본으로의 쌀 수출이 본격화하는 1890년대부터인데, 그에 대해서는 후술하겠다.

국가적 재분배경제의 해체

미곡 생산의 감소와 농촌시장의 위축이 사람들의 생활수준에 나쁜 영향을 미치고 있었음은 여러 방면에서 다각적으로 관찰되었다. 농촌 임금에 관한 연구는 농업생산성의 하락을 반영하여 일고日雇 노동자의 실질임금이 1853년 이후 약 50년간 1/3 수준으로 하락하였음을 보여 주고 있다.[42] 조선왕조가 파악한 인구 수는 1814년 790만 3,167명을 정점으로 하여 1861년까지 674만 8,138명으로 14.6%나 감소하였다. 이것이 실제 인구의 감소를 대변하는지는 확실하지 않지만, 그러했을 가능성이 적지 않다. 전국적으로 분포한 181개 양반가의 족보에서 가족구성을 복원한 연구에 의하면, 가족당 인구 수는 19세기 초의 3.75명 전후에서 1870년대의 3.25명 전후로 감소하였다.[43] 인구가 감소한 주요 원인은 사망률의 증가였다. 생활수준이 하락하여 영양상태가 악화되자 사람들은 질병과 추위의 위협에 더 많이 노출되었다.

농촌사회에서 안정 기조가 해체되어 가는 또 하나의 증거는 소농 가계의 존속기간에서 찾아지고 있다. 전장에서 소개한 대로 1717년 경상도 단성현 법물야면의 호적에서 주호主戶 368호가 가계를 유지하고 계승한 기간은 평균 41년이었다. 그에 비해 1825년의 주호567호가 가계를 유지하고 계승한 기간은 평균 21년에 불과하였다.[44] 그처럼 19세기의 농가는

42 李宇衍(2001) ,「農業賃金의 推移: 1853-1900」, 安秉直·李榮薰 編著,『맛질의 農民들 ― 韓國近世村落生活史 ―』, 一潮閣, 196~202쪽.

43 박희진(2002),「朝鮮後期 家系當 平均口數 趨勢 ― 族譜를 이용한 家族再構成을 중심으로 ―」,『경제사학』 33, 13쪽.

44 이영훈·조영준(2005),「18-19세기 農家의 家系繼承의 추이 ― 경상도 단성현 法勿也面 戶籍

당대에 다른 면으로 주거를 옮김이 보통이었다. 18세기에 비해 일층 불안해진 19세기 농촌사회에서는 약간의 재해나 흉작에도 사람들이 이리저리 대량으로 유동하였다.

모든 경제지표의 악화에도 불구하고 1830년대까지 농촌사회의 안정 기조를 떠받친 것은 환곡을 축으로 한 국가적 재분배경제였다. 군왕이 백성의 살림살이를 직접 보살핀다는 성리학적 왕정의 이념에 입각한 환곡의 운영이 18세기의 농촌경제를 안정시키는 데 지대한 효과가 있었음은 아무리 강조해도 지나치지 않다. 그 환곡제가 19세기에 들어와 조금씩 해체되어 갔다. 18세기 말 총 1,000만 석에 달했던 환곡은 1862년까지 800만 석으로 줄었다. 그것도 장부상의 수치이지 창고에 실제로 쌓인 것은 그것의 46%에 불과하였다.[45] 장부상의 수치가 실재實在와 크게 다른 것은 농업생산이 감소하여 환곡을 상환하지 못한 농가가 많아졌기 때문이다. 군현의 수령이나 향리 집단의 기강이 해이해져 환곡을 훔쳐 먹거나 상업자금으로 활용하다가 실패한 것도 다른 한편의 원인이었다.

환곡의 총량이 감소하고 있음에도 이전 시대에서처럼 정부재정에 의해 원곡元穀이 순조롭게 보충되지 못한 것은 농업생산의 감소로 정부재정의 수지가 악화되었기 때문이다. 〈그림 7-4〉는 1779~1881년에 걸쳐 매 연말에 중앙정부의 각사가 시재時在로 보유하고 있는 미米, 두豆, 포布, 전錢 등을 전으로 환산한 총량의 장기추세이다.[46] 풍흉에 따라 해마다 진폭이 크긴 하지만 1800년대까지만 해도 중앙정부의 연말 시재는 500~600만 냥에 달하였다. 그러했던 재정 상태가 악화되기 시작한 것은 1809년부터이다. 이후 1830년대가 되면 중앙정부의 연말 시재는 200~300만 냥으

에서—」, 『경제사학』 39, 17쪽.

45 오일주(1992), 「조선후기의 재정구조의 변용과 환곡의 부세화」, 『實學思想研究』 3, 82~84·108쪽.

46 박석윤·박석인(1988), 「朝鮮後期 財政의 變化時點에 관한 考察—1779년(정조3년)에서 1881년(고종18년)까지—」, 『東方學志』 60, 146~147쪽.

[그림 7-4] 중앙 각사의 연말 시재 총액의 추이(1779~1881)

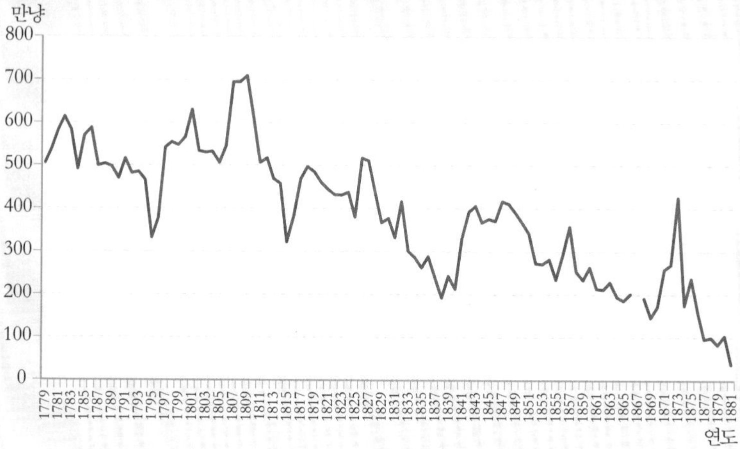

출처: 박석윤·박석인(1988),「朝鮮後期 財政의 變化時點에 관한 考察」,『東方學志』60, 146~147쪽.
비고: 원 그림은 1867년 當百錢의 발행으로 인해 중앙재정의 시재고가 매우 높아진 異常値를 포함하고 있으나 이를 소거하였다.

로 줄어 있었다. 이후 다소간의 회복을 보이다가 1850년대 이후 다시 한 번 급격히 악화되어 1870년대 말이면 100만 냥 이하로 떨어지고 말았다. 이처럼 1810년대 이후 중앙정부의 재정은 장기적으로 적자의 신세를 면치 못하였다. 그 가장 중요한 원인은 앞서 소개한 대로 미곡 생산이 후퇴함에 따라 결세 수입이 감소하였기 때문이다.

또한 중앙정부는 해마다 각 군현의 작황을 파악하고 재해가 발생한 정도에 따라 결세를 적절히 감면해 주었다. 재해는 그 정도에 따라 5등급으로 구분되었으며, 그에 따라 관례적으로 일정 규모의 면세지가 지급되었다. 이같이 재정을 통해 구축된 일종의 자기조절적 안정화기구는 농촌경제에 가해진 생산충격을 완화함에 적지 않게 기여하였다. 그런데 1840년대 이후 중앙정부 재정의 악화로 면세지의 지급 규모가 줄어들기 시작하였다. 그에 따라 위와 같은 안정화기구도 작동하지 않게 되어 농촌경제가

일층 불안정해졌다.[47]

정부재정만이 아니라 왕실재정도 마찬가지의 추세를 걸었다. 궁중의 소주방燒廚房에 미·두 등의 식재료를 공급한 명례궁이란 궁방의 1793년 연말 재고는 4만 6,230냥의 거액에 달하였다. 이같이 풍족했던 재고는 19세기에 들어와 조금씩 소진되어 갔으며, 1840년대에 이르러선 거의 바닥을 드러내 일시 차입이 행해지기도 하였다. 명례궁 재정수입의 거의 절반을 차지하는 궁방전으로부터의 수입이 농업생산의 부진으로 정체하거나 감소하였기 때문이다.[48]

1840년대가 되면 조선왕조에 의한 경제적 통합에 균열이 발생하고 있음을 알리는 적신호가 여러 군데서 깜빡이고 있었다. 환곡제還穀制를 중심으로 한 국가적 재분배경제가 사실상 기능부전機能不全에 빠졌기 때문이다. 전장의 〈그림 6-4〉에서 볼 수 있듯이 농촌시장에서 미가米價는 1830년대까지는 충격을 받더라도 일정의 균형수준으로 회귀하는 정상성定常性을 보였다. 1840년대 이후 미가는 정상성을 상실하고 불안정한 움직임을 보이다가 1850년대 중반부터 급속한 인플레이션의 추세에 접어들었다.[49] 중앙정부가 재정수입을 보충하기 위해 동전을 자주 대량으로 발생한 것이 그 직접적인 계기를 제공하였다.

민란의 물결

조선왕조가 수습하기 힘든 위기에 빠졌음을 알리는 가장 노골적인 징후는 왕조의 지배체제에 대한 농민의 물리적 저항이었다. 가장 심각한 저

---

47 박이택·이영훈(2004), 「18-19세기 미곡시장의 통합과 분열—靈巖 지방의 미가변동에 대한 생산충격의 영향 분석—」, 『수량경제사로 다시 본 조선후기』, 322쪽.

48 李榮薰(2011), 「大韓帝國期 皇室財政의 기초와 성격」, 『경제사학』 51, 9~10쪽.

49 미가가 定常性을 상실하는 시기는 1846년으로 검정되고 있다. 박이택·이영훈(2004), 「18-19세기 미곡시장의 통합과 분열—靈巖 지방의 미가변동에 대한 생산충격의 영향 분석—」, 『수량경제사로 다시 본 조선후기』, 316쪽.

항의 대상은 환곡제였다. 18세기 조선왕조의 안정을 지탱한 환곡제가 이제는 갈등과 저항의 대상으로 바뀌었다. 19세기 중반 환곡의 거의 절반 이상은 회수되지 못하거나 농간으로 없어진 상태였다. 중앙정부는 재정수입을 보충하기 위해 환곡의 이자수입을 중앙재정으로 이속시켰다. 군현의 관리들은 농가에 환곡을 나누어 주지도 않은 채 이자곡의 수납만을 강요했는데, 이를 가리켜 와환臥還이라 하였다. 군현에 따라서는 이자곡을 군현의 결총結總에 배분하여 결세와 함께 수취했는데, 이를 도결都結이라 하였다.[50] 대개 1840년대 이후 환곡제는 그 본연의 권농과 구제의 기능을 상실하고 와환과 도결 등의 형태로 수탈적인 토지세로 바뀌어 갔다.[51]

조선왕조는 16세 이상의 남정에 역을 부과하고 수취하는 개별 인신지배체제를 끝내 포기하지 않았다. 많은 변용에도 불구하고 왕조의 인신지배체제는 19세기 말까지 고수되었다. 1750년을 전후하여 상민신분의 군정軍丁은 그 수가 50만 정도였는데, 18세기 말까지 증가 추세였다. 이들은 중앙과 지방의 군영에 배속된 군인들로서 연간 면포 1필의 군포를 해당 군영에 상납하였다. 군정으로 선발된 것은 주로 하층의 상민들이었다. 그들보다 훨씬 많은 수의 양반, 향리, 역리, 노비, 합법적 면역자, 불법적 피역자는 군포 부담에서 제외되었다. 지방에 따라서는 동리의 주민들이 신분 고하를 막론하고 군포를 공동 부담하는 동포제洞布制 또는 군포계軍布契의 관행이 성립했지만, 주로 북부지방에 국한되고, 남부지방에서는 예외적인 현상이었다. 군정을 조사해 내는 일은 19세기 전반 농촌사회에 있어서 신분 간, 계층 간의 가장 심각한 갈등의 소지를 이루었다. 힘없는 상민신분의 농민은 16세 이하의 어린아이도 군포를 부담했는데, 이를 황구첨정黃口簽丁이라 하였다. 백골징포白骨徵布라 하여 사망한 자에게까지 군포가 부과되기도 하였다. 이를 견디지 못하고 농가가 도산하면 족징族

50 송찬섭(2002),『朝鮮後期 還穀制度改革硏究』, 서울대학교출판부, 32~33·64~65쪽

51 文勇植(2000),『朝鮮後期 賑政과 還穀運營』, 景仁文化社, 285~287쪽.

徵과 인징隣徵이라 하여 그 친족과 이웃에게 부담이 전가되었다. 예컨대 1788년 경상도 영천군의 경우 호총戶總은 3,283호인데 각종 면역호와 피역호를 제하고 난 상민 호는 500여 호에 불과하였다. 그런데 군정의 총수는 2,783명이나 되었다.[52] 상민 호에 중첩으로 부과된 군포의 부담이 얼마나 무거웠을지는 상상하기 힘들 정도이다.

19세기 초 전라도 강진현에 유배 중인 정약용은 군포 수취에 따른 갖가지 폐단을 『목민심서牧民心書』에서 더없이 리얼하게 기록하였다.[53] 1803년 그가 지은 '애절양哀絶陽'이란 시는 어느 남정이 남자 아이를 낳은 지 사흘 만에 군정으로 등록되자 "내가 이것 때문에 곤액困厄을 당한다"면서 스스로 자신의 생식기를 잘랐는데, 아내가 그 생식기를 들고 관가에 가서 울며 하소연했으나 거절당하였다는 내용이다. 읽은 이의 마음을 더없이 처연하게 만드는 그 시의 전반부를 인용한다.

갈밭마을 젊은 여인 울음도 서러워라
縣門 향해 울부짖다 하늘 보고 호소하네
군인 남편 못 돌아옴은 있을 법도 한 일이나
예부터 男絶陽은 들어보지 못했노라
시아버지 죽어서 이미 상복 입었고
갓난아인 배냇물도 안 말랐는데
3대의 이름이 군적에 실리다니
달려가서 억울함을 호소하려도
범 같은 문지기 버티어 있고
里正이 호통하여 단벌 소만 끌려갔네

52 金容燮(1984), 「朝鮮後期의 賦稅制度 釐正策」, 『增補版 韓國近代農業史硏究 — 農業改革論·農業政策 —』 上, 一潮閣, 281쪽.

53 丁若鏞 著, 茶山硏究會 譯註(1984), 『譯註 牧民心書』 IV, 創作과 批評社, 108~152쪽.

남편 문득 칼을 갈아 방안으로 뛰어들자
붉은 피 자리에 낭자하구나
스스로 한탄하네 "아이 낳은 죄로구나"[54]

드디어 농민들은 통합의 능력을 상실한 가운데 수탈성만 노골화하는 왕조의 지배체제에 물리적으로 저항하기 시작하였다. 1840년 경상도 경주의 백성들이 한성에 올라와 대궐 앞에서 환곡제의 폐단에 대해 소청을 제기하였다. 처음에는 소수에 의한 합법적인 청원의 형태로 시작된 농민의 저항은 점차 집단적이며 폭력적인 형태로 바뀌어 갔다. 이윽고 1862년에 이르러선 삼남의 70여 군현에서 수령을 고을 밖으로 축출하고 탐학한 향리를 처형하는 민란이 발생하였다. 민란은 실세하거나 몰락한 양반 신분의 지식인에 의해 주도되는 경우가 많지만, 그에 호응하여 민란에 참여한 중심세력은 가난한 소농들이었다.[55] 대개의 민란은 지방 관아에 난입하여 탐악한 수령을 핍박하여 인부印符를 탈취하고 고을 밖으로 축출하거나, 민원의 대상인 향리와 토호의 집을 파괴하고 살해하는 과정으로 막을 내렸다. 그들은 중앙에서 파견되어 온 관리들의 회유로 해산하였는데, 그것은 농민들의 일반적 인식에 있어서 민란을 야기한 악정이 대개 수령과 이서배의 개인적인 탐악에 있는 것으로 이해되었기 때문이다.

사창제와 호포제

민란의 물결에 직면하여 조선왕조는 환곡제와 군역제를 개혁하였다. 환곡제의 경우 장부상으로만 존재하는 허류곡虛留穀을 조사하여 그 절반 이상을 탕감하였다. 환곡제는 남아 있는 곡식을 중심으로 1894년의 갑오

54 丁若鏞 著, 宋載邵 譯註(1981), 『茶山詩選』, 創作과 批評社, 238~241쪽.
55 양진석(1992), 「1862년 농민항쟁의 배경과 주도층의 성격」, 한국역사연구회 지음, 『1894년 농민전쟁연구 2 ─ 18·19세기의 농민항쟁 ─』, 역사비평사, 198~222쪽.

경장甲午更張까지 존속하였다. 그렇지만 제도의 형식만 남고 사실상 폐지된 지방도 적지 않으며, 존속하는 경우에도 중앙에 상납해야 할 이자곡을 결총에 나누어 결당 소액을 수취하는 형태가 일반적이었다. 이렇게 원래의 환곡제가 크게 위축된 가운데 조선왕조는 구휼제도를 복구하기 위해 1867~1868년에 180만 냥의 동전을 주조하여 미곡을 매집한 다음, 군현하의 각 면에 이를 분배하고 면민이 자율적으로 관리하도록 하였다. 이를 가리켜 사창제社倉制라 하였다. 사창제는 면민이 관리의 주체인 만큼 그 운영이 비교적 건실하여 농가의 안정에 도움이 되었다.[56] 그렇지만 1880년대의 깊은 위기 가운데 사창제는 원금을 보존하기 힘들었다. 그 역시 1894년의 갑오경장을 계기로 사실상 폐지되었다.

군역제에 대해 중앙정부는 군현의 군포 부담을 경감해 주는 한편, 그때까지 지방에 따라 관행으로 실시되어 온 동포제를 권장하였다. 이 같은 정책은 1870년 호포제戶布制의 실시로 공식화하였다. 당시의 집권자 흥선대원군興宣大院君(이하 대원군으로 약칭)은 양반신분의 제반 특권을 억압함으로써 왕권을 강화코자 하였다. 그는 군포의 부담에서 면제되어 온 양반신분의 반발을 누르면서 동리 주민이 군포를 공동 부담하는 제도를 강행했는데, 이것이 호포제이다. 호포제의 구체적 시행은 군현의 자치에 맡겨졌다. 군현의 수령은 군현에 부과된 호포의 총량을 각 면의 호총을 고려하여 분배하였다. 각 면은 그것을 예하의 동리에 분배하였다. 그 과정에서 면과 동리의 지방행정기구로서의 역할이 증대하였다. 면과 동리는 호포의 부담을 골고루 나누기 위해 가호家戶의 전수를 조사하였다. 그 결과 매 가호의 신분, 가족구성, 경제상태를 조사한 가좌책家座冊이 작성되었다. 이후 호포를 부담할 수 없는 무농無農·개걸丐乞 등의 세궁민細窮民과 교생校生·속오束伍 등의 공역자를 제외한 모든 가호에게 반상을 물론

56 송찬섭(2002), 『朝鮮後期 還穀制改革研究』, 191~247쪽.

하고 호포가 할당되었다.[57] 군현에 따라서는 호포가 양반과 상민의 가호에 공평하게 부과되기도 했지만, 그렇지 않은 곳이 더 많았다. 양반신분이 강세한 남부지방에서는 여전히 반상을 차별하는 명분론이 우세하여 상민의 가호는 양반의 가호보다 더 많은 호포를 부담하였다.[58] 그렇지만 양반신분이 군포 부담에서 제외되는 특권은 더 이상 인정되지 않는 새로운 시대가 열렸다.

민란의 물결은 조선왕조의 기강을 잃은 수취제도를 바로 잡고 농민의 부담을 경감시키는 데 어느 정도 성공하였다. 조선왕조의 지배체제는 거센 도전에 봉착했으며, 양보가 불가피한 가운데 크게 동요하였다. 호포제의 시행은 조선왕조의 개별 인신지배체제를 크게 해체했으며, 그에 기반을 둔 반상 신분제에 타격을 가하였다. 이후 군현의 호적에서 대다수의 양인 남정은 유학幼學이라는 양반신분의 역을 부여 받았다. 그렇다고 농민들의 경제생활이 개선된 것은 아니었다. 〈그림 7-3〉에서 보듯이 쌀농사의 생산성은 1880년대까지 급하게 하락하고 있었다. 그 위에 정부가 주조한 대량의 동전은 물가를 급하게 끌어 올리면서 시장의 혼란을 가속하였다. 농민에 대한 정부의 양보는 재정 위기를 심화시켰으며, 이는 농민에 대한 다른 형태의 수탈을 강화하였다. 1862년에 크게 일렁인 민란의 물결은 이후에도 잦아들지 않았으며, 1894년의 동학농민봉기東學農民蜂起에 이르기까지 이어졌다. 조선왕조는 1876년의 개항을 맞기 이전에 이미 심각한 체제 위기에 봉착해 있었다.

57 李鍾範(1995), 「19세기 후반 賦稅制度의 운영과 社會構造 — 전라도 구례현 사례 —」, 『東方學志』 89·90, 367~377쪽.

58 金容燮(1984), 「朝鮮後期의 賦稅制度 釐正策」, 『增補版 韓國近代農業史研究 — 農業改革論·農業政策 —』 上, 278~290쪽.

2. 제국주의의 도래

개항을 둘러싼 국제질서

18세기의 청제국은 정치군사적으로 강대했으며, 경제적으로 번성하였다. 중국의 비단·도자기·차는 팍스 시니카Pax Sinica의 상징으로서 세계가 몰입한 사치재였다. 중국의 상인들은 비단·도자기·차를 포르투갈과 네덜란드의 동남아 식민지로 수출하였다. 중국의 상선은 푸젠성福建省의 샤먼廈門에서 마닐라, 베트남, 타이 등으로 출발하였다. 서유럽의 상선이 찾아온 항구는 광둥廣東의 광저우항廣州港이었다. 18세기 전반 광저우항을 찾은 서유럽의 상선은 연간 10~20척에 불과하였다. 서유럽 상인은 배의 수에서나 무역량에서 중국 상인의 상대가 되지 않았다. 18세기까지 동·남중국해는 거의 중국 상선의 독무대였다.[59] 그런데 1820년대 이후 동아시아의 바다에 서유럽 상선이 모습을 드러낼 때는 모든 것이 달라져 있었다. 서유럽은 경제적으로 중국을 추월해 있었을 뿐 아니라, 군사력에서 중국을 압도하였다.

영국은 중국과의 무역에서 만성적인 적자를 해소하기 위해 인도에서 아편을 재배하여 이를 중국에 수출하였다. 아편이 중국인의 새로운 기호품으로 급속히 확산되자 중국의 은이 유출되기 시작하여 중국의 경제를 위기로 몰아넣었다. 1808~1856년 중국에서 유출된 은은 총 3억 8,400만 (은)달러로서 1814년의 은 유통량의 19%에 달하였다.[60] 아편무역을 둘러싼 중국과 영국의 갈등은 1840년 아편전쟁으로 이어졌는데, 중국은 영국의 압도적인 군사력 앞에 어이없이 무너졌다. 드디어 동아시아의 바다를 서유럽의 군함과 상선이 지배하는 제국주의帝國主義의 시대가 도래하

59 기시모토 미오·미야지마 히로시 지음, 김현영·문순실 옮김(2003), 『조선과 중국, 근세 오백년을 가다』, 역사비평사, 270쪽.

60 Man-Houng Lin(2006), *China Upside Down: Currency, Society, and Ideologies, 1808-1856*, Harvard University Asia Center, pp.72~87.

였다. 그에 따라 동아시아의 전통적인 국제질서와 경제체제가 허물어지기 시작하였다.

1840년 이후 한반도의 연안에도 영국, 프랑스, 러시아의 군함과 상선이 자주 출몰하기 시작하였다. 그들은 교역을 요구하기도 했지만, 곧바로 철수하였다. 한반도에 제국주의의 물결이 밀려온 것은 1876년 이후였다. 1842년 중국의 문호가 강제로 열린 뒤 34년 만의 일이었다. 1853년 미국의 함대가 일본에 도착하여 통상을 요구함으로써 일본열도를 충격에 빠뜨렸다. 그로부터도 23년 뒤의 일이었다. 조선왕조가 동아시아에서 최후의 은둔자로 남을 수 있었던 것은 영국과 프랑스 등, 당시 자본주의세계체제資本主義世界體制의 중심부 국가들이 조선왕조에 대해 큰 관심을 갖지 않았기 때문이다.

영국은 "우리들이 알 수 있는 한 저 나라에는 무역이라 할 만한 것이 없다"고 하면서 조선과의 수교가 가져다 줄 이익에 회의적이었다. 영국의 한반도에 대한 관심은 러시아의 남진을 저지한다는 군사적인 면에 쏠려 있었다. 프랑스도 거의 같은 입장이었으며, 이에 조선과의 국교 수립은 "일본의 뒤를 따라가는 편이 좋다"는 식으로 방임되었다. 미국의 조선왕조에 대한 관심은 중국으로 가는 자국의 선박이 한반도의 연안에서 난파할 때 선원의 안전을 강구할 필요에서 국교를 맺어 둠이 좋다는 정도였다.[61] 이처럼 조선왕조는 중심부 국가들에 의해 교역의 경제적 가치가 크지 않은 나라로 평가된 가운데 1870년대까지 자본주의세계체제의 사각지대死角地帶를 형성하고 있었다.

조선왕조를 둘러싼 국제질서에 직접적 이해를 가진 나라는 청淸과 일본日本이었다. 청의 조선왕조에 대한 정책은 1880년 일본으로 간 수신사 김홍집金弘集이 청의 외교관 황준헌黃遵憲으로부터 얻어온 『조선책략朝鮮策

61 廣瀨靖子(1970),「江華條約の成立をめぐって」,『國際政治』41, 日本國際政治學會, 108·111쪽. 朴日根(1968),『近代韓美外交史』, 博友社, 105~106쪽.

略』에 잘 나타나 있다. 거기서 황준헌은 세상에서 가장 크고 강한 나라가 러시아인데, 그 러시아가 17세기 이래 동진東進을 계속하여 중앙아시아를 차지하고, 중국으로부터 흑룡강黑龍江 이동 지방을 얻어내고, 일본으로부터 사할린을 얻은 다음 드디어 조선과 국경을 마주하게 되었는데, 조선은 아시아의 요충이라 러시아가 조만간 조선으로 밀고 들어옴은 마치 높은 지붕에 물병을 거꾸로 세워 놓은 것과 같다고 하였다. 조선이 이 위급한 상황을 면하기 위해서는 과거 200년 동안 그러했던 것처럼 청을 성의를 다해 섬기고 청은 은혜로써 조선을 보호하여 세계로 하여금 두 나라가 한 집안과 같음을 알게 하는 길 밖에 없다고 황준헌은 주장하였다.[62]

조선왕조의 입장도 이 같은 청의 입장과 다르지 않았다. 조선왕조는 15세기 국초부터 스스로를 중화제국의 일환을 이루는 제후국으로 자리매김하였다. 명·청 교체기에 청과 갈등한 조선왕조는 1637년 청의 군대에 정복되었으며, 이후 240년간 황준헌의 주장대로 청과의 사대관계에 충실하였다. 청에 복속한 처음 100년간은 북벌北伐의 정치적 대의가 내걸려 마음으로까지 복속했다고 할 수 없지만, 18세기 후반 이래 청의 번성한 문물에 대한 이해가 깊어지면서 중국을 진정 천하의 중심으로 섬기는 모화慕華의 풍조가 정치와 문화를 지배하였다.[63] 작은 나라가 큰 나라를 성의를 다해 섬김은 천리天理의 자연스러움과도 같은 것이었다.

조선왕조는 그러한 성리학적 명분론에서 스스로를 청의 번국藩國으로 자처하였다. 1832년 6월 영국의 상선이 조선에 도착하여 통상을 요구하였을 때 조선왕조는 "번국의 입장에서 사사로이 외교를 할 수 없다"는 이유로 거절하였다.[64] 1871년 청과 일본이 평등한 입장에서 국교를 수립한 조약이 체결되었다. 이 사건이 조선에 전해지자 조선의 지배층은 일본이

---

62 黃遵憲 原著, 趙一文 譯註(1977), 『朝鮮策略』, 建國大學校出版部, 9~12쪽.

63 유봉학(1995), 『燕巖一派 北學思想 硏究』, 一志社, 68~78쪽.

64 『備邊司謄錄』 純祖 32年 7月 8日.

청의 속방인 조선을 함부로 침입할 수 없게 되었다고 판단하였다. 이 같은 조선과 청의 도덕주의적 국제관계에 대한 직접적 도전은 또 하나의 이웃인 일본으로부터 제기되었다.

교린외교와 만국공법의 갈등

1858년 미국과의 통상조약을 계기로 구미 제국에 문호를 개방한 일본은 아시아의 여러 나라와 마찬가지로 제국주의의 군사적 압력하에서 식민지화의 위기에 봉착하였다. 일본의 면공업綿工業은 영국산 면제품의 타격을 받아 거의 해체 지경에 놓였다. 1868년의 메이지유신明治維新은 이 같은 민족적 위기를 헤쳐가기 위해 지방의 유력한 군사세력이 왕정복고王政復古를 명분으로 내걸고 중앙의 막부권력幕府權力을 타도한 일대 정치적 변혁이었다. 유신 이후 일본은 적극적인 부국강병富國强兵과 식산흥업殖産興業의 정책을 통해 근대적인 국민국가를 건설해 갔다. 이 같은 일본의 정치적 변혁은 동아시아의 전통적 국제질서에 중대한 파장을 던질 수밖에 없다는 점에서 처음부터 국제적인 사건이기도 했다.

1869년 1월 종래 조선왕조와 일본의 교섭 창구였던 쓰시마번이 왕정복고의 정치적 변혁을 알리는 서계書契를 동래부東萊府에 전달하였다. 동래부는 그 서계가 종전과 달리 일본의 군주를 황皇으로 칭하고, 서계에 찍힌 인장이 조선왕조가 쓰시마번에 지급한 것이 아니라는 이유에서 그의 접수를 거부하였다. 종래 조선의 국왕은 일본 막부의 장군將軍과 평등한 입장에서 교린交隣의 외교를 펼쳐왔는데, 일본 측이 갑자기 자국의 군주를 황으로 칭한 것은 조선으로서는 용납할 수 없는 도전이었다. 조선의 국왕은 쓰시마번의 번주에게 그가 조선과의 외교문서에 사용할 인장을 지급했으며, 이는 조선왕조가 하사하는 공작미公作米에서 식량을 구할 수밖에 없는 쓰시마번의 약한 입장을 상징하였다. 그런데 유신 이후 쓰시마번은 이 인장을 폐기하고 신정부의 인장을 사용했는데, 그 역시 오랜 교린외교의 형식을 파기한 용납할 수 없는 도발이었다. 동년 12월 이번에는 외무성의 관리가 직접 초량의 왜관에 와서 왕정복고의 변혁을 알리고 새로운 형식의 외교를 수립할 것을 촉구하는 서계를 전달코자 했지만 역시 거부당하였다. 그사이 일본정부는 쓰시마번의 조선왕조와의 교섭권을 회수하고 왜관의 지위를 외무성의 공관으로 변경하였다. 1872년 일본은 다시 서계의 접수를 시도하였는데, 이번에는 외무성의 관리가 종래와 달리 기선을 타고 양복을 착용하고 온 것이 외교적 분쟁을 야기하였다. 그에 따라 왜관이 일시 폐쇄되는 등, 양국의 관계는 험악해졌다.

1873년에 조선왕조의 쇄국정책鎖國政策을 주도한 대원군이 실각하고 고종高宗의 친정이 시작되었다. 이래로 정부 내에서는 일본이 자국의 군주를 황으로 칭하는 것은 그들 내부의 문제에 불과하고, 조선과의 관계에 영향을 줄 일은 아니라는 이해가 번져갔다. 양국의 관계가 악화되면서 일본에서는 정한征韓을 주장하는 여론이 확산되었다. 1874년 일본은 타이완에서 자국 상인이 살해되는 사건이 발생하자 군함을 파견하여 타이완을 일시 침공하였다. 이 사건을 계기로 청의 지배자들은 일본이 조선을 침공할 것을 우려하여 조선이 일본과의 국교 수립을 서두름이 좋겠다는 의견을 전해 왔다. 그렇게 내외의 분위기가 무르익었지만, 1875년 2월 일본정부가 또 한 차례 서계의 접수를 시도하였을 때 조선왕조는 끝내 이를 거부하였다. 그만큼 조선왕조로서는 일본을 바다 건너 오랑캐로 간주해 온 전통적 화이관華夷觀이 깊은 가운데 교린의 형식을 일방적으로 파기한 일본의 정치적 변혁을 인정하기 어려웠다.[65]

1875년 9월 일본정부는 군함 운양호雲揚號를 강화도에 파견하여 무력시위를 감행하였다. 이를 계기로 조선정부는 지난 7년간 교착 상태에 빠

65 이상 朝日修好條規의 체결을 전후한 조선의 일본 인식과 양국 간의 외교적 갈등에 대해서는 다음을 참조.

尹素英(2003), 「1870년 전후 조선의 對日認識과 정책」, 『한국근현대사연구』 25, 194~226쪽.

진 양국의 외교관계를 정상화하기 위한 교섭에 응하였다. 그 결과 1876년 2월 세칭 강화도조약, 곧 조일수호조규朝日修好條規가 체결되었으며, 뒤이어 8월에는 이의 시행을 위한 조일수호조규부록과 조일무역규칙朝日貿易規則이 성립하였다. 이들을 통해 조선과 일본은 형식상 만국공법萬國公法이 규정하는 근대적인 외교·통상 관계에 들게 되었다.

종래 이들 조약을 불평등조약이라 평가하고 이를 계기로 조선왕조가 반식민지半植民地 상태로 빠지게 되었다는 이해가 널리 받아들여져 왔다. 그렇지만 조약문 자체를 세밀히 검토하거나 조약 이후 조선의 대일 정책을 두고 볼 때 그러한 평가는 지나치게 결과론적 해석이라고 여겨진다. 조약의 체결에 임한 조선왕조의 입장은 어디까지나 일본과의 전통적 교린관계를 충실히 이어가는 것이었으며, 그 점에서 이후 수년간 큰 변화는 없었다. 일본이 조선에 요구한 새로운 관계는 명확히 이전과 상이했지만, 양국의 서로 다른 입장은 한문漢文이 지닌 '개념적 경계의 유연성' 속에서 훌륭한 타결을 보았다고 지적되고 있다.[66]

예컨대 조일수호조규 제1조는 "조선은 자주국이며 일본국과 평등한 권리를 보유한다"고 하였다. 일본은 이 규정을 통해 조선에 대한 중국의 종주권을 부정할 의도를 지녔지만, 조선왕조는 중국과의 사대관계 속에서 스스로를 자주의 나라로 간주해 왔기 때문에 이 조항으로 중국과의 관계에 어떠한 변화가 있어야 한다고 생각하지 않았다. 1878년 조선의 예조禮曹가 일본의 외무성에 중국을 상국上國으로 칭하는 문서를 보내자 일본이 그에 항의하면 문서를 반납한 사건이 벌어졌다. 그에 대해 조선의 예조는 중국이 조선의 상국인 것은 천하가 아는 일이라 하며 일본의 항의를 무시하였다.[67]

66 이근관(2004), 「朝日修好條規(1876)의 再評價 — 傳統的 東아시아 國際秩序의 觀點으로부터 —」, 『서울국제법연구』 11-1, 75쪽.

67 糟谷憲一(1992), 「近代的外交體制の創出 — 朝鮮の場合を中心に —」, 『アジアなかの日本史』 II, 235~236쪽.

조규 제2조의 실행을 둘러싸고서도 양국 간에 적지 않은 갈등이 있었다. 제2조는 양국이 사신을 파견하여 양국의 예조판서와 외무경을 접견하고 교제사무交際事務를 상의하며, "편의에 따라 오래 또는 잠시 머물게 한다"고 하였다. 사신의 등급은 군주의 국서를 휴대하고 상대방 군주를 알현해야 하는 변리공사辨理公使가 아닌, 그 이하의 대리공사代理公使로 타협되었다. 일본이 자신의 군주를 황으로 칭함을 인정하지 않은 조선왕조의 입장은 조약 후에도 이 같은 방식으로 관철되었다. 사신 문제를 둘러싼 양국의 입장 차이는 일본이 한성에 대리공사를 파견하고 공사관으로 쓸 건물의 대여를 요구하였을 때 확연하게 드러났다. 조선왕조는 제2조의 내용을 양국 왕실의 경조사에 종래 통신사를 파견해 온 관계의 연장으로 이해했으며, 이에 일본공사가 한성에 장기 주재함을 인정하지 않았다. 조선왕조가 일본공사의 한성 주재를 승인하는 것은 1880년 12월의 일이다. 그때 일본은 일방적으로 공사의 등급을 변리공사로 승격하고 황을 칭한 국서와 함께 조선에 파견하였는데, 고종이 공사를 알현하고 일본의 국서를 접수하였다.[68] 일본의 칭황稱皇에 따른 양국 간의 외교적 분쟁은 여기서 일단락을 보았다. 그즈음 조선왕조의 만국공법에 대한 이해는 상당히 깊어져 있었다. 조선왕조는 전통 교린외교와 근대 만국공법 사이에서 갈등하면서 조금씩 진전하였는데, 그 속도는 느렸다. 일본공사의 한성 주재를 인정한 조선왕조가 자신의 공사를 일본 도쿄東京에 주재시키는 것은 1887년의 일이다.

종래 조일수호조규를 불평등조약으로 평가해 온 것은 부산 개항장開港場에 일본인의 거류지와 관리관청을 설치하고, 일본 영사領使가 일본인을 재판하고, 일본인이 4km 이내의 내지를 자유롭게 여행하고, 통상을 행하

68 조일수호조규의 체결 이후 일본공사의 한성 주재 문제를 둘러싼 양국의 갈등과 그 추이에 관해서는 다음을 참조. 김수암(2000), 「조선의 近代使節制度 수용: 公使의 서울주재와 全權委任을 중심으로」, 『國際政治論叢』 40-4, 463~483쪽.

고, 일본화폐를 사용하고, 미곡을 수출하고, 관세를 면제받는 등, 여러 권리가 허여되었기 때문이다. 그런데 이들 권리는 대부분 1609년의 조약에 따라 오랫동안 초량에 설치된 왜관과 그곳에 주둔한 일본인들에게 부여되어 온 것들이었다. 예컨대 왜관의 일본인과 주변의 조선인 사이에 범죄사건이 발생하면 왜관의 관수館守가 일본인의 재판과 처벌을 담당하는 것이 양국 간의 오랜 관례였다.[69] 그만큼 새로운 형식의 조약이라고 하나 다분히 구래 교린외교의 내용을 계승한 것이었다.

관세關稅 문제도 같은 시각에서 이해할 필요가 있다. 조선왕조는 관세의 부과가 만국공법하의 주권 사항이란 이해를 결여하였다. 게다가 일본과의 통상을 조약 체결의 직전까지 이어져 온 왜관무역의 연장 형태로 간주하였기에 조약의 체결 과정에서 관세 문제를 제기하지 않았다. 이러한 배경에서 이루어진 관세조항의 결여를 강요된 불평등이라 하기는 곤란하다. 조선왕조가 관세의 부여가 주권 사항임을 인식하게 되는 것은 1879년이 되어서였다. 조선왕조는 일본에 대해 조약의 개정을 요구했으며, 1882년 미국과의 조약체결에서 관세주권을 인정받은 것을 발판으로 하여 1883년 일본과의 조약개정에서 불완전하나마 이를 관철시켰다.[70]

조선왕조의 만국공법에 대한 이해가 깊어지는 것은 1880년 김홍집이 제2차 수신사로 일본에 다녀온 뒤라고 알려져 있다. 수신사 일행은 일본 도쿄에 각국의 사절이 상주하면서 일본정부와 통상을 포함한 외교적 교섭을 벌이고 있음을 목도하였다. 조선왕조 내에서도 세계 정세를 이해하고 일본과 같은 부국강병의 근대적 개혁을 추구하는 정치세력이 등장하였다. 그들은 미국을 위시한 구미 제국과 국교를 수립하고, 청과의 사대관계를 폐지하고 통상조약을 체결하고 양국의 수도에 외교관을 상주시

69 이근관(2004), 「朝日修好條規(1876)의 再評價 — 傳統的 東아시아 國際秩序의 觀點으로부터 —」, 『서울국제법연구』 11-1, 73~74쪽.

70 李炳天(1985), 「開港期 外國商人의 侵入과 韓國商人의 對應」, 서울대학교 대학원 경제학과 박사학위논문, 31~36쪽.

키자고 주장하였다. 그들에 떠밀려 조선의 국왕은 청에 사대관계의 폐지를 요구하는 문서를 전달했지만, 청은 이를 묵살하였다. 조선왕조의 자주自主 노선은 1882년 7월 임오군란壬午軍亂이라는 뜻하지 않은 정변이 발생하자 수포로 돌아가고 말았다.

종속의 재배치

1876년 조일수호조규가 체결된 시기를 전후하여 청제국은 내우외환의 도전에 직면해 있었다. 1864년 위구르에서 티베트인이 반란을 일으켰으며, 1865년에는 이슬람 세력이 침입하여 정권을 세웠다. 1876년 청은 군대를 파견하여 그 정권을 폐지하고 1884년 신장성新疆省을 설치하였다. 1874년에는 일본이 청의 영토인 타이완臺灣을 일시 침공하였다. 1879년 일본은 류큐琉球왕국을 병합함으로써 청에 대한 도전적 자세를 명확히 하였다. 이전까지 류큐왕국은 일본과 청에 조공을 행한 양속관계兩屬關係에 있었다. 또 하나의 조공국인 베트남을 둘러싸고는 프랑스와의 군사적 긴장이 고조되어 1884년의 전쟁으로 이어졌다. 유사한 분쟁의 가능성은 조선왕조를 둘러싸고도 예상되었다. 때를 같이 하여 러시아가 두만강 하구에 병력을 집중하고 있었다.

이 같은 긴박한 상황에서 1880년 주일駐日 청국공사 하여장何如璋은 본국 정부에 대해 "조선은 아시아의 요충으로서 중국의 왼팔과 같은데, 만약 조선이 망하면 그 후환을 이루 다 말할 수 없다"고 하면서 조선의 내·외정을 장악할 필요성을 제기하였다. 뒤이어 청의 북양대신北洋大臣 이홍장李鴻章은 조선과 미국의 관계에 개입하여 1882년 5월 조미조약朝美條約의 체결을 주선하였다. 조약 체결을 전후하여 이홍장은 고종에 강요하여 조선이 청의 속방임을 확인하는 조회를 미국정부에 보냈다. 이 같은 이른바 속방조회屬邦照會는 이후 조선이 여러 외국과 조약을 체결할 때마다 청의 강요로 상내국에 발송되었다. 이 같은 한계에도 불구하고 조미조약의 체결은 조선의 외교적 입장을 강화하는 데 힘이 되었다. 미국이 조선왕조의 관세주권을 승인한 것이다. 이를 발판으로 조선은 일본에 관세조항이 결여된 조약의 개정을 요구하였다.[71]

1882년 7월에 조선왕조의 개화정책開化政策으로 처우가 열악해진 구식 군대가 반란을 일으켜 집권세력의 중심인 왕비 민씨閔氏가 도망을 치고 그와 대립한 대원군이 정권을 다시 잡는 정변이 발생하였다. 조선에 개입할 기회를 노리고 있던 청은 자신이 책봉한 국왕이 폭도에 사로잡혀 있다는 명분을 내세워 군대를 한성으로 진입시켰다. 대원군은 청에 압송되었으며, 민씨정권은 복구되었다. 고종은 사대관계 폐지의 교섭을 요구한 것에 대해 사과하고 종전과 같이 사대에 충실할 것을 서약하였다. 동년 9월 양국 간에 조청상민수륙무역장정朝清商民水陸貿易章程이 체결되었는데, 조선 측의 노력이 없지 않았지만, 대부분 청의 원안대로 타결되었다. 이 장정은 조약이라기보다 청의 황제가 번신藩臣에게 내리는 명령의 형식을 취하였다. 동 장정은 서문에서 조선은 오랫동안 중국의 '번봉藩封'이었음을 명확히 한 뒤, 시세에 따라 종전의 해금령海禁令을 폐하고 양국의 상민商民이 바다로도 통상을 할 수 있게 한다고 하였다.

동 장정에서 청은 몇 가지 중대한 특권을 조선으로부터 취득하였다. 하나는 편무적片務的인 재판권이다. 예컨대 조선인과 중국인 사이의 재판에서 중국의 상무위원商務委員은 중국인 피고를 재판함은 물론, 조선인 피고도 조선의 관원으로부터 인도받아 합동으로 취조하고 심판한다고 하였다. 다음, 중국 상인이 한성에 들어가 점포를 개설할 수 있는 권리가 허용되었다. 그 외에 중국 상인이 내륙으로 들어가 조선 산품을 구매할 권리가 인정되었다. 그 밖에 중국은 조선의 연안에서 고기를 잡고 무역을 행할 권리 등을 취득하였다.[72] 뒤이어 청은 조선의 외교와 재정을 장악할

---

71 李炳天(1985), 「開港期 外國商人의 侵入과 韓國商人의 對應」, 18~27쪽.

72 李炳天(1985), 「開港期 外國商人의 侵入과 韓國商人의 對應」, 27~30쪽.

목적으로 독일인 묄렌도르프P. G. von Möllendorff를 외교·재정고문으로 파송했으며, 1885년에는 원세개袁世凱를 주차조선총리교섭통상사의駐箚朝鮮總理交涉通商事宜로 파견하여 조선의 내정과 외정에 깊숙이 개입하였다.

조선왕조를 둘러싼 불평등조약체제不平等條約體制가 완성되는 것은 1883년 11월 영국과의 조약 체결에서였다. 이 조약에서 영국인은 조선의 내지를 자유롭게 여행하고 어떠한 종류의 물품이든 구매하고 판매할 수 있는 권리를 취득하였다. 내지통상권內地通商權은 이전 청과의 장정에서는 조선 산품의 구매에 한하여 부분적으로 인정된 바 있지만, 이제 외국산 제품의 판매에 이르기까지 포괄적으로 승인되었다. 당초 교섭에 나선 주일 영국공사는 내지통상권의 요구를 협상카드로서만 활용할 방침이었는데, 외교고문 묄렌도르프와 그를 후원한 민비閔妃의 무책임한 대응으로 너무나 쉽게 양보되고 말았다. 이 외에 영국은 영국인에 대한 재판권을 부정한 치외법권, 연안 무역·해운권, 개항장에서 주택·공장·창고를 설치할 자유, 조선의 연안 어디서도 영국 군함이 정박하고 선원이 상륙할 자유, 조선이 외국에 부여하는 모든 권리를 영국이 무조건적으로 향유하는 최혜국대우最惠國待遇의 권리 등을 취득하였다. 주일 영국공사는 본국 정부에 대해 "우리는 필요한 모든 것을 얻었다"고 보고하였다.[73]

조영조약朝英條約은 조선을 둘러싼 불평등조약체제의 완성판으로서 이후 프랑스, 독일, 이탈리아, 러시아 등이 조선과 국교를 수립할 때의 모범이 되었다. 1884년 7월 러시아와의 국교 수립은 일거에 한반도를 둘러싼 국제적 긴장을 고조시켰다. 러시아 역시 영국과 마찬가지로 조선의 연안 어디서도 군함을 정박시키고 선원을 상륙시킬 권리를 얻었다. 조선에는 러시아가 꿈꾸어 온 천혜의 부동항이 즐비하였다. 조선의 국왕은 자신이 무엇을 하는지도 알지 못하는 사이에 한반도를 열국쟁패列國爭覇의 전

73 李炳天(1985), 「開港期 外國商人의 侵入과 韓國商人의 對應」, 36~51쪽.

장戰場으로 열어주었다. 나아가 그는 매우 무모하게도 러시아와의 동맹을 추구하였다.[74] 심각해진 청의 간섭을 물리치고 자신의 주권을 보호할 목적에서였다. 그러자 전통적으로 러시아의 남진을 봉쇄해 온 영국의 해군이 거문도巨文島를 2년간 점령하여 조선과 러시아의 동맹을 좌절시켰다.

조영조약이 체결되자 청도 조청상민수륙무역장정의 개정을 강요하여 영국과 동일한 권리를 획득하였다. 1884년 조선왕조의 개혁파 정치세력이 일으킨 갑신정변甲申政變은 청으로부터의 독립을 지향하였지만, 한성에 주재한 청군의 개입으로 실패하였다. 이후 1894년 청일전쟁淸日戰爭에 이르기까지 조선왕조는 청의 집요한 통제와 감독하에 놓였다. 조선왕조는 1882년 이후에도 이전처럼 청에 조공사행朝貢使行을 파송하였으며, 때때로 청의 칙사勅使가 도착할 때는 타국의 외교관이 지켜보는 가운데 굴욕적인 영접의 예를 거행하였다.[75] 요컨대 조선왕조를 둘러싼 불평등조약 체제는 조선이 일본, 미국, 영국 등을 통해 맞아들인 만국공법의 근대적 국제관계와 청의 조선에 대한 전통적인 종주권이 갈등하고 대립하는 가운데 1883년에 이르러 후자가 전자를 통제하고 종속을 재배치하는 방식으로 성립하였다.

3. 1880년대의 혼돈

정부재정의 악화

중앙정부의 재정은 19세기 내내 적자 기조였다. 〈그림 7-4〉에서 보듯이

74 러시아 측 문서에 의하면 고종은 러시아와의 조약 체결 직후 러시아에게 5~6만 명의 연합군을 창설하여 조선의 국권을 보호해 주면 좋겠다고 제안하였다. 심헌용(2005), 「러일전쟁기 러시아군의 한러연합작전: 기원, 구상, 시도」, 명지대학교 국제한국학연구소 학술대회 6, 43쪽.

75 糟谷憲一(1992), 「近代的外交體制の創出 ― 朝鮮の場合を中心に ―」, 『アジアなかの日本史』 II, 240~243쪽.

중앙 각사의 연말 재고는 지속적으로 감소하여 1870년대에 이르러서는 거의 바닥을 드러낼 지경이었다. 개항을 전후하여 청과의 교섭이 빈번해진 것도 재정 악화의 한 가지 원인이었다. 청에서 칙사가 올 때마다 적지 않은 접대비가 소요되었기 때문이다. 1875년 『일성록日省錄』의 한 기사는 1년의 세입은 고작 52만여 냥에 불과한데, 4차에 걸쳐 칙사가 다녀가 80만 냥의 임시 지출이 생겨 시중 상인들에게 공가貢價를 지급하지 못한 것이 무려 50만 냥에 달한다고 하였다.[76] 개항 이후 정부는 수신사를 일본과 청에 파견하여 신식 문물을 견학하게 하고, 개화 업무를 관장할 통리기무아문統理機務衙門과 같은 새로운 관청을 설치하고, 일본에서 교관을 초빙하여 신식군대를 양성하기 시작하였다. 그에 따른 재정 수요도 적지 않아 정부재정을 악화시켰다.

재정 악화에 대응하여 국왕 고종은 차관을 도입하거나 매관매직賣官賣職을 행하거나 동전을 발행하는 등의 방책을 강구하였다. 최초의 차관은 1882년 청으로부터 도입되었다. 고종은 50만 냥의 은을 도입하는 대가로 해관海關의 인사권을 청에 넘겼다. 그해 일본도 고종에게 2만 4,000달러를 제공하고 해관의 수납권을 장악하였다. 그로 인해 이후 무역의 증가와 더불어 관세 수입이 늘지만 재정의 개선에는 별 도움이 되지 않았다. 이 같은 무분별한 정책은 1894년에도 반복되었다. 일본은 조선의 내정개혁을 위한다는 명분으로 300만 엔의 차관을 제공하면서 해관세를 담보로 설정하였다. 또한 고종은 1894년까지 청과 일본과 러시아에 전신가설, 연안운항권, 어채권魚採權, 포경권捕鯨權을 비롯한 각종 이권을 헐값에 넘겼다.

국왕이 매관매직을 행한 것은 성리학적 왕정의 윤리가 중앙정치를 강하게 규제했던 18세기까지는 상상하기 힘든 일이었다. 그런 일은 권문세

76 『日省錄』 高宗12年 10月 25日.

가의 은밀한 특권이었다. 고종高宗 대(1863~1907)에 걸쳐 국왕이 직접 매관매직에 종사한 데에는 재정 위기라는 경제적 요인 이외에 국왕의 전횡을 견제할 수 없게 된 권력구조의 재편이라는 정치적 요인이 중요했다고 여겨지지만, 유감스럽게도 그에 관해서는 참고할 만한 연구가 없다. 여러 외국인들은 고종의 매관매직에 대해 적지 않은 기록을 남겼다. 1886년 한국에 도착한 미국의 호머 헐버트Homer B. Hulbert 목사에 의하면 모든 관직은 그 가격이 결정되어 있는데, 예컨대 관찰사觀察使 자리는 5만 달러 정도라고 하였다.[77] 고종은 매관매직의 수입을 극대화하기 위해 지방관의 재임 기간을 될 수 있는 대로 짧게 하였다. 매관매직에 따른 수입은 공식 재정이 아니라 고종이 관리한 비자금회계의 수입으로 귀속되었다.

당오전의 발행

1882년 재정고문 묄렌도르프는 재정 위기의 타개책으로서 당오전當五錢이라는 악화惡貨의 발행을 고안하였다. 그에 대한 개혁파 관료들의 거센 저항에도 불구하고 민씨 집권세력은 당오전의 발행을 강행하였다. 당오전의 명목가치는 구래의 동전, 곧 당일전當一錢에 비해 5배이지만 실질가치는 2배에 불과한 악화였다. 1876년 개항을 전후한 전국의 동전 유통고는 대략 2,000만 냥 전후였다. 그에 비해 1893년 전국의 동전 유통고는 7,000~8,000만 냥에 달하였다. 그 가운데는 1892년 이후 평양에서 발행된 평양전平壤錢이라 불리는 조악한 당일전과 개항장을 중심으로 유통된 일본통화가 포함되어 있지만, 그 양은 그리 많지 않았다. 이에 1882~1893년에 발행된 당오전은 그 규모가 대략 5,000만 냥에 달했다고 추산된다.[78] 당오전은 한성, 강화도, 평양, 의주 등지에서 주조되었다. 주조된 당오전이 중앙정부, 지방정부, 왕실의 재정수입으로 어떻게 분배되

77 H. B. 헐버트 지음, 신복룡 역주(1999), 『대한제국멸망사』, 집문당, 75~76쪽.

78 吳斗煥(1991), 『韓國近代貨幣史』, 韓國硏究院, 93~95쪽.

었는지, 또 어떤 용도에 지출되어 시중 통화로 유통되기에 이르렀는지에 관해서는 알려진 바가 거의 없다. 그런 가운데 주조된 당오전의 적지 않은 양이 같은 기간에 팽창한 왕실재정을 직접 뒷받침한 것으로 확인되고 있다. 주조를 관장한 민씨 집권세력에 의한 사사로운 처분도 적지 않았을 터이다.

당오전은 주로 한성, 경기, 충청과 관서 지방에서 유통되었다. 당오전의 대량 유통은 이들 지역에서 급한 인플레이션을 유발하였다. 예컨대 한성의 경우 찹쌀 1석의 가격은 1882년의 18냥에서 1894년의 144냥으로, 소금 1석의 가격은 1882년의 5냥에서 1894년의 40냥으로 치솟았다. 이들 지역에서 당오전에 따른 물가의 상승은 재화에 따라 다르지만 평균 8배에 달하였다. 악화 당오전의 대량 유통과 그에 따른 급한 인플레이션은 이들 지역에서 구래의 당일전을 구축하였다. 그에 따라 전국의 통화권이 한성, 경기, 충청, 황해, 평안의 당오전 유통권과 경상, 전라, 강원, 함경의 당일전 유통권으로 양분되었다.

통화권이 양분되자 시장도 심하게 분열하였다. 1852년 이래 1894년까지 한성시장과 전라도 영암 농촌시장의 쌀값 변동을 관찰하면, 1882년까지 두 시장의 쌀값 변동은 동기간의 위기적 상황을 반영하여 그 상관성이 별로 높지는 않았다. 그렇지만 일정한 격차를 유지하면서 같은 방향으로 움직이는 경우가 많은 가운데 낮은 수준이긴 하지만 통합적 연관이 아주 없지는 않았다. 당오전이 발행된 1883년 이후 사정은 전혀 달라졌다. 한성의 쌀값은 영암의 쌀값보다 일층 가파르게 치솟았으며 움직이는 방향도 별개였다. 두 시장은 전혀 무관한 별개의 시장으로 분리되고 말았다.

왕실재정의 팽창

조선왕조의 왕실은 생활자료를 조달하기 위해 한성 시중에 명례궁明禮宮, 수진궁壽進宮, 용동궁龍洞宮과 같은 여러 궁방宮房을 설치하였다. 궁방

[표 7-3] 명례궁의 연평균 수입과 수입원의 추이(1853~1893)

단위: 兩, %

구분 \ 연도	1853~1854		1892~1893	
	錢換算額	비중	錢換算額	비중
總收入	32,954	100	2,916,290	100
內 供上	17,131	52.0	145,842	5.0
內下	3,000	9.1	2,572,616	88.2
宮房田	8,742	26.5	184,824	6.3
其他	4,081	12.4	13,008	0.5

출처: 李榮薰(2011), 「大韓帝國期 皇室財政의 기초와 성격」, 『경제사학』 51, 6쪽.

은 1906년 폐지될 당시 그 수가 15개에 달하였다. 그 가운데 왕비전에 속하면서 궁중의 주방에 각종 식재료를 조달하였던 명례궁의 수입과 지출 실태가 비교적 자세하게 알려져 있다. 〈표 7-3〉에서 보듯이 1853~1854년 명례궁의 수입은 쌀, 콩, 동전 등 각종 현물을 동전으로 환산할 때 연평균 3만 2,954냥의 규모였다. 수입원은 중앙정부가 왕실을 받들기 위해 공상供上하는 것이 52%로서 가장 큰 비중을 차지하였다. 그 다음은 궁방전宮房田으로부터의 수입이 26.5%였다. 18세기 말에는 궁방전 수입이 46%로서 가장 큰 비중이었는데, 19세기 이래의 농업 위기를 반영하여 26%로 줄어들었다. 이후 1892~1893년 명례궁의 수입은 연평균 291만 6,290냥으로서 1853~1854년에 비해 88배나 되었다. 동기간의 급속한 물가상승을 고려한 실질가치의 증가는 3.8배이다. 주된 수입원은 국왕과 왕비의 하사금으로서 내하內下인데, 그 비중이 88%나 되었다. 반면 정부 공상의 비중은 5%에 불과하였다.[79] 이처럼 1890년대에 이르러 명례궁의 주요 수입원은 국왕 내외가 조성해 내려 준 자금이었다. 다시 말해 궁중에서 벌어진 국왕 일가의 살림살이가 거의 전적으로 국왕 내외가 사적으로 취득한

79 李榮薰(2011), 「大韓帝國期 皇室財政의 기초와 성격」, 『경제사학』 51, 10~12쪽.

수입으로 꾸려지게 되었다.

명례궁의 수입부에 의하면 내하의 출처는 1882년부터 발행되기 시작한 당오전이었다. 한성과 강화도에서 주조된 당오전의 상당 부분은 명례궁의 창고로 현송된 다음 왕실의 생활비로 지출되었다. 전통적으로 동전의 주조와 유통은 백성의 살림살이를 안정시키기 위한 국가적 재분배경제의 수단으로서 엄격하게 공적으로 관리되었다. 전술하였듯이 1860년대까지만 해도 동전은 백성을 구휼하기 위한 사창제의 기곡基穀을 마련하기 위해 발행되었다. 그러했던 동전이 1880년대에 이르러 왕실의 소비생활을 위한 재원으로 역할을 바꾼 것은 그사이 조선왕조를 지탱해 온 성리학적 왕정의 윤리가 현저하게 해이해졌음을 이야기하고 있다. 조선왕조는 그 마지막 국면인 고종 대에 이르러 성리학적 공공국가公共國家로부터 가산제家產制 국가로 변질하였다. 대외적 위기의 연속과 재정 위기의 압박이 악화의 발행이라는 재정수단의 발견과 함께 그 같은 변질을 촉구하였다.

당오전을 재원으로 하는 대량의 내하에도 불구하고 명례궁의 수지는 적자를 면치 못하였다. 1893년 명례궁의 연간 지출은 총 444만 냥에 달하였으며, 이에 동년에만도 150만 냥 이상의 적자가 발생하였다. 명례궁의 재정은 이미 1870년대부터 만성적 차입의 상태였는데, 특히 1883년 이후 차입의 규모가 급증하여 1892년까지 누적 채무가 총 68만 냥에 달하였다. 이는 명례궁과 비슷한 규모인 수진궁의 경우에도 마찬가지였다. 수진궁 역시 1880년대 이후 만성적 차입의 상태에 들었다.[80]

명례궁은 대량의 내하금과 차입금으로 부풀려진 수입을 주로 궁중에서의 고사告祀와 연회宴會의 비용으로 탕진하였다. 집권세력의 중추인 민비는 왕실의 안녕을 기원하기 위해 궁중에 신당神堂을 짓고 무당을 불러들여 고사와 다례茶禮를 행하였다. 『매천야록梅泉野錄』과 같은 개인의 기록

80 조영준(2008), 「19世紀 王室財政의 危機狀況과 轉嫁實態: 壽進宮 財政의 事例分析」, 『경제사학』 44, 59~64쪽.

【표 7-4】 명례궁의 연평균 지출과 용도의 추이(1853~1893)

단위: 兩, %

구분 \ 연도	1853		1893	
	錢換算額	비중	錢換算額	비중
總支出	38,208	100	4,446,912	100
內 食料費	15,515	40.6	3,542,335	79.6
資材費	2,657	7.0	121,185	2.7
工業費	2,386	6.2	221,345	5.0
賃料	12,938	33.9	372,177	8.4
其他	4,712	12.3	189,870	4.3

출처: 李榮薰(2011),「大韓帝國期 皇室財政의 기초와 성격」,『경제사학』 51, 6쪽.

에서 전하는 민비의 방종한 궁중생활은 한갓 야사野史가 아니라 그녀가 관장한 명례궁의 지출부를 통해 생생히 입증되고 있다. 명례궁의 지출부에 의하면 1893년만 해도 총 29회의 고사와 다례가 행해졌다. 왕실이 조정의 관료나 외국의 빈객을 대상으로 한 음식의 하사도 37회에 달하였다. 아마도 그날에 궁중의 후원에서는 성대한 연회가 베풀어졌을 것이다.

〈표 7-4〉는 1853년과 1893년 명례궁의 지출 용도를 비교한 것이다. 식료비는 궁중의 주방에 들어가는 다양한 식재료의 비용을 말한다. 자재비는 시柴·탄炭과 같은 연료비, 나인들의 피복비, 주방에 쓰이는 각종 포목와 지류의 비용을 말한다. 공업비는 궁중 안에서 이루어지는 염색, 침장, 원예, 말 사육의 비용 등을 말한다. 임료는 명례궁에 속한 나인, 차지, 노비, 고직, 야장 등의 궁속에 정기적으로 지급되는 보수와 지게꾼에 대한 품삯 등을 말한다. 1853년에는 식료비가 40.6%로 가장 많고, 그 다음이 임료로서 33.9%였다. 이후 1893년까지 지출 규모는 명목가치로 117배나 팽창하였다. 그런 가운데 식료비가 228배로서 가장 크게 팽창하여 79.6%의 압도적 비중을 차지하게 되었다. 궁중에서 번다하게 벌어진 고사, 다례, 연회가 그 원인이었다. 고사, 다례, 연회에 관련된 식료비와 임료만을

합해도 총지출의 절반을 넘는 247만 냥에 달하였다.[81]

이 같은 궁중생활의 방종은 국왕 내외에 그치는 일이 아니었다. 매년 초 대전大殿의 환관들이 벌이는 연회에 소비된 막걸리는 1790년대 이래 1860년대까지 30이선耳饍으로 고정되어 있었다. 그런 것이 1876년 이후 50이선, 1884년 이후 75이선을 넘어서 1893년에는 262이선이나 되었다. 궁궐을 수비하는 수궁守宮에 지급되는 시목柴木 역시 1870년대까지는 연간 1,500동同으로 고정되어 왔다. 그랬던 것이 1882년부터 증가하기 시작하여 1892년에 1만 8,000동의 엄청난 양으로 팽창하였다.

정부 관료들의 기강도 마찬가지로 방종하였다. 이 성리학의 나라는 큰 흉년이 들면 임금이 술을 금하는 명령을 내리는 아름다운 전통을 가지고 있었다. 예컨대 순조純祖 대(1800~1834)에는 모두 5차례의 금주령이 발포되었으며, 각각 지나치다 할 정도로 엄하게 준수되었다. 이후 헌종憲宗 대(1834~1849)와 철종哲宗 대(1849~1863)에 걸쳐서는 큰 흉년이 없어서인지 금주령이 발포되지 않았다. 이후 고종의 치세기인 1876년에 심각한 흉년이 닥쳤으며, 실로 오랜만에 금주령이 발포되었다. 그렇지만 거기에는 어떠한 규제력도 실려 있지 않았다. 궁실과 재상가부터 연회에 어렵지 않게 술잔을 돌리는 형편이었다. 저자의 큰길에서 술에 취하여 주정을 부림에도 조금도 꺼려함이 없는 세태였다. 자신의 금령이 무시되고 있음에 화가 난 젊은 임금이 대신들을 질책한 적이 있었다. 그러자 임금의 백부이기도 한 영의정은 "전하의 지시가 지당합니다만 신의 소견으로는 금지하기가 쉽지 않습니다"라고 대응하였다.[82] 이 같은 조정의 기강 해이는 이후 임금에게조차 버릇이 되었다. 1882년 다시 한 번 심각한 흉년이 찾아왔을 때 금주령의 필요성이 제기되었지만, 이번에는 임금이 들은 척도 아

81 李榮薰(2011), 「大韓帝國期 皇室財政의 기초와 성격」, 『경제사학』 51, 13~14쪽.
82 『高宗實錄』 13年 11月 20日.

니하였다.[83] 이후 중앙 관청을 찾은 외국인들이 대낮부터 술에 취해 있는 관리들을 만나는 것이 조금도 어색한 일이 아니었다.

시전상인의 피폐

왕도 한성부漢城府의 경제적 기초는 정부재정과 왕실재정에 있었다. 19세기 내내 정부재정과 왕실재정이 악화되면서 그에 생활소득을 의존하는 한성부 주민의 경제생활은 타격을 받았다. 다른 어느 계층보다 시전상인市廛商人에 가해진 타격이 컸다. 시전상인은 정부 각사에 매년 소정의 공물을 조달하는 대가로 시가의 3~4배에 달하는 공가貢價를 지급받는 어용상인들이었다. 그 대신 그들은 궁실과 관청을 수리하거나 중국 황실에 올려지는 방물方物을 조달하는 역을 부담하였다. 전장에서 지적한 대로 한성의 시전체제는 자유시장이라기보다 상인의 정부에 대한 부담과 권리로 짜인 국역체제國役體制를 본질로 하였다. 물가가 비교적 안정적이었던 1830년대까지 시전상인의 권리는 한성부 주민이 추구하는 특권에 속하였다. 그렇지만 1840년대를 경과하면서, 특히 1855년 이후 급속한 인플레이션이 진행되면서, 상인들의 권리는 점차 부담으로 변하였다. 시가의 3~4배나 되었던 공가가 거꾸로 시가보다 낮아졌기 때문이다. 예컨대 1891년 면주綿紬 1필의 가격은 90냥으로까지 치솟았지만, 면주전綿紬廛이 정부로부터 지급받는 공가는 16냥에 불과하였다. 또한 정부재정의 악화로 공가의 지급은 미루어지기만 하였다. 대체로 1870년대 후반부터의 일이었다. 그 결과 면주전의 경우 1880년대 초부터 누적된 정부의 미지급 공가가 1892년에 이르러 23만 2,000냥에나 달하였다. 번성했던 면주전의 상인들은 점차 곤궁해졌다. 한때 120명에 달했던 면주전의 상인 주비는 40명으로까지 줄어들었다.[84]

---

83 『高宗實錄』 20年 8月 20日.

84 Owen Miller(2010), 「시전-국가 간 거래와 19세기 후반 조선의 경제위기: 綿紬廛을 중심으

시전상인은 왕실과의 거래에서도 고통을 받았다. 왕실과 상인의 거래는 그 형식이나 내용에서 자유로운 시장관계가 아니었다. 왕실은 궁방을 통해 시전상인에게 각종 재화의 조달을 명하였으며, 상인은 신민의 도리로서 그에 응하였다. 조달 가격은 궁방이 임의로 결정하여 통보하는 형식이었다. 왕실재정의 형편이 양호했던 시절에 조달 가격은 상인에 우호적이었다. 19세기 후반이 되자 그 역시 부담으로 변질하였다. 예컨대 1883년 이전에는 명례궁에 납입된 메밀가루, 녹두가루, 남염주藍染紬 등의 가격은 수요와 공급의 사정에 따라 자유롭게 변동하였다. 그러던 것이 1883년 이후 고정가격으로 묶여 급한 인플레이션에도 불구하고 장기간 변동하지 않았다.[85] 대금의 결제도 무한정 미루어졌다. 그에 대한 포괄적인 조사가 이루어지는 것은 궁방이 폐지되는 1907년의 일이었다. 그에 의하면 수진궁 1궁이 그때까지 시전상인에 지고 있는 빚만 해도 총 8만 9,000여 엔이었다.[86] 구 당일전으로 환산하면 89만 냥에 달하는 거액이었다.

1883년에 설치된 분원공소分院貢所의 시말始末은 한성의 경제가 점점 피폐해진 시대상을 반영하는 또 하나의 대표적인 사례이다. 1882년 정부는 재정난을 이유로 여러 기구를 감축하였는데, 그 일환으로 경기도 광주에서 관영수공업으로 영위되어 온 분원分院을 민영화하였다. 그렇게 해서 생겨난 자기磁器의 생산업체가 분원공소이다. 분원공소는 정부와 왕실에 매년 일정량의 자기를 상납하고 그에 대해 소정의 공가를 지급 받았다. 그와 더불어 민간을 상대로 한 자유로운 시장생산과 판매가 허락되었다. 당초 12명의 공인이 지정되어 각기 5,000~7,500냥의 자본금을 납입하여 분원공소를 설립하였는데, 경영 전망이 밝았는지 공인의 수가 30명으로까지 늘어 자본금이 20만 냥을 초과하였다. 그렇지만 분원공소는 결국 1894년

로」, 이헌창 엮음, 『조선후기 재정과 시장』, 서울대학교출판문화원, 388~395쪽.

85 이영훈(2010), 「19세기 서울시장의 역사적 특질」, 『경제사학』 48, 27~28쪽.

86 조영준(2008), 「19世紀 王室財政의 危機狀況과 轉嫁實態: 壽進宮 財政의 事例分析」, 『경제사학』 44, 74쪽.

에 문을 닫고 말았다. 정부와 왕실의 공납 요구가 정해진 양의 몇 배를 넘기면서도 공가의 지불은 무작정 지연되었기 때문이다. 그 결과 폐업 당시 분원공소가 갚아야 할 누적 채무는 무려 100만 냥을 초과하였다.[87]

19세기의 위기를 경과하면서 한성의 시장은 정부와 왕실의 수탈로 인해 18세기에 비해 일층 피폐해졌다. 18세기의 한성을 대표한 수십만 냥의 자산을 보유한 상인의 존재는 19세기 말의 한성에서는 찾아보기 힘들었다. 대한제국기에 작성된 한성부의 호적은 평균적으로 상인들의 가옥 규모가 관청의 도예徒隸들과 같은 수준이었음을 보여주고 있다.[88] 상인자본의 몰락은 이후 이 나라에 자본주의 경제형태가 성립할 때 주로 외국자본에 의한 이식의 경로를 따를 수밖에 없게 하였다.

농촌사회의 분열

1862년 남부지방을 휩쓸었던 민란의 물결은 이후에도 잦아들지 않았다. 1876년의 개항 이후 1894년의 동학농민봉기에 이르기까지 이어진 크고 작은 민란은 도합 100회에 달하였다.[89] 1862년의 대규모 민란을 맞아 조선왕조는 민원의 주요 표적이 된 환곡제와 군역제를 크게 뜯어 고쳤다. 그럼에도 민란의 물결이 이어진 것은 군현의 수령에 의한 학정과 수탈이 더욱 심해졌기 때문이다. 그 배경에는 1880년대 이후 본격화한 국왕의 매관매직이 있었다. 수령에 임명된 자들은 그의 짧은 임기 내에 서둘러 투자 자금을 회수하지 않으면 안 되었다. 1892년 우의정 정범조鄭範朝는 민란이 만연하는 세태를 개탄하면서 수령들이 관직을 여관旅館처럼 여기

87 박은숙(2008), 「개항 후 分院 운영권의 민간 이양과 운영실태 — 荷齋日記를 중심으로 —」, 『한국사연구』 142, 290쪽.

88 박희진(2008), 「19세기 서울의 직업」, 『朝鮮王朝의 財政과 市場』 II, 낙성대경제연구소 학술대회 논문집, 12~13쪽.

89 백승철(1992), 「개항 이후(1876-1893) 농민항쟁의 전개와 지향」, 한국역사연구회 지음, 『1894년 농민전쟁연구 2 — 18·19세기의 농민항쟁 —』, 역사비평사, 316쪽.

고 행정은 아전衙前들에게 맡겨 둔 채 백성의 재산을 늑탈하는 데만 주력한다고 하였다.[90] 같은 시기 한반도를 여행한 영국의 지리학자 이사벨라 비숍Isabella B. Bishop은 이 나라가 오직 약탈자와 피약탈자의 두 계급으로 구성되어 있는데, '면허받은 흡혈귀吸血鬼'인 양반으로부터 끊임없이 보충되는 관료 계급과 인구의 4/5를 차지하는 문자 그대로의 하층민인 평민 계급이라고 하였다.[91]

당오전의 발행에 따른 급격한 인플레이션은 국가의 수취제도를 혼란시켰다. 통화가 당일전과 당오전의 2종류로 나뉘고, 유통권이 분열하고, 지방에 따라 물가에 큰 차이가 발생하였다. 어느 수령은 지방과 중앙의 시세 차이를 노리고 현물로 수취한 결세를 현지에서 처분하여 동전으로 바꾼 다음 중앙에서 현물을 구입하여 결세를 납부하였다. 어느 수령은 시세의 변동에 따라 동전으로 수취하는 결세의 일부를 현물로 수취하여 거래차익을 실현하였다. 어느 수령은 당일전으로 수취한 다음 당오전으로 대납하여 환차익을 누렸다. 이 같은 차익을 노린 투기적 거래는 실패의 위험이 컸다. 그에 따른 결세의 미납과 포흠은 농민들에게 이중의 부담을 강요하였다.

1870년 호포제의 실시에도 불구하고 군역제의 모순은 완전히 해소되지 않았다. 전체 인구가 정확하게 조사되지 않았기 때문에 동리별 호포의 실질 부담에는 차이가 있었다. 유명한 반촌의 양반신분은 호포에서 제외되거나 아주 가벼운 부담 밖에 지지 않았다. 향리들이 지방재정의 수입원으로 은폐하고 비호하는 계방촌契房村이라 불린 동리도 있었다. 계방촌의 농민은 호포를 부담하지 않았다. 양반호가 호포를 부담하더라도 상민호와의 차별이 있었다. 호포제가 반상의 차별을 폐지한 것은 아니었다.

90 백승철(1992), 「개항 이후(1876-1893) 농민항쟁의 전개와 지향」, 『1894년 농민전쟁연구 2—18·19세기의 농민항쟁—』, 308쪽.

91 이사벨라 버드 비숍 지음, 이인화 옮김(1994), 『한국과 그 이웃 나라들』, 살림, 511~512쪽.

1879년 경상도 영천군의 경우, 양반호에 부과된 호포는 호당 1.2냥이었음에 비해 상민호의 호포는 1.94냥이었다.[92]

1880년대의 조선왕조는 이같이 오래고 낡은 지배체제가 빚어내는 온갖 병통病痛에 대처할 능력을 갖추지 못하였다. 전국 도처에서 몰락 양반과 하층 상민이 주도하는 민란의 함성이 울려 퍼졌다. 군현에 따라 민란은 며칠이고 읍저邑底를 장악하고 중앙정부가 파송한 안핵사安覈使 등의 출입을 저지하는 조직적인 양상으로 번졌다. 정치와 사회의 기강이 해체된 가운데 사회적 의적을 자처하는 명화적明火賊과 활빈당活貧黨이 기승을 부렸다. 전국 도처에 이들이 출몰하지 않은 고을이 없었다. 이들은 대개 30~40명씩 무리를 지어 양반토호나 상인가를 약탈하였다. 이들은 대담하게도 지방 관부를 습격하거나 노상에서 한성으로 올라가는 진상물을 가로채기도 하였다.[93] 도적떼의 발호로 장시와 장시를 오고가는 상인의 행렬이 두절되었다.

갈등과 분열은 농촌사회의 내부에까지 파고들었다. 경제적 곤궁은 많은 동리에서 주민 상호 간의 갈등을 유발하고 오래된 동계洞契를 해체시켰다. 그와 더불어 친족과 친족이 반목하였으며, 친족 내부에도 종가와 지손이 갈등하였다. 수리, 영림, 교육을 둘러싼 향촌사회의 결사가 기능을 멈추었다. 심지어 보洑가 허물어져도 그대로 방치되었다. 동계가 해체되자 마을의 하민들이 통제되지 않았다. 노동의 규율은 해체되었으며, 오랫동안 이어져 온 두레도 중단되었다. 머슴은 주인의 지시를 무시하였으며, 동패와 어울려 술과 노름으로 방종하였다. 머슴의 행패를 다스리다가 활빈당의 공격을 받은 양반가도 드물지 않았다.[94]

---

92 金容燮(1984), 「朝鮮後期의 賦稅制度 釐正策」, 『增補版 韓國近代農業史研究 — 農業改革論·農業政策 —』 上, 292쪽.

93 백승철(1992), 「개항 이후(1876-1893) 농민항쟁의 전개와 지향」, 『1894년 농민전쟁연구 2 — 18·19세기의 농민항쟁 —』, 328~331쪽.

94 李榮薰(2001), 「18·19세기 大渚里의 身分構成과 自治秩序」, 『맛질의 農民들 — 韓國近世村落

[그림 7-5] 천하도

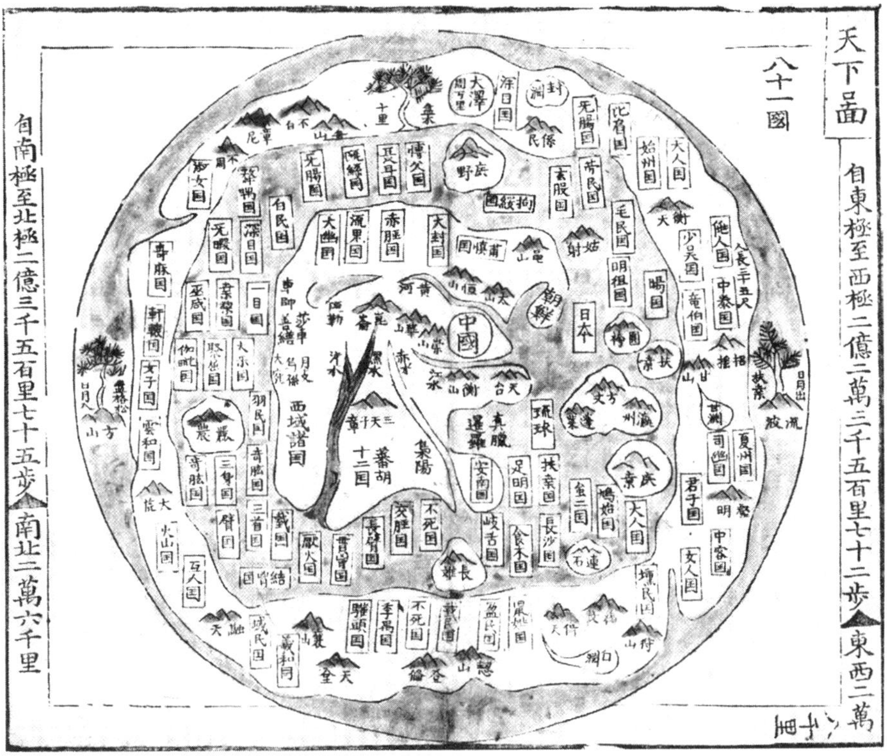

출처: 오상학(2015), 『천하도』, 문학동네, 12쪽.

제국주의의 침입은 수백 년 동안 닫혀 있던 이 나라의 정신세계에 커다란 혼란을 불러왔다. 〈그림 7-5〉는 18~19세기 양반가의 병풍에서 흔히 볼 수 있는, 동시대의 일반적인 세계관을 대변하는, 천하도天下圖이다. 거기서 천하는 3겹의 동심환同心環으로 이루어졌다. 맨 안쪽은 세계의 중심으로서 중국과 조선으로 이루어진 중화中華이다. 그 바깥의 동심환은 오랑캐의 나라들인데, 일본이 거기에 속하였다. 그 바깥의 동심환은 금수

生活史一』, 283~295쪽.

禽獸 또는 귀鬼의 나라들이다. 영국을 위시한 구미 제국이 거기에 속하였다. 1860년대 이후 조선왕조가 구미 제국과의 접촉을 완강히 거절한 것은 이 같은 세계관에 입각해서였다.

왕조의 지배층만이 아니었다. 농촌 유생을 포함한 일반 민서는 민간신앙의 교리에서 외세를 거부하였다. 1866년 프랑스 군대가 강화도에 침입하였다(병인양요丙寅洋擾). 그해 경상도의 양반사회에서는 다음과 같은 시가 떠돌아 다녔다.

> 너희 鬼들이 감히 우리나라 경계를 침입했는데
>
> 염라대왕의 군대가 모두 쳐부수고 말거야
>
> 날 선 검으로 수괴의 목을 치니
>
> 우리나라는 다시 도솔천의 왕국이지[95]

개항 이후 조정을 둘러싸고 연달아 일어난 정치적 변고는 이같이 닫힌 세계관을 더 없는 공포와 적개심으로 변질시켰다. 전국 도처에 유언비어가 난무하였다. 1888년 5월 경상도 예천의 어느 양반가의 일기는 "서양과 왜가 우리나라 사람으로 하여금 어린아이를 팔게 하고 혹은 삶아서 혹은 구워서 먹는다. 경중京中의 수홍동 바깥에서 그런다고 하더라"고 적었다.[96] 일본도 어느덧 귀종鬼種으로 바뀌어 있었다. 극한의 혼돈과 공포 속에서 이 세상을 구원할 복음은 『정감록鄭鑑錄』과 같은 비기秘記로 구해졌다. 어디선가 진인眞人이나 큰 장수가 홀연히 등장하여 이 세상을 구원하리라는 남방진인설南方眞人說 또는 해도기병설海島起兵說이 널리 유포되

---

95 韓國學中央硏究院(2006), 『예천 맛질 朴氏家 日記』 1866년 연말 雜記 중의 漢詩. 일기의 작자가 시의 일부에 수정 의견을 붙이고 있는 것을 보아 떠돌아다니는 시를 필사한 것으로 보인다. 원문은 다음과 같다. "汝鬼敢侵吾土境 閻羅鬼卒皆奴隷 手將飛劒斬其元 兜率天王是弟昆".

96 "洋倭使本國人行貨賣兒屠殺自喫或蒸或燔 京中水潁洞外鄕亦布云" [韓國學中央硏究院(2006), 『예천 맛질 朴氏家 日記』 1888年 5月 21日].

었다.[97] 개벽開闢의 세상에선 모두가 평등하리라. 1840년대부터 이어진 민란의 역사를 총괄하는 1894년의 동학농민봉기는 이러한 정신세계의 소농을 주력으로 하였다.

4. 대외무역의 전개와 전통경제의 재편

대외무역의 동향

개항 이전 조선의 대외 수출입 무역의 규모는 대개 연간 일화日貨로 310만 엔圓 정도였다고 추정되고 있다. 미곡으로는 일본석으로 60만 석, 조선석이라면 120만 석의 규모이다. 국내총생산에서 대외무역이 차지하는 비중은 1~2%에 불과하였다.[98] 그러한 대외의존도가 1911년이 되면 20%까지 증가하였다.[99] 개항과 더불어 조선왕조는 폐쇄경제에서 개방경제로 바뀌어 갔다. 무역의 주요 대상은 일본과 청이었다. 영국과 미국 등, 세계 중심부와의 직접적 교역은 거의 없었다. 개항 이후 조선왕조는 일본과 청을 매개로 하여 자본주의세계체제에 편입되었다.

〈표 7-5〉는 1877~1905년에 걸친 대외무역의 격년별 추이이다. 일반 화물의 수출액과 수입액에 이어 금은金銀 무역의 수지收支와 이를 포함한 종합적 무역수지가 제시되어 있다.[100] 일반 화물의 수출은 처음 3년간 크게 증가했으나 이후 1887년까지 80만 엔의 수준에서 정체하였다. 이는 수출 주력품의 하나인 쌀이 1880년대에 걸쳐 작황이 부진한 가운데 쌀

97 高成勳(1997), 「朝鮮後期 '海島起兵說' 관련 變亂의 추이와 성격」, 『朝鮮時代史學報』 3, 129~162쪽.

98 李憲昶(2004), 「한국 전근대 무역의 類型과 그 변동에 관한 연구」, 『경제사학』 36, 113~115쪽.

99 김낙년 편(2006), 『한국의 경제성장 1910-1945』, 서울대학교출판부, 375쪽.

100 김낙년(2001), 「조선 무역의 장기동향」, 안병직 편, 『韓國經濟成長史』, 서울대학교출판부, 200~205쪽에서 작성.

[표 7-5] 개항기 무역액과 무역수지의 추이(1877~1905)

단위: 천 圓

연도	화물수출	화물수입	금은수지	화물·금은수지
1877	57	123	10	-56
1879	505	468	54	91
1881	809	1,147	301	-37
1883	801	1,750	582	-366
1885	408	1,692	445	-839
1887	825	2,835	1,298	-713
1889	1,266	3,410	1,062	-1,082
1891	3,395	5,286	192	-1,698
1893	1,723	3,905	568	-1,614
1895	2,734	8,340	635	-4,971
1897	9,086	10,179	232	-862
1899	5,050	10,279	4,148	-1,081
1901	8,543	14,777	4,288	-1,947
1903	9,669	18,411	5,232	-3,510
1905	7,917	32,972	4,365	-20,691

출처: 김낙년(2001), 「조선 무역의 장기동향」, 안병직 편, 『韓國經濟成長史』, 서울대학교출판부, 200~205쪽.

의 수출을 금지하는 방곡령防穀令이 자주 발동되었기 때문이다. 1884년의 갑신정변 이후 조선왕조에 대한 일본의 정치적 영향력은 퇴조하였으며, 그런 가운데 양국의 무역은 부진하였다. 수출이 크게 증가하는 것은 1890년부터이다. 일본과 심한 외교적 마찰을 동반했던 1899년의 방곡령 사건을 계기로 방곡령의 발동은 자제되었다. 그리고 1890년대에 걸쳐 일본에서 산업혁명이 일어나자 조선쌀에 대한 수요가 급증하였다. 이 같은 이유로 1890년부터 크게 증가하기 시작한 대일 수출은 청일전쟁을 전후하여 일시 위축되었다가 이후 다시 크게 증가하였다. 그런 가운데 해마다 수출의 진폭이 컸던 것은 미작米作의 작황이 불안정하였기 때문이다. 반면 수입 무역은 수출에 비해 처음부터 꾸준한 증가세를 보였는데, 그 역시 1890년대에 들어, 특히 청일전쟁 이후, 급격히 증가하였다.

금은 무역은 조선이 수출하는 입장이어서 수지가 줄곧 흑자였다. 흑자의 폭은 1880년대의 경우 연도에 따라서는 일반 화물의 수출고를 능가할 정도로 컸다. 1890년대에 들어 금은수지가 감소하는 것은 조선왕조가 신식화폐의 주조를 위해 금은을 수입하였기 때문이다. 1898년부터 금은수지가 크게 증가하는 것은 1897년 일본의 화폐제도가 금본위제金本位制로 바뀌었기 때문이다. 일본은 화폐 발행에 요구되는 준비금을 확보하기 위해 제일은행第一銀行의 조선 지점을 창구로 하여 조선산 금을 독점적으로 매집하였다.[101]

조선의 무역수지는 금은수지를 합하더라도 적자 기조를 면치 못하였다. 금은수지의 흑자 덕분으로 1903년까지 무역수지의 적자는 100~200만 엔에서 유지되었다. 개항기 조선의 자본수지資本收支에 대해서는 알려진 바가 없는데, 조선왕조가 도입한 차관과 일본계 은행의 투자로 자본수지는 흑자였으며, 그것으로 무역수지의 적자가 결제되는 구조였다고 짐작된다. 무역수지의 적자는 수입이 크게 증가하는 1903년 이후 큰 폭으로 확대되어 갔는데, 그와 더불어 조선경제의 식민지적 종속도 심화되어 갔다.

대외무역의 주요 상대국은 일본이었다. 수출의 경우 1897년까지 한두 해를 제외하고 90% 이상이 대일 수출이었으며, 대청 수출은 10%에 미치지 못하였다. 청일전쟁으로 조선과 청의 국교는 단절되었다. 1898년 국교가 회복되자 대청 수출이 조금씩 증가했는데, 그래도 1905년까지 22%에 불과하였다. 수입 무역의 경우 역시 제1의 상대국은 일본이었는데, 수출 무역에서만큼 압도적이지는 않았다. 수입에서 일본의 비중은 1905년까지

101 村上勝彦(1975), 「植民地」, 大石嘉一郎 編, 『日本産業革命の研究』下, 東京大學出版會, 260~269쪽.

평균 60~70%이며, 청은 30~40%였다. 두 나라의 비중은 정치적 상황에 따라 기복이 있었다. 1903년부터는 수입선輸入先이 미국 등으로 다변화하는데, 그래도 10%를 넘지 못했다.

수출 상품의 내역에서는 쌀과 콩 등의 곡류와 우피牛皮가 지배적 비중을 차지하였다. 곡류의 비중은 1880년대까지 40% 수준이나 1890년대 후반이 되면 80%를 넘었다. 쌀과 콩 가운데 쌀은 해마다 불안정한 작황의 영향을 많이 받았으며, 1880년대에는 방곡령의 제약도 컸다. 예컨대 1885~1889년 쌀의 수출 비중은 3.7%에 불과하였다. 그에 비해 콩은 작황에 큰 변동이 없고 일본에서 식료품공업의 원료로서 수요가 증가하고 있어서 1880년대까지 쌀보다 수출 규모가 컸다.

쌀의 수출이 급증하는 것은 1890년대부터인데, 산업혁명기의 일본에서 조선쌀에 대한 수요가 크게 증가하였기 때문이다. 1890년 이전에 일본에 수출된 조선쌀은 돌과 지푸라기 등이 섞인, 조제 상태가 열악한 백미로 주로 오사카大阪와 고베神戶 등지에서 도시의 하층 빈민과 노동자의 식료로 소비되었다. 1890년 이후가 되면 조선에서의 수출이 현미로 이루어지고 일본에서 자국산 현미와 혼합 정미되어 일반 소비자의 식료로 소비되었다.[102] 자본주의의 발전과 도시인구의 증가에 따라 조선쌀에 대한 수요가 구조적으로 발생한 셈이었다.

제3의 수출품은 우피였다. 쌀과 콩의 수출이 부진했던 1880년대까지 우피가 가장 큰 수출품인 해가 몇 차례 있었다. 1890년대 이후 우피의 비중은 줄지만 그래도 1905년까지 15%의 적지 않은 비중을 차지하였다. 우피가 수출된 것은 가방, 구두, 군수품과 같은 피혁공업이 발전하지 않았던 조선의 산업구조를 반영하였다. 우피는 개항 이전부터 일본으로 수출되어 온 상품이었다. 쌀도 마찬가지였다. 그 점에서 개항기의 대일 수출무

---

102 村上勝彦(1975), 「植民地」, 『日本産業革命の研究』 下, 241~244쪽.
吉野誠(1975), 「朝鮮開國後の穀物輸入について」, 『朝鮮史研究會論文集』 12, 34~39쪽.

역은, 콩 한 가지를 제외한다면, 17세기 이래의 조일무역朝日貿易 구조가 그대로 확장된 형태라고 할 수 있다.

수입 상품의 내역을 보면 직물織物이 가장 큰 비중이었는데, 그 대부분은 면포였다. 전체 수입품 가운데 직물의 비중은 1880년대까지 60~70%이며, 1890년대에도 50~60%나 되었다. 직물 다음으로는 음식물과 잡제품의 수입이 컸다. 주로 맥주 등의 음료, 석유·성냥과 같은 새로운 생활 용품이었다. 1900년 이후 음식물과 잡제품의 수입이 크게 증가하는데, 1901~1905년 음식물이 11%, 잡제품이 23%나 되었다. 그 대신 직물의 비중이 30%대로 작아졌다. 이외에 1900년 이후 금속제품과 기계류의 수입이 늘어나는데, 철도가 부설되고 정미소가 들어서는 등, 근대적 경제형태의 보급과 연관이 있었다.

주요 수입품인 직물은 1880년대까지만 해도 영국 등 서유럽 제품이 주류를 이루었다. 예컨대 1885년 조선이 수입한 직물의 80% 이상이 영국산 제품이었다. 조선의 수입 무역은 일본과 중국이 영국산 면제품을 중계하는 구조에 다름 아니었다. 첫 중계항은 중국의 상하이上海였다. 상하이에 도착한 영국산 면제품은 아시아 각지로 분산되었다. 그 가운데 일본의 나가사키長崎로 들어온 것이 일본상인을 거쳐 조선에 수출되었다. 1888년 상하이와 인천을 연결하는 항로가 개통되었다. 이후 면제품의 대조선 중계에 있어서 중국상인이 일본상인보다 우위에 섰다. 그럼에도 일본상인이 계속 면제품을 조선에 수출한 것은 취득한 동전으로 조선의 미곡을 구입하여 일본에 수출할 수 있었기 때문이다.[103]

일본이 산업혁명에 진입한 이후인 1896년의 상황을 보면 수입 직물의 90% 이상이 일본산으로 바뀌어 있었다. 1890년대 이후 조선의 대외무역은 이전과 성격을 달리하였다. 1880년대까지는 개항 이전 대외무역의 연

103 하원호(2006), 「개항 후 인천의 대외부역과 그 영향」, 『한국민족운동사연구』 4, 12쪽.

[그림 7-6] 개항기 대외교역조건지수의 추이(1878~1905)

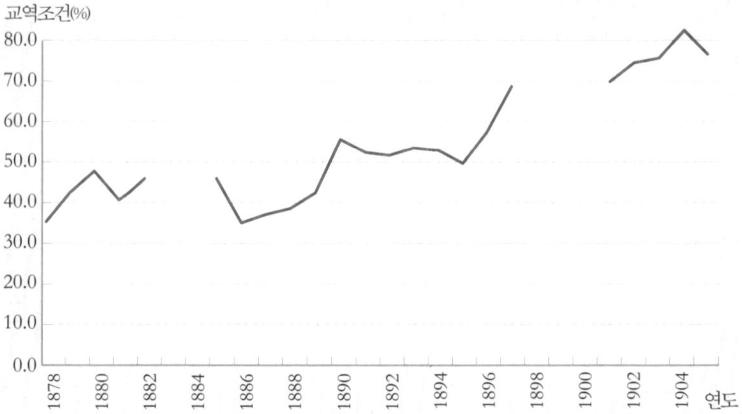

출처: 김낙년, 「조선 무역의 장기동향」, 안병직 편, 『韓國經濟成長史』, 서울대학교출판부, 208~210쪽.

장선 위에 있었다. 거기에다 일본과 중국이 영국산 면제품을 중계하는 구조가 덧붙여진 정도였다. 그렇지만 1890년대 이후 조선의 무역은 일본에 쌀을 수출하고 그의 공장제 면제품을 수입하는 이른바 '미-면교환형米-綿交換型'의 식민지적 구조로 탈바꿈하였다.

개항기 수출과 수입의 실질규모는 연평균 9.2%와 15.4%의 높은 증가율을 보였다.[104] 이는 당시 일본과 더불어 세계에서 가장 높은 수준에 속하였다. 1934~1936년을 100으로 한 수출품과 수입품의 물가지수에서 구해진 교역조건지수(수출품물가지수/수입품물가지수)의 추이는 〈그림 7-6〉과 같다.[105] 1880년대까지 수출품물가지수는 수입품물가지수의 30% 전후에 불과했는데, 1900년대가 되면 60~70% 수준으로 증가하였다. 개항기에 걸쳐 교역조건이 개선되어 간 것은 개항 이전의 조선경제가 워낙 폐쇄적이어서 쌀의 국내가격이 크게 저평가되어 있었기 때문이다.

104 김낙년(2001), 「조선 무역의 장기동향」, 『韓國經濟成長史』, 188~189쪽.
105 김낙년(2001), 「조선 무역의 장기동향」, 『韓國經濟成長史』, 208~210쪽에서 작성.

농업생산의 회복

1890년대 이후 쌀 수출이 크게 증가하자 쌀의 증산이 촉구되었다. 1893년 경기도의 상황을 전하는 한 기록은 쌀의 수출로 상당한 고가로 쌀을 판매하고 수입품을 염가로 구입할 수 있는 이득을 알게 된 농민들이 종래 가족의 굶주림을 메우면 족하다고 여겨 내버려 두었던 땅을 잇따라 개발하고 있다고 하였다.[106] 종래 다른 도에 비해 수리가 불충분했던 전라북도에서는 관개 정비를 위한 노력이 나타났으며, 또 다른 지방에서는 "근래 쌀값이 현저하게 올랐기 때문에 벼농사에 주력하고 일반적으로 시비의 양을 증가시키는 경향"이 현저해 진다고 하였다.[107]

1880년대까지 쌀보다 수출양이 많은 콩은 더 일찍 증산의 추세를 보였다. 개항장 부산의 배후인 경상도의 경우 대개 1880년대 중반부터 콩 재배를 위해 새롭게 산야를 개척하거나, 논밭 두둑에까지 콩을 심거나, 하등답을 콩밭으로 전환하였다. 전라도에서도 마찬가지로 개항의 자극을 받아 종래 품질이 불량하고 비료로 쓰임에 불과했던 잡곡의 생산에 많은 주의가 기울어졌다.[108] 당시의 병작 관행에서 콩 등의 밭작물은 쌀에 비해 지대율이 낮았으며, 1년2작 또는 2년3작 윤작의 경우 이작물裏作物에 대해서는 지대를 수취하지 않음이 일반적이었다. 따라서 콩의 증산과 상품화는 다른 사람의 토지를 병작하는 하층 소농의 소득에 기여하였다. 개항 이후 콩의 수출은 소농경제의 안정성을 제고하였다.

앞서 〈그림 7-3〉에서 소개하였듯이 남부지방의 36개 촌락에서 수집된 논의 두락당 생산량과 지대량은 18세기 이래 19세기 말까지 줄곧 감소의 추세였다. 위기의 시대를 상징하는 그 장기추세가 드디어 바닥을 치고 증

---

106 『通商彙纂』 8號, 「1893年中仁川港商況年報」, 25~26쪽.

107 宮嶋博史(1983), 「朝鮮 甲午改革 이후의 상업적 농업—三南지방을 중심으로—」, 『韓國近代經濟史研究—李朝末期에서 解放까지—』, 사계절, 217쪽.

108 宮嶋博史(1983), 「朝鮮 甲午改革 이후의 상업적 농업—三南지방을 중심으로—」, 『韓國近代經濟史研究—李朝末期에서 解放까지—』, 219~220쪽.

[그림 7-7] 전라도 영암군 장암리의 논 두락당 지대량의 추이(1840~1927)

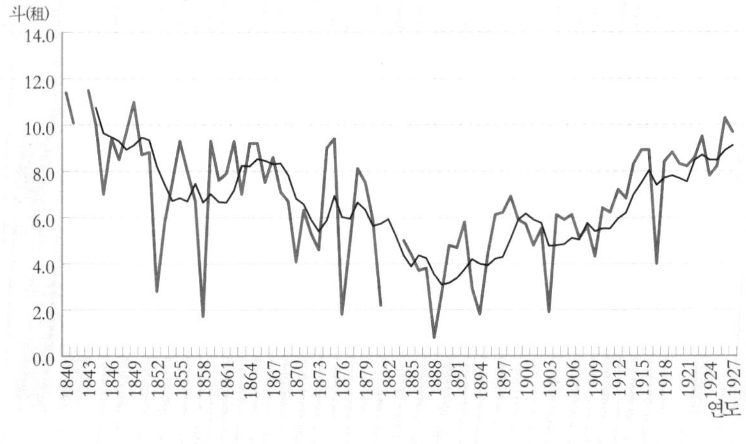

출처: 이영훈(2012), 「17세기 후반~20세기 전반 水稻作 土地生產性의 장기추세」, 『經濟論集』 51-2, 서울대학교 경제연구소, 449~454쪽

가추세로 돌아서는 것은 1890년대를 전후한 일이다. 〈그림 7-7〉은 위 36개 촌락의 하나인 전라남도 영암군 장암리長岩里에서 1840~1927년 사이에 매년 두락당 지대량의 변동과 5개년 이동평균의 추이이다.[109] 장기추세의 맨 아래 바닥은 1888년이었다. 그림에서 확연하듯이 그해를 넘기면서 두락당 지대량은 뚜렷이 회복되어 갔다. 바로 인접한 목포는 원래 한산한 어촌에 불과하였다. 그것이 개항장으로 지정되고 일본상인을 포함하여 원근의 상인들이 모여드는 것은 1897년의 일이었다.

위기의 시대를 종식시킨 것은 다른 무엇보다 쌀의 수출시장이었다. 소득 증대의 기회가 주어지자 농민들은 개간을 추진하고 수리시설을 보수하고 시비량을 늘렸다. 1894년 동학농민봉기의 실패와 더불어 민란의 물결이 잦아든 것도 다른 한편의 원인이었다. 해체된 동계가 다시 맺어지

109 이영훈(2012), 「17세기후반~20세기전반 水稻作 土地生產性의 장기추세」, 『經濟論集』 51-2, 440~454쪽.

고, 무너진 보가 다시 세워지고, 해이해진 노동규율이 강화되는 등, 농촌 사회의 질서가 잡혀가기 시작했기 때문이다. 1890년대 후반에 접어들면 오랫동안 이 땅의 인간들을 절망의 늪에 빠뜨렸던 위기의 시대를 대신하여 활기찬 증산增産의 시대가 열리는 조짐이 뚜렷하게 관찰되었다. 개방과 시장의 확대는 인류사의 모든 시대와 지역에서 경제생활의 활기를 불어넣었다는 평범한 진리가 오랫동안 폐쇄경제에 갇혔던 조선인들에 의해 어렵사리 재확인되는 국면이었다.

면직업의 해체

수출시장은 쌀과 콩의 증산을 유도하였지만 수입시장은 면작棉作과 면직업綿職業을 위축시켰다. 콩의 수출이 증대하자 남부 여러 지방에서는 면작을 포기하는 대신 두작豆作을 확대하는 현상이 광범하게 나타났다. 특히 부산항의 배후인 경상남도에서 그러한 현상이 뚜렷하였다. 모든 지방에서 면작이 쇠퇴한 것은 아니었다. 전라남도에서는 면작이 오히려 확대되었다. 예컨대 1904년의 한 기록에 의하면 전라남도 무안군에서 면작지는 2~3년 전보다 2배나 늘었다. 다른 지역에서 면작이 감소하자 농가의 면화 수요가 전라남도로 몰려 그 지역의 면작을 자극하였던 것이다.[110]

농가의 가내부업으로 영위되어 온 면직업이 뚜렷이 쇠퇴하기 시작하는 것은 청일전쟁 이후였다. 그 이전 면포의 연간 수입량은 270만 필로서 국내 총 소비량의 20~25% 정도였다. 전통 면직업에 가해진 충격은 아직 제한적이었다. 당시의 수입 면포는 주로 영국산으로서 사치품에 가까운 것이었다. 그에 비해 조선의 전통 면포, 이른바 토포土布는 원료사原料絲가 2~3배 더 들어간 두텁고 질긴 것이며, 그럼에도 가격은 더 저렴하였다. 농촌의 토포업은 건재하였으며 오히려 농촌시장의 확대와 더불어 발전하

110 宮嶋博史(1983), 「朝鮮 甲午改革 이후의 상업적 농업—三南지방을 중심으로—」, 『韓國近代經濟史硏究—李朝末期에서 解放까지—』, 221~224쪽.

였다.[111] 당시 조선 주재 영국영사는 영국산 수입 면제품이 주로 부유한 신사층에 한해 소비된다고 하면서 그 문제점을 본국에 보고했지만, 영국의 제조업자들은 조선시장에 큰 관심을 두지 않았다.

반면에 조선의 토포업을 공략한 것은 일본산 면제품이었다. 1895~1905년에 걸쳐 연평균 640만 필의 면포가 일본에서 수입되었다. 1882년 일본에서는 영국의 신식 방적기를 도입한 오사카방적大阪紡績이 설립되었다. 일본의 산업혁명은 이 공장의 설립을 시발로 하였다. 오사카방적은 저렴하고 질 좋은 방적사紡績絲를 대량으로 공급함으로써 오사카와 고베 지역에 수많은 중소 방직공장을 일으켰다. 중소공장의 직기는 1895년까지 주로 전통 직기의 개량에 머물렀는데, 이후 근대적 기계로 바뀌었다. 그중의 일부 공장은 조선시장을 표적으로 삼아 토포의 품질을 면밀히 조사하여 보다 우수하고 값싼 제품을 생산하였다.[112] 그에 따라 이미 1900년경이면 조선 토포시장의 거의 40%가 일본산 면제품에 의해 점유되었다.

그에 대한 조선 측의 대응으로서 주목할 만한 현상은 일본산 방적사를 수입하여 직포하는 이른바 방적토포紡績土布라는 새로운 형태의 면직업이 한성 주변에서 출현하였다는 점이다. 당시 일본에서 수입되는 직물류 가액의 1/4은 방적사였다. 방적사의 수입액을 보면 1895년 40만 엔, 1900년 160만 엔, 1907년 267만 엔으로 증가하는 추세이며, 1907년이 최고였다. 수입 방적사를 이용한 토포업의 발전은 1907년까지였다. 이후 방적사의 수입은 정체 내지 감소하여 1912년에는 233만 엔이었다. 이로부터 1907년 이후 방적토포업도 일본산 면포의 공략을 받아 위축되어 갔다고

111 梶村秀樹(1983), 「李朝末期 綿業의 流通 및 生產構造」, 『韓國近代經濟史硏究 — 李朝末期에서 解放까지 —』, 124~135쪽.

112 梶村秀樹(1983), 「李朝末期 綿業의 流通 및 生產構造」, 『韓國近代經濟史硏究—李朝末期에서 解放까지—』, 194~197쪽.
村上勝彥(1979), 「日本資本主義による朝鮮綿業の再編成」, 小島麗逸 編, 『日本帝國主義と東アジア』, アジア經濟硏究所, 115~126쪽.

이야기할 수 있다. 그 결과 1908년에서 1910년 사이 전국의 면포시장에서는 주로 일본산인 외국산 면포가 62%, 수입면사를 이용한 방적토포가 26~28%, 전통 토포가 10% 내외의 비중을 차지했다고 지적되고 있다.[113] 1910년이 되면 전통 토포업은 사실상 해체된 상태나 다를 바 없었다.

개항 이후 조선의 면직업이 보인 동향은 중국과 일본의 그것과 같지 않았다. 중국의 경우 농촌 면직업은 처음부터 원료의 현지 조달과 저렴한 가내노동에 기초하여 외국산 면제품에 대해 강인한 경쟁력을 발휘하였다. 그러다가 외국산 방적사를 이용한 새로운 면직업이 성립하고 그것이 근대적 공장으로까지 발전함으로써 외국산 면제품을 중국에서 밀어냈다.[114] 일본의 경우 전통 면직업은 개항 초기에 외국산 면제품으로부터 괴멸적인 타격을 입지만, 오사카방적을 비롯한 근대적 방적공업이 성립하여 양질의 면사를 대량 공급함으로써 국내 방직업을 재건하였을 뿐 아니라, 조선 및 중국과 같은 해외시장의 공략에도 성공하였다. 또한 중국과 일본에서는 전통 견직업絹織業이 개항 이후 수출산업으로 발전하여 외화를 취득함으로써 방직공업의 부흥과 발전을 뒷받침하였다.[115]

중국과 일본에 비하자면 조선의 경우 시종일관 완제품 형태의 면포가 대량으로 수입되어 전통 면직업을 비교적 단기간에 해체했을 뿐 아니라, 전통 면직업의 외국산 방적사를 이용한 대응도 그리 적극적이지 못하였다. 전통 면직업이 쉽사리 해체되고 말았던 것은 개항 이전 방적과 직포 과정이 사회적 분업으로 분리되어 있지 않은 가운데 생산의 효율성이 낮았기 때문이다. 제6장에서 소개한 대로 1830년대 전국의 농촌 장시에 면사가 출시된 곳은 전라도 만경현 성외장城外場뿐이었다. 중국과 일본처럼 전통 견직업이 수출산업으로 역할을 할 수 없었던 것은 18세기 이래 중

113 村上勝彦(1979),「日本資本主義による朝鮮綿業の再編成」,『日本帝國主義と東アジア』, 168쪽.
114 嚴中平 著, 依田憙家 譯(1966),『中國近代産業發達史』, 校倉書房, 106쪽.
115 金宗炫(1991),『近代日本經濟史』, 比峰出版社, 69~75쪽.
石井寛治 지음, 李炳天·金潤子 옮김(1984),『日本經濟史』, 동녘, 148~159쪽.

국산 견포絹布가 대량 유입되어 국내 견직업을 억압하였기 때문이다. 개항 이전 농촌공업의 이 같은 실태는 개항 이후의 대외교역에 있어서 조선 경제에 잠재한 비교우위를 결정하였다. 조선의 비교우위는 쌀과 콩의 농업에 있었다. 농민들은 더 많은 소득을 안겨 주는 쌀과 콩 생산에 더 많은 노동력을 투하하기 위해 저수익의 면작과 가내 직포업을 쉽게 포기하였다. 바로 그 점에서 개항 이후 동아시아자본주의의 역사에서 일본 및 중국과 상이한 길을 걸었던 조선경제의 내적 조건을 확인할 수 있다.

지주계급의 발흥

20세기 전반 일정기日政期의 농촌사회는 대규모 토지를 소유한 지주地主를 지배계급으로 하였다. 제6장에서 지적한 대로 '지주'라는 말은 근세近世 일본에서 유래한 것이다. 한국사에서 대규모 토지소유자를 지주라고 칭하는 것은 일정기부터이다. 여기서는 그에 구애되지 않고 개항기의 그들부터 지주라고 부르기로 한다. 20세기 농촌사회의 지배계급으로서 지주가 주로 개항기에 발흥하였기 때문이다. 예컨대 1930년대에 충청남도에서 100정보 이상을 소유한 대지주 89명 가운데 42명이 개항기에, 23명이 1910년대에 지주로 성장한 자들로 밝혀진다. 나머지 21명은 그 성장기가 명확하지 않지만 그들 역시 대개 개항기였다고 짐작된다.[116] 그들의 대부분은 새롭게 펼쳐진 수출입시장을 활동 무대로 하여 대규모 토지재산을 조성하였다. 그들은 토지재산을 시장원리에 따라 상업적으로 경영함으로써 더욱 큰 부를 축적하였다. 그 점에서 그들은 재산의 축적과 경영에서 신분적 특권에 기초한 구래의 지배계급인 양반 농장주들과 달랐다. 그들은 본질적으로 자본가적 경영자였다.

개항 이전에도 상업적 경로로 토지재산을 축적하고 증식함에 성공한

116 張矢遠(1989), 「日帝下 大地主의 存在形態에 관한 硏究」, 서울대학교 대학원 경제학과 박사학위논문, 80~81쪽.

역농가力農家들이 적지 않았다. 그럼에도 당시까지는 사회경제적 제약이 너무 커서 그들의 계급적 발흥을 전망하기 힘든 실정이었다. 농업의 생산기반은 취약했으며, 농촌시장은 위축하는 추세였다. 무엇보다 백성의 재산에 대한 양반 지배계급의 공공연한 수탈이 심각한 위협을 이루었다. 민란의 물결에 따라 농촌사회의 질서가 해체된 것도 커다란 제약이었다. 개항 이후, 특히 1890년대에 들어 이러한 제약 조건이 하나 둘 해소되어 갔다. 그 새로운 사회경제적 환경에서 새로운 지배계급으로서 지주들이 발흥하였다.

19세기 전반 강화도의 홍씨가洪氏家는 빈농의 처지에서 역농과 근검으로 가산을 일구기 시작하여 이미 개항 이전에 주변 농민에 고리대를 대여할 정도의 부자가 되었다. 1881년 최초로 확인되는 그의 재산은 논 560두락의 적지 않은 규모였다. 1883년 인천이 개항되자 그 배후인 강화 지역의 쌀값이 급등하였다. 그에 힘입어 홍씨가의 토지재산은 1896년까지 1,086두락으로 급증하였다.[117] 전라남도의 유서 깊은 양반가인 해남군 윤씨가尹氏家의 토지재산은 1897년에 18여 결이었는데 1916년까지 36결로 배증하였다. 역시 1897년 목포가 개항되고 쌀값이 상승한 덕분이었다.[118] 전라남도 나주군 암태도의 문씨가文氏家는 향리 출신이었다. 이 가문은 역농가로서 개항 이전에 이미 200여 두락의 재산을 소유하였다. 개항 이후 이 가문이 대지주로 입신하는 데 기반이 된 최초의 성공은 소규모 염전의 경영이었다. 문씨가는 1897년 목포항이 열리기 전부터 소금을 싣고 주변의 포구나 도서島嶼로 다니면서 선상船商 활동을 영위하였다. 목포의 개항 이후 문씨가는 근거지를 목포로 옮겨 상회商會를 설립하고 객주客主로 활약하였다. 고리대 활동도 재산 축적에 큰 몫의 역할을 담당하였다.

117 洪性讚(1981), 「韓末·日帝下의 地主制—江華 洪氏家의 秋收記와 長冊分析을 중심으로—」, 『韓國史研究』 33, 67~115쪽.

118 崔元奎(1985), 「19·20세기 海南 尹氏家의 農業經營과 그 變動」, 『韓國史研究』 50·51, 275~318쪽.

1915년 전라남도의 연안 각지에 분포한 문씨가의 전·답·염전 등의 토지 재산은 561정보의 대규모에 달하였다.[119]

전라북도 고부군의 김씨가金氏家는 유서 깊은 양반가문의 일원이긴 하지만 자산가는 아니었다. 동 김씨가가 지주로 성장하는 것은 처가로부터 받은 소규모 토지를 기반으로 한 근검과 절약의 가정경영 덕분이라고 한다.[120] 다른 무엇보다 인근의 군산이 개항장으로 지정되고 배후 평야지대의 쌀이 대량으로 수출되기 시작한 새로운 시장환경이 김씨가가 대지주로 입신할 수 있는 가장 중요한 조건을 이루었다. 김씨가는 수출시장에 쌀을 출하함에 있어서 변화무쌍한 미가米價변동에 성공적으로 대응하였다. 나아가 풍흉에 따른 지가地價변동의 대응에도 특별한 능력을 보여 단기간에 대규모 토지재산을 집적하는 데 성공하였다. 고리대 활동도 축재의 주요 수단이었다. 김씨가가 지주로 고속 성장한 시기는 1880년대 말에서 1900년대 전반이었다. 1911년 김씨가의 두 주인은 10만 엔 이상을 소유한 전국의 조선인 자산가 32명 중에 속해 있었다.[121]

이상에서 보듯이 신흥 지주계급은 대개 경제적으로 빈한한 양반신분이거나 향리신분의 출신인 경우가 많았으며, 성장의 초기 단계에서 역농과 절약과 상업으로 가산을 일군 공통의 배경을 지녔다. 다른 한편 구래의 지배계급인 양반신분은 대체로 몰락의 길을 걸었다. 그들은 전통적인 경제윤리와 생활방식을 고집했으며, 새로운 시장환경에 적극적으로 대응하려 하지 않았다. 1900년 전라남도 구례군 유씨柳氏 양반가는 연간 현금지출의 14%를 제사, 증여, 관혼상제에 지출하였다.[122] 이후 동 가문이 경

119 박천우(1983), 「韓末·日帝下의 地主制 硏究—岩泰島 文氏家의 地主로의 성장과 그 변동—」, 연세대학교 대학원 사학과 석사학위논문, 52~57쪽.

120 金容燮(1977), 「韓末·日帝下의 地主制—事例 4: 古阜 金氏家의 地主經營과 資本轉換—」, 『韓國史硏究』 19, 67~68쪽.

121 주익종(2008), 『대군의 척후』, 푸른역사, 77~93쪽.

122 박석두·이두순(1995), 『한말-일제하 양반 소지주가의 수지변화에 관한 연구—구례 류씨가의 사례—』, 한국농촌경제연구원, 72쪽.

제적으로 쇠퇴한 가장 중요한 원인은 때때로 장례와 혼례가 겹침에 따라 발생한 막대한 의례비 때문이었다. 전통 양반가는 전통적인 생활윤리가 지배하는 그들의 친족공동체와 동성촌락에서 조용히 침잠하였다.

국내시장의 확대와 통합

대외무역의 증가는 국내시장의 확대를 자극하였다. 쌀과 콩의 수출에 따른 소득의 증대는 다른 재화에 대한 시장수요를 확대하였다. 개항장을 포함하여 주요 항구를 연결하는 정기항로의 개설은 국내의 연안무역을 활성화하였다. 예컨대 함경도의 원산항에서 국내 다른 항구로 이출하는 마포는 1886년 1만 1,608엔에 불과했으나 1903년 12만 2,420엔으로 증가하였다. 명태의 이출은 1886년 5만 3,878엔에서 1904년 60만 10엔으로 증가하였다. 그 대신 원산항으로 이입하는 쌀은 1885년 5만 8,483엔에서 1905년 62만 1,729엔으로, 면포는 1886년 2만 6,460엔에서 1905년 18만 6,621엔으로 증가하였다.[123] 원산항의 마포와 명태 이출이 크게 증가한 것은 쌀과 콩을 수출하는 지역에서 증가한 소득이 마포와 명태에 대한 수요 증가로 이어졌기 때문이다.

국내외 시장의 확대와 더불어 상인들의 활동도 활발해졌다. 개항장에는 수출입 무역을 중개하는 조선인 객주가 출현하였다. 개항장이 열리자 인근의 포구에서 활동하는 객주들이 개항장으로 이동하였다. 부산항에서 활동한 객주는 1889년에 44명 정도였는데, 1897년까지 237명으로 증가하였다. 원산항의 객주는 1884년 45명 내외였는데, 1894년 이후 130~140명으로 늘었다. 인천항에서는 1889년의 60명이 1897년의 96명으로 늘었는데, 다른 개항장에 비해 그 증가세가 활발하지 않았다.[124] 수

123 李憲昶(1990), 「開港期 市場構造와 그 變化에 관한 硏究」, 서울대학교 대학원 경제학과 박사학위논문, 131쪽.

124 李炳天(1985), 「開港期 外國商人의 侵入과 韓國商人의 對應」, 65~66쪽.

출입 무역을 직접 담당한 것은 일본과 중국 상인들이었다. 조선상인은 수출입 상무商務에 서툴렀기 때문에 대외무역에 직접 종사할 수 없었다. 그 대신 그들은 외국상인과 내륙의 조선상인을 중개하면서 적지 않은 이윤을 축적하였다.

인천에서 조선인 객주의 상세商勢가 활발하지 못한 것은 중국상인의 내지통상이 인천의 배후인 경기도와 충청도에서 활발하였기 때문이다. 1882년 임오군란 시에 청군을 따라 650여 명의 중국상인이 들어왔다. 그들은 주로 한성 이남의 경기도와 충청도를 활동 무대로 했으며, 전라북도 전주까지 진출하기도 하였다. 1882년 청과의 조약에 따라 수도 한성이 개방되자 중국상인들은 재빨리 한성으로 들어와 상권을 확보하였다. 1896년 조선에서 활동 중인 중국상인은 근 5,000여 명에 달하였다.

반면에 일본상인의 내지통상은 그리 활발하지 못하였다. 일본상인이 조선 내륙으로 여행하는 것은 조선인의 전통적인 반일감정 때문에 위험하였다. 그들은 주로 개항장에 머물면서 조선인 객주의 중개를 받아 쌀과 콩을 매집하였다. 일본상인은 개항장에 진출한 일본의 은행으로부터 무역자금을 지원받을 수 있었다. 그들은 우월한 자금력으로 조선인 객주를 지배하였다. 그들은 수출상품을 확보하기 위해 조선인 객주를 통해 쌀을 선매하기 위한 자금을 살포하기도 하였다. 일본상인들이 조선인 객주의 매개를 뿌리치고 직접 내륙으로 들어가 상권을 장악하는 것은 경부선京釜線과 경의선京義線 철도가 부설된 1904년 이후였다.

중국상인의 활발한 내지통상과 일본상인의 금융 지배에도 불구하고 개항기에 걸쳐 조선상인의 상권은 전반적으로 건재하였다.[125] 쌀·콩·우피의 수출상품이 개항장까지 이동하는 유통경로는 조선상인의 지배하에 있었다. 경기도와 충청도를 제외한 다른 지역에 있어서 수입품의 판매도

125 李炳大(1985), 「開港期 外國商人의 侵入과 韓國商人의 對應」, 160~168쪽.

[그림 7-8] 영암과 오사카의 미가변동(1877~1936)

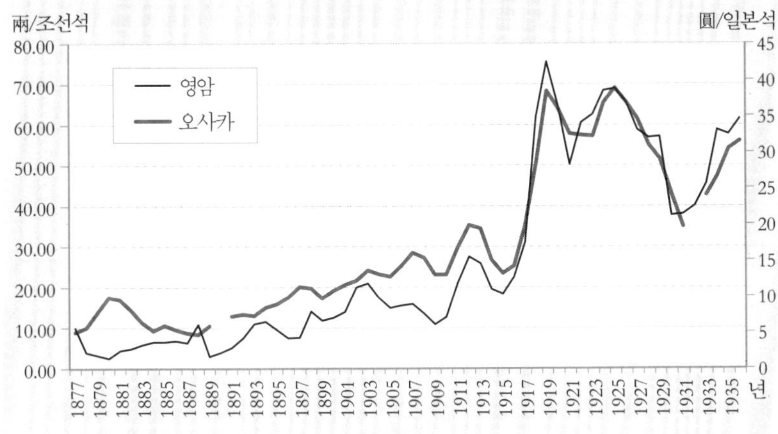

출처: 이영훈·박이택(2004), 「농촌 미곡시장과 전국적 시장통합」, 이영훈 편, 『수량경제사로 다시 본 조선후기』, 서울대학교출판부, 268쪽.

조선상인의 지배하에 있었다. 한성시장에 중국상인들이 침투했지만 시전상인의 상권을 위협할 정도는 아니었다. 1894년까지 시전상인이 보유한 금난전권禁亂廛權은 외국상인의 침투를 저지하는 방패가 되었다. 갑오경장으로 금난전권이 폐지된 이후에도 한성상인의 상권은 건재하였다. 한성상인의 상권이 크게 위축되는 것은 1905년 이후 통감부統監府에 의한 통화개혁과 금융개혁에 의해서이다.

국내외 시장의 확대와 더불어 지역 간의 시장통합도 진전하였다. 〈표 7-2〉에서 보듯이 국내의 지역 간 시장통합은 1883년 이후 유의한 수준으로 회복되었다. 국내시장 뿐 아니라 국제시장에서도 마찬가지였다. 〈그림 7-8〉은 1877~1936년간 전라도 영암시장과 일본 오사카시장에서의 미가米價변동을 좌우 축에 함께 그린 것이다. 1900년 이전까지 영암과 오사카의 미가는 서로 상이한 방향으로 움직였다. 1877~1899년 두 미가변동(일계차분)의 상관계수는 음陰이었다. 반면에 1900~1910년 두 미가변동의 상관계수는 0.812의 꽤나 높은 수준이었다.[126] 이후 두 시장은 거의 완벽히 통합되어 갔다. 정확히 말해 조선의 미곡시장은 일본 미곡시장의 일부분으로 포섭되어 갔다.

은행과 회사의 출현

확대된 국내외 시장을 무대로 근대적 형태의 시장기구가 출현하였다. 1878년 일본의 제일은행第一銀行이 부산에 지점을 설치했으며, 이후 원산·인천·한성으로 지점망을 확대하였다. 뒤이어 일본의 제18은행과 제58은행이 들어왔다. 이들 일본 은행들은 상업은행으로서 일본상인을 상대로 예금과 대출의 업무를 수행했으며, 또한 하환어음荷換於音을 인수하는 형태로 무역금융에도 종사하였다.[127] 이들 은행의 지원으로 일본상인은 조선상인에 비해 자금 면에서 우월하였다. 일본계 은행 이외에 영국계와 러시아계 은행이 들어온 적이 있으나 오래 머물지 않았다. 일본계 은행 가운데는 제일은행의 자본금 규모가 압도적으로 컸다. 그 이유로 제일은행은 일본의 조선 공략에 선봉으로 역할을 하였다. 1882년 제일은행은 조선의 해관세를 취급할 권리를 장악했으며, 1886년에는 일본은행과 약정을 맺어 조선금을 매수하였다. 1894년 청일전쟁 당시에는 일본군의 군용금을 취급했으며, 1905년에는 화폐개혁의 실무를 담당함으로써 사실상 조선의 중앙은행으로 기능하였다.

조선인에 의한 은행은 1894년 이후에 생겨났다. 갑오경장으로 조세가 금납으로 바뀌자 국고를 취급하는 금융기관의 설치가 요망되었기 때문이다. 1896년 대조선은행소大朝鮮銀行所라는 최초의 은행이 반관반민半官半民으로 설립되었는데, 재정고문인 영국인 브라운J. M. Brown이 국고금

---

126 이영훈·박이택(2004), 「농촌 미곡시장과 전국적 시장통합」, 『수량경제사로 다시 본 조선후기』, 268~269쪽.

127 高嶋雅明(1978), 『朝鮮における植民地金融史の研究』, 大原新生社, 244~248쪽.

취급을 반대하고 자본금의 모집도 원활하지 않아 1901년에 폐점하였다. 1897년에는 한성은행漢城銀行이 설립되었는데, 국고금을 취급할 권리를 얻어 1898년까지 그 영업이 활발하였다. 그런데 1899년 황실의 지원을 받는 천일은행天一銀行이 발족하여 국고금의 취급을 독점하자 사실상 폐점 상태에 빠졌다. 한성은행은 1903년 일본 제일은행의 계열은행으로 포섭되어 영업을 재개하였다.

천일은행은 황실의 적극적인 비호하에 한성의 유력 상인들에 의해 주식회사株式會社의 형태로 설립되었다. 창업 자본금은 5만 6,000원元인데 황실이 3만 원을 출자하였다. 주권株券의 액면은 500원으로서 당시 시세로 벼 160석에 달하는 고액이었다. 자본금의 모집은 순조롭지 않았으며, 1900년까지 주주의 수는 총 18명에 불과하였다. 천일은행은 주식회사이긴 했지만, 초창기 주식회사로서의 한계를 드러냈다. 예컨대 은행장은 주주총회가 아니라 황실에 의해 임명되었다. 주주의 대부분은 이사원, 감사원, 사무원으로서 은행 경영에 직접 참가하였다.[128] 천일은행은 황실의 지원하에 지방에서 한성으로 운반된 조세금을 예치했다가 탁지부의 지시에 따라 인출하는 사실상의 국고로 역할을 하였다.

천일은행은 황실의 투자와 조세금의 취급으로 확보한 풍부한 자금력을 바탕으로 한성의 상인들에게 자금을 대출하였다. 주로 2~3개월의 단기성 상업대부이며, 이자율은 연 20~30%로서 당시로서는 저렴한 편이었다.[129] 지금까지 전하는 동 은행의 대부기록에서 공업시설이나 사회간접자본에 투자하는 산업은행으로서의 면모는 관찰되지 않았다. 천일은행은 1902년 황실의 추가 투자를 유치하여 더욱 활발한 영업세를 보였다. 주주에 대한 배당도 높은 수준에서 원활하였으며, 이에 주주의 수와 자

128 이영훈 외(2004), 『한국의 은행 100년사』, 산하, 108~112쪽.

129 金允嬉(2002), 「대한제국기 서울지역 금융시장의 변동과 상업발전－대한천일은행 및 대자본가의 활동을 중심으로－」, 고려대학교 대학원 사학과 박사학위논문, 55쪽.

본금 규모도 확장일로에 있었다. 그렇지만 1904년 이후 무언가 잘 알려지지 않은 이유로 급속히 영업구조가 나빠졌으며, 1906년 통감부가 화폐개혁을 실시하자 사실상 도산상태에 빠지고 말았다.

근대적인 회사 제도가 조선에 소개된 것은 1880년대 개화파 지식인에 의해서였다. 1883년 김옥균金玉均은 한성순보漢城旬報에 게재한 회사설會社說에서 조선이 가난한 것은 상인이 혼자서 사고 팔 줄만 알았지 여럿이 힘을 합쳐 큰 사업을 일으키지 않았기 때문이라 하면서 서구의 주식회사, 합명회사, 합자회사 등을 소개하였다. 이 외에 여러 인사들이 서구와 일본의 회사, 은행, 국채 제도를 소개하는 글을 실었다. 나아가 서구의 상법, 화폐, 재정 등에 관한 경제학의 주요 저작을 소개하거나 번역하는 작업이 이루어졌다.

그에 따라 1880년대에 걸쳐 정부 주도하에 기기국機器局과 직조국織造局과 같은 공업시설이 들어섰으며, 대동회사大同會社나 영흥회사永興會社와 같은 회사 조직이 생겨나기 시작하였다. 지금까지 알려진 한에서 1894년까지 73개의 회사가 설립되었다.[130] 그런데 이들 초창기의 회사는 대부분 상행위를 위한 자본결합이라기보다 특권의 취득을 위한 인적 결사였다. 특히 개항장의 객주들이 설립한 상회사商會社가 그러하였다. 그들은 정부로부터 상회사 면허를 취득한 다음, 그에 빙자하여 소상인과 소공업자로부터 세를 수취하는 폐단을 야기하였다. 세론이 악화되자 이들 회사의 대부분은 1894년의 갑오경장에 의해 해체되고 말았다.

회사는 1896년 이후 다시 활발하게 설립되었다. 1896~1904년에 걸쳐 알려진 한에서 모두 217개의 회사가 설립되었다.[131] 농림업에서는 1897년의 인공양잠합자회사人工養蠶合資會社 등 주로 양잠업 부문에서 많은 회사가 설립되었는데, 이들은 대체로 별다른 실적을 거두지 못하고 단명하

130 전우용(2011), 『한국 회사의 탄생』, 서울대학교출판문화원, 54쪽.

131 전우용(2011), 『한국 회사의 탄생』, 129~131쪽.

고 말았다. 제조업에서는 1898년 최초의 직물업회사로서 종로직조사鐘路織造社와 1901년 제직회사製織會社가 설립되었다. 제직회사는 일본에서 염직 기술을 배우고 돌아온 기술자에 의해 설립되어 직기 60대로 하루 150~160척의 포를 짜는 비교적 큰 공장이었는데, 역시 단명하고 말았다. 기타 양조·연초·성냥·철물·제재·석탄 등의 여러 분야에서 근대적 기업 조직이 출현하였다. 전기업에서는 1898년 한성전기회사漢城電氣會社가 설립되어 최초의 전등을 밝혔다. 유통업에서는 1900년 한성의 객주들이 출자한 광신교역廣信交易이라는 주식회사가 대표적인 예인데, 수출입에 종사하는 회사였다. 운수업에서는 1897년 한성의 대상인들이 출자한 경성마차회사京城馬車會社라는 주식회사가 있었다. 그러나 이 회사는 1899년 한성과 인천 간에 전차가 부설되자 영업을 중지하고 말았다.

1885년에 정부는 해운업의 진흥을 위해 전운국轉運局을 설립하고 기선을 구입하여 세곡 운송을 맡겼다. 1893년 이 회사는 이운사利運社로 재편되어 기선 5척으로 세곡을 운송하고 개인 화물과 여객업까지 담당하였다. 그러나 관리들의 불친절과 선상들의 반발로 영업이 부진했으며, 결국 1900년에 관민합동의 대한협동우선회사大韓協同郵船會社에 불하되고 말았다. 대한협동우선회사는 다수의 고위 관료가 출자하여 자본금이 20만 원에 달하였다. 출자 관료들은 화물과 여객의 모집에 적극적이었다. 정부도 지점과 창고의 설립을 지원하였다. 이 회사는 인천을 중심으로 북으로는 진남포, 남으로는 군산-목포-제주도-부산-원산을 경유하는 연안항로를 개설하였다. 초기에는 활발한 영업으로 상당한 수익을 거두었다. 그렇지만 일본계 해운회사와의 출혈경쟁으로 1903년부터 경영 부진에 빠졌으며, 러일전쟁 중 일본자본으로 경영권이 넘어가고 말았다.[132]

해운업에서도 보듯이 갑오경장 이후 회사 설립을 주도한 세력은 대개

132 藤永壯(1991), 「開港後の會社設立問題をめぐって—朴琪淙と汽船業·鐵道業—」, 『朝鮮學報』 140, 55~86쪽; 『朝鮮學報』 141, 1~38쪽.

관료와 한성의 대상인들이었다. 1895~1904년에 회사 설립에 참여한 사람으로서 이력이 확인되는 409명 가운데 67명이 고위 관료, 96명이 중하위 관료에 속하였다. 특히 고위 관료의 참여가 활발하였다. 예컨대 그 기간에 각 부의 대신大臣과 협판協辦 등을 역임한 고위 관료 51명 가운데 27명이 각종 회사의 설립에 관여하였다.[133] 이들 관료집단과 협력하면서 회사 설립과 운영의 실무를 담당한 것은 주로 한성과 개성의 상인들이었다. 그들은 일본자본의 침투에 맞서 상권을 수호하는 데 특별한 열정을 지닌 민족자본가들이었다. 초기의 주식회사는 대체로 고위 관료가 사장을 맡고 상인들이 사무원을 맡는 형태로서 사실상 관료기구와 다를 바 없었다. 주식에 대한 이해도 낮은 수준이어서 주식의 양도와 매매는 드물었다. 주식의 매매는 사장의 허락을 받아야 했으며, 회사에 따라서는 금지하기도 하였다.

5. 황혼의 대한제국

갑신정변, 동학농민봉기, 청일전쟁

개항 이후, 청으로부터의 독립과 국가체제의 근대적 개혁을 추구하는 정치세력이 문벌가문의 자제들을 중심으로 형성되었다. 개화당開化黨으로 불린 이들 신진 정치세력은 집권 민씨세력에 맞서 개혁정책을 추구하다가 수세에 몰렸다. 1884년 그들은 궁정 쿠데타의 방식으로 집권을 시도하지만, 한성에 주둔 중인 청군淸軍의 개입으로 실패하였다(갑신정변甲申政變). 집권 3일간 그들이 반포한 여러 정령政令 가운데 제1조는 "대원군을 조속히 귀국시키고 청국에 대한 조공 허례를 폐지한다"는 것이었다. 그들

133 전우용(2011), 『한국 회사의 탄생』, 182~192쪽.

이 정변을 일으킨 제1의 대의는 청으로부터의 독립이었다. 다른 어느 하나의 정령은 "대신과 참찬은 (중략) 의정부議政府에서 회의하고 정령을 의정議定, 공포한다"고 하였다. 여기서 짐작할 수 있듯이 그들은 입헌군주제立憲君主制하의 내각제와 같은 정부형태를 구상하였다.[134] 김옥균을 위시한 갑신정변의 주역들이 개혁의 모델로 삼은 것은 일본의 메이지유신이었다. 그들은 유신 이후의 일본에서와 같은 부국강병과 식산흥업을 꿈꾸었다. 그렇지만 메이지유신을 뒷받침한 개혁적인 사회세력은 조선에서 존재하지 않았다. 그들은 궁정 쿠데타의 방식으로 그들의 소신을 관철할 수밖에 없었는데, 그것은 청군의 한성 주둔이 엄연한 현실에서 실패할 수밖에 없는 무모함이기도 하였다. 이후 10년간 조선왕조는 집권 민씨세력의 농단과 왕실재정의 방종으로 깊은 위기와 혼란의 연속이었다.

일본정부는 갑신정변에서 일본에 우호적인 정치세력이 패배하자 청과의 전쟁을 피할 수 없다고 판단하고 군비를 대대적으로 확충하기 시작하였다. 일본의 저명한 계몽사상가인 후쿠자와 유키치福澤諭吉는 일본이 미개의 아시아를 벗어나 서양의 문명국과 진퇴를 같이해야 한다고 주장하였다(탈아론脫亞論). 1889년 일본은 메이지유신 이후의 혼란을 마무리하고 근대적 국가체제의 토대로서 헌법을 공포하였다. 때를 같이하여 일본의 정치가들은 한반도가 일본의 안위, 곧 주권선主權線에 지대한 영향을 미치는 양보할 수 없는 이익선利益線이라고 주장하였다. 일본이 두려워한 궁극의 적은 러시아였다. 조선은 스스로를 방위할 수 없는, 그냥 두면 조만간 러시아에 포섭될, 나라로 간주되었다. 조선을 일본과 우호적인 근대국가로 개혁하지 않으면 안 된다, 당장은 조선의 개혁을 가로막고 있는 청으로부터 조선을 해방시킬 필요가 있다는 것이 일본의 정계와 세론이 공유한 한반도정책이었다. 1889년에 조선왕조가 방곡령을 발포하자 일본은

134 金玉均, 『甲申日錄』.

그 절차상의 하자를 빌미로 강력히 항의하면서 막대한 배상을 요구하였다. 이때부터 일본은 공공연히 청과의 전쟁을 부추기면서 개전開戰의 기회를 노렸다.

그사이 조선에서는 갑신정변에 참가하지 않은 또 하나의 개화파開化派가 세력을 모으면서 집권의 기회를 노리고 있었다. 그들은 주로 개화 실무나 외교에 종사한 중하급의 인사들이었다. 그들 역시 갑신정변의 주역들과 마찬가지로 반청反淸 독립, 입헌군주제, 신분제 철폐를 포함한 사회개혁을 추구하였다. 그들의 상당수는 양반가의 서자庶子 출신으로서 차별을 받아 온 처지였다. 그들이 추구한 개혁정책의 근저에는 이 같은 개인적 이력이 작용하였다.

1894년 4월 동학東學을 신봉하는 농민군이 보국안민輔國安民의 기치를 걸고 봉기하였다. 종래 역사가들은 동학농민봉기東學農民蜂起를 기존의 왕조체제와 신분질서를 부정한 급진적인 농민혁명으로 평가해 왔다. 나 또한 오랫동안 그러한 통설을 강의실에서 전파해 왔다. 농민군이 전주성全州城을 점령한 뒤 정부군과 화약을 맺을 때에 제출했다고 하는 '20개조 폐정개혁안弊政改革案'이 그 근거였다. 거기서 농민군은 노비문서를 소각하고, 천인의 대우를 개선하고, 과부의 재가를 허용하고, 문벌을 타파하고, 공사채公私債를 폐지하고, 토지를 평균 분배할 것을 주장하였다. 기득권 집단의 등골을 서늘하게 할 밑으로부터의 혁명적 개혁안이었다.

그런데 나중에 신문지상의 논쟁을 통해 그 20개조 개혁안이 실은 1940년에 오지영吳知泳이란 사람이 지은 『역사소설 동학사歷史小說 東學史』 속의 이야기임을 알게 되었다. 소설을 사료로 인용해 왔다니! 나는 역사가의 직업노동이 그처럼 허망할 수 있음에 크게 놀랐다. 실제로 인용해야 할 사료는 농민군을 지휘한 전봉준全琫準에 대한 판결선고서이다. 거기에 나타난 농민군의 주장은 농민을 괴롭히는 수령, 탐관오리, 보부상의 작폐, 부세의 남징을 임금님이 바로 잡아 달라는 것 이상이 아니었다. 봉기 초

두에 농민군이 내건 대의명분의 하나는 "충과 효를 함께 다하여 세상을 구하고 백성을 편안하게 한다"는 것이었다. 농민군은 서울로 진격하여 임금님을 현혹하는 권세가를 멸하고 기강과 명분을 바로 잡고 성인의 가르침을 떨치고자 하였다. 요컨대 동학농민봉기는 유교적 근왕주의勤王主義에 입각하여 백성의 살림살이를 안정시키고자 한 복고적 개혁이었으며, 그 점에서 이전 50년을 이어온 민란의 충실한 계승이자 그 절정에 다름 아니었다.[135]

자력으로 농민군을 진압할 수 없었던 조선왕조는 종주국 청에 군대의 파송을 요청했으며, 그에 부응하여 1894년 6월 2,000명의 청군이 충청도 아산에 상륙하였다. 청과 개전의 기회를 노리던 일본도 공사관과 거류민을 보호한다는 명분으로 1개 여단을 파견하였다. 한성으로 진입한 일본군은 조선정부에 내정개혁을 요구했으며, 조선정부가 이를 거부하자 동년 7월 경복궁을 무단 점령하고 민비를 중추로 하는 집권세력을 축출하였다. 뒤이어 친일 개화파 인사가 중심이 된 갑오내각이 성립하여 개혁 신정新政을 선포하였다.

일본군의 왕궁 점령은 곧바로 청일전쟁淸日戰爭으로 이어졌으며, 이 전쟁에서 일본은 일방적인 승리를 거두었다. 1895년 4월에 체결된 시모노세키下關 강화조약은 조선에 대한 청의 종주권을 부정하고 조선이 완전무결한 독립자주국임을 인정하였다. 청일전쟁은 청이 종이호랑이에 불과함을 국제사회에 폭로하였다. 청제국은 굴욕적이게도 열강이 분할을 노리는 반식민지로 전락하였다. 청이 집요하게 고수하고자 했던 조공·사대에 입각한 동아시아 국제질서는 완전히 허물어졌다. 그렇지만 일본이 중심이 된 새로운 동아시아 국제질서에서 조선의 독립·자주는 허울에 불과하였다. 후발제국주의로 부상한 일본은 조선을 그의 보호국으로 삼고자

135 柳永益(1998), 『東學農民蜂起와 甲午更張』, 一潮閣, 16~28·178~205쪽.

하였다. 일본의 야욕은 러일전쟁이라는 또 하나의 큰 고지를 넘어야 했지만, 전술하였듯이 조선의 경제는 이미 일본자본주의의 일환으로 깊이 포섭되고 있었다.

갑오경장의 좌절

1894년 7월에 일본의 지원으로 집권한 개화파 정치세력은 개혁의 중심기구로서 군국기무처軍國機務處를 설치하고 동년 12월까지 약 210건의 개혁안을 의결하였다(갑오경장甲午更張). 개혁은 입헌군주제, 근대적 행정·사법체제, 근대적 재정·화폐제도 등의 수립, 신분제의 개혁, 식산흥업 등 실로 광범한 범위에 걸쳤다. 집권 개화파는 갑신정변의 선배들이 그러했듯이 일본을 개혁의 모델로 삼았다. 대부분의 개혁안은 일본 유학을 다녀온 소장파 관료와 그들에게 자문한 일본인의 손을 거쳤다. 그 점에서 갑오경장의 개혁 지향에는 처음부터 한계가 있었다. 그들은 자주독립을 추구했지만 반청反清에 머물렀으며 친일親日로 경도되었다. 그들이 추구한 민주주의는 향회鄕會의 설치를 통한 지방자치의 실시에는 적극적이었지만, 중앙 의회의 설치와 대의민주주의의 실천에는 유보적이었다. 그들이 주장한 사회적 평등은 노비·여성에 대한 처우 개선과 문벌의 폐지에 머물렀으며, 신분제 자체의 폐기에는 도달하지 못하였다. 그럼에도 불구하고 갑오경장이 지향한 민족주의, 민주주의, 사회적 평등은 이후 독립협회獨立協會의 운동으로 이어졌으며, 나아가 20세기에 걸친 근대화의 역사에서 중대한 이정표를 이루었다.[136]

갑오경장이 추구한 개혁은 기간도 짧았거니와 준비와 여건이 갖춰지지 않아 대부분 좌절했으며, 신구 제도의 혼란만 초래하는 중도반단中途半斷의 경우가 많았다. 중앙정부의 행정력이 청일전쟁과 농민군의 봉기로 고

136 柳永益(1990), 『甲午更張研究』, 一潮閣, 200~222쪽.

작 한성과 경기 일원에 미칠 뿐이기도 했지만, 무엇보다 경장의 주체가 대중적 기반을 확보하지 못한 가운데 일본과 협조한다는 점이 가장 큰 한계를 이루었다. 보통의 조선인에게 일본은 바다 가운데에 놓인 흑치黑齒오랑캐로서 조선과는 역사와 함께 오랜 원수였다. 일반 민중은 갑오내각甲午內閣의 인사를 왜대신倭大臣이라며 조롱하였다.[137]

갑오경장의 진정한 비극은 주권자인 국왕의 동의를 결여하였다는 점이다. 갑오경장은 국왕에게 입헌군주제의 정부형태를 강요하여 그의 주권을 크게 제약하였다. 일본은 청일전쟁에서 승리하여 요동반도와 타이완을 중국으로부터 할양 받았지만 러시아, 독일, 프랑스의 압력으로 요동반도만큼은 반환할 수밖에 없었다(3국간섭). 한반도는 3국간섭을 주도한 러시아와 일본이 헤게모니를 다투는 새로운 국면에 접어들었다. 주권의 회복을 노리던 국왕 부처는 10년 전에 청의 간섭을 피하기 위해 그러했던 것과 마찬가지로 러시아를 새로운 보호자로 초청하였다. 그러자 한성에 주재한 일본의 낭인 20여 명이 대원군의 안내로 미명未明의 궁중을 급습하여 민비를 시해하였다(을미사변). 이 천인공노할 만행을 접한 일반 조선인의 가없는 분노 앞에서 친일 갑오내각은 더 이상 존속할 여지가 없었다. 1896년 2월 러시아의 유인으로 고종은 권속들을 데리고 러시아공사관으로 거처를 옮겼다(아관파천俄館播遷). 연후에 그는 갑오내각 인사들의 처단을 지시하였다. 왕궁에서 국왕의 접견을 청하던 내각의 수반 김홍집金弘集은 고종이 보낸 근위대에 끌려가 머리가 잘렸으며, 그의 벌거벗긴 시체는 청계천변에서 사흘이나 방치되었다. 개혁을 주도한 또 한 사람의 개명관료 어윤중魚允中도 피신 도중에 무참하게 살해되었다. 근대를 향한 개혁의 꿈은 다시 주워 담을 수 없을 만큼 산산조각 나고 말았다.

137 朴宗根(1985), 「갑오개혁과 김홍집 정권」, 楊尙弦 編, 『韓國近代政治史硏究』, 사계절, 299~306쪽.

중도반단의 개혁

뒤이어 갑오내각이 발포한 정령의 상당 부분은 취소되었으며, 구제도가 원상으로 복구되었다. 그럼에도 전통적 경제체제에 중대한 변용을 초래한 몇 가지 개혁은 그대로 이어졌다. 그 대표적인 것으로서 국가체제에 있어서 정부와 왕실의 분리, 국초 이래 정부 각사의 왕실에 대한 공상供上의 폐지, 예·결산 재정제도의 도입, 결세의 금납화, 신식화폐제도의 시행, 시전체제의 해체 등을 들 수 있다. 갑오경장은 종래 정부와 왕실이 분리되지 않은 정부형태를 개혁하였다. 중앙정부의 120여 각사 가운데는 내섬시內贍寺 등 왕실에 대한 공상을 고유 직무로 하는 20여 기구가 있었는데, 실은 나머지 100여 기구도 공상과 무관하지 않았다. 예컨대 동반東班 관료의 근 40%는 공상의 직무를 직접 또는 겸직으로 수행하였다. 일반 행정과 공상은 구분되지 않았으며, 그런 가운데 중앙정부의 핵심 정무는 왕실에 대한 공상에 집중되어 있었다. 1894년 7월 군국기무처는 이 같은 궁부일체宮府一體의 정부형태를 개혁하기 위해 의정부議政府를 일반 국정을 총괄하는 기구로 격상시키고, 그 아래에 탁지아문度支衙門(이후 탁지부度支部) 등의 8개 아문(이후 부)을 두었다. 다른 한편 의정부 아래에 궁내부宮內府를 창설하여 왕실의 재정과 의례 등 제반 서무를 관장케 하였다. 또한 탁지아문이 국가의 모든 재정을 전관專管하는 가운데 근대적 형태의 예·결산 제도를 도입하였다. 왕실의 살림살이도 탁지아문이 편성하여 지급하는 궁내부 재정으로 관리되고 집행되도록 하였다. 이로써 국초 이래 500년을 이어온 왕실을 정점으로 한 공납제貢納制 정부형태가 청산되었다.

1894년 7월 정부가 수취하는 일체의 부세賦稅를 화폐로 납부하는 법령이 공포되었다. 그에 따라 종래 쌀, 콩, 포목, 동전으로 수취되던 결세가 모두 동전납으로 바뀌었다. 결세는 1결에 최고 30냥으로 정해졌는데, 이렇게 금납화한 결세를 가리켜 결가結價라 하였다. 결가 30냥은 쌀로 대략 30두에 상당하였다. 종래 농민들이 부담해 오던 1결의 결세는 각종 부가

세를 포함하여 쌀 40두 정도였다. 이에 결가제의 시행으로 농민들의 세 부담은 경감되었다.[138] 이후 결가는 1900년에 50냥, 1902년으로 80냥으로 인상되는데, 물가 상승이 그 원인이었다. 그럼에도 결가의 인상폭은 물가의 상승폭에 미치지 못했으며, 결과적으로 농민들의 세 부담은 낮아지는 추세였다.

결세의 금납화와 더불어 금융·화폐제도가 근대적 형태로 정비되기 시작했다. 우선 국고를 취급할 전국적 금융망을 갖춘 은행이 설립되어야 했다. 그래야 지방의 화폐가 일시에 중앙으로 몰려 지방경제에 금융경색을 초래하는 부작용을 피할 수 있었다. 전술한 대로 1896년 이래 국고를 취급할 계획으로 여러 은행들이 설립되었다. 그렇지만 국고제는 공식적으로 자리를 잡지 못하였다. 국고금을 가장 많이 유치한 천일은행도 일부 지방의 결가를 취급하였을 뿐이다. 국고제에 필수적인 전국적 범위의 환금융換金融 체제는 정비되지 않았다. 천일은행의 환금융은 한성, 인천, 개성의 범위에 국한되었다. 지방의 결가는 현금으로 한성으로 옮겨져 천일은행의 창고에 보관된 다음 탁지부의 명령을 기다려 출금되었다.[139] 1902년에 대한제국은 러시아로부터 차관 500만 원元을 도입하여 중앙은행을 설립하고자 1903년 3월 중앙은행조례中央銀行條例를 선포하지만, 일본의 방해로 실질적인 창업과 영업에는 이르지 못하였다.

갑오내각은 은본위제銀本位制에 입각한 신식화폐제도新式貨幣制度를 강구하였다. 이 화폐제도는 원래 1891년에 제정된 것인데, 신식화폐를 약간 발행한 뒤 그 전면적 시행이 유보되어 왔다. 신식화폐제도에서 본위은화本位銀貨 1원元은 구 동전 5냥兩에 해당하는데, 1원은 일본화 1엔圓과 등가였다. 보조화폐로서는 은화(1냥), 백동화(2전5분), 적동화(5분), 황동화(1분)

138 이영호(2001), 『한국근대 지세제도와 농민운동』, 서울대학교출판부, 79~99쪽.
139 이영훈 외(2004), 『한국의 은행 100년사』, 127~128쪽.

가 있었다(1원=5냥, 1냥=10전, 1전=10분).[140] 1894년 이후 신식화폐제도는 전면적 시행에 들어갔지만, 준비은의 부족으로 본위은화와 보조은화는 거의 주조되지 못했다. 그 대신 백동화白銅貨를 중심으로 한 보조화폐만 잔뜩 발행되었다. 결과적으로 신식화폐제도의 시행이라고 하나 은본위제의 실질은 갖추지 못한 채 새로운 품목의 동전을 추가 주조함에 불과하였다.

신식화폐의 발행에도 불구하고 구래의 당일전當一錢과 당오전當五錢은 회수되지 않았다. 갑오경장으로 당오전은 더 이상 주조되지 않았다. 유통 중인 당오전은 당일전과 같은 액면으로 평가절하되어 그대로 유통되었는데, 이를 가리켜 당평當坪이라 하였다. 그에 따라 1894년 이후 조선의 화폐는 당일전, 당평, 백동화의 3종으로 이루어졌다. 백동화는 주로 한성과 경기 이북의 구 당오전 구역에서 유통되었다. 전국의 통화권은 당일전 구역과 당평·백동화 구역으로 양분되었는데, 그 점에서 이전과 달라진 것이 없었다. 1899년까지 당평·백동화 구역에서 지배적 통화는 여전히 당평이었다. 그때까지 신식화폐의 주조량은 구 통화량의 1/5 정도에 불과하였다.[141]

또한 갑오경장은 17세기 이래 한성부의 경제를 지탱해 온 시전체제를 혁파하였다. 시전상인들은 왕도의 근본을 이루는 백성으로서 정부와 왕실에 각종 공납을 행해 왔으며, 그 반대급부로 여러 가지 특권을 누렸다. 그 시전체제가 폐지됨으로써 한성은 자유시장으로 바뀌었다. 그런데 갑오내각이 붕괴하고 여러 제도가 복구되는 과정에서 시전체제도 비공식적이나마 한동안 복구되어 작동하였다. 상인들은 정부와 왕실에 이전과 같은 경로로 각종 공납을 행하였다. 그 대가로 그들은 지방의 결가를 한성으로 운송하는 권리를 취득하였다. 1898년에는 구 시전상인을 주체로 하여 황국중앙총상회皇國中央總商會가 설립되었다. 이 상인단체는 한성의 시

140 이에 본위은화 1닙=보조은화 5닙=백동화 20닙=적동화 100닙=황동화 500닙의 관계가 성립하였다.

141 吳斗煥(1991), 『韓國近代貨幣史』, 203쪽.

전구역에서 외국상인의 활동을 금할 것을 정부에 청원하였다.[142] 이 단체는 얼마 있지 않아 해산되지만, 대한제국기에 걸쳐 한성의 상인들은 도중都中이라는 전통적 결사를 유지하는 가운데 정부·황실과의 특권적 관계를 유지하였다. 그중의 일부는 소상인들로부터 세를 수취할 수 있는 도고회사都賈會社나 수세회사收稅會社와 같은 특권회사를 조직하기도 했다.

대한제국의 성립

조선왕조의 정치, 경제, 사회가 놓인 현실을 냉정하게 평가할 때 지나친 기대일지 몰라도, 3국간섭 이후 러일전쟁까지의 9년간은 조선왕조가 약육강식의 제국주의시대에서 살아남을 수 있는 마지막 기회였다. 한반도가 열강의 세력균형하에 놓인 그 기간, 조선왕조를 구속하는 종주국은 없었다. 1897년 8월 고종이 국호를 조선朝鮮에서 대한大韓으로 바꾸고 황제로 등극한 것은 그 마지막 기회가 안겨 준 선물이었다. 대한은 주권자가 황제이기 때문에 대한제국大韓帝國으로도 불렀다. 조정의 관료들이 그들의 왕을 황제로 추대한 한 가지 명분은 조선은 자주독립국이라는 만국공법의 대의에서 구해졌다. 다른 한 가지 명분은 전통적인 역사의식에서 구해졌는데, 조선은 요순堯舜 이래 성인聖人의 법도를 계승해 온 소중화小中華의 나라로서 스스로 칭제稱帝할 자격이 충분하다는 것이다.[143] 이 같은 역사의식은 열국쟁패의 냉엄한 현실에서 살아남기 위해 추구해야 할 절체절명의 개혁 과제가 무엇인지에 대한 조정과 세론의 객관적 이해가 여전히 미숙했음을 이야기해 주고 있다.

이 새로운 나라가 국가체제의 원리를 명확히 하는 것은 1899년 8월에 반포된 대한국국제大韓國國制에서였다. 그사이, 대한국이 선포된 이래의 2

142 전우용(2011), 『한국 회사의 탄생』, 178~183쪽.
서울특별시사편찬위원회(2007), 『서울의 시장』, 132~136쪽.

143 계승범(2011), 『정지된 시각—조선의 대보단과 근대의 문턱—』, 서강대학교출판부, 237~241쪽.

년간, 황제세력과 독립협회 간에 정치적 공방과 타협이 있었다. 한동안 두 정치세력은 구래의 중추원中樞院이 일종의 의회議會와 같은 역할을 하는 입헌군주제의 정부형태에 동의하였다. 1898년 10~11월 관민공동회官民共同會에서 결의된 헌의獻議 6조는 외국과의 조약 체결은 중추원의 동의가 있어야 한다고 규정하였다. 이 외에 황제가 칙임관勅任官을 임명할 때는 의정부의 자문을 구하여 과반의 동의를 얻어야 하고, 탁지부가 국가의 모든 재정을 관장하고, 재판에 있어서 피고가 자신을 변호할 권리를 가지며, 범죄에 대한 승복을 판결의 전제조건으로 한다는 것 등이 결의되었다.

유감스럽게도 이 같은 입헌군주제로의 모색은 전제군주제를 옹호한 근황파의 모함으로 독립협회가 강제 해산됨에 따라 좌절하였다. 이후 대한제국의 공사 언론에서 독립협회가 전파하고자 했던 '자유自由'와 같은 개화사상의 핵심 용어는 자취를 감추었다.[144] 그와 더불어 조선왕조가 그에 주어진 마지막 기회를 최선으로 활용할 가능성도 사라지고 말았다. 결과론적 해석일지 몰라도 헌의 6조 가운데 외국과의 조약 체결은 중추원의 동의가 있어야 한다는 1개 조만이라도 관철되었더라면, 이 나라가 그토록 허망하게 망할 리는 없었을 터이다. 1899년 8월에 반포된 대한국국제는 다음과 같은 9개 조이다.

제1조 大韓國은 세계만국의 공인되온바 자주독립하온 帝國이니라

제2조 대한제국의 정치는 이전으로 말미암은즉 500년을 전래하시고, 이후로 말미암은즉 만세에 걸쳐 변치 아니하오실 專制政治이니라

제3조 대한국 대황제께옵서는 무한하온 君權을 향유하옵시나니 (하략)

제4조 대한국 臣民이 대황제의 향유하옵시는 군권을 침손하올 행위가 있으면 그 이미 행함과 행치 못함을 물론하고 신민의 도리를 잃은 자로 인정할지니라

144 Park Joo-Won(2005), The Formation and Transformation of the Concept of the Modern "Individual" in Korea, *Korea Journal*, Autumn, pp.174~176.

제5조 대한국 대황제께옵서는 국내 陸海軍을 통솔하옵셔 편제를 정하옵시고 계엄 해엄을 명하옵시나니라

제6조 대한국 대황제께옵서는 법률을 제정하옵셔 그 반포와 집행을 명하옵시고 (중략) 大赦 特赦 減刑 復權함을 명하옵시나니 (하략)

제7조 대한국 대황제께옵서는 행정 각 府部의 관제와 문무관의 봉급을 제정 혹 개정하옵시고 (하략)

제8조 대한국 대황제께옵서는 문무관의 黜陟과 任免을 행하옵시고 (하략)

제9조 대한국 대황제께옵서는 각 有約國에 사신을 파송 駐紮케 하옵시고 宣戰 講和 및 제반 約條를 체결하옵시나니 (하략)

제1조는 대한국이 자주독립의 제국임을, 제2조는 대한국의 정치는 만세불변의 전제정치임을, 제3조는 황제의 군권은 무한함을, 제4조는 군권에 대한 신민의 침해는 허용되지 않음을 선포하였다. 이어서 제5조는 황제가 육·해군을 통솔함을, 제6조는 황제가 법률을 제정하고 형벌을 재량으로 행함을, 제7조는 황제가 관제를 재량으로 정함을, 제8조는 황제가 문무 관료를 재량으로 임면함을 규정하였다. 제9조는 이후 대한제국의 명운과 관련하여 가장 의미심장한 것인데, 황제가 자재自裁로 외국과의 조약을 체결한다는 것이다. 요컨대 대한국국제는 이 나라가 더없이 철저한 전제정치의 국가임을 명확히 하였다.

국제의 반포에 뒤이어 정부형태가 그에 상응하는 형태로 개편되기 시작하였다. 예컨대 황제 직속의 원수부元帥府가 설치되어 중앙과 지방의 군대를 지휘하였다. 황성의 치안은 궁내부에 설치된 경위원警衛院이 맡았다. 나아가 정부 8개 부부府部 산하의 중요 기구가 황제 직속의 기구로 분리되었다. 화폐를 주조하는 전환국典圜局, 우체·통신·전화·전기·선박·운송을 관장한 통신원通信院, 빈민·홀아비·과부·고아를 구휼하는 혜민원惠民院 등이 그것이다. 특히 전환국이 탁지부 산하에서 황제 직속으로 옮겨

진 것의 의미는 컸다. 그것은 전환국이 주조한 화폐는 정부의 재산이 아니라 황제 개인의 재산으로 귀속되고 처분됨을 의미하였다.

정부재정의 운영에서도 유사한 변화가 나타났다. 탁지부와 농상공부가 관리해 온 공적 재원이 궁내부 산하의 내장원內藏院이 관리하는 황실의 재원으로 이관되기 시작하였다. 예컨대 인삼의 전매권과 삼세蔘稅의 징수권이 내장원으로 이관되었다. 나아가 구래의 아문둔토衙門屯土, 목장토牧場土, 역토驛土가 농상공부와 탁지부의 관하에서 내장원의 재산으로 편입되었다. 광세鑛稅, 어세漁稅, 염세鹽稅 수입도 내장원으로 넘어갔다. 그 외에 내장원은 통상세通商稅와 포사세庖肆稅와 같은 여러 명목의 잡세를 신설하거나 증징하였다. 요컨대 1899년 이후 대한제국은 숨길 것 없이 황제 개인의 가산제家產制 국가로 변모해 갔다.

초라한 정부재정

갑오경장 이후 중앙재정과 지방재정을 합한 예산의 내역과 규모는 〈표 7-6〉과 같다. 세입은 조세, 잡수입, 주조수입, 전년도세계잉여의 네 부류로 이루어지는데, 조세의 비중이 압도적이었다. 조세의 비중은 1896년의 50%에서 1898년의 83%로, 1904년의 99%로 증가하는데, 전환국이 황제 직속으로 옮겨짐에 따라 주조수입이 없어진 것이 중요 원인이었다. 조세 수입 가운데 가장 큰 것은 지세地稅, 곧 결가 수입이었다. 조세 가운데 지세의 비중은 1896년의 61%에서 1904년의 69%로 증가하였다. 산업의 구조가 단순하여 농업의 비중이 압도적인 가운데 삼세·광세·어세·염세·잡세 수입의 상당 부분이 황실재정으로 이관되었기 때문이다. 무역이 급증한 시기임에도 항세港稅, 곧 관세 수입이 고정적인 것은 관세가 차관의 담보로 설정된 가운데 세관이 외국인 재정고문의 관리하에 있어서 관세 수입의 상당 부분이 차관 원리금의 상환에 충당되었기 때문이다. 호포세는 1870년에 시행된 호포제戶布制로부터의 수입인데, 갑오경장 이후 호포는

표 7-6 대한제국 정부 세입 예산의 구성과 추이(1898~1904)

단위: 元

구분 \ 연도	1896	1898	1900	1902	1904
租稅	2,428,033	3,779,316	5,409,796	6,808,530	14,014,573
地稅	1,477,681	2,227,758	2,981,318	4,488,235	9,703,591
戶布稅	221,338	229,558	278,478	460,295	460,295
港稅	429,882	750,000	800,000	850,000	850,000
蔘稅·鑛稅·雜稅	169,132	214,000	360,000	210,000	210,000
既往年度收入	130,000	358,000	990,000	800,000	2,790,687
雜收入	5,000	40,000	70,000	110,000	200,000
鑄造收入	1,282,450	200,000	350,000	350,000	
前年度歲計剩餘	1,093,927	508,160	333,000	318,000	
歲入豫算總計	4,809,410	4,527,476	6,162,796	7,586,530	14,214,573
實歲入額	2,410,241	3,520,765	5,908,553	5,868,559	11,207,591

출처: 이윤상(1996), 「1894-1910년 재정 제도와 운영의 변화」, 서울대학교 대학원 국사학과 박사학위논문, 114쪽.

호당 3냥으로 금납화하였다.

예산 규모는 1896년의 480만여 원에서 1904년의 1,421만여 원으로 2.9배 증가하였다. 같은 기간 한성의 물가지수는 대략 2.7배 상승하였다.[145] 이를 감안하면 동기간 예산 재정의 실질규모에는 변함이 없었다. 1904년 쌀 1석의 가격은 남부지방의 경우 평균 11원이다.[146] 이로부터 계산된 1904년 예산의 실질 규모는 쌀 127만 석 정도이다. 18세기에서 19세기 전반까지 조선왕조의 재정은 중앙재정과 지방재정이 각각 쌀 100만 석으로서 도합 200만 석의 규모였다. 여기에다 각종 부가세를 합하면 도합 400만 석으로서 동세기 국내총생산(GDP)의 5% 정도였다고 추정되고 있

145 李榮薰(2011), 「大韓帝國期 皇室財政의 기초와 성격」, 『경제사학』 51, 17~18쪽.

146 1904년 남부 6개 지방에서 벼 1석의 평균가격은 당일전으로 22냥이다. 이영훈 편(2004), 『수량경제사로 다시 본 조선후기』, 289쪽. 여기서 계산된 쌀 1석의 가격은 55냥, 이는 신식 화폐로 11원에 해당한다.

다.[147] 국내총생산의 규모를 정확히 알게 되는 것은 1911년부터이다. 1911년의 국내총생산은 5억 1,890만 엔이다.[148] 1904년의 예산 1,421만 원은 그것의 1~2%에 불과하다.[149] 이러한 몇 가지 추계로부터 대한제국기 정부재정의 실질규모는 18세기와 19세기 전반에 비해 거의 2분지 1 이하로 축소되었다고 짐작할 수 있다. 경제적 위기의 연속과 민란으로 표출된 농민들의 저항을 받아 19세기 말과 20세기 초의 조선왕조는 비록 제국을 표방하였으나 천하의 가난한 정부로 떨어져 있었다.

그나마 세입 예산이 모두 수취되는 것도 아니었다. 〈표 7-6〉에서 보듯이 1898년의 실세입액實歲入額은 총예산의 78%에 머물렀다. 이후 1902년과 1904년에도 그러하였다. 상당량의 지세가 당년에 상납되지 못하고 수년씩 연체되거나 미납되었다. 그 주요 원인은 이른바 외획外劃에 있었다. 전술한 대로 결세의 금납화에도 불구하고 전국적인 금융망과 국고제가 정비되지 못하였다. 결세의 대부분은 현금으로 한성까지 운송되어야 했다. 중앙정부는 그 운송의 권리를 한성의 상인들에게 부여하였다. 상인들은 할당된 군郡으로 내려가 결세금을 인수한 다음 그것으로 당지의 미곡을 매집하여 한성으로 운송했으며, 그 미곡의 판매대금으로 탁지부에 결세를 납부하였다. 이러한 결세의 운송과 납부의 경로를 가리켜 외획이라 하였다. 정부의 입장에서 외획은 결세금의 현송現送에 따른 비용을 절감할 수 있을 뿐 아니라, 한성시장에 쌀을 안정적으로 공급할 수 있는 이점을 지녔다. 상인들에게 외획은 수지맞는 장사의 기회였다. 그렇지만 외획은 성공이 보장된 거래가 아니었다. 쌀값의 변동이 격심했기 때문에 실패

147 이헌창 엮음(2010), 『조선후기 재정과 시장』, 7·27쪽.

148 김낙년 편(2006), 『한국의 경제성장 1910-1945』, 353쪽.

149 신식화폐의 원과 일본화폐 엔은 원래 등가이나 1899년 이래의 白銅貨 남발로 그 가치가 하락하여 1904년 당시 2:1의 환율이었다. 이에 1904년 예산의 실질규모를 절반으로 평가하여 1911년의 국내총생산과 비교하면 1.3%가 계산된다. 그 사이 7년간 국내총생산이 증가했음을 고려하더라도 2%는 넘지 않을 것으로 보인다.

[표 7-7] 대한제국 정부 세출 예산의 구성과 추이(1896~1904)

단위: %

구분 연도	宮內府	外部	內部	警部	度支部	軍部	法部	學部	農商工部	通信院	地契衙門	기타	예비금
1896	9.0	1.1	23.2		32.0	16.3	0.8	2.0	2.9				12.7
1898	13.9	2.9	27.8		19.7	27.7	1.0	2.0	4.2				
1900	10.6	3.8	22.6		14.3	26.6	0.9	2.7	6.9		0.7	2.2	8.1
1902	15.3	3.8	13.5	3.6	7.6	36.7	0.8	2.2	0.6	4.9	0.4	2.2	7.9
1904	15.2	2.0	7.4	2.9	19.3	36.5	0.5	1.5	0.4	4.5		1.5	8.1
평균	12.5	2.6	15.7	2.1	18.0	31.8	0.7	1.9	2.1	2.7	0.4	1.4	7.8

출처: 이윤상(1996), 「1894-1910년 재정 제도와 운영의 변화」, 서울대학교 대학원 국사학과 박사학위논문, 130~131쪽.

할 수도 있는 위험한 거래였다. 예산의 20% 이상이 미납된 것은 외획에서 실패한 상인들이 조세를 기한 내에 납부할 수 없었기 때문이다. 대한제국은 전국적인 금융망과 국고제를 정비하지 않은 탓에 조세금 현송에 따른 비용을 필요 이상으로 지불하였다.

정부재정의 세출 예산의 구성은 〈표 7-7〉과 같다. 꾸준하게 증가하면서 가장 큰 비중을 점한 것은 군부軍部의 예산이었다. 외세의 침략에 맞서기 위한 국방비가 증액되었다기보다 황제의 '무한하온 군권君權'을 내부의 적으로부터 방어하기 위해 수도 일원의 친위부대를 증강한 결과였다. 초기에 가장 비중이 컸던 것은 탁지부 예산인데, 시중의 공인貢人들에게 누적되어 온 채무의 상환이 그 주요 원인이었다. 그 부담이 경감되면서 탁지부의 비중은 줄어들었다. 내부內部 예산은 주로 지방행정비와 경찰비에 충당되었다. 1900년 이후 내부의 예산이 줄어든 것은 그로부터 경부警部가 독립하였기 때문이다. 이후에도 예산이 계속 줄어든 것은 황성皇城을 경비하는 궁내부 산하 경위원의 역할이 내부와 경부를 대신하여 커졌기 때문이다.

궁내부宮內府는 갑오경장으로 정부와 왕실이 분리됨에 따라 황실의 서무를 관장하기 위해 설치된 최고 서열의 관부이다. 정부재정에서 궁내부

재정의 비중은 9%에서 15%로 증가하였다. 후술하듯이 황실재정은 이에 그치지 않고 별도의 재원과 함께 그 규모를 확대해 갔다. 학부學部의 비중은 2%대에서 정체했으며 1902년 이후 감소하였다. 식산흥업의 주무 부서라 할 농상공부農商工部의 비중은 1896~1898년 2~4%에 머물다가 1900년의 6.9%를 정점으로 한 뒤 1904년 0.4%까지 급감하였다. 농상공부 산하의 통신국通信局이 황제 직속의 통신원으로 분리되었기 때문이다. 그렇지만 통신원의 예산을 합하더라도 1900년 이후 농상공부의 세출 비중은 감소하는 추세였다. 한동안 대한제국의 황제가 교육, 도시, 산업 등의 근대화 정책에 강한 의지를 지녔다는 주장이 제기된 적이 있는데,[150] 황제의 통치활동을 숫자로 대변하는 세출 재정의 내역을 면밀하게 검토하지 않은 채 이루어진 성급한 판단이었다고 하겠다.

황실재정-궁내부와 내장원

대한제국기의 황실재정은 다음과 같은 네 범주로 구성되었다. 첫째는 조금 전에 살핀 대로 정부재정의 일환으로 편성되어 지급된 궁내부재정이다. 궁내부재정의 주요 용도는 왕릉이나 궁실의 신축과 보수에 있었다. 아관파천을 끝낸 뒤 고종이 이거한 곳은 아관 인근의 경운궁慶運宮인데, 이후 경운궁의 궁역 확장과 전각의 신축이 이어졌다. 이로 인해 궁내부재정은 늘 부족했으며, 황제는 자주 탁지부에게 궁내부에 대한 예산외 지급을 강요하였다.[151]

둘째는 내장원재정이다. 내장원은 1895년 황실의 보물과 재산을 관리할 목적으로 궁내부 산하에 설치된 기구이다. 당초 내장원에 소속된 황실의 재산은 얼마 되지 않아 그로부터의 수입은 1899년까지 연간 10만

150 姜萬吉(1978),「大韓帝國의 性格」,『創作과 批評』13-2, 298~315쪽.

151 金允嬉(1995),「대한제국기 皇室財政運營과 그 성격—度支部 豫算外 支出과 內藏院 재정 운영을 중심으로—」,『韓國史研究』90, 84~89쪽

냥 전후에 불과하였다. 내장원의 수입과 지출은 당일전과 당평으로 이루어졌으며, 그로 인해 내장원의 회계기록에서 화폐 단위는 냥으로 표기되었다. 내장원재정이 팽창하는 것은 1900년부터이다. 전술한 대로 1899년 황제의 전제권력이 성립한 이후 정부에 속한 여러 공적 재원이 내장원으로 이관되었다. 그에 따라 내장원의 연간 수입은 1900년에 30만 냥, 1901년에 158만 냥, 1902년에 247만 냥, 1903년에 590만 냥으로 급속하게 증가하였다.[152] 1904년에는 무려 3,004만 냥으로 급증하는데, 그 이유에 대해서는 후술하겠다.

내장원의 수입이 크게 증가한 데에는 다른 무엇보다 아문둔토, 목장토, 역토의 역할이 컸다. 탁지부로부터 이들 토지를 넘겨받은 내장원은 그 면적과 작인에 대한 조사를 벌이고 지대를 대폭 인상하였다(광무사검光武査檢).[153] 이들 토지 가운데는 궁방전의 경우와 마찬가지로 원래 황실의 소유지라 할 수 없는, 사실상의 민유지들이 다수 포함되었다. 민유지의 소유자들은 광무사검에 대해 저항했지만, 황제 권력의 압박을 이길 수는 없었다.

내장원재정의 지출 내역은 〈표 7-8〉과 같다. 가장 컸던 지출은 1896년만 해도 정부와 궁내부로의 이전移轉이었다. 내장원이 조성한 자금으로 공적 재정을 지원한 것이다. 이후 이 같은 공적 보조는 크게 줄고 대신 내입內入과 진상進上이 30% 이상 나아가 47%로까지 부쩍 늘었다. 이는 내장원이 황제나 여러 궁방에 상납한 자금을 말한다. 이 외에 내장원은 제사나 연회를 위한 의례비, 소속 직원에 대한 월급, 전신·우체비 등의 행정비, 둔토·역토의 관리와 인삼 전매를 위한 사업비, 각종 사무용품이나 건물의 구입비, 여유 자금을 제일은행권이나 은화로 바꾸어두는 자산관리,

152 이윤상(1996), 「1894-1910년 재정 제도와 운영의 변화」, 서울대학교 대학원 국사학과 박사학위논문, 161~162쪽.

153 裵英淳(1979), 「韓末 驛屯土調査에 있어서의 所有權紛爭 — 光武査檢期의 紛爭事例에 대한 分析을 중심으로 —」, 『韓國史硏究』 25, 61~104쪽.

【표 7-8】 내장원의 지출 내역(1896~1907)

단위: 兩, %

구분 \ 연도	1896	1898	1900	1902	1904
內入·進上	1,214(1.4)	45,996(33.0)	42,000(30.5)	742,862(47.2)	10,435,472(47.3)
儀禮費	6,624(7.8)	18,809(13.5)	29,492(21.4)	34,910(2.2)	631,439(2.9)
政府·宮內府 移轉	26,143(30.9)	1,038(0.7)	6,314(4.6)	109,541(7.0)	1,611,152(7.3)
行政費	12,797(15.1)	21,510(15.5)	6,102(4.4)	19,344(1.2)	112,448(0.5)
事業費	4,477(5.3)	10,860(7.8)	50,580(36.7)	78,309(5.0)	4,886,480(22.1)
각종 購買	9,100(10.8)	39,819(28.6)	2,280(1.7)	370,865(23.6)	650,350(2.9)
資産管理				61,446(3.9)	3,190,926(14.5)
下賜	15,189(17.9)			121,476(7.7)	90,535(0.4)
기타	9,094(10.7)	1,148(0.8)	942(0.7)	33,738(2.1)	457,460(2.1)
합계	84,638(100)	139,180(100)	137,710(100)	1,572,491(100)	22,066,262(100)

출처: 이윤상(1996), 「1894-1910년 재정 제도와 운영의 변화」, 서울대학교 대학원 국사학과 박사학위논문, 194~195쪽.[154]

빈민 구휼이나 유학생의 학비 보조를 위한 하사금으로 지출하였다.

내장원의 회계기록으로부터 내장원이 둔토·역토 관리와 인삼 전매를 제외한 특정 사업에 지속적으로 투자하거나 생산적 목적으로 예산을 편성하는 모습을 찾아내기는 어렵다. 유학생의 학비를 지급하거나 부설 중인 철도에 약간의 투자를 행한 몇 건의 생산적 지출이 있긴 하지만, 황제가 그에게 올라온 도움의 요청에 간헐적으로 대응한 결과일 뿐이다. 심지어 황제는 군부의 병기 구입에 대해 그것을 지원한 것이 아니라 상환부償

154 각 항에 해당하는 이윤상 논문 〈표2-25〉에서의 원래 항은 다음과 같다.
1. 내입·진상=내입, 진상, 각궁 진상·이송, 2. 의례비=享需費, 장례비, 의식·연회비, 접대비, 3. 정부·궁내부 이전=정부기관, 궁내부 각 기관, 왕실·궁내부 사업비, 건축·수리비, 궁궐경비, 4. 행정비=내장원 각 부서에 대한 월급·상여금, 전신·우체비, 5. 사업비=蔘政課·水蔘課, 역둔토 개간·관리비, 여비·駄價·船價, 6. 각종 구매=貿米價, 각종 물건비, 家舍·草坪 매입가, 7. 금융 투자=別貿價(지폐·은화), 제일은행 주식 대금 貸下, 대부금 상환, 8. 하사=恤金, 하사금, 학교·유학생 보조금, 9. 기타=還退, 기타.

還付로 돈을 빌려 주었다. 내장원이 황제의 의지에 따라 식산흥업과 부국강병에 투자했다고 하는 것은 내장원의 회계기록을 검토하지 않은 사람들이나 떠벌일 일이다. 대한제국기의 내장원은 정부로부터 빼앗은 각종 재원으로부터 발생하는 수익에서 필요 경비를 지출한 나머지를 수시로 황제에 상납하는 것을 기본 임무로 하는 황제 개인의 사설 창고와 같은 것이었다.

황실재정-궁방과 별고

셋째는 궁방재정이다. 몇 차례 지적했듯이 궁방은 왕실이 각종 생활자료를 조달하기 위해 시중에 설치한 분실을 말한다. 갑오경장 당시 왕실의 살림살이는 일체 궁내부가 관리한다는 방침이 정해지고, 그에 따라 궁방도 궁내부 산하에 새로 설치되는 왕태후궁王太后宮, 왕후궁王后宮, 왕태자궁王太子宮과 같은 공식 기구로 개편될 예정이었다. 그렇지만 이 같은 계획은 무위로 돌아가고 구래의 궁방은 1907년 통감부에 의해 폐지될 때까지 황실의 사설 기구로서 존속하였다. 폐지 당시의 궁방은 15개인데, 그중에 궁중의 주방에 각종 식재료를 공급한 명례궁의 재정 실태가 잘 알려져 있다.

앞서 소개했듯이 1882년 이후 명례궁 재정은 국왕 부처가 하사한 당오전을 주요 수입원으로 하여 크게 팽창하였다. 1894년 갑오경장으로 당오전의 주조가 중단되자 명례궁의 수입은 크게 줄어들었다. 예컨대 1894년의 수입은 원元으로 환산하여 69만여 원에 달했으나 1896년의 그것은 10만여 원에 불과하였다. 그 사이 1895년에는 궁주宮主인 민비가 일본의 자객들에게 시해되는 비극적인 사건이 발생했으며, 그에 따라 명례궁의 위세는 더욱 위축되었다. 이후 대한제국기에는 명례궁의 수입이 조금씩 회복되어 갔는데, 이번에는 전환국이 주조한 신식화폐가 주요 수입원을 이루었다.

표 7-9 명례궁의 수입과 지출 내역(1903~1904)

단위: 元, %

1903~1904년			1903년		
	錢換算額	비중		錢換算額	비중
總收入	1,512,853	100	總支出	1,124,101	100
內 供上	30,497	2.0	內 食料費	873,241	77.7
內下	1,457,014	96.3	資材費	12,066	1.1
宮房田	24,842	1.6	工業費	14,324	1.3
기타	500	0.1	人件費	187,063	16.6
			기타	37,406	3.3

출처: 李榮薰(2011), 「大韓帝國期 皇室財政의 기초와 성격」, 『경제사학』 51, 16쪽.

〈표 7-9〉는 명례궁의 1903~1904년의 연평균 수입 내역과 1903년의 지출 내역이다.[155] 가장 오래 된 궁방전으로부터의 수입은 1.6%에 불과하다. 18세기 말 그 수입 비중이 46%에 달했던 궁방전은 19세기 말에 이르러 거의 해체된 상태나 다를 바 없었다. 공상供上이 2%인데, 이는 궁내부 재정으로부터의 공적 이전을 말한다. 수입의 96%는 내하內下, 곧 황제가 내려 준 자금이다. 명례궁의 수입 구조가 그러함은 이미 1880년대부터였다. 그때는 당오전이지만, 지금은 전환국이 새로 발행한 백동화이다. 명례궁의 지출부는 한성부 용산에 있는 전환국에서 백동화를 운반해 온 지게꾼에게 지급한 노임을 충실히 기록하였다.[156] 거기서 명례궁의 새로운 수입원이 백동화임을 알 수 있다.

지출 내역을 보면 역시 식재료가 압도적 비중을 차지했으며, 나인內人과 주방에서 일하는 숙수熟手 등에 대한 인건비가 17%로서 그 다음이었다. 궁중으로 엄청난 양의 식재료가 조달되었음은 죽은 민비의 혼전魂殿에

155 1903~1904년의 연평균을 제시한 것은 해마다 수입의 내역이 너무 불안정하기 때문이다. 반면 지출 내역은 고정적이어서 1903년 한 해의 것만을 제시하였다.

156 李榮薰(2011), 「大韓帝國期 皇室財政의 기초와 성격」, 『경제사학』 51, 20쪽.

올리는 상식上食과 다례茶禮가 빈번했을 뿐 아니라, 황제에 올리는 진어상進御床과 그에 부수하는 사찬賜饌이 번다하였기 때문이다. 1902년 나이 50에 기로소耆老所에 들어 노인 행세를 하기 시작한 황제는 존체를 보존하기 위해 수시로 그의 내탕內帑을 활용하여 진수성찬의 상을 올리게 하였다. 게다가 1903년은 그의 즉위 40주년이었다. 정부는 성대한 연회를 준비했으며, 명례궁도 그 비용의 일부를 부담하였다. 식재료에 이어 인건비가 17%를 차지한 것은 이 번잡한 황실의 살림살이에 종사하는 궁속들이 110명으로 늘어나 있었기 때문이다.[157] 이 같은 재정 구조의 궁방이 명례궁 이외에 14개나 더 있었다. 그 가운데 내수사, 수진궁, 용동궁의 규모는 명례궁과 비슷하였다. 15개 궁방을 합한 재정의 총규모가 얼마인지는 장래의 연구과제이지만, 적어도 탁지부가 운영한 정부재정의 절반 이상이었다고 짐작하기는 별로 어렵지 않다.

넷째는 황제의 별고別庫이다. 별고는 황제의 비자금을 관리한 창고를 말한다. 별고가 언제 설치되었는지는 확실하지 않으나 당오전이 발행되고 매관매직이 행해지기 시작한 1880년대라고 보인다. 별고의 주요 수입원은 매관매직과 백동화의 주조 수익이었다. 이 외에 내장원이 황제에 상납한 내입 자금도 별고로 옮겨져 보관되었다. 내장원이 황제에게 상납한 자금은 1903년까지 당일전과 당평으로 총 172만 냥, 곧 34만 원에 달하였다.[158] 황제가 매관매직을 통해 얼마나 벌었는지는 짐작할 방도가 없다. 반면 전환국이 주조한 신식화폐의 양에 관해서는 관리직이나 기술직으로 초빙되었던 일본인들이 남긴 기록이 있어 그 실태를 알 수 있다. 〈표 7-10〉이 그것이다.[159]

1894~1904년에 걸쳐 전환국은 총 1,875만 원의 신식화폐를 주조하였

157 李榮薰(2011), 「大韓帝國期 皇室財政의 기초와 성격」, 『경제사학』 51, 16~18쪽.
158 이윤상(1996), 「1894-1910년 재정 제도와 운영의 변화」, 194~195쪽.
159 甲賀宣政(1914), 「近世朝鮮貨幣及典圜局の沿革」, 『朝鮮總督府月報』 제4권 12호, 37~38쪽.

【표 7-10】 전환국의 화폐 주조액(1894~1904)

단위: 元

연도 \ 구분	半圓銀貨	一兩銀貨	白銅貨	白銅鷲貨	赤銅貨	黃銅貨	합계
1894					35,609		37,503
1895			160,869		176,479	4,212	343,455
1896			34,642		284,354		320,892
1897			17,332		28,409		47,638
1898		35,788	348,994		248,305		634,985
1899		62,991	1,281,637		34,202		1,380,729
1900			2,030,463				2,032,363
1901	209,744		2,873,829				3,085,474
1902	705,593		2,885,903	87,297	14,752		3,695,447
1903			3,610,189	34,115	57,639		3,703,846
1904			3,447,885	4,547	10,203		3,464,539
합계	915,337	98,779	16,691,743	125,959	889,952	4,212	18,746,871

출처: 甲賀宣政(1914),「近世朝鮮貨幣及典圜局の沿革」,『朝鮮總督府月報』 제4권 12호, 37쪽.

는데, 그 대부분은 백동화였다. 주조가 대량으로 행해지는 것은 황제의 전제권력이 성립하는 1899년부터이다. 1901~1904년에는 해마다 300만 원 이상이 주조되었으며, 그에 따라 격심한 통화인플레이션이 일어났다. 그럼에도 아랑곳하지 않고 이루어진 통화의 남발은 거대한 주조 수익을 황제에게 안겨 주었다. 예컨대 2전 5분 백동화 1닙을 주조하는 비용은 1전 정도에 불과하였다. 이로부터 총 1,875만 원의 주조로부터 1,000만 원 이상의 수익이 발생했다고 이야기할 수 있다. 그 모두가 황제의 소득이었다. 전환국이 주조한 화폐는 황제의 의지에 따라 처분되었다. 황제는 그 중의 상당량을 명례궁을 비롯한 궁방으로 실어 보냈으며, 그 나머지를 자신의 별고로 옮겼다.

황제의 별고는 내장원경內藏院卿이며 전환국장典圜局長인 심복 이용익李

容翊에 의해 관리되었다. 그가 1900년 황제에 올린 문서는 별고의 자금이 인삼의 전매, 마포와 미곡의 매입과 저장, 식리殖利를 위한 대부활동 등으로 활용되고 있음을 보고하는 내용이다. 그렇게 대한제국의 황제는 전환국을 자금원으로 했던 대한제국 최대의 상인과 다를 바 없는 존재였다.[160] 1904년 2월 러시아와의 전쟁에 들어간 일본은 대한제국과 제1차 한일협약을 체결한 다음 재정고문을 파견하여 황실재정을 통제하기 시작하였다. 그에 따라 동년 10월 전환국이 폐쇄되었다. 그보다 앞서 8월에는 별고에서 관리하던 황제의 비자금이 내장원으로 이관되었다. 앞서 지적한 대로 내장원의 수입이 1903년의 590만 냥에서 1904년의 3,004만 냥으로 급증한 것은 바로 그때문이었다. 황제의 별고에서 직접 옮겨온 것이 2,254만 냥이고, 1904년 당년에 발생한 인삼 전매의 수입이 333만 냥이었다.

요컨대 대한제국기의 황실재정은 전환국의 주조 화폐를 주요 재원으로 하였다. 매관매직에 따른 수입도 적지 않았을 터이다. 주조 화폐의 일부는 궁방을 통해 황실의 생활비로 지출되었다. 다른 일부는 별고를 통해 인삼 전매와 미곡 매매의 자본으로 활용되었다. 여기에다 궁내부가 이전해 준 재정과 궁내부 산하 내장원의 재정에서 발생하는 수입을 합하면 대한제국기 황실재정의 실질규모는 거의 정부재정에 필적하였다고 짐작된다. 그 막대한 재원을 황제는 황실의 낭비적 생활, 제사, 연회, 전각 신축 등에 대부분 소진하였다. 조선왕조가 전통적으로 체현하였던 성리학적 공공국가의 모습은 대한제국기에 이르러 자취를 감추고 말았다. 그 대신 왕조 본연의 가산제적 특질만이 앙상하게 그 모습을 드러내었다. 대한제국의 황제가 개명군주開明君主로서 그에게 부여된 전제권력을 활용하여 부국강병 정책에서 상당한 성과를 거두었다는 평가는[161] 그 시대가 남긴 방대한 기록에서 단 한 조각의 근거도 찾기 힘든 황설荒說에 불과하다.

---

160 李榮薰(2011), 「大韓帝國期 皇室財政의 기초와 성격」, 『경제사학』 51, 23쪽.
161 이태진(2000), 『고종시대의 재조명』, 태학사, 88~92쪽.

마지막 양전

대한제국은 1899년 6월부터 1904년 2월까지 전국적 범위에서 전田, 답畓, 대지垈地의 면적, 등급, 결부 수, 소유자를 조사하는 사업을 벌였다. 조선왕조가 행한 마지막 양전이다. 흔히들 대한제국의 연호를 빌어 광무양전光武量田이라고도 한다. 그 이전의 마지막 대규모 양전은 1719~1721년 충청, 전라, 경상에서 행해진 양전이다. 19세기에 들어 군현별로 양전이 행해지기도 했지만 소수의 군현에 그쳤다. 180년 동안 양전이 행해지지 않음에 따라 양안에 등록된 토지의 상태와 실제 상태 사이에 상당한 괴리가 발생하였다. 새로 개간된 토지가 양안에 누락되었을 뿐 아니라, 재해가 발생하여 진전陳田이 된 토지의 결부는 감면되지 않았다. 오랫동안 조정이 이루어지지 않은 가운데 토지마다 결세의 실질부담에는 상당한 차이가 생겨 각종 폐단을 야기하고 있었다.

당초 양전을 담당한 기관은 양지아문量地衙門인데, 1901년의 흉작을 맞아 양전이 일시 중단되었다가 1902년에 재개되면서 황제 직속의 지계아문地契衙門으로 바뀌었다. 〈그림 7-9〉는 양지아문에 의해 작성된 양안의 중초본中草本 일례이다. 양전은 전국의 340여 군 가운데 216군에서 행해졌는데, 1904년 2월 미완의 상태로 중단되었다. 착수된 양전이 5년이나 끌다가 중단된 것은 조선왕조의 양전사量田史에서 전례가 없는 일이다. 그만큼 대한제국의 행정력은 크게 이완된 상태였다. 대한제국은 당초 외국에서 측량기사를 초빙하는 등, 토지를 보다 정확히 측량하기 위한 의지를 드러냈다. 그렇지만 광무양전은 개별 토지의 경계를 정하고, 지번을 부여하고, 1~6등의 등급을 부여하고, 토지의 면적을 실측하고, 그로부터 결가結價 부담을 나타내는 결부結負를 사정하는 일련의 과정이나 방식에서 국초 15세기 이래의 양전과 크게 다르지 않았다.

몇 가지 형식적 차이가 있긴 하였다. 첫째는 〈그림 7-9〉의 제2행에서 보듯이 간략하나마 개별 토지의 지형을 그려 넣었다는 점이다. 둘째는 토

그림 7-9 충청남도 한산군 남상면 양안 중초(1901)

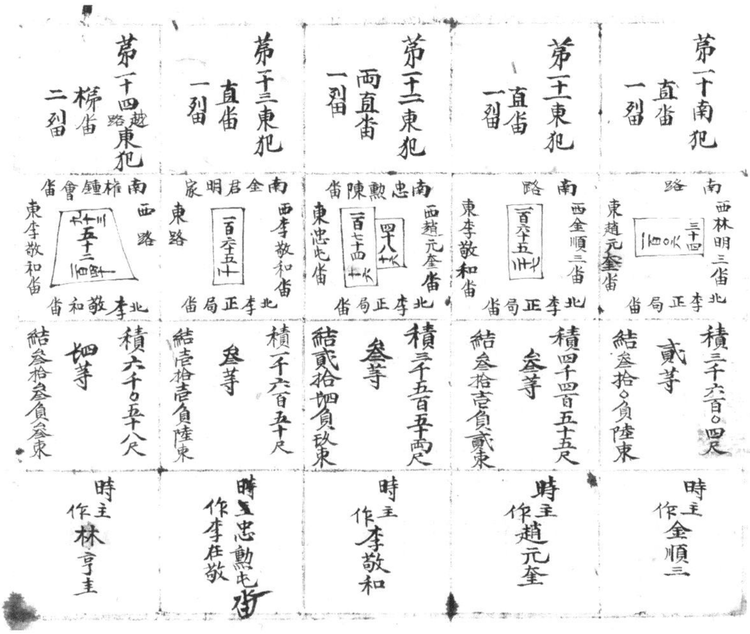

출처: 서울대학교 규장각한국학연구원.

지의 절대면적을 나타내는 양전척실적수量田尺實積數가 표기되었다는 점이다. 제1열의 제3행에서 보는 '적積3,604척尺'이 그것이다. 셋째는 제4행에서 보듯이 시주時主와 작作이 조사되었다는 점이다. 시주는 소유자를, 작은 병작을 하는 작인을 가리킨다. 이 가운데 첫째와 셋째 차이는 지계아문이 양전을 담당한 이후 취소되었다. 지계아문은 개별 토지의 지형도를 생략했으며, 시주와 작 가운데 시주만을 조사하였다. 다만 양전척실적수를 기입한 둘째 차이만큼은 지계아문에 의해서도 계승되었다. 종래 이를 두고 조선 양전사에 있어서 근간을 흔드는 중대한 변화가 초래되었다고 높이 평가하는 견해가 있었는데,[162] 동의하기 힘들다.

162 宮嶋博史(1991), 『朝鮮土地調査事業史の研究』, 東京大學東洋文化研究所, 98~110·246~275쪽.

제5장에서 설명한 대로 조선왕조 시대에 있어서 매 토지에 부여된 결부는 토지의 절대면적이 아니라 세 부담의 크기를 나타내는 일종의 과표와 같은 것이다. 토지의 비옥도는 여섯 등급으로 나뉘었으며, 1등 1결의 절대면적은 6등 1결 절대면적의 1/4이었다. 모든 등급에서 있어서 1결은 1만 평방척이었다. 따라서 1등의 양전척과 6등의 양전척은 길이가 달랐다. 17세기 이후 여러 학자들은 이 같은 결부제結負制가 매 토지의 절대면적과 무관하게 자의적으로 세 부담을 지우게 한 나쁜 제도라고 비판하였다. 그들은 하루 빨리 결부제를 폐하고 중국식의 절대면적을 측량하는 경무제頃畝制로 전환해야 한다고 주장하였다. 오늘날의 연구자 가운데도 그러한 비판에 동조하는 사람이 적지 않다. 광무양전에 이르러 절대면적에 해당하는 양전척실적수가 양안에 적히게 된 것을 두고 조선왕조가 결부제의 폐단을 극복하고 절대면적에 접근하기에 이르렀다고 높이 평가하는 견해는 이러한 지적 전통에서 제기된 것이다.

이 같은 통설적 이해는 조선왕조의 양전이 어떠한 과정과 방식으로 이루어졌는지에 대한 올바른 이해를 결여하고 있다. 제도적으로 등급에 따라 양전척의 길이가 달랐던 것은 사실이지만, 양전의 현장에 있어서는 제도가 만들어진 15세기부터 1등의 양전척을 단일척單一尺으로 하여 토지를 측량하였다.[163] 이 과정을 타량打量이라 한다. 연후에 토지의 등급이 결정되면 측량의 결과인 평방척수로부터 결부가 자동적으로 산정되었다. 이를 해복解卜이라 한다. 해복을 위해서는 모든 크기의 평방척수를 해당 결부로 미리 계산해 둔 준정표准定標가 있었다. 또한 타량의 산물인 토지의 가로·세로·밑변·아랫변·높이 등의 척수는 양안에 정중하게 기재되었다. 제5장에서 〈그림 5-3〉으로 소개한 17세기 전반의 양안 양식 일례에

163 李榮薰(1992), 「土地調査事業 연구에 있어서 몇가지 理論的·實證的 문제들 — 宮嶋博史씨의 최근 著作을 중심으로 —」, 『經濟史學』 16, 257~262쪽.
李榮薰(1996), 「'田制詳定所遵守條劃'의 制定年度 — 異尺制에서 同尺制로의 移行說 검토 —」, 『古文書硏究』 9·10, 93~121쪽.

서 그 점을 확인할 수 있다. 위의 자료에서도 마찬가지이다. 독자들은 제2행에 그려진 지형에서 가로·세로 등의 길이가 적혀 있음을 확인할 수 있을 것이다. 다시 말해 조선왕조의 결부제는 처음부터 단일척으로 토지의 절대면적으로 조사하는 타량의 과정을 전제하였다. 조선왕조의 양전이 토지의 절대면적과 무관하다는 통념은 17세기 이래 잘못 형성된 것이다. 15~16세기의 양전이 등급마다 길이가 상이한 6종의 양전척으로 이루어졌다는 이해도 당대의 측량과 산술 능력을 과소평가한 오해에 지나지 않는다. 그러니까 광무양전에 이르러 토지의 가로·세로 등의 척수를 넘어 거기서 산출된 평방척수까지를 양안에 기입한 것은 그리 단절적인 변화도 아니거니와, 보기에 따라선 일상생활에서 사용하는 척도 아니었기 때문에 필요 이상의 번잡함이기도 했던 것이다.

지계아문은 양전을 행한 다음, 토지의 소유자에게 지계地契라는 소유권증서를 발급하였다. 이 점 역시 이전의 양전사에서 볼 수 없는 광무양전의 특징으로 지목되어 왔다. 당시 토지소유권을 증빙해 주는 국가의 제도가 불비하여 민간에서 토지를 사기로 매매하거나 외국인에게 불법 매매하는 등 여러 가지 폐단이 빚어지고 있었다. 지계의 발급은 이러한 폐단을 바로 잡고자 함이었다. 나아가 지계의 발급은 이 같은 사회정책을 넘어 민간의 토지소유권을 '근대적인 토지소유권'으로 법인하고 제도화하는 일대 개혁으로까지 높이 평가되었다.[164]

그렇지만 지계의 발급은 일부 지방에서 착수되긴 했으나 중도반단에 그침이 일반적이었다. 토지소유권에 대한 국가적 증빙제도로서 지계 발급의 정책이 성공을 거두기 위해서는 관련되는 여러 수준의 정책과 제도가 함께 정비될 필요가 있지만, 행정의 현실은 그러하질 못하였다. 우선 토지소유자를 포함한 전 인구가 호적에 등록된 가운데 성명, 성별, 나이,

164 金容燮(1984), 「光武年間의 量田·地契事業」, 『增補版 韓國近代農業史研究 — 農業改革論·農業政策』(下), 295~315쪽.

주소, 인감印鑑 등 그 신원이 국가에 의해 엄밀하게 관리되어야 했다. 후술하겠지만, 대한제국은 기존의 호적을 폐지하고 새로운 형식의 호적을 제조했으나, 지계의 발급을 가능케 할 정도로 개별 인구의 신원을 정확히 파악하지는 않았다. 예컨대 경기도 광주 북방면의 광무양안과 1897년에 만들어진 호적을 대조한 어느 연구는 양안상의 가주家主 이름과 호적상의 호주戶主 이름이 거의 일치하지 않음을 밝혔다.[165] 호적상의 이름이 본명인 반면, 양안상의 이름은 본명이 아니었다. 그 결과 설령 지계가 양안상의 특정인에 발급되어도 그 사람이 과연 소유자 당자인지가 끝내 불확실할 수밖에 없었다. 그런 상태에서는 어느 사람이 다른 사람의 지계를 훔쳐 자기 것이라고 주장해도 그것을 판별할 제도적 장치가 없었다. 지계 역시 구래의 토지문기와 마찬가지로 그 효력은 대면적 인식이 가능한 향촌의 범위에 그쳤다.

광무양전을 담당한 관리와 그를 맞이했던 토지소유자들은 이전 시대와 마찬가지로 양전을 조선왕조가 그의 과세지를 조사하는 작업으로 간주하였다. 그로 인해 매 토지를 측량하는 단계서 소유자가 입회하여 당자임을 확인하는 절차가 결여되었다. 양전을 담당한 관리는 행심책行審冊 등의 징세기에 등록되어 있는 소유자나 작인의 이름을 양안에 옮겨 적는 경우가 많았다. 행심책은 양안을 실무용으로 복사한 것으로 서원書員들이 들판을 다니면서 재해 상태를 조사한 장부를 말한다. 행심책 등의 징세기에 등록된 이름을 가리켜 호명戶名이라 하였다. 호명은 납세용으로 지어진 이름으로서 집안의 노비 이름에서 유래하는 경우가 많았다. 어느 마을에서는 소유자의 아명兒名이나 자字를 양안에 등록했으며, 다른 어느 마을에서는 오래 전에 사망한 부조父祖의 이름을 등록하기도 하였다.[166]

165 이세영(1995), 「대한제국기 농촌사회경제구조의 변화 – 1900~1930년 경기도 광주부 북방면을 중심으로 –」, 『韓國文化』 16, 292~293쪽.

166 1995년 한국역사연구회 근대사분과 토지대장연구반이 출간한 『대한제국의 토지조사사업』(민음사)은 書名에서도 보듯이 광무양전을 이후 조선총독부가 시행한 朝鮮土地調査事業에

그 결과 경기도와 충청도의 여러 동리에서 광무양안에 등록된 소유자의 이름 가운데 곧이어 총독부가 조제하는 호적부와 토지대장에 등록된 소유자의 본명과 일치하는 경우는 1/4정도에 불과한 것으로 확인되고 있다.[167] 그 점에서 광무양전이 소유자 실인을 파악한 정도는 남부지방에서 180년 전에 행해진 양전의 수준에도 못 미쳤다.

시주時主로의 종착

동서양을 막론하고 어느 국가가 근대적 국가체제로 탈바꿈하기 위해서는 인민을 재산권의 주체로 법인하는 정치적 변혁을 거칠 필요가 있다. 이때 재산권이라 함은 도둑이나 사기범으로부터 재산을 보호받을 권리나 재산을 타인에 양도할 수 있는 권리 이상의 것이다. 이러한 사회정책 수준의 재산권은 오래 전부터 많은 나라에서 주권자들이 통치권의 도덕적 근거로서 그에 대한 보호를 약속해 온 것이다. 근대적 변혁으로서 재산권의 확립은 국가권력의 과세행위에 대한 인민의 동의권同意權을 전제한다. 세금이 주권자의 권리로 부여되는 한, 그것이 아무리 너그러운 수준일지라도, 그 국가는 전근대의 영역에 머물러 있다. 국가의 과세행위에 대한 인민의 동의권은 아무리 낮은 수준일지라도 대의제적代議制的 정치형태의 성립을 요구한다. 인민의 대표로서 구성된 의회가 군주의 과세

준하는 근대적 개혁으로 평가하고 있다. 이 공동연구팀은 광무양안에 등록된 소유자의 이름이 소유자의 實名이 아님을 잘 인지하고 있었다. 그럼에도 광무양안이 소유권을 입증하는 권원부로서 효력을 지녔다고 주장하면서 "한 개인이 여러 가지 이름과 호칭을 가지고 있었던 관행상에서 볼 때 假名은 실명과 다름없는 것으로 인식되었다"는 논리를 펼쳤다(『대한제국의 토지조사사업』, 136쪽). 가명이 실명과 동일한 효력을 발휘하는 범위는 동일 면 정도의 對面社會에 국한될 수밖에 없다. 나는 이 같은 논리가 광무양전을 근대적 토지조사사업으로 평가하기 위해 의도에서 고안된 편의적인 주장일 뿐이라고 생각한다.

167 李榮薰(1990), 「光武量田에 있어서 〈時主〉 파악의 실상」, 金鴻植 외, 『대한제국기의 토지제도』, 민음사, 115~134쪽.

李榮薰(1997), 「量案 上의 主 規定과 主名 記載方式의 推移」, 김홍식 외, 『조선토지조사사업의 연구』, 민음사, 183~189쪽.

행위에 동의할 권리를 확보하거나 군주를 대신하여 과세를 행할 때, 그런 나라를 두고 근대적 국가체제의 성립을 운위할 수 있다.

갑오경장 이후 조선의 정치 엘리트들은 어느 나라에서나 근대의 길목에서 제기되기 마련인 이 같은 역사적 과제에 봉착하였다. 그에 부응하여 개혁파 정치세력은 입헌군주제의 정부형태를 모색하였다. 주권자 고종은 종묘에 나아가 조상신 앞에서 이른바 '홍범洪範14조'의 개혁을 맹서하였다. 그 가운데 한 조가 "민법民法과 형법刑法을 엄명하게 제정하여 (인신의) 감금과 징벌을 함부로 하지 않음으로써 인민의 생명과 재산을 보전한다"는 것이었다.[168] 이 약속에 따라 민법이 제정되었더라면, 대한제국은 그런대로 볼 만한 근대국가로서 제 갈 길을 걸었을 터이다. 인민을 재산권의 주체로 법인하는 것은 개혁파 정치세력이 요구한 의회의 개설과 정치적 궤를 같이 하였다. 그렇지만 대한제국의 황제는 조상신 앞에서 행한 그의 맹서를 지키지 않았다. 그 대신 그는 그의 무한한 전제권력을 보장한 대한국국제를 반포하였다.

1899년 8월 대한국국제가 관보를 통해 민간에 알려지기 두 달 전인 6월에 광무양전이 착수되었다. 양전의 결과로 작성되는 양안에서 토지의 소유자인 인민이 어떠한 법적 지위로 표시되어야 마땅한가, 그것과 황제의 전제권력과는 어떠한 관계에 놓이는가. 아무래도 피해갈 수 없는 이 같은 헌법적 문제가 제기된 가운데, 1899년 6월 최초의 양전이 시험적으로 착수된 곳은 충남 아산군이었다. 중앙정부가 파견한 양전관量田官은 4명인데, 그 가운데 이기李沂라는 사람이 있었다. 동년 10월 양전의 결과를 양안 중초中草로 작성하는 작업이 벌어졌다. 그때 이기는 자기가 양전을 담당한 3개 면의 양안에서 토지소유자를 시주時主라고 표기하였다. 그와 달리 다른 3명의 양전관은 민간의 익숙한 생활용어 그대로 전田에

168 "民法刑法 嚴明制定 不可濫行監禁懲罰 以保全人民生命及財產"(『高宗實錄』 高宗31年 12月 12日).

는 전주田主, 답畓에는 답주畓主라고 표기하였다. 이로부터 1899년 6월 양전이 개시될 때에 토지소유자의 지위를 어떻게 규정할 것인가에 관한 중앙정부의 방침은 없었다고 이야기할 수 있다.

이기가 고안한 시주 규정은 이후 여러 군의 양전으로 퍼져 나갔다. 그럼에도 일종의 노선 갈등 같은 것이 있어서 같은 군이라 해도 면마다 사정은 달랐다. 어느 면에서는 시주 규정을 채택하는가 하면, 다른 면에서는 전주와 답주 규정의 편을 들었다. 이 같은 양전 현장의 혼란이 정리되는 것은 다음 해 5월이 되어서였다. 중앙정부는 양안의 정서본正書本에 표기될 소유자의 지위를 시주時主로 결정하였다. 1901년 10월에 성립한 지계아문은 토지소유자에게 발급할 지계에서 소유자의 지위를 시주로 규정하고 그러한 양식의 지계를 인쇄하여 배포하였다.[169]

시주라는 규정은 조선왕조의 500년 역사에서 전례가 없는 것이다. 시주 규정은 이기라는 유생의 개인적 발상에서 출발하였다. 이기는 「전제망언田制妄言」이란 논문을 쓴 적이 있는데, 거기서 그는 천하의 토지는 한 조각도 왕토王土가 아닌 것이 없다고 주장하였다. 「전제망언」에서 그는 중국 고대의 정전제井田制를 복구해야 한다고 주장하였다. 그는 장차 국가가 전국의 토지를 국전國田으로 회복하고 정전제를 시행함에 있어서 감히 거역하는 자가 있으면 그 몸을 주륙하고 그 전산田產을 몰수함이 마땅하다고 주장하였다. 이기의 더없이 강력한 왕토주의王土主義는 정약용의 영향을 받은 것으로 지적되고 있다. 일찍이 정약용은 『경세유표經世遺表』에서 다음과 같이 주장하였다.

> 나라 안의 田地는 모두 王田이니 그 사사로운 주인이 있는 것도 (양안에서) 그 主人이라고 적어서는 안 되고 그 명칭은 時占이라 고치고 그 경작인은 時作이라

169 李榮薰(1997), 「量案 上의 主 規定과 主名 記載方式의 推移」, 『조선토지조사사업의 연구』, 155~162쪽.

함이 마땅할 뿐이다.[170]

정약용은 왕토주의자로서 토지의 소유자는 어디까지나 토지의 한시적인 점유자에 불과하다고 간주하였다. 그러한 입장에서 정약용은 양안에 토지소유자를 주主로 표기한 것을 비판하고 시점時占으로 고쳐야 한다고 주장하였다. 1899년 10월 이기가 아산군 양안의 중초를 작성하면서 시주時主라는 규정을 고안한 데에는 두 가지 영향이 있었다고 보인다. 하나는 두 달 전인 8월에 황제가 그의 전제권력을 선포하였다. 다른 하나는 정약용의 위와 같은 주장이다. 새로운 국가체제에 걸맞는 백성의 토지소유자로서의 지위는 절대적인 것이 아니라 한시적인 것이어야 한다. 토지의 본래 소유자, 곧 본주本主는 어디까지나 황제이다. 그렇지만 정약용이 제안한 시점時占 규정은 백성의 소유권을 부정하는 과격함이 있어서 비현실적이다. 백성의 소유권은 부정될 수 없지만, 황제가 본주로 군림하는 국가체제에서 어디까지나 임시적이거나 한시적인 주인, 곧 시주時主로서의 권리일 뿐이다. 시주를 고안하게 된 이기의 이념적 지향이나 전후의 정치적 배경은 이와 같았다고 보인다.

이기가 고안한 시주 규정은 시의적절하였다. 자신의 권력이 무한함을 선포한 황제가 때를 같이 하여 착수된 전국적 양전에서 농민의 법적 지위를 어떻게 규정할 것인가에 무관심할 수는 없었다. 그런 차에 양전 현장에서 제기된 시주론時主論은 황제를 기쁘게 하였을 것이다. 인민을 시주로 눌러 두는 것만큼 무한한 군권을 뒷받침하는 것이 어디 달리 있겠는가. 일개 양전관의 개인적 발상에서 출발한 시주 규정이 정부 차원의 공식 규정으로 채택된 데에는 이 같은 황제세력의 선호가 작용하였다. 다시 말해 시주는 광무양전을 맞아 대한제국의 황제세력이 전통적 왕토주의에

170 "域中之田 皆王田也 其有私主者 不可以書主 宜改錫其名曰時占 其佃夫曰時作而已"(민족문화추진회(1977), 『국역경세유표』 II, 155쪽).

입각하여 황제를 토지의 본주로, 백성을 토지의 임시적 소유자로 자리매김한 결과로 생겨났다. 요컨대 시주는 대한국국제에 상응하는 백성의 헌법적 지위에 관한 규정으로 고안되었다.[171]

제5장에서 소개하였듯이 조선왕조는 전국의 토지를 국전으로 지배하는 토지개혁으로 출발한 나라이다. 당초 일반 백성을 나그네로 같은 존재로 간주한 전객佃客 규정은 1460년대 『경국대전』의 편찬에 즈음하여 백성은 국전을 빌려 경작하는 농부라는 뜻의 전부佃夫 규정으로 바뀌었다. 전부 규정은 이후 백성의 토지에 대한 권리가 사실상의 소유권으로 발전해 감에 따라 점차 허물어져 갔다. 이윽고 18세기 초 남부지방의 양전에서 백성의 법적 지위는 주主로 승격하였다. 기경지에서는 기주起主, 진전에서는 진주陳主라고 하였다. 그렇지만 주 규정의 성립은 남부지방에 한하였으며, 전국적인 범위는 아니었다. 또한 주 규정의 성립이 국왕의 주권에 대한 정치적 도전으로 의식될 만큼 정치가 불안정한 시기도 아니었다. 대한제국기의 정치적 상황은 그와 달랐다. 황제가 개혁파 정치세력의 도전을 극복하고 그의 전제권력을 확립하는 것은 1899년의 국제國制 반포를 통해서였다. 그와 동시에 착수된 전국적 양전에서 황제는 양전 현장에서 왕토주의의 신봉자들이 고안해 낸 시주 규정을 채택하였다. 이렇게 14세기 말 전객의 지위에서 출발한 조선왕조의 백성들은 15세기 후반의 전부, 18세기 초의 주를 거쳐 19세기 말 시주의 지위에 도달하였다. 양전이 지지부진하게 5년을 끌다가 중단되고 말았듯이 시주 규정도 역사에 별다른 자취를 남기지 못하였다. 시주 규정은 이미 역사적 생명력을 상실한 왕토주의의 덧없는 부활과 그에 의해 지지된 대한제국의 가산제적 특질을 앙상하게 대변할 뿐이었다.

황급하게 시달된 시주 규정은 양전 현장에서 많은 혼란을 야기하였다.

---

171 李榮薰(1997), 「量案 上의 主 規定과 主名 記載方式의 推移」, 『조선토지조사사업의 연구』, 162~164쪽.

[그림 7-10] 충청남도 한산군 남상면 양안 정서(1902)

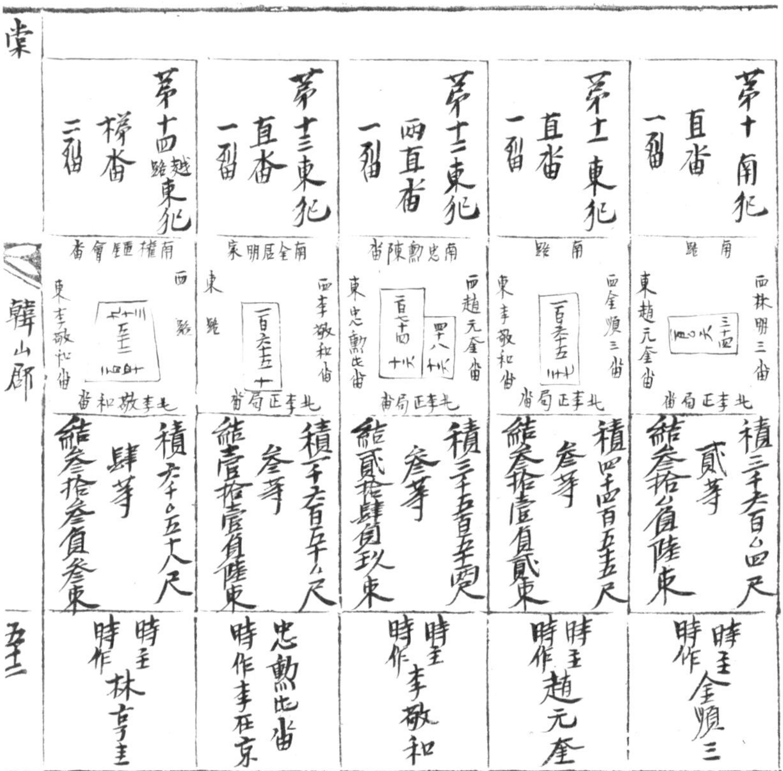

출처: 서울대학교 규장각한국학연구원.

앞의 〈그림 7-9〉, 충남 한산군 남상면의 양안 중초를 다시 살피자. 제4열 토지의 소유자는 당초 '時主 忠勳屯'으로 적혔다. 충훈부忠勳府는 공신의 자손을 우대하기 위해 설치된 중앙정부의 기관이다. 전국에 둔토를 소유하였는데, 그것이 충훈둔이다. 1899년 당시 충훈둔은 궁내부 산하 내장원의 재산으로 관리되었다. 1900년 5월 대한제국은 시주 규정을 채택한 뒤, 각 군의 양전관에게 황실의 토지나 관청의 기지基址는 시주 규정의 대상이 아님을 고지하였다. 〈그림 7-9〉의 4열의 소유자가 '時主 忠勳屯'

에서 '時主' 두 글자가 흑점黑點으로 지워지고 '忠勳屯畓'으로 바뀐 것은 그때문이다. 〈그림 7-10〉은 1903년에 작성된 양안 정서본의 해당 부분이다. 전후의 민유지와 달리 제4열의 '충훈둔답'에는 시주 규정이 배제되었음을, 결과적으로 무규정임을 확인할 수 있다.

이 사실이 의미하는 바는 함축적이다. 근대사회에서 공公은 사私의 개별적이고 구체적인 이해관계로부터 분리되어 그것들을 조정하고 통합하는 위치에 놓인다. 공은 사의 동의와 상호계약의 관계에서 도출된다. 이 같은 공公-사私의 근대적 분리에서 공의 영역을 대변하는 국가나 정부는 국공유지國公有地의 소유자로서 소유권의 속성에 관한 한 사유지私有地의 소유자인 일반 인민과 동렬의 지위에 선다. 전국의 토지는 국공유와 민유로 구분된다. 국공유와 민유는 소유법제나 토지대장상의 지위에서 동격이다. 다만 지세가 면제되는 기능적 차이에서 국공유와 민유는 상이할 뿐이다. 예컨대 1910년대의 토지조사사업으로 만들어진 토지대장에서 '소유자' 규정을 받지 않은 토지는 단 하나도 없다. 국공유지의 소유자는 국國이거나 지방정부이다. 대한제국에서 이 같은 형태의 공-사 분리는 이루어지지 못했다. 따라서 근대적 형태의 국공유지는 존재하지 않았다. 전 국토를 포괄하는 동질적이며 추상적인 소유자 규정은 미성립 상태였다. 시주 규정이 배제된 황제의 토지는 무규정이었다. 그 상태를 당대의 언어로 표현하면 일반 백성의 천賤한 사 위에 군림하는 귀貴한 공이었다. 고종 황제가 즐겨 표방한 공의 권위는 그러한 취지였다. 오늘날의 언어로 보다 정확히 설명하면, 백성을 지배하는 초월적이고 특권적인 사私의 지위를 가리킨다.[172] 전통시대의 조선인들이 공-사 관계를 언급할 때 공은 언제나 천한 사를 지배하는 고귀한 권위나 권력을 뜻하였다. 광무양안의 이모저모를 살피면 흥미롭게도 이 같은 한국 전통사회의 짜임새와 그 원

172 李榮薰(1997), 「量案 上의 主 規定과 主名 記載方式의 推移」, 『조선토지조사사업의 연구』, 174~183쪽.

리를 마주하게 된다.

새로운 호적

1896년 9월 호구조사규칙戶口調査規則이 발포되었다. 전국의 호와 인구를 남김없이 등록한 새로운 호적을 만들어 인민으로 하여금 국가가 보호해 주는 이익을 골고루 누리게 한다는 목적에서였다. 인민으로서 원호原戶를 은닉하거나 인구를 누탈하는 자는 '인민의 권리'를 허락하지 않고 처벌한다고 하였다. 원호原戶는 전장에서 설명한 원호元戶와 같은 뜻이다. 호구조사규칙이 표방한 '인민의 권리'가 무엇을 말하는지는 전하지 않는다. 어쨌든 1897년부터 새로운 양식의 호적이 작성되었다. 이하 신호적新戶籍이라 부른다. 신호적은 구래의 호적과 달리 일정 양식의 호적표를 인쇄하여 매 호에 배포하고, 호주가 해당 사항을 기입하는 방식으로 작성되었다. 〈그림 7-11〉은 1904년 경상남도 단성군 남면 배양동培養洞에서 작성된 신호적의 일례이다.

대한제국이 신호적을 통해 전국의 호와 인구를 남김없이 조사하겠다는 방침은 허언에 그치고 말았다. 조사 첫 해인 1897년의 호총은 133만여 호로서 1891년의 157만여 호에도 못 미쳤다. 이후에도 호총은 거의 증가하지 않아 1904년은 137만 호에 머물렀다.[173] 본격적인 인구조사는 통감부가 시정을 담당한 1906년부터이다. 그해 전국의 호총은 233만 호로 급증했으며, 이후 1912년까지 288만 호로 불었다. 결과적으로 1904년 대한제국의 호 파악율은 50%가 못되었다. 인구 파악율은 더 낮아 36%에 불과하였다. 농촌사회에 미친 대한제국의 행정력은 재정이 빈약한데다 그나마 가산제적 변질로 인해 이전 500년의 어느 왕대王代보다 취약하였다.

현존하는 몇 지방의 신호적은 제국의 농촌사회가 이전과 많이도 달라

173 孫炳圭(2005),「대한제국기의 호구정책 — 丹城 培養里와 濟州 德修里의 사례 —」,『大東文化研究』49, 222쪽.

【그림 7-11】 경상남도 단성군 남면 배양동의 신호적(1904)

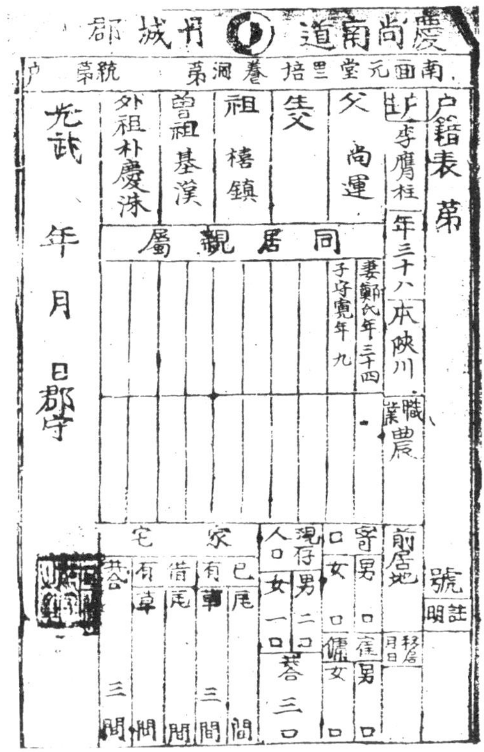

출처: 成均館大學校 大東文化硏究院(2003), 『慶尙道丹城縣社會資料集』 二, 107쪽.

진 모습임을 전하고 있다. 〈그림 7-11〉에서 보듯이 구래의 호적과 비교할 때 신호적은 다음과 같은 몇 가지 특질을 지녔다. 첫째, 호의 구성원이 동거친속同居親屬, 기구寄口, 고용雇傭의 세 범주로 이루어졌다. 기구, 고용과 같은 비혈연인을 포섭하고 있음에서 신호적의 호는 구래의 호와 연속적이다. 그렇지만 구래의 호에 포섭된 노비奴婢 또는 고공雇工과 같은 예속신분이 없어졌다. 둘째, 4조祖, 곧 부父, 조祖, 증조曾祖, 외조外祖에 대한 추심이 호주 1인에 한하였다. 구래의 호적에서는 호주와 성을 달리하는 처를 포함한 호의 모든 성원을 대상으로 4조의 추심이 이루어졌다. 노비에 대해선 부와 모를 추심하였다. 서민에 이르기까지 각인의 세계를 추심한 것은 양인의 자손인지 아니면 천인의 자손인지를 판별하기 위해서였다. 그 유래는 10세기 초의 고려왕조 시대까지 거슬러 올라간다. 그 천 년을 이어 온 전통이 드디어 폐기되었다. 이는 신호적에서 노비가 사라진 것과 궤를 같이 한다.

셋째, 구래의 호적에서 16세 이상의 모든 남성은 어떤 형태로든 예외 없이 직역을 보유하였다. 그것이 신호적에서 폐지되었다. 그 대신 호주에 한하여 직업職業을 등록케 하였다. 제5장에서 설명한 대로 조선왕조의 성립과 함께 성인 남성에게 직역을 부여하는 인신지배체제가 성립하였다. 동시대 중국과 일본의 역사에서 찾을 수 없는 한국사 고유의 특질을 대변하는 개별 인신에 대한 지배체제가 신호적에 이르러 드디어 폐지되었다. 넷째, 가옥에 대한 조사가 이루어졌다. 신호적은 호주와 그의 가솔이 살고 있는 가옥이 기유己有인지 차가借家인지, 와가瓦家인지 초가草家인지, 크기가 몇 간間인지를 조사하였다. 다섯째, 모든 호에 모면某面 모리某里의 몇 통統 몇 호戶라는 식의 주소가 부여되었다. 한 번 부여된 주소는 호주와 그의 가솔이 이사하더라도 변하지 않았다. 구래의 호적에서 호의 주소는 호적이 작성되는 3년마다 바뀌었다. 그에 비해 신호적은 모든 부류의 가옥에 대해 고정 불변의 주소를 부착하였다. 이에 신호적의 호는 일정 공간에 밀집하여 같이 사는 단위 세대世帶를 가리켰다. 그 점에서 세대와 주거가 일치하지 않을 수 있는 구래의 호와 차별적이었다. 여섯째, 호를 대표하는 인물의 지위가 호주戶主로 규정되었다. 이전까지 호주라는 말은 용례가 없지 않았지만 드물었다. 호수戶首라는 말이 훨씬 일반적으로 사용되었다. 구래의 호수는 호의 대표로서 호에 부과된 역을 책임지고 수행하는 강요된 자격을 의미할 뿐이었다.

새롭게 규정된 호주의 지위가 호의 성원에 대해 어떠한 권리와 의무를 갖는지에 대한 법제는 대한제국기에 걸쳐 정비되지 않았다. 호주와 국가와의 관계도 애매하였다. 호구조사규칙이 표방한 '인민의 권리'도 마찬가지였다. 개별 인간의 가족과 국가와의 관계, 그의 권리와 의무를 규정한 법제는 20세기에 들어 새로운 국가권력에 의해 민법民法의 이름으로 제정되었다. 대한제국기의 인간, 가족, 국가는 아직 근대적인 실체가 아니었다. 여전히 오랜 전통의 그림자가 그 시대의 인간, 가족, 국가에 드리워져 있었다. 그렇지만 이미 적지 않은 변화가 생겨나 있었다. 무엇보다 천년을 이어온 양천良賤의 분별이 폐기되었다. 인간을 우마와 같이 지배해 온 노예제奴隷制의 사슬이 끊어졌다. 나이가 들면 운명적으로 찾아온 직역職役의 굴레가, 그에 따른 신분의 서러운 차별이 청산되었다. 대한제국기의 한국인들은 아직 자유인으로 법인된 것은 아니지만, 공적 영역에서는 사실상 자유인으로 해방된 상태였다.

1894~1895년의 갑오경장이 이 같은 진보적 상태를 초래함에 기여한 바는 거의 없었다. 그 모든 변화는 오래전부터 조금씩 성숙해 왔으며, 갑오경장은 그중의 얼마를 불완전한 형태로 추인하였을 뿐이다. 18세기 이래의 노비제 해체와 농민적 토지소유의 성립, 그것을 뒷받침한 소농자립이야말로 19세기 말의 한국인들을 국가적 농노제 내지 사적 노예제의 예종으로부터 해방시킨 근본 동력이었다. 그 위에 전술한 대로 1860년대에 전개된 민란의 물결은 조선왕조의 인신지배체제를 해체하는 일대 계기로 작용하였다. 양인 남정에 부여되어 온 군포는 1870년 이후 반상을 불문하고 동리의 주민이 공동 부담하는 호포제戶布制로 전환하였다. 이 호포제가 갑오경장 이후 〈표 7-6〉에서 보는 호포세戶布稅로 전환하였다. 호포세는 호당 3냥이었다. 개별 호에 대한 수취는 아니었다. 중앙정부는 기존의 호총에 준하는 정량의 호포세액을 군郡으로부터 상납 받을 뿐이었다. 군은 면과 동리에 호포세를 할당하였으며, 면과 동리는 그것을 주민의 공동부담으로 분배, 수취하였다. 이처럼 조선왕조의 개별 인신에 대한 지배체제는 1870년의 호포제 시행으로 사실상 해체되었으며, 갑오경장의

호포세 징수는 그것을 추인한 것에 지나지 않았다.

원호와 협호

공적 영역에서 왕조의 인신지배체제가 해체되었지만, 인간의 권리와 의무를 새롭게 규정한 국가체제는 아직 성립하지 않았다. 그러했던 만큼, 사회를 통합해 온 한편의 질서로서 반상班常 신분제는 여전히 유효한 지배력을 행사하였다. 한성과 인천항 지역의 신호적에는 관리, 상인, 공업자, 일고 등 다양하게 분화된 생업으로서 호주의 직업이 표시되었다.[174] 거기서는 이미 근대가 들어서 있었다. 반면 농촌에서 작성된 신호적상의 직업은 여전히 구래의 신분감각을 계승하였다. 경기도 광주부 북방면의 신호적에서 직업은 크게 사士와 농農의 두 범주로 나뉘었다. 경상남도 단성 배양동의 신호적에서도 마찬가지였다.[175] 사는 생업으로서 직업이 아니라 사회경제적으로 특별한 지위에 놓인 신분을 가리켰다. 농도 직업이라기보다 신분이었다. 사는 농촌사회에서 잘 알려진 유서 깊은 양반 친족집단의 종손에 해당하는 가문이었다. 토지재산이 풍족하여 가작의 규모가 보통 40두락을 넘고 여분의 토지는 병작으로 대출하는 수십 간 와가의 살림살이였다. 가작에 동원되는 노동력은 신호적상의 기구와 고용인데, 그 수가 적어도 4명 이상이며, 많게는 16명에 달하기도 하였다. 기구와 고용이 구래의 노비 출신임은 두말할 필요가 없다. 같은 족원族員이라도 가세가 빈한한 지손支孫은 농의 범주에 속하였다. 신호적의 작성은 대개 면의 향회鄕會에 의해 주도되었다. 향회는 면의 공론을 반영하여 특별한 지위

174 吳星(1991), 「19世紀 末 仁川港의 戶와 戶主 — 光武戶籍의 검토 —」, 『歷史學報』 131·101쪽.
김현진(2015), 「1903년 漢城府民의 거주지 이동에 나타난 근대 공간의 집중과 분화 — 光武 7년 漢城府 戶籍을 중심으로 —」. 『한국학연구』 37, 522쪽.

175 이세영(1995), 「대한제국기 농촌사회경제구조의 변화 — 1900~1903년 경기도 광주부 북방면을 중심으로 —」, 『韓國文化』 16, 275~288쪽.
孫炳圭(2013), 「1900년대 '光武戶籍'의 '士'와 '民籍'의 '兩班' 기재」, 『大東文化硏究』 81, 109~115쪽.

의 가문을 사로 선별하여 우대하였다.

농촌사회에 온존한 반상제의 질서는 호포세의 징수 과정에서도 관철되었다. 각 군의 수령은 호포세를 분배하기 위해 면과 동리의 실호총을 조사하였다. 연후에 호포세를 부담할 능력이 없는 과부·홀아비·무농無農·개걸丐乞 등의 세궁민細窮民과 관례적으로 호포로부터 면제되어 온 무부巫夫·도한屠漢·묘직墓直·야장冶匠·행상行商·사공沙工 등 민간에서 자생한 유역인有役人의 호수를 동리별로 조사, 결정하였다.[176] 그 과정에서 반촌과 양반가를 우대하는 질서가 공연하게 작동하였다. 면의 향회는 유서 깊은 반촌의 호총을 감면해 주었다. 그렇게 노골적이지는 않더라도 양반가에 포섭된 세궁민으로서 기구와 고용의 수에 한계를 두지 않았다. 대한제국기의 호포세는 농촌사회에 온존한 반상제 질서를 전제하고 양반가를 우대하는 방침으로 징수되었다.

1899년부터 행해진 광무양전은 전답 경지만이 아니라 대지와 가옥의 소유자나 임차자도 조사하였다. 그 과정에서 이 같은 농촌사회의 질서가 여실하게 드러났다. 1901년에 작성된 충청남도의 문의·부여·석성·연산·정산·진잠·한산 7개 군의 광무양안에 등록된 가대家垈의 총수는 2만 3,416에 달하였다. 이를 두고 양안은 거민호居民戶라고 하였다. 7개 군의 거민호는 1만 5,469의 원호原戶와 7,947의 협호挾戶로 구분되었다. 원호原戶는 1896년의 호구조사규칙에서 언급된 그 원호이다. 다시 말해 신호적에 등록되어 호포세를 부담하는 정규의 호를 말하였다. 양전의 결과 그 원호 이외의 가家들이 상당수 조사되었다. 양전관은 그에 대해 협호라는 주기를 붙임으로써 호포세를 부담하는 호가 아님을 명확히 하고자 하였다. 실제 1901년 중앙정부가 파악한 위 7개 군의 호총은 1만 7,214호였다.

176 이세영(1992), 「대한제국기의 호구변동과 계급구조」, 『역사와 현실』 7, 220~237쪽.
李鍾範(1995), 「19세기 후반 賦稅制度의 운영과 社會構造 — 전라도 구례현 사례 —」, 『東方學志』 89·90, 390~406쪽.

【표 7-11】 원호와 협호의 토지소유(1901)

단위: 명, 結-負-束

구분 / 소유구간	石城郡 甁村面				定山郡 大朴面				扶餘郡 縣內面			
	原戶		挾戶		原戶		挾戶		原戶		挾戶	
	인원	면적	인원	면적	인원	면적	인원	면적	인원	면적	인원	면적
2~결	7	54-94-9							7	37-70-5		
1~2	14	23-13-9			7	10-8-4			5	6-68-4	3	3-42-3
75~100부	9	7-60-4			9	7-70-2	2	1-69-6	2	1-75-7	2	1-77-4
50~75	16	10-28-1	3	1-86-2	16	9-70-6	3	1-81-6	8	5-8-8	5	3-8-5
25~50	22	7-82-6	9	2-83-2	54	19-25-5	18	6-22-7	19	7-14-5	4	1-43-3
0~25	112	3-21-7	71	1-63-6	124	8-84-5	99	4-47-2	63	5-88-7	163	7-81-5
합계	180	111-7-0	83	6-33-0	210	55-59-2	122	14-21-1	104	64-26-6	177	17-55-0
평균소유	61-7		7-6		34-1		20-3		61-8		13-6	

출처: 李榮薰(1988), 『朝鮮後期社會經濟史』, 한길사, 356·368쪽.
李世永(1985), 「18·19세기 兩班土豪의 地主經營」, 『韓國文化』 6, 114쪽.

거기서 얼마간의 면역호를 제하면 양안 상의 원호 총수 1만 5,469호와 근접하는 수이다.[177]

이렇게 광무양전의 과정에서 노출된 원호와 협호가 전장에서 해설한 18세기의 주호主戶와 협호挾戶 그들이다. 양안을 살피면 쉽게 알 수 있듯이 원호-협호는 개별적 관계였다. 협호는 동리에 집단적으로 속한 존재가 아니었다. 협호 수가 원호 수의 반 정도여서 다수의 원호는 협호를 보유하지 않았다. 둘 이상, 많게는 6~7개의 협호를 보유한 원호도 있었다. 그러니까 협호를 보유한 원호는 전체 원호 가운데 상층에 속한 소수에 한하였다. 〈표 7-11〉은 7개 군 가운데 석성군 병촌면, 정산군 대박면, 부여군 현내면의 3개 면에서 원호와 협호가 소유한 전답 경지가 얼마였는지를 비교하고 있다.[178]

177 李榮薰(1988), 『朝鮮後期社會經濟史』, 한길사, 264~268쪽.

178 석성군 병촌면과 정산군 대박면의 출처는 李榮薰(1988), 『朝鮮後期社會經濟史』, 356·368

3개 면 어디서나 농가의 토지재산은 상하 계층 간에 크게 분화된 상태였다. 소수의 상층이 토지의 거의 절반을 차지하였다. 석성군 병촌면과 부여군 현내면에서 그러하였다. 여기서는 양반신분의 친족집단이 발달하였으며, 관료 출신의 유명한 대지주들이 배출되었다. 그 대극에는 토지재산이 0~25부에 불과한 소빈농이 광범하게 분포하였다. 농촌사회의 지배적 생산관계는 곧이어 지주地主-소작小作으로 개칭될 답주畓主-작인作人의 병작이었다. 1900년대 충청남도 일원에서 답의 병작율은 70%를 넘었다.[179] 그런 가운데 원호와 협호의 경제력의 차이는 더욱 뚜렷하였다. 협호 가운데도 토지재산이 50부, 심지어 1결이 넘는 상대적으로 부유한 자들이 있지만, 소수의 예외적 경우였다. 절대 다수의 협호는 토지재산이 없거나 있더라도 한두 필지의 소규모를 넘지 않았다. 병촌면과 현내면에서 원호의 토지재산은 평균 61부였다. 그에 비한 협호의 토지재산은 평균 7~13부에 불과하였다.

광무양안이 조사한 가옥의 규모에서도 원호와 협호의 처지는 뚜렷하게 구분되었다. 원호들은 대개 3간 이상의 초가이거나 와가瓦家인 반면, 협호들은 2~2.5간의 초가였다. 2간 초가라 하면 실은 초막草幕인 경우가 많았다. 1895년에 작성된 전라남도 구례군 토지면의 가좌책家座冊에 의하면, 총 596개의 가옥 가운데 63개가 초막이었다.[180] 노비를 비롯한 세궁민의 주거는 19세기 말까지도 반지하 움집인 경우가 적지 않았다.

일반적으로 말해 협호는 원호의 가옥에 부속한 행랑이나 협방에 입주한 세궁민으로서 구래의 노비·비부·고공 출신이거나 촌외에서 흘러들어

쪽이며, 부여군 현내면의 출처는 李世永(1985), 「18·19세기 兩班土豪의 地主經營」, 『韓國文化』 6, 114쪽이다. 두 연구자가 양안을 분석한 기준은 같지 않다. 이영훈은 垈地를 제외한 반면, 이세영은 포함하고 있다.

179 李榮薰(1990), 「光武量田에 있어서 〈時主〉 파악의 실상」, 『대한제국기의 토지제도』, 108쪽.

180 李鍾範(1995), 「19세기 후반 賦稅制度의 운영과 社會構造 — 전라도 구례현 사례 —」, 『東方學志』 89·90, 415~416쪽.

온 유민 출신이었다. 그들은 원호의 농업에 동원되는 노동력이었으며, 그 대가로서 원호로부터 살 집과 약간의 경지를 얻었다. 경지의 소출은 대개 협호의 몫이었다. 원호의 비호를 받기 때문에 호포세는 면제되었다. 협호는 예속적 처지의 비자립적 소농이었다. 협호를 포섭한 원호는 양반 신분으로서 소수의 사士 신분이었다. 다수의 가난한 원호는 농農 신분으로서 협호를 보유하지 않았다. 사와 농은 새로운 호적체제에서 다 같이 호포세를 부담하지만, 그로부터 면제된 인구를 포섭한 이유로 사는 농에 비해 우대되었다.

광무양안에 등록된 모든 협호가 예속노동으로서 비자립적 소농이지는 않았다. 〈표 7-11〉의 정산 대박면은 산곡 지대로서 유력한 양반 가문이나 대지주의 성립과는 무관한 곳이었다. 대부분의 경지는 자작지에 속하였다. 표에서 보듯이 대박면에서 원호와 협호의 토지재산에는 큰 차이가 없었다. 원호의 소유지가 평균 34부인데, 협호의 그것은 20부로서 그리 큰 격차가 아니다. 여기서 원호-협호의 관계는 호포세를 절감하기 위해 몇 개의 농가가 주로 혈연을 매개로 하나의 호로 결속한 상태를 의미하였다. 이러한 관계는 다른 면에서도 있었다. 협호 가운데 토지가 50부 이상 또는 1결 이상인 부유한 협호는 대개 그러한 존재였다. 다시 말해 대한제국기의 호포세는 이전 시대의 군포에 비해 훨씬 가벼운 부담이지만, 군포와 마찬가지로 농민의 사회적 존재형태를 국가의 지배체제에 상응하여 편성하는 효력을 지니고 있었다.[181] 전장에서 설명한 바이지만, 소농자립의 여부나 수준은 국가와의 관계를 포함하는 사회적 맥락에서 규정되었다. 그 점은 대한제국기에서도 마찬가지였다. 대한제국기의 농촌사회에서 구성원의 20~30%는 비자립적 소농으로서 특정 주호와의 관계에서 예속

181 1901년에 작성된 함남 北青郡의 신호적에서 호의 85%가 협호를 보유한 것도 그 지역의 특수 사정으로서 군역이 무거웠기 때문으로 이해되고 있다. 이정수(2013), 「1901년 작성 北青戶籍과 北青郡民 소요 사건」, 『韓國史學報』 53, 355~385쪽.

적인 처지에 있었다. 이 범주가 어떻게 해소되어 갔으며, 그 과정에서 어떻게 자유롭고 자립적인 현대 한국인韓國人이 탄생했는지는 20세기 경제사 연구에 있어서 가장 흥미로운 주제이다.

빈약한 협력

그 밖에도 광무양안은 20세기의 벽두에 놓인 농촌사회의 존재양태에 관해 유익한 정보를 적지 않게 전하고 있다. 양안은 양전이 이루어진 순서대로 일정 구획의 토지에 대해 지명을 붙였다. 지명은 천川이나 곡谷으로 구분되는 평坪 또는 원員의 이름이었다. 그러다가 인간의 주거가 밀집한 공간을 만나면 해당 동리의 이름을 적었다. 다시 말해 양안에서 동리는 어디까지나 인간들의 주거가 밀집한 공간을 의미할 뿐이다. 오늘날과 같은, 상호간에 경계가 그어지고, 그 경계가 포괄하는 주거·경지·산림·하천·도로의 결합으로 존재하는, 그리하여 이들 자원을 관리하는 지방행정의 단위로 역할을 하는 동리는 20세기 초까지도 성립해 있지 않았다.

인간들의 주거가 밀집함에 따른 이웃효과의 내용, 범위, 관리 주체 등, 동리의 실체에 관련하여 광무양안이 전하는 한 가지 정보는 그에 속한 주민의 협력이 그리 높은 수준이 아니었다는 사실이다. 높은 수준의 협력을 대변하는 단체는 일반적으로 드물었다. 양안에 등록된 토지는 거의 대부분 개인의 소유였다. 2인 이상의 공동명의로 된 토지나 친족집단과 동리가 공유하는 토지는 없는 편이었다. 공동소유의 주체로서 상인·수공업자의 단체는 보이지 않았다. 예컨대 충청남도 연기군 7개 면의 광무양안에서 확인되는 친족의 공동소유인 위토位土는 전 토지의 1.1%에 머물렀다. 7개 면의 동리 가운데 동답洞畓을 소유한 동리는 소수였으며, 그것도 1~2개 필지의 소편小片에 불과하였다.[182]

---

182 金鴻植 외(1990), 『대한제국기의 토지제도』, 17~18쪽.

농촌사회가 공동소유를 결여했음은 곧이어 1910년대에 총독부總督府가 제조한 토지대장土地臺帳에서 뚜렷하게 확인되고 있다. 경상남도 울주군 언양면의 토지대장을 소개한다. 1912년 언양면의 답, 전, 대지, 임야, 유지溜池의 면적은 총 356만 평이다. 그 가운데 개인명의의 소유가 88%, 2인 이상 공동명의가 1%, 동리명의가 0.3%이다. 나머지는 10.3%는 구래의 둔토에 기인하는 국공유지와 인근의 대찰인 통도사通度寺의 소유지이다. 임야는 산지가 아니라 동리를 둘러싸거나 동리 내에 개재한 수림樹林을 말한다. 그 임야도 개인명의가 지배적이어서 87%이고, 동리명의는 3.5%에 불과하다. 전통시대의 남부지방에서 동유림洞有林은 일반적으로 없었다.

가장 공공성이 강한 수리시설인 유지도 개인 소유였다. 면적이 1,000평 이하인 17개 유지 가운데 16개가 개인 소유이며, 1개만이 동리의 소유이다. 16개 유지의 소유자 16명 가운데 소재 동리의 주민은 8명이고, 나머지 8명은 타면, 타리, 심지어 타군의 사람이다. 유지는 개인의 재산으로 사고 팔렸으며, 그에 대한 소재 동리로부터의 규제는 없었다. 면적이 1,000평 이상인 대규모 유지는 9개인데, 이들은 모두 2인 이상의 공동명의였다. 소재 동리가 대규모 유지를 소유한 경우는 단 하나도 없었다. 다시 말해 크든 작든 유지를 둘러싼 수리조직이나 수리관행에서 동리는 주체로서 역할을 하지 않았다.[183]

이처럼 20세기 벽두의 농촌사회는 경지, 임야, 수리 등의 자원을 공동으로 소유하고 용인, 관리하는 공동체사회가 아니었다. 남부지방에 관한 한, 그렇게 이야기해서 크게 틀리지 않는다. 북부지방이 어떠했는지는 아직 말하기 이르다. 남부지방의 농촌사회에서 공동체적 질서는 일반적으로 희박하였다. 그 대신 개인 내지 개별 가계가 생산과정을 포함한 대부

183 이영훈(2015), 「20세기 전반 彦陽의 小農社會」, 『經濟論集』 54-1, 서울大學校 經濟研究所, 103~113쪽.

분의 생활과정을 고립적으로 영위하는, 보기에 따라서는 개인주의個人主義의 질서가 조기적으로 성숙해 있는 사회였다.

인간의 사회생활에 있어서 협력은 불가결의 요소이다. 20세기 벽두의 한국인들은 그 협력을 동류同類 간의 계약으로 확보하였다. 동계洞契, 송계松契, 보계洑契, 서당계書堂契, 혼상계婚喪契 등등의 계이다. 계는 공동의 목적을 위한 결사로서 공동재산의 조성으로 성립하였다. 계의 체결이 얼마나 일반적인지에 관한 조사는 1926년에서야 이루어졌다. 그에 의하면 동계, 서당계, 혼상계 등 전통적 형태의 계의 총수는 1만 3,300여 개이며, 가입자는 총 43만여 명이었다. 동년의 세대 총수와 비교할 때 12%의 세대가 어떤 종류든 1종 이상의 계에 가입해 있었다. 어느 정도를 두고 일반적이라 할 수 있을지는 어려운 문제이지만, 1920년대 한국인의 사회생활에 있어서 계의 결성은 알려진 만큼 일반적이지는 않았다. 동계의 수가 알려진 군은 청주가 유일한데, 모두 33개였다. 당시 청주군의 동리 총수는 343개였다. 이 역시 동계의 결성이 알려진 만큼 보편적이지 않았음을 이야기해 주고 있다.[184]

장기에 걸친 19세기의 위기가 인간들의 사회적 협력을 약화시켰음은 부정하기 힘들다. 인간들의 공동체적 결속으로서는 친족집단이 모범을 이루었다. 17세기 후반부터 그 모습을 드러내기 시작한 부계동성父系同姓의 친족집단은 18세기까지 그 공동체적 결속을 강화하였다. 전라도 영암 장암리의 문씨 일족이 공유의 계답契畓을 마련하는 것은 1741년이다. 당초 2두락으로 시작한 계답은 1810년까지 100두락으로 증가하였다. 그렇지만 19세기의 위기를 경과하면서 1895년까지 33두락으로 줄었다.[185] 19세기 말의 친족집단은 조상 제사, 족보 편찬, 재실齋室 건축과 같은 사업

184 이영훈(2014), 「한국사회의 역사적 특질: 한국형 시장경제체제의 비교제도적 토대」, 이영훈 엮음, 『한국형 시장경제체제』, 서울대학교출판문화원, 389~390쪽.

185 이영훈(1999), 「호남 고문서에 나타난 장기추세와 중기파동」, 박병호 외, 『호남지방 고문서 기초연구』, 한국정신문화연구원, 309~310쪽.

을 영위하는 의례 수준의 단체였다.

동리는 상이한 신분의 주민으로 구성되었다. 그로 인해 동리는 그것이 모습을 드러낸 17세기 후반 이래 지속적으로 유동하였다. 19세기의 위기를 거치면서 동리의 유동성은 더욱 높아졌다. 1790년 전국의 동리 총수는 3만 9,465개인데, 1910년까지 6만 3,845개로 1.6배나 늘었다.[186] 개별 군현의 예를 하나 소개하면, 전라도 구례현 토지면에서 동리는 1790년의 19개에서 1895년의 32개로 증가하였다.[187] 1790년의 19개 동리 가운데 1890년까지 원래의 동리명을 유지한 곳은 12개이다. 나머지 7개 동리는 없어졌으며, 그 대신 20개 동리가 생겨났다. 그 과정에서 신구 동리의 범역이 재조정되었다. 분동의 추세는 이후에도 진행되어 토지면의 동리는 1910년까지 35개로 증가하였다.[188] 19세기에 걸친 동리의 유지, 폐지, 분할, 신설, 변경의 전국적 추세나 양상은 아직 밝혀지지 않은 상태이다. 사창제와 호포제의 시행, 결세의 금납화, 호포세의 징수와 같은 커다란 변화가 연이은 19세기 후·말기가 격동기였음은 분명하다. 부세의 수취 대상이나 방식이 바뀔 때 상이한 신분으로 구성된 동리의 주민은 공동의 이해로 대응하기 힘들었다.

분동의 추세와 보조를 같이 하여 군현-면-동리의 위계로 편성된 관료제적 지방행정체제가 강화되었다. 지방행정에 있어서 면과 동리의 책임자인 면임面任과 이정里正의 역할이 커졌다. 결세의 전통적 수취제도인 8결작부제는 19세기 후반에 이르러 중단되었다. 결세는 동리를 단위로 징수되었다. 동리는 크기를 물론하고 그 자체로 하나의 주비가 되었다. 갑오경장 이후 결세가 금납으로 바뀜에 따라 동리에는 이정과는 별도로 1명

186 서울大學校 奎章閣(1996), 『戶口總數』, 해제 〈표2〉.
善生永助(1933), 『朝鮮の聚落』 前篇, 536쪽.

187 서울大學校 奎章閣(1996), 『戶口總數』, 198쪽.
『乙未六月日吐旨面各洞里正姓名成册』.

188 越智唯七(1917), 『新舊對照朝鮮全道府郡面里洞名稱一覽』, 438쪽.

의 주비가 임명되어 주민으로부터 결가를 징수하여 군에 납부하였다. 그렇다고 동리의 자율성이 이전 시대에 비해 높아진 것은 아니었다. 결가와 호포세를 둘러싼 동리간 내지 동리내의 갈등은 여전했으며, 그에 따라 분동의 추세는 이어졌다. 이전과 마찬가지로 동리의 주민이 아닌 자가 주비에 임명되어 사리를 추구하였다.[189] 동리가 동일 신분의 주민이 공동의 자원을 소유, 용익, 관리하는 단체가 아니었던 만큼, 관료제적 질서는 언제든지 동리 내부로 침투하여 주민을 대립과 갈등으로 몰아넣곤 하였다.

남은 상공업

1904년 러시아와의 전쟁에서 승리한 일본은 1905년 대한제국에 제2차 한일협약을 강요하여 외교권을 탈취하였다. 대한제국은 일본의 보호국이 되었으며 일본이 파견한 통감統監에 의해 통치되기 시작하였다. 통감부는 통치의 과제와 효과를 명확히 하기 위해 토지, 기상, 인구, 산업, 재정, 금융, 무역 등에 관한 통계를 매년 생산하기 시작하였다. 역설적이게도 오늘날의 한국인들은 일본이 만들기 시작한 그 통계를 통해 비로소 그들의 전통시대의 모습이 어떠하였는지, 그 전체상을 들여다보게 된다.

그에 의하면 1907년 전국에 분포한 근대적 형태의 공장 상황은 〈표 7-12〉와 같았다. 여기서 공장이라 함은 그 기준이 명확하지 않은데, 대체로 증기·석유 등의 원동기를 동력으로 하거나 직공이 5명 이상인 생산업체를 가리켰다고 보인다.[190] 1907년 전국의 공장은 모두 70개이다. 정미업 공장이 가장 많은데, 모두 19개이다. 정미업은 1892년 인천에서 미국인이 세운 증기기관을 동력으로 하는 정미소가 효시를 이루었다. 이후 일본으로 쌀 수출이 증가함에 따라 수출가공업으로서 부산, 인천, 군산, 목포,

189 李榮薰(1980),「朝鮮後期 八結作夫制에 대한 硏究」,『韓國史硏究』 29, 132~135쪽.

190 인력으로서 직공이 2~4명에 불과한 공장도 있는데, 70개 공장 가운데 3개가 그러하였다. 統監府,『第二次統監府統計年報』 1907年度版, 283~286쪽.

[표 7-12] 전국의 공장 분포(1907)

단위: 공장 수

직공 수 \ 업종	精米	食品	煙草	金屬	煉瓦	印刷	纖維	기타	합계
200~명			2		2			1	5
100~200	2						1	1	4
50~100			1		2	1	1		5
20~50	7	4	1	2	2	2		2	20
10~20	6	1		5	6	1	1	2	22
0~10	4	3	1	5				1	14
합계	19(19)	8(5)	5(0)	12(4)	12(0)	4(2)	3(2)	7(4)	70(36)

출처: 統監府,『第二次統監府統計年報』1907年度版, 283~286쪽.
비고: 1. 食品業: 술, 醬油, 엿, 소금, 製粉, 製油, 통조림.
2. 金屬業: 器具, 農具, 솥, 船舶具, 食器·銅器類.
3. 纖維業: 繰綿, 織物.
4. 其他: 電氣, 製紙, 製材, 銅鑛, 유리, 電燈.
5. 합계의 ( )는 동력이 증기, 석유 등의 원동기인 공장의 수임.

진남포 등의 개항장을 중심으로 그 설립이 확대되었다. 정미업에 이어 금속업과 연와업煉瓦業의 공장이 각각 12개씩이다. 동력을 사용하는 공장은 70개 중에 36개인데, 연초업과 연와업에서는 하나도 없었다. 인력만을 사용한 연초업과 연와업은 직공이 200명을 넘기도 하였다.

공장의 소유주를 보면 70개 공장 가운데 56개가 일본인 공장이다. 그 외에 미국인 공장이 3개, 중국인 공장이 4개, 한국인 공장이 7개이다. 공장의 설립 연대를 보면 1892~1899년이 6개, 1900~1904년이 12개, 1905~1907년이 50개이다. 나머지 2개는 불명이다. 한국인의 7개 공장 가운데 5개는 소재지가 한성이다. 그 가운데 공장다운 공장은 정미소 1개와 직물공장 1개이며, 나머지 3개는 인쇄소, 제지소, 표구점이다. 정미소는 자본금 2만 5,000원에 직공이 34명이나 되는 제법 규모가 큰 공장이다. 직물공장은 1903년에 설립된 중곡염직공소中谷染織工所이다. 한성에서 일본의 방적사와 개량직기를 이용하여 직포공장이 출현하는 것은 1900

년부터이다. 1902년까지 모두 5개 공장이 설립된 것으로 알려져 있는데, 그 대부분이 단명하고 1907년까지 존속한 것은 위의 중곡염직공소 하나뿐이다. 한국인 공장으로서 나머지 2개는 함경도 덕산과 원산에 있는 유기점鍮器店이다. 설립 연대는 불명이며, 직공은 10~18명의 규모였다. 이상에서 한국에서 근대적 형태의 공장은 1890년대 이후 정미소와 같은 수출가공업을 필두로 하여 주로 일본인에 의해 한성과 개항장에서 생겨난 것들임을 알 수 있다.

1907년의 조사가 좀 더 철저했더라면 지방에 소재한 한국인 공장 몇 개가 더 밝혀졌을 터이다. 1910년 경상남도 울주군 언양면에는 5개의 유기점이 있었다. 작업일은 1개월에 15일 정도이며, 정해진 날은 없고 거래 상황에 따라 임시로 휴업하였다. 생산규모는 작업장당 주인과 보조원 2명으로서 하루에 5조助(15개) 정도였다.[191] 인근 청도군 이위면 신원동新元洞에는 솥을 주조하는 철공업이 있었다. 신원동의 철공업은 주변의 여러 마을과 함께 경상도 일원에서 가장 이름을 떨친 철공업지대를 이루었다.[192] 그 역사적 기원은 제2장에서 언급한 진한辰韓의 철기문명으로까지 거슬러 올라갈 터이다. 1888년에 이루어진 일본인의 견문에 의하면 신원동의 철공업은 동리의 공유였다. 솥을 주조할 때마다 출자자를 모집했는데, 그때마다 구성원이 달랐다. 신규로 가입코자 하는 사람이 있어도 거절하지 않았다. 솥을 한번 생산할 때마다의 자본금은 400냥 정도였다. 생산량은 하루에 10개 정도이며, 큰 솥의 가격은 13냥, 중간 솥은 9냥, 작은 솥은 6냥이었다. 이로부터 한번 작업이 시작되면 며칠이고 이어졌음을 알 수 있다. 하루에 동원되는 인부는 40명인데, 임금이 지급되지는 않았다.[193] 출자자들이 곧 인부였기 때문이다. 철공업에 종사한 일대의 촌

191 朝鮮總督府農商工部(1911), 『釜山方面商工業調査』, 158~159쪽.
192 권병탁(2004), 『한국 산업사 연구』, 영남대학교출판부, 600~641쪽.
193 松田行藏(1889), 『朝鮮國慶尙忠淸江原道旅行紀事』, 14~15쪽.

을 가리켜 당시 사람들은 '솥계'라고 불렀다.[194] 다시 말해 신원촌의 철공업은 출입이 비교적 자유로운 느슨한 형태의 계契였다. 1907년 언양군과 청도군의 군수가 공장을 조사하여 보고하라는 중앙정부의 훈령에 부응하지 않은 것은 이 같은 생산형태를 공장으로 간주하지 않았기 때문으로 짐작된다.

통감부는 1907년부터 전국의 인구를 조사하기 시작했는데, 그와 더불어 개별 호의 직업도 함께 조사되었다. 그에 따르면 1908년 전국의 총 289만 4,000호 가운데 상업에 종사한 호는 17만 8,000여 호로서 6.1%, 공업과 광업에 종사한 호는 2만 4,000호로서 0.9%였다.[195] 직업으로서 공업과 광업의 보급 정도는 더 없이 낮은 수준이었다. 전국의 총 4,362개 면 가운데 호의 10% 이상이 공업·광업에 종사한 면은 하나도 없고, 호의 5~9%가 공업·광업에 종사한 면은 47개에 불과하였다.

농촌장시에서 활동한 상인들의 존재양태와 관련해서는 경상남도 언양군 상북면 언양장彦陽場의 사례가 알려져 있다. 1908년 상북면의 주민은 954호이다. 그 가운데 151호, 16.1%가 언양장에서 활동한 상인들이었다. 전국적 구성비에 비출 때 언양군 상북면은 상대적으로 상업이 발달한 곳이다. 그 151호의 경제상태가 어떠했는지는 1910년과 1912년에 작성된 민적부民籍簿와 토지대장을 참조할 수 있다. 그에 의하면 상인의 대부분은 자신의 집을 갖지 못한 가장 가난한 계층에 속하였다. 소수의 사람이 집과 전답을 가졌지만, 그 가운데 부자라 할 만한 사람은 1명도 없었다. 그들의 대부분은 1915년까지 언양장을 떠나 다른 곳으로 이동하였다. 언양장에 정착하여 1920년대 이후에도 상인으로 활동한 사람은 딱 1명이다. 1910년대까지 언양장의 상인들은 대부분 이동성이 강한 행상들이었다. 앞서 소개한 언양의 유기 제조업자 5호도 마찬가지이다. 그들 역

194 권병탁(2004), 『한국 산업사 연구』, 602쪽.

195 內部警務局(1910), 『民籍統計表』, 1쪽.

시 1915년까지 언양을 떠나 다른 면으로 이동하였다. 지역의 유기 수요가 다하였기 때문이다. 1900년대까지 농촌의 공업자 역시 이동성이 강한 행공行工들이었다.[196] 일반적으로 말해 1900년대 농촌사회는 상공업의 부나 전통과는 무관하였다.

1908년 전국의 장시는 총 849기로서 아직 1770년의 1,062기에 미달하였다. 1890년대에 들어 대일 미곡 수출의 개시와 함께 위기의 시대는 막을 내리고 있었지만, 1900년대 말까지도 이전의 전성기에는 도달하지 못한 상태였다. 통감부와 뒤이은 총독부가 남긴 여러 통계로부터 오늘날의 경제사 연구자들이 추계한 1911년 국내총생산은 4억 9,370만 엔이다. 그 가운데 농업·임업·어업은 3억 4,881만 엔으로서 71%, 광업·제조업은 2,657만 엔으로서 5%이다.[197] 황혼의 대한제국은 그를 위한 조종弔鐘이 울려 퍼질 때 더없이 단순하고 빈약한 산업구조를 20세기를 위한 유산으로 남겼다.

196 이영훈(2015), 「20세기 전반 彦陽의 小農社會」, 『經濟論集』 54-1, 140~149쪽.
197 김낙년 편(2006), 『한국의 경제성장 1910-1945』, 367쪽.

한국경제사 I

참고문헌

1. 자료

원전

『三國史記』, 『三國遺事』, 『高麗史』.

『三國志』, 『後漢書』, 『周書』, 『隋書』, 『唐書』, 『新唐書』.

『朝鮮經國典』, 『經國大典』, 『續大典』, 『大典通編』.

『慶尙道地理志』, 『慶尙道續撰地理志』.

『太祖實錄』, 『太宗實錄』, 『世宗實錄』, 『世祖實錄』, 『睿宗實錄』, 『成宗實錄』, 『中宗實錄』, 『宣祖實錄』, 『英祖實錄』, 『正祖實錄』, 『高宗實錄』, 『純祖實錄』.

『備邊司謄錄』, 『承政院日記』, 『日省錄』.

『戶籍謄關册』, 『戶口總數』, 『均役廳病國論』.

『拙藁千百』, 『東文選』, 『李相國集』, 『江漢集』, 『林園經濟志』, 『與猶堂全書』, 『甲申日錄』.

李樹健 編著(1981), 『慶北地方古文書集成』, 嶺南大學校出版部.

李樹健·李樹煥 編(1999), 『朝鮮時代嶺南書院資料』, 國史編纂委員會.

金元龍 등 편(1981), 『高麗佛經』, 中央日報社.

鄭求福 外(1997), 『朝鮮前期古文書集成－15世紀篇－』, 國史編纂委員會.

韓國學中央研究院(2004), 『예천 맛질 朴氏家日記』 1~7.

『乙未六月日吐旨面各洞里正姓名成册』.

外務省通商局, 『通商彙纂』.

統監府, 『統監府統計年報』 各年度版.

內部警務局(1910), 『民籍統計表』, 日韓印刷株式會社.

越智唯七(1917), 『新舊對照朝鮮全道府郡面里洞名稱一覽』.

朝鮮總督府, 『朝鮮總督府統計年報』 各年度版.

朝鮮總督府(1923), 『朝鮮金石總覽』上.

번역·주석본·보고서

김대문 저, 이종욱 역주해(1999), 『화랑세기－신라인의 신라 이야기』, 소나무.
김대문 저. 이종욱 역주해(2005), 『대역 화랑세기－신라인 그들의 이야기－』, 소나무.
金學主 譯著(1984), 『詩經』, 明文堂.
노명호 외(2000), 『韓國古代中世古文書研究(上)·(下)』, 서울대학교출판부.
圓仁 지음/申福龍 번역·주해(1991), 『入唐求法巡禮行記』, 정신세계사.
민족문화추진회(1977), 『국역고려도경』.
韓沽劤 외(1986), 『譯註經國大典』註解篇, 韓國精神文化研究院.
민족문화추진회(1979), 『국역 청장관전서』.
丁若鏞 著, 宋載邵 譯註(1981), 『茶山詩選』, 創作과 批評社.
茶山研究會 譯註(1984), 『譯註 牧民心書』, 創作과 批評社.
민족문화추진위(1977), 『국역경세유표』I·II.
민족문화추진회(1971), 『국역만기요람』I(財用篇),
민족문화추진회(1969), 『신증동국여지승람』II.
林熒澤 편역(1992), 『李朝時代 敍事詩 상』, 창작과 비평사.
黃遵憲 原著, 趙一文 譯註(1977), 『朝鮮策略』, 建國大學校出版部.
朝鮮總督府農商工部(1911), 『釜山方面商工業調査』.
朝鮮總督府(1932), 『朝鮮ノ小作慣行』(上·下卷).
和田一郎(1920), 『朝鮮土地地稅制度調査報告書』.
渼沙里先史遺蹟發掘調査團(1994), 『渼沙里』 第4卷.
嶺南文化財研究院(2001), 『慶州舍羅里遺蹟 II－木槨墓, 住居地－』.
한국전통문화대학교 고고학연구소(2011), 『松菊里VII－부여송국리유적 제12·13차 발굴 조사－』.

2. 저서

한글

강봉룡(2005), 『바다에 새겨진 한국사』, 한얼미디어.
강은경(2002), 『高麗時代 戶長層 研究』, 혜안.
姜晋哲(1991), 『改訂高麗土地制度史研究－田柴科體制篇－』, 一潮閣.
계승범(2011), 『정지된 시간－조선의 대보단과 근대의 문턱－』, 서강대학교출판부.
계승범(2014), 『중종의 시대－조선의 유교화와 사림운동－』, 역사비평사.
高東煥(1998), 『朝鮮後期 서울商業發達史研究』, 지식산업사.
고승희(2003), 『조선후기 함경도 상업연구』, 國學資料院.
국립가야문화재연구소(2009), 『1500해 앞 16살 여성의 삶과 죽음－창녕 송현동 15호분 순장인골의 복원 연구－』.
국립중앙박물관(1998), 『고고유물로 본 한국고대국가의 형성』.
국사편찬위원회(1993), 『한국사 14－고려 전기의 경제구조－』.
권내현(2014), 『노비에서 양반으로, 그 머나먼 여정』, 역사비평사.
권병탁(2004), 『한국 산업사 연구』, 영남대학교출판부.
김건태(2004), 『조선시대 양반가의 농업경영』, 역사비평사.
金琪燮(2007), 『韓國 古代·中世 戶等制 硏究』, 혜안.
김낙년 편(2006), 『한국의 경제성장 1910-1945』, 서울대학교출판부.
金錫亨(1957), 『朝鮮封建時代 農民의 階級構成』, 북한 과학원출판사.
김성우(2001), 『조선중기 국가와 사족』, 역사비평사.
金玉根(1977), 『朝鮮後期經濟史硏究』, 瑞文堂.
金玉根(1984), 『朝鮮王朝財政史硏究』, 一潮閣.
金玉根(1990), 『韓國經濟史』, 民族文化.
金容晩(1997), 『朝鮮時代 私奴婢 硏究』, 集文堂.
金容燮(1970), 『朝鮮後期農業史硏究－農村經濟·社會變動－』(Ⅰ), 一潮閣.
金容燮(1971), 『朝鮮後期農業史硏究－農業變動·農學思想－』(II), 一潮閣.
金容燮(1984), 『增補版 韓國近代農業史硏究 -農業改革論·農業政策』(下), 一潮閣.
金宗炫(1987), 『經濟史』, 經文社.
金宗炫(1991), 『近代日本經濟史』, 比峰出版社.
김태식(2002), 『화랑세기－또 하나의 신라－』, 김영사, 141쪽.
金泰永(1983), 『朝鮮前期土地制度史硏究』, 知識產業社.
김호동(2010), 『몽골제국과 세계사의 탄생』, 돌베개.
金鴻植(1981), 『朝鮮時代 封建社會의 基本構造』, 博英社.
金鴻植 외(1997), 『조선토지조사사업의 연구』, 민음사.
노태돈(2014), 『한국고대사』, 경세원.
文叔子(2004), 『조선시대 재산상속과 가족』, 景仁文化社.
文勇植(2000), 『朝鮮後期 賑政과 還穀運營』, 景仁文化社.
미야자토 오사무(2010), 『한반도 청동기의 기원과 전개』, 사회평론.
朴魯昱(2005), 『朝鮮時代 記上田畓의 所有主 硏究』, 景仁文化社.
朴炳采(1968), 『高麗歌謠語釋硏究』, 宣明文化社.
박석두·이두순(1995), 『한말-일제하 양반 소지주가의 수지변화에 관한 연구－구례 류씨가의 사례－』, 한국농촌경제연구원.
朴時亨(1994), 『朝鮮土地制度史』 中, 신서원.
朴龍雲(1996), 『高麗時代開京硏究』, 一志社.
朴日根(1968), 『近代韓美外交史』, 博友社.
박지향(2003), 『일그러진 근대』, 푸른역사.

朴平植(1999), 『朝鮮前期商業史研究』, 지식산업사.
白南雲(1933), 『朝鮮社會經濟史』, 改造社.
사회과학원 역사연구소(1980), 『조선전사』 13~33, 과학·백과출판사.
서울특별시사편찬위원회(2007), 『서울의 시장』.
宋洙煥(2000), 『朝鮮前期 王室財政 研究』, 集文堂.
송찬섭(2002), 『朝鮮後期 還穀制度改革研究』, 서울대학교출판부.
宋贊植(1973), 『李朝後期手工業에 관한 研究』, 韓國文化研究所.
辛虎雄(1995), 『高麗法制史研究』, 國學資料院.
安秉直·李榮薰 編著(2001), 『맛질의 農民들: 韓國近世村落生活史』, 一潮閣.
안병직 편(2001), 『韓國經濟成長史』, 서울대학교출판부.
양동휴(2014), 『유럽의 발흥 – 비교경제사 연구 –』, 서울대학교출판문화원.
역사연구소(1962), 『조선통사(상)』, 조선민주주의인민공화국 사회과학원.
염정섭(2002), 『조선시대농업발달연구』, 태학사.
睨觀 申圭植 原著, 閔弼鎬 編著(1971), 『韓國魂』, 普信閣.
吳斗煥(1991), 『韓國近代貨幣史』, 韓國研究院.
오영찬(2006), 『낙랑군 연구』, 사계절.
유봉학(1995), 『燕巖一派 北學思想 研究』, 一志社.
유승주·이철성(2002), 『조선후기 중국과의 무역사』, 景仁文化社
柳承宙(1993), 『朝鮮時代鑛業史研究』, 고려대학교출판부.
柳永益(1998), 『東學農民蜂起와 甲午更張』, 一潮閣.
陸軍本部(1968), 『韓國軍制史』(近世朝鮮前期篇).
윤은숙(2010), 『몽골제국의 만주 지배사』, 소나무.
李景植(1986), 『朝鮮前期土地制度研究 – 土地分給制와 農民支配 –』, 一潮閣.
李光麟(1961), 『李朝水利史研究』, 韓國研究圖書館.
李基白(1990), 『(新修版)韓國史新論』, 一潮閣.
李成茂(1981), 『朝鮮初期 兩班研究』, 一潮閣.
李樹健(1984), 『韓國中世社會史研究』, 一潮閣.
李佑成(1991), 『韓國中世社會研究』, 一潮閣.
李哲成(2000), 『朝鮮後期 對淸貿易史 研究』, 國學資料院.
이숙인(2014), 『정절의 역사』, 푸른역사.
이영호(2001), 『한국근대 지세제도와 농민운동』, 서울대학교출판부.
李榮薰(1988), 『朝鮮後期社會經濟史』, 한길사.
이영훈 편(2004), 『수량경제사로 다시 본 조선후기』, 서울대학교출판부.
이영훈·배영목·박원암·김석진·연강흠 공저(2004), 『한국의 은행 100년사』, 산하.
이영훈 엮음(2014), 『한국형 시장경제체제』, 서울대학교출판문화원.
李佑成(1991), 『韓國中世社會研究』, 一潮閣.

이우연(2010), 『한국의 산림 소유제도와 정책의 역사, 1600~1987』, 일조각.
李仁哲(1996), 『新羅村落社會史硏究』, 一志社.
이재하·홍순기(1992), 『한국의 場市－정기시장을 중심으로－』, 民音社.
이정수·김희호(2006), 『조선의 화폐와 화폐량』, 경북대학교출판부.
李鍾旭(1982), 『新羅國家形成史硏究』, 一潮閣.
이종욱(2000), 『화랑세기로 본 신라인 이야기』, 김영사.
이종욱(2003), 『화랑』, 휴머니스트.
李淸源(1936), 『朝鮮社會史讀本』, 白揚社.
李泰鎭(1989), 『韓國社會史硏究－農業技術 발달과 社會變動－』, 지식산업사.
이태진(2000), 『고종시대의 재조명』, 태학사.
이태진 외(2000), 『서울상업사』, 태학사.
이헌창 엮음(2010), 『조선후기 재정과 시장－경제체제론의 접근－』, 서울대학교출판문화원.
李憲昶(2003), 『韓國經濟通史』, 法文社.
李賢惠(1984), 『三韓社會形成過程硏究』, 一潮閣.
이형원(2009), 『청동기시대 취락구조와 사회조직』, 서경문화사
李鎬澈(1986), 『朝鮮前期農業經濟史』, 한길사.
장병인(1997), 『조선전기 혼인제와 성차별』, 일지사.
전우용(2011), 『한국 회사의 탄생』, 서울대학교출판문화원.
全海宗(1970), 『韓中關係史 硏究』, 一潮閣.
全炯澤(1989), 『朝鮮後期奴婢身分硏究』, 一潮閣.
鄭成一(2000), 『朝鮮後期 對日貿易』, 신서원.
鄭勝振(2003), 『韓國近世地域經濟史－全羅道 靈光郡 一帶의 事例－』, 景仁文化社.
정주영(1998), 『이 땅에 태어나서』, 솔.
정치영(2006), 『지리산지 농업과 촌락 연구』, 高麗大學校 民族文化硏究院.
朱甫暾(1998), 『新羅 地方統治體制의 整備過程과 村落』, 신서원.
주익종(2008), 『대군의 척후』, 푸른역사.
池承鍾(1995), 『朝鮮前期奴婢身分硏究』, 一潮閣.
崔夢龍·崔盛洛 編著(1997), 『韓國古代國家形成論』, 서울대학교출판부.
崔完基(1989), 『朝鮮後期船運業史硏究』, 一潮閣.
崔在錫(1983), 『韓國家族制度史硏究』, 一志社.
崔虎鎭(1974), 『韓國貨幣小史』, 瑞文堂.
충남대학교박물관(2007), 『호서지역의 청동기문화』.
平木實(1982), 『朝鮮後期奴婢制硏究』, 知識産業社.
한국고고학회 편(2007), 『계층사회와 지배자의 출현』, 사회평론.
한국고고학회 편(2013), 『농입의 고고학』, 사회평론.

한국역사연구회(1992), 『한국사』, 역사비평사.
한영우(1997), 『다시 찾는 우리 역사』, 경세원.
한영우(2002), 『왕조의 설계자 정도전』, 지식산업사.
허수열(2011), 『일제초기 조선의 농업 – 식민지근대화론의 농업개발론을 비판한다 –』, 한길사.
許興植(1981), 『高麗社會史研究』, 亞細亞文化社.

영문

Angus Maddison(2006), *The World Economy*, OECD.
Carter Eckert(1991), *Offspring of Empire : The Colonial Origin of Korean Capitalism,* 1876–1945, University of Washington Press.
Daron Acemoglu and James A. Robinson(2012), *Why Nations Fail : The Origins of Power, Prosperity and Poverty,* New York : Crown Publishers.
Douglass C. North and Robert Paul Thomas(1973), *The Rise of the Western World: A New Economic History*, Cambridge University Press.
Emmanuel Todd(1990), *L'Invention de l'Europe*, Éditons du Seuil.
Emmanuel Todd(1999), *L'illusion économique*, Gallimard.
Hernando de Soto(2003), *The Mystery of Capital : why capitalism triumphs in the West and fails everywhere else,* Basic Books.
Jack Weatherford(2004), *Genghis Khan and the Making of the Modern World,* Crown and Three Rivers Press.
James B. Palais(1996), *Confucian Statecraft and Korean Institutions: Yu Hyŏngwŏn and the Late Chosŏn Dynasty*, University of Washington Press.
James B. Palais(1998), *Views on Korean Social History,* Institute for Modern Korean Studies, Yonsei University.
Jared Diamond(2005), *Collapse: How Societies Choose to Fail or Succeed*, Viking Penguin.
Karl Polany(1977), *The Livelihood of Man*, Academic Press.
Mancur Olson(2000), *Power and Prosperity – Outgrowing Communist and Capitalist Dictatorship –*, Basic Books.
Man-Houng Lin(2006), *China Upside Down: Currency, Society, and Ideologies,* 1808–1856, Harvard University Asia Center.
Martina Deuchler(1992), *The Confucian Transformation of Korea; A Study of Society and Ideology,* Council on East Asian Studies, Harvard University.
Moses I. Finley(1980), *Ancient Slavery and Modern Ideology,* New York: Viking Press.
Orlando Patterson(1982), *Slavery and Social Death, A Comparative Study,* Harvard

University Press.

Philip C. C. Huang(1989), *The Peasant Family and Rural Development in the Yanzi Delta,* 1350-1988, SMC Publishing Inc. Taipei.

R. H. Coase(1988), *The Firm, the Market and the Law,* The University of Chicago Press.

Tai Hwan Kwon(1977), *Demography of Korea: Population Change and Its Components* 1925-66, Seoul National University.

Thomas G. Rawski and Lillian M. Li ed.(1992), *Chinese History in Economic Perspective,* University of California Press.

일문

高嶋雅明(1978), 『朝鮮における植民地金融史の研究』, 大原新生社.

宮嶋博史(1991), 『朝鮮土地調査事業史の研究』, 東京大學東洋文化研究所.

旗田巍(1972), 『朝鮮中世社會史の研究』, 法政大學出版局.

嶋陸奥彦(2010), 『韓國社會の歷史人類學』, 風響社.

都出比呂志(1989), 『日本農耕社會の成立過程』, 岩波書店.

梶村秀樹(1977), 『朝鮮における資本主義の形成と展開』, 龍溪書舍.

濱田耕策(2002), 『新羅國史の研究 — 東アジア史の視点から —』, 吉川弘文館.

浜中昇(1986), 『朝鮮古代の經濟と社會』, 法政大學出版局.

山崎隆三(1983), 『近世物價史研究』, 塙書房.

松田行藏(1889), 『朝鮮國慶尙忠淸江原道旅行紀事』.

新城道彦(2015), 『朝鮮王公族 — 帝國日本の準皇族』, 中公新書.

永原慶二(1961), 『日本封建社會成立過程の研究』, 岩波書店.

由水常雄(2001), 『ローマ文化王國-新羅』, 新潮社.

田代和生(1981), 『近世日朝通交貿易史の研究』, 創文社.

田代和生(2002), 『倭館: 鎖國時代の日本人町』, 文藝春秋.

田川孝三(1964), 『李朝貢納制の研究』, 東洋文庫.

足立啓二(2012), 『明清中國の經濟構造』, 汲古書院.

3. 번역서

F. 엥겔스 지음/김대웅 역(1991), 『가족 사유재산 국가의 기원』, 아침.

H. B. 헐버트 지음, 신복룡 역주(1999), 『대한제국멸망사』, 집문당.

J. V. 스탈린 지음/서중건 옮김(1990), 『스탈린선집』 2, 전진.

エマニュエル・トッド, 石崎晴己 編(2001), 『世界想像革命 — 家族人類學の挑戦』, 藤原書店.

기시모토 미오·미야지마 히로시 지음, 김현영·문순실 옮김(1998),『조선과 중국: 근세 오백년을 가다』, 역사비평사.
旗田巍 著, 李基東 譯(1983),『日本人의 韓國觀』, 一潮閣.
대런 애쓰모글루·제임스 A. 로빈슨 지음, 최원규 옮김(2012),『국가는 왜 실패하는가』, 시공사.
더글러스 C. 노스, 로버트 폴 토머스 공저, 이상호 역(1999),『서구세계의 성장: 새로운 경제사』, 자유기업센터.
로널드 코즈 지음, 김일태·이상호 역(1998),『기업, 시장, 그리고 법』, 전남대학교 출판부.
마르티나 도이힐러 지음/이훈상 옮김(2003),『한국 사회의 유교적 변환』, 아카넷.
멘슈어 올슨 지음, 최광 옮김(2010),『지배권력과 경제번영—공산주의와 자본주의 아우르기—』. 59~86쪽.
石井寬治 지음, 李炳天·金潤子 옮김(1984),『日本經濟史』, 동녘.
앙드레 슈미드 지음, 정여울 옮김(21007),『제국 그 사이의 한국』, 휴머니스트.
애덤 스미스 지음, 김수행 역(2003),『(개역판)국부론』(상), 비봉출판사.
嚴中平 著, 依田憙家 譯(1966),『中國近代產業發達史』, 校倉書房.
에릭 R. 울프 저, 朴賢洙 역(1983),『農民』, 青年社.
에마뉘엘 토드 저, 김경근 옮김(1997),『유럽의 발견—인류학적 유럽사』, 까치.
이사벨라 버드 비숍 지음, 이인화 옮김(1994),『한국과 그 이웃나라들』, 살림.
제레드 다이아몬드 지음, 강주헌 옮김(2005),『문명의 붕괴』, 김영사.
제레드 다이아몬드 지음, 김진준 옮김(1998),『총, 균, 쇠』, 문학사상사.
中村哲 지음, 안병직 옮김(2000),『노예제 농노제의 이론—마르크스·엥겔스 역사이론의 재구성—』, 지식산업사.
카터 J. 에커트 지음, 주익종 옮김(2008),『제국의 후예: 고창 김씨가와 한국 자본주의의 식민지기원 1876-1945』, 푸른역사.
칼 폴라니 지음, 朴賢洙 옮김(1983),『인간의 경제』 I·II, 풀빛.
하야미 아키라 지음, 조성원·정안기 옮김(2006),『근세 일본의 경제발전과 근면혁명』, 혜안.

4. 논문

한글

姜萬吉(1978),「大韓帝國의 性格」,『創作과 批評』 13-2, 298~315쪽.
姜萬吉(1981),「手工業」,『한국사』 10, 국사편찬위원회, 355~376쪽.
강만길(1985),「해방 전후사 인식의 방향」, 강만길 외,『해방 전후사의 인식』 2, 한길사, 9~15쪽.

고동환(2000), 「17세기 서울상업체제의 동요와 재편」, 이태진 외, 『서울상업사』, 태학사, 143~209쪽.

고석규(2000), 「19세기 전반 서울의 시전상업」, 이태진 외, 『서울상업사』, 태학사, 305~362쪽.

高成勳(1997), 「朝鮮後期 '海島起兵說' 관련 變亂의 추이와 성격」, 『朝鮮時代史學報』 3, 129~162쪽.

宮嶋博史(1983), 「朝鮮 甲午改革 이후의 상업적 농업－三南지방을 중심으로－」, 사계절 편집부 편, 『韓國近代經濟史研究－李朝末期에서 解放까지－』, 사계절, 213~255쪽.

權奇重(2015), 「호적대장을 통해 본 조선후기 노비층의 증감현상－대구부 동상면을 중심으로－」, 『大東文化研究』 91, 7~33쪽.

權五榮(1996), 「三韓의 '國'에 대한 연구」, 서울대학교 대학원 국사학과 박사학위논문, 1~250쪽.

權泰煥·愼鏞廈(1977), 「朝鮮王朝時代 人口推定에 關한 一試論」, 『東亞文化』 14, 289~330쪽.

김건태(2000), 「17-18세기 田畓 소유규모의 영세화와 양반층의 대응」, 『韓國史學報』 9, 57~96쪽.

김건태(2009), 「戶名을 통해 본 19세기 職役과 率下奴婢」, 『韓國史研究』 144, 210~238쪽.

金琪燮(1993), 「高麗前期 田丁制 研究」, 釜山大學校 大學院 史學科 博士學位論文, 1~222쪽.

金基興(1995), 「미사리 삼국시기 밭 유구의 농업」, 『歷史學報』 146, 1~42쪽.

김낙년(2001), 「조선 무역의 장기동향」, 안병직 편, 『韓國經濟成長史』, 서울대학교출판부, 165~219쪽.

金範哲(2005), 「錦江下流域 松菊里型 聚落의 形成과 稻作集約化」, 고려대학교 고고환경연구소 편, 『송국리문화를 통해 본 농경사회의 문화체계』, 85~119쪽.

金範哲(2006), 「錦江 중·하류역 松菊里型 聚落에 대한 家口考古學的 접근－多次元尺度法을 이용한 家口간 貧富差/位階 분석을 중심으로－」, 『韓國上古史學報』 51, 79~108쪽.

金範哲(2014), 「湖西地域 青銅器時代 家內 貯藏樣相 變化의 意味」, 『韓國上古史學報』 83, 53~68쪽.

金錫亨(1941), 「李朝初期 國役編成의 基底」, 『震檀學報』 14, 1~50쪽.

金世基(1994), 「隍城洞 原三國 聚落址의 性格」, 韓國考古學會 編, 『마을의 考古學』(第18回 韓國考古學全國大會發表要旨), 155~175쪽.

김소은(2004), 「16세기 매매관행과 문서양식」, 이수건 외, 『16세기 한국 고문서 연구』, 아카넷, 273~316쪽.

김수암(2000), 「조선의 近代使節制度 수용: 公使의 서울주재와 全權委任을 중심으로」, 『國際政治論叢』 40-4, 463~483쪽.

金瑛河(1999), 「新羅의 百濟統合戰爭과 體制變化－7세기 동아시아의 國際戰과 사회변동의 一環－」, 『韓國古代史研究』 16, 101~150쪽.

金英夏·許興植(1978), 「韓國中世의 戶籍에 미친 唐宋 戶籍制度의 影響」, 『韓國史研究』 19, 29~49쪽.
金容燮(1960), 「量案의 研究—朝鮮後期의 農家經濟—」(上), 『史學研究』 7, 1~96쪽
金容燮(1960), 「量案의 研究—朝鮮後期의 農家經濟—」(下), 『史學研究』 8, 59~120쪽.
金容燮(1963), 「續·量案의 研究—朝鮮後期의 佃戶經濟—」(上), 『史學研究』 16, 1~64쪽
金容燮(1964), 「續·量案의 研究—朝鮮後期의 佃戶經濟—」(下), 『史學研究』 17, 95~118쪽.
金容燮(1975), 「高麗時期의 量田制」, 『東方學志』 16, 67~115쪽.
金容燮(1977), 「韓末·日帝下의 地主制—事例 4: 古阜 金氏家의 地主經營과 資本轉換—」, 『韓國史研究』 19, 65~135쪽.
金容燮(1984), 「朝鮮後期의 賦稅制度 釐正策」, 『增補版 韓國近代農業史研究—農業改革論·農業政策—』(上), 一潮閣, 213~451쪽.
金容燮(1984), 「光武年間의 量田·地契事業」, 『增補版 韓國近代農業史研究—農業改革論·農業政策—』(下), 一潮閣, 295~315쪽.
金容燮(1988), 「近代化過程에서의 農業改革의 두 方向」, 移山趙璣濬博士古稀紀念論文集刊行委員會 편, 『韓國資本主義性格論爭: 移山趙璣濬博士古稀紀念論文集』, 大旺社, 154~178쪽.
金容燮(1989), 「朝鮮後期 兩班層의 農業生產—自作經營의 事例를 中心으로—」, 『東方學志』 64, 19~49쪽.
金允嬉(1995), 「대한제국기 皇室財政運營과 그 성격—度支部 豫算外 支出과 內藏院 재정 운영을 중심으로—」, 『韓國史研究』 90, 73~109쪽.
金允嬉(2002), 「대한제국기 서울지역 금융시장의 변동과 상업발전—대한천일은행 및 대자본가의 활동을 중심으로—」, 고려대학교 대학원 사학과 박사학위논문, 1~276쪽.
김장석(2008), 「송국리단계 저장시설의 사회경제적 의미」, 『韓國考古學報』 67, 4~39쪽.
김장석(2014), 「청동기시대 정치경제학과 권력의 재원조달 재론」, 『韓國上古史學報』 86, 5~29쪽.
金載昊(2008), 「朝鮮後期 中央財政과 銅錢—『賦役實總』을 중심으로—」, 『경제사학』 44, 3~46쪽.
김재호(2010), 「조선후기 중앙재정의 운영: 『六典條例』의 분석을 중심으로」, 이헌창 엮음, 『조선후기 재정과 시장—경제체제론의 접근—』, 서울대학교출판문화원, 41~74쪽.
吉田愛(2006), 「《화랑세기》의 구조론적 이해를 위해」, 『新羅史學報』 8, 205~225쪽.
金正基(1996), 「青銅器 및 初期鐵器時代의 竪穴住居」, 『韓國考古學報』 34, 29~81쪽.
金哲埈(1981), 「統一新羅 支配體制의 再整備」, 국사편찬위원회, 『한국사』 3, 11~60쪽.
김학수(2013), 「雁湖亭과 定峯 安聃壽」, 安東青年儒道會, 1~80쪽.
金賢淑(1989), 「廣開土王碑를 통해 본 高句麗守墓人의 社會的 性格」, 『韓國史研究』 65, 1~36쪽.
金炫榮(1999), 「조선시기 '士族支配體制論'의 새로운 전망—16세기 慶尙道 星州地方을

중심으로—」, 『韓國文化』 23, 147~184쪽.

김현진(2015), 「1903년 漢城府民의 거주지 이동에 나타난 근대 공간의 집중과 분화—光武7년 漢城府 戶籍을 중심으로—」, 『한국학연구』 37, 509~543쪽.

나카무라 사토루(2007), 「동북아시아 경제의 근세와 근대, 1600-1900—그 공통점과 차이점—」, 나카무라 사토루·박섭 엮고 지음, 『근대 동아시아 경제의 역사적 구조』, 일조각, 20~30쪽.

盧泰敦(1988), 「古朝鮮 중심지의 변천에 대한 연구」, 『韓國史論』 23, 3~56쪽.

노태돈(2000), 「초기 고대국가의 국가구조의 정치운영—부체제론을 중심으로—」, 『한국고대사연구』 17, 5~27쪽.

문숙자(2000), 「양인의 혼인과 부부생활」, 한국고문서학회 편, 『조선시대생활사』 2, 역사비평사, 91~101쪽.

文叔子(2008), 「16~17세기 兩班家 노비 가족의 존재형태」, 『古文書硏究』 32, 147~173쪽.

梶村秀樹(1983), 「李朝末期 綿業의 流通 및 生產構造」, 사계절 편집부 편, 『韓國近代經濟史硏究—李朝末期에서 解放까지—』, 사계절, 101~212쪽.

朴京安(1990), 「甲寅株案考—忠宣王代의 田制 釐正을 중심으로—」, 『東方學志』 66, 95~134쪽.

朴廣成(1970), 「宮房田의 硏究」, 『仁川教育大學論集』 5, 1~71쪽.

박기주(2004), 「재화가격의 추이, 1701-1909—慶州 지방을 중심으로—」, 이영훈 편, 『수량경제사로 다시 본 조선후기』, 서울대학교출판부, 185~203쪽.

박기주(2010), 「貢人에 대한 경제제도적 이해」, 이헌창 엮음, 『조선후기 재정과 시장—경제체제론의 접근—』, 서울대학교출판문화원, 245~275쪽.

박기주(2010), 「선혜청의 수입·지출 구조와 재정운영」, 이헌창 엮음, 『조선후기 재정과 시장—경제체제론의 접근—』, 서울대학교출판문화원, 75~104쪽.

박석윤·박석인(1988), 「朝鮮後期 財政의 變化時點에 관한 考察」, 『東方學志』 60, 141~168쪽.

박순발(2001), 「馬韓 對外交涉의 變遷과 百濟의 登場」, 『百濟硏究』 33, 1~22쪽.

朴恩卿(1992), 「高麗時代 歸鄕刑에 대한 재검토」, 『韓國史硏究』 79, 1~24쪽.

박은숙(2008), 「개항 후 分院 운영권의 민간 이양과 운영실태—荷齋日記를 중심으로—」, 『한국사연구』 142, 251~294쪽.

박이택(2005), 「조선후기의 경제체제: 中國·日本과의 비교론적 접근」, 이대근 외, 『새로운 한국경제발전사』, 나남출판, 37~67쪽.

朴二澤(2009), 「조선후기의 곡물 저장과 교역」, 『경제사학』 46, 29~59쪽.

박이택·이영훈(2004), 「18-19세기 미곡시장의 통합과 분열—靈巖 지방의 미가변동에 대한 생산충격의 영향 분석—」, 이영훈 편, 『수량경제사로 다시 본 조선후기』, 서울대학교출판부, 301~332쪽.

朴宗根(1985), 「갑오개혁과 김홍집 정권」, 楊尙弦 編, 『韓國近代政治史硏究』, 사계절, 249~306쪽.

朴準成(1984), 「17·18세기 宮房田의 확대와 所有形態의 변화」, 『韓國史論』 11, 185~278쪽.
박천우(1983), 「韓末·日帝下의 地主制 硏究 — 暗泰島 文氏家의 地主로의 성장과 그 변동 —」, 연세대학교 대학원 사학과 석사학위논문, 1~124쪽.
朴興秀(1972), 「新羅 및 高麗의 量田法에 關하여」, 『韓國學術院論文集』(人文社會科學篇) 11집, 155~206쪽.
박희진(2002), 「朝鮮後期 家系當 平均口數 趨勢 — 族譜를 이용한 家族再構成을 중심으로 —」, 『경제사학』 33, 3~33쪽.
박희진(2008), 「19세기 서울의 직업」, 『朝鮮王朝의 財政과 市場 — 經濟體制論의 觀點에서 —』 II, 낙성대경제연구소 학술대회 논문집, 1~16쪽.
裵英淳(1979), 「韓末 驛屯土調査에 있어서의 所有權紛爭 — 光武査檢期의 紛爭事例에 대한 分析을 중심으로 —」, 『韓國史硏究』 25, 61~104쪽.
백승철(1992), 「개항 이후(1876-1893) 농민항쟁의 전개와 지향」, 한국역사연구회 지음, 『1894년 농민전쟁연구 2 — 18·19세기의 농민항쟁 —』, 역사비평사, 303~340쪽.
徐吉洙(1978), 「還穀利子의 變遷過程」, 『檀國大學校大學院學術論叢』 2, 191~237쪽.
徐吉洙(1981), 「古代의 貸借關係 및 利子에 관한 硏究」, 『經濟史學』 5, 1~20쪽.
徐吉洙(1983), 「朝鮮後期 貸借關係 및 利子에 관한 硏究(1) — 法定利子率의 變遷과 行錢의 影響을 中心으로 —」, 『經濟學硏究』 31, 105~126쪽.
孫炳圭(2005), 「대한제국기의 호구정책 — 丹城 培養里와 濟州 德修里의 사례 —」, 『大東文化硏究』 49, 197~237쪽.
孫炳圭(2013), 「1900년대 '光武戶籍'의 '士'와 '民籍'의 '兩班' 기재」, 『大東文化硏究』 81, 101~129쪽.
송만영(2007), 「남한지방 청동기시대 취락구조의 변화와 계층화」, 한국고고학회 편, 『계층사회와 지배자의 출현』, 사회평론, 25~59쪽.
宋贊植(1970), 「朝鮮後期 農業에 있어서의 廣作運動」, 李海南博士華甲紀念史學論叢編輯委員會 編, 『李海南博士華甲紀念史學論叢』, 一潮閣, 95~134쪽.
須川英德(2010), 「시전상인과 국가재정: 가와이[河合]문고 소장의 綿紬廛 문서를 중심으로」, 이헌창 엮음, 『조선후기 재정과 시장 — 경제체제론의 접근 —』, 서울대학교출판문화원, 343~377쪽.
申敬澈(2000), 「古代의 洛東江, 榮山江, 그리고 倭」, 申敬澈·朱甫暾·朴淳發·土生田純之·北條芳隆, 『韓國의 前方後圓墳』, 충남대학교출판부, 161~198쪽.
신연식(2012), 「호서지역 마한·백제 주거지 연구」, 중앙문화재연구원 편, 『마한·백제인들의 일본 열도이주와 교류』, 59~85쪽.
愼鏞廈(1984), 「두레 共同體와 農樂의 社會史」, 『한국사회연구』 2, 한길사, 11~53쪽.
심헌용(2005), 「러일전쟁기 러시아군의 한러연합작전: 기원, 구상, 시도」, 명지대학교 국제한국학연구소 학술대회 6, 43~52쪽.
안대회(2002), 「정약전(丁若銓)의 송정사의(松政私議)」, 『문헌과 해석』 20, 202~225쪽.

안병우(1994), 「고려후기 농업생산력의 발달과 농장」, 『14세기 고려의 정치와 사회』, 293~335쪽.

安秉直(1990), 「茶山의 農業經營論」, 碧史李佑成敎授定年退職紀念論叢刊行委員會 編, 『碧史李佑成敎授定年退職紀念論叢 民族史의 展開와 그 文化』(下), 378~412쪽쪽.

安承俊(1992), 「1554年 在京士族의 農業經營文書 — 安氏治家法制 —」, 『季刊書誌學報』8, 37~48쪽.

안승택(2007), 「식민지 조선의 근대농법과 재래농법: 경기남부 논밭병행 영농의 환경·기술·역사에 대한 인류학적 연구」, 서울대학교 대학원 인류학과 박사학위논문, 1~492쪽.

安在晧(1996), 「無文土器時代 聚落의 變遷 — 住居址를 통한 中期의 設定 —」, 碩晤尹容鎭敎授停年退任紀念論叢刊行委員會 편, 『碩晤尹容鎭敎授停年退任紀念論叢』, 43~90쪽.

安在晧(2000), 「韓國 農耕社會의 成立」, 『韓國考古學報』 43, 41~66쪽.

양진석(1992), 「1862년 농민항쟁의 배경과 주도층의 성격」, 한국역사연구회 지음, 『1894년 농민전쟁연구 2 — 18·19세기의 농민항쟁 —』, 역사비평사, 198~222쪽.

연민수(2011), 「영산강유역의 前方後圓墳 피장자와 그 성격」, 『일본학』 32, 225~259쪽.

吳星(1991), 「19世紀 末 仁川港의 戶와 戶主 — 光武戶籍의 검토 —」, 『歷史學報』 131, 79~120쪽.

Owen Miller(2010), 「시전-국가 간 거래와 19세기 후반 조선의 경제위기: 綿紬廛을 중심으로」, 이헌창 엮음, 『조선후기 재정과 시장』, 서울대학교출판문화원, 379~397쪽.

吳英善(2000), 「高麗末 朝鮮初 戶口資料의 形式 分類」, 노명호 외, 『韓國古代中世古文書研究(下)』, 서울대학교출판부, 117~144쪽.

오일순(1994), 「고려후기 토지분급제의 변동과 녹과전」, 14세기 고려사회 성격 연구반, 『14세기 고려의 정치와 사회』, 민음사, 270~292쪽.

오일주(1992), 「조선후기 재정구조의 변동과 환곡의 부세화」, 『實學思想研究』 3, 59~118쪽.

오창현(2008), 「농지개혁과 마을 공동체의 변형: 경기동남부의 두 지역을 중심으로」, 『비교문화연구』 14-2, 77~121쪽.

禹仁秀(2000), 「朝鮮後期 한 士族家의 生活 樣式 — 草廬 李惟泰의 庭訓을 중심으로 —」, 『朝鮮時代史學報』 12, 43~68쪽.

禹姃延(2002), 「중서부지역 송국리복합체 연구 — 주거지를 중심으로 —」, 『韓國考古學報』 47, 29~61쪽.

윤선태(1995), 「正倉院 所藏 〈新羅村落文書〉의 作成年代 — 日本의 〈華嚴經論〉 流通狀況을 중심으로 —」, 『震檀學報』 80, 1~31쪽.

尹善泰(2000), 「〈新羅村落文書〉의 記載樣式과 用途 — 中國·日本 帳籍文書와의 比較檢討를 中心으로 —」, 노명호 외, 『韓國古代中世古文書研究(下)』, 서울대학교출판부, 163~209쪽.

尹善泰(2000), 「新羅 統一期 王室의 村落支配 — 新羅 古文書와 木簡의 分析을 中心으로

—」, 서울대학교 대학원 국사학과 박사학위논문, 1~237쪽.

尹素英(2003), 「1870년 전후 조선의 對日認識과 정책」, 『한국근현대사연구』 25, 194~226쪽.

이건식(2008), 「『高麗末 和寧府 戶籍大帳』의 전래 경위와 순서 복원」, 『古文書研究』 32, 1~41쪽.

李京燮(2010), 「雁鴨池 木簡과 新羅 宮廷의 日常」, 『新羅文化』 35, 21~49쪽.

이근관(2004), 「朝日修好條規(1876)의 再評價—傳統的 東아시아 國際秩序의 觀點으로부터—」, 『서울국제법연구』 11-1, 57~79쪽.

이기동(1995), 「한국사 시대구분의 여러 유형과 문제점」, 車河淳 외, 『韓國史 時代區分論』, 소화, 77~125쪽.

李範稷(1989), 「國朝五禮儀의 成立에 대한 一考察」, 『歷史學報』 122, 1~27쪽.

李炳天(1983), 「朝鮮後期 商品流通과 旅客主人」, 『經濟史學』 6, 98~164쪽.

李炳天(1985), 「開港期 外國商人의 侵入과 韓國商人의 對應」, 서울대학교 대학원 경제학과 박사학위논문, 1~249쪽.

李成茂(1981), 「公田·私田·民田의 概念—高麗·朝鮮初期를 中心으로—」, 韓㳓劤博士停年紀念史學論叢刊行準備委員會, 『韓㳓劤博士 停年紀念史學論叢』, 知識產業社, 319~342쪽.

李成妊(1995), 「16세기 朝鮮 兩班官僚의 仕宦과 그에 따른 收入—柳希春의 『眉巖日記』를 중심으로—」, 『歷史學報』 145, 91~146쪽.

李成妊(2005), 「16세기 양반사회의 '膳物經濟'」, 『韓國史研究』 30, 53~82쪽.

이성임(2009), 「16세기지방 군현의 공물분정(貢物分定)과 수취—경상도 성주(星州)를 대상으로—」, 『역사와 현실』 72, 33~72쪽.

이성임(2012), 「16세기 양반 사족의 貢納制 참여 방식—李文健의 『默齋日記』를 중심으로—」, 『史學研究』 105, 73~106쪽.

이성임(2013), 「16~17세기 '공역호'(貢役戶)와 호수(戶首)」, 『역사연구』 24, 105~122쪽.

李世永(1985), 「18·19세기 兩班土豪의 地主經營」, 『韓國文化』 6, 75~119쪽.

이세영(1992), 「대한제국기의 호구변동과 계급구조」, 『역사와 현실』 7, 212~247쪽.

이세영(1995), 「대한제국기 농촌사회경제구조의 변화—1900~1903년 경기도 광주부 북방면을 중심으로—」, 『한국문화』 16, 261~307쪽.

李樹健(1971), 「朝鮮初期 戶口研究」, 『嶺南大學校論文集』(人文科學篇) 5, 107~162쪽.

李榮薰(1980), 「朝鮮後期 八結作夫制에 대한 研究」, 『韓國史研究』 29, 75~137쪽.

李榮薰(1983), 「19세기 農業變動의 一樣相—慶南 金海郡 內需司庄土의 事例를 中心으로—」, 『經濟史學』 6, 30~97쪽.

李榮薰(1987), 「古文書를 통해 본 朝鮮前期 奴婢의 經濟的 性格」, 『韓國史學』 9, 한국정신문화연구원, 91~172쪽.

李榮薰(1988), 「朝鮮封建制論의 批判的 檢討」, 移山趙璣濬博士古稀紀念論文集刊行委員會編, 『韓國資本主義性格論爭: 移山趙璣濬博士古稀紀念論文集』, 大旺社, 122~153쪽.

이영훈(1989), 「허종호의 조선봉건제론」, 『사회와 사상』 1989년 4월호, 344~357쪽.

李榮薰(1990), 「光武量田에 있어서 〈時主〉 파악의 실상」, 『대한제국기의 토지제도』, 민음사, 89~137쪽.

李榮薰(1991), 「'太祖賜給芳雨土地文書'考」, 『古文書研究』 1, 1~18쪽.

李榮薰(1991), 「朝鮮後期 農民分化의 構造·趨勢 및 그 歷史的 意義」, 『東洋學』 21, 檀國大學校 東洋學研究所, 35~57쪽.

李榮薰(1992), 「朝鮮時代의 社會經濟史 研究에 있어서 몇 가지 基礎的 難題들 — 小經營의 歷史的 發展過程과의 관련에서 —」, 『國史館論叢』 37, 111~133쪽.

李榮薰(1992), 「土地調査事業 연구에 있어서 몇 가지 理論的·實證的 문제들 — 宮嶋博史씨의 최근 著作을 중심으로 —」, 『經濟史學』 16, 257~262쪽.

李榮薰(1994), 「朝鮮前期 名字 考察 — 16세기 土地賣買明文으로부터 —」, 『古文書研究』 6, 19~53쪽.

李榮薰(1994), 「朝鮮佃戶考」, 『歷史學報』 142, 77~127쪽.

李榮薰(1995), 「大明律直解의 '花利' 誤譯에 관한 考察」, 淸堂金玉根博士古稀紀念論文集刊行委員會 編, 『淸堂金玉根博士古稀紀念論文集』, 141~161쪽.

이영훈(1995), 「조선사회의 경제」, 정창수 편, 『한국사회론 — 제도와 사상 —』, 사회비평사, 213~246쪽.

李榮薰(1995), 「朝鮮初期 戶의 構造와 性格」, 한림과학원 편, 『歷史의 再照明』, 소화, 283~345쪽.

李榮薰(1995), 「韓國經濟史 時代區分 試論 — 戶의 歷史的 發展過程의 觀點에서 —」, 姜仁求 외, 『韓國史의 時代區分에 관한 研究』, 韓國精神文化研究院, 343~397쪽.

李榮薰(1996), 「'田制詳定所遵守條劃'의 制定年度 — 異尺制에서 同尺制로의 移行說 검토 —」, 『古文書研究』 9·10, 93~121쪽.

李榮薰(1996), 「韓國史에 있어서 近代로의 移行과 特質」, 『經濟史學』 21, 75~102쪽.

李榮薰·安承俊(1996), 「1528年 安東府 府北 周村 戶籍斷片」, 『古文書研究』 8, 129~146쪽.

李榮薰(1997), 「18世紀前半 農庄 經營의 一樣相 — 黃氏家 扶餘 農庄의 事例分析 —」, 『朝鮮時代史學報』 1, 161~208쪽.

李榮薰(1997), 「量案 上의 主 規定과 主名 記載方式의 推移」, 金鴻植 외, 『조선토지조사사업의 연구』, 민음사, 53~198쪽.

李榮薰(1997), 「朝鮮初期 5結字號의 成立過程 — '趙溫功臣田賜與文書'를 중심으로 —」, 『古文書研究』 12, 51~89쪽.

李榮薰(1998), 「貫甲」, 『古文書研究』 13, 145~150쪽.

李榮薰(1998), 「朝鮮의 奴婢制 — 奴隸인가 農奴인가 —」, 조선시대사학회 편, 『東洋 三國의 王權과 官僚制』, 國學資料院, 292~322쪽.

李榮薰(1998), 「韓國史에 있어서 奴婢制의 推移와 性格」, 歷史學會編, 『노비·농노·노예 — 隸屬民의 比較史 —』, 一潮閣, 304~422쪽.

李榮薰(1999), 「韓國史에 있어서 土地制度의 發展過程－土地制度史 연구의 前進을 위하여－」, 『古文書硏究』 15, 1~22쪽.

李榮薰(1999), 「高麗佃戶考」, 『歷史學報』 161, 39~77쪽.

李榮薰(1999), 「朝鮮社會 經濟史 硏究의 現況과 課題」, 鄭求福 외, 『朝鮮時代 硏究史』, 韓國精神文化硏究院, 131~209쪽.

이영훈(1999), 「호남 고문서에 나타난 장기추세와 중기파동」, 박병호 외, 『호남지방 고문서 기초연구』, 한국정신문화연구원, 303~350쪽.

李榮薰(2000), 「18-19세기 奴婢 世襲原理의 변화－江原道 原州牧 權氏 兩班家의 事例分析－」, 論叢刊行準備委員會 編, 『李樹健敎授停年紀念 韓國中世史論叢』, 714~731쪽.

李榮薰·全成昊(2000), 「米價史 資料의 現況과 解說」, 『古文書硏究』 18, 125~157쪽.

이영훈(2000), 「노비의 혼인과 부부생활」, 한국고문서학회 지음, 『조선시대생활사』 2, 역사비평사, 102~117쪽.

李榮薰(2000), 「『大東韻府群玉』의 佃戶論 檢討」, 『古文書硏究』 16·17, 181~188쪽.

李榮薰(2001), 「18·19세기 大渚里의 身分構成과 自治秩序」, 安秉直·李榮薰 編著, 『맛질의 農民들: 韓國近世村落生活史』, 一潮閣, 245~299쪽.

李榮薰(2002), 《花郎世紀》에서의 奴와 婢－三國時代 身分制 再論－」, 『歷史學報』 176, 1~40쪽.

李榮薰(2004), 「11~16세기 韓國의 奴婢와 日本의 게닌(下人)」, 『경제사학』 36, 3~40쪽.

이영훈·박이택(2004), 「농촌 미곡시장과 전국적 시장통합, 1713~1937」, 이영훈 편, 『수량경제사로 다시 본 조선후기』, 서울대학교출판부, 225~300쪽.

李榮薰(2004), 「朝鮮時代의 主戶-挾戶 再論」, 『古文書硏究』 25, 1~32쪽.

이영훈·조영준(2005), 「18-19세기 農家의 家系繼承의 추이－경상도 단성현 法勿也面 戶籍에서－」, 『경제사학』 39, 3~25쪽.

이영훈(2005), 「19세기 서울 재화시장의 동향－안정에서 위기로－」, 中村哲·박섭 편저, 『동아시아 자본주의 형성사』 I, 신서원, 2005, 83~113쪽.

이영훈(2006), 「18세기 남성 복식 스케치」, 한국고문서학회, 『조선시대 생활사 3－의식주, 살아 있는 조선의 풍경－』, 역사비평사, 16~55쪽.

李榮薰(2006), 「朝鮮前期와 中國 明 戶籍의 비교사적 검토」, 한국고문서학회 엮음, 『동아시아 근세사회의 비교－신분·촌락·토지소유관계－』, 혜안, 259~298쪽.

李榮薰(2007), 「19세기 朝鮮王朝 經濟體制의 危機」, 『朝鮮時代史學報』 43, 267~296쪽.

이영훈·박이택(2007), 「18세기 조선왕조의 경제체제－광역적 통합체계의 특질을 중심으로－」, 나카무라 사토루·박섭 엮고 지음, 『근대 동아시아 경제의 역사적 구조』, 일조각, 59~88쪽.

이영훈(2010), 「19세기 서울시장의 역사적 특질」, 『경제사학』 48, 3~39쪽.

李榮薰(2010), 「제임스 팔래의 奴隷制社會說 검토」, 『한국문화』 52, 339~351쪽.

李榮薰(2011), 「大韓帝國期 皇室財政의 기조와 성격」, 『경제사학』 51, 3~29쪽.

이영훈(2012), 「17세기 후반~20세기 전반 水稻作 土地生產性의 장기추세」, 『經濟論集』 51-2, 서울대학교 경제연구소, 411~460쪽.

이영훈(2012), 「혼란과 환상의 歷史的 時空－허수열의 『일제초기 조선의 농업』에 답한다－」, 『경제사학』 53, 143~181쪽.

이영훈(2014), 「한국사회의 역사적 특질－한국형 시장경제체제의 비교제도적 토대－」, 이영훈 엮음, 『한국형 시장경제체제』, 서울대학교출판문화원, 367~427쪽.

이영훈(2015), 「20세기 전반 彥陽의 小農社會」, 『經濟論集』 54-1, 서울大學校 經濟研究所, 75~182쪽.

李鎔賢(2008), 「佐官貸食記와 百濟貸食制」, 『백제목간』, 국립부여박물관, 61~63쪽.

李佑成(1965), 「高麗의 永業田」, 『歷史學報』 28, 1~24쪽.

李宇衍(2001), 「農業賃金의 推移: 1853-1900」, 安秉直·李榮薰 編著, 『맛질의 農民들－韓國近世村落生活史－』, 一潮閣, 178~204쪽.

이우연(2010), 「『賦役實摠』에 나타난 조선후기 지방재정의 규모와 특질」, 이헌창 엮음, 『조선후기 재정과 시장－경제체제론의 접근－』, 서울대학교출판문화원, 135~173쪽.

李宇泰(1989), 「新羅時代의 結負制」, 『泰東古典研究』 5, 47~68쪽.

李宇泰(1992), 「丹陽 新羅 赤城碑 建立의 背景－也尒次의 功績과 恩典의 性格을 중심으로－」, 『泰東古典研究』 8, 3~42쪽.

李宇泰(1993), 「韓國 古代의 量制」, 『泰東古典研究』 10, 205~229쪽.

이윤상(1996), 「1894-1910년 재정 제도와 운영의 변화」, 서울대학교 대학원 국사학과 박사학위논문, 1~367쪽.

이인재(1994), 「신라통일기 조세 수취기준가 등급연(等級烟)」, 『역사와 현실』 11, 184~221쪽.

이정수(2013), 「1901년 작성 北靑 戶籍과 北靑郡民 소요 사건」, 『韓國史學報』 53, 355~385쪽.

李鍾範(1995), 「19세기 후반 賦稅制度의 운영과 社會構造－전라도 구례현 사례－」, 『東方學志』 89·90, 367~454쪽.

이준정(2011), 「作物 섭취량 변화를 통해 본 農耕의 전개 과정－한반도 유적 출토 人骨에 대한 안정동위원소 분석 결과를 중심으로－」, 『韓國上古史學報』 73, 31~66쪽.

李俊貞(2013), 「한반도 유적 출토 飼育種 개의 활용 양상에 대한 고찰－의도적 매장, 의례적 희생 가능성을 중심으로－」, 『韓國上古史學報』 81, 5~33쪽.

李眞旼(2004), 「중부 지역 역삼동 유형과 송국리 유형의 관계에 대한 일고찰－역삼동 유형의 하한에 주목하여－」, 『韓國考古學報』 54, 35~62쪽.

李眞旼(2005), 「中部地域 無文土器時代 前·中期 文化에 대한 一考察」, 고려대학교 고고환경연구소 편, 『송국리문화를 통해 본 농경사회의 문화체계』, 서경문화사, 36~83쪽.

李泰鎭(1979), 「新羅 統一期의 村落支配와 孔烟－正倉院 所藏의 村落文書 재검토－」, 『韓國史研究』 25, 25~59쪽.

李泰鎭(1989), 「16세기 川防(洑)灌漑의 발달－士林勢力 내두의 經濟的 背景 一端－」,

『韓國社會史研究－農業技術 발달과 社會變動－』, 지식산업사, 187~219쪽.

李泰鎭(1989), 「士林派의 留鄕所 復立運動」, 『韓國社會史研究-農業技術 발달과 社會變動-』, 지식산업사, 125~185쪽.

李海濬(1983), 「埋香信仰과 그 主導集團의 性格－14·5세기 埋香事例의 분석－」, 金哲埈博士華甲紀念史學論叢刊行準備委員會 編, 『金哲埈博士華甲紀念史學論叢』, 知識產業社, 367~390쪽.

李憲昶(1990), 「開港期 市場構造와 그 變化에 관한 研究」, 서울대학교 대학원 경제학과 박사학위논문, 1~376쪽.

李憲昶(1999), 「1678-1865년간 貨幣量과 貨幣價値의 推移」, 『經濟史學』 27, 3~46쪽.

李憲昶(2004), 「한국 전근대 무역의 類型과 그 변동에 관한 연구」, 『경제사학』 36, 83~122쪽.

이헌창·조영준(2010), 「조선후기 貢價의 체계와 추이」, 이헌창 엮음, 『조선후기 재정과 시장－경제체제론의 접근－』, 서울대학교출판문화원, 277~310쪽.

李弘鍾(2005), 「寬倉里聚落의 景觀」, 고려대학교 고고환경연구소 편, 『송국리문화를 통해 본 농경사회의 문화체계』, 121~143쪽.

임기환(1994), 「광개토왕비의 국연(國烟)과 간연(看烟)－4·5세기 고구려 대민편제의 일례－」, 『역사와 현실』 13, 183~216쪽.

林英正(1973), 「朝鮮初期 公賤에 대한 一研究－外居奴婢의 成立을 中心으로－」, 『史學研究』 23, 23~60쪽.

林永珍(1985), 「움집의 分類와 變遷」, 『韓國考古學報』 17·18, 107~162쪽.

林學成(2005), 「現存 16·17세기 호적대장의 특징들과 新발견 1666년도 '濟州牧丙午式戶籍大帳' 斷片」, 『古文書研究』 26, 71~122쪽.

張矢遠(1989), 「日帝下 大地主의 存在形態에 관한 研究」, 서울대학교 대학원 경제학과 박사학위논문, 1~319쪽.

鄭求福(1978), 「丹陽新羅赤城碑 內容에 대한 一考」, 『史學誌』 12, 115~131쪽.

鄭求福(1994), 「1596年 平安道 鎭管官兵編伍册」, 『古文書研究』 5, 129~174쪽.

鄭震英(1985), 「朝鮮前期 安東府 在地士族의 鄕村支配」, 『大丘史學』 27, 51~88쪽.

鄭震英(1993), 「조선후기 村落의 구조와 '分洞'」, 『國史館論叢』 47, 31~56쪽.

조규택(2012), 「湖南地域 馬韓·百濟住居 構造와 展開」, 중앙문화재연구원 편, 『마한·백제인들의 일본열도 이주와 교류』, 서경문화사, 87~123쪽.

조영준(2008), 「19世紀 王室財政의 危機狀況과 轉嫁實態: 壽進宮 財政의 事例分析」, 『경제사학』 44, 47~80쪽.

조영준(2010), 「조선후기 왕실재정의 구조와 규모: 1860년대 1司4宮의 재정수입을 중심으로」, 『한국문화』 47, 203~228쪽.

조희연(1989), 「80년대 사회운동과 사회구성체논쟁」, 박현채·조희연 엮음, 『한국사회구성체논쟁』 1, 도서출판竹山, 11~36쪽.

朱甫暾(1989), 「蔚珍鳳坪新羅碑와 法興王代 律令」, 『韓國古代史硏究』 2, 115~137쪽.

中村哲(2007), 「동북아시아 경제의 근세와 근대, 1600-1900—그 공통점과 차이점—」, 나카무라 사토루·박섭 엮고 지음, 『근대 동아시아 경제의 역사적 구조』, 일조각, 19~57쪽.

차명수·이헌창(2004), 「우리나라의 논가격 및 생산성, 1700~2000」, 이영훈 편, 『수량경제사로 다시 본 조선후기』, 서울대학교출판부, 148~171쪽.

千惠鳳(2009), 「佛國寺釋迦塔重修形止記의 補塡 校註와 讀解 論難問題의 檢討」, 『口訣硏究』 22, 5~121쪽.

崔淵淑(2005), 「朝鮮時代 立案에 관한 연구」, 韓國學中央硏究院 博士學位論文, 1~461쪽.

최연식(2007), 「조공체제의 변동과 조선시대 중화-사대 관념의 굴절: 변화 속의 지속」, 『한국정치학회보』 41-1, 101~121쪽.

崔完基(1981), 「高麗朝의 稅穀運送」, 『韓國史硏究』 34, 29~52쪽.

崔元奎(1985), 「19·20세기 海南 尹氏家의 農業經營과 그 變動」, 『韓國史硏究』 50·51, 275~318쪽.

최장집·정해구(1989), 「해방 8년사의 총체적 인식」, 최장집 외, 『해방 전후사의 인식』 4, 한길사, 11~48쪽.

崔楨苾(1997), 「韓國 上古史와 族長社會」, 崔夢龍·崔盛洛 編著, 『韓國古代國家形成論』, 서울대학교출판부, 155~188쪽.

崔鍾澤(1994), 「渼沙里遺蹟의 住居樣相과 變遷」, 韓國考古學會, 『마을의 考古學』(第18回 韓國考古學全國大會發表要旨), 97~136쪽.

하원호(2006), 「개항후 인천의 대외무역과 그 영향」, 『한국민족운동사연구』 47, 5~38쪽.

韓相權(1981), 「18세기말~19세기초 場市發達에 대한 基礎硏究—慶尙道地方을 중심으로—」, 『韓國史論』 7, 179~237쪽.

韓相權(1983), 「16世紀 對中國 私貿易의 展開—銀貿易을 中心으로—」, 『金哲埈博士華甲紀念史學論叢』, 知識産業社, 449~485쪽.

許興植(1996), 「13~5世紀 戶籍資料의 補完과 批判」, 『古文書硏究』 9·10, 17~51쪽.

洪性讚(1981), 「韓末·日帝下의 地主制—江華 洪氏家의 秋收記와 長冊分析을 중심으로—」, 『韓國史硏究』 33, 67~115쪽.

홍지윤(2012), 「中部地方 原三國~百濟 住居 變遷—南楊州 長峴里遺蹟을 中心으로—」, 중앙문화재연구원 편, 『마한·백제인들의 일본열도 이주와 교류』, 33~57쪽.

黃夏鉉(1979), 「良役의 實相과 均役法의 實施」, 『經濟史學』 3, 1979, 43~72쪽.

영문

Alesina, Alberto and Giuliano, Paola(2013), "Family Tie", NBER Working Paper Series No.18966.

Park Joo-Won(2005), The Formation and Transformation of the Concept of the

Modern "Individual" in Korea, *Korea Journal,* Autumn, pp.160~184.
Young Hoon Rhee(2015), What were the Prices in 19th Century Seoul?, Working Paper 2015-01, Naksungdae Institute of Economic Research, pp.1~11.

일문

甲賀宣政(1914),「近世朝鮮貨幣及典圜局の沿革」,『朝鮮總督府月報』4-12, 9~38쪽.
高橋芳郎(1978),「宋代佃戶の身分問題」,『東洋史研究』37-3, 64~91쪽.
菅野修一(1994),「朝鮮朝初期における義倉制の開始 — 國家の賑恤政策と烟戶米法 —」,『朝鮮學報』153, 1~45쪽.
廣瀨靖子(1970),「江華條約の成立をめぐって— 日本外交史研究 外交と世論 —」,『國際政治』41, 日本國際政治學會, 98~121쪽.
宮崎市定(1971),「部曲より佃戶へ」(上),『東洋史研究』29-4, 30~65쪽.
宮崎市定(1971),「部曲より佃戶へ」(下),『東洋史研究』30-1, 1~32쪽.
宮嶋博史(1980),「朝鮮農業史上における十五世紀」,『朝鮮史叢』3, 3~83쪽.
宮嶋博史(1981),「李朝後期における朝鮮農業の發展」,『朝鮮史研究會論文集』18, 64~94쪽.
旗田巍(1958),「新羅の村落(I) — 正倉院にある村落文書の研究 —」,『歷史學研究』226, 1~13쪽.
旗田巍(1959),「新羅の村落(II) — 正倉院にある村落文書の研究 —」,『歷史學研究』227, 16~20쪽.의
吉野誠(1975),「朝鮮開國後の穀物輸入について」,『朝鮮史研究會論文集』12, 33~60쪽.
吉井秀夫(2003),「百濟墓制の導入と展開」, 森浩一 他,『古代日本と百濟』, 大巧社, 153~167쪽.
德成外志子(1999),「朝鮮王朝後期の國家財政と貢物·進上」,『朝鮮學報』173, 49~85쪽.
德成外志子(2001),「朝鮮王朝後期における貢物·貢人の概念」,『東方學報』83-1, 1~25쪽.
藤永壯(1991),「開港後の會社設立問題をめぐって(上) — 朴琪淙と汽船業·鐵道業 —」,『朝鮮學報』140, 55~86쪽.
藤永壯(1991),「開港後の會社設立問題をめぐって(下) — 朴琪淙と汽船業·鐵道業 —」,『朝鮮學報』141, 1~38쪽.
武田幸男(1971),「高麗田丁の再檢討」,『朝鮮史研究會論文集』8, 1~37쪽.
武田幸男(1976),「新羅の村落支配 — 正倉院所藏文書の追記をめぐって —」,『朝鮮學報』81, 211~257쪽.
武田幸男(1983),『學習院大學藏 朝鮮戶籍大帳の基礎的研究 — 19世紀·慶尙道鎭海縣の戶籍大帳を通じて —』, 學習院大學東洋文化研究所, 1~119쪽.
北村秀人(1970),「高麗時代の漕倉制について」, 旗田巍先生古稀記念會 編,『朝鮮歷史論集』上, 403~446쪽.
濱中昇(1997),「高麗末期·朝鮮初期の禾尺·才人」,『朝鮮文化研究』4, 東京大學文學部朝鮮文化研究室, 47~72쪽.

四方博(1938),「李朝人口に關する身分階級別的觀察」, 京城帝國大學法學會,『朝鮮經濟の研究』三, 岩波書店, 363~482쪽.

小山田宏一(2003),「古代河内の開發と渡來人-茨田堤 碧骨堤 狹山池」, 森浩一 他,『古代日本と百濟』, 大巧社, 139~151쪽.

速水融(2003),「經濟社會の成立とその特質 — 江戶時代社會經濟史への視點 —」,『近世日本の經濟社會』, 麗澤大學出版會, 211~233쪽.

水本邦彦(1985),「村共同體と村支配」, 歷史學研究會·日本史研究會 編輯,『講座日本歷史5 近世1』, 東京大學出版會, 117~150쪽.

須川英德(1997),「高麗後期における商業政策の展開 — 對外關係を中心に —」,『朝鮮文化研究』4, 東京大學文學部朝鮮文化研究室, 25~45쪽.

深谷敏鐵(1941),「朝鮮の土地慣行'並作半收'試論」,『社會經濟史學』11-9, 41~74쪽.

深谷敏鐵(1960),「高麗足丁·半丁考」,『朝鮮學報』15, 1~18쪽.

辻秀人(2006),「榮山江流域의 前方後圓墳과 倭國 周緣地域의 前方後圓墳」,『百濟研究』44, 211~244쪽.

永原慶二(1985),「中世の社會構成と封建制」, 歷史學研究會·日本史研究會 編輯,『講座日本歷史4 中世2』, 東京大學出版會, 317~357쪽.

林和男(1980),「李朝農業技術の展開」,『朝鮮史叢』4, 2~65쪽.

長森美信(1998),「李朝後期の海上交易 — 全羅道地域を中心に」,『千里山文學論集』59, 關西大學大學院, 49~87쪽.

糟谷憲一(1992),「近代的外交體制の創出 — 朝鮮の場合を中心に —」, 荒野泰典·石井正敏·村井章介 編,『アジアなかの日本史』II, 東京大學出版會, 223~255쪽.

周藤吉之(1934),「麗末鮮初に於ける農莊に就いて」,『靑丘學叢』17, 1~80쪽.

村上勝彦(1975),「植民地」, 大石嘉一郎 編,『日本產業革命の研究』下, 東京大學出版會, 229~314쪽.

村上勝彦(1979),「日本資本主義による朝鮮綿業の再編成」, 小島麗逸 編,『日本帝國主義と東アジア』, アジア經濟研究所, 95~180쪽.

한국경제사 I

찾아보기

1. 기호 -은 다음의 두 경우를 가리킨다.
   예1: 가족, 가족공동체를 가족, -공동체로 표기
   예2: 고구려의 복식제, 고구려의 수취규식을 고구려의 복식제, -수취규식으로 표기
2. 다른 단어와 혼동될 수 있는 경우에 한하여 한자를 병기한다.
3. 인명은 모두 한자를 병기한다.

ㄱ

ㄹ

ㅁ

ㅂ

ㅅ

ㅇ

ㅈ

ㅊ

ㅌ

ㅍ

ㅎ

이영훈李榮薰

서울대학교 사회과학대학 경제학과를 졸업하고 같은 학교 대학원에서 경제학박사학위를 받았다(1985). 지곡서당芝谷書堂에서 한문을 공부하였다(1977~1982). 한신대학교 경제학과 교수, 성균관대학교 경제학부 교수를 거쳐 서울대학교 경제학부 교수로 정년 퇴직하였다. 경제사학회, 한국고문서학회, 한국제도경제학회 회장을 역임하였다. 주요 저서로는 『朝鮮後期社會經濟史』(한길사, 1988), 『수량경제사로 다시 본 조선후기』(공저, 서울대학교출판부, 2004), 『대한민국역사』(기파랑, 2013) 등이 있다. 청람상靑藍賞(한국경제학회, 1990), 경암학술상耕岩學術賞(경암교육문화재단, 2013), Coghlan Prize(Australian Economic History Review, 2015) 등을 수상하였다.

한국경제사 I

한국인의 역사적 전개

1판 1쇄 펴낸날 2016년 12월 20일
1판 3쇄 펴낸날 2019년 8월 28일

지은이 | 이영훈
펴낸이 | 김시연

펴낸곳 | (주)일조각
등록 | 1953년 9월 3일 제300-1953-1호(구 : 제1-298호)
주소 | 03176 서울시 종로구 경희궁길 39
전화 | 02-734-3545 / 02-733-8811(편집부)
02-733-5430 / 02-733-5431(영업부)
팩스 | 02-735-9994(편집부) / 02-738-5857(영업부)
이메일 | ilchokak@hanmail.net
홈페이지 | www.ilchokak.co.kr

ISBN 978-89-337-0723-4 94320
ISBN 978-89-337-0722-7 (전2권)

값 45,000원

* 이 도서의 국립중앙도서관 출판예정도서목록(CIP)은 서지정보유통지원시스템 홈페이지(http://seoji.nl.go.kr)와 국가자료공동목록시스템(http://www.nl.go.kr/kolisnet)에서 이용하실 수 있습니다.
(CIP제어번호 : CIP2016029568)